Le Guide Vert
Les Thématiques
le guide de vos week-ends

Vous avez envie de bouger, de faire un break, de vous ressourcer, de partir en famille ou avec des amis ? Les Thématiques du Guide Vert vous proposent des **idées de sorties ou de week-end clé en main**.

Aujourd'hui, **nos rythmes de vie changent** ; nous avons plus de temps pour nos loisirs, mais pas toujours de longues vacances pour en profiter. Partir un jour ou deux, ou quelques heures seulement, permet à chacun de prendre son temps pour goûter à loisir tourisme et farniente, patrimoine et gastronomie, activités sportives et rêverie ou flânerie dans un cadre inhabituel. Les Thématiques du Guide Vert répondent à cette nouvelle façon de voyager ou de visiter.

Chaque titre **associe un thème à une destination** : il regroupe toutes les informations sur ce thème pour réussir vacances ou week-ends sans perdre de temps en préparatifs. Connu dans le monde entier pour être le spécialiste du tourisme culturel à la portée de tous, Le Guide Vert vous propose avec ses Thématiques mille et une idées d'activités pour découvrir autrement une région, une ville, un quartier.

Le guide des plus belles îles du littoral français permet à tous, familier des milieux maritimes ou non, d'aller prendre le bon air iodé, de s'éloigner de la terre ferme pour se ressourcer sur les îles du littoral français. Il vous propose des week-ends qui font la part belle aux activités nautiques et aux promenades à pied, à l'observation des oiseaux et à la découverte du patrimoine insulaire. Pour jouer les Robinson en toute sérénité !

Près ou loin de chez vous, des trésors insoupçonnés vous attendent. Voici enfin un guide qui offre de quoi satisfaire à la fois votre envie de vous détendre et votre curiosité pour les terroirs et le patrimoine français.

L'ÉQUIPE DU GUIDE VERT MICHELIN
LeGuideVert@fr.michelin.com

CONSEILS PRATIQUES

LES ÎLES EN COUP D'ŒIL

Le tableau récapitulatif des îles décrites se trouve à la fin du guide, dans la couverture.

LES ÎLES DE LA MANCHE

MANCHE PRATIQUE

COMPRENDRE LA MANCHE

LES ÎLES DE LA MANCHE

LES ÎLES ANGLO-NORMANDES

LES ÎLES ANGLO-NORMANDES PRATIQUE

COMPRENDRE LES ÎLES ANGLO-NORMANDES

LES ÎLES ANGLO-NORMANDES

SOMMAIRE

LES ÎLES DE L'ATLANTIQUE

ATLANTIQUE PRATIQUE

COMPRENDRE L'ATLANTIQUE

LES ÎLES DE L'ATLANTIQUE

LES ÎLES DE LA MÉDITERRANÉE

MÉDITERRANÉE PRATIQUE

COMPRENDRE LA MÉDITERRANÉE

LES ÎLES DE LA MÉDITERRANÉE

LA CORSE

LA CORSE PRATIQUE

COMPRENDRE LA CORSE

LA CORSE

CONSEILS PRATIQUES

OUBLIER NOS RÉFLEXES

On ne va pas sur une île comme dans une ville voisine. Les voitures y sont souvent interdites, et le bateau presque incontournable. Il faut donc connaître les horaires des navettes reliant les îles au continent, et surtout les respecter si l'on veut rentrer le soir. Il faut aussi s'attendre à différer son retour si la météo est mauvaise… Bref, sur les îles, la nature dicte encore la loi aux hommes et c'est pour cette raison qu'elles nous attirent, nous qui sommes habitués au « tout près », au « tout rapide » et au « tout dénaturé » des villes-confort.
Devenir insulaire, ne serait-ce qu'un jour, impose d'oublier certains de nos réflexes : non, il n'y a pas de billeterie sur toutes les îles, non, on ne peut pas systématiquement prendre sa voiture, non, il n'y a pas forcément un hôtel où dormir ; et d'en acquérir de nouveaux : s'habituer à se déplacer à pied, prendre son temps, être prévoyant, et surtout prendre conscience que les îles sont fragiles.

ADOPTER UNE ÉTHIQUE

Victimes de leur succès touristique, les îles sont envahies chaque année par des milliers de touristes, se prenant parfois pour des conquistadors. Piétinées, déflorées, les îles deviennent des patrimoines naturels et culturels à préserver et à défendre.
Si ce guide incite à les découvrir, il revendique aussi un tourisme éthique et respectueux. Il donne quelques conseils et quelques règles de bon sens à observer pour se glisser dans la peau d'un insulaire digne de ce nom.

SE REPÉRER DANS LE GUIDE

Il y a plusieurs clés d'entrée pour repérer facilement les îles que vous aimeriez découvrir.
La **carte générale**, *à l'intérieur de la couverture en début de guide*, permet de visualiser et de situer toutes les îles. Vous choisissez l'île, vous repérez son **numéro**, puis vous cherchez ce numéro dans le guide : ils sont facilement identifiés grâce aux petits onglets de couleur en haut à droite de chaque page.
Avez-vous vu qu'il y a **trois couleurs** différentes ? Elles correspondent aux trois littorals : bleu turquoise pour la Manche, bleu foncé pour l'Atlantique et bleu outremer pour la Méditerrannée. Ces couleurs sont reportées sur les mêmes petits onglets, en haut des pages du guide.
Le **sommaire** vous indique également tout ce qui apparaît sur la carte générale.
Le **tableau « Les plus belles îles en un coup d'œil »** (à l'intérieur de la couverture, en fin de guide) vous permet d'affiner vos choix selon différents critères : moyens de circulation (voiture, vélo), possibilité d'emmener des petits enfants, fréquentation touristique, etc.
Enfin, l'**index** vous renvoie à tout ce qui est de près ou de loin évoqué dans le guide.
Par ailleurs, en ouverture des cinq groupes d'îles, sont données des **informations pratiques** et générales sous le titre **« Comprendre les îles »**.

S'INFORMER AVANT LE DÉPART

Les comités régionaux et départementaux de tourisme peuvent vous aider à préparer vos séjours en vous envoyant une documentation complète et actualisée. Vous trouverez leurs adresses ainsi que leurs sites Internet, et d'autres sources de renseignements intéressantes dans les **informations pratiques** de chaque groupe d'îles.
Les coordonnées des **offices de tourisme** sont indiquées en tête de chaque **carnet pratique** sous la rubrique **« Où s'informer »**.
Un nouvel accès facile a été mis en place pour joindre tous les offices de tourisme et syndicats d'initiative en France. Il suffit de composer le 3265 (0,34 €/mn) et de prononcer distinctement le nom de la commune pour être directement mis en relation avec l'organisme souhaité.

TROUVER SON CHEMIN

Nous vous conseillons d'utiliser les cartes routières **michelin Local**.
Le numéro de la carte est indiquée sous le titre de chacune des îles (en bleu). À côté figurent le département, la **superficie** de l'île et le nombre d'habitants.
Le **site www.ViaMichelin.fr** offre une multitude de services et d'informations pratiques d'aide à la mobilité (calcul d'itinéraires,

cartographie, sélection des hôtels et restaurants du Guide Michelin).

Par ailleurs, pour chacune de nos destinations, **un plan de l'île** est proposé *(voir la liste des cartes, en fin de guide)*.

ARRIVER À BON PORT

Connaître le ou les ports d'embarquement et savoir comment s'y rendre, en voiture, en train ou en avion : la rubrique « Arriver à bon port » donne ces informations pour chaque île.

Les coordonnées des aéroports figurent dans les informations pratiques de chaque groupe d'île.

LARGUER LES AMARRES !

Combien de temps dure la traversée en bateau ? Quel est le lieu précis de l'embarquement, le port du débarquement, la fréquence des liaisons, les tarifs ? Peut-on se rendre sur l'île à pied à marée basse ? Toutes les réponses à ces questions sont dans la rubrique « Larguer les amarres ! ». Les coordonnées téléphoniques et Internet des principales compagnies maritimes doivent par ailleurs vous permettre de compléter ces informations.

BON À SAVOIR

La rubrique **Bon à savoir** recense quelques aspects pratiques qu'il est utile de connaître avant de débarquer. Ainsi, elle précise si l'accès aux voitures est autorisé ou non sur l'île. Lorsqu'il ne l'est pas, comme c'est souvent le cas, nous nous sommes efforcés de situer les parkings où laisser vos voitures sur le littoral, en indiquant s'ils sont ou non payants.

Sachez que si vous voulez transporter de gros colis comme des vélos ou des planches à voile, vous êtes parfois obligés de le préciser avant d'embarquer. Renseignez-vous à l'avance.

Encore un point à connaître : il arrive que le bateau ne vous ramène pas au même port que celui où vous avez embarqué et laissé votre voiture. Cette petite particularité semble être le lot de certaines compagnies des îles Anglo-Normandes. Méfiez-vous !

SUR PLACE

Être pratique : c'est l'objectif des **carnets pratiques** !

Où s'informer donne les coordonnées et les horaires des **offices de tourisme** et des **capitaineries** pour les plaisanciers, Également le numéro de téléphone à composer pour connaître la **météo,** et dans la plupart des cas des moyennes des **températures de l'eau et de l'air**, données qui nous été fournies par **Météo France**.

Comment circuler sur l'île vous informe de ce qui est obligatoire et/ou fortement conseillé en matière de circulation : voiture, taxi (adresses et tarifs), à pied uniquement, vélo (adresses et tarifs de location).
Le tableau « Les plus belles îles en un coup d'œil » (à l'intérieur de la couverture, en fin de guide) précise également les moyens de circulation autorisés.

Où dormir, Où manger, Que rapporter : toujours rattachés aux îles ou aux villes du continent les plus proches, les carnets pratiques proposent des adresses d'hôtels, de campings, de chambres d'hôte, de gîtes, de restaurants, de boutiques de produits du terroir, etc., sélectionnées par nos rédacteurs et classées en fonction de leurs prix.

Sachez que certains hôtels s'assurent que vous avez déjà réservé et pris vos billets de bateau pour confirmer votre réservation. Si vous n'avez pas de place sur le ferry ou la vedette chargés de vous amener sur l'île, inutile de compter y dormir.

La réservation des hôtels s'impose. Ils sont peu nombreux et prix d'assaut dès les beaux jours.

NOS CATÉGORIES DE PRIX

	Où manger (prix déjeuner)		**Où dormir** (prix de la chambre double)	
	Province	Côte d'Azur et Corse	Province	Côte d'Azur et Corse
⛁	jusqu'à 14 €	jusqu'à 16 €	jusqu'à 40 €	jusqu'à 60 €
⛁⛁	de 14 € à 25 €	de 16 € à 30 €	de 40 € à 65 €	de 60 € à 90 €
⛁⛁⛁	de 25 € à 40 €	de 30 € à 50 €	de 65 € à 100 €	de 90 € à 130 €
⛁⛁⛁⛁	plus de 40 €	plus de 50 €	plus de 100 €	plus de 130 €

ALLO URGENCES ?

Les personnes ayant des problèmes de santé importants ou nécessitant des structures hospitalières en cas de crise se renseigneront avant leur départ et prendront les mesures nécessaires. Pour toute urgence en mer, appeler les **Cross,** Centres régionaux opérationnels de surveillance et de sauvetage en mer. Leurs numéros sont indiqués dans les informations pratiques de chaque groupe d'île.

TOURISME ET HANDICAP

Un certain nombre de curiosités décrites dans ce guide sont accessibles aux handicapés. Elles sont signalées par le symbole ♿. Le degré d'accessibilité et les conditions d'accueil variant toutefois d'un site à l'autre, il est recommandé d'appeler avant tout déplacement.

Lancé en 2001, le label national **Tourisme et Handicap** est délivré en fonction de l'accessibilité des équipements touristiques et de loisirs au regard des quatre grands handicaps : auditif, mental, moteur ou visuel. À ce jour, un millier de sites labellisés (hébergement, restauration, musées, équipements sportifs, salles de spectacles, etc.) ont été répertoriés en France. La liste en est donnée sur le site : www.franceguide.com

CONNAÎTRE LA MÉTÉO

Un séjour sur une île demande plus qu'ailleurs de bien connaître la météo. On ne peut par partir en mer ou en promenade le long d'un sentier escarpé sans s'être assuré que les vents sont calmes et la mer paisible.
Météo France propose des services téléphoniques qui donnent la météo marine, la météo des routes, les coefficients et les horaires des marées, ainsi que la météo des plages. Il suffit de taper 3250 suivi de :
1 : toutes les prévisions météo départementales jusqu'à 7 jours
2 : météo des villes
3 : météo plages et mer.

Accès direct aux prévisions du département : ✆ 0 892 680 2 suivi du numéro du département (0,34 €/mn). Toutes ces informations sont également disponibles sur www.meteo.fr

Les indications de la météo marine sont toujours un peu sibyllines. Les plaisanciers savent les interpréter. Pour les autres, ne pas hésiter à prendre conseils auprès des capitaineries.

COMPRENDRE LES MARÉES

Curieux phénomène que celui des marées ! Curieux et dangereux pour celui qui s'aventurera sur la grève à marée basse sans s'être informé des horaires.

Horaires des marées

On les trouve généralement dans les offices de tourisme, à la capitainerie du port (coordonnées dans les Carnets pratiques, rubrique « Où s'informer »), et parfois même dans des boutiques d'articles de pêche.
Par téléphone, au 3250 suivi de 3.
Avec les horaires sont donnés les **coefficients de marée**, importants pour vos parties de pêche à pied, et le **calendrier des grandes marées**.

La marée est provoquée par l'attraction de la Lune, et, dans une moindre mesure, par celle du Soleil. Lorsque la Lune est au-dessus de la mer, elle attire l'eau vers elle, le niveau de la mer s'élève : c'est la **marée haute**. **Six heures plus tard**, la Lune n'est plus au-dessus, l'attraction n'opère plus : c'est la **marée basse.**
Ce phénomène se produit lors de la pleine lune ou de la lune nouvelle.
En Bretagne, les grandes marées les plus importantes, se produisent en mars et en septembre, au moment des équinoxes.
Presque imperceptible en Méditerrannée, la marée rythme les activités des ports et des îles de la Manche et de l'Atlantique : rentrée ou sortie des bâteaux de pêche et des voiliers, horaires de traversée des ferries et autres hydroglisseurs, heures propices à la pêche à pied.

PARLER MARIN

Devenir insulaire impose d'enrichir son vocabulaire ! Qu'appelle-t-on l'**amplitude** ou **le marnage** ? C'est la différence entre la hauteur de la pleine mer et de la basse mer. En France, l'amplitude la plus importante s'observe à Granville et au large des îles Chausey. Les jours de grande marée, le niveau peut monter de 16 m (plus haut qu'un immeuble de quatre étages…).
Très variable, l'amplitude est graduée en **coefficient** de 20 à 120. Les grandes marées ont un coefficient supérieur à 100. Elles sont très prisées pour la pêche à pied.
Et encore :
Amer : objet fixe très apparent pouvant servir de repère aux navigateurs qui sont en vue de terre (clocher, moulin, maison, rocher, etc.)
Estran : portion du littoral qui se découvre lorsque la mer se retire et avant qu'elle ne revienne. Le territoire de la pêche à pied !
Flux : marée montante
Laisse de mer : espace que la mer laisse à découvert à chaque marée. Laisse de haute mer, de basse mer : lignes de marée haute, de marée basse, limites entre lesquelles la marée oscille
Reflux ou jusant : marée descendante
Mille marin = 1 852 m
Nœud : unité de vitesse pour les navires correspondant à un mille marin à l'heure
Pêche hauturière : pêche au large, dans les zones éloignées des côtes
Tombolo : cordon de sable ou de galets reliant une île au continent, ou un îlot à une île.

PRATIQUER LA PLAISANCE

Pour les coordonnées des capitaineries, consultez le carnet pratique de chaque île, rubrique « Où s'informer ».
Des informations diverses sur la plaisance (mouillage, zones protégées) ? Téléphonez aux affaires maritimes dont les coordonnées se trouvent dans les informations pratiques de chaque groupe d'île.
Pas de permis, pas de bateau mais l'envie bien légitime de fendre les flots à bord d'un vieux gréement ou d'un yacht ? Pour la plupart des îles, des adresses de prestataires de promenades en mer ou location de bateau avec permis sont données.

PLONGER

De la simple découverte des paysages sous-marins, parfois à 5 mètres seulement du rivage, avec masque et tuba, à la chasse sous-marine avec bouteilles et combinaison, la plongée est une activité ludique ou sportive pour tous et fascinante.

Fédération française d'études et de sports sous-marins (plongée) – 24 quai de Rive-Neuve - 13284 Marseille Cedex 07 - ✆ 04 91 33 99 31 ou 0 820 000 457 - www.ffessm.fr

Sécurité

Avertir : avant toute sortie en mer et toute plongée sous-marine, il est recommandé de communiquer son programme et l'heure estimée du retour à des tiers.
Éviter : de plonger seul (si vous vous éloignez beaucoup du rivage) ; les chenaux de passage des embarcations et les lieux d'évolution des véliplanchistes. Signaler votre présence par une bouée.
En cas d'accident : signaler aux secours à terre la nature de l'accident afin qu'ils préparent des soins en milieu hyperbare, seul remède aux accidents de décompression, même minimes.

PÊCHER A PIED

La pêche à pied est praticable par tous, enfants en tête, et en toute saison, lorsque la mer se retire. Elle ne demande aucune autorisation particulière. Il existe toutefois des **restrictions locales**, qui diffèrent selon le littoral et les zones. Il est par exemple interdit le long de l'Atlantique de pratiquer la pêche à pied dans certaines zones ostréicoles et à proximité des écluses à poissons.

RÈGLES DE PÊCHE			
Coquillages		Crustacés	
Coque	3 cm	Araignée de mer	12 cm et 6 max./j/pers.
Coquille St-Jacques	10,2 cm	Crevette rose	3 cm
Huître creuse	6 cm	Crevette grise	3 cm
Huître plate	5 cm	Étrille	5 cm
Moule	4 cm	Pouce-pied	3 kg/j/pêcheur amateur
Ormeau	9 cm	Tourteau	14 cm
Palourde	3,5 cm	Homard	24 cm
Praire	4 cm	Oursin	5 cm (nov.-mars)

Aussi est-il recommandé de se renseigner auprès des autorités compétentes (Affaires maritimes), dont les coordonnées se trouvent dans les informations pratiques de chaque groupe d'îles.

Écogestes

Pour sauvegarder les espèces, il est recommandé de ne prélever que la quantité nécessaire à sa consommation personnelle. De même, les coquillages et les crustacés se ramassent à la saison autorisée et à la dimension voulue. Les femelles porteuses d'œufs sont relâchées. Les cailloux replacés in situ (goémond dessus). Le fruit de la pêche se couvre d'algues coupées et non arrachées, afin de permettre leur repousse. Ces gestes évitent un microcataclysme écologique.

Sécurité

Il convient de se renseigner sur les horaires des marées. La plus grande prudence est nécessaire lors du retour de marée. Pour ne pas se laisser surprendre, il est préférable de ne pas rester seul sur le rivage et de remonter aussitôt que les autres pêcheurs quittent l'estran. Il est également prudent de se renseigner pour savoir si un arrêté n'a pas été délivré en cas de **pollution momentanée.**

AUTRES LOISIRS NAUTIQUES

Il n'y a pas de meilleure embarcation que le **kayak de mer** pour se faufiler entre les îlots ou faire le tour des petites îles.

Fédération française de canoë-kayak – 87 quai de la Marne - BP 58 - 94344 Joinville-le-Pont - ✆ 01 45 11 08 50 - www.ffcanoe.asso.fr

Fédération française de voile – 17 r. Henri-Bocquillon - 75015 Paris - ✆ 01 40 60 37 00 - www.ffvoile.org

Fédération française de surf – 30 imp. de la Digue-Nord - BP 28 - 40150 Hossegor - ✆ 05 58 43 55 88 - www.surfingfrance.com

Fédération française motonautique – www.ffm-asso.net - 49 r. de Boulainvilliers - 75016 Paris - ✆ 01 42 24 60 88.

PROTÉGER LA NATURE

Parmi les îles que nous vous proposons de découvrir, beaucoup sont protégées, en partie ou en totalité. La richesse de leur faune et de leur flore terrestre et sous-marine est défendue et surveillée par différents outils. Certains relèvent de statuts de protection forte, d'autres font plutôt appel au libre choix du respect de certaines contraintes par les différents acteurs, dont les touristes font partie ; d'autres relèvent encore de l'information, de l'éducation ou de l'accompagnement dans la découverte des sites. Ces outils portent des noms aussi variés que **réserve naturelle, parc national ou régional, site du Conservatoire du littoral, sentiers sous marins, parc maritime**…
Les réglementations en matière de protection sont propres à chaque île mais elles convergent toutes vers une même attitude de bon sens (*voir plus bas*).

Pour chaque destination, nous indiquons **les zones protégées**. Un encadré, **Le « plus » nature**, met systématiquement en avant les richesses biologiques (faune, flore marine, terrestre) ou géologiques de l'île, à observer et à protéger !

Conservatoire du littoral

Cet établissement public acquiert de vastes surfaces non bâties qu'il aménage et protège. Grâce à ses actions menées depuis 30 ans en partenariat avec les régions, les départements et des associations, près de 300 ensembles naturels menacés ont pu retrouver un équilibre. Allez surfer sur son site très complet : **www.conservatoire-du-littoral.fr** - ✆ 05 46 84 72 50.

RESPECTER LES SITES PROTÉGÉS

Dans les réserves naturelles

Ne quittez pas les sentiers.
Ne laissez pas les chiens, même tenus en laisse, pénétrer dans la réserve (même les plus gentils risquent de chasser les oiseaux nichant à terre ou de casser leurs œufs). Ne cueillez ni fleurs ni fruits, ne ramassez ni pierre ni insecte. Ne fumez pas. Ne pratiquez pas la pêche à pied : elle dérange énormément les oiseaux.

Et sur tous les sites…

Ne laissez pas vos déchets souiller le site. Ne gaspiller pas l'eau. Si l'eau est un bien qu'il nous faut préserver, elle l'est plus encore sur les îles, qui ne sont pas toutes reliées à l'eau courante. Bien souvent l'eau douce vient du continent, et il faut l'acheminer dans des containers. N'oubliez pas qu'il est interdit de circuler en vélo sur les sentiers côtiers.

Au large de Jersey,
le phare de la pointe de Corbière.

Jersey Tourism

LES ÎLES DE LA MANCHE

MANCHE PRATIQUE

TOURISME

Comité régional du tourisme de Normandie – 14 r. Charles-Corbeau - 27000 Évreux - ✆ 02 32 33 79 00 - www.normandy-tourism.org

Comité départemental du tourisme de la Manche – Manche Tourisme - Maison du département - 98 rte de Candol - 50008 St-Lô Cedex - rens. 0 800 065 050 (n° Vert) - www.manchetourisme.com

Comité départemental du tourisme du Calvados – 8 r. Renoir - 14054 Caen Cedex 4 - ✆ 02 31 27 90 30 - www.calvados-tourisme.com

Comité régional du tourisme de Bretagne – 1 r. Raoul-Ponchon - 35069 Rennes Cedex - ✆ 02 99 36 15 15 - www.tourismebretagne.com

Comité départemental du tourisme d'Ille-et-Vilaine – 4 r. Jean-Jaurès - BP 60149 - 35101 Rennes Cedex 3 - ✆ 02 99 78 47 40 - www.bretagne35.com

Comité départemental du tourisme des Côtes-d'Armor – 7 r. St-Benoît - BP 4620 - 22046 St-Brieuc Cedex 2 - ✆ 02 96 62 72 01 - www.cotesdarmor.com

Maison de la Bretagne – 203 bd St-Germain - 75007 Paris - ✆ 01 53 63 11 50 - www.tourismebretagne.com

Pays du Trégor-Goëlo – 126 r. de l'Aérodrome - 22300 Lannion - ✆ 02 96 48 66 33 - www.paystregorgoelo.com

Trégor-Goëlo Pays touristique – 9 pl. de l'Église - 22450 La Roche-Derrien - ✆ 02 96 91 50 22 - www.tregorgoelo.com

NATURE

Ligue pour la Protection des Oiseaux (LPO) – La Corderie Royale - BP 263 - 17305 Rochefort Cedex - ✆ 05 46 82 12 34 - www.lpo.fr

Natura 2000 – http://natura2000.environnement.gouv.fr

Bretagne Vivante (SEPNB) –186 r. Anatole-France - BP 63121 - 29231 Brest Cedex 3 - ✆ 02 98 49 07 18 - www.bretagne-vivante.asso.fr

Réserves Naturelles de France – 3 r. de la Forge - 21803 Quetigny Cedex - ✆ 03 80 48 91 00 - www.reserves-naturelles.org

France Nature Environnement – 57 r. Cuvier - 75231 Paris Cedex 05 - ✆ 01 43 36 79 95 - www.fne.asso.fr

AÉROPORTS

La rubrique « Larguer les amarres ! » précise les aéroports à proximité des îles de la Manche. En voici les coordonnées :

Aéroport de Morlaix-Ploujean – 29600 Morlaix - ✆ 02 98 62 16 09 - www.morlaix.cci.fr

Aéroport de Dinard-Pleurtuit-St-Malo – 35730 Pleurtuit - ✆ 02 99 46 18 46.

Aéroport de Caen-Carpiquet – Rte Caumont - 14650 Carpiquet - ✆ 02 31 71 20 10 - www.caen.aeroport.fr

Aéroport de Lannion – Av. Pierre-Marzin - 22300 Lannion - ✆ 02 96 05 82 22 - www.lannion.aeroport.fr

Aéroport de Cherbourg-Maupertuis – 50330 Gonneville - ✆ 02 33 88 57 60 - www.aeroport-cherbourg.com

Aéroport de Rennes – BP 29155 - 35091 Rennes Cedex 9 - ✆ 02 99 29 60 00 - www.rennes.aeroport.fr

VOITURE, VÉLO

Les deux seules îles de la Manche où l'on peut circuler en voiture sont l'île Grande et l'île Callot. La première est reliée à la terre ferme par un pont, tandis que la seconde n'est accessible qu'à mi-marée par son tombolo.

Les autres îles ne sont pas accessibles aux véhicules non autorisés.

Les îles de Bréhat et Batz sont les seules sur lesquelles on peut circuler en vélo.

Les îles Chausey, Tatihou, Cézembre, Ebihens, Milliau et les autres se parcourent exclusivement à pied.

AFFAIRES MARITIMES

Pour tout savoir sur la réglementation de la pêche à pied, les zones marines :

Directions départementales des affaires maritimes :

Ille-et-Vilaine – ✆ 02 99 40 68 30.

Manche – ✆ 02 33 23 36 00.

Côtes-d'Armor – ✆ 02 96 68 30 70.

Quartier des affaires maritimes : 22502 Paimpol - ✆ 02 96 55 35 00 ; 29600 Morlaix - ✆ 02 98 62 10 47.

URGENCE EN MER

Contacter le **Cross**, *Centre régional opérationnel de surveillance et de sauvetage en mer.*

Cross Bretagne/Manche Ouest – ✆ 02 98 89 31 31.

Cross Jobourg (Manche centrale) – ✆ 02 33 52 72 13.

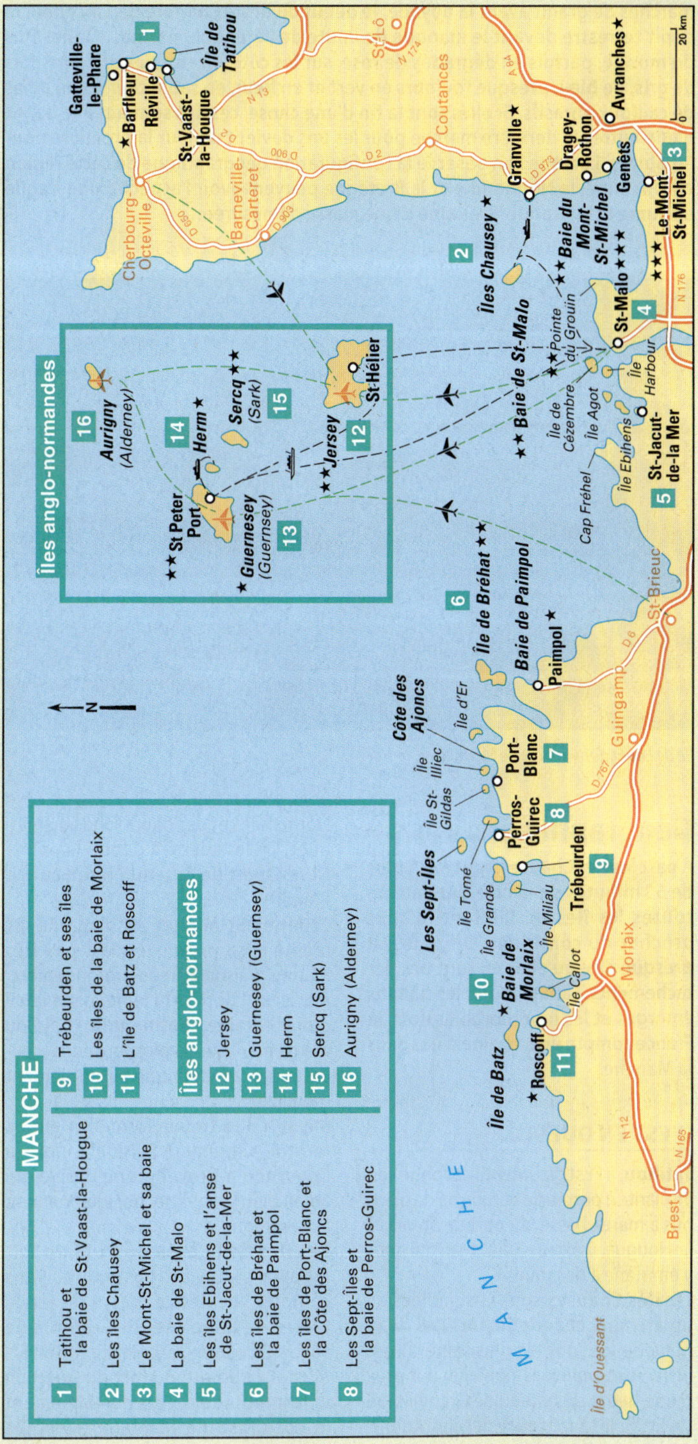

COMPRENDRE LA MANCHE

Toutes les îles du monde ont l'étrange particularité d'accrocher l'imagination. Peut-être plus que les autres, les îles de la Manche, si elles sont toutes à vue d'une côte, évoquent, au-delà d'un avant-goût de merveilleux bout du monde, un constat de finitude. Non loin de la « Finis terrae », elles sont les dernières marches de granit avant la noyade, le début du destin sombre de l'inconnu, le dépit terrestre devant le manque de limite de l'étendue marine… Jolies fins du monde, parfois en dégradés de rose, sur les côtes bretonnes, d'autres fois de gris, de bleu, presque toujours en vert et en fleur, en sable clair ou en amas de cailloux abrasifs. Si elles sont la fin d'une chose, ces îles sont aussi le début d'une autre : la dernière marche pour les uns devient un jour la première pour les autres. Lorsque l'on observe la configuration géographique de cette région européenne, la Normandie et la Bretagne peuvent avoir l'aspect d'une fragile enclume et la Grande-Bretagne d'une masse démesurée…

G. Targat / MICHELIN

Île de Louêt dans la baie de Morlaix.

Géographie des îles

À part les îles Chausey, qui sont à plus de 50 minutes de la côte par bateau, toutes les îles de la Manche sont proches du continent. On pourrait presque dire qu'elles en sont des détachements. Sans compter les cailloux émergés et les innombrables îlots, la France compte une dizaine d'îles dans la Manche.

D'EST EN OUEST…

Tatihou, à l'Est du Cotentin, allonge son insularité à portée de barque ou de pieds nus à marée basse, du port de St-Vaast-la-Hougue. D'ailleurs, le bateau qui nous y emmène a des roues !

Les **îles Chausey** sont rassemblées en un archipel chaotique. Des îles de la Manche, ce sont les plus téméraires : elles sont plantées dans l'eau à près d'une heure de bateau de Granville ou de St-Malo, à mi-route des îles Anglo-Normandes et des hauts fonds du Minquet. On les aperçoit depuis la pointe Nord-Ouest du Cotentin jusqu'au cap Fréhel.

Le **Mont-St-Michel** est bien une île, même si sa présence n'est pas très marine, puisqu'il siège profondément, jumelant l'île Tombelaine, dans le pli d'une entaille continentale (baie du même nom) qui est plus souvent découverte par les eaux que véritablement mouillée.

Même s'il se trouve formellement en territoire normand, la canalisation du Couesnon a prévenu une dérive qui aurait bien pu le rattacher inopinément à la Bretagne…

Les îles de la baie de St-Malo forment à peine un ensemble. Sans compter l'île des Landes, à un jet de pierre de la pointe du Grouin, à la sortie Ouest de la baie du Mont-St-Michel, la pointe du fort du Guesclin et la multitude d'îlots qui parsèment la côte jusqu'à St-Malo – les îles

Cézembre, **Harbour**, **Grand Bé**, **Petit Bé**, le rocher du **phare du Grand Jardin**, le **fort de la Conchée** et le **Fort national** – n'ont de commun que leur composition géologique et leur ultime fonction défensive. Les unes sont inhabitées, privées, et sans transport organisé pour un abordage. Les autres peuvent être ralliées à pied à marée basse ou très basse.
Cette ville emmuraillée qu'est le **Vieux St-Malo** a aussi été une île en son temps.
La baie de St-Jacut-de-la-Mer et **les îles Ébihens** sont un bel exemple d'éparpillement d'îlots en baie, un peu comme la baie de Morlaix, plus à l'Ouest. Les deux fleuves côtiers qui les alimentent, l'Arguenon et le Frémur, leur donnent un double caractère et une richesse dont la péninsule de St-Jacut est le centre paisible et impartageable.
L'île de Bréhat donne, quant à elle, une première idée du paradis. Le passage du Gulf Stream a permis une prospère implantation humaine et végétale à moins de quinze minutes du continent. Paimpol, derrière la pointe d'Arcouest, est le commencement à l'Est de la Côte de Granit Rose, où vont et viennent les navettes. **L'île de Béniguet**, de l'autre côté du chenal Ouest de Bréhat est, elle aussi habitée, mais totalement privée.
Les îles de la Côte des Ajoncs et **Port-Blanc**, en pays de Trégor, sont pratiquement toutes privées. Parcelles de paradis que l'on peut rejoindre à pied à travers l'estran, les îles de **St-Gildas**, des **Femmes**, de **Balaenec**, aux **Moutons**, **Bruc** et les autres constituent peut être le tableau le plus significatif de bout et de fin du monde. Le granit rose s'enfonce dans les eaux turbulentes ou se couvre d'une abondante végétation. Aucune de ces îles n'est lointaine mais on a l'impression, à juste titre, qu'ici la mer est vite profonde.
L'archipel des Sept-Îles, comme l'île **Tomé,** en face de Perros-Guirec, est d'une autre trempe. Ses cinq rochers (et non sept comme le suggère son nom), plus élevés que la Grande Île de Chausey, mieux isolés du monde que les autres îles de la Manche, sont soumis aux invectives salées des puissants courants marins et éoliens. Quatre de ces îles, Rouzic, Bono, Malban et Cerf, sont inhabitées et interdites d'accès. La seule où le débarquement est autorisé est l'île aux Moines. Son phare est habité et les touristes peuvent s'y promener une heure. **L'île Rouzic** est un site exceptionnel, avec sa tache blanche visible de si loin : une communauté unique de fous de Bassan l'investit une fois par an pour se reproduire.
L'île Grande et l'île Milliau, entourant **Trébeurden**, sont les dernières expressions de la Côte de Granit Rose. La première est habitée, l'autre pas. Toutes les deux ont une position géographique privilégiée, faussement insulaire, qui en a fait des bases de protection naturelle importantes.
La baie de Morlaix est plantée d'îlots éparpillés, parmi lesquels les chenaux font leur route afin de permettre l'accès des bateaux à la ville de Morlaix, « isolée » dans les terres… Des pointes défensives de Roscoff et Primel, rocher transformé en vaisseau de guerre, comme le château de **l'île du Taureau**, cet entonnoir filtrant ne compte que deux îles habitées dont l'île **Callot**, accessible par un tombolo à mi-marée.
Enfin, **l'île de Batz**, en face de Roscoff, port important assurant des liaisons avec la Grande-Bretagne et l'Irlande, s'inscrit hors de ce mouvement. Franchement rincée par les courants atlantiques, elle est la première à bénéficier du Gulf Stream. À bien y penser, on ne sait pas bien si elle est éloignée du continent ou si c'est le continent qui en est proche : elle a tout pour vivre seule au bout du monde…

La façade maritime

La brèche qui sépare la Bretagne de la Grande-Bretagne et de l'Irlande date de 10 000 à 8 000 ans av. J.-C. La même configuration géologique se retrouve des deux côtés de la Manche. Du granite, des schistes ou des grès du côté saxon.
Les Cornouailles ont le même genre de découpage côtier. On y trouve d'ailleurs un Mount-St-Michael, n'en déplaise aux Normands. En revanche, c'est sur les côtes françaises que s'appuie le Golf Stream pour engouffrer ses eaux vers le Nord, et donc que les marées et l'érosion y sont les plus importantes.

LES COURANTS MARINS

Le Gulf Stream fait dans la Manche une triple œuvre d'érosion, de régulateur climatique et de transport d'une quantité de choses, dont des micro-organismes, des résidus végétaux, des œufs.
Érosion, parce que les côtes de la Manche sont plus puissamment lessivées

qu'ailleurs, par une eau tiède soumise à un effet de goulot (10-15 m par siècle). Régulateur climatique, parce que tant qu'il y aura un Gulf Stream, courant chaud, le climat européen de l'Ouest sera continental et tempéré.

Chaud, le Gulf Stream met son grain de sel dans les fonds, mais des courants froids y mettent également le leur et les résurgences de l'un contre l'autre produisent quelques turbulences... **Les courants du Morbihan** sont connus pour leurs caprices et leur violence : ils peuvent atteindre 3 nœuds (1 nœud = 1 mille marin par heure).

Dans d'autres zones, dont celle de la baie du Mont-St-Michel, ils peuvent ne pas dépasser un nœud. En revanche, l'amplitude des marées semble proportionnellement inversée.

Devenir une île...

La Normandie et la Bretagne du Nord, actuellement séparées par un fleuve indolent, le Couesnon, ont souvent été des régions opposées dans les histoires d'hommes. Pourtant, leur passé géologique est assez similaire. Il commence il y a deux milliards d'années : Normandie et Bretagne partagent leur front de Manche, mais aussi la constitution de leur sol et un passé de remue-ménage tectonique et surtout volcanique puis érosif plutôt impressionnant. Leurs reliefs accidentés respectifs en témoignent.

Le découpage actuel des côtes commence véritablement après l'époque glaciaire qui a eu lieu il y a 20 000 ans. À cette époque, une calotte glaciaire (islandis) recouvrait le Nord de l'Europe, dont la région de la Manche. Elle pouvait avoir jusqu'à 2 500 m d'épaisseur, comme en Antarctique. Les fontes occasionnèrent un ruissellement érodant la croûte terrestre et provoquant une montée des eaux.

La Seine, recevant alors comme affluent la Somme, se jetait sur les côtes reliant encore la Grande de la « Petite » Bretagne. Une fois la glace fondue, la brèche de la Manche s'est peu à peu ouverte : on appelle cet épisode historique la « transgression flandrienne ». Le niveau montant de la mer allait graduellement chercher les côtes plus loin à l'intérieur des terres, et les marées et tempêtes extrayaient des rias, plaines et vallées, les roches friables, les dépôts limoneux, etc. On parle d'un différentiel de 100 à 130 m négatifs entre cette époque et la nôtre. À l'époque holocène (-10 000 à -8 500 ans), le différentiel n'était plus que de -40, puis de -20 m.

La Seine prit progressivement son embouchure actuelle, la Somme la sienne et l'eau du Sud rejoignit l'eau du Nord en créant finalement le canal de la Manche.

CATACLYSMES

Une succession de cataclysmes a affecté la face Sud de la Manche. On a différentes versions, mais peu de témoignages tangibles, d'un changement géologique fondamental qui aurait eu lieu en 709 apr. J.-C. Les uns parlent d'un raz de marée créé par un tremblement de terre particulièrement violent dont l'épicentre aurait été les îles Anglo-Normandes, et qui aurait englouti les terres entourant les îles

Gulf Stream

Le Gulf Stream naît, comme son nom l'indique à moitié, dans le golfe du Mexique. Chaudron à eau chaude, cette configuration géologique, sous cette latitude, est fomentrice d'une belle série d'événements à conséquences climatiques dont l'hémisphère nord subit - affres ou bénéfices - les régulières conséquences : ouragans, tempêtes, cyclones, courants marins. Un grand moteur ! Un courant dit « thermohaline », comme on qualifie le Gulf Stream, fonctionne par différence de température et de salinité (donc de densité) avec les milieux ambiants qu'il traverse. Quittant le golfe du Mexique en passant entre la pointe de la Floride et Cuba, il remonte d'abord vers le Nord, puis bifurque vers l'Europe. Il se sépare ensuite en deux branches : l'une file vers l'Islande et l'autre se dirige par le Sud des îles Britanniques vers le Portugal. Il peut descendre jusqu'à 640 m de profondeur, débiter jusqu'à 85 millions de m^3 par seconde et ses eaux avancer jusqu'à 100 ou 150 km par jour, selon la configuration sous-marine. Cet événement régulier et permanent assure un hiver européen plus doux d'environ 15 °C par rapport au Canada, par exemple. Le changement climatique que nous subissons actuellement pourrait donner fin à ce mouvement d'eaux chaudes vers l'Europe. Mais avant la réalisation de tous ces mauvais présages, le Gulf Stream alimente encore l'Europe pour le bonheur des plantes, de la faune et des Européens. Les îles de la Manche, particulièrement, en tirent de jolis bénéfices dans leurs jardins.

Chausey (alors encore des points continentaux plus élevés), l'immense forêt dite de Scissy, qui s'étendait du cap Fréhel à la pointe du Cotentin, vidant par la même occasion les basses terres alluvionnaires de celle qui est devenue la baie du Mont-St-Michel, et isolant deux éminences : le Mont et l'île Tombelaine.
Une autre version parle d'une érosion évolutive. De mémoire plus fraîche, on sait qu'un redoutable tremblement de terre eut lieu en 1427, secouant les côtes depuis la Bretagne jusqu'aux Pays-Bas. Certains, à nouveau, y voient la cause d'un nouvel ordre des choses : la presqu'île de Cézembre, par exemple, aurait été isolée du continent à cette occasion.
En revanche, il semble avéré que le niveau de l'eau se soit élevé entre ces deux dates (8e et 15e s.), de 7 à 8 m.

SOL AFFLEURANT

L'apprenti géologue découvrira surtout des granites, des schistes ou grès durs, c'est-à-dire des roches « acides ». En revanche, peu de calcaire, de craies ou de roches carbonatées.

Granit ou granite ?

Sorte de jaspe (...) de l'italien *granito*, « grenu », riche en grains. L'orthographe « granit » est seule admise par la plupart des dictionnaires. Littré note : « on trouve aussi granite ». Cette dernière orthographe est adoptée par les géologues et les géographes *(dictionnaire Le Robert)*...

Le sous-sol est souvent de composition alternée de roches dures et tendres. C'est ce qui explique en partie le côté très découpé du littoral : en effet, l'érosion étant plus importante sur les roches friables, ces affleurements, disparaissant plus vite que les autres, forment les anses et les baies, tandis que les autres, en général en granite, forment les pointes et caps.
De l'ère primaire, nous pouvons trouver des fossiles de trilobites, de conifères, de poissons et de quelques reptiles ; de l'ère secondaire : des ammonites, des huîtres, des belemnites ; pour l'ère terciaire : des nautilus, des pinces, des os de poissons ; et enfin à peu près tout ce que nous connaissons actuellement pour ce qui est de la faune et de la flore quaternaires fossiles.

G. Targat / MICHELIN

SOL SOUS EAU

Le Massif armoricain sous-marin n'est pas uniforme. S'il peut s'étendre sur près de 5 km dans le Léon ou le Trégor, son socle plonge ses bases jusqu'à 50 km en baie du Mont-St-Michel. Sinon, les fonds marins de la Manche sont constitués d'un lit de cailloux et de graviers grossièrement éparpillés autour d'éperons rocheux.
Le marnage ou l'amplitude – la différence entre la hauteur de la pleine mer et celle de la basse mer – est le plus important d'Europe sur les côtes de la Manche : en baie du Mont-St-Michel, de 12 à 14 m, à Granville, 16 m. Il atteint 7,5 mètres à Roscoff contre 5 mètres sur la côte Atlantique.

Nature marine

LES ROCHERS ET ÎLOTS ROCHEUX

Lorsque l'on considère de près une façade maritime, on distingue trois niveaux, correspondant à trois milieux différents : une partie immergée appelée **infralittoral,** une bande au niveau de la mer, médiolittoral ou **estran**, et la partie **supralittorale,** qui est émergée.
Rarement découvert, l'infralittoral, ici rocheux, est habité par les éponges et des forêts de laminaires appelées « kelp » que l'on retrouve assez profondément, tant que le lumière y est supérieure à 1 %. Y vivent les oursins et gastéropodes brouteurs, des crustacés et poissons prédateurs et des poissons sédentaires...
Les rochers émergés, ou supralittoral, rarement couverts par l'eau, sauf en cas de très hautes marées ou de tempêtes, sont battus par les embruns et restent des zones à haute salinité donc peu

propices au développement de la végétation et inhospitalières pour la faune : la couleur noire au plus près du niveau de l'eau, puis jaune (*xanthorie jaune*) et ocre en s'en éloignant vers la surface sont des lichens et non des traces de pollution comme on pourrait le croire.

Au-dessus des rochers sur lesquels peuvent parfois s'installer mousses et orpin d'Angleterre (espèce souvent dominante le long des chemins de douaniers : bas bouquets de fleurs en étoile rose), là où l'accumulation d'humus et la douceur de la pente le permet, s'étend la pelouse, dite **aérohaline**. Sur cette étendue herbacée se retrouvent espèces littorales et continentales, comme la piloselle, la silène maritime ou la carotte à gomme. La lande est son prolongement, avec ses arbustes ras : prunellier, ajonc, bruyère...

Les falaises et îlots de la Manche protègent une grande biodiversité, surtout pour les plantes et les oiseaux trouvant abri et nid dans leurs anfractuosités les plus faciles à coloniser. L'accès réservé à qui est transporté par le vent en fait des endroits naturellement préservés. C'est dans ce milieu îlien que vivent les fous de Bassan, les guillemots de Troïl et les pingouins torda de France.

L'ESTRAN

Soumis à l'aller-retour des eaux par le jeu des marées, l'estran est un milieu de vie qui demande une grande capacité d'adaptation. Écarts de température, d'humidité, haute teneur en sel, puissance relative et irrégulière des vagues, sont autant d'éléments qui le rendent en principe inhospitalier... Cependant, c'est un bouillon de culture : moules, anémones, algues, invertébrés marins, patelles, bigorneaux, pourpres, étrilles, troques, bigorneaux, et bien d'autres espèces y sont chez elles.

L'estran vaseux des estuaires ou *slikke*, et sa partie correspondante terrestre, **pré salé** ou *shore*, représente aussi un milieu biologique très riche. Le mélange des eaux douces et marines, la perte de violence des vagues et des marées offrent un habitat permanent mais aussi épisodique à de nombreuses espèces : les oiseaux migrateurs qui viennent s'y nourrir, s'y reposer ou s'y reproduire ; le saumon ou l'anguille, la truite de mer ou la sole, qui ne font qu'y passer tandis que le turbo, la plie ou le flet s'en servent de pouponnière. La vase, elle, est occupée par des lamellibranches et autres « vers de vase ».

Peu de végétation sur le *slikke*, mais le *shore* peut servir de pâturage ; on les appelle **« herbus »** autour du Mont-St-Michel.

Concernant les îles, on peut noter sans se tromper que les côtes Ouest et Nord, particulièrement battues par les intempéries, sont sèches et arides, tandis que les côtes Sud et Sud-Ouest, profitant du soleil et du fait d'être sous le vent, donnent une chance inattendue à la végétation : l'exubérance.

LES DUNES

Ce mot d'origine gauloise désignait une hauteur. C'est, grâce au vent, une accumulation aléatoire de sable, le plus souvent mobile et donc extrêmement fragile. Les dunes sont l'habitat d'un grand nombre de plantes menacées de disparition : il faut s'accrocher pour y vivre et leur attrait touristique et ludique provoque une fragilisation accélérée à force de piétinements, de glissements de terrain, d'arrachage de racines, etc. La faune et la flore du tertre de Corlieu et des dunes de la Briantais, près de Lancieux et Saint-Jacut, sont ainsi aujourd'hui protégées.

Les algues

Ce que l'on appelle **goémon en Bretagne** porte le nom **de varech en Normandie.** Une algue n'est pas constituée comme un végétal commun : pas de tige, mais un stipe, pas de racines mais des crampons, pas de feuilles mais des thalles. La récolte des algues est strictement réglementée et, depuis Colbert, seuls les goémoniers patentés peuvent exploiter cette ressource. Après passage dans des fours, on en tirait anciennement de la soude et de l'iode. Ces produits étaient utilisés pour la fabrication du verre, mais aussi de colloïdes et de gélifiants. D'autre part, on en faisait des paillasses. En cas de pénurie, on la brûlait pour le chauffage ou on la mangeait avec plus de dégoût de ce côté-ci de la Manche que de l'autre, puisque les Gallois semblent l'apprécier depuis plusieurs siècles : ils consomment l'algue séchée avec de la bière. Les qualités diététiques des algues sont hors du commun et suppérieures à bien des végétaux : riches en calcium, en acides aminés, minéraux et oligoéléments, on a recommencé à les exploiter industriellement, mais à des fins alimentaires, que dans les années soixante-dix, après l'engouement pour le végétarisme. Depuis, l'algue entre peu à peu dans des recettes élaborées et gastronomiques.

Pêche à pied sur l'île de Guernesey.

La flore qui s'y fixe et la fixe par la même occasion s'appelle **halonitrophile** : elle nécessite beaucoup d'azote, produit par la décomposition des algues de la plage limitrophe, et supporte le sel apporté par les embruns. Plus on monte sur la dune, plus la végétation est différente. Les oyats s'accrochent au sable grâce à leurs racines denses, tandis qu'une pelouse rase colonise ce qu'elle peut. Les mares qui se créent parfois au milieu des dunes sont un repère précieux pour les batraciens, les oiseaux et de nombreux insectes. L'arrière de la dune est souvent l'abri de prunelliers ou de fourrés de troènes.

Poissons et autres animaux

Cotentin et Bretagne sont soumis à ce que l'on appelle « l'effet de péninsule », c'est-à-dire que la faune n'est pas aussi diversifiée qu'ailleurs sur tout leur territoire : plus on s'approche des pointes, plus le nombre d'espèces représentées diminue. Concernant les îles, à part des lapins et des rats, on parle surtout des représentants de l'avifaune, des insectes et des espèces marines.

Ces régions se trouvant entre les régions Sud, plus chaudes, et froides du Nord, peu d'espèces marines y trouvent les bonnes conditions pour s'y reproduire. Tout au plus une étape.

Cette situation occasionne des promiscuités assez inhabituelles comme sur l'île Tomé, en face de Perros-Guirec, où la musaraigne des jardins pourrait, s'il lui prenait l'idée d'aller se balader sur la plage, se retrouver nez à nez avec une bande de phoques gris.

Sur le littoral, on aime citer l'escargot de Quimper (que l'on trouve aussi ailleurs) ou des espèces rares et menacées comme la moule perlière, le saumon atlantique, l'anguille, la loutre, les tritons.

MAMMIFÈRES MARINS

Les mammifères marins ne dédaignent pas les côtes de la Manche, même si peu d'entre eux sont sédentaires. Le phoque gris, vivant en troupeau, s'est installé à plusieurs endroits, dont **l'île Rouzic**, dans l'archipel des Sept-Îles, où il se reproduit. Il y aurait une colonie reproductrice de phoques, veaux marins, derrière **l'île Tombelaine**, dans la baie du Mont-St-Michel : ceux-ci préfèrent les estuaires et les zones sablonneuses. Le globicéphale, le grand dauphin et le dauphin commun passent l'année dans les parages. D'autres espèces, baleines, cachalots, marsouins, orques, rorquals… sont régulièrement aperçues.

DANS LES FILETS

Les grands migrateurs comme le saumon, venu du Groenland (4 000 km) pour frayer, ou les anguilles, ayant traversé l'Atlantique (6 000 km depuis la mer des Sargasses où elles naissent) pour vivre leur maturité (elles peuvent passer 5 ans en eau douce avant de retourner en mer), ont la vie dure depuis que l'homme a commencé à consolider les berges des rivières, construire des barrages, des digues, biefs, autant d'obstacles qui gênent leur circulation dans ces milieux naturels. Sans compter que la pollution a dramatiquement réduit leur nombre. Les aloses, truites de mer et lamproies subissent le même sort.

Au-delà de cette catégorie, les poissons exclusivement marins se répartissent, eux aussi, en des catégories bien distinctes : selon qu'ils vivent près ou loin de la côte, à telle ou telle profondeur, latitude, etc. Le milieu de vie du bar diffère de celui du congre, des dorades royale et grise, de l'éperlan, du lieu jaune, des maquereau, merlan, morue, orphie, de la petite roussette, du sar ou de la sole… Le mulet aime les estuaires et les vasières : qui traversera la baie du Mont-St-Michel en verra passer non loin.

Si le secteur de **la pêche** occupe encore une dizaine de milliers de personnes dans la Manche à partir des ports de Cherbourg, St-Vaast, Granville, Roscoff, St-Malo, Loguivy ou Cancale, la concurrence étrangère, les quotas imposés par l'Union européenne, le poids des charges sociales et la fragilité du milieu, rendent difficile ce traditionnel métier de mer.

DANS LES JUMELLES

Partant de Tatihou pour rejoindre l'île de Batz, collant au plus près aux anses, plages, estuaires et caprices côtiers, cette façade maritime doit pouvoir compter deux à trois milles kilomètres de littoral, parmi lesquels des centaines ou des milliers de sites encore vierges sont propices à l'habitat, au repos, ou à la reproduction des oiseaux et constituent une réserve de nourriture.

D'ailleurs, les balais migratoires des oiseaux entre le Canada, la Sibérie, l'Afrique et le Nord de l'Europe gonflent momentanément, parfois juste le temps de la reproduction, la population de l'avifaune permanente de la Manche, au-dessus de laquelle sont tracées depuis toujours plusieurs de ces routes saisonnières.

Parmi les migrants célèbres de la région, le **fou de Bassan** est certainement celui que l'on remarque le plus quand on visite **les Sept-Îles** ou l'**Île Grande** (observatoire de l'île Rouzic par caméra). Sans oublier le **fulmar boréal,** le guillemot de Troïl, le macareux moine, le pingouin torda ou le puffin des Anglais, qui sont des animaux venant du Nord (Spitzberg, Islande, Groenland) et peuvent, pour certains, descendre plus au Sud. Certains vivent prioritairement au large, ne venant se poser sur terre qu'une fois l'an dans le seul but de se reproduire.

Migrateurs ou non, les limicoles (de limon) comme les huîtriers pie (sédentarisés en France), les avocettes, les chevaliers gambette, les gravelots, les hérons cendrés et leur cousine l'aigrette, les bécasseaux ou les spatules et les tournepierres préfèrent les lagunes ou les prairies basses et les marais où ils trouvent une abondante nourriture, tout comme certains canards, oies bernache cravant et autres tadornes de Belon qui préfèrent s'arrêter dans ces biotopes littoraux ou même continentaux.

Les oiseaux marins comme les cormorans (huppés ou grands), goélands, mouettes, sternes peuvent passer la journée en mer mais aussi sur terre (on en voit de plus en plus fréquentant les décharges publiques ou les plans d'eau douce), et revenir sur le littoral le soir pour y passer la nuit. La plupart des espèces mentionnées ci-dessus sont protégées.

Les produits de la mer

Dans l'esprit du gourmet averti, la Manche évoque les produits de la mer. Lorsque l'on arrive dans ses baies, estuaires ou zones calmes à marée haute, on ne soupçonne pas ce que les eaux descendantes vont découvrir : des noirs escadrons de bouchot sur lesquels on cultive les moules, des alignements de sacs contenant des huîtres en élevage ou affinage (celles de Courseulles ou de St-Vaast, les huîtres « pied de cheval » des îles Chausey), des bassins destinés à l'aquaculture (saumon, truites de mer…) : véritables champs fermiers sous l'eau. Cependant, tous les fruits de mer ne peuvent être produits aussi systématiquement. Les palourdes sont parfois encore pêchées à la « drague », comme les praires, les pétoncles ou les coquilles Saint-Jacques. La pêche au casier concerne encore les bouquets, les homards, tourteaux, araignées de mer et langoustes. Se délecter d'un plateau de fruits de mer ou d'un poisson vraiment frais dans un restaurant sur un port ou avec vue sur la mer fait partie des grands événements des vacances sur le littoral de la Manche, c'est certain. En revanche, dans les restaurants, c'est cher, parfois très cher. Dans le Cotentin, il est même difficile de trouver des petits restaurants qui en propose. Alors, pour pallier cet inconvénient, il y a d'autres solutions qui procurent parfois encore plus de plaisir : passer une commande dans une poissonnerie ou composer soi-même son menu en achetant directement aux pêcheurs ou encore… en se lançant dans la pêche à pied !

Écologie !

L'homme intervient actuellement directement et indirectement dans pratiquement tous les systèmes naturels. Souvent pour le mal des autres espèces puisqu'il travaille à son propre bénéfice avant celui des autres êtres vivants. Il dénature donc l'environnement, forçant des mécanismes naturels à sortir de leur équilibre ancien, des espèces à transformer leurs comportements pour survivre… quand elles y parviennent.

Après des siècles d'une cohabitation plutôt pacifique, les débuts de l'industrialisation ont poussé l'homme à engager des travaux permettant de développer son activité : canalisation de cours d'eau, construction de barrages, de ponts, de routes, d'usines polluantes, de bateaux de plus en plus efficaces et de plus en plus rapides pour transporter, pêcher vite et beaucoup…

TOURISME

Sur les côtes maritimes spécialement, la dernière industrie performante de l'homme, le tourisme, est en soi une bonne et une mauvaise nouvelle.

La bonne nouvelle est qu'il permet de prendre directement conscience que l'activité humaine a trop souvent – et finalement à son détriment – dépassé la mesure. La nature n'est plus aussi diversifiée et sauvage qu'avant, a perdu beaucoup de ce cachet qui fait se déplacer les touristes et ne fait plus partie de notre quotidien : il faut aller la chercher dans des enclos, des parcs, des réserves. Partant, l'homme a marqué une tendance récente à se préoccuper de restaurer des zones de plus en plus conséquentes et les soumettre à nouveau à la gestion de la seule nature. Cette réhabilitation demande malgré tout son intervention : extermination d'espèces envahissantes et prédatrices d'autres espèces endémiques, comme le rat à Cézembre ou sur l'île Tomé, fauchage régulier de certaines plantes pour en empêcher d'autres de reprendre leur habitat d'origine, etc.

La mauvaise nouvelle n'est en réalité qu'à demi mauvaise : elle réside dans le fait que cette restauration des milieux et leur mise en valeur créent un appel à la visite. Plus le site est préservé et beau, plus la volonté de le visiter s'impose. Or il est très difficile de conserver un site fragile avec un flux humain, si petit soit-il, obligeant à réaliser des aménagements infrastructurels dont l'existence même va souvent à l'encontre de l'intention première de protection. Parkings (hermétisation du sol), voies d'accès (tassement du sol), écoulement forcé des eaux de ruissellement et égouts (caniveaux, tuyaux, évacuation avec ou sans traitement dans les cours d'eau), chemins balisés (ils peuvent aussi l'être pour les animaux ou l'expansion végétale), magasins, etc. Tout ce qui est nécessaire pour éviter les piétinements intempestifs, la destruction de la végétation, les effets érosifs et polluants sont des interventions dont la nature n'a pas besoin pour exister.

> **Attention !**
>
> Investissements, surexploitation des ressources, multiplication des activités saisonnières (festivals), initiatives sportives, programmations ludiques ou aménagements de sites de délassement, les espaces côtiers et en particulier les îles paient un lourd tribu pour assurer un succès touristique et évidemment économique. Á quel point la recherche du rêve, supposé trouvable dans les îles, aura été le moteur de sa propre destruction ?

RÉACTIONS

La situation devenant critique et la prise de conscience montant, des organismes *ad hoc* ont été créés afin de déterminer, délimiter, acquérir et gérer certains territoires du patrimoine naturel. **Le Conservatoire du littoral**, par exemple, acquiert et gère parfois avec les collectivités locales des zones fragiles du littoral français *(www.conservatoire-du-littoral.fr)*.

Le programme **Natura 2000** développe une stratégie nationale pour la biodiversité, prenant donc des mesures concernant la surveillance des zones d'intérêt écologique *(http://natura2000.environnement.gouv.fr)*.

La Société pour l'étude et la protection de la nature en Bretagne (**SEPNB** - *www.bretagne-vivante.asso.fr*) fédère des associations et coordonne des actions sur des territoires protégés ou à protéger.

Les dangers venant de la mer

Marées noires, bateaux mal entretenus sous pavillons insurveillables, pêche à l'excès… On se souvient de l'*Amoco Cadiz*, de l'*Erika*. Le souvenir du naufrage du *Tanio*, en 1980, est le plus cuisant de la Manche, et plus particulièrement de la Côte de Granit Rose.

Le **CEDRE** a été créé pour prévenir et contrer les risques de marées noires

G. Bentz / LPO

La station de la LPO, la ligue de protection des oiseaux, sur l'Île Grande.

et autres pollutions marines. La LPO *(www.lpo.fr)* a créé un observatoire et une clinique pour oiseaux mazoutés sur l'Île Grande.

Les dangers venant de la terre...
Pollution des rivières, des nappes aquifères par exsudation après infiltration des déjections porcines (lisier), engrais (nitrates), etc., rivières non traitées charriant des pollutions agricoles, ménagères et industrielles... Le sol ne parvient plus à contenir la surcharge de ces produits et les « restaure » dans les nappes phréatiques, les failles souterraines, ce qui finit par favoriser sur la côte le développement d'algues comme l'ulve, appelée aussi « laitue des mers » ou simplement « salade », qui, se décomposant à la chaleur du soleil sur les plages, dégage une odeur pestilentielle.

... des hommes et du temps
Détérioration du milieu par piétinement, affaiblissement du couvert végétal et de la résistance des zones géologiques friables (falaises, dunes) ; occupation du sol par des nouvelles infrastructures touristiques et urbaines ; exploitation des estuaires et rivières pour extraction de pierre ou de sable...
À tout ceci vient s'ajouter le changement climatique, entre autres causé par l'activité humaine : il va changer les données biotopologiques mondiales, la qualité des sites naturels locaux, et donc les conditions et les comportements de vie des animaux et des plantes. Une montée des eaux signifie une redéfinition de la géographie côtière, donc la disparition des prairies basses, marais, vasières, etc. Les migrateurs devront choisir d'autres endroits pour se poser et se reproduire, et les autres espèces devront se déplacer ou s'adapter si elles veulent survivre, tandis que les réserves naturelles seront pour la plupart... sous l'eau.

Il était une fois...

Les traces humaines les plus anciennes que l'on retrouve le long des côtes de la Manche, y compris dans l'abri sous roche de Bréhat, font remonter l'occupation préhistorique au paléolithique (70 000 ans av. J.-C.).
Vers 6 000 av. J.-C., début de l'époque mésolithique (population de chasseurs-cueilleurs, consommateurs de coquillages, en bord de mer), la zone reste relativement peu peuplée. Avec la migration des peuples dont on ne sait pas grand chose sinon qu'ils n'étaient pas Celtes, la péninsule bretonne se remplit peu à peu. Il reste de cette époque les fameux tumuli mégalithiques, les dolmens, menhirs, allées couvertes, les cromlechs et autres alignements. Les îles de la Manche étaient naturellement, avant de faire partie d'un dispositif défensif, parmi les premiers débarcadères choisis.

Jules César et les Celtes

Les Celtes n'envahissent la région que vers 450 av. J.-C. Les différentes tribus gauloises (celtes) ne se cantonnent pas aux régions continentales, mais passent la Manche et colonisent les îles Britanniques. Les Coriosolites (région de St-Malo) et les Osismes (Finistère), les Abrincates (Avranches) et les Unelles (Cotentin et îles) se fixent sur la côte Nord.
Les Romains soumettent les peuples d'Armorique qui se révoltent : Sabinus vainc les Coriosolites non loin de la baie du Mont-St-Michel, tandis que les

Vénètes (Vannes) sont défaits par Decimus Brutus. Ils envoient en 52 av. J.-C. des corps expéditionnaires à Vercingétorix… Un peu plus tard, Auguste réorganise le découpage administratif de ce que les Gaulois appelaient aussi *Letavia* (Llydaw), « Petite Bretagne » : des villes changent de nom, d'autres sont créées ou abandonnées. Quoi qu'il en soit, les Gaulois, loin d'avoir tout perdu avec la victoire de César, une fois intégrés à l'empire, surent profiter de la *Pax romana* pour s'enrichir, développer leur société et rayonner dans un monde plus grand. Ils se romanisèrent.

L'empereur des Gaules

Ce que l'on considère parfois comme une dernière tentative de prise d'autonomie du monde gaulois sur le monde romain est l'usurpation du pouvoir de Carausius. Le co-empereur Maximien confia à ce dernier la mission de défendre les côtes de la Gaule contre les incursions germaniques, notamment des marins Francs, et de reprendre le territoire à nouveau disputé de la « Grande » Bretagne, qu'il était sensé tenir jusqu'au mur d'Hadrien, à la frontière de l'Ecosse. Carausius profita de la situation et s'autoproclama empereur de Gaule. Ce n'est qu'après la formation de la Tétrarchie (constitution d'un collège de quatre empereurs se répartissant le territoire de l'empire romain), en 293, qu'un des nouveaux co-empereurs, Constance Chlore, se mit en guerre contre l'usurpateur : il le défit en 296 et récupéra tout le territoire au nom de ses collègues pour Rome. La ville de Coutances (initialement Constancia), dans le Cotentin (pays de Coutances), a gardé son nom en sa mémoire.

Jésus est venu du Nord

Même si l'Armorique a été rapidement rattachée à la province de Gaule lyonnaise où les chrétiens se sont rapidement organisés, on a peu de traces d'une christianisation des Gaulois au début de notre ère. Au Sud de Trébeurden et de la baie de Lannion, **le Yaudet** est un endroit qui aurait vu passer un disciple de Nicodème et de Joseph d'Arimathie, venu évangéliser le pays, mais récupérant pour y parvenir une puissante image du culte de la Cybèle, preuve que les gens y étaient encore fondamentalement païens.

Ce n'est qu'après les premiers coups portés aux Celtes de Bretagne (la « Grande ») par les Saxons que, descendue sur le continent, une armée de moines gallois et irlandais ont entrepris de convertir les Bretons d'Armor, s'y réfugiant par la même occasion, semble-t-il. Parmi eux, on en dénombre sept (comme les branches du chandelier sacré) qui seront tenus pour les sept fondateurs du christianisme breton, dont saint Pol de Léon, débarqué sur **l'île de Batz**, saint Tugdual et saint Brieuc, débarqués dans **l'estuaire de Tréguier**, saint Maclow, débarqué sur l'**île de Cézembre** et saint Samson, débarqué non loin de **Cancale**, pour ce qui est du Nord…

Tout aussi fondateurs, mais non retenus, saint Jacut, saint Milliau, saint Gildas, l'ermite Aaron, débarqué sur l'**île Harbour**, Conald Mewen (St-Méen), à **Cancale,** et tant d'autres dont les noms sont restés accrochés à des îles, presqu'îles et villages. Les noms incluant le préfixe « plou » datent de cette époque et désignent les lieux de peuplement par un clan particulier ou encore celui de l'implantation d'une communauté paroissiale (Milliau, Ploumilliau). L'engouement des Bretons pour le christianisme, moyennant un bon mélange de paganisme, devint si important que Clovis, une fois baptisé, s'attira facilement leur loyauté…

Autres invasions…

Les Danois, Normands, Vikings de tout poil n'ont pas manqué d'y planter leurs premiers campements, avant ravage, puis d'y réserver leurs butins, après ravage. Les Anglais ont aussi « louché » sur les îles de la Manche, beaux avant-postes pour leurs convoitises continentales. Mais Vauban a tout bloqué.

Pendant la Seconde Guerre mondiale, les Allemands ont confirmé cette stratégie : presque chaque île est devenue une des tours du « Mur de l'Atlantique ».

Après cette dernière vague d'envahisseurs, les oiseaux, et les touristes ont pu réinvestir les lieux.

Deux Mont-St-Michel ?

Le Mont-St-Michel n'est pas unique… Dans les Cornouailles, un des sites les plus visités du Sud de l'Angleterre est précisément le *Mount-Saint-Michael*. Au 5e s., l'archange, le même, a fondu avec avance sur ce rocher-là, qui n'est une île qu'à marée haute, un lieu qui a vu arriver des Phéniciens et était vraisemblablement dédié au culte du Soleil. Au fil des époques et des épées, le *Mount* s'est aussi transformé en bourgeon gothique et de nos jours se visite. Plus de moines bénédictins de ce côté-là de la Manche, mais il est la propriété d'une vieille famille anglaise depuis plus de 300 ans.

1 Tatihou et la baie de St-Vaast-la-Hougue

CARTE MICHELIN LOCAL 303 E2 – MANCHE (50)
28 HA – AUCUN HABITANT

En dépit de son nom évoquant l'univers rassurant et coloré de Wald Disney, l'île de Tatihou a un passé guerrier, rude et sanglant. Mais ce temps est révolu et pour la conquérir aujourd'hui, il ne faut être armé que d'un râteau et d'une chaussette pour attraper le tourteau, ou encore d'un haveneau pour pêcher la crevette. Balades, farniente sur une plage de sable fin, dégustation de coquillages crus que vous aurez pêchés vous-mêmes sont au programme de cette petite île du Cotentin. Sur la terre ferme, à dix minutes de bateau, Saint-Vaast (on prononce « saint-va »), premier port français libéré après le jour J, produit de remarquables huîtres iodées et charnues et accueille des plaisanciers parmi une flotte de pêche toujours bien active. Cette côte du Cotentin est la seule de l'Ouest de la France qui soit orientée plein Est : le regard butte d'abord sur les plages du Débarquement.

ARRIVER À BON PORT

Le départ pour Tatihou se fait depuis St-Vaast-la-Hougue. On accède à St-Vaast **en voiture** par la N 13 (axe Caen-Cherbourg) que l'on quitte à Valogne pour suivre la D 906 jusqu'à St-Vaast.

En train : TGV Paris-Cherbourg ou Rennes-Cherbourg puis louer une voiture (25mn de Cherbourg) ou se rendre à la gare routière (✆ 02 33 44 32 22). Horaires bus et SNCF également disponibles à l'Office de tourisme de St-Vaast.

En avion : aéroport de Cherbourg ou de Caen.

LARGUER LES AMARRES !

Traversée en « véhicule amphibie » – Embarquement à côté de la capitainerie de Saint-Vaast lors des marées hautes ou de la plage à marée basse. Traversée : 10mn. Toutes les 1/2h (marée haute) et toutes les h (marée basse). Du 26 mars au 2 oct. : tlj 10h-17h45 ; de déb. oct. à mi-avr. : w.-end et vac. scol. 14h-16h30. Tarif : 7,60 €/AR (visite du musée, de la tour Vauban et des jardins comprise), 3,05 € enfant. Le billet s'achète à la billetterie du port, quai Vauban, et non à l'embarcadère - ✆ 02 33 23 19 92.

Traversée à pied – La petite distance qui sépare Tatihou des côtes (1,2 km) rend son accès possible à marée basse lorsque le coefficient de marée dépasse 70. Le rhun, chemin submersible qui conduit à l'île entre le parc à huîtres et le platier rocheux, reste dégagé pendant 90mn avant l'heure de marée basse et 90mn après. Durée de la traversée : 25mn. Se renseigner à l'Office du tourisme de St-Vaast pour les horaires des marées.

BON À SAVOIR

Même si l'île a des velléités continentales à marée basse, passé la dernière navette (17h30) plus question de quitter les lieux. Or l'île de Tatihou ne compte qu'un seul hôtel. Prévoir donc à l'avance si vous souhaitez passer une nuit dans ce site exclusif. En revanche, si vous voulez dîner dans un des excellents restaurants côté continent, prévoir un autre hôtel que celui de l'île : en effet, pas de retour nocturne possible sur Tatihou.

On circule sur l'île exclusivement à pied et les chiens y sont interdits.

Le nombre de visiteurs autorisé est de 500 par jour : ayez ce chiffre en tête dès le mois d'avril !

Découvrir le passé maritime de Tatihou…

Si Tatihou mérite qu'on y passe une belle nuit, y passer la journée est aussi pleinement satisfaisant. Pour cela, il faut faire son marché le matin à Saint-Vaast-la-Hougue (si c'est samedi, de 7h à 14h, place de la République) ou passer commande d'un panier pique-nique à la poissonnerie (*voir le carnet pratique*), ou encore compter sur les

Le bateau amphibie en route pour Tatihou.

fruits d'une belle pêche à pied et la fraîcheur d'une bouteille de muscadet. Le matin : découverte d'un patrimoine maritime fièrement mis en valeur avec la visite du musée maritime et de la tour Vauban. L'après-midi : pause nature avec les jardins du lazaret, sommeil et abandon sur une plage.

Musée maritime départemental

Le billet du bateau donne droit à la visite du musée. Horaires des navettes.

Ouvert lors de l'anniversaire du tricentenaire de la bataille de La Hougue, et à la suite de fouilles effectuées sur les restes des vaisseaux incendiés *(lire l'encadré « Depuis les vikings »)*, le Musée maritime de l'île de Tatihou présente une collection archéologique intéressante à laquelle s'ajoutent divers objets communs et d'art, images et tableaux, témoignant de la vie maritime et du littoral de St-Vaast au fil des siècles : ex-voto, marines d'excellente qualité, planches, dessins, gravures botaniques.

Fort Vauban

Comme Saint-Vaast, Tatihou fut fortifié au 17e s. par Vauban. Dans l'ancien **fort** du même nom, on peut grimper dans la tour et voir du sommet sa jumelle de La Hougue *(voir plus loin, St-Vaast)*. À côté de la tour se trouve l'ancienne caserne. Les poudrières (fin 19e s.) restaurées accueillent des expositions temporaires. Entourées de douves, les fortifications abritent une chapelle et un observatoire ornithologique.

Tatihou, paradis entre vent, soleil et eau

Pour les amoureux de la nature, l'île de Tatihou est un lieu exceptionnel : dans l'enceinte de **l'ancien lazaret** créé en 1721 pour combattre les épidémies, **trois jardins** font parler la végétation endémique ou exotique dans des mises en scène différentes. De l'autre côté de cette frontière, la partie Nord-Est est une réserve d'oiseaux marins.

Depuis les Vikings…

Les Vikings ont fait leur première apparition à Tatihou avec la gueule ouverte de leurs diables de proues et y ont laissé leur nom. Tati, nom présumé de chef, a arrêté ses turbulents rameurs sur cet îlot, prémisses d'une redoutable révolution.

Ces mauvais moments n'étaient pas les derniers. Les cris de guerre allaient bon vent sur ce lieu entre ciel et terre qui devint, en 1066, le rendez-vous d'une partie de la flotte de Guillaume (bientôt le Conquérant) peu avant l'invasion de l'Angleterre. Presque rien ne reste de ces époques, sinon des vieilles histoires qu'on caracole dans des récits effarants. Mais guerres et pestes ont fait crier d'autres générations.

En 1692, la bataille navale de la Hougue conduite par l'amiral de Tourville contre la flotte anglo-hollandaise se termina par la débandade des navires français. N'ayant pu rejoindre Brest ou Saint-Malo, les plus gros navires en difficulté se réfugièrent dans la baie de la Hougue, dans l'attente d'une décision des responsables. Cette décision tardant, les vaisseaux furent échoués près de Tatihou puis brûlés par les Anglais.

Le jardin des cours

Répartie dans les anciennes cours du lazaret, une série de massifs et de parterres présentent des espèces exotiques comme l'*aeonium arboreum* (aeonium arborescent) et en particulier des plantes succulentes.

Le jardin botanique

Sur 800 m² sont regroupées plusieurs centaines d'espèces du littoral réparties selon leur milieu : dunes, vases salées, rochers, landes et prairies. On y trouve entre autres des *crambes maritima* (choux marins).

G. Targat / MICHELIN
Jardins de Tatihou.

Le jardin maritime

Un jardin particulièrement élégant, dont le seul horizon est le mur délimitant l'espace intérieur de 3 ha du lazaret, abrite une belle roselière, des herbes et des arbustes sauvages du bord de mer regroupés dans différents coins du parc.
C'est sur ce site beau et apaisant qu'ont été découvertes lors des fouilles menées en 1996 des traces d'activités agricoles datant de l'âge du bronze (environ 1800 av. J.-C.). Greniers, four, poteries et outillage lithique y ont été mis au jour.

...et le jardin naturel

Pour le reste de l'île, l'**espace naturel protégé** est de 20 ha : landes, dunes et grèves favorisent le développement des espèces d'oiseaux endémiques ou de passage, parfois en voie de disparition, et donc leur observation. On peut y voir selon les époques de l'année des tadornes de Belon, des chevaliers gambette, des pluviers argontes, des huîtriers pie, des fous de Bassan, des bernaches et autres eiders.
Tatihou est un véritable carrefour pour les oiseaux migrateurs marins, mais aussi non marins. 990 couples de goélands argentés y ont leur résidence. Lors de la nidification, le cri des goélands défie toute volonté de pactiser. Chacun y défend son territoire à coup d'invectives clairement chargées en menaces braillardes. Les seuls animaux terrestres que l'on y trouve sont les rats et les lapins !
Le Conservatoire du littoral a recensé sur Tatihou plus 120 espèces végétales dont les rares elymes des sables, la luzerne polymorphe et la renouée maritime.

Les plages

Elles se trouvent facilement, l'île ne faisant que 700 m de long sur 400 de large : plusieurs sont de sable fin. La baignade est possible 3h avant et après la pleine mer. Vous aurez alors – ou non – la chance de ramasser quelques coquillages et crustacés, en pratiquant la pêche à pied.

Goûter aux vrais plaisirs du bord de mer

Déguster les huîtres de Saint-Vaast

GAEC La Tatihou – *6 r. des Parcs - 50550 St-Vaast - ✆ 02 33 54 43 04 - 5 €.*
Une exposition, « L'Huître de St-Vaast, une longue histoire », un film, « St-Vaast, berceau de l'ostréiculture normande », et surtout une dégustation de 6 huîtres avec pain, beurre et vin !

La ferme du château de Fontenay – *Voir Tatihou et St-Vaast pratique « Où dormir ».*
Les propriétaires de la ferme vous accueillent pour une dégustation des huîtres qu'ils cultivent dans leur parc de St-Marcouf-de-l'Isle.
Pendant ce temps, vos enfants pourront découvrir le parc échevelé du château, qui abritait la Kommandantur allemande avant le Débarquement. Les Américains l'ont détruit et ont comblé ses douves afin de prolonger une piste d'aviation construite dans le parc. Le château est toujours en ruine, les douves ont retrouvé une certaine profondeur et les bois et marais des alentours abritent plus de 10 variétés de chauves-souris, des rapaces et toutes sortes d'autres petits animaux. Parcours-nature avec ou sans les explications des hôtes. Site classé par le WWF.

Mettre les enfants ou les plus grands à l'eau

À **Saint-Vaast**, beaucoup de sable fin, des rochers et quelques galets. Peu de plages dangereuses, mais surveillez toujours les enfants.

Les plages du Nord au Sud – Maltot, Brevy (baignades à toute heure, sauf pendant 3h autour de la basse mer), la pointe de la Loge (série de petites anses protégées), Fouly (succession de petites anses de sable fin ; côte protégée et interdite à la construction), Dranguet (la plus belle plage, mais attention aux courants forts de la mi-marée et aux engins de guerre qu'on peut y trouver), Jonville (mer parfaitement plate idéale en tous temps pour les véliplanchistes… mais attention aux vents parfois violents !), le pont de la Saire (baignade seulement 2h avant et 2h après la pleine mer), le Trava Crochu, la Chapelle (sous la chapelle des marins de St-Vaast, petite plage agréable à marée haute), la Hougue (seule plage de galets des environs, très prisée : jeux pour enfants et courts de tennis, WC à proximité), Gatteville (belle anse de sable fin, mais mer dangereuse).

Centre Nautique Baie de Saint Vaast – *Quai du Cdt Albert-Paris - 50550 St-Vaast-la-Hougue - ✆ 02 33 43 44 73 ou 06 75 74 45 10 - www.cnbsv.org.*
École de voile et location de kayaks, catamarans, dériveurs et planches à voile. Quel meilleur plan pour faire le tour de Tatihou ?

Pêcher, cueillir et ramasser

La **pêche à pied** se pratique sur à peu près toutes les plages et grèves à marée descendante et basse. Ne vous laissez pas défaire par une fine pluie : la pêche à pied rapproche tant de la nature et de l'engouement enfantin qu'elle réconcilie automatiquement avec tous ses aspects. Attention aux horaires des marées et à respecter les limites bien visibles des parcs à huîtres et les périodes d'ouverture de la pêche. Vous trouverez différents bigorneaux, étrilles, tourteaux et homards, crevettes roses et oursins.

Pas de pêche en mer possible ni vers l'épave du *Norfolk*, où l'on trouve bars, lieus et congres. Cependant, des lieus et des bars se baladent à la hauteur du phare de St-Vaast et des poissons-chats et des lieus à la pointe de Saire.

La Mouche de Saire – M. Jeanne - *✆ 02 33 54 50 26* - Pour une belle pêche en rivière entre le pont de Saire et Valcanville, à quelques mètres de la mer : truite fario sauvage, anguille, flet (plie) et truite de mer. Parcours « handipêche ».

Randonner à pied ou à vélo

Informations et plans à l'Office du tourisme de St-Vaast. Location de vélos : Proxi Triquet à St-Vaast, ✆ 02 33 54 42 23, ou Établissement Lesage à Quettehou, ✆ 02 33 54 13 63.
Les plages du Sud et du Nord *(voir plus haut)* offrent des beaux espaces sur lesquels se promener sur des chemins balisés, entre herbus et grèves, polders et rochers affleurants.

Excursions entre terre et mer

Elles peuvent se faire indépendamment ou à la suite les unes des autres. Départ depuis le fort de Saint-Vaast.

Fort de La Hougue

Les pêcheurs qui habitaient encore leur hameau sur la péninsule de La Hougue en 1692 ont dû voir avec consternation les 12 vaisseaux de Tourville fuir le front puis brûler sous leurs yeux. Ils devaient déjà savoir que, depuis près de 50 ans, le cardinal de Richelieu avait convoité le site en vue de développer le commerce maritime. La baie du Cul-de-Loup offrait des avantages que Cherbourg n'avait pas… Mais les bastions, fossés, redoutes, cornes et demi-lunes construites à St-Vaast et Tatihou ne servirent pas à grand-chose en face des Anglais, en 1692 : les marins de Tourville sont rentrés chez eux à pied… Les travaux de fortification ne

Le « plus » nature

Les huîtres avant la culture systématique, étaient pêchées sauvages, au large de Tatihou et sous le vent des îles St-Marcouf, de septembre à avril. Les bateaux étaient alors armés pour la « dreige aux huîtres ». On ramenait les crustacés dans la baie de St-Vaast, où ils étaient parqués et subissaient pour la première fois de leur vie le rythme des marées. Les huîtres s'habituaient ainsi à se passer d'eau entre deux pleines mers et à supporter un transport plus ou moins long, jusqu'au Havre, Honfleur, Rouen ou Paris. C'est à partir du 19e s. qu'est créée la première station ostréicole à St-Vaast. Elle n'a cessé de prospérer jusqu'à nos jours, grâce à quoi on peut toujours déguster la fameuse huître de St-Vaast au goût de noisette.

datent que de 1684 et ont été réalisés par un élève de Vauban, Combes. Le fort est occupé par la Marine nationale et fait l'objet de visites occasionnelles organisées par l'Office de tourisme. Il vaut la peine d'en faire le tour par les murailles extérieures *(compter 30mn du parking ou 1h30 au départ de St-Vaast)* : beaux points de vue.
Bon à savoir : le **Festival du livre de mer et d'aventure** a lieu sur le site du fort de la Hougue aux alentours du 14 Juillet. Il est organisé par l'association *Festival en Cotentin - M. Thin - ✆ 02 33 54 33 91.*

Réville et le pont de la Saire

À 3 km au Nord de St-Vaast. Suivre la direction de Réville par la route du littoral.
Le **pont sur la Saire** donne un point de vue intéressant sur la baie, que l'on découvre au fur et à mesure que l'on évolue sur les grèves. D'un côté, des chevaux et des animaux de ferme dans un paysage bucolique, de l'autre, des habitants d'eaux salines ou des sables, que poursuivent respectivement les pêcheurs au haveneau et les peintres postés sur la route.
Mais **Réville** a d'autres secrets : ses châteaux, manoirs, fermes et chapelles servent encore de refuge, dit-on, à un fantôme. En effet, le frère ivrogne et grossier du seigneur de Réville, moine défroqué vers 1500, aurait défié Satan. Ayant perdu le droit à la mort, il errerait depuis dans la région, sous la forme de chiens, vagabonds, pêcheurs perdus ou d'un poisson… Le croiserez-vous ?

L'apéro à La Pernelle

Depuis St-Vaast, prendre au Nord la D 1 jusqu'à Quettehou puis la D 902 vers Barfleur ; après 3,5 km, indication La Pernelle sur la gauche. La vue y est soufflante quand le soleil éclaire d'une dernière lumière Tatihou et la mer. Et c'est un excellent endroit pour prendre un apéro. Du haut du promontoire rocheux de La Pernelle, en surplomb d'une grotte dédiée à la Vierge, les Allemands avaient positionné pendant l'Occupation deux batteries et un radar de 27 m de haut. Le panorama depuis cet éperon fossile vaut le détour. Si on regarde attentivement le clocher de la charmante église, il y a une belle surprise à découvrir ! Observez la taille des ardoises…

Barfleur★

13 km de St-Vaast. Suivre la D 1 en direction de Quettehou puis la D 902 vers Barfleur.
Ce port typique serait un des plus beaux villages de France ! Son bassin libre fait de pierres sombres offre un contraste étonnant avec les éclats de lumière dans lesquels sont pris les bateaux à fleur de quai ou roulés sur un lit de varech et une vase odorants. L'endroit marque.

Phare de Gatteville

4 km au Nord de Barfleur par la D 116 puis la D 10 - ✆ 02 33 23 17 97 - mai-août : 10h-12h, 14h-19h ; sept. et avr. : 10h-12h, 14h-18h ; oct. et mars : 10h-12h, 14h-17h ; fév., de déb. nov. à mi-nov. et de mi-déc. à fin déc. : 10h-12h, 14h-16h - fermé 1er Mai, 25 déc. et par grand vent - 2 € (-17 ans gratuit).
11 000 blocs de granit, 365 marches, 75 m de hauteur, 52 fenêtres, 12 étages, 9 mètres de diamètre à la base, des murs de 2,60 m d'épaisseur à la base, 5 ans de travaux entre 1829 et 1834 pour devenir le 2e phare de France, avec une portée par temps clair de 50 km. On le voit depuis Saint-Vaast !

Retour à Saint-Vaast par la D 1.

Découverte insolite à Ecausseville

Vous êtes à un vol de ballon de la côte ! Si vous suivez la D 14, au Sud de St-Vaast, que vous bifurquez, après Quettehou, sur la droite en direction de Montebourg- Ecausseville (D 42), vous remarquerez, dépassant des arbres à l'Est, le dos d'une étrange construction osseuse, voûtée et grise, en plein milieu de la campagne. Il s'agit d'un des rares hangars à dirigeables encore sur pied, construits pendant la Première Guerre mondiale pour abriter les ballons de reconnaissance et de bombardement qui défendaient la côte contre les bateaux et les sous-marins. La charpente est faite de béton armé et recouverte de tuiles de 1,64 x 2,10 m et d'un poids de 150 kg chacune, coulées à même leur emplacement définitif. Royaume des pigeons et des courants d'air, ce chameau en béton de 150 x 40 x 30 m est classé et fait l'objet de tentatives de récupération et d'animation par une association d'aficionados… Il n'y a absolument rien à voir dans le hangar, dans lequel on ne peut jeter qu'un coup d'œil furtif, mais c'est peut-être ça qui le rend vraiment impressionnant ! Un embryon de musée est organisé dans un hangar adjacent, avec photos, maquettes et explications. *✆ 02 33 40 17 84 ou, ✆ 02 33 95 40 50 (Mairie de Montebourg) - www.phivaast.club.fr/ecausseville - mar., sam. apr.-midi ou sur réserv. - 1 €.*

Tatihou et St-Vaast pratique

OÙ S'INFORMER

Office du tourisme de St-Vaast-La-Hougue – *1 pl. du Gén. -de-Gaulle - 50550 St-Vaast - ✆ 02 33 23 19 32 - www.saint-vaast-reville. com - juil-août : 9h30-12h30, 14h30-18h30 ; sept : 9h30-12h, 14h30-18h, dim. 14h30-18h ; oct.-mars : tlj sf dim. 10h-12h, 14h30-17h.*

Accueil Tatihou – *Quai Vauban - 50550 St-Vaast - ✆ 02 33 23 19 92 - www.tatihou.com - avr.-sept. : 9h30-12h30, 13h15-17h30 - fermé janv., w.-end et vac. scol. (oct.-mars).*

Capitainerie du port de St-Vaast – *Pl. Auguste-Contamine - 50550 St-Vaast - ✆ 02 33 23 61 00 - juil.-août : 8h-22h ; sept.-oct., avr.-juin : 8h-12h, 13h30-17h30 ; nov.-mars : 8h-12h.*

Météo France de Ouistreham à Barfleur – *3201 suivi du code météo 1 ou 2 ou affichage quotidien à l'Office de tourisme et à la capitainerie.*

Température de l'air : minimale en janvier : 5,9 °C ; maximale en août : 17,1 °C. 146 jours de pluie/an.

OÙ DORMIR

Abbaye de Montebourg – *50310 Montebourg - au S de St-Vaast, D 14 puis D 42 - ✆ 02 33 41 10 05 - www.abbaye-montebourg.com - 140 ch. 25 €* ☕. Dans le moulin attenant à l'abbaye (maintenant transformé en collège), chambres modestes mais propres avec lavabo et parfois douches, parc agréable et petit déjeuner dans une salle voûtée.

Chambre d'hôte La Ferme de Cabourg – *150 m de la mer et de la Saire - 50760 Réville - 3,5 km au N de St-Vaast par D 1, puis D 328 dir. Jonville - ✆ 02 33 54 48 42 - ⊠ - 3 ch. 40/50 €* ☕. Au bout d'une allée de peupliers, une ferme du 15e s. offre des chambres d'hôte. Bon accueil et plein de charme.

Chambres d'hôte Ferme du château de Fontenay – *Sur RN 13 - 50310 St-Marcouf-de-l'Isle - ✆ 02 33 40 24 10 - fermeduchateau@wanadoo.fr - classé gîte Panda - 3 ch. 46 €* ☕ *- table d'hôte.* Dégustations d'huîtres et promenades ornithologiques.

Hôtel de France et Fuchsias - *50550 St-Vaast-la-Hougue - ✆ 02 33 54 42 26 - france-fuchsias@wanadoo.fr - fermé 3 janv.-1er mars, lun., mar. en mars, nov., déc. et mar. midi d'avr. à oct. sf juil.-août - 37 ch. 42/100 € -* ☕ *9 € - rest. 24/45 €.* En retrait du port, certaines chambres donnent sur le jardin clos ombragé. On y apprécie une cuisine soignée et bien tournée.

Hôtel de l'île Tatihou – *50550 St-Vaast-la-Hougue - ✆ 02 33 54 33 33 - www.tatihou.com - 47/64 € : demi-pension comprenant l'aller-retour en véhicule amphibie, l'accès au musée maritime, aux expositions et à la tour Vauban.* Évidemment, l'expérience d'une nuit sur une île, même non loin du rivage, est charmante. La dernière navette étant à 17h30, vous voilà coupés du monde jusqu'au lendemain matin. Réservez à l'avance.

Chambres d'hôte Le Manoir de la fèvrerie – *50760 Ste-Geneviève - ✆ 02 33 54 33 53 - 3 ch. 57/70 €* ☕. Dans un manoir du 17e s. à 3 km de la mer.

Hôtel de La Villa Gervaiserie – *50760 Réville - ✆ 02 33 54 54 64 - la.gervaiserie@wanadoo.fr - fermé 15 nov.-15 mars - 10 ch. 85/110 €* ☕. Vue étonnante sur Tatihou, pour une fois complètement dégagée de St-Vaast et des côtes. Toutes les chambres ont une terrasse et sont tournées vers le Sud. Centre équestre à 200 m.

OÙ MANGER

La Marina – *Port de plaisance - 50550 St-Vaast-la-Hougue - ✆ 02 33 54 55 38 – à partir de 10 €.* Terrasse et salles avec vue sur le port. Bonne ambiance et petits plats honnêtes proposés par ce bar-brasserie.

Poissonnerie Le barbanchon – *R. Verrüe - 50550 St-Vaast-la-Hougue - ✆ 02 33 22 21 00 - sept.-juin 9h30-12h30, 15h30-19h - fermé dim. apr.-midi et lun. - juil.-août : ouverture à 9h - 12 €.* En téléphonant un peu à l'avance, on peut vous y confectionner un généreux plateau de la mer.

Le Panoramique – *1 village de l'Église - 50360 La Pernelle - ✆ 02 33 54 13 79 - fermé mar. en hiver - 14/50 €.* Crêperie où il vaut la peine d'aller prendre l'apéritif et surtout la mesure de la baie, à 123 m d'altitude. Terrasse plein Est, vue imprenable sur St-Vaast et Tatihou.

Le Chasse-Marée – *8 pl. du Gén.-de-Gaulle - 50550 St-Vaast-la-Hougue - ✆ 02 33 23 14 08 - fermé 5-27 janv., 15-30 nov., lun. midi en juil.-août, dim. soir et lun. de sept. à juin - 15 € déj. - 18/25 €.* Cuisine marine, fraîche et élaborée, servie dans un décor marin.

Hôtel-restaurant Au Moyne de Saire - *Village de l'Église - 50760 Réville - ✆ 02 33 54 46 06 - www.au-moyne-de-saire.com - Logis de France - fermé fév. et merc. de déb. oct. à Pâques - 16/40 € - 12 ch. 44/53 € -* ☕ *6 €.* Spécialités du restaurant : filet de bœuf mariné au foie gras poêlé…

QUE RAPPORTER

Gosselin – *27 r. de Verrüe - 50550 St-Vaast - ✆ 02 33 54 40 06 - www.maison-gosselin.fr - mar.-sam. 9h-12h, 15h-19h, dim. 9h-12h.* Cette épicerie tenue par la même famille depuis des générations offre sur ses étalages très arrangés tous les produits imaginables du terroir, y compris le fameux Marmite anglais.

2 Les îles Chausey★

CARTE MICHELIN LOCAL 303 K-L1 – MANCHE (50)
SUPERFICIE : 65 HA OU 5 000 HA À MARÉE BASSE D'ÉQUINOXE
30 HABITANTS, 8 EN HIVER

Aux îles Chausey, on hésite entre une certaine réminiscence de la création chaotique du monde et son cortège de menaces, et le sentiment d'émerveillement devant l'éclosion d'une graine de paradis. Le spectacle de cet archipel mouvant au gré des marées les plus fortes d'Europe est fascinant. La respiration de la mer à chaque fois renouvelée, confirme la victoire des îlots qui n'ont pas encore subi l'humiliation de la noyade, sur ceux qui, victorieux d'un moment, finissent engloutis par on ne sait quelle faiblesse ou complot sous-marin. Être insulaire, même d'un jour, à Chausey tient d'une expérience fondamentale. Douceur et beauté, couleurs grises et vertes, jaunes et bleues, mais aussi puissance abrasive de la mer et des ciels, du sel et de l'air alourdi : tout s'y est arrêté, mais tout bouge. Ose-t-on dire que l'archipel révèle vraiment toute sa splendeur sous la pluie et les nuages épais ?

ARRIVER À BON PORT

Le départ pour Chausey se fait principalement de Granville et de St-Malo. Granville en **voiture** : A 84-E 401 jusqu'à Villedieu-les Poêles puis D 924 (sortie Granville) ; depuis St-Malo par la N 176-E 401 jusqu'à Châteauneuf-d'Ille-et-Vilaine puis N 137. Les deux villes sont desservies par le **train** Corail pour Granville et TGV pour St-Malo). Gare d'autocar à Granville (cours Jonville, ✆ 02 33 50 77 89). En **avion** : aéroports de Cherbourg ou de Caen, puis louer une voiture.

LARGUER LES AMARRES !

Embarquement à Granville, à la gare maritime. 1 à 3 navettes par jour en saison. Week-ends et périodes de grande marée : navettes supplémentaires. Tarif unique : 17,60 € (10,80 € enfant). Réservation impérative. Les billets doivent être retirés au plus tard ½h avant le départ.

Jolie France – 2e bureau - gare maritime - 50403 Granville - ✆ 02 33 50 31 81 (hiver : ✆ 02 33 49 62 32 ou 02 33 50 15 56) - www.ileschausey.com - Traversée : 1h. Avr.-sept. : tlj ; mars-nov. : merc., w.-ends ; déc.-fév. : merc. et sam. Horaires établis à l'année sous réserve des marées et de la météo.

Compagnie « Corsaire » – 1er bureau - gare maritime - 50403 Granville - ✆ 02 33 50 16 36 ou ✆ 0 825 168 050 - www.compagniecorsaire.com. Traversée : 50mn. Avr.-sept. : tlj. Cette compagnie annonce quelques navettes au départ de St-Malo, mais cette liaison, conditionnée par le temps, est connue pour son irrégularité.

BON À SAVOIR

Sur l'île, la circulation se fait exclusivement à pied.

Seul l'accès à la grande île est autorisé. Les îlots sont interdits. Un réseau de téléphone mobile couvre l'île. Rare et non potable sur l'île, l'eau est apportée par bateau : il faut l'épargner.

Si vous voulez faire le tour des îles Chausey en bateau, c'est possible mais uniquement depuis Granville. Il n'y a pas de prestataire sur l'île.

Pour ceux qui voudraient embarquer avec eux des planches à voile ou autre colis encombrants, le signaler lors de la réservation du billet.

Pour votre voiture, sachez qu'il y a un parking en face de la gare maritime de Granville. Pensez à prendre des vêtements chauds, coupe-vent et anti-pluie : les cabines des bateaux ne sont pas complètement fermées…

Le tour d'une île

En 45mn, le tour de l'île peut être bouclé par un coureur de fonds. Mais est-ce bien nécessaire de gagner du temps dans un endroit où il ne compte pas ? Il y a plusieurs promenades à faire sur les sentiers aménagés, mais vous repasserez obligatoirement plusieurs fois par les mêmes endroits : l'île est petite. Sur place, le SIMEL *(✆ 02 33 05 98 83)* informe sur un panneau de la cale des horaires des visites guidées.

L'approche des îles Chausey.

Grande Île★

Avec près de 2 km de longueur sur 700 m dans sa plus grande largeur, elle est la plus importante de l'archipel et la seule accessible aux touristes. C'est d'elle que partent tous les regards et que se découvrent les « grunes ».

Les « grunes »

On lit partout que l'archipel compte 52 îles émergées à marée haute et 365 îlots à marée basse : une histoire de chiffres coïncidant avec le nombre de semaines et de jours compris dans une année... En réalité, il y a à peine plus de 200 rochers, appelés « grunes », qui se découvrent à marée basse. Il n'est pas prudent d'aller les compter soi-même de près : avec un coefficient de marée le plus important d'Europe (plus de 14 m), la promenade y est peu recommandée en dehors de certaines limites d'horaires. En revanche, un kayak loué sur place *(voir balade en mer)* permet d'aller sans risque, par bon temps, se perdre dans les îlots.

Bornes mystérieuses

L'une, flanquant l'unique hôtel de l'île, a la forme d'une élévation géodésique et l'autre, entre des arbres et une maison, d'une pyramide ou d'un imposant monument de cimetière maçonnique. Pas de secrets pourtant : ce sont des « amers ». Ces deux bornes alignées créaient jadis une ligne virtuelle, traçant la limite d'exploitation des pêcheurs d'huîtres.

Maison de Marin Marie

En face de la cale. Pas de visite.

Peintre officiel de la Marine (1901-1987), Marin Marie s'appelait en réalité Paul Marin Durand Couppel de Saint-Front. Il fut le premier marin à traverser l'Atlantique en solitaire sur un bateau à moteur, en 1936. Il habita l'île pendant de longues années. Quelques copies de ses œuvres sont accrochées dans la salle à manger de l'hôtel de l'île.

Le vieux fort

Plage de Port-Homard. Pas de visite.

Bâti en 1558 par Henri II pour défendre Chausey contre les Anglais, détruit en 1694, reconstruit en 1737, à nouveau détruit 7 ans plus tard puis abandonné, le vieux fort a été remonté par Louis Renault en 1923. C'est aujourd'hui une sévère résidence plantée sur la plage de Port-Homard. On ne le visite pas mais en passant sous le fort on découvre une piscine d'eau de mer taillée dans la roche

Le coucou qui soulevait les blocs de granit

Les carrières de l'archipel, longtemps exploitées, ont fourni le beau granit de Chausey utilisé au Mont-St-Michel, dans les manoirs du Cotentin, les maisons de Saint-Malo, pour certains trottoirs des boulevards parisiens ou pour les quais de Londres ! Le coucou était la barque utilisée pour transporter les blocs extraits des carrières de Chausey, arrimés à marée basse à l'aide de cordages puis levés par la marée montante, soulagés d'une partie de leur poids grâce au principe d'Archimède. Une fois en suspension dans l'eau, les blocs étaient acheminés jusqu'aux bateaux à plus grand tirant d'eau stationnés plus au large.

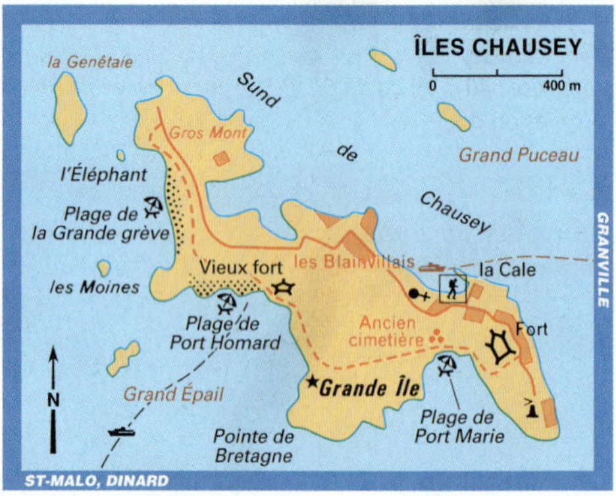

(ancienne carrière) et d'étonnantes gravures rupestres modernes rappelant le style de Jean Cocteau.

Le phare et le fort

Pas de visite. Élevé en 1847, le phare est encore occupé par deux fonctionnaires en charge de superviser la production d'électricité (par générateur) de l'île, le système de télécommunication et le bon fonctionnement du phare semi-automatique. Le fort, construit entre 1860 et 1866 pour repousser une éventuelle attaque anglaise, n'a jamais joué de rôle militaire actif. Plus tard, ses casemates ont servi de prison pour 150 communards en 1871 puis 300 Allemands en 1914. Actuellement, elles sont autant de résidences inattendues ou d'espaces de rangement pour les pêcheurs de l'île.

Balade en mer

Découverte des îles à bord de vieux gréements

Au départ de Granville, uniquement, plusieurs voiliers, dont les fameuses bisquines, proposent la découverte de Chausey, sans que vous ayez à tenir le gouvernail. Tranquillité et beauté assurées. Prévoir des vêtements chauds et anti-pluie, un pique-nique et des boissons.

« **La Granvillaise** » – *Maison de la Bisquine ou Association des vieux gréements granvillais - 43 bd des Amiraux - 50400 Granville - ✆ 02 33 90 07 51 - www.lagranvillaise.org - 50 €.* Forfait famille proposé. Tour de l'île ou visite des Canières du Sud. Mouillages sauvages ou à la Grande île.

« **Le Charles Marie** » – *Esprit Grand Large - 50230 Agon-Coutainville - ✆ 02 33 46 69 54 - www.espritgrandlarge.com - 26 places - 45 €/j (enf. 30 €/j) - 6h en mer, 1h pique-nique et 3h sur place.*

« **La Cancalaise** » – *Halle-à-Marée - 35260 Cancale - ✆ 02 99 89 77 87 - 42 € (enf. 21 €).* Au départ de Cancale, sorties organisées à la journée pour Chausey de juin à septembre.

Découverte en kayak de mer

C'est un peu le sport à la mode du moment et il faut dire que c'est bien compréhensible. En fonction du moment de la journée et de la marée, l'archipel se transforme et l'on peut explorer les chenaux entre les îles comme avec aucune autre embarcation.

Le « plus » nature

Grâce à une pollution quasi nulle, dit-on, les eaux de Chausey regorgent de moules, praires, ormeaux, huîtres et palourdes, tourteaux, araignées et étrilles. L'aquaculture n'est dédiée qu'à l'exploitation des moules, des huîtres et des palourdes. On y trouve en outre des dorades, raies, roussettes, requins, congres, mulets, bars, lieus jaunes et maquereaux. La pêche est très réglementée, mais fait l'objet d'une exploitation excessive provoquant une dangereuse diminution des bancs de poissons et des crustacés. Les bouquets pris aujourd'hui en casier sont deux fois plus petits qu'il y a vingt ans. La redevance de 30 € par jour et par pêcheur pour maintenir sa licence (et ce au moins 120 jours par an), met aussi la population des pêcheurs sur la voie de la disparition… Pêcheurs aux qualités reconnues, les Chausiais sont obligés de s'éloigner de plus en plus vers le Nord-Ouest de l'archipel pour traquer le homard, qui trouve ses derniers abris sur le plateau des Minquiers, hauts fonds appartenant à la Grande-Bretagne. Ils y pêchent en liberté grâce à un accord international. Les Anglais, en revanche, s'ils sont obligés de baliser la zone, conservent le droit amiable de vendre leur pêche sur les ports français, ce qui constitue pour eux un excellent débouché commercial…

Kayaks de mer – *Îles Chausey - 50400 Granville - ✆ 02 33 50 41 75 ou 06 07 51 35 57 - www.chausey-kayaks.net - 24 €/½j, 33 €/j ou 16 €/h. Prix traversée Granville-Chausey comprise : 40 €/½j ou 49 €/j. Pique-nique possible (56/70 €), sur commande.* Kayaks simples ou doubles.

Autres plaisirs de mer

Baignade et promenade

Plage de Port-Marie – À 5mn de la cale, elle est l'unique plage surveillée l'été. Sable blond et eau claire. Par beau temps, on aperçoit le Mont-St-Michel.

Port-Homard – Sous la surveillance peu efficace des « Moines », groupe de cailloux travaillés par l'érosion et semblant avoir été vivants avant d'avoir reçu un sort pétrifiant, l'anse de Port-Homard mouille le vieux fort. Plage de sable praticable à marée haute seulement.

La Grande Grève – Avant le sémaphore, à l'extrême Ouest de l'île, la plage de la Grande Grève, couverte de sable fin, est la plus grande de l'île.

Pêche à pied et crustacés

Une des activités les plus attirantes des îles Chausey est certainement la pêche à pied. Ceux qu'on appelle les « coureurs de grèves » connaissent Chausey pour sa profusion mythique de crustacés et gastéropodes. Une fois la mer au retrait, on voit les pêcheurs à pied partir à la cueillette et circuler lentement parmi les grunes en fouillant les mares et grattant le sable. Avant de se lancer dans cette chasse, il faut bien connaître les horaires de la marée.

Les îles Chausey pratique

OÙ S'INFORMER

Office du tourisme de Granville – *4 cours Jonville - BP 621 - 50406 Granville - ✆ 02 33 91 30 03 - www.ville-granville.fr - 9h-12h, 14-18h tte l'année sf juil.-août 9h-13h, 14h-19h30 (présence dim. et j. feriés en saison).*

Capitainerie de Granville – *Promenade Paul-Lavat - BP 219 - 50402 Granville - ✆ 02 33 50 20 06 - www.granville.cci.fr/herel - 8h-19h et jusqu'à 22h en juil.-août.*

Office du tourisme de Saint-Malo – *Esplanade St-Vincent - 35400 St-Malo - ✆ 0 825 13 52 00 - www.saint-malo-tourisme.com - oct.-mars : 9h-12h30, 13h30-18h ; avr.-juin et sept. : 9h-18h30 ; juil.-août : 9h-19h.*

Capitainerie de Saint-Malo – *Port des Sablons - 35400 St-Malo - juil.-août : 7h-21h ; sept.-juin : 8h15-12h15, 13h45-17h30.*

Station de taxi – *Cours Jonville - 50406 Granville - ✆ 02 33 50 50 06.*

Météo France – *✆ 08 92 68 02 50 ou 02 33 53 53 44 (Centre de Cherbourg) et affichage à la capitainerie.*

Température de l'eau – Proche des 20 °C en été.

Température de l'air – Toujours quelques degrés de plus que sur le continent.

OÙ DORMIR

⊖ **Gîte communal** – *Ancien presbytère - Grande île de Chausey - ✆ 02 33 91 30 03 - 84/224 €/w.-end pour 4 à 7 pers. Informations et réservations auprès de l'Office du tourisme de Granville.* Une manière agréable et abordable de rester sur l'île en famille.

⊖⊖ **Hôtel Fort et des Îles** – *Grande île de Chausey - ✆ 02 33 50 25 02 - fermé 27 sept.-18 avr. - 8 ch., demi-pension 54 € - ☕ 7 € - rest. 18/24 €.* Seul hôtel de l'île : il faut impérativement réserver sa chambre à l'avance. Agatha Christie aurait pu y écrire un roman. Au bout du corridor étroit comme dans un bateau, la chambre 4, profitant du soleil, est certainement prédestinée aux amoureux. Côté restaurant : palourdes farcies et homard de Chausey, bulots sauce gribiche, huîtres de St-Vaast (celles d'ici partent ailleurs !) et bouquets du Brésil (le bouquet faisant jadis la réputation de Chausey, il fait l'objet d'une surexploitation et est soumis à une pêche réglementée qui conditionne les livraisons et les prix…).

OÙ MANGER

⊖ **Restaurant-bar Bellevue** – *Grande Île de Chausey - ✆ 02 33 51 80 30 - 3/15 €.* Crêperie ouverte à l'heure du déjeuner, jusqu'au départ des bateaux (selon la marée). Pas de repas le soir. Rien de bien extraordinaire sauf l'abri spacieux en cas de pluie ou la terrasse pour boire du cidre ou un thé.

QUE RAPPORTER

La Boutique de Chausey – *Grande Île de Chausey - ✆ 02 33 50 24 01.* Unique magasin, où l'on trouve presque tout à des prix insulaires, librairie, presse, etc. On y achètera de quoi composer un pique-nique. On peut même le commander (la veille, c'est mieux) tout prêt ainsi que des plateaux-repas chauds ou froids.

3 Le Mont-St-Michel et sa baie★★

CARTE MICHELIN LOCAL 303 C8 – MANCHE (50)
6 HA – 42 HABITANTS

Planté là au milieu du ciel et de la baie par des forces inespérées, souvenir d'un inimaginable chamboulement tellurique, cet écueil n'avait aucune chance de rester vierge et désert. Les hommes, toujours en mal de mythes et de conquêtes, durent vouloir y lancer des soldats pour y planter des drapeaux, d'autres les en arracher, d'autres encore – soldats de Dieu – profiter de ce gratte-ciel naturel et isolé, pour s'éloigner des hommes ou se rapprocher de Dieu. Qui dit que le Mont-St-Michel n'est plus une île ? Qu'en y allant, on risque la noyade touristique ou l'ensablement mental ? Qui donc a pu annoncer qu'il n'y avait plus de fantômes sur ce rocher qui, de tous temps, a fait converger sur lui les regards, les convoitises mais surtout l'imagination ? Ce site, inscrit au Patrimoine mondial de l'Unesco, n'a rien perdu de son charme ni de ses secrets, et de son insularité : aujourd'hui, il faut peut-être simplement l'aborder autrement. Que l'on choisisse de galoper à cheval avec la marée aux trousses, de survoler les polders ou les herbus tachetés de moutons en ULM ou de marcher pieds nus sur le sable mouillé pour reconquérir le Mont-St-Michel, voilà une escapade qui vaut assurément le détour.

ARRIVER À BON PORT

Pour se rendre au Mont-St-Michel **en voiture**, il faut quitter la N 175-E 401 à Pontorson et se diriger vers le Nord sur la D 976 (11 km), traverser Beauvoir et atteindre le parking au pied de l'île. On peut aussi, venant d'Avranches, quitter la N 175-E 401 à la hauteur de Pontaubault (sortie 33) et suivre les indications « Mont-St-Michel », soit par la D 43, soit par le chemin des écoliers : la D 313 et la D 313^E, le long de la baie. Belle découverte.
Par **le train** depuis la gare de Paris-Monparnasse : environ 10 trains par jour à destination de Granville (3h). Un réseau TER dessert la gare de Pontorson. Puis, service régulier de bus au départ de Pontorson.
L'aéroport de Caen est relié aux principales villes françaises *via* Lyon-St-Exupéry (liaisons quotidiennes par compagnie la Brit'Air).

BON À SAVOIR

La route d'accès au Mont-St-Michel est une digue qui coupe le sable et les herbus et s'arrête au pied-même du rocher. Il y a là des parkings payants (4 €), ce qui oblige à finir le chemin à pied par la digue. Si vous restez plus de 6h dans ces aires de stationnement, il faudra remonter les pantalons pour aller récupérer votre véhicule, qui aura les pneus dans l'eau !
Le Mont-St-Michel est aussi accessible à pied ou à cheval en traversant la baie depuis Genêts *(voir « Pieds mouillés »)*. Accès impossible en bateau.
On entend dire dans la baie qu'avant Granville il y a de belles plages, mais que la mer n'est jamais là… Pour les baignades, il faudra rouler.

L'apparition du Mont-St-Michel

Si vous avez l'occasion et le temps de vous approcher du **Mont-St-Michel★★★** et de sa **baie★★** en voiture par un détour, son apparition soudaine vous donnera la vraie mesure de sa grandeur.

Compter une journée. 50 km. Arrivée dans la baie du Mont-St-Michel par Granville (A 84 sortie Granville puis D 924.) Avant d'entrer dans Granville, bifurquer vers le Sud en direction d'Avranches. Une fois sur la D 973, suivre les indications « St-Pair-sur-Mer » et longer le littoral par la D 911.

Pignon Butor★

Entre Carolles-Plage et Carolles-Village, suivre les indications sur 1 km, vers la droite.
Bon endroit pour laisser refroidir la voiture et se dérouiller les jambes. Vue sur Granville et les îles Chausey au Nord-Ouest, les plages et le Nord du Cotentin et la pointe du Grouin et Cancale à l'Ouest : pas de Mont-St-Michel à l'horizon. Table d'orientation.

Le Mont-Saint-Michel.

Ce lieu est aussi un point de départ possible d'une randonnée pour le Mont sur le GR 223.

Cabane Vauban★

À 1 km à l'Ouest de Carolles. Simple cabane de douanier. En s'en approchant par le Nord, on découvre soudain, entre la végétation et la maison de pierre, le profil du Mont. La promenade commence au parking de Carolles (suivre les indications « Cabane Vauban ») et prend à peu près 15mn à pied (AR). Pourquoi ne pas pique-niquer sur cette hauteur ? La cabane, ouverte au vents, peut servir d'abri. La vue est fantastique.

Si la révélation du Mont-St-Michel y perd un peu de majesté, il est cependant possible de marcher moins en accédant à un parking plus proche de la cabane Vauban : traverser Carolles vers Genêts et tourner sur la droite après la sortie du village (indications).

Champaux

La D 911, récupérée sur les hauteurs de Champaux en direction de Genêts, offre un jeu de cache-cache avec le Mont-St-Michel qui en met plein la vue arrivé à la pointe de Champaux.

Quelques restaurants et hôtels relativement discrets y sont plantés. On peut être tenté de prendre un apéritif sur une de leurs terrasses, d'y déjeuner et même d'y passer une première nuit dans l'attente du lever du soleil sur le Mont.

Dunes de Dragey

Pour y arriver, quitter la D 911 vers la droite, dans la chicane du village de Dragey et suivre les indications ou emprunter la route littorale attrapée à St-Jean-le-Thomas.

2 km à l'Ouest de Dragey. La très belle plage de Dragey est délimitée d'un côté par ses dunes protégées (par le Conservatoire du littoral), et de l'autre par la vigilance impromptue du Mont-St-Michel, qui « avale » l'île Tombelaine. Repos au soleil, pieds dans l'eau ou à une table de l'unique gargote.

Attention à la marée

La marée qui monte à la vitesse d'un cheval au galop ? Il y a effectivement des pointes de 25 à 30 km/h qui, en fonction du relief des grèves et du coefficient de la marée, peuvent être atteintes ou dépassées, mais la vitesse moyenne est celle d'un homme au pas : 3,75 km/h. Le niveau de l'eau a une amplitude de 14 m entre la marée haute et la marée basse. Le seul vrai risque du retour de l'eau est l'encerclement. En effet, la mer investit la baie d'abord par les rivières. Lorsqu'elles sont pleines, le promeneur imprévoyant se retrouve soudain les pieds mouillés puis bientôt le reste. Des histoires de noyades courent les grèves, mais nourrissent surtout l'exaspération des secouristes, qui doivent aller rechercher les imprudents lorsque l'eau est suffisamment haute pour permettre la navigation sans risque avec un zodiac. Le piquet humain planté là, au beau milieu de la baie, n'est jamais bien fier à leur arrivée.

Bec d'Andaine★

2 km à l'Ouest de Genêts. Point de départ des traversées pédestres, VTT et équestres vers le Mont-St-Michel. Parking et accès à la baie. S'il n'est pas l'heure d'effectuer cette pérégrination – vous y reviendrez –, continuez vers Genêts. Un coup d'œil à la Maison de la baie *(voir plus loin, « Pieds mouillés »)* et sur le Mont vu du village.

Grouin du Sud

8 km à l'Ouest d'Avranches ou 4 km au Sud- Est de Genêts. Si vous tombez là à l'heure du coucher du soleil, vous allez vous régaler : le Mont-St-Michel est au bout de votre bras et le soleil ne tombe pas loin. Les sables vous séparent de lui comme s'il était relégué dans une autre réalité. L'île Tombelaine est détachée du monde et l'ombre de pêcheurs se découpe sous les rochers dans l'eau argentée de la Sée. Que le soleil soit avec vous !

La D 591 et la D 911 mènent à Avranches.

Avranches★

Au 8e s., un évêque d'Avranches, devenu depuis saint Aubert, a été visité avec une certaine insistance par saint Michel avant d'obtempérer : il lui ordonnait de construire une chapelle à son honneur « sur la Tombe », nom du Mont-St-Michel à l'époque. Aubert a fini par faire ce qu'il fallait. Le bourg d'Avranches, toisant la baie de sa belle hauteur, fut ainsi lié à jamais au rocher de la baie. Gros bourg calme mais bien vivant, Avranches est un bon lieu de départ et de retour des visites et autres activités à faire autour du Mont-St-Michel. Le logement peut y être moins cher qu'ailleurs *(voir le carnet pratique)*. Il y a quelques restaurants sympathiques sur la place Saint-Gervais, des magasins et des visites intéressantes à faire *(voir « Autour de la baie »)*.

À bord du vaisseau de granit

Une visite du rocher s'impose comme le clou du séjour. Il faut compter au minimum une demi-journée pour s'imprégner de son ambiance, trouver ses clefs, s'approprier ce lieu unique, malgré le flux de touristes qui transforme le Mont en une véritable fourmilière.

Mode d'emploi

L'histoire et la découverte du Mont sont tellement intéressantes que plusieurs types de visites sont possibles en fonction du temps que vous pouvez y consacrer. La visite libre est possible avec les informations de ce guide, mais des visites guidées sont proposées pour les individuels : avec audioguide (1h15, 4 €) ou commentées par un guide (1h, 8 €). L'abbaye peut se visiter en nocturne, des profondeurs jusqu'au cloître. Ne pas manquer le coucher de soleil sur la baie depuis le parvis de l'église. Le spectacle est époustouflant ! Pour les groupes constitués, des visites-conférences (2 à 3h) sont organisées sur réservation. Renseignements : ✆ *02 33 89 80 00.*

Chez les Montais : la ville

Une seule ouverture permet de pénétrer sur le Mont : la **porte de l'Avancée**. Après avoir passé une première cour fortifiée, où se trouve actuellement l'Office de tourisme, on passe une seconde porte, qui a conservé sa herse et ses machicoulis, puis une troisième, celle du Roi, qui servait de lieu de stationnement au contingent du roi censé rappeler aux habitants et visiteurs du Mont quels étaient leurs droits. Enfin, la Grande-Rue, malgré son brouhaha et son encombrement, nous conduit vers le Mont.

Grande-Rue★ – Aussi achalandée qu'aux grands moments de pèlerinage du Moyen-Âge, c'est un passage où les marchands d'aujourd'hui sollicitent les clients, collectionneurs de souvenirs, comme avant. La Grande-Rue a gardé tout son cachet ancien et jusqu'au nom de ses maisons : La Truie-qui-file, La Sirène, etc.

Remparts★★ – 13e-15e s. La promenade sur le chemin de ronde offre de belles **vues** sur la baie, particulièrement de la tour Nord, d'où l'on distingue très bien le rocher de Tombelaine.

Logis Tiphaine – ✆ *02 33 60 23 34 - mêmes conditions de visite que l'archéoscope - 7 € (enf. 4,50 €).* Du Guesclin, qui fut capitaine du Mont, fit construire en 1365 ce logis (très restauré au 19e s.) pour sa femme Tiphaine Raguenel, jolie Dinannaise cultivée, pendant qu'il allait combattre en Espagne.

Église paroissiale St-Pierre – Elle date du 11e s. et a été très remaniée depuis. L'abside enjambe une ruelle menant au cimetière. L'église abrite du mobilier provenant de l'abbaye ; dans la chapelle du bas-côté droit, statue de saint Michel recouverte d'argent ; dans celle à droite de l'autel, Vierge à l'Enfant (15e s.) et statues de sainte Anne.

Fleur de pierre

Les premiers pèlerins arrivent très tôt après la fondation du sanctuaire. L'organisation de leur logement, d'abord élémentaire, devient peu à peu une véritable industrie hôtelière. Le commerce de « souvenirs » suit : on vend des ampoules de plomb remplies de sable de la baie et des médailles et autres objets se rapportant à saint Michel et saint Aubert. Entretemps, les constructions s'accumulent sur le rocher, d'ajouts de bâtiments de fonction en fortifications, le génie des architectes et des constructeurs étant mis au défi. Les blocs de granit, venant des îles Chausey *(voir cette destination)* ou de Bretagne, sont utilisés pour les contreforts, piles de soutènement, murs et tours, escaliers et voûtes. Aux **11e et 12e s.** est bâtie une église au sommet du Mont. L'oratoire d'Aubert en devient la crypte (N.-D.-sous-Terre). Entre les **13e et 16e s.** a lieu la construction de l'abbaye gothique : Merveille (1211-1228), châtelet et défenses avancées (14e s.), bâtiments abbatiaux (13e-15e s.), construction d'une nouvelle crypte et relèvement, en gothique flamboyant, du chœur roman effondré. Au **17e s.**, des religieux de St-Maur sont chargés de réformer le monastère. Rien de merveilleux pour le capital architectural. L'abbaye est ensuite transformée en prison. Derrière ses barreaux ont été retenus certains Barbès, Blanqui, Raspail. Le clocher actuel et sa flèche sur laquelle est plantée la statue de saint Michel (à 157 m) date de 1897.
En 1969, quelques religieux réinvestissent les lieux et depuis 2001, douze moines et nonnes de la Fraternité monastique de Jérusalem y sont installés.

Chez les moines : l'abbaye★★★

☏ 02 33 89 80 00 - www.monum.fr - mai-août : 9h-19h ; sept.-avr. : 9h30-18h (dernière entrée 1h av. fermeture) - fermé 1er janv., 1er Mai et 25 déc. - 8 €, gratuit 1er dim. du mois (oct.-mars).

Défenses avancées de l'abbaye – On atteint l'abbaye par l'escalier du Grand Degré. Une porte pivotante pouvait l'obstruer. En haut à droite se trouve l'entrée des **jardins** *(voir plus loin),* puis s'amorce l'escalier des remparts. On passe sous l'arche d'une ancienne porte pour pénétrer dans une cour fortifiée que domine le **châtelet.** Ce dernier se compose de deux hautes tours, en forme de bombardes dressées sur leur culasse et reliées par des mâchicoulis. Même dans cet ouvrage militaire apparaît le souci d'art du constructeur : la muraille est bâtie en assises alternées de granit rose et gris. De là part un escalier couvert d'une voûte en berceau surbaissé, peu éclairé, abrupt, appelé pour ces raisons **escalier du Gouffre**. Ce dernier aboutit à la belle porte qui donne accès à la salle des gardes ou porterie.

Jardins de l'abbaye – *☏ 02 33 89 80 00 - mai-août : 9h-19h ; sept.-avr. : 9h30-18h (dernière entrée 1h av. fermeture) - fermé 1er janv., 1er Mai et 25 déc. - 8 € billet combiné avec l'abbaye, gratuit 1er dim. du mois (oct.-mars).* Moment de sérénité, regards vers l'Ouest et le Nord, et découverte de la chapelle St-Aubert.

Salle des gardes ou porterie – C'était la plaque tournante de l'abbaye. Les pèlerins indigents étaient dirigés vers l'aumônerie. Les visiteurs de l'abbé et les fidèles se rendant à l'église empruntaient l'escalier abbatial.

Escalier abbatial – On gravit cet imposant escalier qui se développe entre les bâtiments abbatiaux à gauche et l'église à droite. Il était défendu par un pont fortifié (15e s.). L'escalier aboutit, devant le portail Sud de l'église, à une terrasse appelée le « Saut Gautier », du nom d'un prisonnier qui, de là, se serait jeté dans le vide. C'est également de ce point que partent les visites. De la plate-forme de l'Ouest, vaste terrasse créée par l'arasement des trois dernières travées de l'église, la **vue★** s'étend sur la baie du Mont-St-Michel.

Église★★ – Impressionnante œuvre de pierre. En déambulant ou en s'asseyant dans ce temple, on comprend mieux le caractère sacré de cet endroit. Tirer tant de légèreté de la pierre brute, donner tant d'élan à des colonnes et à des voûtes, romanes ou gothiques, tient effectivement du prodige. Lumière et ambiance étonnantes.

La Merveille★★★ – Ce nom désigne l'ensemble des bâtiments gothiques occupant la face Nord du Mont. La partie Est de ces constructions, la première édifiée (1211-1218), comprend, de bas en haut, l'aumônerie, la salle des Hôtes et le réfectoire ; dans la partie Ouest (1218-1228) leur correspondent : le cellier, la salle des Chevaliers et le cloître. Vu de la baie, la Merveille se pose d'abord comme une forteresse. Mais sa destination religieuse est rappelée par la pureté de ses lignes. Vue de l'intérieur, on comprend l'évolution architecturale de ces bâtiments : extraction progressive des solutions romanes pour atteindre les expressions particulières de chacune des salles et la finesse « divine » du **cloître★★★,** comme suspendu entre mer et ciel.

Retour à l'insularité

L'ensablement progressif de la baie est dû en grande partie à l'intervention humaine, à la gestion de l'eau des rivières (barrages et endiguements) et à la viabilisation de l'accès au Mont par une route coupant la circulation des eaux au profit de celle des visiteurs. D'importants travaux sont entrepris depuis 2005 pour pallier cette dégradation et permettre aux mouvements aléatoires et naturels des eaux de rendre la baie aussi vivante qu'aux temps anciens. À l'horizon 2010, le Mont Saint-Michel retrouvera son insularité. Dans un premier temps le Couesnon va être doté d'un barrage pour repousser plus efficacement le sable. Puis, la digue sera partiellement remplacée par un pont-passerelle sur lequel voyageront des navettes silencieuses, permettant ainsi d'éloigner le parking de la côte.
Peut-être la baie redeviendra-t-elle alors ce qu'elle était au temps où les hommes ne la dominaient pas et que la nature inventait contre eux des complots infernaux : des nuages soudains qui perdaient les pèlerins dans les zones innondées, des sables mouvants affamés de vies humaines, des marées plus vives que la faux de la mort. Peut-être, alors, que le Mont retrouvera son ancien nom, « St-Michel-au-Péril-de-la-Mer ».
Les grands chantiers vont s'échelonner sans empêcher l'accès au Mont.
Pour plus d'informations, on peut consulter le site www.projetmontsaintmichel.fr

La visite permettra également de voir le **réfectoire★★**, dans lequel l'acoustique et la luminosité ont été particulièrement étudiées et réussies, l'**ancienne abbaye romane,** la **grande roue** (monte-charge mû par cinq à six prisonniers du temps où l'abbaye était une prison), les **cryptes**, l'une étant **Notre-Dame-sous-Terre** *(accès possible uniquement lors des visites guidées),* édifice carolingien qui s'élève à l'endroit même où saint-Aubert avait officié !, la **salle des Hôtes★**, où sont passés bien des rois, la **salle des Chevaliers★,** où travaillaient les moines, le **cellier** et enfin **l'aumônerie.**

Pieds mouillés, pieds secs

La mer se retire à plus de 15 km du Mont-St-Michel. Cela ne veut pas dire que le sable qui entoure le Mont est sec et ferme partout. Trois fleuves côtiers, la Sée, la Sélune et le Couesnon, se déversent dans la Baie et les eaux de surface ou imbibées dans les sables s'écoulent, en retard sur la marée, jusqu'à ce qu'elle remonte. Vaguelettes de sable, fonds gluants de vase, rigoles et rivières, sables durs et sables mous ou mouvants, le chemin pédestre du Mont-St-Michel peut être inquiétant. Mais, comme pour les pèlerins d'autrefois, la véritable route du Mont-St-Michel passe par les sables. Par cette approche lente, mesurée et presque initiatique du but du périple, le Mont s'élève au milieu de cette étendue, magnifique. On peut l'atteindre le pied ferme, le pied dans l'étrier ou sur une pédale de VTT.

Se préparer

À pied, il faut compter entre 4 et 5h/AR. Guide obligatoire et inscriptions à l'avance. Informations : www.baie-saintmichel.com
La traversée de la baie vers le Rocher se fait principalement au départ du bec d'Andaine (D 35), au Nord-Ouest de Genêts, selon les horaires des marées, les pieds nus, en maillot de bain et couvert de crème solaire en été, ou avec des vieilles chaussures, des pulls et un ciré l'hiver ou par temps capricieux. Ne pas oublier jumelles et appareil photo. Les guides vous feront passer par l'île Tombelaine, domicile insolite d'oiseaux criards à l'époque de la nidification. Derrière le rocher, se montrent parfois des phoques gris.
Il y a quatre Maisons de la baie autour du Mont-St-Michel, dont une dans la partie bretonne (Le Vivier-sur-Mer). Nous donnons ci-dessous les coordonnées de celle de Genêts, qui est un point d'information, alors que les relais de Courtils et de Vains-St-Léonard sont des lieux d'exposition *(voir plus loin « Mieux connaître la baie »).*

À pied

Relais de Genêts – *4 pl. des Halles - 50530 Genêts - ✆ 02 33 89 64 00.* La Maison de la baie (point d'information touristique) organise sur l'ensemble de la baie des traversées des grèves à pied, des randonnées et des sorties à thème, sous la conduite de guides naturalistes.

Chemins de la Baie – *34 r. de l'Ortillon (près de l'auberge de jeunesse) - 50530 Genêts - ✆ 02 33 89 80 88 - www.cheminsdelabaie.com - avr.-oct. : tlj ; nov.-mars : tlj sf w.-end. 5,50/7,50 €.* Cette association propose des traversées traditionnelles ou commentées de la baie, ainsi que des randonnées à thème autour du littoral, de la faune et du patrimoine. Point d'information, boutique nature.

Découverte de la Baie – La Maison du guide – *1 r. Montoise - 50530 Genêts - ☏ 02 33 70 83 49 - www.decouvertebaie.com - avr.-oct. : 9h-12h30, 13h30-18h30 ; nov.-mars : tlj sf w.-end 9h30-12h30, 14h-17h30 - 5,50/7,30 €* Plusieurs formules de découverte sont possibles avec cette association installée au cœur du village, sur la route de Jullouville : allers-retours traditionnels vers le Mont, traversées en maringotte (voiture à cheval) ou au soleil couchant, sorties-nature, « grandes marées »…

Sport-Évasion – *1 r. Tombelaine - 50300 Le Val-St-Père - ☏ 02 33 68 10 00 ou 06 14 70 55 14 - www.sport-evasion-fr.com.* La célèbre baie n'aura plus de secret pour vous avec Stéphane Guéno, un passionné qui vous emmène pour une traversée à pied ou pour des circuits à VTT adaptés à tous les niveaux. Des sorties insolites sont également possibles, de nuit ou à marée haute.

VMPS – *6 r. de la Métairie - 50170 Boucey - ☏ 02 33 60 68 00 ou 06 86 9095 01 (réserv. 8h-22h),* . Un accueil sympathique, un parc de VTT qui paraît inépuisable et même la possibilité d'avoir son vélo livré à domicile (moyennant supplément et si le trajet reste dans un rayon de quelques kilomètres autour de Boucey) : voilà un mode de déplacement idéal pour parcourir la baie ! L'agence propose aussi des promenades à pied (accompagnées d'un guide passionné de nature) et des balades en calèche.

Didier Lavadoux – *36 Grande-Rue - 50530 Genêts - ☏ 02 33 70 84 19 - didier.lavadoux@wanadoo.fr - avr.-oct. : tlj selon la demande - 6/9 €.* Vingt ans d'expérience et toujours la même passion ! Ce guide chevronné connaît la baie comme personne et vous conduira jusqu'au Mont en deux heures en passant par Tombelaine ou en allant directement au « pied de mer ».

À cheval

Droit sur le Mont ou tour de la baie : différents programmes sont proposés par les centres équestres des environs.

La Tanière (centre équestre) – *La Grève - 50170 Moidrey - ☏ 02 33 58 13 53 - randobaie@aol.com - ouv. tlj - 35/100 €.* Posté sur la route du Mont-Saint-Michel après l'hippodrome, ce centre équestre est une référence dans le domaine des randonnées dans la baie. 2h de promenade, une journée entière, un week-end ou même une semaine : le programme est à la carte.

Cheval-plaisir (ferme équestre) – *Château du Champ du Genêt - Route de Mortain - Saint-Senier-sous-Avranches - ✆ 02 33 60 52 67.* À 5 km d'Avranches sur la D 5. Au départ de leur château, où ils proposent aussi des chambres d'hôte, Annette et Jean-Pierre Jouvin organisent des randonnées de plusieurs jours à cheval, faisant le tour le la baie du Mont jusqu'à Cancale et retour par les polders.

En ULM

Évidemment, faire le tour du Mont dans les airs, comme une bernache venue chercher où pondre ou un archange venu vérifier que le Mont est toujours le Mont, est une expérience qui marque. Choisissez vos heures en fonction de la lumière. Le lever du jour et le coucher du soleil sont bien sûr les meilleures ! Tous les départs se font de l'aérodrome du Val-St-Père. Sortie aérodrome (D 556) sur la N 175 à 2 km au Sud de l'échangeur qui permet d'entrer dans Avranches.

Didier Hulin – *Aérorome du Val St-Père - 50300 Avranches - ✆ 02 33 48 67 48 - www.ulm-mont-saint-michel.com - vol de 7mn : 35 € ; vol à l'aplomb du mont : 60 € ; survol global de la baie : 100 €.* Didier Hulin, pilote et instructeur, avec vingt ans d'expérience, met plusieurs appareils à disposition.

Régis Mao – *Aérodrome du Val-St-Père - 50300 Avranches - ✆ 06 81 99 24 79 - vol-baptême de 20mn : 60 € ; 30mn : 100 € et 1h :150 €.*

L'île Tombelaine.

Autour de la baie

Avranches★

Scriptorial d'Avranches - Musée des manuscrits du Mont-St-Michel★★ – *Pl. d'Estouteville – ✆ 02 33 79 57 00 - ♿ - juil.-août : 9h30-19h30 ; juin et sept. : 9h30-18h - se renseigner pour les tarifs.* La ville d'Avranches vient de se doter de ce nouveau musée où sont exposés les précieux manuscrits du Mont-St-Michel, dont les plus anciens datent du 8e s. Le voyage débute par une découverte de l'histoire d'Avranches évoquant les liens qui l'unissent au Mont-St-Michel. Plus loin, le visiteur découvre l'essence des manuscrits : la texture des matières, les coloris des encres, les formes des plumes utilisées par les copistes du Moyen-Âge. La visite mène ensuite aux textes anciens, aux enluminures chatoyantes et à la partie traduction de textes. Des bornes multimédias proposant des jeux, des manipulations d'objets mais également des films documentaires jalonnent ce parcours et permettront au visiteur d'approfondir sa découverte de manière ludique et interactive. Quelques surprises, fruits de développements technologiques de pointe, vous attendent également !

Musée Municipal – *Pl. Jean-de-Saint-Avit - ✆ 02 33 58 25 15 - juin-sept. : 10h-12h30, 14h-18h - 2,40 €, billet combiné avec le trésor de l'église Saint-Gervais.* Scriptorium monastique, salle lapidaire, collection d'objets sacrés et rappelant l'histoire de la ville d'Avranches.

Le « plus » nature

La baie du Mont-St-Michel est une zone exceptionnelle, non seulement pour être arrimée à la mer par le Mont, mais pour les richesses naturelles variées et mouvantes qu'elle recèle : des oiseaux migrateurs (flamants, canards, oies, etc.), des poissons endémiques ou visiteurs récurrents aux périodes de ponte, des mammifères marins (dauphins et phoques gris) et toutes sortes d'autres espèces trouvent dans les échanges d'eau douce et d'eau salée, de sables et de sédiments, des conditions idéales pour se reproduire, se reposer, ou vivre en paix toute l'année. La flore partage avec la faune ces multiples biotopes, selon un bon équilibre, et l'homme a su vivre de cette zone riche tout en la préservant : on y cultive les huîtres (ostréiculture), les moules (mytiliculture) et les praires, les coquilles Saint-Jacques et les coques (conchyliculture). La baie du Mont-St-Michel est classée Patrimoine mondial de l'Unesco depuis 1979, et elle bénéficie aussi de nombreuses zones de protection des espaces naturels, comme les dunes de Dragey, les polders Foucault et la pointe du Grouin du Sud.

Jardin des Plantes – Ancien jardin d'un couvent des Capucins où l'on trouve une terrasse d'où le **panorama★** qui se déroule sur la baie est remarquable. On y découvre l'incontournable Mont-St-Michel et les côtes de la baie jusqu'à la pointe de Champaux et le rivage de Cancale.

Mieux connaître la baie

Relais de Vains-St-Léonard – *☎ 02 33 89 06 06 - ♿ - possibilité de visite guidée (1h30) - juil.-août : 10h-19h ; juin et sept. : 10h-18h ; avr.-mai et vac. scol. : 14h-18h - fermé vac. de Noël - 4 € (7-15 ans 1,60 €).* À 5 km à l'Ouest d'Avranches sur la route de Genêts (D 911), cette Maison de la baie s'attache à parler de la vie dans la baie, de la nature, l'homme et son activité. Reconstitution d'un atelier de saunier, exposition présentant l'histoire de l'exploitation des richesses de la baie par l'homme : huîtres et coquillages, sel (il y avait 225 salines au 18e s.), élevage sur les prés salés, tourisme.

Relais de Courtils – *☎ 02 33 89 06 06 - ♿ - possibilité de visite guidée (1h30) - juil.-août : 10h-19h ; juin et sept. : 10h-18h ; avr.-mai et vac. scol. : 14h-18h - fermé vac. de Noël - 4 € (7-15 ans 1,60 €).* À 9 km du Mont-St-Michel et 15 km d'Avranches, sur la D 75, le Relais de Courtils est plus qu'un point d'information : il propose, en plus des expositions, un parcours muséographique (3/4h) illustrant l'origine et les richesses de la baie.

Le Vivier-sur-Mer – *à l'Ouest de Mont sur la D 797 - ☎ 02 99 48 84 38 - www.maison-baie.com - juil.-août : 9h-12h30, 14h-18h30, dim. 14h-18h30 ; reste de l'année : tlj sf dim. et j. fériés 9h-12h30, 14h-17h30 - possibilité de visite guidée (1h30) - fermé 25 déc.-1er janv. - 2,50 €.* Les kilomètres de piquets que l'on aperçoit dans la baie, ainsi que les curieux bateaux à roues en aluminium ne laissent aucun doute sur l'activité locale : la mytiliculture sur bouchots. Pour en savoir plus sur la moule ou sur les richesses naturelles de la baie, rendez-vous à la **Maison de la baie,** qui propose une exposition permanente.

Le Mont-St-Michel pratique

OÙ S'INFORMER

Bureau du tourisme du Mont St-Michel – *Corps de garde des Bourgeois - 50 170 Le Mont-St-Michel - ☎ 02 33 60 14 30 - www. ot-montsaintmichel.com - juil.-août : 9h-19h ; moyenne sais. : 9h-12h30, 14h-18h30 ; basse sais. : 9h-12h, 14h-18h.*

Office du tourisme d'Avranches – *2 r. du Gén.-de-Gaulle - 50300 Avranches - ☎ 02 33 58 00 22 - www.ot-avranches.com - juil.-août : 9h30-12h30, 14h-19h (dim. 18h) ; reste de l'année : lun.-sam. 9h30-12h30, 14h-19h.*

Maison de la baie - Relais de Genêts – *4 pl. de la Mairie - 50530 Genêts - ☎ 02 33 89 64 00 - www.projetmontsaintmichel.fr - 9h30-13h, 14h-18h, w.-end 10h-13h, 14h-18h.*

Météo France – *☎ 08 92 68 02 50 ou 02 33 53 53 44 (Centre de Cherbourg).*

Température de l'air : minimale en janvier : 5,8 °C ; maximale en août : 18,5 °C. 121 jours de pluie/an.

Courants - La réputation des marées du Mont-St-Michel est tout à fait exacte : ne jamais traverser la baie sans l'accompagnement d'un guide.

OÙ DORMIR

Bon à savoir – Autour de la baie du Mont-St-Michel se trouvent un bon nombre d'hôtels et une belle quantité de chambres d'hôte. Il est conseillé de réserver à l'avance, surtout en saison, dans cette zone de tourisme national et international.

⊖ **Hôtel Bretagne** – *R. Couesnon - 50170 Pontorson - 4 km au S du Mont-St-Michel par D 976 - ✆ 02 33 60 10 55 - fermé 15-30 janv. - 16 ch. 35/64 € - ☕ 7 € - rest. 11/38 €.* Maison de style régional. Admirez les jolies boiseries du 18e s., la cheminée en marbre gris et le radiateur chauffe-plats (très original !) dans la première petite salle… Bar feutré très « british » et chambres spacieuses agréablement meublées.

⊖ **Hôtel Renaissance** – *17 r. des Fossés - 50300 Avranches - ✆ 02 33 58 03 71 - 8 ch. 28/44 €.* Hôtel, bar et brasserie sous les remparts du château. Á partir de là, tout se fait à pied dans la ville. Chambre avec ou sans lavabo et WC, simples et tout à fait agréables. Accueil sympathique.

⊖ **Hôtel La Tour Brette** – *8 r. Couesnon - 50170 Pontorson - 9 km au S du Mont-St-Michel - ✆ 02 33 60 10 69 - fermé 14-22 mars, 1er-20 déc. et merc. sf juil.-août - 10 ch. 32/39 € - ☕ 6,50 € - rest. 10,80/28 €.* Ce petit hôtel central doit son nom à la tour qui jadis protégeait la Normandie des assauts du duché de Bretagne. Chambres pas très grandes mais fraîchement rénovées. Au restaurant, cadre simple et longue carte traditionnelle.

⊖ **Chambre d'hôte Mme Louet-Gillet** – *3 Le Val St-Revert - 35610 Roz-sur-Couesnon - 15 km au SO du Mont-St-Michel, rte de St-Malo par la côte D 797 - ✆ 02 99 80 27 85 - ⊭ - 5 ch. 30/46 € ☕.* Cette maison familiale (17e s.) dominant la baie offre une belle vue sur le Mont-St-Michel et la campagne environnante. Cinq chambres au charme désuet, dont trois s'ouvrent côté mer, et une plus récente, lumineuse, dotée d'une terrasse donnant sur le jardin.

⊖ **Chambre d'hôte Amaryllis** – *Le Bas-Pays - 50170 Beauvoir - 2,5 km au S du Mont-St-Michel dir. Pontorson par D 976 - ✆ 02 33 60 09 42 - 5 ch. 35/46 € - ☕ 4,65 €.* Ce bâtiment en pierre a été rénové dans l'unique but d'y accueillir des chambres d'hôte. Leurs points forts : des salles de bains bien équipées, un entretien irréprochable et une terrasse meublée. Petit « plus » : la possibilité de visiter la ferme voisine.

⊖ **Chambre d'hôte La Bergerie** – *La Poultière - 35610 Roz-sur-Couesnon - 16 km au SO du Mont-St-Michel - rte de St-Malo par la côte D 797 - ✆ 02 99 80 29 68 - ⊭ - 5 ch. 43/48 € ☕.* Ces chambres aménagées dans une ancienne bergerie manquent certes un peu de charme mais sont confortables et bénéficient du calme du petit hameau. L'espace cuisine mis à disposition des hôtes est très apprécié, comme le jardin où broutent des moutons. Un gîte est également proposé.

⊖ **Chambre d'hôte La Maraîcherie** – *50300 Le Val-St-Père – 5 km d'Avranches - ⊭ - ✆ 02 33 58 10 87 - 3 ch. 36/42 € ☕.* Les anciennes écuries de cette jolie ferme du 18e s. implantée à 200 m de la baie du Mont-St-Michel abritent des chambres meublées dans le style régional. Accueil sympathique. Á proximité d'un petit aérodrome (ULM) et d'un centre équestre.

⊖ **Chambre d'hôte Les Vieilles Digues** – *Rte du Mont-St-Michel - 50170 Beauvoir - 3 km au S du Mont- St-Michel dir. Pontorson - ✆ 02 33 58 55 30 - fermé janv. - 7 ch. 45/60 € ☕.* Cette jolie maison en pierre abrite de grandes chambres aménagées avec soin et garnies d'un beau mobilier ; celle avec vue sur le Mont-St-Michel est bien sûr très demandée. Plaisante salle des petits-déjeuners agrémentée de colombages. Jardin paysagé.

⊖⊖ **Hôtel La Croix d'Or** – *83 r. de la Constitution - 50300 Avranches - ✆ 02 33 58 04 88 - fermé janv. et dim. soir du 15 oct. au 15 mars - 27 ch. 46/65 € - ☕ 7,20 € - rest. 22,50/48 €.* Jolie maison à colombage nichée dans un gracieux jardin fleuri en saison. à l'intérieur, plaisant décor campagnard. Chambres coquettes. Certaines donnent sur le jardin.

G. Targat / MICHELIN

À l'abri des remparts.

OÙ MANGER

Bon à savoir – Aussi étonnant que cela puisse être, les restaurants où l'on trouve des fruits de mer sont rares dans la Manche et vraiment chers. Si vous aimez les fruits de mer et les pique-niques, nous vous suggérons de commander à l'avance un panier de fruits de mer dans une poissonnerie. Un citron, une nappe et un verre de blanc. Vous ne trouverez pas ce luxe ni cette abondance au restaurant.

⊖ **Poissonnerie La Rivière** – *4 r. des Trois-Rois – 50300 Avranches – ✆ 02 33 58 06 06 – 30/40 €.* L'unique poissonnerie d'Avranches propose des paniers pour deux personnes abondamment remplis de produits de la mer extra-frais pour faire un excellent pique-nique.

⊖ **Auberge de la Baie** – *La Rive - 50170 Ardevon - 3 km au SE du Mont-St-Michel dir. Avranches par D 275 - ✆ 02 33 68 26 70 - fermé nov., mar. et merc. sf juil.-août -*

10/30 €. Placé en bordure de départementale, ce restaurant est une étape bienvenue pour qui veut échapper, le temps d'un repas, à l'effervescence touristique du Mont-St-Michel. À la carte : plats traditionnels et régionaux (agneau de prés-salés, fruits de mer), et petit choix de galettes.

La Gourmandise – *21 rte du Mont-St-Michel - 50170 Beauvoir - 4 km au S du Mont-St-Michel - 02 33 58 42 83 - fermé nov.-janv. et mar. sf juil.-août - 9,15 €.* Maison bretonne transformée en crêperie dont la présence anime cette toute petite localité. Décor simple, éclairé par de larges baies vitrées. La longue carte propose essentiellement des crêpes et des galettes.

La Sirène – *Grande-Rue - 55170 Mont-St-Michel - 02 33 60 08 60 - fermé 10 janv.-2 fév., 15 nov.-20 déc. et vend. - 16/26 €.* Cette maison du 14e s. au long passé d'auberge abrite désormais une crêperie à laquelle on accède par un escalier en colimaçon. L'aspect des fenêtres, qui ressemblent à des vitraux avec leurs carreaux de verre dépoli sertis d'étain, confirme l'authenticité des lieux.

Pré Salé – *Rest. de l'hôtel Mercure - 2 km au S du Mont-St-Michel par D 976 - 02 33 60 14 18 - contact@hotelmercure-montsaintmichel.com - fermé 12 nov.-6 fév. - 16,50/44 €.* Bordant le Couesnon à l'amorce de la digue, l'hôtel Mercure vous invite dans sa lumineuse salle à manger récemment rénovée, aux tables bien espacées. Dégustez-y les fameuses viandes des prés-salés de la baie du Mont-St-Michel.

Auberge St-Pierre Croix Blanche – *Grande-Rue - 50170 Mont-St-Michel - 02 33 60 14 04 - fermé 1er janv.-2 fév. et 15 nov.-20 déc. - 16/35 €.* Haut bâtiment abritant une salle à manger principale (pierres et poutres apparentes) au deuxième étage et une agréable petite terrasse ouverte sur le chemin de ronde du Mont-St-Michel. Nombreux menus. Petites chambres bien meublées ; certaines offrent la vue sur la mer.

La Promenade – *Pl. du Casino - 50610 Jullouville - 02 33 90 80 20 - fermé lun. et mar. - réserv. conseillée - 18/42 €.* On peut difficilement trouver plus belle vue sur la baie du Mont-St-Michel que depuis cet élégant restaurant-salon de thé sis au rez-de-chaussée de l'ancien hôtel du casino (1881). Vaisselle et beaux meubles anciens. La carte privilégie les produits de la mer.

QUE RAPPORTER

Bon à savoir – Là où les touristes vont en masse, les commerçants abondent. il n'est pas nécessaire de commenter ce que l'on vous proposera dans les rues marchandes du Mont. Souvenirs *made in* « partout », presque obligatoirement inutiles, à part ce qui est comestible, et prix prohibitifs.

Plus loin, autour de la baie, on trouve parfois, et c'est parfois indiqué, des magasins proposant des produits artisanaux locaux. Par principe, les artisans boulangers, bouchers et autres producteurs de fromage ou de cidre, ayant mis plus d'amour à préparer leurs pain, crêpes, pâtés et saucissons que les machines industrielles productrices de millions de galettes ou de mètres cubes de jus de pomme, il vaut toujours la peine d'aller se servir chez eux.

Brasserie de la Baie – *6 rte de Roche-Torin - 6 km à l'E du Mont-St-Michel - 50220 Courtils - 02 33 60 37 65 - www.brasseriedelabaie.com - mai-fin sept. : jeu.-dim. 15h30-19h ; hors sais. : w.-end seult.* Quatre sortes de bières sortent des cuves de cette petite brasserie artisanale implantée à deux pas de la Maison de la baie. Une blonde bien plaisante, une ambrée de caractère anglo-saxon, une brune hivernale aromatisée à l'hydromel et une blanche estivale bien rafraîchissante. Dégustation et vente sur place.

4 La baie de Saint-Malo★★

CARTE MICHELIN LOCAL 309 J/K 3 – ILLE-ET-VILAINE (35)

Au cours de l'histoire, la ville première de la baie dite de Saint-Malo était Aleth : Saint-Malo n'existait pas. Et jusqu'à l'an 709, la configuration de la côte ne ressemblait en rien à celle que nous avons actuellement devant les yeux… Les Phéniciens, les Celtes, les Romains, les migrants du pays de Galle ou d'Eire, les Danois et autres rameurs du Nord ont été attirés par cette baie et la profonde pénétration d'une ria (la Rance) à l'intérieur du pays. Puis tout à changé… Un cataclysme disent les uns, l'usure du temps et la montée des eaux, disent les autres. Aleth perdit son port, la ria de la Rance s'élargit, ce qui faisait partie du relief du continent devint parfois des points dans l'eau, comme l'île Harbour, l'île Cézembre, les îles Grand Bé et Petit Bé… De transformations géophysiques en mutations historiques, ce n'est qu'à partir du 12e s. que Saint-Malo prit véritablement place sur le rocher insulaire de Canalch. La Rance nous accueille aujourd'hui à bras ouverts jusqu'à Dinan, à pied, en croisière sur la ria ou en voiture : charmants villages et ports intérieurs, châteaux et paysages campagnards s'y succèdent. La côte depuis Dinard jusqu'à la pointe du Grouin vaut aussi d'excellentes expéditions.

ARRIVER À BON PORT

Saint-Malo en voiture : de Paris par l'autoroute A 11. À 70 km de Rennes par la N 137, direction Saint-Malo et barrage de la Rance.
En train : Saint-Malo est desservi par de nombreux TGV.
En avion : Aéroport de Dinard-Pleurtuit ou aéroport de Rennes-St-Jacques (*coordonnées p. 14*).

LARGUER LES AMARRES !

L'île de Cézembre est la seule île accessible par bateau. L'embarquement se fait à Saint-Malo, à la cale de Dinan, ou encore à Dinard. Traversée : 10 à 15mn.

Compagnie corsaire – ✆ 0 825 138 035 - www.compagniecorsaire.com - 12,50 € (enf. 5,50 €, -3 ans 2 €).
La compagnie propose d'autres excursions *(voir rubrique « Virées »)*

Étoile Marine Croisières – ✆ 02 23 18 41 08 - www.etoile-marine.com - avr.-sept. : départ aux environs de 12h, retour 18h30 ; hors-sais. : liaison le w.-end - 11 € (13-18 ans 8 €, -13 ans 6 €). Cette compagnie propose aussi des départs depuis St-Servan, cale de Solidor. Départ 15mn avant celui de Saint-Malo.

BON À SAVOIR

Pour aller directement de Saint-Malo à Dinard, sans prendre la voiture, il existe des navettes de mer : le « bus de mer », ou le « passeur » *(selon les compagnies, dont les coordonnées sont indiquées au-dessus).* De fin avril à octobre, départ à peu près toutes les 40mn.
L'accès à Saint-Malo intra-muros étant limité, il est conseillé de laisser sa voiture à l'extérieur. Les parkings les plus proches sont payants.
En mai, Saint-Malo est le cadre du festival littéraire Étonnants voyageurs et le point de départ ou d'arrivée de grandes courses à la voile dans le cadre du Festival du nautisme *(www.station-nautisme-saint-malo.com).*

Îles en baie de Saint-Malo

Île de Cézembre

Accès par bateau (voir « Larguer les amarres ! »).
Avant-port d'Aleth, gardienne de toute la baie avec ses 38 m de haut et ses 18 ha, l'île de Cézembre a été autrefois la pointe d'une péninsule. Dès l'arrivée des moines celtes de Galles et d'Eire, le site servit de retraite et d'ermitage. Ce ne serait qu'à partir du début du 15e s. que son lien formé jusque-là par des terres basses aurait été submergé. Avant qu'une fortification de Vauban n'y prenne place, des attaques anglaises ruinèrent deux couvents successivement construits sur l'île. À l'époque des corsaires,

Saint-Malo, depuis la mer.

Cézembre servit de dépôt de marchandises suspectes, de lieu de désinfection et de quarantaine. Il y eut aussi un lazaret.

La **plage de Cézembre** est la rare plage de la Bretagne du Nord qui fait face au Sud et la seule accessible de l'île. C'est un lieu de rendez-vous privilégié des Malouins. Évidemment, l'idéal est d'y venir avec son propre bateau… Mais des navettes y accostent tous les jours en saison (*voir « Larguer les amarres ! »*), venant de Dinan et de Saint-Malo, permettant à ceux qui n'en ont pas de passer l'après-midi à bronzer, déjeuner puis digérer ou visiter l'île par les quelques sentiers aménagés. L'unique bar-restaurant de l'île, **Le Repaire des corsaires**, sera certainement aussi le vôtre (*voir « La baie de Saint-Malo pratique »*).

Île Harbour

Privée, l'île n'est accessible que par très grande marée. Accès à pied déconseillé.

Anciennement nommée île St-Antoine, il s'y trouvait un oratoire dédié au saint. Ce fut là, ou sur Cézembre, qu'un autre saint y aurait au 6e s. accueilli un certain Mc Low, futur saint Maclou ou… Malo en breton. Jusqu'à l'époque dramatique du raz de marée de 709, qui submergea la fameuse forêt de Scissy qui entourait le Mont-St-Michel et recouvrait les îles Chausey, laissant, ça et là, des îlots et des îles, ce rocher était, comme bien d'autres, rattaché à la terre : il était le port principal de la cité d'Aleth (Harbour signifie port en anglais…). Planté à l'entrée de l'estuaire de la Rance, l'île Harbour ne pouvait pas échapper aux considérations stratégiques de Vauban, qui le fortifia et l'arma d'un fort en forme de fer à cheval pour une centaine d'officiers et de marins, dotés de 18 canons (*ne se visite pas*).

Île du Grand Bé

À marée basse, 45mn à pied AR. Quitter Saint-Malo par la porte des Champs-Vauverts et traverser la plage obliquement pour gagner la chaussée qui conduit à l'île. Suivre le chemin accroché au flanc droit de l'île.

Du sommet de l'île, superbe **panorama★★** sur toute la Côte d'Émeraude. Le **tombeau de Chateaubriand** se trouve du côté du large : une simple dalle sans nom, surmontée d'une lourde croix de granit.

Une île très protégée…

Les Allemands fortifient l'île de Cézembre dès 1942. Cet avant-poste marin de Saint-Malo, déjà fortifié par Vauban en 1696, était une position éminemment stratégique. En août 1944, il fallut près de 20 000 bombes larguées par 200 avions pour déloger les 20 soldats alliés indemnes sur les centaines d'Italiens, Polonais, Russes et autres Allemands qui tenaient l'endroit. L'île ne coula pas. Le feu d'artifice avait été agrémenté, pour la toute première fois, de tirs de bombes au napalm et au phosphore. Lieu le plus touché d'Europe, site classé depuis la fin de la guerre, et propriété du ministère de la Défense, l'île de Cézembre n'a été déminée que surune toute petite partie. Pour le reste, c'est trop cher et trop dangereux.

Île du Petit Bé

Privée. Accès à pied ou en bateau passeur, en fonction des marées, à partir du Grand Bé. Tarif visite : 4 € (enf. 2,50 €) - horaires disponibles à l'Office de tourisme, ☏ 06 08 27 51 20 ou 0 825 135 200 (office du tourisme de Saint-Malo).

Située après le Grand Bé, l'île possède un remarquable **fort** construit à partir de 1693 par Vauban et restauré par un passionné. Ce dernier vous embarque à bord de son petit bateau et vous propose une visite guidée de l'île, qui décrit aussi les fortifications de la baie de Saint-Malo.

Fort national★

Accès par la plage de l'Éventail, à Saint-Malo, à marée basse – 15mn à pied/AR - ☏ 02 99 85 34 33 - visite guidée (45mn) juin-sept., w.-end de Pâques, de l'Ascension et de la Pentecôte : à marée basse (h variables en fonction des marées) - 4 € (enf. 2 €).

Construit par Vauban en 1689, le « Fort royal » est devenu « Fort national » après 1789, puis propriété privée. Au cours de la visite du fort, on évoque le combat mémorable de Surcouf qui défendit l'honneur de la France contre 12 adversaires. Il épargna le dernier… comme témoin de ses exploits ! La **vue**★★ des remparts est exceptionnelle (de l'estuaire de la Rance aux îles Chausey) et la visite du cachot impressionnante !

Saint-Malo-en-l'Île

Comment expliquer que cette ville a été presque totalement détruite lors de la Seconde Guerre mondiale sans que ses murailles du 12e s. n'aient subi de graves dommages ? Tous ces souvenirs, dont il ne ferait pas bon reconstituer le bruit cumulé des explosions, sont partout figés dans cette ville totalement artificielle, puisqu'elle a été, par bonheur, reconstruite de toute pièce après la guerre. Sans doute a-t-elle une forte tendance à devenir un « pôle d'attraction touristique », mais grâce à sa vitalité et, diront certains, aux « ondes » qu'elle dégage, on l'oublie vite. On y boit, danse et fait la fête après de belles visites et des crêpes au goût d'antan. Et, foi de matelot, c'est bien là le principal.

Dans l'enceinte, tout se fait à pied. Laisser votre véhicule à l'extérieur des murs, sur le grand parking (payant) où se trouve l'Office de tourisme.

Remparts★★★ (Saint-Malo intra-muros)

Visite : 2h. Partir de l'esplanade St-Vincent et prendre, à droite, l'escalier qui donne accès au chemin de ronde. Commencés au 12e s., les remparts ont été agrandis et modifiés jusqu'au 18e s. De bastion en bastion, la promenade des remparts dévoile des horizons différents.

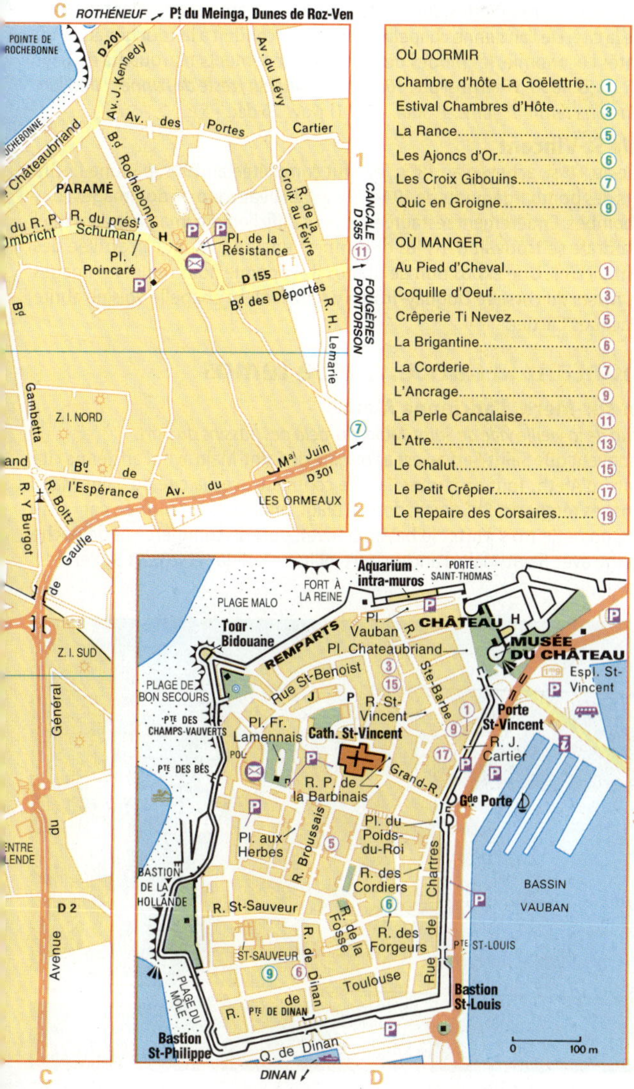

En partant de la Grande Porte dite de St-Vincent et en tournant vers l'Ouest, on découvre les faubourgs de Saint-Malo, les bassins du port, St-Servan et jusqu'au bastion St-Louis. En rejoignant le bastion St-Philippe, c'est le rocher d'Aleth qui apparaît, avec le fort de la Cité et l'estuaire de la Rance. On aperçoit derrière Dinard, la plage du Prieuré et la pointe de la Vicomté. Vers la tour Bidouane, à droite de la pointe du Moulinet, on aperçoit en partie la grande plage de Dinard, la pointe des Étêtés, séparant Dinard de St-Lunaire, la pointe du Décollé, l'**île des Ebihens**, la pointe de St-Cast et le cap Fréhel ; plus proche, l'**île Harbour** et, toujours vers la droite, les **îles du Grand Bé** et du **Petit Bé**, puis, à l'arrière-plan, l'**île de Cézembre** et le fort de la Conchée.
Enfin, après avoir longé les bâtiments de l'École nationale de la marine marchande, on découvre le Fort national et la grande courbe qui unit Saint-Malo à la pointe de la Varde : ici se déploient les plages de Paramé, de Rochebonne et du Minihic.

Château★★

Symbole du pouvoir ducal puis royal, le château est accolé à la tour Quic-en-Groigne. On y découvre les façades des casernes des 17e et 18e s. qui abritent aujourd'hui l'hôtel de ville, la citerne, le grand donjon et le castelet. Édifié en 1395, le petit donjon flanque l'ancien mur d'enceinte. Élevé en 1424, le grand donjon domine le château : depuis les tourelles de guet, beau **panorama★★** sur la ville, le port, la côte et la mer.
Occupant le grand donjon et le castelet, le **musée d'Histoire de la ville et d'Ethnographie du pays malouin★** est consacré à l'histoire de Saint-Malo et de ses hommes célèbres. Documents, maquettes de navires, peintures et armes rappellent le passé maritime de la cité. De l'ancienne chapelle, un passage conduit à la Tour générale, où sont présentés l'économie, les modes de vie et les événements marquants du pays malouin. *✆ 02 99 40 71 57 - avr.-sept. : 10h-12h30, 14h-18h ; reste de l'année : tlj sf lun. 10h-12h, 14h-18h - fermé 1er janv., 1er Mai, 1er et 11 Nov., 25 déc. - 5 €.*

Cathédrale St-Vincent

Commencée au 11e s., achevée au 18e s., elle fut complétée au 19e s. par une flèche ajourée. Lors des bombardements de 1944, elle a subi beaucoup de dommages sous la pluie de bombes. Entièrement restaurée, on peut difficilement imaginer dans quel état la cathédrale se trouvait dans les décombres encore fumants à l'arrivée des premiers Américains. Une exposition de photos de l'époque nous remet les images en tête. Les restes du corsaire Duguay-Trouin y reposent. La chapelle voisine abrite le chef de Jacques Cartier.

En remontant la Rance… et le temps

St-Servan-sur-Mer★, l'ancienne Aleth

1,5 km au Sud de la vieille ville de Saint-Malo, au-delà des bassins du port.
On oublie souvent que Saint-Servan est à l'origine de Saint-Malo avec l'ancienne cité gallo-romaine d'Aleth. Tout en jardins, la ville contraste avec la cité de Saint-Malo, enclose dans ses remparts. St-Servan, dont la plage principale est formée par l'anse des Sablons, possède trois ports : le bassin Bouvet, port de commerce et de pêche qu'elle partage avec Saint-Malo, l'ancien port militaire Solidor et le port St-Père.

G. Targat / MICHELIN

Saint-Suliac et la Rance.

Histoire d'un estuaire

La Rance préhistorique se scindait en deux bras : l'un ralliant la mer par la pointe du Décollé et l'autre débouchant vers l'actuelle **île Harbour.** Toute la zone aurait été couverte par la forêt de Scissy. Les Phéniciens, qui aimaient bien les pointes rocheuses, mais surtout les rias profondes et bien protégées, où ils pouvaient installer leurs comptoirs, se sont intéressés à l'endroit sans pourtant laisser de grandes traces de leur passage. Les Celtes coriosolites s'installent dans la région avant les Romains qui la réaménagent et profitent de la cité celtique de **Corseul** et d'un petit mouillage aux pieds de l'actuel Dinan, Taden, pour y développer le commerce et leur empire. La plupart des îles et îlots étaient encore intégrés au continent. Les Romains se retirèrent au 5e s. Après l'invasion franque, le premier cataclysme qui modifia la vie dans la Rance fut le flux continu, pendant des longues années, de Vikings aux ambitions et aux agissements contestables. Le second fut celui, aquatique, du raz de marée de 709, et le troisième, tellurique, puisqu'il s'agit du tremblement de terre de 1423.

Corniche d'Aleth★★ – *Laisser la voiture sur la place St-Pierre où se dressent les ruines de l'ancienne cathédrale. Prendre la rue St-Pierre au chevet de l'église et gagner à gauche l'allée en corniche.*

Succession de **vues★★** magnifiques : la cité de Saint-Malo, les îles du Petit Bé et du Grand Bé ainsi que l'île de Cézembre, le fort de la Cité puis l'ensemble de la rade où se détache au loin l'île fortifiée de la Grande Conchée, le phare du Grand Jardin (à gauche), l'île Harbour et son fort ; au-delà, le cap Fréhel, puis la pointe du Décollé, que prolongent des récifs.

En empruntant le chemin en descente à droite, on découvre une très belle vue sur l'estuaire de la Rance et, au-delà, sur l'usine marémotrice.

À partir de la corniche, accès au fort.

Fort de la Cité – *02 99 82 41 74 - visite guidée (1h) juil.-août : 10h15, 11h, 14h, 15h, 16h et 17h ; avr.-juin et de déb. sept. à mi-nov. : tlj sf lun. 14h, 15h15 et 16h30 - 5 € (enf. 2,50 €).* Bâti en 1759, il fut utilisé et transformé par les Allemands pendant la dernière guerre. Autour de la cour intérieure est disposée une chaîne de blockhaus, reliés par près de 2 km de galeries souterraines. Sur la promenade, en contrebas, ne pas manquer les coupoles blindées dans lesquelles sont venus se planter et fondre des obus et des balles. On imagine l'effroi du soldat qui s'y cachait…

Tour Solidor★ – *Au Sud de la Corniche.* Bâtie en 1382, restaurée au 17e s., cette ancienne prison (27 m de haut) commande l'estuaire de la Rance. À l'intérieur de la tour, le **musée international du Long Cours cap-hornier★** est consacré à l'histoire, aux techniques, aux traditions. La visite, par paliers, permet d'atteindre sans fatigue le chemin de ronde, d'où la **vue★** est belle sur l'estuaire, St-Servan-sur-Mer, Saint-Malo, Dinard et la Rance. *02 99 40 71 58 - avr.-sept. : 10h-12h30, 14h-18h ; reste de l'année : tlj sf lun. 10h-12h, 14h-18h - fermé 1er janv., 1er Mai, 1er et 11 Nov., 25 déc. - 5 € (enf. 2,50 €).*

Dinard

Depuis Saint-Malo, descendre jusqu'à St-Servan. Traverser la Rance sur le barrage de l'usine marémotrice, et suivre la direction de Dinard.

Construite au 19e s., cette station balnéaire est faite de belles maisons et de magnifiques jardins accrochés au-dessus de falaises ou de plages de sable fin. Ses habitants ont dû assister avec consternation au balais aérien et au feu d'artifice dont Saint-Malo sortit arasée en août 1944. Une seule bombe est-elle tombée de ce côté-ci de la Rance ? Agréables parfums de luxe et d'élitisme un peu extravagants datant de la Belle Époque, de traditions et de tourisme « bonne famille ».

Le sentier des douaniers se dénoue sur 8 km de pointes et de anses, sous les rochers et les jardins. L'Office de tourisme organise en saison toute sorte de visites guidées.

Saint-Suliac

12 km de Saint-Malo. Sortir de Saint-Malo par la N 137, direction Rennes, puis prendre la *D 137 à St-Jouan-des-Guérets, jusqu'à Les Gastines, puis la D 117 jusqu'à Saint-Suliac.*

Premier site naturel de l'estuaire de la Rance, Saint-Suliac se trouve sur une presqu'île où, à l'époque paléolithique, les hommes avaient déjà élu domicile. Un prince gallois, Suliac, débarqua en 560 à cet endroit et y fonda un monastère. Les Vikings y construisirent une place forte, où ils parquaient leurs drakkars, et dont on voit encore les fondations à marée basse. Mais le plus appréciable reste la nature que l'on peut observer en suivant un des deux circuits *(2h30 de marche)* prévus à cet effet. Lieu de repos de prédilection pour les migrateurs, on y observe entre autres des bernaches cravants et des tadornes de Belon. On y a aussi recensé 26 espèces de papillons de jour et 23 de nuit, dont le « géomètre à barreau », la « goutte de sang », etc. *Rens. : mairie de St-Suliac - ✆ 02 99 58 41 22.*

Le « plus » nature

L'**île des Landes** calée entre la baie du Mont-Saint-Michel et la côte d'Émeraude à l'Ouest de la **pointe du Grouin**, à Cancale, a été constituée en 1958 **réserve naturelle** sous l'égide de l'association Bretagne Vivante. L'accès y est interdit, sauf pour le comptage des oiseaux marins qui y nichent et y vivent dans leur lutte darwinienne. La végétation lutte, elle aussi, sous les habitats, écrasements et surcharges de fientes des 200 couples de grands cormorans, 700 couples de cormorans huppés, tadornes de Belon, huîtriers pie et autres mouettes dont le nombre est grandissant.

Corseul, la romaine oubliée

Depuis Saint-Malo, traverser la Rance vers Dinard. Prendre à gauche sur la D 266 vers Pleslin-Trigavou, à droite dans le village la D 28, ensuite la D 44 jusqu'à Corseul.

Corseul est la plus ancienne ville de la région (100 av. J.-C.). Capitale des Coriosolites, tribu celte qui avait soutenu Vercingétorix en lui dépêchant un détachement de guerriers, elle fut soumise vers 50 av. J.-C., peu après le passage de César et la défaite d'Alésia. Au croisement d'un important réseau de voies, la cité baptisée « Fanum Martis » devint un centre administratif prospérant sous la protection du dieu Mars.

Lors du déclin de l'Empire romain, la cité proche d'Aleth reprit de l'importance puis, peu à peu abandonnée, la capitale des Coriosolites, après un coup de grâce donné par les Normands au 5e s., servit de carrière : on retrouve des pierres de sa provenance dans les remparts de Saint-Malo. Pour en savoir plus :

Musée de la Société archéologique de Corseul – *Mairie (2e étage) - ✆ 02 96 82 73 14 (répondeur) - tlj sf dim. 9h-12h, 14h-17h, sam. 9h-12h - fermé j. fériés - 2 € (enf. 1 €).*

Dérives…

Promenades en mer

Sachez qu'il faut toujours réserver et confirmer sa promenade, les horaires changeant selon les marées et les bateaux partant seulement en fonction du nombre de réservations.

Compagnie corsaire – *Embarcadère Cale de Dinan - St-Malo - ✆ 0 825 138 035 - www.compagniecorsaire.com* - Excursions en baie de St-Malo (1h et 1h30), à l'île de Cézembre (15mn), au cap Fréhel (2h45), à Dinan par la Rance (2h30), aux îles Chausey (1h45).

« Le Renard » – *Association Cotre corsaire de St-Malo - Tour Ouest-Grand'Porte - BP 165 - 35408 St-Malo Cedex - ✆ 06 73 86 12 85 ou 02 99 40 53 10 - www.cotre-corsaire-renard.com - de déb. mars à déb. nov. : merc. 9h30-17h30 sur demande préalable - 60 €.* Naviguez comme en 1812 sur le dernier navire corsaire de R. Surcouf, *Le Renard*, à la journée ou sur plusieurs jours, avec un équipage professionnel.

Étoile Marine Croisières – *41 Quai Duguay-Trouin - St-Malo- ✆ 02 99 40 48 72 - www.etoile-marine.com.* Location de voiliers, vieux gréements, croisières.

Saint-Malo Croisières – *14 r. Ste-Anne - St-Malo (intra-muros) - ✆ 06 61 57 33 32 - www.saintmalo-croisiere.com.* Sorties en mer, stages et cours.

Club Croisières Alet – *44 r. Dauphine - St-Servan - ✆ 02 99 82 07 48 - www.clubcroisiere.fr.st.* Location de bateaux, organisation et école de croisières.

Jaman IV – *Dinan - ✆ 02 96 39 28 41 ou 06 07 87 64 90 - www.vedettejamaniv.com - 9 €, (enf. 7 €).* Au départ de Dinan, croisières sur la Rance vers Léhon, excursions sur le canal d'Ille-et-Rance.

Croisières Chateaubriand – *Gare maritime du barrage de la Rance - Dinard - ✆ 02 99 46 44 40 - www.chateaubriand.com - de St-Malo, dir.*

G. Targat / MICHELIN

La Bisquine (voilier) « La Granvillaise ».

Dinard : sur le barrage de la Rance, au feu à gauche juste après l'écluse (parking gratuit).
Bateau-restaurant : *croisières de 1h à 3h (14/28 €, avec repas 45/62 €) - embarquement 11h45, départ 12h, retour 15h ou embarquement 19h45, départ 20h, retour 23h.* Tour sur la Rance et dans la baie de Saint-Malo.

Aviron, kayak de mer, surf, plongée : sport 100 % mer

Société nautique de la baie de St-Malo – *Quai du Bajoyer - St-Malo - ✆ 02 23 18 20 30 - cale de Bon-Secours, havre de Rothéneuf - ✆ 02 99 40 11 45 - www.snbsm.com - été : 9h-20h ; printemps et automne. : 13h30-17h30 - fermé de mi-déc. à fin avr.* École de voile, cours, stages et location. Aviron.

Corsaires malouins – *4 r. des Bouchers - St-Malo - ✆ 02 99 40 92 04 - 9h-12h, 14h-17h.* Initiation au kayak de mer, randonnées et stages.

Surf School – *2 av. de la Hoguette - St-Malo - ✆ 02 99 40 07 47 - www.surfschool.asso.fr - ouv. tlj.* Stages et location de planches à voile, funboards, chars à voile, chars à cerf-volant, speed-sails et surfs.

Diveyak – *Port de plaisance des Bas-Sablons (face au ponton C) - St-Servan - ✆ 02 99 21 38 38 - www.comarin.fr.* Initiation au kayak de mer, randonnées et location. Plongée sous-marine : station de gonflage, cours et location de matériel.

Saint-Malo Plongée Émeraude - *Centre Bleu Émeraude - Terre-plein de Naye - St-Servan - ✆ 02 99 19 90 36 - www.saintmaloplongee.com.* École de plongée, exploration et perfectionnement.

Jacques Cartier, explorateur

En 1534, Jacques Cartier part chercher de l'or dans la région de Terre-Neuve et du Labrador. Il découvre alors l'estuaire du St-Laurent, qu'il prend pour l'embouchure d'un grand fleuve d'Asie. Comme le mot « Canada », qui signifie village en huron, revient souvent dans les propos des Indiens, il appelle ainsi le pays.
Cartier en prend possession au nom du roi de France, mais c'est Champlain qui le colonisera et qui fondera Québec, en 1608.

... et virées

Grand Aquarium de Saint-Malo★★

Av. du Gén.-Patton - ✆ 02 99 21 19 00 - www.aquarium-st-malo.com - juil.-août : 9h30-20h (22h de mi-juil. à mi-août) ; avr.-juin et sept. : 10h-19h ; reste de l'année : 10h-18h (dernière entrée 1h av. fermeture) - fermé 3-21 janv., 14-18 et 21-25 nov. - 13,50 € (4-14 ans 9,80 €).
Représentant toutes les eaux du monde, quelque 500 espèces marines promènent leur importance, leur vivacité ou leurs couleurs dans des bassins acclimatés. Un robot, un sous-marin, le **Nautibus**, un homard de 30 ans et des poissons-loups, des coraux, mangroves, roussettes, etc. attendent petits et grands pour un voyage au fond des océans. Le **bassin tactile**, l'**Anneau des requins** et le **Vaisseau englouti** sont autant d'attractions qui font plonger dans une toute autre réalité.

À Rothéneuf

De St-Malo, sortir par la D 201, à l'Est, en direction de la Pointe du Grouin et de Cancale.

Musée-manoir de Jacques Cartier★★ – *R. David-Macdonald-Stewart - ✆ 02 99 40 97 73 - visite guidée (1h) juil.-août : 10h-11h30, 14h30-18h ; juin et sept. : tlj sf dim. 10h-11h30, 14h30-18h ; oct.-mai : tlj sf dim. 10h et 15h - fermé dim. (sept.-juin) et j. fériés (sf 14 Juil. et 15 août) - 4 € (-12 ans 3 €).*
Cette maison des 15e et 16e s. avec sa partie ajoutée au 19e s. a été acquise par Jacques Cartier, de retour de ses grandes aventures canadiennes. Présentation d'un film sur les voyages de l'explorateur en « Nouvelle-France ».

Rochers sculptés – *✆ 02 99 56/23 95 - se renseigner auprès de M. Janvier - juil.-août : 10h-19h ; reste de l'année : 10h-12h, 14h-19h - fermé les j. de grand vent en hiver - 2,50 €.*
Pendant 25 ans (1870-1895), l'abbé Fouré sculpta sur les rochers l'histoire de la terrible famille de corsaires et de pirates Rothéneuf : près de 300 incroyables petits personnages sont ainsi figés dans le granit.

Pointe du Meinga et dunes de Roz-Ven à Saint-Coulomb

Depuis St-Malo, reprendre la D 201, suivre les indications « pointe du Meinga », 4 km après Rothéneuf. Montrant le Nord, l'éperon rocheux de la pointe du Meinga a été occupé aux périodes mésolithique et néolithique, puis par les Gaulois et les Allemands : leurs blockhaus sont intacts. Le **GR 34** en fait le tour ; la découverte des différents points de vue vaut la peine. On y rencontre deux formations végétales opposées, l'une, « l'aéroaline », rase et résistante face aux vents et embruns d'Ouest, au renouvellement rapide, l'autre, à l'Est, constituant une lande vieillissante et plus haute. Le passage des hommes dérangent peu les oiseaux marins nicheurs qui s'installent dans des endroits inaccessibles sur la falaise. Le lézard vert, la linotte mélodieuse, le taquet pâtre, la belette et le renard constituent une faune discrète et riche. Plus à l'Est se trouvent les **dunes de Roz-Ven**, derrière une large plage orientée vers le Nord et prolongée, plus à l'Est encore, par la pointe du Grand Nez. Ces fragiles accumulations de végétaux, qui fixent le sable, ont fait rêver l'écrivaine Colette, qui habita une belle demeure dans le fond de la vallée toute proche. *Renseignements à la mairie de St-Coulomb - ✆ 02 99 89 00 21.*

Surcouf, corsaire

Répondant à l'appel de la mer, Surcouf (1773-1827) commence très jeune une carrière riche en exploits fabuleux. Négrier, puis corsaire, il amasse un énorme butin et prend à 36 ans une retraite précoce au cours de laquelle il arme des corsaires, des navires marchands et continue à accroître sa fortune.

Musée de la Pomme et du Cidre

La Ville Hervy - 22690 Pleudihen-sur-Rance - ✆ 02 96 83 20 78 - 18 km de Saint-Malo, rive droite de la Rance, par N 137 vers Rennes, sortie Châteauneuf-d'Ille-et-Vilaine, puis D 29 jusqu'à Pleudihen et suivre les indications - de mi-mars à fin juin et de déb. sept. à mi-oct. : 14h-19h ; juil. août : 10h-19h. 3,50 € (enf. 2 €).
Pour tout savoir sur la pomme et goûter à une production familiale de cidre plusieurs fois primée.

La baie de Saint-Malo pratique

OÙ S'INFORMER

Office du tourisme de Saint-Malo – *Esplanade St-Vincent - 35400 Saint-Malo - ✆ 0825 135 200 (0,15 €/mn) - www.saint-malo-tourisme.com - juil.-août : lun.-sam. 9h-19h30, dim. et j. fériés 10h-18h ; oct.-mars : lun.-sam. 9h-12h30, 14h30-18h ; avr.-juin et sept. : lun.-sam. 9h-12h30, 13h30-18h30, dim. et j. fériés 10h-12h30, 14h30-18h.*

Office du tourisme de Dinard – *2 bd Féart - 35802 Dinard - ✆ 02 99 46 94 12 - wwww.ot-dinard.com - juil.-août : 9h30-19h30 ; hors sais. : 9h-12h30, 14h-18h - fermé dim. (de mi-oct. à 1mi-mars).*

Office du tourisme de Dinan - Pays de Rance – *9 r. du Château - 22105 Dinan - ✆ 02 96 87 69 76 - www.dinan-tourisme.com - juil.-août : 9h -19h, dim. et j. fériés 10h-12h30 14h30-18h ; sept.-Juin : 9h-12h30, 14h-18h.*

Capitainerie Saint-Malo – *✆ 02 99 20 25 01 - Présence tél. 24h/24 - ouv. tlj. 8h-12h 13h30-18h.*

Allo Taxis Malouins – *✆ 02 99 81 30 30 - www.allo-taxi-malouins.com*

Météo France – *✆ 0 892 680 235.*

OÙ DORMIR

Hôtel Les Croix Gibouins – *Les Croix-Gibouins - 6 km à l'E de St-Malo par D 301 rte de Cancale, et D 155 rte de St-Méloir-des-Ondes - 35400 St-Malo - ✆ 02 99 82 11 97 - basle.maryline@tiscali.fr - ⊭ - P - 4 ch. 40/53 €* ☕. Oubliez la route qui passe à proximité de cette séduisante gentilhommière du 16e s. car l'épaisseur de ses murs garantit à elle seule le calme de ses intérieurs. Les chambres, douillettes et remarquablement restaurées, ouvrent leurs fenêtres sur un verger.

Chambre d'hôte La Goëlettrie – *20 r. Goëlettrie (quartier Quelmer) - 5 km de St-Malo, dir. Dinard puis Quelmer - 35400 St-Malo - ✆ 02 99 81 92 64 - ⊭ - réserv. obligatoire le soir - 5 ch. 45/52 €* ☕. St-Malo côté campagne ! Cette jolie ferme dominant la Rance bénéficie d'une tranquillité très appréciée. Chambres sans grand caractère, mais accueil charmant.

Hôtel Quic en Groigne – *8 r. d'Estrées - 35400 St-Malo - ✆ 02 99 20 22 20 - rozenn.roualec@wanadoo.fr - fermé 9-16 janv. - 15 ch. 49/63 € - ☕ 7 €.* Cet hôtel occupant une ancienne maison en pierre a les atouts d'une gentille petite adresse. Au calme dans une ruelle, il est très bien tenu et son décor est agréable et clair… Petit-déjeuner servi sous la véranda.

Hôtel La Rance – *15 quai Sébastopol (port Solidor) - 35400 St-Malo - ✆ 02 99 81 78 63 - hotel-la-rance-@wanadoo.fr - 11 ch. 81 € - ☕ 8 €.* Au pied de la tour Solidor, petit hôtel offrant de jolies vues sur le port et la baie. Une collection de tableaux, maquettes et bibelots sur le thème de la mer égaye son salon, meublé avec autant de soin que les chambres. Quelques balcons côté mer.

⊖⊖ **Chambre d'hôte Estival** – *La Ville Blanche - 35540 Miniac-Morvan - ✆ 02 96 83 33 30 - www.estivalbrittany.com - 6 ch. 47/56 €* ☕. Tenues par un couple d'Anglais depuis longtemps passionnés par la France, ravis de parler de leur région d'adoption dans leur charmante maison à la campagne. Repas sur réservation.

⊖⊖⊖ **Hôtel Les Ajoncs d'Or** – *10 r. du Forgeur – 35400 St-Malo - ✆ 02 99 40 85 03 - hotel-ajoncs-dor@wanadoo.fr - fermé déc.-janv.- 22 ch. 105/120 € - ☕ 10 €.* Cet hôtel douillet de la vieille ville a insonorisé ses chambres et rénove peu à peu ses salles de bains. Les petits-déjeuners sont servis au bar meublé de chaises et de tables de bistrot.

OÙ MANGER

⊖ **Au Pied d'Cheval** – *6 r. Jacques-Cartier - 35400 St-Malo - ✆ 02 99 40 98 18 - fermé 15 nov.-30 mars sf w.-end - 5/15 €.* Les Le Moal, conchyliculteurs à Cancale, vous proposent une dégustation de coquillages et fruits de mer dans un cadre marin blanc et bleu. Ne manquez pas le coup d'œil à l'étonnante machine destinée à l'ouverture des huîtres.

⊖ **Crêperie Ti Nevez** – *12 r. Broussais – 35400 St-Malo - ✆ 02 99 40 82 50 - fermé janv., merc. s f vac. scol. - 9,30/14,25 €.* Cette minuscule crêperie fondée en 1959 joue la carte de la tradition, tant dans son décor de meubles bretons et photos anciennes que dans ses recettes : les crêpes sont retournées comme autrefois, en salle, devant les convives. Essayez aussi le fameux gâteau breton.

⊖ **La Brigantine** – *13 r. de Dinan – 35400 St-Malo - ✆ 02 99 56 82 82 - fermé mar. et merc. sf vac. scol. - 10/15 €.* Cette crêperie emprunte son nom à une voile trapézoïdale située à l'arrière des vieux gréements. Galettes et crêpes sont servies dans deux sobres salles à manger égayées de nappes colorées. Carte bien composée et menu attractif.

⊖ **Coquille d'Œuf** – *20 r. de la Corne-de-Cerf - 35400 St-Malo - ✆ 02 99 40 92 62 - fermé lun. - 12/23,50 €.* Murs jaunes ornés de tableaux, parquet, petits fauteuils en osier : le cadre contemporain de ce restaurant du centre-ville est vraiment plaisant. Ajoutez à cela un service impeccable et des plats particulièrement soignés, vous comprendrez qu'il faut vous y arrêter !

⊖ **Le Petit Crêpier** – *6 r. Ste-Barbe (intra-muros) - 35400 St-Malo - ✆ 02 99 40 93 19 - lepcrepier@aol.com - fermé 25 nov.-10 déc., 15-31 janv., mar. et merc. sf juil.-août - 6,10/12,20 €.* Tentures rouges, bibelots et tableaux marins, maquettes de bateaux et cartes des côtes bretonnes sur les tables créent une plaisante atmosphère dans cette discrète crêperie malouine. Quelques galettes et crêpes originales s'ajoutent aux grands classiques du genre.

⊖⊖ **L'Ancrage** – *7 r. Jacques-Cartier - 35400 St-Malo - ✆ 02 99 40 15 97 - fermé déc.-janv., mar. hors sais. et merc. - 18/32 €.* Voilà où jeter l'ancre le temps d'un repas. Adossé aux remparts de la cité corsaire, restaurant de poissons et fruits de mer où vous serez servis « à la bonne franquette » ! Décor marin au rez-de-chaussée ; jolie salle voûtée à l'étage.

⊖⊖ **Le Chalut** – *8 r. de la Corne-de-Cerf – 35400 St-Malo - ✆ 02 99 56 71 58 - fermé mar. sf le soir en sais., lun. - réserv. obligatoire - 22/49 €.* Une étape indispensable sur la route des gourmets ! Tenu par un jeune chef passionné, ce restaurant au décor marin sert une cuisine savoureuse privilégiant les produits de la mer. Le rapport qualité-prix est excellent, et ça se sait !

⊖⊖ **L'Atre** – *7 espl. Cdt-Menguy (port Solidor) - 35400 St-Servan-sur-Mer - ✆ 02 99 81 68 39 - fermé de mi-déc. à fin janv., dim. soir et mar. soir de sept. à juin, merc. - 19/34 €.* Tout près de la tour Solidor, cette gentille auberge vous accueille dans une salle rustique dotée d'une cheminée-grill. Les tables de la véranda profitent de la vue sur le port.

⊖⊖ **L'Abri Côtier** - *28 quai Gambetta - 35260 Cancale - ✆ 02 99 89 99 28 - 15,50/32 €.* Cette typique maison bretonne bénéficie d'une situation intéressante sur le port. Sobre intérieur décoré dans un esprit marin et véranda offrant un panorama de carte postale. La cuisine puise avec bonheur dans les richesses de la mer.

⊖⊖ **La Corderie** – *Cité d'Aleth, chemin de la Corderie - 35400 St-Servan-sur-Mer - ✆ 02 99 81 62 38 - fermé lun. sf j. fériés - 14,50/17 €.* Perché au-dessus de la tour Solidor, la villa domine superbement la Rance et son barrage. Aux beaux jours, la terrasse rencontre un vif succès et en hiver, ses deux salles à manger font étalage de leur charme : grandes baies vitrées, mobilier ancien et exposition de tableaux.

⊖⊖⊖ **Le Repaire des Corsaires** – *Île de Cézembre - 35400 St-Malo - ✆ 02 99 56 78 22 - ouv. 12h30-20h de mars à nov.- réserv. obligatoire - 40/50 €.* Fruits de mer, poissons grillés et vin de qualité, le tout sur une île. Qui dit mieux ?

5 Les îles Ébihens et l'anse de St-Jacut-de-la-Mer

CARTE MICHELIN LOCAL 309 I3 – ILLE-ET-VILAINE (35)
ÎLE EBIHENS : 18 HA – 6 HABITANTS

Situé dans une anfractuosité de la côte dite d'Émeraude, la péninsule de St-Jacut-de-la-Mer montre du doigt un petit groupe d'îles et de cailloux : l'archipel des îles Ébihens. Bien détaché de la côte, cet alignement est au centre d'une large baie dont Saint-Briac marque l'horizon à l'Est et St-Cast (dire « St-Ka »), de l'autre côté du val d'Arguenon, à l'Ouest. Seule la tour Vauban, qui dépasse des pins sur l'île Ébihens, rappelle que des moments moins paisibles ont arraché cet endroit à sa situation protégée : une fameuse bataille eut lieu contre les Anglais en face de St-Cast en 1758. Entre un tour de l'île à pied (mouillé) à la recherche de palourdes, coques, huîtres sauvages et autres cadeaux de la mer et des balades le long des capricieux découpages marins ou dans une campagne bucolique, la destination est exquise, surtout hors saison.

ARRIVER À BON PORT

En voiture : St-Jacut-de-la-Mer est à une vingtaine de kilomètres de St-Malo par la D 168 en direction de Plancoët, en passant par Tregon, où l'on tourne à droite dans la D 26. La D 786 relie Dinard à Ploubalay par la côte. Tourner ensuite à droite, vers Trégon.
Venant de Dinan et de la E 401, il faut emprunter la D 2 sur 16 km jusqu'à Ploubalay et, là, tourner à gauche vers Trégon. Suivre les indications pour St-Jacut-de-la-Mer. Venant de l'Est cette fois, de Lamballe, prendre la D 768 sur 35 km jusqu'à Trégon puis tourner à gauche.
En train : le TGV dessert Lamballe (✆ 02 96 31 01 22), Dinan (✆ 02 96 39 22 39) et St-Malo (✆ 08 92 35 35 35). Il y a une gare régionale à Plancoët (✆ 02 96 50 90 28). Un service de bus relie Saint-Malo, Dinard et Plancoët… Le mieux reste tout de même de louer une voiture.
En avion : l'aéroport de Rennes (✆ 02 99 29 60 00), assurant presque toutes les destinations, se trouve à 92 km de St-Jacut. L'aéroport de Dinard-Pleurtuit (✆ 02 99 46 70 28) assure les liaisons avec les îles Anglo-Normandes et Londres.

LARGUER LES AMARRES !

L'île Ébihens est une île privée. Le seul chemin qui la coupe longitudinalement est un passage public toléré par les propriétaires.
L'île s'aborde sans danger en une dizaine de minutes à pied à marée basse (attention aux horaires des marées), en partant de la pointe du Chevet, ou avec une petite embarcation. On peut alors partir du petit port de la Houle Casseule, à l'Est de la péninsule de St-Jacut. Aucun passage régulier organisé.

BON À SAVOIR

Il est interdit de débarquer sur l'îlot de la Colombière du 15 avril au 15 août.
Pour ceux qui n'ont pas de voiture, un seul service de taxi, à St-Jacut-de-la-Mer : Lecoq - ✆ 02 96 27 71 08.
Les amoureux du 7e art se rendront fin septembre au festival du film marin

Bassiers et flâneurs au sein d'Ébihens

« Traverser » l'île Ébihens

Depuis la baie de St-Jacut, il n'y a pratiquement pas un endroit d'où l'on n'aperçoive pas l'île Ébihens : elle est plantée là, en plein milieu. Pour s'en approcher et en faire le tour, il faut remonter la péninsule de St-Jacut vers le Nord. Après avoir longé la plage du Rougeret, on atteint la **pointe du Chevet**, appelée aussi « Chef de l'île », où se trouve un parking gratuit. De ce **point de vue★**, on découvre l'île Ébihens tout entière et sa tour du 17e s. À l'Ouest de la pointe du Chevet, la ria de l'Arguenon, où l'on voit les parcs à huîtres et les bouchots à moules, se referme vers le Sud. Á l'Est,

F. Le Divenah / MICHELIN

L'île Ébihens, depuis la pointe du Chevet.

on aperçoit l'**île Agot**, la baie de Lancieux et Saint-Briac. S'il est évidemment tentant de monter sur l'île (une petite demi-heure de marche à marée basse), il ne faut pas oublier qu'elle est privée et que son biotope est fragile. Un chemin la traverse de part en part : les quelques propriétaires (des gens de la région n'y venant qu'aux beaux jours) tolèrent le passage du public si celui-ci ne sort pas du sentier. L'empruntant, on grimpe sur l'échine de l'île entre des rochers et des fougères, puis on pénètre dans un bois envoûtant pour tomber ensuite nez-à-nez avec la **tour Vauban** *(ne se visite pas).*

Plus loin, à la pointe Nord de l'île, on aperçoit le cap Fréhel et Saint-Malo.

L'île Ébihens aux flambeaux

S'adresser à l'office du tourisme de St-Jacut-de-la-Mer (voir le carnet pratique). Selon la luminosité tardive et le coefficient de marée, une date est choisie chaque année en juillet pour cette traversée vers l'île Ébihens en compagnie de musiciens, et retour aux flambeaux, à l'initiative de l'Office de tourisme. Plusieurs centaines de personnes se regroupent à la pointe du Chevet. Gratuit et sans inscription. Les organisateurs vendent (c'est facultatif) des flambeaux pour 2 €. Bien souvent, la fête continue tard dans la nuit.

Préserver la paix de l'îlot de La Colombière

L'accès à l'îlot se fait à pied et à marée de grand coefficient à partir de l'île Ébihens. Le tracé d'un ancien chemin qui servait au passage de chariots est encore visible. L'îlot est interdit du 15 avr. au 15 août.

La Colombière a jadis été exploitée pour son granit, que l'on retrouve entre autre sur les quais du port de Saint-Malo. Les ruines que l'on y voit sont celles des anciennes maisons des carriers. De nos jours, La Colombière est une réserve ornithologique.

L'histoire d'une île

Des fouilles archéologiques effectuées sur l'île Ébihens ont permis de découvrir l'existence, au 1er s. av J.-C., d'un village de la tribu celte des Coriosolites, dont la capitale était Fanum Martis, l'actuelle Corseul *(voir Saint-Malo).* Ces Gallo-Romains étaient des artisans-sauniers et s'étaient installés sur le tertre pour y exploiter le sel marin : un four chauffait la saumure dans un récipient et, après évaporation, permettait de constituer des pains de sel. Ils habitaient sur un des rochers émergé au Nord de l'île : la Hâche.

Entre cette occupation et les habitations modernes, on situe en 709 le cataclysme qui ravagea la côte de Bretagne et redéfinit son profil géologique : c'est l'époque où cette parcelle de terre fut désolidarisée de St-Jacut et devint une île qui devint elle-même plus tard un relais pour les contrebandiers. Bien d'État, elle fut vendue à un corsaire, capitaine des gardes-côtes, le comte de Pontbriand, qui y érigea en 1694 une tour construite et armée sur les plans de Vauban. Cette dernière coûta 2 363 livres, prélevées par une dîme sur la pêche hauturière du maquereau. Grâce à cette défense, les Anglais ne purent y poser les pieds lors de la bataille de St-Cast, en 1758.

Les plages et grèves de l'île Ébihens (en breton « ens-bihien », petite île, prononcer « hé bien » sont sur un territoire idéal pour les « **bassiers** », les pêcheurs à pied.

Des bernaches viennent se reposer par centaines sur la plage, lors de leur passage hivernal. Le site est protégé par le programme européen Natura 2000, tout comme les îlots environnants.
L'îlot de la **Grande Roche**, au Sud-Ouest, est surmonté des ruines d'une tour rappelant les débuts des exploitations ostréicoles. Une vieille acariâtre, la « dame au fusil », y avait été postée par un des premiers propriétaires pour surveiller son parc. C'est sous ce nom qu'on connaît encore la tour. Elle aurait fini sa vie sans jamais avoir tiré un seul coup de feu…

L'île Agot

Cette île fait partie d'un espace protégé, son accès est donc interdit, sauf sur les plages. Il faut un bateau pour y accoster. Elle n'a pas fait l'objet de fouilles, mais il y aurait des traces archéologiques permettant de faire remonter son occupation à l'âge du fer. Les seuls habitants actuels sont les oiseaux marins, résidants ou de passage. On peut y voir des bernaches et des guillemots, entre autres.

Ça baigne dans la baie

St-Jacut-de-la-Mer est une presqu'île calme hors saison, presque vide. L'été, elle se remplit de familles, de baigneurs, de marins estivants… À partir de ce charmant village, une foule de loisirs sont réalisables dans la région, en tête desquels, naturellement, tout ceux qui ont trait aux activités nautiques.

LES PLAGES

Saint-Jacut-de-la-Mer

Parmi les 11 plages de sable fin, il y a la **Manchette**, **Vauvert**, les **Haas** ou le **Châtelet**. Seule celle du **Rougeret** est surveillée. La **Pissotte** est aussi idéale pour les familles. Il y a une grande plage au Sud-Ouest de l'île Ébihens : celle du **Port de la chapelle**. De l'autre côté, noyée à marée haute, se trouve la plage de la **Culas** (dire Culasse).

Saint-Briac

Situé à une dizaine de kilomètres à l'Est de St-Jacut, Saint-Briac possède 9 plages de sable fin. Parmi elles, la grande plage de **Longchamp,** située entre le Décollé et la Garde Guérin : planche à voile et surf.
Autre rendez-vous des surfeurs : la **plage de la Garde Petite**, à l'abri des falaises de la Garde Guérin. La **plage du Port Hue**, en face de l'îlot Agot, bordé de dunes protégées, bénéficie de surveillance. Location possible de kayaks de mer.
Le **Tertre Pelé** est une petite plage au milieu de rochers et attenante à un golf, idéale pour les enfants. La **plage de la Petite Salinette** est surveillée et orientée plein Sud. On y trouve le yacht-club et l'école de voile. Enfin, la **plage du Béchet** s'étend entre le château du Nessay et le mini-golf, en face du port. Il s'y loue des cabines de bain…

Lancieux

Au Sud de Saint-Briac : **Saint-Sieu** est une longue plage avec vue à l'Ouest sur le cap Fréhel. Surveillance et poste de secours, école de voile, location de planches à voile et catamarans. Il y flotte un plongeoir-ponton. La **plage de l'Îslet,** sous le vent, est agréable lorsque ça souffle. La plage de sable fin de **La Briantais** se trouve au Sud du tertre Corlieu. Elle est longée de dunes.

Saint-Cast-Le Guido

À l'Ouest de St-Jacut, c'est une station balnéaire connue pour sa grande et longue plage de sable fin entre la **pointe de Garde★★** et la pointe de St-Cast.

LES ACTIVITÉS NAUTIQUES

Club nautique – *3 r. du Châtelet - 22750 St-Jacut - ✆ 02 96 27 79 13 - www.clubnautiquestjacut.free.fr.* Voile et char à voile. Location, initiation, stages (optimist, catamaran, dériveur, planche à voile, char à voile).

Kaleola – *Centre Nautique - r. de la Houle-Causseul - 22750 St-Jacut - ✆ 02 96 27 74 28 ou 06 62 65 09 40 - kaleoka@hotmail.com.* Laurent Boyer propose cours de voile, sorties en mer, location de bateaux.

Club de canoë-kayak – *R. du Verger - 22130 Plancoët - ✆ 02 96 84 16 12.* Découverte de l'Arguenon, côté mer et côté rivière. Cours, perfectionnement, randonnée et locations

Yacht-club de Saint-Briac – *Château du Nessay - Le Port - St-Briac - ✆ 02 99 88 92 66 ou 06 96 93 72 03 - ycsbecolevoile@aol.com.* La Briacine, une goëlette moderne totalement dépontée (équipée pour handicapés), part en mer à la journée ou demi-journée avec un maximum de 10 pers. 40 € par pers. hors saison. Prévoir un pique-nique. François-Régis Langlais vous fera tirer des bords vers le cap Fréhel, Cancale ou même remonter la Rance.

Club de kayak « Les Innuits » – *2 r. de la Mairie - 22770 Lancieux - ✆ 02 96 86 30 17 - ckcvlesinnuits@aol.com.* Stages, cours et randonnées. Initiation au char à voile. Ouv. tte l'année.

Loc Plongée – *37 r. de Dinan - 22750 St-Jacut - ✆ 02 96 27 72 14.* Daniel Jan assure baptêmes, explorations, stages, formations de plongée.

Pêche à pied – *Renseignements à l'Office du tourisme de Saint-Jacut-de-la-Mer.*

Voir et revoir

Faisant le tour de l'île Ébihens, on fait en quelque sorte le tour de la baie : à l'Est, l'estuaire de l'Arguenon s'ouvrant vers St-Cast-Le-Guildo et à l'Ouest, Saint-Briac et Lancieux. Rochers, marais et plages bordent la baie.

360 degrés au Château-d'eau de Ploubalay

7 km de St-Jacut, rejoindre Trégon par la D 26, tourner à droite en direction de St-Malo sur la D 786 - ✆ 02 96 27 36 98 - ♿ - se renseigner sur les périodes et les horaires - gratuit.
Sa terrasse circulaire de 54 m de hauteur permet un **tour d'horizon★★** complet sur Ploubalay et le pays de Dinan, la rivière Frémur, St-Jacut, la pointe de St-Cast, le cap Fréhel, Saint-Malo et, par temps clair, les îles Chausey.

Pointe de St-Cast-Le-Guildo

8 km de St-Jacut sur la côte Est de la baie, il faut traverser le pont de l'Arguenon sur la D 786. Bifurquer vers la droite sur la D 19, 2 km après la rivière.
De la pointe de St-Cast, par temps clair, on peut apercevoir au Nord-Est les îles Chausey et même parfois les îles Anglo-Normandes. Les forts La Latte et le cap Fréhel, beaucoup plus proches, sont visibles au Nord-Ouest.
Des constructions récentes au pied de la falaise ont gâché le profil naturellement beau (et classé depuis la Guerre...) du site. Mais les pressions sont grandes dans ce bourg dont la population décuple en été. Ses environs, son port de plaisance, ses nombreuses plages avec clubs d'activité attenants et sa tradition de station balnéaire lui valent son succès estival annuel.

La bataille navale de St-Cast

Comment empêcher la France de conserver ou renforcer ses positions coloniales au Canada et aux Indes ? Comment l'empêcher de réagir devant la nouvelle alliance menaçante entre l'Angleterre et la Prusse ? La forcer à défendre son propre territoire afin de l'obliger à y maintenir ses troupes.
Le 17 mai 1756, la guerre de Sept Ans est déclarée entre la France et l'Angleterre. L'idée des Anglais était de prendre Saint-Malo. Refoulés une première fois, ils prirent Cherbourg avant de faire une nouvelle tentative : le temps et les canons malouins étaient contre eux. Débarqués à Saint-Briac, ils décidèrent de rembarquer à St-Cast, où s'étaient réfugiés une centaine de bateaux. Les milliers d'hommes freinés dans leur progression par le gué de l'Arguenon et des actions armées françaises prirent 24 heures avant d'atteindre St-Cast. Les troupes françaises étant minoritaires, le duc d'Aiguillon laissa embarquer un bonne partie des ennemis. Il attaqua lorsque l'équilibre balança de son côté. Après quelques heures de combat, contre 500 morts français, il y eut 2 000 victimes chez les Anglais et 732 prisonniers. Ce fut le bilan de la seule victoire française de cette guerre de Sept Ans.

Circuit des peintres à Saint-Briac

De St-Jacut, prendre la D 26 jusqu'à Trégon, ensuite la D 786 jusqu'à St-Briac : 14 km.
Un circuit fléché parcourt le village de Saint-Briac et la côte, marquant des stations commentées aux endroits où ont été peintes des toiles devenues célèbres. Des reproductions en émail grandeur nature permettent de croiser son regard avec celui du peintre. Malheureusement, certaines de ces reproductions ont été subtilisées : il n'en reste que six... Il faut savoir qu'en 1886, Auguste Renoir, s'éloignant des polémiques académiques de Paris, s'était installé à Saint-Briac. Le jeune peintre Henri Rivière a eu l'occasion de le saluer : il était dans la région sur le conseil de son ami Signac, qui avait séjourné là en 1884. Émile Bernard s'installa sporadiquement à Saint-Briac dès 1886, y développant une technique qui sera déterminante pour l'école de Pont-Aven : le synthétisme.

Marais, falaises et dunes de Lancieux

De St-Jacut, prendre la D 26 jusqu'à Trégon, puis la D 786 sur 5,5 km en direction de Lancieux et Saint-Briac.

Lancieux

D'un côté, ce village a les pieds dans la baie. De l'autre, il est bordé par le Frémur, fleuve côtier qui se jette dans la mer à peine plus loin, à Saint-Briac. Sur la première de ses façades, on trouve des falaises supportant tant bien que mal les attaques de l'érosion. La végétation y est rase et résiste avec peine à l'accumulation du sel marin apporté par les embruns.

Ce sont les moines de l'abbaye de St-Jacut, qui ont assechés les marais et polders de Lancieux afin d'étendre les zones cultivables, drainant les sols et construisant des digues pour retenir les eaux salées. Après avoir servis plus tard de pâtures, les abords de l'eau ont subi d'autres assauts : les touristes. Visites sauvages et trop nombreuses, activités diverses menacèrent de ruine des sites naturels fragiles.

Il faut compter un peu plus de 2h pour faire le tour de la péninsule de Lancieux sur le GR 34, 11 km en passant par les principaux sites. Seuls les sites du marais de Beaussais et du tertre de Corlieu sont protégés grâce à leur acquisition par le Conservatoire du littoral et le département *(informations : ✆ 02 96 82 68 60).*

Marais de Beaussais - polders

À cheval sur les communes de Lancieux et Ploubalay, le site n'est pas aménagé et d'accès libre. La réserve s'étend sur la plus grande partie des marais de Beaussais afin de préserver sa flore, dont l'helleborine des marais, plante à laquelle on prêtait au Moyen-Âge toutes les vertus guérisseuses, mais qui avait principalement des propriétés purgatives très violentes. L'abus de ce remède entacha celui qui le prescrivait : on le considéra comme un charlatan et on l'appela sarcastiquement « maître aliboron », pour la similitude étymologique. Autres richesses de la flore des marais : l'orchis punaise, l'orchis négligé, l'ophioglosse vulgaire (petite fougère rare) et l'épipactis des marais.

Concernant la faune, on y trouve le crapaud calamite, l'accenteur moucheté, le bouvreuil pivoine, le verdier d'Europe ou la fauvette babillarde et, plus rare en Bretagne, la bouscarle de Cetti.

Tertre Corlieu et dunes de La Briantais

On accède au site aménagé soit à pied par le GR 34 en venant de la plage de La Briantais, soit en voiture, en quittant la D 786 au Sud de Lancieux. S'engager dans la route en face du moulin à vent.

Le tertre Corlieu (15 ha), acquis par le Conservatoire du littoral et le département en 1995, est une pointe rocheuse entourée d'autres biotopes très divers, tels que des dunes fixes ou mobiles, des marais, des prairies, donnant la chance à de nombreuses espèces animales et végétales de se développer en équilibre et en paix.

Cette zone abrite en particulier certaines variétés d'orchidées, une petite fougère assez rare ou encore, parmi d'autres, la guimauve officinale. On peut parfois observer des amphibiens tels que le crapaud calamite, le triton marbré ou diverses espèces de lézards. Mais les passereaux, dont l'accenteur moucheté, le verdier d'Europe ou le bouvreuil pivoine, comme d'autres espèces plus rares en Bretagne (la bouscarle de Cetti et la fauvette babillarde), nichent dans les fourrés.

Marais du Frémur

Les marais du Frémur se trouvent le long du fleuve côtier, à l'Est de Lancieux. Le GR 34 le traverse. Les plantes que l'on y trouve sont celles qui supportent l'eau fortement salée de la mer. Les marées font remonter l'eau saumâtre jusqu'au moulin de Rochgoude. Site privilégié pour le repos des oiseaux l'hiver, il n'est pas protégé. On y trouve, outre toutes sortes de limicoles, des bernaches.

Les îles Ébihens pratique

OÙ S'INFORMER

Office du tourisme de St-Jacut-de-la-mer – *Lotissement du Châtelet (à côté de la poste) - 22750 St-Jacut-de-la-Mer - ✆ 02 96 27 71 91 - www.saint-jacut.com - sept.-juin : 9h-12h, 13h30-18h30 ; juil.-août : 10h-12h30, 14h-19h, dim 10h-12h30.*

Office du tourisme de Saint-Briac – *49 Grande-Rue - 35800 St-Briac - ✆ 02 99 88 32 47 - www.tourisme-saint-briac.fr - 14 avr.-15 juin et -10 sept.-30 sept. : lun., mar. et jeu. 9h-12h30, merc 14h-17h, vend. et sam. 10h-12h, 14-17h ; 15 juin-10 sept. : 10h-12h30, 14h30-18h - fermé dim. et lun.(juin et sept.) et oct.*

Office du tourisme de St-Cast-Le-Guildo – *Pl. Ch.-de-Gaulle - BP 9 - 22380 St-Cast-Le-Guildo - ✆ 02 96 41 81 52 - www.cast.le.guildo.fr - tlj sf dim. 9h-19h30, (juil.-août :dim et fêtes 10h-13h30, 15h-18h30).*

Office du tourisme de Lancieux – *Sq. Jean-Connan - 22770 Lancieux - ✆ 02 96 86 25 37 - www.lancieux.tourisme.fr - juil.-août : 10h-19h, dim. 10h-13h ; reste de l'année : tlj sf dim. et lun. 10h-12h30, 14h-17h.*

Capitainerie de Saint-Briac – *Château du Nessay - 35800 St-Briac - ✆ 02 99 88 01 75 ou 06 08 47 68 82 - tlj sf merc. et w.-end. 8h30-10h ; en dehors de ces horaires, appeler sur le portable.*

Météo – *✆ 0 892 680 222.*

Température de l'air : moyenne de janvier : 6,2 °C ; août : 17,6 °C. 119 jours de pluie/an.

OÙ DORMIR

⊖ **Hôtel L'Abbaye** – *22750 St-Jacut-de-la-Mer - ✆ 02 96 27 71 19 - www.abbaye-st-jacut.com - fermé 22-30 juin - 95 ch., demi-pension 33 € ☕ - rest. sur réserv. 13,20/14,50 €.* Fondée au 5e s, cette abbaye est aujourd'hui un hôtel. On peut également y faire des retraites. Vue sur le val de l'Arguenon.

⊖⊖ **Hôtel Le Vieux Moulin** – *R. du Moulin - 22750 St-Jacut-de-la-Mer - ✆ 02 96 27 71 02 - 20 ch. 60 € - ☕ 6,50 € - fermé de mi-nov. à Pâques.* Cet ancien moulin (1415) est l'unique hôtel de St-Jacut. Légèrement vieillot, avec salon de lecture, il offre des chambres modestes et bien tenues.

⊖⊖ **Chambre d'hôte Manoir de la Pichardais** – *22130 Crehen - ✆ 02 96 41 09 96 - www.manoirdelapichardais.com - 1 ch. 65 € ☕ et 1 suite.* L'endroit est charmant et l'accueil également. Manoir du 17e et 18e s. avec une jolie cour plantée de deux palmiers. Venant de St-Jacut en remontant vers St-Cast, il faut tourner sur la gauche avant le pont sur l'Arguenon et suivre les indications.

⊖⊖⊖ **Chambre d'hôte Château du Val d'Arguenon** – *Le Val - Notre-Dame-du-Guildo - 22380 St-Cast-Le-Guildo - ✆ 02 96 41 07 03 - www.chateauduval.com - fermé de fin sept. à déb. avr. - 5 ch. 68,60/105,20 € ☕.* Au milieu d'un parc, cette demeure privée appartenant depuis 200 ans à la même famille compte cinq chambres de château. Le parc donne sur l'Arguenon, que l'on peut éventuellement traverser en barque pour rejoindre l'île Ébihens.

OÙ MANGER

⊖ **Saint-Awawa** – *164 r. Grande - 22750 St-Jacut-de-la-Mer - ✆ 02 96 27 76 47 - juin-sept. : tlj ; hors sais. : tlj sf lun. soir et mar. - 19/38 €.* On trouve ce restaurant, dont la terrasse donne sur la rue des Ecluses, en montant la rue Grande en sens unique vers le Nord du village. La décoration faite de souvenirs exotiques donne ce goût d'ailleurs. Cuisine du monde.

⊖⊖ **La Gare** – *4 r.des Ormelets - 22650 Ploubalay - ✆ 02 96 27 25 16 - fermé 20-30 juin, 3-20 oct. et 17 janv.-2 fév. - 21/42 €.* La terrasse du château d'eau de Ploubalay offre une vue unique sur le pays de Dinan, le cap Fréhel et Saint-Malo, mais une fois revenu sur le « plancher des vaches », nous vous conseillons le tour d'horizon… culi naire proposé par cette engageante maison de la côte d'Émeraude. Le chef-propriétaire Xavier Termet vous reçoit avec le sourire dans un intérieur rustique joliment rehaussé de boiseries et de belles compositions florales. Au menu : une généreuse cuisine du marché mettant à l'honneur les bons produits bretons (terre et mer).

QUE RAPPORTER

Le Petit Craquelin – *L'Épine Briend - 22240 Fréhel - ✆ 02 96 41 52 07 - www.lepetitcraquelin.com - ouv. lun., mar. jeu. et vend. 10h-12h30, 14h-18h et sam. 10h-12h30.* Fabrique artisanale de biscuits qui vaut le détour (au bord de la D 786).

Ferme des Landes – *Les Landes - 22380 St-Cast-Le-Guildo - ✆ 02 96 41 12 48 - www.ferme-des-landes.com - ouv. janv.-mars : vend., sam. 10h-12h, 14h-19h ; avr.-mai et sept. : tlj sf dim. 14h-19h ; juil.-août : 10h-20h ; vac. scol. : tlj sf dim. 10h-12h, 14h-19h.* Jehan Lefèbvre est un passionné de pomme : vous la trouverez chez lui sous toutes ses formes « liquides » (cidres brut, demi-sec ou de cuisine, vinaigre de cidre). Cidre sec à l'ancienne et jus de pomme « bio » sept fois médaillé au concours général Agricole.

Madame Roy – *ZA des Basses-Terres - 22750 St-Jacut-de-la-Mer - ✆ 02 96 27 72 86 - saison : 9h-12h30, 16h-19h ; hors-sais. : 9h-12h, 15h30-18h30.* Vente de crustacés et coquillages.

6 L'île de Bréhat★★ et la baie de Paimpol

CARTE MICHELIN LOCAL 309 D1 – CÔTES-D'ARMOR (22)
318 HA – 420 HABITANTS

Contre l'adversité des marées et des courants violents, des vents asséchants du Nord et des convoitises militaires, en dépit des prélèvements exorbitants en vies humaines que la mer s'est permis sur cette île, malgré un tourisme dense et une agitation spéculative latente, l'île de Bréhat est devenue une île de rêves. Plus l'ombre de corsaires ni de cris braillards de matelots indisciplinés, plus de pleurs ni de prières de femmes perdues dans leur désespoir, mais des rêves discrets et jaloux dans un univers exclusif : rêves d'un village de poupées, rêves d'un paradis personnel, rêves de pavillons ou de châteaux, au milieu de jardins clos où le climat régulier et doux fait abondamment pousser des plantes du monde entier. Le Gulf Stream alimente cette richesse d'un côté de l'île. L'autre, peu habité, souffre de plus de rudesse, ce qui n'empêche pas le flux de visiteurs de circuler allègrement dans ce domaine contrasté, comme si tout leur appartenait.

ARRIVER À BON PORT

Embarquement pour Bréhat de la pointe de l'Arcouest, à 5 km de Paimpol.
En voiture : de St-Brieuc par la RN 12, la D 786 jusqu'à St-Quay-Portrieux, puis la D 786 jusqu'à Paimpol et la D 789 jusqu'à la pointe de l'Arcouest. La pointe est à 5 km.
En train : TGV jusqu'à Guingamp, puis TER jusqu'Paimpol.
En avion : aéroports de Lannion ou Brest *(voir les informations pratiques, p. 14)*.

LARGUER LES AMARRES !

Traversée : 15mn. Les vedettes accostent dans l'anse de Port-Clos. De mars à oct. : départs 8h15, 9h30, 12h, 14h30, 17h30, 18h30 ; retour 7h20, 9h, 10h, 11h30, 14h, 16h, 17h, 18h. Pdt vac. scol. navette suppl. 11h et 16h15. Liaison les 25 déc. et 1er janv. Horaires disponibles sur répondeur. 8 €/AR, (4-11 ans. 6,5 €) Transport de vélo autorisé (et payant) sur la vedette de 8h15.
Vedettes de Bréhat – ✆ 02 96 55 73 47 - www.vedettesdebrehat.com

BON À SAVOIR

Deux parkings, où il faut obligatoirement laisser son véhicule avant de monter à bord : le premier, non gardé, à gauche de la côte (600 places) et l'autre, payant, à 150 m de l'embarcadère. Les voitures sont interdites sur Bréhat.
Ne pas se mettre en tête de rejoindre l'île à la nage : les courants violents vous mettraient en péril.
En saison, Bréhat est envahie. Mieux vaut la visiter au printemps.
Le camping est possible sur l'île.

Deux îles en une : découverte

Bréhat est située face à la pointe de l'Arcouest, à moins de 3 km du continent. Elle est constituée de deux îles, réunies au 18e s. par un pont dû à Vauban. On parcourt Bréhat sur les chemins louvoyants, pour le bonheur de la promenade à pied ou à vélo, parmi les jardinets jalousement clos de plantes et de murs, depuis le bois de la citadelle au Sud jusqu'au phare du Paon, au Nord. *Une bonne journée n'est pas de trop pour apprécier les deux îles, en comptant sur deux agréables arrêts dans le bourg. Départ de Port-Clos.* *Plan p. 64.*

UN SUD GÉNÉREUX

Bois de la Citadelle

Depuis l'anse de Port-Clos, il faut compter une vingtaine de minutes en marchant vers l'Ouest pour atteindre la citadelle.
Des grands résineux cachent ce qui était une citadelle, construite sous Napoléon III, et ses alentours, faits de belles déclivités défensives. Aujourd'hui, le fort abrite un

G. Targat / MICHELIN

Le moulin du Birlot, moulin à marée de Bréhat.

atelier de verrerie (visitable) qui produit verres, vases et objets de formes et couleurs assez créatives et un magasin.

Les Verreries de Bréhat – *Fort de l'île - 22870 Île-de-Bréhat - ✆ 02 96 20 09 09 - www. verreriesdebrehat.com.* La pinède est une aire de camping pour ceux qui voudraient rester sur l'île. Du rocher se trouvant derrière les douches et toilettes du camping, sur la pointe Sud, on a une excellente vue de l'**île de Béniguet,** qui se trouve de l'autre côté du chenal Kerpont et de la côte bretonne.

Grève du Guerzido

Extrémité Sud-Est de l'île, à 15mn à pied du bourg ou de Port-Clos.

D'un côté, la plage de l'île, de l'autre, un petit port où est installée une école de voile *(voir « Bréhat côté mer »).* Vue sur le continent et sur le large : un bien joli coin de galets roses, d'îlots habités par des pins ou servant de perchoirs aux oiseaux marins.

Le bourg

À peu près au milieu de l'île de Bréhat (partie Sud), à 15mn à pied de Port-Clos.

On imagine un charmant village de poupée, organisé autour d'une place centrale bordée de jeunes platanes, avec des crêperies, des commerces et le syndicat d'initiative. Mérimée, Renan, Loti, Luzel, Botrel, Gauguin, les frères Goncourt, Foujita, Matisse et bien d'autres ont été charmés et inspirés par cet endroit.

L'église des 12e et 18e s. présente un curieux clocher. On y trouve la maquette de la dernière frégate de Bréhat, celle de l'amiral Cornic, un beau retable et la tombe de la famille d'un corsaire légendaire.

Un petit train part de la place du bourg et mène ceux qui ne veulent ni marcher ni pédaler jusqu'au phare du Paon.

Chapelle St-Michel

Au Nord-Ouest du bourg.

39 marches mènent à cette chapelle bâtie sur un tertre rocheux de 26 m d'où l'on domine toute l'île. Depuis cet amer, vaste **panorama★** sur l'île Sud, le chenal du Kerpont et l'île Béniguet, l'étang de Birlot et son moulin à marée, la baie de la Corderie et l'île Nord. À l'Ouest, on distingue au large le sillon de Talbert.

Croix de Maudez

Érigée en 1788, face à la mer, en pleine lande, elle évoque le souvenir du moine Maudez qui vint fonder un monastère sur une île voisine, en 570. La **vue★** est belle sur l'île Béniguet au Sud, l'île Maudez au Nord et les récifs.

Du Sud au Nord

L'île est plus généreuse dans le Sud, où l'on trouve des figuiers, des eucalyptus, des murets fleuris de mimosas, des jardins aux énormes massifs d'agapanthes et d'hortensias.

Plus on remonte vers le Nord, plus on découvre son autre face : passé quelques vaches vaquant dans les prés, et autres moutons éparpillés dans la lande, c'est le paysage sauvage et aride qui domine. Les vents forts, salés et secs, y limitent le développement de la végétation.

Le nom de Bréhat vient selon la légende de Breiz Coat, « Bretagne des bois », mais aurait plutôt été inspiré par ce qui recouvrait sa partie sud : il viendrait alors plutôt du gaulois « vriad » signifiant « lieu élevé ».

UN NORD CHAOTIQUE ET SAUVAGE

La Corderie

Fermée par le **pont ar Prat**, appelé aussi pont Vauban, qui agrafe en quelque sorte les deux îles, cette belle baie, bordée de jolies villas, était jadis le port de Bréhat et pouvait accueillir près de 50 navires de bon tonnage.

La Chaise de Renan

Un des préconisateurs de la déconstruction historique du christianisme, Ernest Renan (1823-1892), auteur de l'*Histoire des origines du christianisme* en 8 volumes, s'est vraisemblablement assis sur cette roche pour y méditer sur la question de la Vérité. Il laissa en tout cas son nom à la roche.

Saint-Riom

Extrémité Nord-Est de l'île, le village de St-Riom était autrefois voué aux lépreux, comme toute l'île Nord de Bréhat. Il est aujourd'hui en ruine.

Les phares de l'île Nord

Construit en pleine terre, le **phare du Rosédo** date de 1862. À la pointe extrême de l'île, le **phare du Paon**★ (l'origine du mot est « penn », qui signifie extrémité) a été reconstruit en 1949, en porphyre rouge. De la plate-forme dallée, on domine une côte déchiquetée, la plus sauvage de l'île.

Bréhat coté mer

Les autres îles de l'archipel

Ancien repaire de contrebandiers, et un temps résidence secondaire de l'écrivaine Colette, **l'île de Béniguet,** qui longe Bréhat à l'Ouest du chenal de Kerpont, est actuellement une île privée. Les **îles de Maudez, Lavrec et Logodez** le sont également. En revanche, l'**île Ar Morbic** est accessible en bateau à moteur ou en voilier, tout comme l'**île Raguenès**, à l'Ouest *(voir ci-dessous)*.

Découverte de l'île en bateau★

Vedettes de Bréhat – *✆ 02 96 55 79 50/73 47 - w www.vedettesde brehat.com - durée du tour de l'île : 45mn - 12 € (4-11 ans 9 €) - au départ de la pointe de l'Arcouest, tte l'année - autres formules proposées*. La promenade en mer permet d'apprécier la variété des côtes, la beauté des rochers et des falaises du Nord, le charme plus méditerranéen du rivage oriental et la couleur changeante de l'eau, parfois profondément bleue.

Croisières dans l'archipel bréhatin

Le Vieux Copain – *Maison des plaisanciers - quai Neuf - 22500 Paimpol - ✆ 06 81 69 70 03 - sur demande, 9h30-18h30.* 232 m² de voilure, 18 m de long, 5 m de large, 2 mâts, 30 personnes à bord. Vous êtes tentés ? Alors, vogue la galère ! Ce voilier traditionnel fend les flots de l'archipel bréhatin et de l'estuaire du Trieux en exhalant sa bonne odeur de vieux bois.

Eulalie – *R. des Huit-Patriotes - 22500 Paimpol - Rés. et infos : bar Le Cargo - ✆ 02 96 55 99 99 - www.eulalie-paimpol.com - croisière dans l'archipel de Bréhat 39 € (-14 ans 30 €).* Initiation à la pêche et participation aux manœuvres. On monte à bord de ce bateau traditionnel en bois avec son pique-nique.

L'archipel en kayak

Centre nautique du Trieux – *Mairie de Paimpol - 22500 Paimpol - ✆ 02 96 20 92 80 - www.pole-nautique-paimpol.com.* En fonction du moment de la journée et de la marée, l'archipel se transforme et l'on peut explorer les chenaux entre les îles comme avec aucune autre embarcation. Le centre propose des stages de 3 jours mais aussi des sorties à thème : ornithologie, faune et flore, patrimoine maritime, coucher de soleil.

Le « plus » nature

L'île de Bréhat est un site classé très choyé par ses habitants. Le littoral Nord, où la vie végétale est en souffrance à cause des courants, des tempêtes et des vents asséchants, attire toute une avifaune marine plutôt rare sur le reste de l'île, comme les goélands marins, les cormorans, les sternes caugek et pierregarins, les fous de Bassan gravelots, bécasseaux, tournepierres et courlis. D'autre part, hortensias, mimosas, mûriers, lauriers, eucalyptus, aloès, cistes, camélias et rosiers, fuchsias et agapanthes… trouvent leur paradis méditerranéen au Sud, où cervidés, mais aussi bouvreuils, grives musicienne, merles, mésanges, chardonnerets, rouges-gorges et pinsons sont installés dans les jardins des hommes.

Plaisirs nautiques sur la plage du Guerzido

L'unique plage de l'île est celle du Guerzido. Elle descend lentement dans l'eau, face au Sud et à la côte de Paimpol. Elle n'est pas surveillée.

Les Albatros – *✆ 02 96 20 07 24 ou 06 77 98 00 42 - albatroz22@wanadoo.fr.* Cette école propose des stages pour apprendre à manier l'Optimist ou le catamaran. Elle loue également des dériveurs et des kayaks. Des stages de plongée sont organisés.

Chantons la Paimpolaise

Balade à Paimpol★

À 5 km de la pointe de l'Arcouest.

Cette petite ville, dont le nom vient probablement du breton *pen-poul*, « tête de l'étang », quoiqu'on soit tenté de le prononcer avec l'accent provençal, a reçu une aura littéraire grâce au roman *Pêcheur d'Islande* de Pierre Loti. Mais sa popularité vient surtout du succès de la chanson nostalgique écrite par Théodore Botrel : La Paimpolaise *(voir l'encadré p 66).*

La falaise dont parle la chanson s'élève vers la **pointe de Guilben,** au cœur de l'anse de Paimpol, une baie bien abritée, à la vue de laquelle on constate que la vie a bien changé depuis le temps des « pêcheurs d'Islande » décrit par Loti : la grande pêche (pêche à la morue) a fait place à la pêche côtière et à la navigation de plaisance. L'ostréiculture est également devenue une des richesses de la région.

Tout proche du port, le cœur de la cité, réservé aux piétons, invite à la flânerie. Le **marché du samedi matin** – Paimpol est connu pour ce marché de primeurs –, très animé s'étend largement dans les rues anciennes de la cité. La **place du Martray** est la plus belle car elle conserve de somptueuses demeures du 16ᵉ s. ; à l'angle de la rue de l'Église, la maison à tourelle d'angle, carrée, est celle où descendait Loti ; c'est ici qu'il a situé la maison de Gaud, héroïne de son roman.

Les amoureux de la mer iront visiter le **musée de la Mer**. Il évoque les activités maritimes de Paimpol, de la période islandaise à nos jours : maquettes, photos, instruments de navigation… *R. de Labenne - ✆ 02 96 22 02 19 - de mi-juin à fin août : 10h30-12h30, 14h-18h30 ; de mi-avr. à mi-juin et 1re quinz. de sept. : 14h-18h - 4,30 € (enf. 2,10 €).*

Flânerie dans la baie : cap sur Bréhat

Circuit en voiture. 5 km. À 2 km au Nord de Paimpol, en direction de la pointe de l'Arcouest, la **tour de Kerroc'h** se dresse dans un joli site boisé. De la première plate-forme, belle **vue★** sur la baie de Paimpol.

Reprendre la voiture pour rejoindre la D 789 et le village de Ploubazlanec, à 1 km au Nord de la tour de Kerroc'h.
Au cimetière de **Ploubazlanec**, on voit le mur où se succèdent, sur des plaques, les noms des hommes perdus en mer, principalement lors des campagnes de pêche en Islande : 117 goélettes et environ 2 000 marins disparurent entre 1852 et 1935.
Aller ensuite jusqu'à la **pointe de l'Arcouest★★**. La descente à la cale de l'Arcouest offre des **vues** remarquables, à marée haute, sur la baie et sur Bréhat. Un monument à la mémoire de Frédéric et Irène Joliot-Curie, qui venaient souvent en Arcouest, est érigé à gauche de la route : deux blocs identiques de granit rose, dont les faces en vis-à-vis sont polies, se dressent côte à côte.

La Paimpolaise

Quittant ses genêts et sa lande
Quand le Breton se fait marin
En allant aux pêches d'Islande
Voici quel est le doux refrain
Que le pauvre gars
Fredonne tout bas :
« J'aime Paimpol et sa falaise
Son église et son grand pardon
J'aime surtout la Paimpolaise
Qui m'attend au pays breton ! » (...)

La Fête du chant de marin est organisée tous les deux ans en août à Paimpol. Aux sons des musiques du monde et de Bretagne, les voix se gonflent pendant trois jours, tandis que des vieux gréements envahissent la baie en fête - *☏ 02 96 55 12 77.*

Découvrir la falaise de Paimpol

Depuis Paimpol, prendre la D 786 au Sud en direction de St-Quay-Portrieux et, à la sortie de Paimpol, tourner à gauche en direction de la Pointe de Guilben.
La pointe de Guilben est la fameuse falaise chantée par Théodore Botrel. Zone protégée, cette pointe n'est pas d'une altitude impressionnante et vaut la peine d'en faire le tour. Belle végétation, charmants sentiers et vues sur la côte, les îlots et la mer.

De pointes en anses : la côte du Goëlo

Circuit de 40 km. Environ 3h. Depuis Paimpol ou la Pointe de Guilben (voir ci-dessus), prendre la D 786 au Sud en direction de St-Quay-Portrieux.

Le Circuit des falaises (louvoyant entre la D 786 et le littoral) est indiqué dans les deux sens et permet, pour le plaisir des yeux, de passer d'anses en pointes, depuis le niveau de la mer jusqu'à une centaine de mètres d'altitude. Halte incontournable à l'abbaye de Beauport.

Abbaye maritime de Beauport★

Après Kérity, une rue à gauche mène à l'abbaye. ☏ 02 96 55 18 58 - www.abbaye-beauport.com - de mi-juin à mi-sept. : 10h-19h ; de mi-sept. à mi-juin : 10h-12h, 14h-17h (dernière entrée 30mn av. fermeture) - possibilité de visite guidée (1h) du 18 juin au 30 sept. - 4,50 € (enf. 1-2 €), 5 € en période d'exposition - fermé 1er janv., 24, 25 et 31 déc.
De cette abbaye, fondée au 13e s. par des chanoines venus de l'abbaye de Lucerne, non loin du Mont-St-Michel, sur ordre du comte Alain de Goëlo, il reste la façade de l'église, la nef à ciel ouvert, le bas-côté Nord et le bras gauche du transept. La longue salle capitulaire à abside polygonale est un beau témoignage de l'art gothique anglo-normand, dans la tradition du Mont-St-Michel.
Sous des voûtes, des arcs ou des branches de hauts platanes, frênes centenaires, ginkos et autres essences intéressantes, cette abbaye, pour la plus grande partie en ruine, donne d'elle des morceaux d'histoire, une idée de son riche passé et des conflits dont elle a été l'objet.
Le **jardin muré** est intéressant pour le jardinier comme pour le botaniste.
Derrière le mur du fond : **une plage** et la vue sur les îlots et la mer. Un programme de sauvegarde et d'animation a été mis au point par son propriétaire récent : le Conservatoire du littoral.

Sainte-Barbe

4 km après l'abbaye. 250 m après la chapelle, laisser la voiture et emprunter un sentier à gauche qui mène à une table d'orientation. On voit l'anse de Paimpol avec ses îles proches, la zone ostréicole, Port-Lazo et le phare de Mez de Goëlo.

Pointe de Bilfot★

Quiter la D 786 à la hauteur de Plouézec vers la gauche (D 77) et suivre les indications en traversant St-Riom jusqu'à la pointe.
De la table d'orientation, la **vue** s'étend de l'île de Bréhat au Nord au cap Fréhel à l'Est. Entre le petit phare de Mez de Goëlo, tout proche, et celui plus lointain du Paon, à Bréhat, la baie est hérissée de rochers. Une stèle célèbre le cinquantième anniversaire

de l'opération *Fahrenheit* : en novembre 1942, un commando britannique de onze hommes débarqua et attaqua le sémaphore occupé par les Allemands.

Reprendre la D 77. Entre la pointe Bilfot et Plouézec, Port-Lazo offre une belle vue sur l'anse de Paimpol. Pour accéder au village, il faut descendre vers la mer dans St-Riom.

Pointe de Minard★

De Plouézec ou par une route (D 54c) prise vers l'Est, des indications conduisent à la Pointe de Minard, un peu plus au Sud.

La **vue** s'étend ici sur la baie de St-Brieuc et le cap d'Erquy, l'anse de Paimpol et l'île de Bréhat.

Bréhec-en-Plouha

Le parking-belvédère aménagé au-dessus de la falaise Nord de l'anse offre une **vue★** sur le site de Bréhec-en-Plouha, la pointe de la Tour, les roches de St-Quay et, en face, du Val-André à Erquy.

Le petit port de Bréhec se love au fond d'une anse au bout de sa grande plage de sable fin mais gris, fermée par les pointes de la Tour à droite et Berjule à gauche. C'est ici qu'abordèrent, au 5e s., saint Brieuc et les premiers émigrants venus de Grande-Bretagne.

Regagner Paimpol par Lanloup (église du 15e et 16e s.) et Plouézec.

De l'estuaire du Trieux au sillon de Talbert

Estuaire du Trieux★

Sur le continent, face à l'île de Bréhat.

L'estuaire du Trieux traverse des paysages bien différents. Rives tantôt abruptes, rocheuses et boisées, tantôt basses et cultivées. Passage sous le pont suspendu de Lézardrieux et cheminement éventuel jusqu'au pied du château de la Roche-Jagu *(voir plus loin)* que l'on atteint par un sentier assez escarpé en sous-bois.

La promenade peut se faire seul, en petit train ou en excursion organisée.

G. Targat / MICHELIN

Remontée du Trieux en bateau – *Au départ de la pointe de l'Arcouest, sur l'île de Bréhat - s'adresser aux Vedettes de Bréhat - ✆ 02 96 55 79 50 - www.vedettesdebrehat.com - croisière (4h) : départ 13h45, retour 18h - se renseigner sur les dates - 17 € (4-11 ans 12 €).* Jolie croisière sur la rivière du Trieux, avec une escale d'1h30 au château de La Roche-Jagu.

À pied le long de l'eau – Le GR 34 relie Loguivy-de-la-Mer et Lézardrieux. Le sentier monte et descend sous les arbres et parmi des arbousiers méditerranéens, à flanc de coteau, tout au long de l'estuaire. Il faut compter entre 1h et 1h30 de marche (aller seulement) et ne pas oublier d'emporter de l'eau.

Le parcours est charmant et permet d'avoir des points de vues chaque fois différents sur le Trieux et la rive d'en face.

La Vapeur du Trieux – *Av. du Gén.-de-Gaulle - 22500 Paimpol - ✆ 02 96 20 52 06 - www.vapeurdutrieux.com - 26 mai-26 sept. : 1 ou 2 dép./j (sf certains lun. et mar.) - 21 €/AR (enf. 10,50 €, famille 59 €).*

Excursion en train à vapeur de Paimpol à Pontrieux (4h30 AR). La vieille dame un peu suffocante (elle a près de 80 ans) ahane le long de l'estuaire du Trieux, que l'on ne peut découvrir par la route. Une halte-dégustation vous est proposée sur l'un des trajets (cidre et crêpes).

Loguivy-de-la-Mer

5 km au Nord de Paimpol par la D 15.

Au Nord de l'estuaire, ce port de pêche encore vivant mêle cachet d'antan et aménagements utiles, comme la vaste aire de déchargement goudronnée. À marée basse, quelques barques échouées. Du promontoire, belle vue sur l'embouchure du Trieux et Bréhat.

La Maison de l'estuaire

Située sur la commune de Plourivo, la Maison de l'estuaire, qui dépend du Conservatoire du littoral, organise sur la réserve naturelle de Penhoat-Lancerf, sur l'estuaire du Trieux, des animations tournées vers la découverte de la nature : reconnaître le chant des engoulevents, les essences d'arbres, différencier les terriers et leurs habitants, participer à des chantiers de ramassage de déchets sur les rives du fleuve.
On peut croiser sur ce site chevreuils, renards et écureuils ; des pics noirs, verts ou épeiche, des sittelles, des grimperaux, la chouette hulotte et des rapaces tels que le busard Saint-Martin, l'épervier ou la buse variable ; ou encore la vipère péliade, l'escargot de Quimper, l'engoulevent d'Europe, des goélands, des oies bernaches, des courlis, des aigrettes, des tadornes de Belon, des cormorans. Bref, que du beau monde… *Au Sud de Paimpol, sur la D 15 - 22860 Plourivo - ✆ 02 96 55 90 20*

Lézardrieux

Au Sud de Loguivy. De Paimpol, rejoindre la D 786 vers l'Ouest. Par la D 787, traverser l'estuaire. La ville est bâtie sur la rive gauche du Trieux, qu'enjambe un pont suspendu. L'église du 18e s. possède un élégant clocher-pignon flanqué de deux tourelles et coiffé d'un clocheton percé d'arcades, recevant les cloches. Ce type de clocher, très particulier, se retrouve dans toute la presqu'île.

Suivre au Nord la direction du sillon de Talbert. On longe le vaste port de plaisance créé sur le Trieux. À 3 km, tourner à droite dans une route en descente.

Ancien moulin à marée

Un bassin en amont retenait les eaux qui actionnaient ce moulin, aujourd'hui ruiné.

Phare du Bodic

Ce petit phare commande l'entrée du Trieux. Un sentier, à gauche de cette construction, mène à travers champs vers une plate-forme d'où la **vue★** porte sur l'embouchure du Trieux et l'île à Bois au premier plan, l'archipel bréhatin au large.

Sillon de Talbert

Longue de 3 km, cette étroite langue, entourée de récifs, est formée de sable et de galets déposés par les courants du Trieux et du Jaudy. On y ramasse le goémon (la cueillette annuelle est de 8 000 à 10 000 t d'algues), qui est ensuite séché sur place avant d'être traité dans une usine proche du sillon. Entre tradition, culture, héritage liés à cette pratique, et excès de cette « cueillette », le Conservatoire du littoral, propriétaire du sillon depuis 2002, veille pour mesurer les enjeux et conséquences de cette coupe d'algues.
Loin sur sa pointe, si on a la chance d'être seul (hors saison), instant zen assuré. Le restaurant **Bigouden Blues** *(✆ 02 96 22 94 97)* vend des moules-frites et un homard-frites-salade. Parfait pour une petite pause, avec vue imprenable.

Table d'orientation de Créac'h Maout

Située en avant d'un monument commémoratif et de l'ancien sémaphore. Vaste **panorama★** sur la pointe de l'Arcouest, Bréhat, le sillon de Talbert, le phare des Héaux (1839), d'une hauteur de 56 m et qui atteint la portée moyenne de 35 km, la pointe du Château et l'embouchure du Jaudy.

Pontrieux★

17 km au Sud-Ouest de Paimpol par la D 15.
Cette petite ville de fond d'estuaire offre de bien agréables surprises. La maison de la **Tour Eiffel** (appellation humoristique), du 16e s., ne passe pas inaperçue avec ses colombages bleus. Mais le trésor de la ville se trouve sur les rives du Trieux, où s'alignent une cinquantaine de **lavoirs★** superbement restaurés et fleuris. Une **promenade en barque** électrique permet de découvrir ce rare patrimoine. *✆ 02 96 95 14 03 - visite commentée (20mn) 14h-18h - juil.-août : 11h30-18h ; de mi-juin à fin juin et sept. : 11h30-12h30, nocturne merc., vend. et dim. de la tombée de la nuit à minuit - 3 € (enf. 2 €), visite nocturne 3,50 €.*
La découverte de la ville ne s'arrête pas là. Après avoir flâné dans le centre et découvert ses artisans, une petite halte s'impose au port, où vous attendent un club nautique, le petit port de plaisance et le fameux train à vapeur (La Vapeur du Trieux, *voir plus haut*).

Bréhat et Paimpol pratique

OÙ S'INFORMER

Syndicat d'initiative – *Pl. de la République - Le Bourg - 22870 Île-de-Bréhat - ✆ 02 96 20 04 15 - juil.-août : tlj sf dim. 10h-17h ; hors sais. : se renseigner.*

Office du tourisme de Paimpol – *Pl. de la République - 22500 Paimpol - www.paimpol-goelo.com - ✆ 02 96 20 83 16 - 15 juin-15 sept : 9h30-19h30 ; hors sais. : tlj sf. dim. 9h30-12h30, 13h30-18h30.*

Méteo – *✆ 0 892 680 222.*

Température de l'air - 7,2 °C de moyenne en janvier, 17,5 °C en août. 131 jours de pluie/an.

COMMENT CIRCULER SUR L'ÎLE

Dès le débarcadère ou dans le bourg, possibilité de louer des vélos, dont certains sont équipés de sièges pour enfants. Cependant, en saison, la bicyclette est décommandée tant les chemins sont encombrés. Ajoutons que de nombreux sentiers sont interdits aux cyclistes et qu'il est aisé de parcourir cette île de 3,5 km de long à pied. Rappelons que la nature est protégée et fragile.

OÙ DORMIR

Hôtel Berthelot – *1 r. du Port - 22500 Paimpol - ✆ 02 96 20 88 66 - 12 ch. 28/42 € - 4,50 €.* Pour une escale avant de voguer vers les îles, optez pour cet hôtel, certes modeste, mais impeccablement tenu. Quelques chambres avec salle de bains ; d'autres seulement pourvues d'un cabinet de toilette. Prix tout doux et accueil charmant.

Camping municipal – *22870 Île-de-Bréhat - ✆ 02 96 20 00 36 - 15 juin-15 sept - 10 €.* Le terrain est souvent en pente, mais sous des grands pins qui rendent l'endroit très agréable.

Hôtel L'Origano – *7 bis r. du Quai - 22500 Paimpol - ✆ 02 96 22 05 49 - fermé oct., Toussaint et Pâques - 9 ch. 45/54 € - 5 €.* La maîtresse des lieux est née dans cette jolie maison bretonne et l'a transformée en hôtel avec beaucoup de goût. Les chambres sont charmantes et toutes différentes (certaines mansardées) ; l'une des plus grandes dispose d'une cheminée et d'un jardin privatif. Expositions de peintures.

Relais Brenner – *R. St-Julien - 5 km sur la rte de Tréguier, au pont de Lézardrieux - ✆ 02 96 22 29 95 - fermé nov.-mars - P - 16 ch. 65/105 € - 10 €.* Ce relais entièrement rénové se niche dans un jardin fleuri près du pont de Trieux. De son salon panoramique vous aurez une belle vue sur l'estuaire. Ses chambres, spacieuses et confortables, ne manquent pas de caractère.

Hôtel Studio Sant R'och – *Au bourg - 22580 Lanloup - 10 km au S de Paimpol, sur la D 786 - ✆ 02 96 22 33 55 - ch. 40/65 € - 5 €.* Studios pour 2-3-4 personnes, chambres thématiques : la bretonne, avec lit-armoire, ou la chambre aux masques africains. Les patrons font des crêpes et de la cuisine africaine, celle de leurs origines. Charmante maison au centre du village.

Hôtel Bellevue – *Port-Clos - 22870 Île-de-Bréhat - ✆ 02 96 20 00 05 - hotelbellevue.brehat@wanadoo.fr - fermé 5 janv.-6 fév. et 18 nov.-13 déc. - 17 ch. 94/110 € - 9 € - rest. 22,70/33,40 €.* La façade ancienne de l'hôtel dissimule des chambres récentes et pimpantes. Profitez de la vue sur le port en vous installant en terrasse ou dans la véranda de la salle à manger. Une adresse sympathique, prisée des îliens. Location de vélos sur place.

Hôtel de La Vieille Auberge – *Au bourg - 22870 Île-de-Bréhat - ✆ 02 96 20 00 24 - vieille-auberge.brehat@wanadoo.fr - fermé nov.-Pâques - 14 ch. 84/96 € - 8,50 € - rest. 16/42 €.* Une ravissante maison ancienne aux belles pierres apparentes abrite ce plaisant hôtel-restaurant tenu par une famille bréhatine. Avec un peu de chance, en vous attablant dans sa charmante cour fleurie, vous goûterez aux doux rayons du soleil d'ici…

OÙ MANGER

Kon Tiki – *Au bourg - 22870 Île-de-Bréhat - ✆ 02 96 20 07 46 - ouv. à partir de 11h30 - 9,90 €.* Pizzeria et grill. La terrasse, en face d'une belle maison fleurie est bien agréable. Moules-frites.

Crêperie Morel – *11 pl. du Martray - 22500 Paimpol - ✆ 02 96 20 86 34 - fermé 1 sem. en juin, nov., mar. soir hors sais. et dim. - 9,20/13 €.* L'hospitalité chaleureuse des patrons vous donnera envie de revenir dans cette crêperie située à deux pas du port de plaisance. Attrayant cadre rustique avec poutres, boiseries, cheminée et grand comptoir en bois. Aux beaux jours, le couvert est dressé à l'extérieur.

Ferme de Kerroc'h – *14 rte de Bréhat - 22620 Ploubazlanec - 3 km au N de Paimpol par D 789 - ✆ 02 96 55 81 75 - fermé du dim. soir à mar. midi de sept. à juin - 18/45 €.* La façade en pierres de pays et la belle toiture ardoisée de cette ferme centenaire attirent le regard. À l'intérieur, pittoresque bar en bois invitant à prendre l'apéritif et plaisante salle rustique agencée autour d'une imposante cheminée en granit où rôtissent les viandes.

7 Les îles de Port-Blanc et la Côte des Ajoncs

CARTE MICHELIN LOCAL 309 C2 – CÔTES-D'ARMOR (22)

De criques en rochers, la Côte des Ajoncs nous promène de Port-Blanc à la pointe du Château à Plougrescant en passant par Buguélès, sans nous laisser nous ennuyer. Le continent s'égraine dans une mer un peu ogresse, laissant ça et là des îlots secs ou chevelus, comme les îles du Milieu, Levron, Marquer, Bihou, Bruch, St-Gildas, Illiec, l'île aux Marsouins ou l'île aux Femmes. Certaines sont habitées. Chacune a quelque chose à raconter. Barré par l'île d'Er, l'estuaire du Jaudy invite à remonter jusqu'à Tréguier, vers d'autres paysages… Un pays salé et odoriférant, dernières marches d'un continent s'enfonçant dans l'eau, fin d'une terre ou commencement d'un pays, le Trégor est aussi le début d'autres éclats imaginaires. Mais dans ces eaux-là, la littérature ne suffit pas : à vos pagaies ! Le kayak de mer vous emmène vers ces secrets…

ARRIVER À BON PORT

En voiture : Venant de l'Est ou de l'Ouest, il faut à un moment ou à un autre croiser la E 50. On la prend pour la quitter à Morlaix et prendre la D 786 jusqu'à Lannion (35 km). De là, emprunter la D 38 qui, passant par Mabilier puis Trévou-Tréguignec, mène à Port-Blanc (17 km). Venant de Lannion, on peut aussi passer par Perros-Guirrec (D 788), revenir sur Tréguier jusqu'au rond-point après Louannec et suivre les indications « Trélevern », « Trévou » puis « Port-Blanc ». De Guingamp, prendre la D 8 jusque peu avant Pont Losquet, où l'on tourne sur la droite vers Penvénan et Port-Blanc. De St-Brieux, le mieux est de prendre la D 6 en direction de Lanvollon, Pontrieux, La Roche-Derrien et enfin Pont-Losquet, avant laquelle on tourne à droite, comme en venant de Lannion, en direction de Penvénan et Port-Blanc.
En train : Arrivée à Lannion, ligne secondaire de la ligne Paris-Brest. Nombreux TGV directs en saison estivale et congés scolaires.
En avion : Arrivée à Lannion, ligne régulière depuis Paris. Nombreuses liaisons également avec Brest.

LARGUER LES AMARRES !

Les îles et rochers de la côte de Penvénan sont soit habités et privés, et donc à respecter, soit inhabités et souvent uniquement accessibles à pied à marée basse ou en kayak. C'est le cas des îles St-Gildas, de l'île du Milieu et de Balaenec. Certains îlots sont des réserves naturelles dont l'accès est limité.

BON À SAVOIR

Même si cette côte ne compte pas de plages surveillées, par souci sanitaire, les chiens sont interdits sur toutes.
Le Circuit des Ajoncs passe par les principaux sites intéressants du Trégor. À faire en voiture, en bicyclette ou à pied, par portions…
Le GR 34 passe par Tréguier et longe la côte par les chemins des douaniers, mais il existe aussi d'autres circuits balisés par les offices de tourisme, auprès desquels il faut s'adresser pour obtenir les plans et fiches techniques.

L'eau vue de la terre

Dunes, estrans, rochers pachydermiques ridés ou cailloux géants roses et fendus, plages allongées de sable blanc, choux marins exubérants, gouffre crachant… : la **Côte des Ajoncs** n'est pas à court de ressources naturelles pour nous enchanter. Et comme si cette côte déchiquetée, ces rocs éparpillés dans une eau aux humeurs incertaines n'étaient pas suffisants, parmi les vieilles pierres et les vieux chemins, l'odeur et la couleur des ajoncs en fleur font pétiller la côte au printemps.

Rejoindre le circuit des Ajoncs à Plougrescant (circuit fléché pour les voitures et bicyclettes ou à suivre à pied par le GR 34). Du centre de Plougrescant où se trouve la fameuse chapelle

La Côte des Ajoncs, à Plougrescant.

tordue de St-Gonéry, il faut se diriger vers le Nord-Nord-Est pour retrouver Pors Hir (3 km) ; ensuite la route longe tant bien que mal le rivage tandis que le GR, lui, est plus fidèle. De la pointe du Château à Port-Blanc, compter 3-4h de marche et une bonne heure en voiture, mais attention aux embouteillages pendant la saison !

Chapelle St-Gonéry★

À Plougrescant - ✆ 02 96 92 27 54 - visite guidée sur demande à l'association Art, Culture et Patrimoine - 22 r. Renan - de mi-juin à mi-sept. et vac. scol. : 10h45, 11h30, 15h15, 16h, 16h45, 17h30.

La chapelle est surmontée d'une flèche en plomb datant de 1612, curieusement inclinée sur une tour du 10e s. On y trouve le **Mausolée★** d'un évêque de Tréguier (16e s.) et une châsse contenant le crâne de St- Gonéry, moine guérisseur, fondateur du village, accosté au 4e s. À voir absolument.

Sortir de Plougrescant par la petite route qui tourne après l'église de St-Gonéry : elle mène sur les rives du Jaudy. De là, on aperçoit les îles.

Île d'Er et île Loaven

L'île d'Er est une Île privée dont il est possible mais non recommandé de faire le tour. L'accès n'est possible qu'à marée basse à fort coefficient et l'eau, une fois qu'elle commence à revenir de l'étale, remonte vite. En revanche, on peut se rendre, en partant de la pointe de Beg-Vilin, sur **l'île Loaven** sur laquelle un chemin public permet d'accéder à l'oratoire de Sainte-Eliboubane, mère de saint Gonéry. Attention, l'île est également privée et les conditions de traversée tout aussi limitées. On y accoste cependant en une dizaine de minutes.

Suivre la route du littoral. De Plougrescant, une autre petite route mène droit vers le Nord à la pointe du Château en 3,5 km.

La pointe du Château

C'est l'extrême pointe de la presqu'île de Plougrescant. On l'atteint par **Pors Hir**, petit port bâti près d'une anse, entre de gros rochers. Belle route où les blocs géants de granit servent de murs aux maisons et belle vue sur les îles d'Er et Loaven, le phare des Héaux et les Sept-Îles *(voir cette destination, p. 75)*. Jolie vision de chaos granitique ! *Suivre le circuit des Ajoncs.*

Le Gouffre★

Comment ne pas être attiré par celui qu'on appelle le gouffre de la baie d'Enfer ? Comment ne pas désirer voir en face la gueule de ce montre rugissant, approcher le fauve pour se sentir bien petit, ou

Le « plus » nature

L'ajonc d'Europe (Ulex europaeus) qui a donné son nom à la Côte des Ajoncs appartient à la famille des papilionacées. C'est un arbuste très robuste qui supporte soleil, sols ingrats et sécheresse. Ses feuilles, toujours vertes, sont ses méchantes épines. Au printemps, ses fleurs jaunes éclatantes parfument l'atmosphère jusqu'à l'entêtement, d'une odeur proche de celle de la noix de coco.

Ses fruits contiennent des graines toxiques, tandis que ses rameaux, une fois broyés, sont, pour leur richesse en azote, donné en fourrage au bétail, dans ces pays à végétation pauvre.

bien grand ? À l'heure de l'étale ou du calme plat, cette – finalement – modeste faille, montre le beau granit rose dans lequel elle est découpée.
Les chemins bien délimités, pour laisser la flore loin de l'empreinte des semelles, les rochers à la peau plissée d'éléphant et la maison photogénique aux grandes oreilles de granit rose relèvent de l'image modèle pour calendrier : celle d'un bien joli parc préservé par le Conservatoire du littoral… Mais si vous tendez l'oreille à marée haute, et même par mer d'huile, vous comprendrez que l'eau, même immobile, est en ébullition. Par gros temps, cette entaille inerte prend soudain la voix du diable, qui, dit-on, peut cracher son écume jusqu'à cent mètres. Alors là, on tremble certainement ! Foi de Plougrescanais.

P. Nothomb / MICHELIN

Le Gouffre de Plougrescant.

Maison du Littoral – *Conservatoire du littoral - Le Gouffre - 22820 Plougrescant - ✆ 02 96 92 58 35 - ouv. 15 juin-15 sept. (en dehors de cette période, s'adresser au syndicat d'initiative de Plougrescant).* Exposition permanente sur la formation géologique de la région, la flore et la faune. Animations et visites guidées.

Port-Blanc et sa poussière d'îles

Port-Blanc est un petit port de pêche mais aussi une station balnéaire très fréquentée. Fini le temps des paradis isolés, à moins qu'ils ne soient juste en face de ses plages : les îles habitées qui font partie de son horizon sont les dernières retraites du rêve. En 1938, Lindbergh s'est retiré sur l'une d'elles (Illiec) après l'enlèvement de son fils. Toutes les îles sont privées et doivent être respectées comme telles. Il n'empêche que l'on peut pêcher à pied ou se promener autour à marée basse. L'**île aux Oies et** celle de **Balaenec** sont reliées par la digue d'un ancien moulin à marée (également privé) datant de la fin du 15e s.
Curiosité : la **chapelle N.-D.-de-Port-Blanc** (16e s.), à demi enterrée, est couverte d'un toit qui descend jusqu'au sol : elle a d'abord été une tour de guet. *✆ 02 96 92 62 35 - juil.-août : 10h30-12h, 15h-18h ; reste de l'année : visite guidée sur demande au presbytère de Penvenan, ✆ 02 96 92 67 16.*
L'**île St-Gildas**, privée, ne se visite qu'une seule fois par an, à la Pentecôte pour le Pardon des chevaux. Des milliers de pèlerins passent alors l'estran à pied, à cheval, en âne ou encaqués dans les remorques de tracteurs pour assister à une messe en plein air. Les chevaux sont ensuite bénis. *Rens. : ✆ 02 96 92 67 59.*

La terre vue de l'eau

Depuis le fond de l'estuaire du Jaudy, à La Roche-Derrien, jusqu'à l'estran parsemé d'îles et d'îlots en face de Port-Blanc, la navigation est plus que jamais le meilleur moyen de découvrir le patrimoine remarquable de ce pays. L'avifaune (limicole ou marine) et la flore y trouvent leur territoire naturel entre vasières, lagunes, rochers et dunes. Au-delà de ses parcs à huîtres, élevages de truites et de saumons, le patrimoine historique du Jaudy ne manque pas non plus d'intérêt. Une randonnée en kayak accompagnée par un guide-nature, restera un bon souvenir.

Le Jaudy

L'estuaire du Jaudy est parsemé de parcs à huîtres qui sont immergés au rythme des marées. Le petit port de la Roche-Jaune, sur le circuit des Ajoncs, arrête beaucoup de touristes et de randonneurs pour son charme et son ambiance assez particuliers et les dégustations qui peuvent y être faites. C'est aussi le rendez-vous des gens du coin : il s'y prépare des plats bien typiques. Au fond de l'estuaire Jaudy, l'ancienne cité épiscopale de Tréguier lance les flèches de sa cathédrale au milieu de ses ruelles aux maisons à pans de bois. Au 6e s., saint Tugdual, un moine gallois, débarque dans le pays. Il fonde un monastère et devient le premier évêque de Tréguier. Cependant, la grande figure locale est l'écrivain et historien Ernest Renan (1823-1892).

Vieux gréement et pêche en mer

L'Ausquémé – *NIcolas Schouten - 06 07 59 04 03 - http://ausqueme.free.fr - mai-sept. - 37 €/j (enf. 25 €), 25 €/½j (enf. 20 €) - sortie pêche (4h) : 32 € (enf. 20 €) - possibilité de location avec équipage.* C'est un authentique vieux gréement pouvant emporter jusqu'à 9 personnes, au départ de Port-Blanc, le long du littoral… et parfois jusqu'à Sept-Îles. Apportez votre pique-nique. Sorties quotidiennes en saison.

La Marie-Georgette – *Rens. et réserv. au Café Gavroche (à dr. vers la pointe du Château) - Plougrescant - 02 96 92 09 15/58 83 - 35 € (-12 ans 25 €).* Ce bateau navigue autour de la presqu'île et à partir de Plougrescant, pour le plaisir de la pêche.

Canoë-kayak et kayak de mer

Centre nautique de Port-Blanc – *7 bd de la Mer - 22710 Penvénan - 02 96 92 64 96 - www.cnportblanc.fr - tte l'année.* Professionnels du canoë-kayak et du kayak de mer, les animateurs sont aussi des guides-nature. Stage d'initiation ou de perfectionnement toute l'année. Randonnée à la journée ou demi-journée. Sortie possible sur Plougrescant.

La Roche-Derrien Canoë-kayak - Plougrescant – *Base des Prajou - 22450 La Roche-Derrien - 02 96 91 51 48/01 48 (été) - juil.-août : lun.-sam.* Samuel Piton vous emmène en toute sécurité au départ, en été, de la cabane des Douaniers au Beg Vilin, pour des balades-randonnées au large de l'île d'Er, autour de l'île Loaven, jusqu'à Port-Blanc ou le sillon de Talbert à Pleubian, ou encore dans l'estuaire du Jaudy à partir de la base permanente des Prajou à La Roche-Derrien. Sortie journée ou demi journée avec encadrement spécialisé. Stages en mer et rivière.

Les vagues viennent de la mer : histoire du pays de Tréguier

Très anciennement occupé, comme peuvent le dire ou le taire les divers assemblages mégalithiques mis à jour par l'homme ou par le temps, le pays de Tréguier a toujours été tourné vers la mer. Les hommes préhistoriques puis les Celtes se sont affairés à y vivre tout en civilisant leur environnement : défrichements, culture, creusement de puits tubulaires et adduction d'eau douce grâce à des tuyaux faits de troncs évidés, élaboration de fours pour la récolte du sel, ateliers lithiques (silex)… L'Histoire suivit son cours. Vers le 5e s. apr. J.-C., les Saxons et les Pictes faisant alors pression sur les populations celtes de l'Eire (Irlande) et de la Bretagne (la Grande), beaucoup d'hommes accostèrent dans cette région amie et encore en paix. Ils apportaient avec eux une autre « paix » : le christianisme. On a retrouvé, dans l'estran, des auges qu'ils calaient dans le fond de leurs bateaux pour mieux tenir la mer. Beaucoup de ces gens sont actuellement connus pour avoir fondé des monastères, des églises, des communautés, et ont été, depuis, sanctifiés. Mais avant de recevoir ce grade, les Normands devaient à leur tour venir bouleverser le pays. Tandis que le Nord fournissait son lot d'ennemis abominés, des pirates espagnols passaient, eux aussi, dans la région, qui a donc toujours beaucoup souffert de son front ouvert au large.

Entre ces crises, la mer alimentait plus paisiblement une industrie de sècheries, pêcheries et récoltes de goémon. Ce n'est qu'une fois les envahisseurs un peu calmés, mais surtout convertis, que la vie religieuse ne prit véritablement son essor. À partir du 12e s. débuta la construction de chapelles comme celles de Port-Blanc, St-Gonval, St-Gildas, St-Gonéry et St-Nicolas. Les vagues suivantes ont été faites par les Anglais. Après, il y eut la guerre de Cent Ans…

Les plages

À **Port-Blanc et Buguélès**, quatre belles plages non surveillées : les **Dunes**, **Roc'h Annick**, le **Rocher du voleur** et le **Bilo**. Il y a en outre de nombreuses criques, parfaites pour une baignade, tout au long de la côte.

À **Trévou**, la plage de **Trestel** est en sable fin et pente douce : idéal pour les enfants… et les véliplanchistes quand ça souffle.

Le port et la plage du **Royau** : charmant et fleuri. **Port Le Goff** : avec vue sur les îles et la baie de Perros-Guirec ; on y cueille des coquillages et on y contemple des couchers de soleil…

À **Plougrescant**, trois plages : **Pors Hir**, **Pors Scaff** et **Gouermel**, en plus d'une multitude d'anses et de criques.

Port-Blanc et la Côte des Ajoncs pratique

OÙ S'INFORMER

Point « I » Port-Blanc – *Bd de la mer (à proximité de l'école de voile) - Port Blanc - 22710 Penvénan - saison : mar.-sam. 9h30-12h30, 14h-18h.*

Office du tourisme du pays de Tréguier – *67 r. Ernest-Renan - 22220 Tréguier - ✆ 02 96 92 22 33 - www.paysdetreguier.com - juin-sept. : 9h-19h ; hors sais. : tlj sf dim. 9h-12h30, 14h-18h.*

Syndicat d'initiative de Penvénan – *12 pl. de l'Église - 22710 Penvénan - ✆ 02 96 92 81 09 - www.penvenan-tourisme.com - tlj sf dim. et lun. 9h30-12h30, 14h-18h ; saison : lun.-sam. 9h30-12h30, 14h-18h, dim. 10h-13h.*

Syndicat d'initiative de Plougrescant – *22820 Plougrescant - ✆ 02 96 92 56 83 - www.plougrescant.fr - juil.-août : 9h30-12h30, 14h-18h, dim 9h30-12h30 ; sept.-juin : mar.-sam. 9h-12h30, 14h-18 et merc. 9h-13h.*

Capitainerie de Port-Blanc – *✆ 02 96 92 89 11 - lun. 9h-11h, jeu. 4h-16h (ou bien laisser un message).*

Capitainerie du port de Tréguier – *✆ 02 96 92 42 37 ou 06 72 70 70 20 (pas d'horaires fixes).*

Météo France – *✆ 0 892 680 222.*

OÙ DORMIR

Chambre d'hôte Troézel Vras – *22610 Kerbors - 9 km au NE de Tréguier, rte de Paimpol, dir. Pleumeur-Gautier puis Kerbors - ✆ 02 96 22 89 68 - fermé oct.-mars - 5 ch. 53/66 € - repas 19 €.* Dans un décor agréablement éclectique, des jolies chambres sont aménagées dans ce manoir du 17e s. Une adresse de charme.

Chambre d'hôte Manoir de Kergrec'h – *22820 Plougrescant - ✆ 02 96 92 56 06- kergrec.h@wanadoo.fr - 6 ch. 100 €.* À Plougrescant, suivre les indications : tourner à droite après la chapelle : le manoir se trouve à 800 m. Dans cette bâtisse pleine de charme du 17e s. toutes les chambres sont décorées dans des styles anciens : rococo, directoire, Louis XV, Louis XVI. Le parc donne sur le Jaudy et est longé par le GR 34. Quoi de mieux ?

Chambre d'hôte Château de Kermezen – *22450 Pommerit-Jaudy - ✆ 02 96 91 35 75 - quitter Tréguier vers le S par la D 38. Après 5 km et avant La Roche-Derrien, tourner à gauche sur la D 6 jusqu'à Pommerit Jaudy. Tourner à droite dans le village : le château se trouve à 2 km - micheldekermel@kermezen.com - 4 ch. 86/100 €.* Depuis 500 ans dans la famille, cette belle demeure est ouverte à tous.

OÙ MANGER

La Poissonnerie J.-P.-Moulinet – *2 r. Renan - 22220 Tréguier - ✆ 02 96 92 30 27 - 5,34/10,67 €.* Adresse originale et sympathique que cette petite poissonnerie centrale qui, outre son activité traditionnelle, propose des dégustations de fruits de mer dans deux salles égayées de fresques marines. Un menu « Petit Mousse » a même été prévu pour les enfants.

Crêperie du Moulin à Mer – *1 r. du Moulin-à-Mer - 22740 Lézardrieux - 11 km à l'E de Tréguier par D 20, rte de Lanmodez 2,5 km après le port de Lézardrieux - ✆ 02 96 20 19 49 - - 7,62/15,24 €.* Ce beau manoir du 17e s. abrite aujourd'hui une crêperie vivement recommandée par les gens de la région. Sa salle rustique a conservé ses poutres d'origine et sa grande cheminée en granit. Carte très complète. À noter : les toilettes valent le coup d'œil.

Crêperie Les Embruns – *Port-Blanc - 22710 Penvénan - ✆ 02 96 92 68 70 - d'avr. à mi-nov. - 10/15 €.* Galettes et crêpes, avec des spécialités : St-Jacques et fondue aux poireaux, caramel au beurre salé. Le tout fait maison, avec cidre artisanal à la pression.

Café Pesked – *21 r. du Port - 22220 Plouguiel - 6 km au NE de Tréguier, au port de la Roche-Jaune - ✆ 02 96 92 01 82 - fermé lun. sf en été - 10,67/24,39 €.* La façade blanche de cette petite maison bretonne contraste avec le bleu du port, où s'affairent les ostréiculteurs. Vous y dégusterez huîtres, moules, soupe de poissons et truites fumées dans une ambiance « café » simple et sympathique. Beau choix de rhums parfumés.

Ker Bugalic – *1 Vieille-Côte-de-Trestel - 22660 Trévou-Tréguignec - ✆ 02 96 23 72 15 - kerbugalic@voila.fr - fermé 1er-21 oct. et 3 nov.-20 mars - 23/45 €.* Cette maison bretonne traditionnelle constitue le petit « chez-soi » idéal pour découvrir la côte de Granit rose. Ici, tout est fait pour vous séduire : la situation en bordure de plage, l'adorable jardin fleuri, la vaste salle à manger panoramique aux murs de pierres apparentes, les chambres calmes (préférez celles du bâtiment principal) ainsi que l'ambiance familiale entretenue par le couple Meunier. Sans oublier bien sûr les spécialités de poisson concoctées par le chef, condition sine qua non d'un séjour balnéaire réussi !

Les Sept-Îles et la baie de Perros-Guirec

8

CARTE MICHELIN LOCAL 309 B2 – CÔTES-D'ARMOR (22)
280 HA – 2 HABITANTS

Doyen des réserves ornithologiques de France, l'archipel des Sept-Îles ne compte en vérité que cinq îles : l'île aux Moines, l'île de Bono, l'île de Rouzic, l'île de Malban et l'île Plate. Les deux autres sont des rochers stériles qui n'apparaissent qu'à marée descendante. L'erreur de compte viendrait d'une mauvaise traduction du breton… Assis sur le sable fin, les pieds dans l'eau tiède et salée, il faut fermer les yeux et concevoir que vous êtes à l'endroit d'une frontière exceptionnelle. En effet, vous êtes assis sur des bulles magmatiques en fusion, bridées dans leur poussée ascensionnelle par un poids inouï de roches : des montagnes aussi hautes que les Alpes. Mais cette histoire a eu lieu il y a 300 millions d'années. Que cela ne vous empêche pas d'admirer les étonnantes configurations des affleurements érodés de granit rose qui font la réputation de cette belle côte et d'aller boire un verre sans plus d'angoisse sur l'une des multiples terrasses qui offrent une vue imprenable sur la mer calme ou vaguement remuante…

ARRIVER À BON PORT

En voiture : l'accès aux Sept-Îles se fait depuis Perros-Guirec. Pour atteindre Perros-Guirec, que ce soit depuis l'Est, le Sud ou l'Ouest, on doit obligatoirement emprunter ou croiser la N 12/E 50 avant de la quitter à hauteur de Guingamp et de se diriger vers Lannion par la D 767 pour un accès par l'Est. Par l'Ouest, sortir à Morlaix et rejoindre Lannion par la D 786. Depuis Lannion, la D 788 vous conduit, après 11 km, à Perros-Guirec.

Par train : TGV depuis Paris ou Brest jusqu'à Guingamp ou Plouaret-Trégor, tlj en été, plusieurs en semaine hors-saison, puis correspondance TER jusqu'à Lannion. De là, taxi (Allo Armor Taxi, ✆ 06 07 06 84 27 ou Taxi Geffroy, ✆ 06 11 07 09 86) ou bus.

Par avion : l'aéroport de Lannion a des vols réguliers sur Paris-Orly (✆ 02 96 05 82 22 ou 0820 820 820 ; www.aeroport.fr). Autrement, aéroport de Brest-Guipavas (✆ 02 98 32 01 00) puis train et bus ou taxi.

LARGUER LES AMARRES !

Quatre compagnies disposent d'une centrale de réservation à la gare maritime, plage de Trestraou, à Perros-Guirec. Elles proposent la découverte de la réserve naturelle des Sept-Îles et de l'unique colonie française de fous de Bassan. De déb. fév. à déb. nov. : excursions de 1h15 à 3h30 selon les marées - 16/19 € pour l'excursion avec escale (9-13 ans 10/13 €).

Les vedettes partent suivant des horaires et des fréquences différentes depuis Perros-Guirec, Ploumanac'h et Trégastel, selon la saison et les marées.

En saison, excursions pour les Sept-Îles également au départ de la plage du Coz, port de Trégastel (✆ 02 96 15 31 00), et du port de Ploumanac'h (✆ 02 96 15 31 00). Rens. : **Gare maritime**, ✆ 02 96 91 10 00.

BON À SAVOIR

La réservation pour les excursions en mer se fait généralement la veille ou le matin pour l'après-midi.

Aux Sept-Îles, on ne peut débarquer que sur l'île aux Moines, et ce pendant peu de temps : il n'y a aucune structure pour accueillir les visiteurs : ni restaurant, ni hôtel, ni même un snack. L'île n'est pas non plus aisée pour les personnes à mobilité réduite (chemins escarpés, pentes abruptes). Les chiens sont interdits de débarquement sur l'île aux Moines.

Les oiseaux marins nichés par milliers sur l'île aux Moines sont plus nombreux le matin et le soir ; pour profiter de leur compagnie, il est donc recommandé de choisir le premier ou le dernier départ.

Le débarquement est interdit sur les autres îles.

Un « éléphant » de pierre sur l'île Rouzic : un repère pour les oiseaux.

Visite depuis la mer d'un archipel préservé

La découverte de l'archipel se fait uniquement en bateau. Plusieurs sortes de visite possibles : avec ou sans débarquement ou encore avec accompagnement didactique d'un biologiste de la LPO.

L'archipel de Sept-Îles a été déclaré **réserve ornithologique** en 1912 suite aux massacres de macareux qui eurent lieu au début du 20e s. Le développement des Chemins de fer de l'Ouest vantait alors les plaisirs de la chasse aux oiseaux à Perros… Sur les milliers de couples qui nichaient aux Sept-Îles, il en restait à peine 400 en 1912 sur l'île Rouzic. La Ligue pour la protection des oiseaux fut alors fondée : elle obtint l'interdiction de débarquer sur Rouzic et fut chargée de leur protection.

La station LPO de l'île Grande *(voir Trébeurden et la Côte des Ajoncs, p. 81)* organise en saison des visites de la réserve naturelle. *Durée : 2h - mar. et sam. 9h30, et jeu. 18h, au départ de la cale de Trestraou à Perros-Guirec - RV 15mn av. le départ - 15 € (enf.13 €) - ✆ 02 96 91 91 40.*

Île Rouzic

Débarquement interdit.

Imaginez-vous revenir d'Amérique du Sud ou du Canada, avoir fait un voyage au long cours, vouloir vous installer en paix dans un lieu où l'on ne vous dérangera pas. Imaginez que vous n'êtes pas un homme, mais un oiseau. C'est sur l'île Rouzic, l'île aux Oiseaux, que vous irez vous installer à coup sûr !

Sur la face Nord, de février à septembre, vit une impressionnante **colonie de fous de Bassan** : près de 17 000 couples en 2005, que l'on peut aussi observer depuis la station ornithologique de l'île Grande *(voir cette destination, p. 81)*, grâce à une liaison vidéo télécommandée.

Le « condominium » des fous de Bassan grossit un peu plus chaque année malgré les visites quotidiennes des humains, venus pour observer leur ballet aérien, leurs codes de vie communautaire et leur promiscuité défensive.

On peut y repérer également des guillemots, des pingouins torda, des goélands bruns, argentés ou marins, des cormorans huppés, des macareux, des mouettes tridactyles, des huîtriers pie et quelques fulmars. Au total, 12 espèces d'oiseaux marins. Il est aussi possible d'apercevoir quelques-uns des 10 phoques gris qui y habitent.

On longe ensuite les **îles de Malban et de Bono**, sur lesquelles aucun bateau ne s'arrête non plus.

Île aux Moines

✆ 02 96 23 92 10 - visite guidée (30mn) sur demande en fonction des heures d'arrivée des bateaux de juin à sept. - fermé 12h-14h - gratuit.

Une escale (1h environ) permet de découvrir la poudrière, le phare (83 marches, portée de 40 km) d'où se développe un beau panorama sur l'archipel et la côte, puis le fort, en partie ruiné, construit par Vauban à l'extrême pointe de l'île et, en contrebas, l'ancien monastère avec sa minuscule chapelle.

Au retour, le bateau longe l'extraordinaire chaos rose de la pointe de Ploumanach.

Deux autres îles

Île Tomé

Juste en face de Perros-Guirec, ce dos allongé qui traverse la baie, l'île Tomé est interdite d'accès. Elle était jusqu'il y a peu le repaire d'une autre colonie sans plume ni bec, qui gênait, elle, le développement des habitats d'oiseaux. Le rat surmulot était en effet un prédateur redoutable qui régnait là en maître avant que le Conservatoire du littoral, sous l'égide duquel se trouve la gestion de ce territoire, ne lance un grand programme de dératisation. Depuis cette intervention musclée, les 35 ha de réserve ont retrouvé la paix et des nouveaux locataires à plume : une espèce nicheuse, le grand gravelot s'y est installée. Les autres espèces d'oiseaux y prospèrent à nouveau à côté d'un petit mammifère insectivore assez rare et non gênant, la musaraigne des jardins.

> **Le « plus » nature**
>
> Morus Bassanus est le nom scientifique du **fou de Bassan**. Le nom vient d'une île qu'ils fréquentent en Écosse, près d'Édimbourg. On les tient pour fous, mais ils sont plutôt stupides : avec leur taille d'1 m, leur envergure d'à peine moins de 2, leurs 3 kg et une longévité de 21 ans, ces animaux parfaitement adaptés à leur environnement marin sont incapables de concevoir que l'homme puisse leur faire du mal. Si on les attaque, ils ne font rien pour se défendre et encore moins pour fuir. On les appelle aussi margot, margat, mergot, *alcatraz* en espagnol, *Jan de Gent* en néerlandais (Jean de Gant.)

Accrochée à Trégastel : l'île Renote

Accès depuis le port de Trégastel (parking où il faut laisser son véhicule).

Réserve naturelle, l'île est en réalité une presqu'île, depuis qu'on l'a reliée par une chaussée en 1895, dont on peut rapidement faire le tour par le sentier littoral. Sur une des propriétés privées de l'île se trouve une sépulture en V datant de 2500 av. J.-C. Seuls quelques blocs de granit rose ayant servi de soutien au tertre ancien sont encore en place, dont une roche de 7 m de long.

L'île Renote offre des vues impressionnantes sur le chaos de granit rose.

Vivre en rose au pays de la corrosion

La **Côte de Granit rose**★★ débute à la pointe de l'Arcouest (à la hauteur de l'île de Bréhat, *voir p. 62*) et s'arrête à Trébeurden (*voir cette destination, p. 81*). Pour apprécier sa particularité, géologique et naturelle, il faut marcher le long du GR 34 et suivre le sentier des douaniers.

Le sentier des douaniers★★

1h45 de Perros-Guirrec jusqu'à Ploumanach, et 3h jusqu'à Trégastel. Cette promenade magnifique (l'appareil photo est indispensable !) est à faire de préférence le matin et à marée haute dans le sens Est-Ouest, en fin d'après-midi dans l'autre sens.

C'est peut-être le plus beau sentier de la côte bretonne en dehors des périodes de fortes affluences. À partir de la plage de Trestraou, on suit le bord de la falaise jusqu'à Porz Rolland où l'aspect de la côte change complètement. On serpente parmi d'extraordinaires **rochers** (*voir l'encadré « Corrosion poétique »*) pour atteindre la pointe de Squewel, le phare de Ploumanach (Men-Ruz) et la Maison du littoral.

> **Corrosion poétique**
>
> La Côte de Granit Rose ne manque pas d'intérêt pour la couleur de son granit, mais ce qui en fait son attrait le plus marquant sont ces roches aux formes improbables qui se fendent sans logique et restent en déséquilibre visuel. Les roches ressemblent à des essais plastiques d'un démiurge un peu potache qui aurait tenté de créer des pachydermes étranges ou de sortir de la pierre rose des choses destinées à recevoir un jour la vie… Dans le brouillard, on peut y croire.
>
> En fait de démiurge, c'est Maître Érosion qui travaille. Il prend son temps pour terminer ses sculptures… ou éradiquer ce qui lui tombe sous le souffle, la vague, le sel ou les composants chimiques de l'air. Plus techniquement, le granit est composé de quartz, de mica et de feldspath. Ce dernier se transforme en kaolin, qui est lessivé par l'eau, et le résidu des grains de quartz donne le sable que les pluies ou les vagues emportent. L'érosion du granit est très grande parce qu'il s'agit de roches à gros grain. Peu à peu, la pierre se déforme et s'effrite, donnant des formes inespérées qu'il ne reste plus qu'à nommer ou renommer chapeau de Napoléon, gnome, sorcière, tête de mort, éléphant, baleine, bélier, cheval, fauteuil, parapluie, sentinelle, tire-bouchon, etc.

Rochers de Ploumanac'h★★

De Porz Rolland à Porz ar Mor, par le sentier des douaniers (voir ci-dessus).

Le point le plus intéressant de cette « réserve » de rochers est la pointe de Squewel, constituée d'innombrables rochers séparés par des anses.

Maison du littoral

On rejoint la Maison du littoral en suivant le sentier des douaniers ou GR 34. ✆ 02 96 91 62 77 - ♿ - de mi-juin à mi-sept. : tlj sf dim. 10h-13h, 14h-18h ; le reste de l'année et vac. scol. : tlj sf w.-end 14h-17h - fermé des vac. scol. de la Toussaint à janv., 1er Mai et 25 déc. - gratuit.

La Maison du littoral regroupe plusieurs expositions didactiques sur la formation du granit et l'exploitation qu'en ont fait les hommes. En saison, on y organise des animations « nature » : découverte de la flore de Ploumanac'h (5h), découverte du sentier des douaniers à la nuit tombante (3h), découverte géologique des carrières de granit rose (5h). Diverses expositions destinées à faire comprendre la formation du granit ainsi que les méthodes d'extraction de cette pierre, d'hier à aujourd'hui.

> **Saint, nez en moins**
>
> Dans son oratoire, sur la **plage de Ploumanac'h**, l'actuelle statue de granit de saint Guirec, débarqué du pays de Galles au 7e s. remplace une effigie primitive en bois. Celle-ci avait souffert d'une tradition peu respectueuse : les jeunes filles désirant se marier venaient planter une épingle à chignon dans le nez de l'apôtre. On ne connaît pas précisément les résultats de cette démarche, mais la tradition reste vivace comme en témoigne son nouveau visage de granit à nouveau mutilé. La bienveillance de saint Guirec était aussi invoquée pour apaiser les tempêtes, cicatriser des abcès, stimuler la marche des enfants.

Plage de Saint-Guirec

Le sentier des douaniers *(voir plus haut)* qui, venant du phare, longe la plage St-Guirec, passe entre de superbes **rochers★★** de granit rose : la « Tête de mort », le « Sabot renversé », le « Pied ». À l'extrémité gauche de la plage, sur un rocher baigné par la mer à marée haute, s'élève l'**oratoire** dédié à saint Guirec, qui débarqua ici au 6e s. En face, l'île de Costaérès et son château *(privé)*.

Rendez-vous aux ports

PERROS-GUIREC☼☼

Bâti en amphithéâtre sur la Côte de Granit rose, « Perros » domine le bassin à flot où se trouve le port de pêche et de plaisance. De la pointe du Château (à l'Est de la plage de Trestrignel), se découvre une belle **vue★** sur Perros-Guirec, les Sept-Îles, l'île Tomé et la côte jusqu'à Port-L'Épine.

Le sable fin et la douceur de ses deux plages surveillées, Trestaou et Trestignel, et les nombreuses activités proposées en font une station balnéaire familiale.

Activités nautiques

Voile - Centre nautique – *Plage de Trestraou - 22700 Perros-Guirec - ✆ 02 96 49 81 21 - centrenautique@perros-guirec.com - 9h-19h - fermé de mi-déc. à mi-janv.* Location de matériel et stages tous niveaux.

Perros-Plongée – *1 bd Aristide-Briand - 22700 Perros-Guirec - ✆ 02 96 23 22 13 - www.perros-plongee.fr - 9h30-12h30, 14h-19h30, dim. 9h30-12h30.* Des moniteurs diplômés d'État vous emmènent plonger.

Pêche en mer - **Armor découverte** – *Gare Maritime de Trestraou - 22700 Perros-Guirec - ✆ 02 96 91 10 00 - 3 fois/sem., départ 8h30 et retour 11h30 - 25 €, (enf. 16 €).* Partez pêcher en mer avec votre propre matériel ou celui que l'on vous fournit. Maquereaux, bars, lieus tacauds ou rougets se pêchent « à la dérive ».

Balades en mer

Le « Saint C'hireg » – *25 r. de Kerreult – 22700 Perros-Guirec - ✆ 02 96 23 22 11 ou 06 85 92 60 61 - denislebras@cegetel.net - 36 €/j (-12 ans 22 €/j), ½ journée possible.* Réplique d'un langoustier camarétois des années 1920 qui vous emmène visiter l'archipel des Sept-Îles. Participation aux manœuvres. Animation par un biologiste de la mer. Il faut apporter son pique-nique.

L'« Argentilez » – *22700 Perros-Guirec - ✆ 02 96 49 81 21.* Jadis, ce flambart ramassait du goémon, aujourd'hui il vous promène le long de la Côte de Granit rose, pour une découverte de la voile traditionnelle (sortie à la journée ou à la demi journée).

Le « Fillao Morskoul » – *22700 Perros-Guirec - ✆ 02 96 49 81 21* - Pour une croisière le long de la Côte de Granit Rose, embarquez à la plage de Trestraou à Perros-Guirec sur une goélette moderne pendant 2 ou 3h (12,50 €) ou pour la journée (22,50 €).

Visite de Bréhat – *Gare maritime - plage du Trestraou - ✆ 02 96 91 10 00 - armor.decouverte@wanadoo.fr - hors sais. : 9h-12h, 14h30-17h ; sais. : 8h30-20h.* En saison, les Vedettes de Perros-Guirec filent parfois vers l'île de Bréhat. L'expédition sur cette île fleurie prend une bonne partie de la journée (*voir cette destination p. 62*).

PLOUMANACH★★

Petit port naturel où s'affairent encore quelques rares pêcheurs et où montent et descendent au gré des marées des bateaux de plaisance, cet endroit a quelque chose de magique. Venant de la mer, on reprend les rêves anciens de retour au calme de la vie sur terre.

Le chenal est parsemé de **roches étonnantes** et menaçantes pour l'étrave. En face d'une plage, un château sur une île privée, des maisons plus ou moins discrètes dans les pinèdes et un port minuscule barré par des sombres remparts qui ne retiennent… que de l'eau. Deux moulins à marée datant du 14e s. prolongent les quais. Une tradition est en train d'y renaître : en juillet, a lieu une régate de vieux gréements et de voiliers de plaisance. À terre, c'est la fête. *Rens. : ✆ 02 96 23 36 80.*

Vallée des Traouïero

Bonnes chaussures recommandées. Juin et sept. : mar. 15h, sam. 9h30 ; juil.-août : mar. 15h, jeu. et sam. 9h30. Il faut compter 3h de promenade. Rens. : ✆ 02 96 23 47 48.
Derrière les moulins à marée qui ferment le port, le petit et le grand Traouïero sont deux vallées sauvages encore hantées de nombreuses légendes. La végétation y est dense et les sentiers s'aventurent au milieu d'impressionnants rochers de granit. Des visites guidées sont organisées à partir du moulin à marée de Trégastel.

TRÉGASTEL-PLAGE

Tout comme sa voisine Ploumanach, Trégastel séduit par la beauté et l'étrangeté de ses **rochers★★**. Parmi la douzaine de plages, Coz Pors et la Grève blanche sont les seules à être surveillées et à offrir des cabines (location). Mais les chiens y sont interdits pendant la saison estivale. Outre la baignade et les activités nautiques, les enfants se régaleront à l'aquarium marin.

Aquarium marin

Bd du Coz-Pors - 22730 Trégastel - Réouverture prévue printemps 2006 - se renseigner à l'Office de tourisme - ✆ 02 96 15 38 38.
26 aquariums marins ont été aménagés dans des grottes naturelles. Visites occasionnelles sur l'estran pour nourrir les poissons.

P. Nothomb / MICHELIN

Rochers de granit rose à Ploumanach.

Les Sept-îles pratique

Office du tourisme de Perros-Guirec – *21 pl. de l'Hôtel-de-Ville - BP 54 - 22700 Perros-Guirec - ✆ 02 96 23 21 15 - www.perros-guirec.com - juil-août : tlj 9h-19h30, dim. 10h-12h30, 14h-19h ; sept-juin : tlj sf dim. 9h12h30, 14h-18h30.*

Office du tourisme de Trégastel - *Pl Ste-Anne - 22730 Trégastel - ✆ 02 96 15 38 38 - www.ville-tregastel.fr - de déb. juin à mi-oct. : 8h-12h, 14h-18h ; hors sais. : 9h30-12h, 14h-17h30.*

Capitainerie de Perros-Guirec – *17 r. Anatole-Le-Braz - 22700 Perros-Guirec - ✆ 02 96 49 80 50 - 7h30-20h ; hors sais. : 8h30-12h, 13h-17h.*

Météo France – *✆ 0 892 68 02 22.*

Températures : moyenne en janvier : 7,1 °C ; en août 17 °C. 138 jours de pluie/an.

OÙ DORMIR

⊖ Chambre d'hôte La Ferme de l'Étang – *Le Launay - 22660 Trélevern - 9 km de Perros-Guirec, rte de Paimpol puis D 73 (dir. Tréléven) - ✆ 02 96 91 70 44 - ⊭ - 4 ch. 42/55 € ☕.* Les canards s'ébattent dans l'étang ou se prélassent sur la pelouse devant les hôtes, qui apprécient le charme rustique de cette longère du 19e s., son calme, son vaste salon, sa collection de poupées et ses chambres non-fumeurs.

⊖ La Résidence d'Arvor – *52 rte des Traouïéros - 22730 Trégastel - www.residencedarvor.com - ✆ 02 96 15 31 90 - fermé nov. - ⊭ - P - 10 ch. 40/50 € ☕.* Plusieurs formules au choix : chambres récemment rénovées, simples ou dotées d'une kitchenette, et un appartement meublé (idéal pour les longs séjours familiaux) ; tous sont pratiques, agréables et fort bien tenus. Également une cuisine équipée à disposition des résidents.

⊖⊖ Hôtel de L'Europe – *22700 Ploumanach - 6 km de Perros-Guirec par D 788 - ✆ 02 96 91 40 76 - societe-leurope-perros@wanadoo.fr - fermé 2-13 janv. - P - 23 ch. 48/63 € - ☕ 7,50 €.* Cette maison régionale postée à 30 m du rivage et flanquée d'une aile récente vous permettra de profiter des eaux claires de la petite crique de Ploumanach. Ses chambres, modernes, sont simples et fonctionnelles. Prix attractifs hors saison.

⊖⊖ Hôtel-restaurant des Rochers – *70 chemin de la Pointe - Ploumanac'h - 22700 Perros-Guirec - ✆ 02 96 91 44 49 - hoteldesrochers@wanadoo.fr - 14 ch. 45/83 € - ☕ 7 € - rest. 8/60 €.* Chambres donnant sur le port ou sur les jardins derrière, calmes et agréables. La salle à manger offre une belle vue sur le port. Restauration de qualité.

⊖⊖⊖ Chambre d'hôte Demeure de Rosmapamon – *Louannec - 22700 Perros-Guirec - ✆ 02 96 23 00 87 - 3 ch. 75/105 € ☕.* Au milieu d'un parc, avec vue sur la mer ; c'est ici qu'Ernest Renan écrivit plusieurs de ses ouvrages.

OÙ MANGER

⊖ La Bonne Auberge – *Pl. de la Chapelle, la Clarté - 22700 Perros-Guirec ✆ 02 96 91 46 05 - gouriou.m@wanadoo.fr - fermé 11 Nov.-1er déc. - 13/31 € - 7 ch. 36 € - ☕ 5,50 €.* Cette vénérable auberge où grimpent le lierre et la glycine se trouve à deux pas de la jolie chapelle de N.-D.-de-la-Clarté. Vous y dégusterez poissons et crustacés dans deux petites salles à manger au cadre rustique affirmé. Chambres rénovées.

⊖ La Crémaillère – *Pl. de l'Église - 22700 Perros-Guirec - ✆ 02 96 23 22 08 - fermé lun. midi - 13,50/36 €.* Dans une maison de village du 19e s., petit restaurant servant essentiellement des grillades cuites dans la cheminée de la salle à manger, assez chaleureuse avec ses murs en pierres apparentes et bois. Menus pour les juniors.

⊖⊖ Les Embruns – *R. du Commerce - 56780 Île-aux-Moines - ✆ 02 97 26 30 86 - fermé janv.-fév., 1er-15 oct. et merc. - 18/25 €.* Habitués et touristes se retrouvent dans ce bar-restaurant du bourg sans chichi. Pêchés dans la journée, les produits de la mer sont ici travaillés le plus simplement du monde pour régaler des convives impatients d'enfourcher de nouveau leurs vélos : d'autres trésors îliens attendent !

⊖⊖ Hôtel restaurant Le Gulf Stream – *26 r. des Sept-Îles - 22700 Perros-Guirec - ✆ 02 96 23 21 86 - fermé 10 janv.-11 fév., 1 sem. en juin, en oct., lun. midi, merc., et jeu. - réserv. obligatoire - 22/50 € - 11 ch. 45/70 € ☕.* Il règne une délicieuse atmosphère 1900 en ce plaisant hôtel tapissé de lierre. Chambres simples et bien tenues, que l'on choisira de préférence côté mer. Au restaurant, spécialités iodées à savourer en même temps que la vue imprenable sur la baie du Trestraou.

⊖⊖ Restaurant Le Feux des Îles – *52 bd Clemenceau - 2200 Perros-Guirec - ✆ 02 96 23 22 94 - fermé 26 sept.-12 oct., 20 déc.-10 janv., à midi en sem., dim. soir et lun. (sf j. fériés d'oct. à avr.) et sam. midi - 26/60 €.* Pins et hortensias composeront la toile de fond de votre séjour dans cet hôtel-restaurant familial idéalement situé entre les plages de Trestaou et de Trestrignel. Vous y dégusterez une cuisine traditionnelle appliquée dans un cadre mi-contemporain, mi- cosy relevé de tons pastel. La plupart des chambres ont vue sur les flots.

QUE RAPPORTER

Marché de Perros-Guirec – *Pl. du Marché, vend. mat. et à la Clarté, face à la chapelle, dim. mat.*

Trébeurden et ses îles

9

CARTE MICHELIN LOCAL 309 A2 – CÔTES-D'ARMOR (22)
3,75 KM² – 800 HABITANTS

Au balcon de la baie de Lannion et au commencement Ouest de la Côte de Granit rose, le bourg de Trébeurden (dire Trébeurdin) est une station balnéaire très dynamique et très nature. Même si sa tour un peu trop urbaine ne parvient pas à se faire oublier, ni le port tout neuf qui s'impose entre les plages et l'île Milliau, les paysages et les réserves naturelles de son territoire et des environs (Pleumeur-Bodou), îles, bois et marais, donnent largement le change. Depuis Lannion jusqu'à Perros-Guirec, les roches roses émergent de la terre ou de la mer. Grâce aux courants marins violents et à une côte parfois difficile d'accès, des fonds marins très diversifiés et des zones littorales ont pu être protégés pour le bonheur de la faune et de la flore. De l'île Milliau à l'île Grande, nous voici dans un pays de randonnées et de découverte, de plages et d'activités marines, en pleine Bretagne.

ARRIVER À BON PORT

En voiture : Pour arriver à Trébeurden, il faut presque obligatoirement passer par Lannion (sauf à prendre le chemin des écoliers par la côte). La E 50 ou N 12 en provenance de Caen et Paris ou Brest se quitte à Guingamp pour la D 767 si l'on vient de l'Est, ou à Morlaix pour la D 786 si l'on vient de l'Ouest. Une autre sortie est possible, à la hauteur de Berg-ar-C'hra : la D 11 monte droit vers le Nord sur Lannion. Depuis Lannion, prendre la D 66 qui mène directement à Trébeurden.

Par train : TGV depuis Paris ou Brest jusqu'à Guingamp ou Plouaret-Trégor, tlj en été, plusieurs en semaine hors saison, puis correspondance TER jusqu'à Lannion. De là, taxi (Allo Armor Taxi, ✆ 06 07 06 84 27 ou Taxi Geffroy, ✆ 06 11 07 09 86) ou bus.

Par avion : l'aéroport de Lannion a des vols réguliers sur Paris-Orly ; autrement, aéroport de Brest-Guipavas, puis train et bus.

LARGUER LES AMARRES !

L'île Grande est reliée au continent par un petit pont. De Lannion, emprunter la D 21 vers le Nord jusqu'à Penvern ; après une centaine de mètres sur la D 788 vers Trébeurden (gauche), tourner à droite vers l'île Grande.

L'île Milliau est accessible uniquement à pied à marée basse à partir du Castel, à Trébeurden. Se renseigner sur les heures de marée à l'Office du tourisme de Trébeurden.

BON À SAVOIR

Au pied du petit pont reliant l'île Grande au continent, un parking permet de laisser sa voiture. Ne vous en privez-pas. Pensez à l'environnement !
Les vélos sont interdits sur l'île Grande et l'île Milliau.
Pensez à ramener vos déchets sur le continent.

Îles ou presqu'îles ?

L'île Grande et l'île Milliau sont des points dans l'eau… à marée haute si on oublie, pour la première, le petit pont l'arrimant pour toujours au continent et, pour la seconde, la langue de sable que l'on peut emprunter à pied à marée basse. Leur insularité est pourtant bien réelle, au regard de la nature d'exception, dans le cas de Mlliau, et de l'ambiance maritime et ornithologique pour l'île Grande.

Île Grande : entre plume et granit

Le tour de l'île se fait en plus ou moins deux heures sur le chemin des douaniers. Un parking permet de laisser sa voiture peu après le pont permettant d'y accoster.

Découverte – Exposée à la houle violente du large, la côte Nord vous plonge immédiatement dans l'ambiance. L'intérieur, lui, offre un paysage de landes, bordées de nombreuses grèves à l'Est et au Sud. L'île est entourée d'un chemin côtier (GR 34) de 7 km qui ouvre sur de splendides panoramas. À Ty Lia, point le plus haut de l'île (*des panneaux indiquent le chemin*), est plantée une **allée couverte** formée de mégalithes

J. Tuerlings / Office de tourisme de Trebeurden

L'île Milliau.

en rangée double : classée Monument historique, elle présente une douzaine de pierres couvertes par deux énormes dalles. Aussi exceptionel que spectaculaire !
Le granit bleuté de l'île Grande, extrait des carrières du lieu-dit **Kastel Erek**, actuelle zone protégée, a servi à des chantiers aussi divers que le viaduc de Morlaix, le boulevard Haussmann à Paris, des bâtiments de Londres ou d'Anvers. *Un document sur l'histoire du granit de l'île Grande est à disposition à l'office de tourisme de Pleumeur Bodou.*

Environnement à la Station ornithologique – *☏ 02 96 91 91 40 - www.lpo.fr - juil.-août : 10h-13h, 14h30-19h, w.-end et j. fériés 14h30-19h ; reste de l'année : vac. scol. 14h-18h, hors vac. scol. w.-end et j. fériés 14h-18h - fermé 1er janv. et 25 déc. - 2,50 € (enf. 1,50 €)*.

L'île Grande accueille une station de la LPO, la ligue de protection des oiseaux. Ce centre unique en France recueille et soigne chaque année des centaines d'oiseaux marins mazoutés et blessés. Il présente une exposition sur les espèces d'oiseaux de l'archipel des Sept-Îles (guillemots, macareux, pingouins torda…). À l'étage, la vie des fous de Bassan est retransmise en direct par un système vidéo à faisceau hertzien. Un film sur les marées noires et le sauvetage des oiseaux de mer donne beaucoup à réfléchir. La LPO organise d'ailleurs des stages aux cours desquels chacun peut se porter volontaires pour venir nettoyer et sauver des oiseaux mazoutés. Elle propose également des journées de découverte tout au long de l'année. Se renseigner sur le site www.lpo.fr.

Apéritif au Triagoz – c'est le bar où se retrouvent, entre autres, les jeunes stagiaires de la station ornithologique. Dans le village, au carrefour des plages. Parfait pour un apéro sur la terrasse, et pour ouvrir une discussion sur les oiseaux !

Défoulement à la base nautique de l'île Grande - *Pors-Gelen - 22560 Île-Grande - ☏ 02 96 91 92 10 - www.bnig.mailme.org*. Location et stages de voile et planches à voile.

Île Milliau★ : nature et préhistoire

Cette petite île verdoyante de 23 ha surprend par la richesse de sa flore, qui ne compte pas moins de 280 espèces botaniques… Parmi ses blocs granitiques roses, conséquence d'un caprice tellurique vieux de 300 000 ans, belle vue panoramique de son extrémité Nord-Ouest, où s'élève la maison abandonnée dite « d'Aristide Briand » (il y séjourna de 1919 à sa mort en 1933).
Habitée depuis au moins 6 millénaires, cette île a été la base de départ de l'évangélisateur Milliau, fondateur de la paroisse de Ploumilliau. Une cellule monastique témoigne du passage des moines évangélisateurs au 6e s. La première construction date de 4 000 ou 6 000 ans : il s'agit d'une allée couverte, assemblement de dolmens.
L'île appartient actuellement au Conservatoire du littoral. Selon les horaires des marées et moyennant un coefficient minimum de 52, on peut s'y rendre à pied. Promenade possible de 3 km, que l'on boucle en 45mn. *Des visites guidées sont organisées en saison. Rens. : ☏ 02 96 23 51 64.*

Goûter la mer depuis le littoral…

AUTOUR DE TRÉBEURDEN

Les plages

Trébeurden bénéficie des plages les mieux exposées de la Côte de Granit Rose. Les deux plages principales sont séparées par la presqu'île rocheuse du **Castel** : la plage de **Pors-Terme** est à droite de celle de **Trozoul**, qui constitue le port. La plage de **Tresmeur** est beaucoup plus vaste et très fréquentée.
Des « Tiralos », voiturettes amphibies pour personnes à mobilité réduite, sont disponibles aux postes SNSM des plages de Tresmeur *(✆ 02 96 15 45 76)* et Pors-Terme *(✆ 02 96 23 64 98)*.
Pors-Termen – Plage familiale de sable fin surveillée l'été. Sanitaires.
Tresmeur – Plage de sable fin surveillée en été. Location de matériel nautique.
Porz Mabo – Sable fin, sanitaires et surveillance l'été.
Goas Treiz – Sable à gros grain, sanitaires mais non surveillée. Idéal pour la glisse.
Toeno – Pas de surveillance mais sable fin.
On trouve aussi des belles plages à Landrelec, près de Trégastel (D 788).

Centre Activités Plongée de Trébeurden

Corniche de Goas Trez - 22560 Trébeurden - ✆ 02 96 23 66 71 - www.plongeecap.com. Depuis le baptême jusqu'à la formation professionnelle, ce centre profite des fonds marins diversifiés de la Côte de Granit Rose.

École de Voile de Trébeurden

3 rte de Traou Meur (plage de Tresmeur) - 22560 Trébeurden - ✆ 02 96 23 51 35 - asso. evt@wanadoo.fr. Stages ou location de dériveurs, catamarans et planches à voile. L'école a développé un programme pour les enfants de 4 et 5 ans qui peut faire rêver les adultes : expédition-découverte sous le nom de « Jardin des mers » à bord d'un petit bateau en bois et cabotage sur la côte proche pour repérer des poissons à pêcher, des oiseaux et des plantes. Tour des îles et des rochers plantés dans l'eau et pêche à pied ou construction d'un aquarium.

AUTOUR DE LANNION

Maison des pêcheurs

22300 Lannion - ✆ 02 96 37 70 18. Cours de pêche à la mouche. Le Léguier est une rivière de 1re catégorie pour le saumon et la truite faro, selon la hauteur du cours, et propice à la pêche au bar dans sa partie estuaire.

École de kayak de Lannion

Été : r. St-Christophe - ✆ 02 96 37 43 90 ; hors sais. : 8 r. de Kermaria - ✆ 02 96 37 05 46. Spécialisée dans le canoë-kayak de loisir ou de haut niveau et le rafting, l'école dispose du stade d'eau vive aménagé sur le Léguier, mais organise aussi des sorties sur cours naturel. Location possible.

Le « plus » nature

L'**île Milliau** appartient au Conservatoire du littoral depuis 1984. Depuis, elle bénéficie d'un programme de restauration : les bâtiments sont remis en état (les fermes, la maison de la cale Nord, la grange et la maison dite « d'Aristide Briand »), les chemins réouverts et l'agriculture est relancée.
Mais c'est surtout la richesse du milieu naturel de l'île qui fait l'objet de toutes les attentions. D'un point de vue géologique, l'île présente la particularité d'être au contact de deux roches : la roche cornéenne noire et le granit rose du Trégor, une rencontre visible en de nombreux endroits et pour le moins étonnante.
En ce qui concerne la flore, la diversité de végétation que l'on rencontre sur Milliau est surprenante : près de 280 espèces végétales recencées. Sur le versant Sud-Ouest, les végétaux se recroquevillent et brûlent sous l'action du sel. Dans les zones exposées aux intempéries, seules les pelouses littorales rases subsistent. Au plus voit-on des fourrés à prunelliers ou des landes d'ajoncs et de bruyères.
Sur le versant Nord-Est, tourné vers les terres, se développe une végétation continentale : ainsi une forêt de cyprès et des feuillus – chênes, châtaigniers, bouleaux – ont été plantés au début du siècle. La forêt abrite tous les passereaux du continent, tandis que l'estran permet aux oiseaux marins de se nourrir. Quant aux mammifères, l'espèce la plus caractéristique est le lapin de garenne, dont la population est régulée par la présence d'un couple de renards !

Balades entre mer et landes

Le Castel★

30mn à pied. De Trébeurden, emprunter l'un des sentiers qui part du parking aménagé sur l'isthme séparant les plages de Trozoul et de Tresmeur.
De cet amas rocheux, **vue★** étendue sur la côte et les îles Milliau, Molène, Grande et Losquet.

Pointe de Bihit★

Depuis Trébeurden. La route de Porz-Mabo domine la plage de Tresmeur et procure des vues sur les îles. Prendre le chemin sur la droite. De la table d'orientation, à côté du parking, une **vue★** panoramique dévoile la côte, de l'île de Batz et Roscoff à l'île Grande, en passant par le phare des Triagoz, en mer. Cet endroit peut être le point de départ d'une balade vers les plages environnantes et vers le Castel. *La route descend vers Porz-Mabo et une vaste plage de sable fin.*

Landes de Bringwiller

Au Nord de Landrellec (D 788, à 9 km de Trébeurden), où nous conseillons de laisser les véhicules bien qu'il y ait deux parkings le long des plages, prendre le sentier côtier, avec vue sur l'île Grande jusqu'à la réserve. La balade dans ce site naturel protégé peut se faire en un peu plus d'une heure. Vues étonnantes sur les îlots des alentours.

Bois de Lann ar Waremm

Accès à partir du rondpoint de Pleumeur-Bodou : suivre les indications vers le Sud-Est.
Lann ar Waremm (lande à garenne) est un site naturel protégé de 300 ha. L'été, des animations sont proposées. Toute l'année, un sentier didactique permet de visiter ce bois sur 3 ou 4 km, en 45mn ou 1h. On y croise des chevreuils et parfois des renards. La bécasse des bois, qui se reproduit dans l'Est et le Nord de l'Europe, vient s'y reposer l'hiver.

Marais de Kellen

Au Nord de Trébeurden. Départ au parking de la plage de Goas Treiz. Des chevaux de Camargue y ont été introduits il y a quelques années. La végétation est étonnante dans cette zone de marais protégée. Circuit pédestre de 3 km (3/4h) *Informations à l'Office du tourisme de Trébeurden : ✆ 02 96 23 51 64.*

De Lannion à Trébeurden

Un sentier littoral (GR 34) permet de rallier Lannion à Trébeurden à pied. 15 km faciles sur bords de mer et de rivière par le chemin de halage. Passage par la plage de Beg Léguer.

Des insolites à ne pas manquer

Le Yaudet en Ploulec'h★★

Depuis Lannion, sur la rive gauche cette fois, on peut rejoindre le site du Yaudet après 12 km de marche sur le GR 34. Il faut compter 2h30 pour l'aller.
Oppidum celtique puis gallo-romain, le petit hameau de Yaudet domine l'entrée de la rivière de Lannion. Les vieux murs sont des souvenirs datant de la fortification de la place. L'église a été reconstruite, mais abrite une vierge allongée dans une scène tout a fait touchante et rare : Jésus est assis à ses côtés. Cette image est issue d'une tradition extrêmement vieille et païenne, récupérée au 1er s. par un disciple de Joseph d'Arimathie et de Nicodème, venu évangéliser le pays, du culte de la Cybèle qu'on représentait couchée. Des bateaux pendent en ex-voto au plafond. L'endroit vibre encore d'ondes antiques. Un petit port de construction initiale romaine se trouve dans le méandre du Léguier, que l'on atteint en descendant la route partant à droite, avant l'accès au parking.

Menhir de St-Uzec★

Prendre la D 21 depuis Lannion en direction de l'île Grande. 3,5 km après Pleurneur-Bodou, à St-Uzec, suivre les indications conduisant au menhir. Accès en voiture par la D 88 depuis Ploulec'h, 4 km au Sud-Ouest de Lannion. Ce menhir de très grande dimension (80 tonnes) a quelque chose d'exceptionnel : il est sculpté et surmonté d'une croix. La pierre initialement très belle (voir son dos naturellement rainuré), a été « christianisée » au 17e s. On y a donc scuplté des instruments de la Passion entourant l'effigie d'une femme en prière.

Science à Pleumeur-Bodou

Radôme et musée des Télécommunications★ – *Entre Pleurneur-Bodou et St-Uzec, il faut suivre la D 21 jusqu'à trouver des indications. ✆ 02 96 46 63 80 - www.leradome.*

com - ♿ - juil.-août : 11h-19h ; mai-juin : 11h-18h ; avr. et sept. : 11h-18h, w.-end 14h-18h ; vac. scol. d'hiver : tlj sf sam. 14h-18h - fermé janv. et 25 déc. - 7 €.
Le Centre des télécommunications de Pleumeur-Bodou est le lieu historique de la première liaison transatlantique, par le satellite **Telstar**, entre la France et les États-Unis, le 11 juillet 1962. Outre le radôme et le musée, le site est occupé par une quinzaine d'antennes géantes qui communiquent avec les cinq continents. Installé dans un gigantesque bâtiment en forme d'aile delta, le **musée** retrace un siècle et demi d'inventions, de progrès et de technologies : fusée *Ariane*, écran de l'AFP informant des derniers événements dans le monde, images de Météosat.

Planétarium du Trégora – *✆ 02 96 15 80 30/32 - www.planetarium-bretagne.fr - ♿ - séances d'astronomie (50mn) - se renseigner. pour les horaires et les tarifs - fermé janv., 24, 25 et 31 déc.*
Sous une coupole de 20 m de diamètre, un simulateur émet l'image d'un ciel étoilé. Le spectateur est ensuite transporté en divers points de l'espace et du temps (différents thèmes sont abordés suivant les séances).

Trébeurden et ses îles pratique

OÙ S'INFORMER

Office du tourisme de Trébeurden - *Pl. Crec'h Héry - BP 49 - 22560 Trébeurden - ✆ 02 96 23 51 64 - www.ville-trebeurden.fr.st. - juil-août : 9h-19h, dim 10h-13h, hors sais. : tlj sf dim. 9h-12h30, 14h-18h.*

Office du tourisme de Pleumeur-Bodou - *11 r. Chardons - 22560 Pleumeur-Bodou - ✆ 02 96 23 91 47 - www.pleumeur-bodou.com - juil-août : 9h-12h30, 14h-18h30, dim 10h-12h30 ; hors sais. : tlj sf dim. 9h-12h15, 14h30-17h.*

Capitainerie de Trébeurden – *✆ 02 96 23 66 93 - mar.-sam. 11h-12h.*

Port de plaisance de Trébeurden – *✆ 02 96 23 64 00 - tlj sf dim, tte la journée.*

Météo France – *✆ 0 892 680 222.*
Température de l'air - Moyenne en janvier : 6,7 °C ; en août : 17,5 °C. 150 jours de pluie/an.

OÙ DORMIR

Gîtes de l'île Milliau – *Réserv. obligatoire à l'office de tourisme - ✆ 02 96 23 51 64 - 15 € /pers./nuit. - ouv. avr.-sept.*

Hôtel Les Ajoncs d'or – *13 r. de Trozoul - 22560 Trébeurden - ✆ 02 96 23 50 40 - www.ajoncsdor.free.fr - 17 ch. 37/45 €.* Un petit hôtel sans prétention situé dans le centre de la station.

Chambre d'hôte Manoir du Launay – *Chemin de Ker-Ar-Faout - 22300 Lannion - ✆ 02 96 47 21 24 - www.manoirdulaunay.com - réserv. obligatoire hors sais. - 5 ch. 70,50/105 €.* L'origine de ce superbe petit manoir remonte au 17e s. Il a été entièrement reconstruit après la Seconde Guerre mondiale avec ses matériaux d'origine. L'intérieur, très bien rénové, offre un cadre des plus agréables : beaux meubles chinés, cheminées préservées, chambres personnalisées par de jolies couleurs et de multiples détails, salles de bain contemporaines. Une adresse pleine de charme !

OÙ MANGER

La Godille – *14 r. Toul-ar-Stang - île Grande - camping municipal - 22560 Pleumeur-Bodou - ✆ 02 96 91 98 99 - fermé nov.-juin - 8,50/11 €.* Un des rares restaurants de l'île. Copieux et pas mauvais !

Crêperie La Sarrazine – *13 r. Jeanne-d'Arc - 22300 Lannion - ✆ 02 96 37 06 48 - fermé 26 mai-2 juin, 17 nov.-1er déc., lun. hors sais. et dim. - 10/17 €.* Les habitués affectionnent l'atmosphère familiale de ce petit restaurant qui sert des crêpes traditionnelles dans sa salle à manger aux murs de pierres apparentes ou, à la belle saison, dans le jardin situé derrière la maison.

Le Tire-Bouchon – *8 r. Keriavily - 22300 Lannion - ✆ 02 96 37 10 43 - fermé lun. midi, sam. midi et dim. - 10/30 €.* Une adresse qui se targue de ne proposer « ni frites, ni ketchup »… Vous y dégusterez une goûteuse cuisine traditionnelle et les spécialités maison que sont le bar breton, les ormeaux frais ou la poêlée de St-Jacques. Décor chaleureux, miniterrasse-trottoir, service charmant et ambiance conviviale.

QUE RAPPORTER

Distillerie Warenghen – *Rte de Guingamp - 22300 Lannion - ✆ 02 96 37 00 08 - www.distillerie-warenghen.com - tlj sf dim. 10h-12h, 15h-18h, sam. 10h-12h, lun. 15h-18h.* Longtemps spécialisée dans la fabrication de crèmes et de liqueurs, cette entreprise centenaire s'est orientée depuis 1994 vers de nouveaux produits. Utilisant le malt comme matière première, elle a inventé un whisky breton et toute une gamme de bières. Sa Fine Bretagne, une eau-de-vie de cidre, s'est vu par ailleurs décerner la médaille d'argent du Concours général agricole en 2004. Vous pourrez faire provision de ces robustes boissons dans la boutique aménagée au sein de l'usine, qu'il est par ailleurs possible de visiter.

10 Les îles de la baie de Morlaix★

CARTE MICHELIN LOCAL 308 H2 – FINISTÈRE (29)

Coincé dans sa vallée comme dans la reliure d'un livre à peine ouvert, Morlaix a su garder son charme ancien et un cœur vivant. Ses horizons verts ne sont barrés que par un imposant pont de chemin de fer, planté là avec, tout compte fait, un certain naturel. Quand on a le centre de la ville dans son dos, une fois passé sous les jambes du fameux pont, et que l'on remonte par l'une des deux rives de la rivière de Morlaix vers le Nord, il faut encore faire un bon bout de route avant d'atteindre la baie de Morlaix. Le bassin du port retient l'eau de la marée haute et une belle quantité de bateaux à fleur de quai, tandis que juste après l'écluse, on se demande à quelle Meuse débordante ou vide, nous sommes parvenus. Forêt dense à flanc de collines, méandres serrés longés par la route taillée dans le schiste, et soudain, la baie, avec ses îles, l'une des plus belles de France. C'est ici que le livre s'ouvre…

ARRIVER À BON PORT

En voiture : la E 50 ou N 12 en provenance de Caen et Paris ou Brest passe par la ville de Morlaix. La baie se longe à l'Ouest sur la D 173 jusqu'à Carantec puis sur la D 58 jusqu'à Roscoff, et à l'Est sur la D 76 jusqu'à la Pointe de Primel.
En train : le TGV Paris-Brest s'arrête à Morlaix.
En avion : aéroport de Morlaix-Ploujean et de Lannion, ou bien aéroport de Brest-Guipavas, puis train direct.

LARGUER LES AMARRES !

Aucun service régulier n'est organisé pour la visite des îles de la baie, sauf pour la visite du château du Taureau *(rens. à l'Office du tourisme de Carantec)*. L'île Calot est accessible à moyenne marée par son tombolo.

BON À SAVOIR

La plupart des îlots de la baie de Morlaix sont interdits d'accès pendant le printemps : les oiseaux qui y nichent sont sous protection.
Si vous décidez de vous balader sur les îles, plus exactement sur celles qui sont accessibles à marée basse, attention aux heures de marée, sinon vous risquez de ne pas pouvoir revenir avant le milieu de la nuit !
Il n'est pas conseillé de rentrer à la nage, à cause des courants.

Au fond de l'estuaire : Morlaix

On ne voit pas la mer depuis Morlaix. Cela n'empêche qu'il est bon de s'y promener et de comprendre qu'elle monte jusqu'en ville, qu'elle l'a nourrie pendant des siècles tout comme elle a acheminé des Normands, Anglais et autres démolisseurs, pilleurs et ennemis de la chrétienté… Il est donc vivement recommandé de se perdre dans ses venelles, de déambuler dans la **Grand'Rue★** où des demeures du 15e s. arborent des statuettes de saints et des grotesques, de flâner rue Ange-de-Guernisac, d'entrer dans l'église St-Mélaine. La **maison « de la Reine Anne »** vaut le détour pour son **intérieur★**, un exemple exceptionnel de **maison « à pondalez »**, particularité morlaisienne *(voir l'encadré)*. Elle est située sur la place où a lieu le **marché du samedi matin**, sous le **château**, dont il ne reste que quelques bases de murs et un magnifique point de vue (square du château) sur la ville et son **pont★**, cette impressionnante

La maison à lanterne

La maison à lanterne, ou « à pondalez » (15e et 16e s.) est une exclusivité morlaisienne. Construite par des nobles qui avaient fait le choix lucratif du commerce du lin, elle s'organise autour du grand espace central qui s'élève sur au moins trois niveaux et qui témoigne de la fortune des propriétaires : vaste cheminée de manoir, escalier à vis en chêne orné d'un poteau d'angle sculpté, galeries ou « ponts d'allée » desservant les étages.

P. Nothomb / MICHELIN

Au loin, à droite, on distingue le fort de l'île du Taureau.

construction à double étage et quatorze arches mesurant 58 m de haut et 285 m de long. Pour compléter la visite, il vous reste le **musée des Jacobins★** qui raconte l'histoire de la ville.

Cap sur l'île Callot

Circuit découverte de 14 km. Quitter Morlaix par D 73.

La D 73 longe la rive gauche de la rivière de Morlaix. La **vue★** est superbe, particulièrement à marée basse. Elle s'élargit à mesure que l'estuaire s'ouvre sur la baie, parsemée d'écueils et d'îlots. *À l'entrée de Carantec, indications sur la droite : « pointe de Pen-al-lann ».*

Pointe de Pen-al-Lann

1,5 km à l'Est, plus 15mn à pied/AR. Prendre la rue de Pen-al-Lann et laisser la voiture à un rond-point. Un sentier conduit à travers pins vers l'eau.
La **vue★★** s'étend sur la côte depuis la pointe de Bloscon, à l'Ouest, jusqu'à celle de Primel, à l'Est. En face, le château de l'**île du Taureau**.

L'île Louët

Lorsque l'on est en face de l'île du Taureau, sur la pointe de Penn al Lann, on ne peut manquer cette île sur laquelle est plantée un phare au pied duquel se trouve une maison. Propriété de l'Etat, cet îlot ne peut jamais être abordé à pied, même à marée basse.
De la **Chaise du curé,** plate-forme rocheuse, la **vue★** se développe, à gauche, sur la grève de Porspol et la grève Blanche ; en fond, St-Pol-de-Léon et Roscoff ; à droite, la pointe de Pen-al-Lann.

Carantec

Située sur une presqu'île, entre l'estuaire de la Penzé et la rivière de Morlaix, Carantec est un centre balnéaire familial. Les plages les plus importantes sont celles de la **grève Blanche** et de la **grève du Kélenn**, la plus étendue. Elles sont agréablement protégées du noroît (vent du Nord.) Si le temps ou la volonté ne sont pas à la bronzette, la visite du Musée maritime est un premier grand pas dans l'eau.

Musée maritime – *8 r. Albert-Louppe - 29660 Carantec - ✆ 02 98 67 00 43 - juil.-août : 10h-12h, 15h-18h ; de mi-avr. à mi-mai et du 18 juin à fin juin : 14h30-18h - fermé jeu. et reste de l'année - 3 €.* La vie maritime régionale est évoquée : ostréiculture, flore et faune de la baie de Morlaix, ramassage du goémon.

Île Callot

Descendre plein Nord vers l'île Callot (indications), longer la grève Blanche. ***Lisez bien les recommandations de traversée et lancez-vous sur le tombolo, chaussée submersible, praticable cependant en véhicule ou à pied à mi-marée. Parc de stationnement à l'entrée de l'île. 2h suffisent pour visiter l'île. Attention à la marée remontante.***
Île à marée haute, elle est la plus habitée de la baie, mais il n'y a ni commerce, ni hôtel. Le meilleur moment pour la visite : le matin. L'île est un excellent lieu de pêche et

abrite deux **plages** charmantes, la grève du Guerzit et la plage de St-Samson. Attention, il peut y avoir foule en saison. Et sachez que si vous ratez le dernier bateau, vous n'avez plus qu'à appeler les pompiers, qui viendront mais à vos frais seulement !

Château du Taureau

Ce navire de guerre en granit, fut achevé en 1552. Il fallait montrer les cornes aux corsaires anglais qui avaient ravagé Morlaix en 1522. Louis XIV demanda à Vauban de le restaurer afin de réduire le coût d'entretien. Contrarié par la lenteur des travaux, il débouta le célèbre architecte et en nomma un autre pour achever le chantier : l'ingénieur Garangeau. Plus tard, le château devint une prison d'État. Il a ensuite longtemps souffert de ne plus servir à rien. Les mairies de Morlaix et Carantec promettent de l'ouvrir aux visiteurs à partir de 2006.

À tribord de l'île du Taureau

30 km au Nord-Est de Morlaix jusqu'à la pointe de Primel. Quitter Morlaix par la D 76.

La route longe en corniche la rivière de Morlaix jusqu'au petit port ostréicole de **Dourduff** (9 km) Une des activités économiques importantes de la baie est l'ostréiculture. Certains parcs sont peuplés d'huîtres indigènes, mais la plus grande partie sont exploités par des producteurs charentais qui viennent faire pousser leurs huîtres dans l'eau froide, mais très riche en planctons, de la baie. Leur développement y est plus rapide que chez eux. Elles repartent néanmoins dans leurs eaux natales pour y être affinées et prendre leur pedigree de droit, « Marennes d'Oléron ».
Les jolis coups d'œil se succèdent sur la baie, l'île et le château du Taureau, et la presqu'île abritant le cairn de Barnenez. La côte opposée de la baie s'éloigne peu à peu pour disparaître à Roscoff.

Cairn de Barnenez★

À Plouezoc'h continuer sur la D 76 vers la droite et près de 4 km plus loin, la quitter sur la gauche, puis suivre les indications. ✆ 02 98 67 24 73 - du déb. juil. au 4 sept. : 10h-18h30 ; mai-juin : 10h-12h30, 14h-18h30 ; du 5 sept. à fin avr. : tlj sf lun. 10h-12h30, 14h-17h30 (dernière entrée 45mn av. fermeture) - fermé 1er janv., 1er Mai, 1er et 11 Nov., 25 déc. - 4,60 € (-18 ans gratuit), gratuit 1er dim. du mois (oct.-mai).
Sur la presqu'île de Kernéléhen, prolongée par l'îlot de Stérec, cet imposant tumulus à gradins de pierres sèches, appelé **cairn**, domine la baie de Térénez et l'estuaire de la rivière de Morlaix. Après avoir servi de carrière à un constructeur civil !, le cairn a été classé pour sa sauvegarde par les Monuments historiques. Onze chambres funéraires orientées au Sud furent découvertes sous des mégalithes recouverts de caillasse étagée. Deux étapes de construction : le 1er cairn (4600 av. J.-C.) est en dolérite, roche verte disponible sur place, le 2e, vers la pente, est plus jeune de deux siècles, constitué de granit clair, dont le gisement le plus proche se trouve dans l'île Stérec.

L'île Stérec

Dans le prolongement de la pointe de Barnenez, cet îlot accessible à pied à marée basse offre une belle balade. Endroit très calme, sous des falaises basses, idéal pour la pêche à pied. Parking au bout de la route amenant au cairn de Barnenez dans le petit et charmant hameau du même nom. Il faut emprunter le petit chemin qui descend vers l'Ouest (balisé). En bas, il rejoint un autre sentier qui, celui-ci, fait le tour de la presqu'île. Une autre promenade qui vaut la peine.

L'île Noire

Pas d'accès. Située en plein milieu de la rade de Morlaix, entre l'Île Stérec et le château du Taureau, cet îlot pelé est un amer bien connu des marins : on le repère à sa tour blanche !

Pointe de Primel

Plus on s'approche de la côte de la Manche et plus les villages sont épars et les infrastructures touristiques rares. Jusqu'au charmant village de **Plougasnou**, au début de la Côte de Bruyère, ce pays appartient aux gens du cru. Face à la mer, la pointe de Primel est une belle avancée rocheuse qui offre une agréable

Le « plus » nature

Une des plus grandes colonies de **sternes** niche sur les îlots inaccessibles de la baie de Morlaix. Quelques lieux d'observation sont aménagés le long du sentier partant de l'extrémité du port de Dourduff. L'accès aux îlots est interdit entre avril et fin août afin de ne pas déranger les grands cormorans, les cormorans huppés, goélands, aigrettes et autres macareux qui s'y reproduisent.

promenade. Place forte sous les Espagnols, Vauban y installa deux canons en batterie, pour servir d'appui au fort du château du Taureau qu'il venait de réaménager. Et Napoléon Ier, ayant décrété le blocus continental, y fait construire la « cabane des Douaniers », pour surveiller l'entrée de la baie de Morlaix.

Activités dans la baie de Morlaix

Sortie ludique

À fer et à flots – *02 98 62 07 52 ou Office du tourisme de Morlaix - www.aferaflots.org - 20 € (4-12 ans 10 €) - mars-sept.* Expédition d'un jour par train, bateau et à pied sur la rive gauche de la baie de Morlaix, jusqu'à Roscoff. Visites guidées culturelles et ludiques. Départ de Morlaix et de Roscoff *(voir cette destination, p. 90)*. Réservation obligatoire.

Sorties sous l'eau

École de plongée de Plougasnou – *Port du Diben - BP 39 - 29630 Plougasnou - 02 98 72 38 78 - epp02@infonie.fr.* Depuis la découverte des milieux marins jusqu'à l'organisation de stages, on plonge à partir de *La Bretonne*, vedette aménagée de 14 m.

Carantec Plongées – *Plage du Kélenn - 29660 Carantec - 02 98 67 95 37 - carantec-plongees@wanadoo.fr.* Plongées et sorties dans la baie de Morlaix et en dehors.

Sorties Nature

Trois associations proposent des expéditions « nature » toute l'année, afin de faire découvrir la faune, la flore et l'histoire de la baie. Les informations sur leurs différentes activités sont disponibles au **CPIE Pays de Morlaix Trégo**, *02 98 67 53 38.*

La baie de Morlaix pratique

OÙ S'INFORMER

Office du tourisme de Morlaix – *Pl. des Otages - 29203 Morlaix - 02 98 62 14 94 - juil.-août : 10h-12h30, 13h30-19h, dim. 10h-12h30 ; hors sais. : tlj sf dim. 10h-12h, 14h-18h.*

Office du tourisme de Carantec - *4 r. Pasteur - BP 62 - 29660 Carantec - 02 98 67 00 43 - www.ville-carantec.com - juil.-août : 9h30-19h, dim. 9h30-12h30 ; hors sais. : tlj sf dim. et lun. 10h-12h, 14h-17h30.*

Météo France – *0 892 68 02 29.*

OÙ DORMIR

Hôtel d'Europe – *1 r. d'Aiguillon - 29600 Morlaix - 02 98 62 11 99 - reservations@hotel-europe-com.fr - fermé vac. de Noël - 58 ch. 63/120 € - 8 €.* Une bonne adresse, bien située, pour dormir à Morlaix : hôtel de caractère dont le hall et l'escalier sont agrémentés de belles boiseries sculptées du 17e s. Les chambres, rénovées par étapes et équipées d'un mobilier avant tout pratique, sont moins séduisantes, mais tout de même agréables.

Manoir de Lanleya – *Au bourg de Lanleya - 29610 Plouigneau - 5 km au SE de Morlaix par D 712 et D 64 dir. Lanmeur - 02 98 79 94 15 - - 5 ch. 60,50/76 €.* Vu la remarquable restauration, on a du mal à croire que ce manoir du 16e s. fut sauvé in extremis de la ruine. Les chambres sont de véritables bijoux ; la plus réussie adopte le style Louis XV. Le jardin fleuri et sa rivière sont délicieux.

Chambre d'hôte Les Colombages - *14 r. Haute - 29600 Morlaix - 02 98 88 05 52 - 2 ch. 52/57 €.* Chambre d'hôte recommandée par plusieurs guides, mais à juste titre : chambres spacieuses et très agréables. Comment ne pas s'y sentir chez soi ? Petit-déjeuner gargantuesque et délicieux.

OÙ MANGER

Ar Bilig – *6 r. au Fil - 29600 Morlaix - 02 98 88 50 51 - fermé dim. sf vac. scol., lun. sf été - réserv. conseillée – 8,80/11,43 €.* Les habitués ne s'y trompent pas : on ne vient pas ici pour admirer le décor, mais pour faire bombance de crêpes copieusement garnies de produits recueillis quotidiennement dans une ferme voisine. Un régal !

Les Bains Douches – *45 allée du Poan-Ben - 29600 Morlaix - 02 98 63 83 83 - fermé lun. soir, sam. midi, dim. - 11,50/24,50 €.* Il vous faudra franchir la passerelle enjambant le Jarlot pour accéder à ce restaurant original installé dans les murs des anciens bains municipaux (1904). Intérieur façon bistrot parisien, avec carrelages et verrière réchappés de l'ancienne structure. Plats traditionnels.

Le Cabestan – *Au port - 29660 Carantec - 02 98 67 01 87 - lecabestan.carantec@wanadoo.fr - fermé 5 nov.-10 déc., lun. sf juil.-août et mar. - 23/34 €.* Maison du port abritant un restaurant traditionnel et un bar-brasserie tenus par la même famille. Préférez le restaurant pour sa table gourmande.

11 L'île de Batz et Roscoff★

CARTE MICHELIN LOCAL 308 H2 – FINISTÈRE (29)
320 HA ET 596 HABITANTS

À peine isolée par deux milles d'eau mue par des courants insoumis, l'île de Batz (prononcer « ba ») a quelque chose d'étonnant : les habitations, étendues au Sud de l'île, sont fixées entre une végétation rase à l'Ouest et luxuriante à l'Est. Le village donne, malgré les bateaux qui stationnent dans le port, l'impression d'être un bourg de campagne… en mer. Et en effet, il y a plus de tracteurs que de bateaux de pêcheurs ! Sous les nuages et les larmes salées que le vent arrache aux écumes, la terre de l'île de Batz est arable et le climat favorable ! Le Gulf Stream, les haies de joncs, l'engraissement bio du sol avec du goémon (algues ramassées sur les plages) et le travail des hommes permettent des récoltes primeurs de fenouil, tomates, choux-fleurs, oignons, persil et autres salades, avec parfois un mois d'avance sur celles du continent pourtant tout proche. Des anses du Sud sous le vent, aux jardins méditerranéens en passant par les récifs du Nord-Ouest et les champs fermés comme des alcôves, ce qui émane de cette terre, c'est un certain sentiment de pérennité, d'autant plus qu' en face, le port historique de Roscoff important en matière de transport de passagers et de fret, paraît, du coup, en proie à une drôle d'agitation…

ARRIVER À BON PORT

En voiture : on gagne Roscoff, situé au Nord de la baie de Morlaix, à partir de Morlaix par la D 58 ou de Landivisiau par la D 69.
En train : TGV Paris-Brest, changement à Morlaix puis TER ou bus pour Roscoff.
En avion : aéroport de Brest-Guipavas à 60 km de Roscoff (liaisons taxis).

LARGUER LES AMARRES !

Embarquement pour Batz au vieux port de Roscoff : à marée basse au bout de la passerelle, à marée haute dans le port lui-même. Traversée : 15mn. Le bateau accoste dans la baie de Kernoc'h, autour de laquelle se concentre le bourg.
De déb. juil. à déb. sept. : premier départ de Roscoff 8h, dernier 20h (dép. toutes les 30mn) ; premier bateau de Batz 7h, dernier 19h30 ; de mi-sept. à fin juin : 8 dép./j. Les billets sont à prendre au kiosque proche de l'embarcadère de marée haute. 6,50 € ; enf. 3,50 €.
Trois compagnies fonctionnent de concert toute l'année sur les liaisons directes et sur les excursions *(voir « Excursions à partir de Roscoff »)* :
Cftm (Cie Finistérienne des Vedettes de l'île de Batz) – ✆ 02 98 61 76 61/78 87. www.vedettes-ile-de-batz.com
Armein – ✆ 02 98 61 77 75
Armor Excursions – ✆ 02 98 61 79 66.

BON À SAVOIR

Il y a plus de tracteurs que de voitures sur l'île. Inutile d'y ajouter la vôtre.
Pour ceux qui ne marchent ou ne pédalent pas, il y a le taxi d'Yvon (✆ 06 09 45 23 64).
Le parking de l'embarcadère de Roscoff est payant en saison. Un parking gratuit se trouve à quelque 300 m du port, en ville.
Location de vélo possible sur l'île. Prix supplémentaire pour le passage avec un vélo personnel ou loué à Roscoff : 6 €.

Un village en mer

Le peu de choses à faire sur l'île de Batz procure un vrai sentiment de liberté ! On peut faire le tour de l'île sur le **sentier littoral** étroit et surprenant tout au long de ses 12 km ou déambuler puis boire un verre dans un des cafés du port.
Un vrai bon tour de l'île, sans trop s'attarder sur les plages, ne prend pas plus d'une heure et demie en vélo, et trois heures à pied. Visite sportive ou pas, les plages de sable vous tendent les bras. Batz est aussi une île fantastique pour partir à la pêche à pied.

L'île de Batz à marée basse.

Louer un vélo : indispensable !

À peine sorti du bateau, on vous hèlera. Car il faut bien le dire, le meilleur moyen de faire le tour de l'île, c'est le vélo. Les loueurs se sont accordés sur les prix : depuis 3 € de l'heure jusqu'à 9 € pour la journée.

Grimper en haut du phare

À l'Ouest de l'île - ✆ 02 98 61 75 70 - de déb. juin à mi-sept. : tlj sf merc. 14h-17h ; juil.-août : 13h-17h30 - 1,70 € (enf. 1 €).

Construit en 1836, haut de 44 m, il se dresse sur le point le plus élevé de l'île : sa lumière est visible jusqu'à 48 km. Une fois grimpé ses 200 marches, coup d'œil sur toute la région et plus loin encore.

Sur les traces de saint Pol Aurélien

L'île a été le siège d'un monastère élevé au 6e s. par saint Pol Aurélien. Si son fantôme ne hante apparemment pas les lieux, son histoire ne peut pas être ignorée.

Au centre du bourg, l'église a été construite en 1873. Son chœur abrite une statue en bois (17e s.) du saint mort dans l'île en 573. Dans le bras gauche du transept, un tissu oriental appelé « étole de saint Pol » (8e s.) aurait appartenu à ce saint. Plus à l'Est de l'île, l'ossature d'une chapelle romane se dresse discrètement sur l'emplacement du monastère fondé par saint Pol Aurélien : c'est la chapelle Ste-Anne.

Sur l'île, le lieu-dit **Le Trou du serpent** est une roche allongée, à quelques mètres de la côte Ouest, marquant le lieu où saint Pol Aurélien, venu d'Angleterre, aurait combattu un redoutable dragon.

Exotisme au jardin Georges-Delaselle

À l'Est de l'île - ✆ 02 98 61 75 65 - juil.-août : tlj sf mar. 13h-18h ; avr.-juin et sept.-oct. : 14h-18h - fermé mar., nov.-mars - 4 € (enf. 2 €).

Quelque 1 500 espèces de plantes exotiques, pour la plupart originaires de l'hémisphère Sud profitent du climat conditionné par le Gulf Stream (il ne gèle jamais !) pour croître dans leur discret enclos de pins, au Sud-Est de l'île. Le jardin appartient aujourd'hui au Conservatoire du littoral.

Farniente à la plage

Celle de la **Grève blanche** est la plus remarquable, parmi la vingtaine de plages et criques de l'île. Les plages les plus calmes sont celles du Nord-Est. Les courants y sont détournés par l'armée d'écueils qui entoure l'île après avoir furieusement buttés sur sa pointe ouest. D'autres plages assez agréables se trouvent au Sud-Ouest, entre l'ancien fort et le bourg, en contrebas du phare.

Plus loin, plus fort…

L'île de Batz s'est armée de la devise « Ni trois ni cent Anglais ne me font peur ! ». Mais cette devise n'est pas usurpée : alors que Roscoff pouvait être mise à sac, à moins de deux milles de là, l'île a toujours été un lieu très difficile à prendre de force grâce aux courants terribles qui rendent son approche hasardeuse pour qui ne les connaît pas. Quand la marée baisse et découvre ses dents éparses de granit, on comprend que les Anglais aient limité leurs interventions au continent…

Équitation, voile et pêche en mer

Centre équestre Les écuries de Batz – *Prigent - ✆ 02 98 61 78 91.* Promenades accompagnées toute l'année, pour tous les niveaux ; location de poneys, promenades en calèche.

École de voile Le Jardin colonial – *✆ 02 98 61 76 76 - juil.-août.* Location de matériel et stages, à l'Est de l'île.

Association Barabord – *✆ 06 60 09 74 99 - tte l'année sur réserv.* Expéditions pêche en mer de 2 ou 4h. Tout le matériel est fourni.

Le « plus » nature

La vingtaine d'agriculteurs de l'île de Batz continuent d'exploiter à peine moins que la moitié de la surface de l'île, malgré la pression immobilière due à la croissance du tourisme. Spécialité : les primeurs que le climat exceptionnellement doux et stable, grâce aux conséquences du Gulf Stream, permet de produire avec parfois plus d'un mois d'avance sur les exploitations du continent. Autre particularité : leur **production est biologique**. En effet, l'engrais utilisé est le goémon, algue collectée dans la mer alentour.

Le monde d'en face : Roscoff

Non, **Roscoff★** n'est pas le nom d'un louche raffiot russe. C'est du pur breton : Rosko Gosen, de « roz », terre et « goff », forgeron. Bourg se déroulant le long d'une anse devenue l'Ancien Port (le nouveau est à l'Est), à mi-chemin entre sa tumultueuse réalité historique, avec pour témoin un patrimoine léché comme un décor de Walt Disney, et sa vocation de passage entre une Bretagne et une autre, Roscoff compte surtout des terrasses, des hôtels et des crêperies et un centre important de thalasso (au 19e s. la ville accueillait les convalescents de la tuberculose). Le CNRS y a installé un grand centre d'études océanographiques.

Focus sur le patrimoine

Maisons anciennes – La place Lacaze-Duthiers et la rue Amiral-Réveillère sont bordées de belles bâtisses en granit des 16e et 17e s. La maison dite « de Mary Stuart » a en réalité été construite après son passage à Roscoff, mais sur l'emplacement de celle où elle avait séjourné. La future reine de France et d'Angleterre y avait aterri en 1548, à l'âge de 6 ans, déjà promise au Dauphin.

Église N.-D.-de-Croaz-Batz★ – *R. Louis-Pasteur.* Cette église gothique (1545) remarquable pour son superbe **clocher★** Renaissance fut financée par les armateurs et les marchands de la ville. Les murs extérieurs et la tour présentent, de ce fait, des caravelles sculptées en ex-voto. À l'intérieur, sur le retable de l'autel du Sacré-Cœur (bas-côté droit), quatre bas-reliefs remarquables du 16e s. en **albâtre★**. Le **retable** du maître-autel (17e s.) à six colonnes torses est richement décoré de statues des évangélistes, d'angelots et de pampres. Dans l'enclos se trouvent deux **chapelles-ossuaires**.

Richesses de la mer

La criée – *Port de Bloscon - 29680 Roscoff - ✆ 02 98 62 39 26 - www.finisteretouring.com - visite commentée (1h15). avr.-oct. : merc. 15h ; juil.-août : lun.-vend. 11h, 15h et 17h. fermé w.-end et j. fériés - 4 € (enf. 2,5 €)*

Origine des poissons, techniques de pêche, vente et achat : la visite commente tout ce qui arrive dans votre assiette, et explique comment.

Thalado - Centre de découverte des algues – *5 r. Victor-Hugo - 29680 Roscoff - ✆ 02 98 69 77 05 - www.thalado.fr - 9h-12h, 14h-19h - gratuit pour les conférences, activités et récoltes de micro-algues - 5 € (enf. 3,5 €) pour les les sorties et randonnées - réserv. souhaitable au moins 2h à l'avance pour les sorties et randonnées qui dépendent des conditions météo.*

Qu'est-ce qu'une algue ? Que peut-on en faire ? Une belle visite à une inconnue pleine de vertus. Les conférences données ne parlent que de ça : initiation à la cuisine aux algues, étude cosmétique et alimentaire, histoire de l'algue dans la vie des hommes, biodiversité, jeu des marées sur leur cycle de vie… Un magasin propose les produits cosmétiques fabriqués par le centre.

Vue sur la mer à la chapelle Ste-Barbe

S'y rendre de préférence à marée haute. Contourner le port de pêche et laisser la voiture au parking sur la gauche.

Plantée sur un promontoire rocheux, la minuscule chapelle aux murs blancs dédiée à sainte Barbe sert encore d'amer aux marins. Elle a été érigée là pour appeler sainte Barbe à défendre la ville contre les assauts de pirates et ennemis de la chrétienté.

Belle **vue** sur la ville, le port, l'île de Batz, la pointe de Primel, de l'autre côté de la baie de Morlaix, et le port en eau profonde de Bloscon.

Côté nature

Jardin exotique de Roscoff★ – *Suivre la direction de la gare maritime - ✆ 02 98 61 29 19 - www.jardinexotiqueroscoff.com - juin-sept. : 10h-19h ; avr.-mai et oct. : 10h30-12h30, 14h-18h ; mars et nov. : 14h-17h - 4,50 € (-12 ans gratuit).*
Cet extraordinaire jardin s'enroule autour du rocher de Roch-Hievec. Deux mille espèces de plantes subtropicales fleurissent et fructifient ici (entre autres, protéacées d'Afrique du Sud, eucalyptus, espèces d'Australie, du Chili et de Nouvelle-Zélande). Un escalier conduit au sommet du rocher (18 m), d'où l'on domine toute la baie de Morlaix, Roscoff, Carantec et le château du Taureau.

Maison des Johnnies et de l'oignon rosé de Roscoff – *48 r. Brizeux - 29680 Roscoff - ✆ 02 98 61 25 48 - 12 avr.-6 mai, 20-30 juin, 1er-18 sept. et -24-2 nov. : mar. et vend. 10h-11h, lun. et jeu. 15h-16h (sur inscription préalable obligatoire auprès de la Maison ou de l'Office du tourisme de Roscoff) - juil.-août : tlj sf sam. 15h -19h - 4 €.*
Une première gabare roscovite traversait la Manche dès 1828 pour aller vendre la production d'oignons de quelques Léonards (habitants du pays de Léon) entreprenants. Ceux que l'on appelait les « **Johnnies** » allaient tirer les sonnettes ; le « **rosé de Roscoff** » en tresse sur l'épaule, ils parcouraient la Grande-Bretagne, durant cinq à neuf mois, jusqu'à épuisement du stock. L'exploitation familiale d'oignon rose de Roscoff est toujours très présente dans le Léon, mais les Johnnies ont disparu : les oignons sont en sac, les tournées se font en camionnette... Visite dans le monde assez particulier d'une autre sorte de voyageurs.

G. Targat / MICHELIN

L'oignon rosé de Roscoff

Expéditions à partir de Roscoff

Tour de l'île de Batz et visite de la baie de Morlaix

Compagnie finistérienne de transports maritimes – *39253 Île-de-Batz - ✆ 02 98 61 76 61/78 87 - www.vedettes-ile-de-batz.com - de fin juin à mi-sept. - tour de l'île (1h) : dim. à 15h, mar.-jeu. à 11h - 9 € (enf. 6 €) - visite de la baie (2h30) : tlj à 14h - 12 € (enf. 6 €).*
Lors du tour de l'île, arrêt sur l'île et retour possible avec les navettes régulières.

Remontée de la rivière de Morlaix

39253 Île de Batz - ✆ 02 98 61 76 61/78 87 - www.vedettes-ile-de-batz.com - de fin juin à mi-sept. : dép. de Roscoff à 14h, retour vers 19h - se renseigner pour les dates - 14 € (enf. 7 €). La compagnie finistérienne de transports maritimes propose aussi la remontée de la rivière de Morlaix. Arrêt d'une heure à Morlaix, avec transport par bus des écluses au centre-ville.

Expédition maritime et ferroviaire

À fer et à flots – *✆ 02 98 62 07 52/14 94 (Office du tourisme de Morlaix) - www.aferaflots.org - mars-sept. - 20 € (4-12 ans 10 €).* Départ de Roscoff ou de Morlaix, pour une belle journée complète de découverte sur un circuit guidé.
Départ en train à vue panoramique depuis Morlaix, jusqu'à Roscoff, puis bateau pour l'île de Batz, escale et retour.
L'association propose une cinquantaine de journées à thème. À travers les paysages de la baie, du Léon et du Trégor, une série de visites et d'arrêts sont organisés sur des thèmes ludiques et culturels : Maison de l'artichaut, baie et ville de Morlaix, cathédrale de St-Pol-de-Léon, rues de Roscoff, station océanographique, île de Batz, Château du Taureau, île Noire, et presqu'île de Barnenez figurent au programme. Réservation obligatoire.

L'Île de Batz et Roscoff pratique

OÙ S'INFORMER

Syndicat d'initiative de l'île de Batz – *Port Kernoc - 29253 Île-de-Batz - ✆ 02 98 61 75 70 - www.iledebatz.com - juil.-août : tlj sf dim. 10h-13h, 14h-17h ; hors sais. : lun.-vend. 9h-12h, 14h-16h.*

Office du tourisme de Roscoff – *46 r. Gambetta - 29211 Roscoff - ✆ 02 98 61 12 13 - www.roscoff-tourisme.com - juil.-août : 9h-12h30, 13h30-19h ; hors sais. : 9h-12h, 14h-18h - fermé dim.*

Capitainerie de Roscoff - *Vieux port - ✆ 02 98 69 76 37 ou 06 70 50 96 68. Pas d'horaires précis.*

Météo France – *✆ 0 892 680 229.*

Température de l'air - Moyenne en janvier : 7,5 °C ; en août 16,6 °C . 142 jours de pluie/an.

OÙ DORMIR

⊖ **Chambre d'hôte Ti Va Zadou** – *Au bourg - 29253 Île-de-Batz - ✆ 02 98 61 76 91 - fermé 15 nov.-1er fév. - ⊭ - réserv. conseillée - 4 ch. 40/60 € ☕.* Gaieté et art de vivre règnent en maîtres dans cette demeure en pierre aux volets bleus dont l'enseigne signifie « la maison de mes pères ». Les chambres, coquettement décorées, jouissent d'une belle vue sur le port et un chapelet d'îlots. Location de vélos.

⊖ **Chambre d'hôte Stephan Moore** – *5 r. Amiral-Réveillère - 29680 Roscoff - ✆ 02 98 61 29 20 - bandb.moore.roscoff@wanadoo.fr - 4 ch. 40 € ☕.* En plein centre-ville, cette maison du 16e s. dispose de plusieurs chambres avec ou sans vue sur la mer.

⊖ **Camping** – *✆ 02 98 61 75 70* - Aire de camping autorisée (300 m au S du phare), de juin à septembre, en bord de mer. Vue sur Roscoff et les plages.

⊖ **Auberge de jeunesse marine** – *20253 île de Batz - ✆ 02 98 61 77 69 - ouv. avr.-oct. - 8,20 €.* Accueil individuels et groupes (sur réserv.).

⊖⊖ **Grand Hôtel** – *29253 Île-de-Batz - ✆ 02 98 61 78 06 - www.grand-hotel-morvan.com – fermé déc.-janv. - 35 ch., demi-pension 53/118 € - ☕ 6 € - rest. 12/28 €.* Fruits de mer et recettes familiales dans un cadre plaisant : la perspective offerte par la terrasse est un vrai régal, et la salle à manger au mobilier breton a du cachet. Les chambres sont certes très simples, mais la vue et le calme qu'elles offrent valent le déplacement !

⊖⊖ **Hôtel Le Bellevue** – *R. Jeanne-d'Arc - ✆ 02 98 61 23 38 - hotelbellevue.roscoff@wanadoo.fr - fermé 4 janv.-15 mars et 15 nov.-23 déc. - 18 ch. 56/69 € - ☕ 7 €.* Les fenêtres des petites chambres de cet hôtel du port sont grand ouvertes sur la mer. Sobre décor, mais fonctionnalité et tenue scrupuleuse.

OÙ MANGER

⊖ **L'Écume des Jours** – *Quai d'Auxerre - 29680 Roscoff - ✆ 02 98 61 22 83 - michel.quere2@wanadoo.fr - fermé 1er déc.-1er fév., mar. sf juil.-août, merc. - 20/45 €.* Petit restaurant installé dans une vieille maison bretonne près du phare, servant plusieurs menus gourmands à prix modérés.

⊖ **La Cassonade** – *Le débarcadère - 29253 Île-de-Batz - ✆ 02 98 61 75 25 - fermé oct.-mars sf vac. scol. - réserv. conseillée - 10,67/24 €.* La cassonade à base de pommes est la spécialité sucrée de cette crêperie située à deux pas du débarcadère. Terrasse face au port et salle agréable.

⊖⊖ **Ty Glaz Du** – *29 rte de Poulmavic, lieu-dit le Pouldu - 29250 Santec - 4 km à l'O de Roscoff dir. Santec par rte côtière - ✆ 02 98 29 41 60 - fermé janv.-mars, 20 sept.-10 oct. et sem. de Noël - réserv. obligatoire - 24 € - 3 ch. 37/45 € ☕.* Dîner chez l'habitant dans la charmante salle à manger jaune et bleu d'une maisonnette de pierre, autour d'un menu « mer » ou « terre » : voilà une idée originale ! Trois petites chambres blanches, dont une familiale, sont également à votre disposition.

QUE RAPPORTER

La Maison du kouign amann – *18 r. Armand-Rousseau - 29680 Roscoff - ✆ 02 98 69 71 61 - lun.-mar. et jeu.-dim. 8h-12h30,15h-19h ; sais. : tlj 8h-19h.* La façade étroite (17e s.) de cette boutique a beaucoup de cachet. L'intérieur offre un espace restreint, mais peu importe car la seule chose que l'on voit en pénétrant dans le lieu est la profusion de spécialités bretonnes, toutes plus appétissantes les unes que les autres. Le kouign amann tire bien sûr avantage de sa notoriété, mais vous apprécierez tout autant le far et les gâteaux nature ou aux pommes.

LES ÎLES ANGLO-NORMANDES PRATIQUE

COMMENT S'Y RENDRE

Par mer

Condor Ferries – Au départ de St-Malo, la compagnie Condor Ferries dessert Jersey en 1h15 (jusqu'à 2 à 3 traversées par jour en haute saison) et Guernesey en 1h45 (1 à 2 traversées par jour). Elles proposent des *car ferries* à grande vitesse stabilisés, très confortables, avec bar et boutique « hors taxes ».
AR à partir de 29 €. Traversée avec voiture : à partir de 241 €/AR pour 2 personnes et 1 voiture. Passage des vélos gratuit (sous réserve de places). Renseignements et réservations - ✆ 0 825 135 135 - www.condorferries.com (ce site propose aussi des formules d'hébergement).

Emeraude Lines – Au départ de St-Malo, les *car ferries* de cette compagnie desservent **uniquement Jersey** (jusqu'à 2 à 3 départs par jour en saison, durée 1h15).
AR à partir de 29 € et 99 € pour 2 adultes et une voiture. Renseignements et réservations - ✆ 0 825 135 180 - www.emeraudeferries.com

Manche-îles-Express – Au départ du Cotentin, ces bateaux de passagers desservent Jersey et Guernesey en continuant parfois sur Sercq ou sur Aurigny, ce qui peut être pratique. Mais les bateaux partent de trois ports (Granville, Carteret ou Diélette ; seul le premier est desservi par le train), différents selon les marées… si bien que si l'on part plusieurs jours, on ne revient pas forcément dans le port d'où l'on est parti ! Renseignements et réservations - ✆ 0 825 133 050 - www.manche-iles-express
À Jersey : Albert-Quai - St Helier - ✆ 01534 880 756.
À Guernesey : Terminal Building New jetty White Rock - St-Peter-Port - ✆ 01481 701 316.

Sark Shipping – Cette compagnie relie **Sercq à Guernesey** *(pour les coordonnées, voir Sercq).*

Travel Trident – Relie **Herm à Guernesey** *(pour les coordonnées, voir Herm).*

Par air

Twin Jet – Dessert Jersey au départ de Paris-Orly via Cherbourg (1h20/20mn)- renseignements : ✆ (0)3 87 56 70 70 - www.twinjet.com - réservations : ✆ 0 892 707 737 (0,34 € par appel) - Paris-Jersey à partir de 268 €/AR.

Rockhopper – Relie **Saint-Brieuc à Jersey, à Guernesey et à Aurigny** et assure la liaison entre ces îles - renseignements et réservations : ✆ 1481 822 886 ou www.rockhopper.aero - Saint-Brieuc-Jersey à partir de 129 €/AR.

Aurigny Air Services – Relie Dinard à Guernesey et assure la liaison inter-îles - renseignements et réservations : ✆ 0(2) 99 46 70 28 ou www.aurigny.com - Dinard-Guernesey à partir de 120 €/AR.

FORMALITÉS D'ENTRÉE

Les ressortissants d'un pays de l'UE doivent présenter une carte nationale d'identité de moins de 10 ans ou un passeport en cours de validité. Les mineurs doivent être munis d'une autorisation parentale de sortie du territoire.
Pour les conducteurs, un permis de conduire français à trois volets ou un permis de conduire international. Se munir de la carte internationale d'assurance et de la carte grise. Plaque de nationalité à l'arrière du véhicule.
Tout visiteur arrivant avec un bateau à moteur ou transportant une planche de surf ou une planche à voile doit impérativement en faire la déclaration au bureau du port (Harbour Office).
Il est déconseillé d'amener un animal domestique, même si un passeport animalier lui permet d'éviter la quarantaine, car ils sont interdits sur de nombreuses plages.

TRANSPORTS SUR PLACE

En voiture

La voiture se justifie surtout à Jersey (qui compte plus de 560 km de routes) et à Guernesey. Aurigny est une île nettement plus petite.
À Sercq et à Herm, la voiture est interdite.
N'oubliez pas toutefois qu'il faut **conduire à gauche** sur des routes souvent très étroites et sinueuses, bordées de talus ou de murets, avec le risque de voir débouler un engin agricole, des piétons insouciants ou un car de touristes. Mais le prix de l'essence est sans doute le moins élevé d'Europe.
Des *car ferries* assurent toute l'année la traversée des voitures au départ de St-Malo. Mais la **location d'une voiture** est nettement préférable. Le tarif est particulièrement abordable (de l'ordre de £ 30 par jour, £ 123 par semaine) et on peut même rendre le véhicule à l'agence avec le réservoir vide. L'âge minimum des conducteurs est de 21 ans.
Les **camping-cars et caravanes** ne sont acceptés que sur deux campings de Jersey et encore, avec de nombreuses restrictions.

En bus

Jersey et Guernesey sont bien desservies par les bus. Des compagnies d'**autocars** spécialisées proposent des circuits touristiques d'une matinée, d'un après-midi, d'un soir, ou d'une journée complète.

En vélo

C'est à priori la formule idéale. Il est possible de faire la traversée avec son vélo personnel ou d'en louer un sur place (environ £ 15 par jour, comprenant, casque, vêtement imperméable…).
Vu l'intensité de la circulation sur les grands axes aux abords de St-Hélier ou de St-Peter-Port, il faut

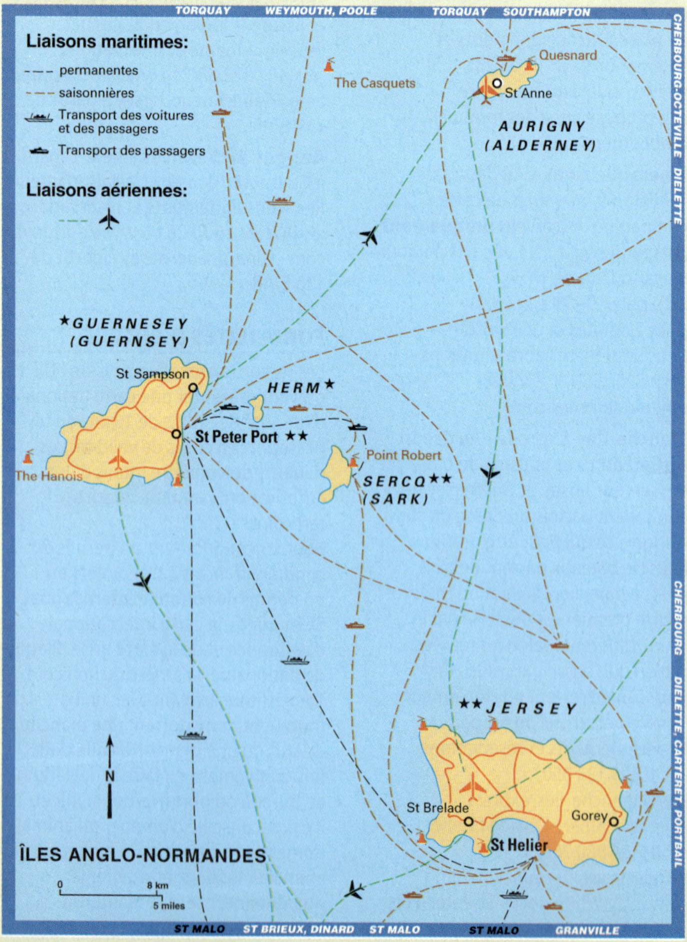

éviter de circuler aux heures où les îliens effectuent leurs migrations journalières pour accéder à leur travail ou en repartir. Quant aux petites routes, elles sont charmantes, mais leur étroitesse peut s'avérer dangereuse dès qu'il y a des voitures. Pour encourager ce mode de transport écologique, Jersey a développé des « green lanes », routes vertes, où vélos et piétons ont la priorité, et Guernesey des « ruettes tranquilles ». Il est prévu d'étendre ses réseaux à l'ensemble de chacune des îles, mais pour le moment ils restent nettement insuffisants pour circuler d'un bout à l'autre de l'île ou pour en faire le tour.
Sur Sercq, en revanche, où la voiture est interdite, le vélo s'avère très pratique.

À pied

Comme le vélo, la marche à pied est très agréable sur les petites routes, pour autant que n'y passent pas trop de voitures, car la place est comptée. En revanche, sur les sentiers, c'est un pur plaisir, car ils sont très bien entretenus. Mais n'oubliez pas que certains sentiers, en particulier sur les falaises du littoral, peuvent être assez escarpés.
Sercq et Herm sont le paradis des marcheurs. Sur Herm, c'est même le seul moyen de locomotion pour les visiteurs.

CIRCULATION ET STATIONNEMENT

Réglementation générale

La circulation à gauche est réglée par le code britannique.
À Jersey, la vitesse est limitée à 40 mph (64 km/h), sauf dans certaines zones où la limitation tombe à 30 ou 21 mph (48 ou 32 km/h), voire 15 mph (24 km/h) sur les green lanes (vélos).
À Guernesey et à Aurigny, elle est limitée à 35 mph (55 km/h) et dans les villes, à 25 mph (30 km/h).
Certains carrefours sont indiqués par un panneau de signalisation « Filter in Turn » ce qui signifie que chaque véhicule a la même priorité d'accès et que c'est donc à tour de rôle que l'on traverse ces carrefours.

Petite table de conversion pour la vitesse :

km/h	10	30	55	65	80	90	100	110	120	130
mph	6	25	35	40	50	56	62	68	75	80

Stationnement

Les lieux de stationnement ne sont pas faciles à trouver, surtout en ville et aux abords des sites touristiques.
Attention, une ligne jaune parallèle au bord de la chaussée indique que le stationnement y est interdit jour et nuit.
À Jersey, le stationnement est payant du lundi au samedi de 8h à 17h, partout où le symbole est affiché. Le paiement s'effectue en « grattant » la date et les heures voulues sur une carte qui s'achète dans les bureaux de poste, les garages et les boutiques et qu'il faut afficher à l'avant de la voiture. Dans certaines rues de St-Hélier et alentour, le stationnement est gratuit mais limité en temps : pour contrôler ce temps, il faut présenter un disque de stationnement disponible à Jersey Tourism ou à la mairie de St-Hélier. La présentation d'une carte de paiement ou d'un disque de stationnement n'est pas nécessaire de 17h à 8h ni le dimanche.
À Guernesey, le stationnement sur les voies publiques est gratuit, mais limité dans la plupart des rues et parkings des grandes zones commerçantes. Dans ces zones réglementées, indiquées par un panneau bleu sur lequel la limitation est inscrite sous les mots Disc Zone, il faut présenter un disque de stationnement disponible à l'Office de tourisme.
Stationnement libre de 18h à 8h.
Si vous louez une voiture, vérifiez qu'on vous fournit le disque de stationnement et qu'on vous explique le fonctionnement des cartes de paiement.

DÉTAILS PRATIQUES

Change

La livre anglaise est couramment utilisée. Cependant, Jersey et Guernesey possèdent chacune leur propre monnaie, utilisable uniquement sur l'archipel anglo-normand (pensez à changer de l'argent avant d'arriver, si vous débarquez un dimanche soir. Avant votre départ, pensez à changer les devises locales avant de quitter les îles, elles n'ont pas cours ailleurs).
La livre (£) est divisée en 100 pence (100 P). Vous pourrez régler hôtels, restaurants, menues dépenses et souvenirs avec les principales cartes de crédit, un Eurochèque, un chèque de voyage ou changer de l'argent dans les banques.

Banques – À Jersey et à Guernesey elles sont généralement ouvertes du lundi au vendredi de 9h30 à 15h30, parfois le samedi de 9h30 à 12h30.

Heure

Les îles Anglo-Normandes sont à l'heure britannique. Il y a une heure de décalage avec la France (quand il est 8h à Jersey, il est 9h à Paris). Les heures de la matinée sont désignées par **am** *(ante meridiem)* et celles de l'après-midi par **pm** *(post meridiem)*. Exemple : 9 am, pour 9h ; 9 pm, pour 21h.

Électricité

Courant alternatif de 240 volts. Prises électriques britanniques uniquement.

Jours fériés

Jour de l'an, vendredi saint, lundi de Pâques, 9 mai (Libération), 25 mai, Noël et 26 décembre. À ces jours fériés fixes s'ajoutent des jours fériés variables.

Magasins

À Jersey, marchés et magasins sont généralement ouverts de 9h à 17h30, sauf le dimanche et le jeudi après-midi. En haute saison, certains ouvrent le soir.
À Guernesey, du lundi au samedi de 9h à 17h30. Les îles étant exonérées de TVA, le shopping connaît un énorme succès. Alcools, tabacs, parfums, caramels à la crème de Jersey, habillement (dont les célèbres pulls en laine de Jersey ou Guernesey) sont la proie des touristes.

Téléphone

De France vers les îles Anglo-Normandes – Composer 00, puis l'indicatif de la Grande-Bretagne (44), suivi de l'indicatif local sans le zéro initial, (1534) de Jersey, (1481) des îles du bailliage de Guernesey, suivi du numéro de votre correspondant.

Des îles vers la France – Composez 00 33 suivi du numéro de votre correspondant (sans le zéro initial).

Appeler un numéro local sur les îles – À l'intérieur d'un des bailliages, composez directement le numéro de votre correspondant ; vers un autre bailliage, composez d'abord l'indicatif local, suivi du numéro de votre correspondant.

Les numéros commençant par 07 sont des numéros de portable.

Poids et mesures

Quelques équivalences :
1 pouce (1 inch) = 2,54 centimètres
1 centimètre = 0,3937 inch
1 pied (1 foot) = 30,48 centimètres
1 yard (1 verge) = 0,943 mètre
1 mètre = 1,09 yard
1 mile terrestre = 1,609 kilomètres
1 kilomètre = 0,621 mile
1 mile marin = 1,852 kilomètres
1 once = 28,34 grammes
1 livre = 0,4536 kilogramme
1 kilogramme = 2,20 livres

FÊTES ET FESTIVALS

Mai – juin

Liberation Day (9 mai) : la commémoration de la libération des îles Anglo-Normandes s'accompagne de diverses festivités, telles que parades et carnaval à Guernesey.

Jersey – Festival international des arts (mai) : musique, danse, spectacles…

Guernesey – Floralies et festival floral (Guernesey Floral Festival Week).

Jersey – Festival maritime (juin).

Jersey – Festival floral avec bataille de fleurs (1re sem. de juin).

Sarck – Sark's Midsummer Show (juin).

Juillet – août

Jersey – Festival horticole (Jersey Garden Festival) (juil.)

Aurigny – Carnaval d'Aurigny (fin juil.-déb. août).

Guernesey – Carnaval à St-Peter-Port (fin juil.-déb. août).

Guernesey – Bataille de fleurs dans le parc de Saumarez (août).

Septembre

Guernesey et Jersey – Commémoration de la bataille d'Angleterre (Battle of Britain Air).

Octobre – novembre

Guernesey – Festival de jazz (1re sem. d'oct.).

Guernesey – Tennerfest, festival gastronomique (1re sem. d'oct. à mi-nov.).

COMPRENDRE LES ÎLES ANGLO-NORMANDES

Elles ne sont pas françaises, et pourtant elles sont bien normandes. Elles n'appartiennent pas au Royaume-Uni, et pourtant elles font allégeance à la reine d'Angleterre. Elles ressemblent à la Bretagne, et pourtant des plantes subtropicales y poussent. Elles s'étendent sur moins de 200 km², et comptent pourtant quelque 140 000 habitants, elles constituent un centre financier international, abritent la dernière féodalité d'Europe, sont protégées par des dizaines de châteaux forts et de tours, possèdent des plages de sable de 8 km de long et des criques désertes où l'on accède par des sentiers vertigineux, recèlent des coquillages venus du Mexique et des îlots couverts de macareux… Ce sont des îles à nulles autres pareilles. L'une offre une trentaine d'activités sportives à pratiquer, d'autres, où le temps s'est arrêté, sont entièrement vouées à la marche et à la tranquillité. Toutes conservent de nombreuses réserves naturelles, des eaux d'une propreté exemplaire et des paysages marins d'une époustouflante beauté, en particulier quand la mer se retire laissant apparaître des kilomètres de sable blond hérissé de centaines de rochers acérés.

Images courtesy of VisitGuernsey

Sur l'île de Guernesey.

Un jardin posé sur la Manche

UN MORCEAU DE FRANCE TOMBÉ DANS LA MER

L'archipel des îles Anglo-Normandes s'étend au large du Cotentin et au Nord de la baie de Saint-Malo.
Il comprend cinq îles principales, **Jersey, Guernesey** (Guernsey), **Aurigny** (Alderney), **Herm** et **Sercq** (Sark)auxquelles s'ajoutent deux petites îles (Brecqhou et Jethou) et des groupes de récifs (les Minquiers, les Écrehous, les Dirouilles, Paternosters et les Casquets).
Aurigny, la plus au Nord, n'est qu'à 14,5 km des côtes normandes. Jersey, la plus méridionale, à seulement 20 km des côtes françaises (mais à plus de 125 km du littoral britannique).
Autrefois, ces îles n'existaient pas, elles étaient partie intégrante du continent européen.
À la fin de la dernière glacation, il y a quelque 10 000 ans, la fonte de la calotte glaciaire fit monter le niveau des mers, isolant les premières îles Anglo-Normandes : Guernesey, Sercq et Herm. Jersey et Aurigny restèrent rattachées au continent pendant encore 2 000 ans après les autres îles.
Ce « retard » explique pourquoi on y trouve certains animaux, tels que les taupes et les crapauds, absents dans le reste de l'archipel !

DES MARÉES PARMI LES PLUS FORTES

Les mers qui entourent les îles Anglo-Normandes connaissent des mouvements de marée parmi les forts au monde. Pendant les grandes marées de printemps, l'eau peut monter à la vitesse de 5 cm à la minute, avec un écart de 12 m entre la marée haute et la marée basse. Ce phénomène a pour effet de dégager à marée basse d'immenses étendues de sable blond hérissées de toutes parts de rochers couverts d'algues. Ces rochers, et les mares laissées par la mer, abritent une très riche flore et faune marine, qu'il est intéressant de découvrir accompagné par un spécialiste (les offices du tourisme des îles vous indiqueront le programme de ce genre de promenades guidées).

Attention aux marées !

Restez extrêmement prudent lorsque vous vous aventurez dans les zones du littoral découvertes à marée basse, particulièrement étendues dans les îles Anglo-Normandes. Informez-vous des horaires des marées à l'office du tourisme, dans la presse locale ou en vous procurant un indicateur des marées disponible généralement dans les magasins de presse et les boutiques d'articles de pêche. Après avoir ainsi vérifié l'horaire de la marée, vous pouvez avancer sur le rivage à la marée descendante, mais vous devez revenir sur la côte au plus tard une demi-heure après l'heure indiquée pour la marée basse.

LA DOUCEUR DU GULF STREAM

Réchauffées par le Gulf Stream, les îles Anglo-Normandes jouissent d'une douceur exceptionnelle pour leur latitude. La température de l'air en été atteint une moyenne de 18 à 20 °C à Jersey. L'hiver, la neige et le gel sont rares, le thermomètre ne descend guère au-dessous de 0 °C. Ce climat tempéré permet le développement sur les îles d'une faune et d'une flore très riches. De nombreuses espèces méditerranéennes ou subtropicales ont pu y être introduites. La lavande et la vigne poussent à Jersey, des palmiers donnent à Herm des airs de Caraïbes, la vipérine géante de Ténérife ou la cordyline de Nouvelle-Zélande prospèrent dans l'archipel.

DES EAUX D'UNE PROPRETÉ EXEMPLAIRE

Les eaux qui bordent les îles Anglo-Normandes comptent parmi les plus propres d'Europe.
À Jersey, par exemple, l'usine de traitement des eaux usées utilise les ultraviolets pour la désinfection, assurant ainsi des plages et des eaux de baignade particulièment propres.

ILS LES FRÉQUENTENT TOUS !

Aiglefin, bar, brème, barbue, carrelet, congre, lieu, limande, merlan, merluche, morue, mulet, plie, raie, sole, turbot, etc. Et parmi les coquillages et crustacés : coquille St-Jacques, ormer, tourteau, araignée de mer, langouste, homard… Mais si vous voulez pêcher, renseignez-vous auparavant sur la réglementation en vigueur, qui varie légèrement d'une île à l'autre, chacune ayant sa propre législation.

L'ORMER : UNE EXPLOITATION RAISONNÉE

Apparenté à l'ormeau, l'ormer (du français « oreille de mer ») atteint sa limite septentrionale dans les îles Anglo-Normandes. Sa chair exquise, une fois qu'elle a été battue pour l'assouplir, lui vaut d'être très recherché, ce qui a considérablement réduit ses populations. Pour permettre à ce mollusque de se développer à nouveau, une réglementation stricte a été mise en place, les contrevenants étant sanctionnés par de lourdes amendes.
On ne peut récolter l'ormer que de septembre à avril et seulement le premier jour de la pleine lune et les trois jours suivants. Durant cette courte période, vous verrez de nombreux Jersiais fouiller les rochers à la recherche du précieux mollusque.

DE LA MER À LA TERRE : LES ALGUES

La fertilité du sol des îles tient en partie à l'utilisation des algues comme fertilisant naturel. Le « vraic », comme l'appellent les habitants des îles Anglo-Normandes, est récolté à marée basse sur les plages puis répandu sur le champs.

GARE AUX RÉCIFS !

Les innombrables rochers qui entourent les îles constituent autant de récifs aux dents acérées dangereux pour les bateaux qui croisent dans les parages.

Avec l'aide du brouillard et des forts courants, ces récifs ont été la cause de bien des naufrages.

De nombreuses épaves

En 1119, le *White Ship* avec à son bord l'héritier du trône, sombra ; le *Liverpool*, un grand voilier, fut pris à son tour en 1902, près de la baie de Corblets, perdu dans le brouillard ; en 1937, le *Briseis* heurta un récif au large de la baie de Vazon, avec à son bord 7 000 barriques de vin !

En 1978, l'Orion, une tour de forage montée sur une barge de haute mer, connut un triste sort au large de Grandes Rocques. Ce n'est là qu'un aperçu de la longue liste d'épaves qui jonchent les fonds marins autour de ces îles.

Les phares

Le phare des Casquets, construit en 1723, est le plus ancien ; sa portée est de 27 km. Le phare de Hanois, construit en 1862 en granit des Cornouailles, culmine à 36 m.

Le phare de Quesnard sur Aurigny et le phare de la pointe Robert sur Sercq datent de 1912 et 1913. Ce dernier est fixé à la muraille comme le sont les monastères grecs connus sous le nom de Météores.

Une double histoire

En anglais, on les appelle Channel Islands, îles de la Manche. En français, îles Anglo-Normandes. La première appellation les situe dans l'espace, la seconde, dans le temps, en venant rappeler qu'à force d'avoir été normandes puis anglaises, elles ont fini par être les deux à la fois !

CHRONOLOGIE

Préhistoire – Des traces retrouvées au Sud-Ouest de Jersey témoignent d'une occupation humaine qui remonte à 25 000 ans, l'une des plus anciennes d'Europe.

933 – Les îles sont rattachées au duché de Normandie. Elles sont donc normandes.

1066 – Guillaume le Conquérant, duc de Normandie, devient roi d'Angleterre après sa victoire à Hastings. Les îles deviennent alors anglaises.

1204 – Le roi anglais Jean sans Terre perd la Normandie qui revient à la France. Les habitants des îles doivent alors faire un choix : rester Normands ou jurer fidélité à la couronne d'Angleterre. Ils choisissent la deuxième proposition en échange de droits et de privilèges qui, aujourd'hui encore, ne sont pas soumis au Parlement anglais mais seulement au roi, ou à la reine, régnant en Grande-Bretagne.

La tour Seymour, au large de la Roque-Pointe, île de Jersey.

1360 – Au traité de Brétigny, Jean le Bon reconnaît les droits de l'Angleterre sur les îles Anglo-Normandes. La position stratégique de ces dernières conduira les Français à maintes tentatives d'invasion.

1373 – Jersey subit les attaques de Bertrand Du Guesclin.

1483 – Une bulle de neutralité émise par le pape place l'archipel sous la protection de l'Église et interdit toute action belliqueuse dès que l'on se trouve en vue des îles. L'effet de cette bulle prendra fin en 1689.

1642-1645 – Pendant la guerre civile, les îles Anglo-Normandes sont divisées. Jersey se range du côté des royalistes, partisans de Charles Ier ; Guernesey (à l'exception du château Cornet), du côté des parlementaires, partisans de Cromwell. Cette époque expliquerait la rivalité amicale qui dure de nos jours.

1781 – Connue sous le nom de « Bataille de Jersey » ont lieu cette année là de nombreuses tentatives d'invasion des îles : conduites par le baron de Rullecourt, les troupes françaises tentent d'envahir Jersey, mais sont arrêtées par une jeune officier anglais, le commandant Pierson, qui conduit la milice locale à la victoire.

1800-1805 – Au temps de Napoléon, la crainte d'une invasion française amène les insulaires à construire de nombreuses fortifications, en particulier les tours Martello.

19e s. – Le système de défense se renforce, notamment sur l'île d'Aurigny.

1940 – L'archipel anglo-normand est le seul territoire britannique occupé. Les troupes allemandes y séjourneront de 1940 à 1945. Les îles vivent alors des heures sombres : déportations, restrictions, menaces de famine, manque de nouvelles... Des blockhaus et des tours d'observation faisant partie du mur de l'Atlantique, créé par l'organisation Todt, sont édifiés tout au long du littoral.

9 mai 1945 – Les îles sont libérées.

UN STATUT À PART

On appelle les îles Anglo-Normandes une « particularité de la couronne » : elles doivent allégeance à la Couronne, non au Parlement du Royaume-Uni, et sont responsables du réglement de leurs propres affaires nationales. Elles ne font pas partie non plus de l'Union européenne. Lorsque le Royaume-Uni a rejoint l'UE en 1971, des termes spéciaux ont été négociés pour les îles britanniques à propos de la libre circulation des biens manufacturés et agricoles. Et, grâce à cet accord, l'autonomie fiscale de l'île a pu être garantie.

La Constitution

Les souverains anglais qui se sont succédé au cours des siècles ont toujours reconnu aux îles leurs droits propres ; aussi ont-elles conservé des traditions et un système de gouvernement hérités des ducs de Normandie.

La clameur de « haro »

« Élever la clameur », c'est demander justice à voix haute aux autorités, à l'origine le duc de Normandie ou ses représentants. Une explication généralement admise veut que ce mot soit composé de « ha » (interjection) et de « Roi » ou « Rollo », c'est-à-dire Rollon, le premier duc de Normandie. Cette coutume peut encore s'employer de nos jours en cas d'empiètements sur la propriété privée. Le plaignant, encadré de deux témoins, doit s'agenouiller et clamer en français : « Haro, haro, haro ! À l'aide mon Prince, on me fait tort. » Après quoi il doit réciter le Notre Père en français. L'accusé se retire ensuite jusqu'à ce que la justice se prononce !

Non représentées au Parlement britannique, les îles Anglo-Normandes possèdent leur propre parlement et sont divisées en deux bailliages : le bailliage de Jersey et celui de Guernesey, auquel sont rattachées Herm, Sercq et Aurigny. À la tête de chaque bailliage, le bailli agit comme un chef d'État. Les parlements de Jersey et de Guernesey, connus sous le nom de *States Assembly*, sont constitués par des sénateurs et des députés élus, sans parti politique, ni cabinet ou Premier ministre. Leurs décisions sont prises par simple consensus. Ils sont chargés de régler uniquement les affaires intérieures. Chaque *bailiwick* frappe sa propre monnaie et émet ses propres timbres et cartes téléphoniques (incompatibles d'une île à l'autre). Une certaine rivalité existe d'ailleurs entre Jersey et Guernesey.

La langue

La langue officielle est aujourd'hui l'anglais. Mais le français continue à avoir cours dans de nombreux domaines, notamment juridique. Le dialecte local, encore parlé par certains anciens, est un mélange de français et et de normand. Les familles les plus anciennes portent des noms français. Les rues sont souvent nommées dans les deux langues, le nom anglais, récent, étant généralement prosaïque et son pendant français beaucoup plus imagé : « Hill Street » (rue du Mont) par exemple est la dénomination anglaise de la rue des Trois-Pigeons, l'appellation française faisant référence à une auberge de ce nom qui y était jadis établie.

De la pêche à la banque

PÊCHEURS, COMMERÇANTS ET PIRATES

Aux 17e et18e siècles, les insulaires à l'esprit aventureux s'embarquaient pour la pêche à la morue sur les bancs de Terre-Neuve, puis allaient vendre leur pêche dans les comptoirs établis sur la côte orientale de l'Amérique. Ils descendaient ensuite jusqu'aux Caraïbes pour y remplir leurs cales d'épices, de bois et de sucre, qu'ils échangeaient en Espagne et au Portugal contre vin et agrumes. Ce commerce triangulaire fort profitable a permis de construire quelques fortunes dont témoignent aujourd'hui de splendides demeures à Jersey et à Guernesey. Tout aussi profitable était la course qui autorisait les corsaires à attaquer et à saisir les navires ennemis pour s'appro-

La Sablonnerie

Sur la côte Sud de Petit Sercq, île de Sercq.

prier une partie du butin. Cette piraterie quasi-officielle est à l'origine de bien des fortunes des îles Anglo-Normandes.

LA PASSION DU TRICOT

Une autre source de revenus fut, à partir du Moyen-Âge, l'industrie du tricot. Les îles exportaient même vers l'Angleterre et la France de nombreux vêtements, en particulier des bas et des gilets. Depuis ce temps, le nom de « jerseys » devint synonyme de tricot et tous les articles tricotés prirent le nom de « Jersey ». Cette industrie du tricot était si rémunératrice qu'hommes et femmes s'y adonnaient, parfois au détriment de toute autre activité, au point qu'au 17e siècle, on dut promulguer une loi interdisant de tricoter pendant la période de la moisson et de la récolte du varech !

Mais cette passion reste sans doute vivace car dans le petit aéroport d'Aurigny, un carton contenant laines et aiguilles à tricoter est mis à la diposition des passagers qui attendent leur avion ! Les carrés ainsi tricotés servent à faire des couvertures pour les plus démunis.

UNE NOUVELLE VOCATION : LA FINANCE...

L'absence de certaines taxes et le faible niveau des autres font de ces îles un paradis fiscal. S'ajoutant à cela la stabilité de leur gouvernement et leur position géographique, les îles sont devenues des centres financiers internationaux. Jersey compte 55 banques et plus de 33 000 établissements financiers.

Les attraits de la finance ont suscité de nouvelles vocations : nombreux sont les jeunes Anglo-Normands à laisser les habits des champs pour le costume gris typique de la City. Quant à savoir, parmi les très nombreux chauffeurs de Jaguar et de Ferrari, quel est celui qui prend soin de l'argent de l'autre...

Le goût des îles

Grâce à la pureté des eaux entourant les îles, les fruits de mer sont d'une extraordinaire qualité : crabes, coquilles St-Jacques, huîtres ou homards, les meilleurs crustacés figurent sur les cartes. Certains restaurants proposent des menus entiers à base de homard. Mais de simples sandwiches ou salades au crabe dans un pub ou un café sont le plus souvent un délice de fraîcheur.

CRABE À L'ANGLAISE OU À LA FRANÇAISE ?

Quand vous commandez une salade de crabe dans les îles Anglo-Normandes, on vous sert seulement la chair du crabe. Vous n'avez plus qu'à déguster. Un pur bonheur. Si vous commandez le même plat à Ouessant ou dans une autre île bretonne, on vous apporte le crabe ou l'araignée entier, avec une pince pour le casser et une pique pour en extraire la chair. C'est un travail de longue haleine qui vous en laisse plein les doigts... Les Ouessantains vous diront que c'est un gage de fraîcheur et un plaisir en soi. Chacun son goût !

Parmi les spécialités traditionnelles des îles figure une adaptation locale du cassoulet français appelée « **bean crok** » à Jersey et « **bean jar** » à Guernesey. La recette diffère selon l'île et même la paroisse, mais elle est en gros à base de pieds de porcs et de haricots. Ce plat roboratif, servi avec du « gros pain » chaud, tenait autrefois lieu de petit-déjeuner. Vous pourrez y goûter notamment à Guernesey dans certains salons de thé ou à la fête du *Viaer Marchi* (vieux marché).

Les autres spécailités de Jersey sont la « **conger soup** », soupe de congre mijotée avec des pétales de soucis, les « boudelots », des pommes cuites avec une pâte épicée, les « **mervelles** » ou « Jersey wonders », sortes de beignets sucrés.

Ne manquez pas à Guernesey de goûter la « **gâche** », une savoureuse brioche aux raisins que l'on tartine généreusement de merveilleux **beurre** ou de la riche **crème** de l'île, à la coloration jaune marquée.

Le « black butter » (beurre noir) de Jersey – À l'époque où l'île assurait sa propre production de cidre, la préparation d'énormes quantité de « black butter » était l'occasion de grandes festivités. Au mois de novembre, on se rassemblait pour peler des centaines de kilos de pommes, que l'on mettait dans une grosse bassine en cuivre (bachin) avec des dizaines de litres de cidre et des épices. L'ensemble mitonnait à feu doux pendant environ 16 heures pour donner une confiture noire. Les nuits du Beurre Noir ont toujours lieu dans l'île, généralement au mois de novembre.

UNE JOURNÉE À L'ANGLAISE

Pour goûter la saveur des îles Anglo-Normandes, il faut en partager les rites tels que l'« english breakfast », l'« afternoon tea », le « sunday lunch » ou la tournée au « pub ». L'**english breakfast** consiste normalement en un plat de céréales avec du lait, une boisson chaude, thé ou café, puis un plat chaud à base d'œufs, de tomates, de bacon et de saucisses, à quoi s'ajoutent, selon les cas, des champignons, des « beans », des haricots blancs à la sauce tomate, ou du « fried bread » (pain frit). Si vous ne précisez rien, on vous servira sans doute des « fried eggs », des œufs sur le plat, sinon on vous demandera si vous les préférez « scrambled » (brouillés), « poached » (pochés) ou « boiled » (à la coque, auquel cas ils vous seront généralement servis mollets, à moins que vous n'insistiez sur le temps de cuisson voulu). On vous proposera aussi des toasts en vous demandant si vous préférez du « white bread » (pain blanc) ou du « brown bread » (pain complet). Les variantes de l'english breakfast incluent le saumon fumé ou les harengs. En tout cas, ce genre de petit-déjeuner est généralement inclus dans le prix de la chambre (**Bed & Breafast**), sans supplément par rapport à un petit-déjeuner continental. Autant dire qu'après cela, vous pouvez aisément sauter le déjeuner ou le remplacer par une simple salade au crabe.

L'**afternoon tea**, ou **cream tea** comme on l'appelle dans les îles Anglo-Normandes, consiste en un thé accompagné de scones, de confiture et de crème fouettée très épaisse (la crème est une des grandes spécialités locales). Un délice ! Le **sunday lunch** (déjeuner du dimanche), souvent offert à un prix avantageux dans les meilleurs établissements (autour de £ 15 à £ 20), comprend facilement cinq plats : entrée, sorbet ou soupe, viande rôtie ou poisson, fromage et dessert, plus le café accompagné de mignardises.

Les pubs – Ces bars sont ouverts, à Jersey, de 9h à 23h en semaine, de 11h à 13h et de 16h30 à 23h le dimanche ; à Guernesey, du lundi au dimanche de 10h30 à 0h30 . Comme en Angleterre, l'habitude est de se faire servir au comptoir et de payer immédiatement sa consommation sans y ajouter de pourboire. La bière se commande à la pinte (one pint) ou à la demi-pinte (half-pint). Une pinte équivaut à peu près à un demi-litre. On peut aussi souvent s'y restaurer au déjeuner en semaine, parfois même le soir, plus rarement le week-end. Les « days specials », plats du jour, sont affichés sur une ardoise. La carte, quand il y en a une, offre sandwichs, salades et plats plus roboratifs tels que des *curries*.

Bon à savoir

Certains hôtels ou restaurants, comme certains pubs, le soir en particulier, exigent une certaine **tenue vestimentaire** : baskets, jean et autres tenues de sports sont exclues au profit de la veste, parfois de la cravate pour les hommes, et d'une tenue « smart casual » (élégante décontractée) pour les femmes.

Lire

Pour découvrir ou vous remémorer les îles, lisez ou relisez les œuvres de Victor Hugo, *Les Travailleurs de la mer* ou *Choses vues*.

Aux Éditions Charles Corlet, *Promenades dans l'archipel de la Manche avec un guide nommé Victor Hugo*, de Gérard Pourchain.

Guernesey a inspiré à G.B. Edwards un roman, *Sarnia* (Éditions du Seuil).

Jersey★★

CARTE LOCAL MICHELIN 309
88 000 HABITANTS – 117 KM²

Jersey est une île multiple, plus citadine et sophistiquée que Guernesey dans sa partie Sud, autour de Saint-Hélier, mais encore assez sauvage sur sa côte Nord hérissée de hautes falaises. Ses immenses baies de sable fin sont bien équipées pour les activités nautiques, ses criques restent préservées. Tombeau néolithique, forteresses entre terre et mer, très émouvant musée de l'occupation allemande ou adorable chapelle des pêcheurs : son patrimoine historique et religieux s'avère passionnant. Jardins secrets, zoo à nul autre pareil, vignoble ou champs de lavande, tea-rooms ou pubs… Il y en a pour tous les goûts, grands et petits, sportifs et oisifs.

ARRIVER À BON PORT

Jersey est la mieux desservie des îles Anglo-Normandes. Passagers et voitures peuvent embarquer à St-Malo, bientôt desservie par le TGV, sur Condor Ferries ou sur Emeraude Lines. Les passagers peuvent aussi emprunter les bateaux de Manche-îles-Express qui partent généralement de Granville, sauf quelques jours par mois, en fonction des marées.
On peut aussi accéder en avion à Jersey depuis Paris-Orly via Cherbourg par Twin-Jet, depuis St-Brieuc par Rockhopper et depuis Dinard par Aurigny Air Services.

LARGUER LES AMARRES !

Pour les coordonnées et les services offerts par les différentes compagnies, reportez-vous aux informations pratiques des îles Anglo-Normandes, au début de ce chapitre. Vous débarquerez au port de St-Hélier, la capitale.
Pour ceux qui effectuent le trajet en avion, l'aéroport se situe à un quart d'heure environ à l'Ouest de St-Hélier.

BON À SAVOIR

Jersey est une île très peuplée, donc très vivante tout au long de l'année. Patrimoine, attractions, activités sportives, animations de toutes sortes abondent. En contrepartie, la zone urbaine occupe 20 % de sa superficie et la voiture est reine, en particulier dans le Sud de l'île.
Centres financiers internationaux, centres sportifs géants, grands magasins, restaurants novateurs, sa capitale, St-Hélier, a tout d'une grande, problèmes de stationnement compris, même si elle conserve un centre chaleureux.
À l'Ouest, les paysages de dunes sont nettement plus sauvages en bordure de la magnifique baie de St-Ouen. Au Nord : changement d'ambiance, hautes falaises et petits ports. Au Sud-Est, la marée basse dégage un paysage lunaire hérissé de rochers acérés. À l'Est, le fier château Mont-Orgueil domine le port de Gorey : image de carte postale.
Surnommée, « l'île-fleur », Jersey séduit surtout par sa diversité !

Découvrez les charmes de Saint-Hélier

Depuis le bateau, on aperçoit sur la gauche la forteresse d'Elizabeth Castle perchée sur son îlot. Puis le nouveau Waterfront Center, gagné sur la mer, qui regroupe parc aquatique, cinémas et cafés. Sur les hauteurs, vers la droite, c'est Fort Regent, recouvert d'une coupole blanche, qui abrite aujourd'hui un vaste complexe de sports et de loisirs. Et puis, on voit des grues et des chantiers. C'est bien l'image de cette ville dynamique qui, après avoir été port de pêche, de commerce et cité corsaire, est devenue une cité banquière en pleine expansion. *Reportez-vous au plan p. 108.*

Tournée des pubs ou marchés au cœur de la vieille ville ?

Très dynamique, l'office du tourisme se situe sur **Liberation Square**, où une sculpture représente les citoyens en train de célébrer la libération des îles, en mai 1945, après cinq ans d'occupation nazie.

Jersey Tourism

Le marché couvert (Central Market) de Saint-Hélier.

Capitale de l'île, siège du gouvernement et principal centre de commerce de Jersey, St-Hélier est une cité vivante. Bon nombre de ses rues portent encore des noms français, parfois surprenants à côté de leur version anglaise, ainsi Church Street… rue Trousse-Cotillon ! Le centre piétonnier, **King Street, Queen Street**, où se succèdent magasins, pubs, cafés et restaurants, connaît une grande animation : c'est une ville jeune où les costumes sombres abondent cependant, signe de l'importance des institutions financières.

Royal Square – Charmante placette ombragée par les marronniers, Royal Square est le cœur politique de la ville : au centre, se dresse la statue dorée du roi George II en empereur romain. Les bâtiments du palais de justice (Royal Court House) bordent le côté Sud de la place. L'entrée réservée au bailli porte les armes de George VI, celle destinée au public, de George II. À gauche des bâtiments se trouve l'entrée de la salle des États (States Chambers) où se réunissent les membres du gouvernement. *☏ 1534 502 100 - www.stateassembly.gov.je - palais de justice : possibilité de visite sur demande au Bailiff's Chambers ; parlement : se renseigner - horaires non communiqués - fermé août.*

Deux des meilleurs pubs de l'île, **The Peirson** et **The Cock and the Bottle**, ouvrent aussi leurs terrasses sur la place : un excellent poste d'observation, idéal pour se délasser en sirotant une bière. Songez alors que cette paisible place fut en 1781 le théâtre de la terrible **bataille de Jersey** au cours de laquelle le major Peirson perdit la vie pour sauver l'indépendance de son île face à une expédition française menée par le baron de Rullecourt.

Marché central – Poursuivez la balade vers le **Central Market** *(lun.-sam. 7h30-17h30, fermé dim. et jeu. apr.-midi)*. Derrière sa façade en granit se cache un pittoresque marché d'époque victorienne avec sa fontaine et sa légère ossature en fer forgé rouge qui soutient la verrière. Au milieu des abondants étals de viande, de fleurs, de légumes et de fruits colorés s'entassent les pommes de terre nouvelles si renommées de l'île : les Jersey Royals.

Marché aux poissons – De l'autre côté de Beresford Street s'ouve le **Fish Market** *(mêmes horaires)* où se retrouvent sur les étals tous les poissons et crustacés des mers alentour : bars, turbots, crabes ou homards… Mais on y trouve aussi de la morue salée, du calmar et du poulpe appréciés des nombreux Portugais qui vivent et travaillent à Jersey. Sur place, le savoureux **bar-restaurant Atlantique** *(voir le carnet « Jersey pratique »)*, spécialisé dans le poisson, permet également de prendre un copieux petit-déjeuner à l'anglaise avec saumon ou (pourquoi pas ?) harengs. Sachez aussi que tous les plats proposés peuvent s'emporter : bonne idée pour un pique-nique !

Mulcaster Street – Si vous revenez vers Royal Square et empruntez Mulcaster Street pour regagner le port, vous passerez devant l'**église paroissiale** de St-Hélier, qui date du 11e s., et devant plusieurs pubs (la ville en compterait près de 80 !), dont l'un des plus grands et des plus confortables de la ville, le **Chambers**.

Fort Regent – Il est intéressant de grimper jusqu'au **Fort Regent** (*accès par Pier Road et des escaliers mécaniques*), qui fut entouré d'imposantes fortifications de crainte d'une invasion napoléonienne. La promenade sur les remparts offre des **vues★** sur la ville et la baie de St-Aubin, qui se profile au loin.

Le port et la citadelle de la mer

St Hélier n'était qu'une bourgade quand, en 1600, le gouverneur de l'île quitta sa résidence de Montorgueil pour s'installer à Elizabeth Castle et décida d'en faire le port principal de Jersey. Pourtant l'emplacement n'était guère propice car par fortes marées, il fallait charger la cargaison sur des charettes pour l'apporter jusqu'aux navires marchands mouillés au large ! Aussi, en 1853, on construisit une jetée, l'Albert Pier, pour se rapprocher du large. Depuis lors, les docks ont été encore prolongés à plusieurs reprises pour accueillir les ferries en provenance d'Angleterre et de France. En 2000, le front de mer a été redessiné en gagnant sur la mer pour créer un complexe de loisirs et une nouvelle marina. Les principaux attraits du **vieux port** sont son **musée maritime** (*voir la rubrique « Plongée dans l'histoire »*) et l'originale **Steam**

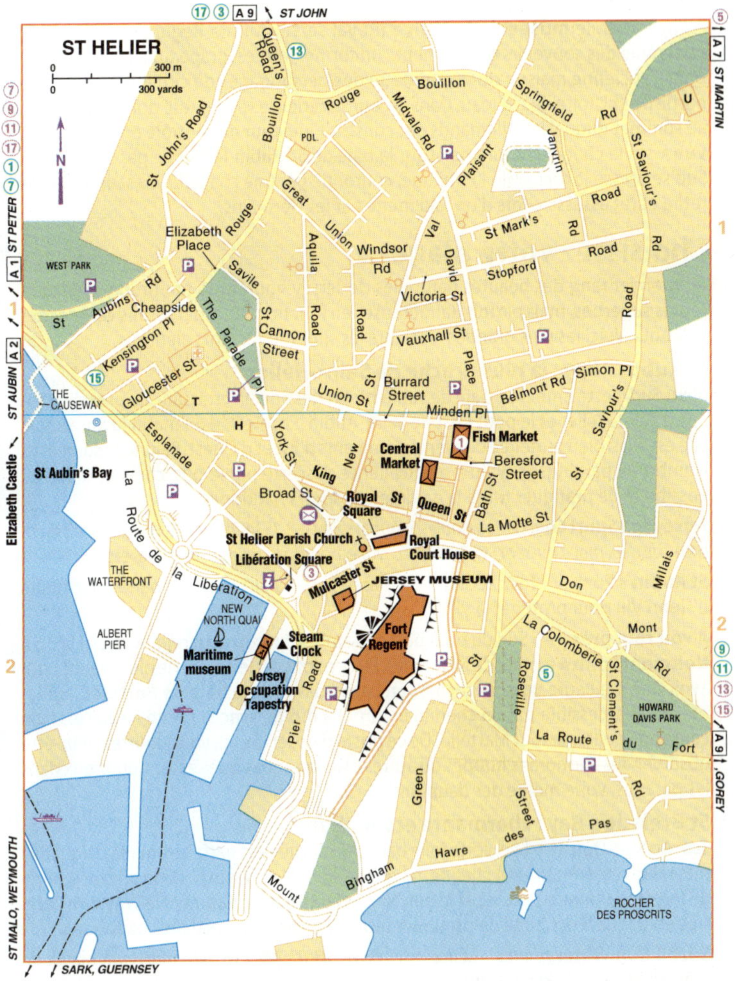

OÙ DORMIR
Au Caprice ... 1
Elmdale Farm ... 3
La Bonne Vie ... 5
La Haule Manor Hotel et Appartements ... 7
Lavender Villa Hotel ... 9
Moorings ... 11
Queens Hotel ... 13
Revere Hotel ... 15
The Undercliff Guest House ... 17

OÙ MANGER
Atlantique Seafood Bar ... 1
Chambers ... 3
Le Frère ... 5
Le Moulin de Lecq ... 7
Old Court House Inn ... 9
Portinfer Farm Tea Room ... 11
Suma's ... 13
Village Bistro ... 15
Wayside Cafe ... 17

Clock, horloge à vapeur réalisée à partir de la chaudière et des palettes d'un ancien bateau à vapeur nommé l'*Ariadne*.
Gardant l'entrée du port, **Elizabeth Castle**, perché sur son ilôt, est accessible à marée basse par une chaussée, The Bridge (durée : 30mn/AR).
Mais pour les enfants (et certains grands aussi !),il est beaucoup plus amusant de s'y rendre en **« Puddleduck »**, un véhicule amphibie jaune et bleu. *Départ depuis West Park Slip, en face du Grand Hôtel - ✆ 07 797 741 301 - 9h45-18h - £ 5/AR (4-16 ans £ 3) ; les billets s'achètent au West park Kiosk.*

Elizabeth Castle – *✆ 1534 823 971 - possibilité de visite guidée (1h) de mi-mars à fin oct. : 10h-18h (dernière entrée 17h) - £ 5,25.*
Ce château est construit sur deux petites îles réunies et baptisées îlot de St-Hélier en souvenir du saint ermite qui, au 6e s., s'était retiré sur un îlot voisin. Au 12e s., Guillaume Fitz-Hamon, au service du roi d'Angleterre Henri II, y fonda une abbaye. Au 16e s., un château y fut construit pour remplacer celui de Mont-Orgueil devenu indéfendable par suite du développement des canons et de la poudre. La Seconde Guerre mondiale en fit un ouvrage allemand défensif. Les traces de l'occupation allemande sont évidentes : emplacement d'un projecteur monté sur rails, casemate contenant armes et matériel.
À l'intérieur, le **musée de la Milice** (Royal Jersey Militia Regimental Museum) rassemble des souvenirs du régiment : uniformes, armes, drapeaux…
Dans l'ancienne maison du gouverneur, des personnages de cire font revivre une partie de l'histoire du château. Dans la cour supérieure se dresse le donjon, ou Mont, au sommet duquel les Allemands ont construit une tour de contrôle en béton. Belle **vue★** sur le château lui-même et sur la baie de St-Aubin terminée par son fort. Au Sud se dresse le rocher de l'Ermitage, couronné par une chapelle, où saint Hélier se retira et fut assassiné lors d'un raid mené par les Germains.

Choisissez votre plage…

Au premier rang des beautés naturelles de Jersey figurent sa multitude de plages, toutes superbes, mais parfois dangereuses en fonction de la marée, des vents et des courants. Voici les plus grandes ainsi que les sites intéressants alentour.

St Aubin's Bay : la plus proche de Saint-Hélier

Plein Sud, cette immense baie de sable blond dessine un croissant de près de 5 km entre Saint-Hélier et le petit port de Saint-Aubin. Ensoleillée du matin jusqu'au soir, elle est aussi bien protégée des vents dominants d'Est et d'Ouest. Baignade surveillée. Nombreux parkings (payants) et excellente desserte par le bus, cafés et toilettes. Possibilité de pratiquer toute la gamme des sports nautiques.

Jersey Sea Sport Centre – *La Haule - St Aubin's Bay - ✆ 1534 745 040 - www.jerseyseasport.com - de déb. mai à mi-sept : 9h30-17h30. Wake-board*, ski nautique, jet ski, etc.

St Aubin's Fort – Le fort, accessible à marée basse, a été construit pendant le règne d'Henri VIII pour protéger la ville.

À voir tout près – Au Sud du petit port de Saint-Aubin, on peut rejoindre, par la B 57, **Noirmont Point★** (pointe de Noirmont). Placez-vous sur le bastion le plus avancé pour avoir une meilleure **vue** des rochers en contrebas et de la **baie de Portelet** (agréable plage accessible par un chemin escarpé) à droite, avec la petite île au Guerlain couronnée par une tour Martello. De ce poste d'observation, vous pourrez peut-être observer des cormorans huppés ou autres oiseaux aquatiques assez nombreux dans les parages, voire même des dauphins.

St Brelade's Bay : charmante et familiale

Au Sud-Ouest de l'île, cette jolie baie bien abritée est parfaite pour la baignade : mer relativement calme et chaude, baignade surveillée. Vaste parking payant équipé de toilettes. Bonne desserte par le bus. Nombreux cafés, notamment le **Wayside Cafe**, très en vogue. Possibilité de pratiquer toute la gamme des activités nautiques.

Surf & Sun Watersports – *St Brelade's Bay - ✆ 07 797 736 411 - mai-sept.* Kayak de mer, *wake-board*, ski nautique, etc.

Active Island Sports – *Wayside Slip - St Brelade's Bay - ✆ 07 797 716 564 - mai-sept.* Kayak de mer, planche à voile, bodyboard et canoë.

À voir tout près – Côté Est, la plage communique à marée basse avec la **Ouaisne Bay**, également agréable pour la baignade et moins fréquentée, tandis qu'à l'extrémité Ouest de la baie, de vénérables chênes et un araucaria veillent sur l'**église paroissiale**, la **chapelle des pêcheurs** et un ravissant petit **cimetière marin** avec ses vieilles dalles de pierre moussue et ses haies de camélias.

La bruyère tapisse les côtes de Jersey, l'île-fleur, comme ici sur la côte Nord, dans la baie de Boulay.

Construite avec des blocs de granit extraits du rivage, l'église paroissiale date du 11e s. pour les parties les plus anciennes : chœur, nef et clocher. Au 12e s., elle devint cruciforme par l'adjonction du transept. Un siècle plus tard, les bas-côtés furent ajoutés. À l'intérieur, regardez bien l'autel taillé dans le roc, les cinq croix gravées représentant les cinq blessures du Christ.

La petite **Fishermen's Chapel** (chapelle des Pêcheurs), construite avec le même granit que l'église, contient d'intéressantes **fresques★**. Au fond du chœur, l'Annonciation date du 14e s. ; Adam et Ève (à droite du chœur), la Naissance du Christ (à droite de la nef), les scènes de la Passion (à gauche de la nef et du chœur), le Jugement dernier (chœur) sont du 15e s.

Derrière la chapelle, quelques marches mènent au **« perquage »**, ou chemin d'asile. Jusqu'à la Réforme, les églises jersiaises possédaient ce chemin qui permettait aux condamnés de s'enfuir jusqu'au rivage où pouvaient les attendre des amis à bord d'un bateau. Sur ce chemin d'accès à la mer, leur arrestation était impossible !

Saint Ouen's Bay : paradis des surfeurs

Baignée par l'Atlantique, cette magnifique plage de sable doré qui s'étire sur 8 km le long de la côte Ouest est le paradis des surfeurs dès que la houle et le vent du large sont là. Découvrez les **spots de Secrets, Watersplash et Goldsmiths** en suivant les locaux ou en visitant le site www.thebeachjersey.com, qui vous renseignera sur la météo, les marées et la houle. La baignade est surveillée en saison mais respectez bien les panneaux et les drapeaux indiquant les zones et les moments autorisés car les courants peuvent être dangereux.

Nombreux cafés très animés tel que le **Watersplash**, doté de deux billards, d'un écran géant pour suivre les matchs et d'une grande terrasse sur la mer. Nombreux parkings gratuits. Toilettes en différents points stratégiques !

Jersey Surf School – *Surf Shak, Watersplash - St Ouen's Bay - ☎ 1534 484 005 - saison : tlj - avr.-sept. cours de surf.* Location de planches et de combinaisons.

À voir tout près – En bordure de la baie s'étend un paysage de dunes et d'étangs classé réserve naturelle : **Les Mielles** (mot qui signifie « dunes de sable » en langue jersiaise). Le **Kempt Tower Visitor Centre** *(mai-sept. : mar.-dim. 14h-17h)*, installé dans une tour Martello, en présente la faune et la flore. Fin mai-début juin, des promenades guidées permettent de découvrir l'**orchidée sauvage** de Jersey dans toute sa splendeur.

Au Nord, sur l'avancée du **Petit Étacquerel** qui ferme la baie de St-Ouen, un ancien blockhaus datant de la dernière

Cherchez le lys et l'orchidée

Parmi les fleurs sauvages de l'île figure l'orchidée pourpre de Jersey, qui fleurit en mai et juin. On la rencontre notamment dans la réserve Les Mielles et sur le site Le Noir Pré, tous deux ouverts au public à l'époque où elle est en fleur. Quant au lys de Jersey, appelé « Naked Lady » (dame nue) car il perd précocément toutes ses feuilles, il est présent dans toute l'île et en fleur de fin août à début septembre.

guerre a été transformé en viviers : les **Faulkner Fisheries**. Derrière son apparente discrétion, c'est une très importante pêcherie, qui vend en gros et au détail et possède une poissonnerie dans le marché de Saint-Hélier. Mais elle se fera un plaisir, assure son patron, de vous vendre un crabe ou un homard fraîchement cuit et précassé (ou de vous le faire cuire si elle n'en a pas à disposition) ou de vous préparer un plateau de fruits de mer pour pique-niquer sur la plage…

Si vous avez songé à emporter pain et boisson, la fête sera exquise. *Les Viviers de l'Étacq - St Ouen - ✆ 1534 483 500 - lun.-mar. 9h-12h, sam. 9h-16h.*

Au Sud de la baie, la tour La Rocco, construite en 1800, se détache nettement sur son îlot. Puis on rejoint le petit village de **La Pulente**, principal centre de ramassage du « vraic », c'est-à-dire les algues utilisées traditionnellement comme engrais.

De là, on peut grimper *(par un sentier ou par la B 35 et la B 44)* pour rejoindre la **pointe de la Corbière**, au paysage chaotique. Par gros temps, le site est particulièrement impressionnant. Le phare blanc qui se dresse sur un ilôt *(accessible à pied à marée basse)* a été construit en 1874 ; par temps clair, sa portée est de 27 km.

Un peu à l'Est de cette pointe s'étend la **réserve de La Lande du Ouest** : les falaises orientées plein Sud possèdent une flore et une faune où se reconnaît une influence méditerranéenne. On y voit en particulier cette plante grasse, envahissante, aux fleurs très colorées, le carpobrotus (figue des Hottentots), qui abonde sur la Côte d'Azur.

Royal Bay of Grouville : royale et familiale

Propice à la baignade et très fréquentée en saison, la **baie royale de Grouville** est une longue bande de sable en forme de croissant qui s'étend de la pointe de la Rocque jusqu'au port de Gorey. Elle reçut le qualificatif de « royale » de la reine Victoria en 1859.

Baignade surveillée en saison. Cafés et kiosques. Toilettes à Gorey et Gorey Common. Vaste parking.

Gorey Watesports Centre – *Grouville - ✆ 1534 745 040 - juil.-août.* Kayak de mer, ski nautique, *wake-board*…

À voir tout près – Plusieurs **tours Martello à** intervalles réguliers semblent encore monter la garde, ainsi que deux vieux forts du 18e s. : Fort William et Fort Henry.

Le charmant petit port de **Gorey** qui ferme au Nord la baie de Grouville était autrefois le principal centre du commerce des huîtres. Il est dominé par l'imposant **château Mont-Orgueil★** *(voir « Plongez dans l'histoire », p. 115)* perché sur un promontoire rocheux. De vieilles maisons restaurées se succèdent le long du quai et en saison les voiliers viennent égayer le site.

> **Architecture**
>
> Tout autour de l'île se dressent des tours Martello, ouvrages défensifs circulaires pour la plupart édifiés aux 18e et 19e s. Le nom viendrait d'un ingénieur corse, Martello, qui créa ce type de tour-observatoire sur l'île de Beauté.

Sports et activités à la carte !

En bateau le long de la côte Sud ?

Châteaux et vieux forts remontant jusqu'au 6e s., bunkers et tours témoignant de l'occupation allemande, cavernes néolithiques, phare de la Corbière, falaises de granit et kilomètres de plages… Une croisière au large donne un excellent aperçu de la géographie de l'île et de son histoire et permet de voir une abondance d'oiseaux aquatiques et peut-être même des dauphins.

South Coast Cruises – *Albert-Quay, St Helier - ✆ 1534 732 466 - www.jerseycruises.com - départs : lun., merc. et vend. 14h, mar., jeu. et sam. 11h30 - £ 13,50 (4-14 ans £ 6) - durée 2h30.* Croisière sur un catamaran de 45 m le long de la côte Sud de Jersey.

Sportif entre terre et mer

Grimper sur les rochers, nager dans des grottes, sauter du haut d'une falaise : les amateurs d'aventures pourront découvrir une face cachée de Jersey en pratiquant le **« coasterring »**. Équipé d'une combinaison, de flotteurs, d'un casque et accompagné de professionnels, l'aventure demande beaucoup de courage mais est accessible aux enfants. Idéale pour découvrir la faune et la flore de l'île, c'est une des très nombreuses activités que propose cette île sportive, à côté du **kayak de mer**, particulièrement intéressant à Jersey, du char à voile, de la plongée avec bouteilles, de la voile ou de l'escalade. Vous trouverez la liste détaillée des prestataires dans le guide **« Active Jersey »** disponible à Jersey Tourism ou sur le site Internet www.jersey.com/active

Ou adressez-vous à l'un des plus grands prestataires de l'île : **Pure Aventure Ltd** – *✆ 44 (0)1534 769 165 - www.activejersey.com*

Le « plus » nature

Deux fois par jour, à marée basse, Jersey passe de 117 km² à plus de 160 km² : le littoral change complètement de visage. Jersey subit en effet des marées parmi les plus importantes qui soient (plus de 12 mètres). La mer se retire parfois sur plus de 3 km, laissant apparaître l'étrange paysage du fond des mers hérissé de rochers et creusé de ravins. Ce phénomène est particulièrement spectaculaire dans les immenses zones intertidales de la pointe Sud-Est de Jersey. Classées par l'Organisation des Nations unies dans le cadre de la convention Ramsar pour la protection des zones humides, ces zones sont en fait les derniers vestiges du pont qui reliait les îles britanniques à la France. Elles abritent une faune et une flore uniques : 107 espèces de poissons, 57 de crustacés, 113 de mollusques et 230 d'algues y ont été recensées, sans parler des nombreux oiseaux aquatiques que cette faune attire. Attention toutefois à ne pas vous y aventurer inconsidérément, optez plutôt pour une marche accompagnée (*voir plus loin*).

Pêcheur

Microclimat et marées exceptionnelles contribuent à la richesse de la faune aquatique. À partir des rochers ou des petits ports de la côte Nord vous pourrez attraper des dorades grises, des mulets, des labres et des congres. L'un des meilleurs endroits pour la pêche à la ligne est aussi la longue jetée (1 km) au nord de **St Catherine's Bay★**. Les non-pêcheurs apprécieront également la **vue★★** sur la côte rocheuse depuis le phare situé à l'extrémité de la jetée.

C'est également l'occasion de visiter une étonnante **ferme d'élevage de turbots** aménagée par un ancien pêcheur dans un bunker allemand de la Seconde Guerre mondiale. On visite le bunker et les viviers où sont élevés pendant 3 à 4 ans quelque 5 000 turbots ! **Jersey Turbot** - *Les Viviers de St Catherine - St Martin - ✆ 1534 868 836 - lun.-sam. 9h-16h - £ 2.*

Lors d'une partie de pêche en mer, vous pourrez attraper bars, raies, turbots, barbue ou requin taupe.

Pêche en mer sur le Theseus II avec David Nuth – *✆ 07 797 728 316 sur le bateau ou 1534 858 046 le soir (répondeur dans la journée) - www.tarkaseatrips.com.* Un bateau de 11 m équipé de toilettes et des derniers équipements électroniques qui peut accueillir jusqu'à 12 personnes pour aller pêcher autour de Jersey, de Guernesey ou d'Aurigny. Dave vous aidera de ses conseils et vous fournira au besoin le matériel de pêche. Pas de restriction d'âge. Bateau acccessible aux fauteuils roulants. Reste à choisir entre la partie pêche de jour (9h-16h30), du soir (17h30-20h30) ou de nuit (18h-24h).

Golfer en contemplant la mer...

Tradition aglo-saxonne oblige, Jersey possède de nombreux golfs, dont trois superbes 18 trous en bordure de mer. L'accès à La Moye, au Sud de St-Ouen's Bay, et au Royal Jersey, sur la Grouville's Bay, nécessitent une preuve de handicap. Si vous n'êtes membre d'aucun club, vous pourrez cependant jouer sur Les Mielles, un 18 trous aménagé dans les dunes en bordure de la baie de Saint Ouen.

Vous pourrez également accéder aux divers 9 trous situés au bord de l'eau ou dans la campagne. Pour plus de détails demandez la brochure *Golf in Jersey* à Jersey Tourism ou visitez le site www.jersey.com/active.

Les Mielles Golf Country Club – *La Route de la Marette - St Ouen's Bay - ✆ 1534 482 787 - www.lesmielles.com - 18/9 trous - £ 25/17 en sem., £ 28,50/18,50 le w.-end.* Réservation et tenue « smart » nécessaires. Location de clubs.

Se balader en vélo au fil des chemins verts

Baladez-vous en vélo, sur les « green lanes » : de petites « routes vertes », où randonneurs, cyclistes et cavaliers sont prioritaires. La vitesse des véhicules y est limitée à 24 km/h. Sachez cependant que ce réseau ne permet pas encore de se rendre d'un bout à l'autre de l'île et que les petites routes ont souvent tendance à déboucher sur les grands axes, qui vous ramènent tous vers St-Hélier.

Pour faire une balade agréable, il est donc préférable de se procurer la carte *Cycle Jersey* (gratuit) ou le *Guide du cyclisme sur l'île de Jersey (£ 2,50, en français)* à l'office du tourisme. Ce dernier propose cinq itinéraires pour découvrir la diversité de paysages de Jersey : les grandes baies de sable des côtes Sud et Ouest, les plages rocheuses de l'Est, les prairies et les vallées calmes de l'intérieur de l'île et la côte Nord, majestueuse et accidentée.

Sur les falaises ou au fond des mers

Pour apprécier la beauté sauvage de Jersey, ses petits hameaux de pêcheurs et ses criques cachées, pour comprendre l'histoire de cette île surnommée « le petit Gibraltar », il n'y a pas mieux que la marche à pied.

Les sentiers de la côte Nord

Près de 25 km de sentiers longent la côte Nord, la plus sauvage et la plus belle de l'île, en vous entraînant de criques en falaises. Cette côte est découpée en tronçons d'environ 3 à 6 km, signalisés à partir des endroits suivants : White Rock au-dessus de Rozel Bay, Bouley Bay, Bonne Nuit Bay, Sorel Point, Devil'Hole, grève de Lecq et Plémont. Deux des plus spectaculaires partent de la grève de Lecq, l'un vers l'Est et le Devil'Hole (trou du Diable), l'autre vers l'Ouest et Piemont Bay.
Pour choisir éventuellement entre ces tronçons et être sûr de ne pas vous égarer, car ces sentiers sont parfois entrecoupés de passages sur des routes, mieux vaut vous procurer une carte des randonnées de la côte Nord, en vente *(£ 1)* à Jersey Tourism ou au **North Coast Information Centre** *(mai-sept. : 11h-17h)* à la grève de Lecq. Notez aussi que certains sentiers peuvent être très escarpés.

Randonnées guidées

Un programme fabuleux de randonnées guidées, certaines sont même insolites comme les « Marches fantômes », vous est présenté sur le guide *Jersey en marche* (en français) disponible à Jersey Tourism ou sur le site www.jersey.com/walking (en anglais). Au printemps et en automne, durant une semaine, des promenades guidées et accessibles à tous sont proposées gratuitement.

« Marche lunaire » et « Balade au clair de lune » – Les plus étonnantes de ces randonnées guidées sont celles qui s'effectuent par grandes marées à la pointe Sud-Est de Jersey, quand la mer se retire sur plusieurs kilomètres. Accompagné par Andrew Syvret, docteur en biologie marine et/ou par Nick Parlett, artiste naturaliste, vous patougerez durant 3h au milieu des rochers et des récifs pour découvrir, dans les lagons et les ruisseaux laissés par la mer, une faune et une flore uniques en leur

genre. Par pleine lune, ils organisent même des marches de nuit dans ce paysage fantasmagorique. Mais ils proposent aussi des randonnées à la découverte de la vie sous-marine plus courtes sur la côte Ouest de l'île. *Pour connaître les dates de ces marches, visitez le site www.jersey.com/walking ou www.seajersey.co - pour réserver, contactez Andrew, ✆ 1534 485 201 ou andrew@seajersey.com*

Jardins et zoo à l'anglaise

On surnomme Jersey « l'île-fleur », pour l'abondance de ses fleurs sauvages et de ses jardins publics et privés si bien entretenus. Même son zoo a des allures de jardin à l'anglaise avec ses pelouses et ses plantes foisonnantes.

L'île-fleur

L'une des plus grandes festivités de Jersey est d'ailleurs la **Bataille des fleurs** (Battle of Flowers), au mois d'août, qui rassemble de somptueux chars fleuris et des danseurs costumés qui défilent au clair de lune.

Certains **jardins privés** ouvrent au public un jour par an, souvent le dimanche après-midi (l'entrée coûte généralement £ 3 reversés à des associations caritatives). D'autres se visitent en saison, mais seulement sur réservation. *Pour connaître leur programme, procurez-vous la brochure Jersey en fleurs (en français) à Jersey Tourism ou visitez le site www.jersey.com/floral (en anglais).*

Samarès Manor (Manoir de Samarès) – *Grand-route de St Clement - accès par le bus 18 - ✆ 1534 870 551 - www.samaresmanor.com - ♿ - avr.-oct. : tlj sf dim. ; jardin : 10h-17h ; manoir : visite guidée (40mn) 10h30 et 14h30 - jardin £ 5,35 ; manoir £ 2,50.*

Ces jardins furent créés au début du 20e s. par Sir James Knott. Au milieu de ce parc floral et jardin botanique où l'on cultive des herbes et plantes diverses utilisées pour la cuisine, la teinture, la médecine et la parfumerie, vous découvrirez un colombier du 11e s., une crypte de la même époque, un manoir (avec, à l'intérieur, une salle à manger aux boiseries en noyer), une ferme, des moutons tachés brun et crème, un étang et, touche finale, un jardin japonais !

Eric Young Orchid Foundation (Fondation des Orchidées Eric Young) – *1534 861 963 - www.ericyoungorchidfoundation.co.uk - ♿ - merc.-sam. 10h-16h - fermé 1er janv., 25 et 26 déc. - £ 3.*
Fruit du travail de toute une vie, cette fondation présente une fabuleuse collection de fleurs exotiques.

Jersey Lavender Farm – *R. de Pont-Marquet - St Brelade - Accès par les bus 12A et 15- 1534 742 933 - www.jerseylavender.co.uk - mai-sept. - fermé lun. - £ 3,25 - salon de thé et boutique.*
Des senteurs de Provence émanent de cette ferme consacrée à la production de lavande. On peut s'y promener, quand c'est la saison, au milieu des champs en fleurs ou assister aux opérations de distillation. On y prépare toutes sortes de produits à base de lavande, y compris de la gelée ou des caramels.

Adoptez un escargot ou un orang-outan !

Créé par le naturaliste et écrivain **Gerald Durrell** (1925-1995), le parc zoologique de Jersey est unique en son genre. Il a été fondé avant tout pour assurer l'observation, la conservation et la reproduction d'espèces menacées. Des espèces rares d'escargots, par exemple, aussi bien que des orangs-outans. Si vous êtes émus par leur sort, adoptez-en un : tous les animaux du zoo, grands ou petits, peuvent être adoptés moyennant un don financier pour leur entretien.

Jersey Zoo★★ (**Durell Wildlife Conservation Trust**) – *Les Augrès Manor - Trinity - accès par les bus 3A, 3B et 23 - petit restaurant sur place et possibilité de pique-niquer dans l'herbe - 1534 860 000 - www.durrellwildlife.org - ♿ - visite guidée (1h) sur demande 9h30-18h (17h en hiver) - fermé 25 déc. - £ 11,50 (enf. £ 7,40).*
Dans le superbe parc vallonné de 12 ha situé autour d'un authentique manoir du 15e s. sont rassemblés plus d'un millier d'animaux dans un environnement semblable à celui de leur habitat naturel. La végétation y est parfois si exubérante qu'il faut rester à l'affût pour observer certains animaux. Outre des familles entières de gorilles et d'orangs-outans (de Bornéo et Sumatra), le zoo possède des collections rarissimes de lémuriens de Madagascar, de ouistitis et de tamarins d'Amérique centrale.
Une « **maison nocturne** » permet de constater l'activité des chauves-souris frugivores de l'île Rodrigues (le cycle lumineux de la salle a été inversé pour permettre l'observation en éclairage nocturne artificiel).
Le parc assure également la survie et la reproduction de nombreuses espèces d'oiseaux en péril : ainsi les pigeons roses de l'île Maurice, probablement les derniers spécimens vivants au monde, le mynah de Rothschild et l'ibis de Waldrapp, très rares en liberté et ne se reproduisant plus guère qu'ici !
Le **Gaherty Reptile Breeding Center** regroupe tortues, grenouilles, serpents et lézards divers.
Le dodo, grand oiseau coureur de l'île Maurice, identifié pour la première fois en 1599 et totalement exterminé en 1693, est devenu le symbole du parc.

La vie traditionnelle de l'île

LA VIE À LA CAMPAGNE

Hamptonne Country Life Museum (**Musée de la Vie rurale de Jersey**)
R. de la Patente - St lawrence - accès par le bus 7 - 1534 863 955 - ♿ - de mi-mars à fin nov. : 10h-17h - £ 5,25.
Après être passé sous l'arche à deux entrées (porte cochère et porte piétonne), vous vous trouvez au centre de la maison Hamptonne, du nom de son acheteur en 1633. Les bâtiments, remaniés, restaurés, améliorés au cours des siècles, montrent l'évolution de la vie rurale dans l'île. Vous pouvez voir le pressoir, l'écurie, la remise aux attelages, le four, le lavoir ainsi que le verger. Des démonstrations de techniques anciennes et artisanales ont lieu régulièrement.

Jersey Tourism

Moulin de Quétivel

Mont Fallu - St Peter - accès par les bus 8 et 8A ou en voiture par l'A 11 - ✆ 1534 745 408 - www.nationaltrustjersey.org.je - mai-sept. : mar.-jeu. 10h-16h - £ 2. Laisser la voiture au parking situé sur l'A 11 au Nord du moulin. Traverser le bois peuplé de piverts et d'écureuils, en longeant le canal de dérivation qui transporte l'eau jusqu'à la roue. Monter à l'étage supérieur. Au 16e s., sur les 47 moulins existant dans l'île, 8 fonctionnaient grâce au cours d'eau de la vallée de St-Pierre (St Peter's Valley). Autrefois, la plupart des meules étaient faites de pierre meulière provenant d'une carrière située près de l'aéroport d'Orly, en région parisienne ; elles pouvaient durer jusqu'à cent ans. Une paire de meules broyait jusqu'à 25 t de blé avant d'être repolie. Aujourd'hui, on peut encore visiter le moulin de Quétivel. Construit avant 1309, ce moulin a fonctionné pendant plus de 600 ans avant que la machine à vapeur ne le fasse tomber en désuétude. Il reprit du service sous l'occupation allemande. Restauré, le moulin s'est remis à moudre. La visite permet de voir chaque étape du procédé de fabrication, depuis l'arrivée du grain jusqu'à la vente de la farine.

Le jerriais, un dialecte au parfum normand

« I'faut souognier d'aver énne paömme pour la seit » (Il faut garder une pomme pour la soif). « Non'n'creit pas de preunes sus des poummiers » (Vous ne pouvez pas espérer qu'un pommier donne des prunes, autrement dit « les chiens ne font pas des chats »). Voici deux adages en jerriais, le dialecte de l'île qui rappelle un peu le patois normand et qui est encore parlé par les vieilles personnes. Jusque dans les années 1960, le français demeura la langue officielle de Jersey. Aujourd'hui il reste en vigueur dans les professions juridiques.

LES PRODUITS LOCAUX

Cherchez le logo « **Genuine Jersey** ». Il vous garantit que les produits qui en bénéficient sont authentiquement fabriqués ou cultivés à Jersey. Un label que l'on retrouve aussi bien sur la pomme de terre Royal Jersey que sur les poteries de Jersey Pottery ou sur des menus du terroir, mitonnés localement avec les meilleurs des produits locaux.

Jersey Pottery★

Gorey Village - Grouville - accès par les bus 1 et 1B - ✆ 1534 850 850 - www.jerseypottery.com - ♿ - 9h-17h30, dim. 10h-17h30 - fermé 1er janv. et 25 déc. - gratuit.

Vous pourrez observer librement le travail des artisans et suivre chaque étape de la fabrication de ces poteries (panneaux explicatifs en français). La salle d'exposition et de vente donne un bon aperçu de la variété et de la qualité de la production. Ceux qui sont intéressés par l'achat ont intérêt à jeter aussi un coup d'œil à l'intéressant rayon 2e choix (pièces avec des défauts minimes vendues 20 % moins cher). Un atelier pour enfants ou adultes permet même de peindre soi-même une assiette ou un bol qui sera cuit sur place et vous sera livré 4 jours plus tard (ou expédié par la poste si vous le désirez). Jardin magnifiquement fleuri, agrémenté de bassins, très agréable restaurant avec un vaste choix et des prix doux.

Plongez dans l'histoire

Pour tout savoir sur l'île : Jersey Museum★

The Weighbridge - St Helier - ✆ 01534 633 300 - www.jerseyheritagetrust.org - ♿ - avr.-oct. : 10h-17h ; nov.-mars : 10h-16h - fermé 25 déc. -£ 5,25.

Installé dans une ancienne maison de négociant jouxtant des entrepôts du 18e s, le Musée de Jersey retrace de façon très vivante l'histoire de l'île, de la préhistoire à nos jours, grâce à des scènes reconstituées (le travail des champs, le peuple de la mer, le tourisme…) et des écrans interactifs.

Les heures sombres de l'occupation allemande : Jersey War Tunnels★ (Hôpital souterrain allemand)

Les Charrières Malorey - St Lawrence - accès par les bus 8 et 8A - durée de la visite libre : 1h30 à 2h (munissez-vous d'un vêtement chaud car il fait très frais dans les tunnels) - ✆ 1534 860 808 - www.jerseywartunnels.com - ♿ - de mi-fév. à mi-déc. : 10h-18h (dernière entrée 16h30) - £ 8,60.

Très impressionnant et émouvant, ce musée fait revivre les heures sombres de l'occupation des îles Anglo-Normandes par les forces allemandes entre 1940 et 1945. Il est aménagé dans de gigantesques galeries souterraines que les Allemands firent creuser par des centaines de prisonniers et de travailleurs forcés entre 1941 et 1944 et où ils établirent un hôpital lors du débarquement allié en Normandie. Entièrement rénové

Jersey Tourism

Le château Mont-Orgueil depuis le port.

et agrandi depuis 2001, ce musée utilise tous les ressorts des techniques modernes interactives ainsi que des films, objets et documents d'époque pour inciter chaque visiteur à se mettre à la place de ceux qui vécurent cette guerre. Montée de l'hitlérisme, combats et travail forcé, exil, collaboration, pénuries, résistance, déportations et enfin la Libération, sont évoqués de façon très concrète au fil de tunnels labyrinthiques. Des sections inachevées de ces galeries souterraines laissent imaginer les effroyables conditions dans lesquelles se sont déroulés les travaux pour leur percement. Le site comprend aussi un « Garden of Reflection » (jardin de réflexion) et un centre de recherche. Parmi les nombreux autres témoignages, signalons aussi la **tapisserie de l'Occupation** (dans le même site que le Musée maritime, *voir ci-dessous*) : inspirés par des documents photographiques et des films, des tableaux brodés par les 12 paroisses de l'île racontent la vie des jersiais pendant l'occupation allemande.

L'histoire maritime : Maritim Museum and Jersey Occupation Tapestry (Musée maritime et tapisserie de l'Occupation de Jersey)

1534 811 043 - - 10h-17h (nov.-mars 16h) - fermé 1er janv. et 25 déc. - £ 5,95.

Aménagé dans les docks réhabilités du North Quay, le Musée maritime ravira les enfants car il est très ludique : ils pourront s'amuser à étudier le mouvement des marées ou des vagues, prendre un cours de *jersié* maritime, suivre sur un globe la route des grands navigateurs…

Une forteresse du Moyen Âge : château Mont-Orgueil★

Gorey - St Martin - accès par les bus 1 et 1B - 1534 853 292 - mars-oct. : 10h-18h ; nov.-mars : w.-end 10h-18h (dernière entrée 17h) - £ 5,25.

Cette impressionnante forteresse fut, pendant des siècles, le siège des seigneurs et gouverneurs de l'île. Sa construction remonte au 13e s. ; les siècles suivants l'ont vue s'entourer de nouvelles fortifications. Mont-Orgueil est construit sur un plan concentrique et chaque système de défense est indépendant des autres. Les murs jaillissant des rochers forment des obstacles redoutables. Un dédale de chemins et d'escaliers permet de monter jusqu'au sommet. De là, s'étend une **vue★★** imprenable sur le petit port de Gorey, la longue baie de Grouville au Sud et le Petit Portelet au Nord.

Un tombeau vieux de près de 6 000 ans : La Hougue-Bie★

Grouville - accès par le bus 3A - 1534 853 823 - - de mi-mars à fin oct. : 10h-17h - £ 5,25.

Le tombeau à couloir de la Hougue-Bie est l'un des plus grands et des mieux préservés d'Europe. En réalité, le monument ne servait pas seulement de sépulture mais était également utilisé, vers 3 500 av. J.-C., à des fins rituelles et cérémonielles. À peine éclairé, le tombeau vous fera forte impression avec son couloir, long d'une dizaine de mètres, couvert de dalles de granit, qui conduit à la grande chambre funéraire recouverte d'énormes blocs (le plus lourd pèse 25 t).

Pour christianiser les lieux, l'énorme tumulus qui recouvre le tombeau a été couronné au Moyen Âge par la **chapelle N.-D.-de-la-Clarté** (12e s). Elle fut agrandie en 1520 par la construction de la **chapelle Jérusalem**. Le site, verdoyant, abrite aussi un bunker allemand, une maison néolithique reconstituée et un **Musée archéologique et géologique**.

De pointe en crique : la côte Nord

De la pointe de Grosnez à la baie de Rozel, 38 km – 3h30 en voiture, la journée en vélo, avec beaucoup de dénivelés. De Saint-Hélier, prenez la A 1, puis la A 12 et la B 55 pour rejoindre Gronez. Suivre le tracé vert du plan p. 112-113.

De cette partie de l'île, la plus rocheuse et la moins habitée, les **vues** sur la côte sont saisissantes. Les falaises escarpées découpées de petites criques présentent un paysage totalement différent de celui des autres côtes aux vastes plages sablonneuses. Mais pour en apprécier la richesse, il faut savoir abandonner un temps son véhicule pour explorer plus avant les sentiers ou profiter de la beauté des plages.
À la **pointe de Grosnez★**, les ruines d'un château du 14e s. s'élèvent dans un paysage désolé, d'où vous pouvez admirer, si vous n'avez pas trop le vertige, les falaises abruptes. Au loin, par temps clair, vous apercevrez l'île de Sercq.

À Portinfer, tourner à gauche en direction de la pointe de Plémont. La route laisse à droite un vaste complexe de vacances, puis se termine par un parking.

La **pointe de Plémont** forme un amas de rochers d'où la vue s'étend sur les autres îles Anglo-Normandes. Du parking, un chemin descend à la **grève au Lanchon**, une ravissante petite plage de sable encastrée entre des falaises. C'est une plage très agréable pour se baigner par mer calme mais dangereuse par mer agitée.
Si la marée le permet, on peut accéder à quelques grottes, en particulier au site archéologique de **La Cote Cave**.

Reprendre la B 55 à Puits-de-Léoville.

La **grève de Lecq** est la plus accessible et la plus populaire des plages de la côte Nord car elle est desservie tous les jours de l'année par la ligne de bus 9. C'est une plage familiale où la baignade est sûre sauf par gros temps. Vous y trouverez cafés, pubs, toilettes et parking. Vous pouvez visiter aussi le **North Coast Visitor Centre** *(Centre d'interprétation)*, installé dans des *barracks* édifiés au 19e s. au-dessus de la plage. - *✆ 1534 482 238 - www.nationaltrustjersey.org.je - mai-sept. : tlj sf lun. 11h-17h, dim 14h-17h.*

En revenant vers l'intérieur des terres, la route vous mène à l'étonnant et unique vignoble de l'île, situé dans le parc d'une ferme du 18e s : **La Mare Vineyards**. *✆ 1534 485 210 - www.lamarevineyards.com - ♿ - de la sem. av. Pâques à fin oct. : tlj sf dim. 10h-17h - £ 5,25.*

Reprendre la direction de la côte et laisser la voiture au parking près de l'auberge pour prendre un chemin goudronné s'embranchant à gauche qui mène au **Devil's Hole★** (trou du Diable), un véritable gouffre entouré de falaises créé par l'effondrement de la voûte d'une caverne.
Le cap suivant, **Sorel Point** (pointe de Sorel) constitue l'extrémité septentrionale de l'île depuis que les carrières ont grignoté Ronez Point. Lorsque la mer se retire, on découvre à droite le **lavoir des Dames** (Fairies' Bath), bassin creusé par l'homme dans la roche.
La baie suivante, **Bonne Nuit,** abrite un petit port protégé par une jetée en pierre. Le site se prête agréablement au pique-nique mais pas à la baignade.

Une sombre période : l'occupation allemande

Le 19 juin 1940, le gouvernement britannique prit la décision cruciale de ne pas défendre les îles Anglo-Normandes contre l'invasion allemande. Les îliens eurent 24h pour choisir l'exil. Huit jours plus tard, les Allemands commençaient à débarquer sur les îles avec ce qui s'ensuivit : réquisitions, pénuries, déportations, travail forcé, résistance, héroïsme… mais aussi délation et collaboration. Jersey compta jusqu'à 1 soldat allemand pour 3 îliens ! Un programme de travaux de défense considérable fut ordonné par l'occupant pour faire de l'île une « forteresse imprenable ». 5 000 travailleurs étrangers furent amenés à Jersey pour édifier des abris-antichars, des bunkers, des galeries souterraines… Le 6 juin 1944, les îliens se réveillèrent enfin sous le vrombrissement des avions alliés qui protégeaient le débarquement sur les côtes normandes voisines. Ils crurent leur libération arrivée. Cruelle déception. Les îles furent en état de siège, même plus ravitaillées. Il leur fallut attendre le 9 mai 1945 pour que l'occupant capitule enfin sans condition…

Jersey Tourism

En famille, sur la plage de St Brelade's Bay.

Vient ensuite **Bouley Bay,** une large baie aux contours granitiques qui recèle une enclave de sable protégée par une jetée et la falaise.
L'endroit, apprécié des amaterus de plongée et de pêche, est renommé pour les forêts qui l'entourent et pour sa tranquilité.

Prendre la C 2 puis, à gauche, la B 31.

Une bonne partie de **Rozel Bay** est occupée par le joli petit port de pêche de **Rozel**, où les bateaux viennent s'échouer à marée basse. La plage, dont le sable est plus doux et plus blanc qu'ailleurs sur la côte Nord, se prête mieux aux bains de soleil qu'à la natation. En fait Rozel attire surtout les gourmets : cafés, bars et restaurants abondent, au bord de l'eau ou dans des sites magnifiques à proximité. Par exemple le restaurant **Le Frère**, perché sur sa falaise, ou le **Château la Chaire**, caché au milieu d'un jardin exubérant.
Au Nord, au nez du Guet, subsistent les vestiges d'un rempart construit en 500 av. J.-C.

De la baie de Rozel, on peut revenir directement à St-Hélier par la B 38 et l'A 6 ou tourner à gauche dans la B 91 pour rejoindre St Catherine's Bay puis regagner St-Hélier en suivant la route de la côte qui passe par Gorey.

En famille

Outre les plages, le zoo, les châteaux forts, la ferme d'Hamptone Court et le Musée maritime *(voir plus haut)*, Jersey offre encore bien d'autres attractions pour les enfants. En voici quelques-unes :

The Living Legend (La Légende vivante)

R. du Petit-Aleval - St Peter - accès par le bus 8A - ✆ 1534 485 496 - www.jerseylivinglegend.co.je - ♿ - avr.-oct. : 9h30-17h ; mars et nov. : tlj sf jeu. et vend. 10h-17h - £ 7,45.
Ce parc d'attractions retrace l'histoire, la vie et les légendes de l'île. Le visiteur parcourt un labyrinthe de salles mystérieuses, où des effets optiques et sonores font revivre les héros et les bandits d'autrefois. Ce parcours se termine à la porte d'une grande salle étrange, hors du temps, dans laquelle un spectacle raconte quelques pages de l'histoire de Jersey à grands renforts d'effets spéciaux (hologrammes, lumières laser, projections d'images, puissante soufflerie...)

a'Maizin Maze

La Hougue Farm, Grande-route de St-Pierre - St Peter - accès par le bus 9 - ✆ 1534 482 116 - www.maize.com - de fin avr. à déb. sept : 10h-18h (dim. en août : 19h-22h) ; sept. : w.-end :10h-18h.
Ce parc d'attraction très apprécié des locaux regroupe terrain d'aventure (pistolets à eau, bateau géant, jeux de balles...), trampolines, karts, labyrinthe en maïs, spectacles de fauconnerie et autres animations.

Aquasplash

The Waterfront - Centre - St Hélier - ✆ 1534 734 524.
Piscine de 25 m et piscine d'agrément avec machine à vagues, rivière de détente, toboggan, parcours sur pneus : que des plaisirs pour mousses d'eau douce.

Jersey pratique

OÙ S'INFORMER

Jersey Tourism (Office de tourisme) – *Liberation Square - St-Hélier - Jersey - Channel islands, JE1 1BB - ✆ 1534 500 700 - www.jersey.com - de mi-sept. à mi-mars : lun.-vend. : 8h30-17h30, sam. 9h-13h ; de mi-mars à fin mai : lun.-vend. : 8h30-17h30, w.-end : 9h-13h ; de déb. juin à mi-sept. : 8h30-17h30 (dim. 14h).*

Capitainerie de Saint-Hélier – *Jersey Harbours - ✆ 1534 885 588 - www.jersey-harbours.com*

Météo, marée et houle – À Jersey les courants des marées sont parmi les plus forts du monde. Renseignements sur le site : *www.thebeach.jersey.com*

Température de l'air – Moyenne de 7 °C en janvier et de 18 °C en août, pouvant atteindre certaines années 20 °C.

COMMENT CIRCULER SUR L'ÎLE

On circule facilement en bus sur l'île. La gare des bus se situe à The Weighbridge, (St Hélier), près de l'office du tourisme. En saison, les bus **Easylink** - *✆ 1534 876 418* - dans lesquels on peut monter et descendre à volonté, desservent de nombreuses baies et attractions *(£ 7/j, -16 ans gratuit).*

La location de voiture est pratique et peu chère (il y a 566 km de routes) :

Hertz – *✆ (0) 800 735 1014 (gratuit).*

Zebra Car & Cycles – *9 Esplanade - St Hélier - ✆ (0) 1534 736 556 -www. zebrahire.com.* Location de voitures et de vélos.

Le vélo est agréable sur les « green lanes », où la vitesse est limitée à 24 km/h et où piétons et cyclistes ont la priorité, mais ces dernières ne permettent pas encore de faire le tour de l'île.

Jersey Cycletours – *St Aubin - ✆ 1534 746 780.* Voir aussi **Zebra** ci-dessus.

La marche à pied est idéale sur ces petites routes et surtout sur les sentiers de la côte Nord, très bien entretenus.

OÙ DORMIR

⊖ **Hôtel Au Caprice** – *La Haule - JE3 8BA St Aubin - Jersey - sur l'A 1 - ✆ 1534 72083 - 12 ch. £ 30/60 ☕ (demi-pension £ 38)* - non-fumeur. Sympathique petite pension, au patron chaleureux et plein d'humour, en face de l'immense plage de St-Aubin. Chambres propres et confortables. Parking payant. Bonne desserte par le bus.

⊖ **The Undercliff Guest House** – *Bouley Bay - JE3 5AS Trinity - Jersey - ✆ 1534 863 058 -undercliff-jersey@psilink.co.je. - 13 ch. £ 37,50/75 - repas lun.-jeu. £ 10.* Charmante maison d'hôte nichée dans la verdure près du port de Bouley Bay. Piscine chauffée. Idéal pour ceux qui souhaitent arpenter les superbes sentiers de la côte Nord.

⊖ **Lavender Villa Hotel** – *La Rue a Don - JE3 9DX Grouville Bay - Jersey - ✆ 1534 854 937 - 21 ch £ 36/72 ☕ (demi-pension £ 42).* L'atout majeur de cet hôtel tient à sa situation : il donne sur le golf, le Royal Golf of Jersey, qu'il suffit de traverser pour gagner la plage de Grouville (seules quelque chambres bénéficient de cette vue magnifique). Restaurant. Jardin avec petite piscine, contigu au golf. Parking. Bonne desserte par le bus.

⊖ **Queens Hotel** – *Queens Rd - JE2 3GR St Helier - ✆ 1534 22239 - fermé 25 déc. et 1er janv. - 🚭 - 37 ch. £ 30/120 - rest. pour résidents £ 10/20.* À quelques minutes à pied du centre de St-Hélier, cet hôtel moderne sans prétention est apprécié pour ses chambres spacieuses et son bon rapport qualité-prix.

⊖ **Elmdale Farm** – *Ville Emphrie - JE3 1EF St Lawrence - 4,8 km au N de St-Hélier – ✆ 1534 734 779 - P - 19 ch. £ 39,50/79 - rest. £ 8,95/14,95.* En pleine campagne, cette ancienne ferme abrite un restaurant très renommé. Les chambres installées dans des cottages récents sont simplement décorées et meublées de pin. Son jardin et sa piscine chauffée invitent à la détente en été.

⊖ **Chambre d'hôte La Bonne Vie** – *Roseville St. - JE2 4PL St Helier - ✆ 1534 735 955 -labonnevieguesthouse@yahoo. com - 10 ch. £ 28/62 ☕.* À deux pas de la plage et du centre-ville, une maison victorienne fleurie et impeccablement entretenue. Accueil sympathique. Chambres bonbonnières avec leurs édredons, rideaux et coussins à fleurs.

⊖⊖ **Hôtel Moorings** – *JE3 6EW Gorey Pier - ✆ 1534 853 633 - 15 ch. £ 59/138 - rest. £ 28/49.* Ce petit hôtel sans prétention vous séduira par son bel emplacement en face du port, au pied du château Mont-Orgueil. Ses chambres sont bien équipées et l'accueil sympathique.

⊖⊖ **La Haule Manor Hotel et Appartements** – *JE3 8BS St Aubin - Jersey - ✆ 1354 741 526 - 10 ch. £ 69/140.* Installé dans un manoir du 18e s. au milieu d'un magnifique jardin, l'hôtel domine la superbe baie de Saint-Aubin. Chambres agréables. Pas de restaurant. L'hôtel loue aussi des appartements à la semaine (à partir de £ 550)

⊖⊖⊖ **Revere Hotel** – *Kensington Place - JE2 3PA St Helier - Jersey - ✆ 1534 611 111 - www.revere.co.uk - £ 89/128 (demi-pension £ 82,50).* À deux pas du centre-ville et de la mer, cet hôtel de charme, aménagé dans un ancien relais de poste du 17e s, séduit par son ambiance intime, ses feux de cheminées l'hiver et son patio agrémenté d'une petite piscine pour l'été. Chaque chambre a son style, certaines disposant de lits à baldaquin. Ses trois restaurants sont à son image, pleins de caractère.

OÙ MANGER

Le Moulin de Lecq – *JE3 2DT Grève de Lecq - ☏ 1534 482 818 - £ 8/12.* La roue de cet authentique moulin du 12e s. tourne encore ! Dans le bar de ce pub de caractère, vous pourrez aussi admirer la machinerie en dégustant quelque bière blonde locale ou quelque plat simple. Barbecue en été dans le jardin. Terrain de jeux pour les enfants.

Atlantique Seafood Bar – *Fish Market - Beresford St. - St Hélier - ☏ 1534 720 052 - ts les midis sf dim. 11h-15h ; jeu., vend. et sam. 18h30-22h30 - £ 12/40.* Dans le marché aux poissons, un bar-restaurant à l'amusant décor qui ravira les amateurs de fruits de mer. Ambiance animée et décontractée. Tapas de l'Atlantique, crabes frais pêchés, homards, poissons du jour, crevettes ou huîtres de toutes tailles et à toutes les sauces. Tous les plats sont par ailleurs à emporter. Breakfast continental ou à l'anglaise avec œufs et saumon fumé ou harengs.

Chambers – *5 Mulcaster St. – JE2 3NJ St Helier- ☏ 1534 733 405 - tlj 11h-1h, soir lun.-jeu. 18h-21h.* Un immense pub très chaleureux et confortable avec ses énormes fauteuils et canapés en cuir. On y vient pour se retrouver autour d'une bière, pour la musique *live* le samedi soir, qui attire une foule de jeunes, mais aussi pour savourer un plat copieux au déjeuner ou, en semaine, le soir. Clientèle variée. Tenue correcte exigée (pas de survêtement ou de tenue de sport).

Wayside Cafe – *St Brelade's Bay - ☏ 1534 743 915 - saison : 9h-20h45 (merc. 9h-17h).* Une petit salle banale ouvrant sur la mer, une immense terrasse sur la plage, des fish & chips, des sandwiches et des glaces. Mais aussi une cuisine inventive due à un chef anglais renommé, David Cameron. Le tout à prix doux dans une ambiance décontractée.

Old Court House Inn – *St Aubin's Harbour - JE3 8AB St Aubin - ☏ 1534 746 433 - ochstaubins@jerseymail.co.uk - fermé 25 déc. - £ 13/21 - 9 ch. £ 40/120 ☕.* Cette auberge du 15e s. sise sur le port est imprégnée d'histoire. Vous y dégusterez des spécialités de poissons et fruits de mer dans une salle de l'ancien tribunal ou dans l'arrière reconstitué d'un galion. Chambres spacieuses personnalisées. Terrasse avec vue sur le port.

Village Bistro – *JE3 9EP Gorey Village - ☏ 1534 853 429 - thevillagebistro@yahoo.co.uk - fermé 3 sem. en nov. - réserv. obligatoire - £ 13,50/28,35.* L'ambiance décontractée d'un cottage familial et de savoureuses spécialités : risotto aux crevettes et champignons, crème brûlée à l'orange. Menu déjeuner à prix attractifs.

Portinfer Farm Tea Room – *R. de La Porte-St-Ouen - JE3 2BN Portinfer- ☏ 1534 483 174 - été : 11h-17h - fermé lun. - menu du terroir £ 14,50* - Une table très appréciée des locaux car Alan Mason, le jeune chef, mise sur les produits « Genuine Jersey », c'est-à-dire du terroir. Cochon de lait, veau, poisson, légumes… il sélectionne les meilleurs produits du cru et les prépare avec une pincée de créativité. Bonne adresse aussi pour le « cream tea » ou la glace maison au « black butter ».

Suma's – *Gorey - JE3 6ET Gorey Hill - ☏ 1534 853 291 - fermé 23 déc.-31 janv. et dim. soir - réserv. obligatoire - £ 15/43,30.* Ce restaurant très chic et en vogue connaît un vif succès auprès des résidents et des touristes. Son intérieur lumineux accueille des œuvres d'artistes locaux. Aux beaux jours, installez-vous en terrasse et régalez-vous de la vue sur le château Mont-Orgueil et le port.

Le Frère – *Le Mont de Rozel - JG3 6AN St Martin - ☏ 1534 861 000 - fermé dim. soir et lun. - £ 17/37.* Ce frère-là a bien du succès ! Son secret ? Une carte pour tous les goûts, des menus attractifs et une splendide terrasse qui surplombe la mer.

QUE RAPPORTER

Spécialité – Black butter, une marmelade à base de pommes et de cidre (à la **Maison La Mare** - *33 King St. - St-Hélier)* ou des poteries de Jersey Potery *(voir « La vie traditionnelle de l'île », p. 115).*

Bon à savoir – À St-Hélier, autour de King Street, vous trouverez toutes les grandes marques britanniques comme Burberry et Marks et Spencer et vous pourrez profiter d'un moment de shopping agréable, loin de la fébrilité des grandes villes.

Les taxes étant peu élevées dans l'île, vous pourrez être tentés d'y acheter des marques de créateurs : vêtements, parfums… à des prix plus raisonnables qu'ailleurs, à condition d'être au courant des prix pratiqués en France pour pouvoir faire la comparaison. Sinon, limitez-vous à quelques spécialités bien britanniques : *lemon curd, clotted cream,* thé ou biscuits au gingembre.

Guernesey★ 13

CARTE MICHELIN LOCAL 309 – 60 000 HABITANTS – 63 KM²

L'arrivée en bateau séduit par le charme de la capitale, Saint Peter Port, l'arrivée en avion surprend par le nombre impressionnant de serres qui émaillent la campagne, sillonnée de petites routes et parsemée de champs… Guernesey, la deuxième des îles Anglo-Normandes en superficie est encore plus densément peuplée que Jersey, mais elle conserve un caractère plus rural, plus intime. Couverte de vallons boisés qui plongent dans la mer, de baies hérissées de rochers rougeoyants et de tapis de fleurs, cultivées ou sauvages, c'est une île qui a séduit Renoir et Victor Hugo. Une île qui en vaut quatre, car elle se situe au cœur d'une constellation qui englobe Herm, Sercq et Aurigny.

ARRIVER À BON PORT

© Frederick Warne & Co. 1983

Passagers et voitures peuvent embarquer à Saint-Malo, bientôt desservi par le TGV, sur Condor Ferries.
Les passagers peuvent aussi emprunter les bateaux de Manche-îles-Express qui partent généralement de Barneville-Carteret ou de Diélette (selon les marées), dans le Cotentin.
On peut aussi accéder à Guernesey en avion depuis Saint-Brieuc par Rockhopper et depuis Dinard par Aurigny Air Services.
Ces différentes compagnies relient également Jersey et Guernesey. Manche-îles-Express, Rockhopper et Aurigny Air Services assurent des liaisons entre Guernesey et Aurigny. Des services de bacs au départ de Guernesey permettent de rallier Herm en 20mn et Sercq en 50mn *(voir ces îles)*.

LARGUER LES AMARRES !

Pour les coordonnées et les services offerts par les différentes compagnies, voir p. 95. Quel que soit le moyen de locomotion et la compagnie choisi, vous débarquerez à St Peter Port, la capitale. Pour ceux qui effectuent le trajet en avion, l'aéroport se situe à un quart d'heure environ au Sud-Ouest de St Peter Port.

BON À SAVOIR

En anglais, Guernesey se dit Guernsey.
L'île abonde en hôtels et en restaurants agréables, mais possède peu de *guesthouses* (chambres d'hôte).
Rares sont aussi les loueurs de surf, de kayak et de planche à voile.
Les attractions pour enfants sont moins nombreuses qu'à Jersey. Certains salons de thé en bordure de plage précisent même qu'ils n'acceptent que les enfants bien élevés : « well behaved children ».
Pour profiter pleinement de votre séjour, ne manquez pas de lire aussi les informations pratiques sur les îles Anglo-Normandes (décalage horaire, change, circulation…) p. 95-97.
Si les routes ne sont pas très bien indiquées, les habitants s'empresseront de vous renseigner. En haute saison, il vaut toutefois mieux se procurer le *Perry's Guide*, le meilleur plan de l'île.
Un des atouts de Guernesey : ses voisines. D'un coup de bateau, on peut aller dîner à Herm ou passer la journée à Sercq ; d'un coup d'avion, on peut s'échapper quelques heures sur Aurigny.

Sur les pas de Victor Hugo à St Peter Port

L'arrivée par bateau à **St Peter Port★★** offre une merveilleuse vision : la ville s'étage sur la colline qui surplombe le port où, chaque année, des milliers de voiliers font escale. Au cliquetis des mâts répond le son du canon, qui tonne tous les jours à midi depuis Castel Cornet, le château édifié vers 1250 à l'entrée de la baie. Bien abrité et séparé de la haute mer par les îles voisines d'Herm et de Sercq, c'était alors le meilleur mouillage des îles Anglo-Normandes. La ville qui se développa autour, St Peter Port, prospéra

Haie d'églantines depuis Saint's Bay.

rapidement grâce au commerce du vin puis aux profits réalisés par les contrebandiers et les corsaires. De somptueuses demeures de granit, qui témoignent de sa richesse au 18e s., alternent avec de gracieuses maisons aux couleurs pastel.
La diversité de son architecture contribue pour beaucoup au charme de la ville. Dômes, tours et tourelles couronnent un dédale de villas, jardins, terrasses, escaliers et venelles accrochés aux flancs d'une colline, qui plonge de 61 m jusqu'au bord de l'eau, où se dressent encore d'anciens entrepôts.
Avec ses pittoresques passages et ses rues bordées de magasins, son port ouvert vers le continent et les autres îles Anglo-Normandes, cette capitale maritime déborde d'une sympathique animation. **High Street** et **Le Pollet** en sont les principales artères commerçantes. Mais pour comprendre l'âme de la ville, il faut déambuler dans le labyrinthe de ses venelles et escaliers, par exemple sur **Arcade Steps** (127 marches !), qui laisse découvrir au passage de superbes vues sur les toits, le port et les îles voisines.
St Peter Port et l'île tout entière restent imprégnés de la personnalité de **Victor Hugo**, qui y vécut en exil pendant quinze ans, après avoir été expulsé de Jersey. C'est pourquoi nous vous invitons à une balade dans la ville avec l'écrivain pour guide ! Si après cela, vous voulez en savoir plus sur l'histoire et la richesse architecturale de la ville, procurez-vous les brochures *Balades à Saint Peter Port* et *Sur la route Victor Hugo* ou suivez une visite guidée en vous adressant à VisitGuernsey *(voir « Guernesey pratique »)*.

Le port (Harbour)

Dès son arrivée à Guernesey, Victor Hugo fut séduit par le port de la capitale : « Même dans la pluie et le brouillard, l'arrivée à Guernesey est splendide [...] Au mois de mai, les yachts commencent à arriver, la rade se peuple de navires de plaisance, la plupart gréés en goélettes, quelques-uns à vapeur ».
Aujourd'hui, le port moderne est animé par les allers et venues des navires assurant les navettes entre les îles, les bateaux de pêche, les yachts de plaisance et les *car-ferries* qui relient Guernesey aux ports anglais ou français. Le vieux port fut créé au 18e s. par l'adjonction de la digue Nord à la digue d'origine du 13e s. Aujourd'hui, il s'inscrit entre Castle Pier et St Julian's Pier, digues construites de 1835 à 1909. Pour découvrir les plus belles **vues** sur le port et la ville, il faut aller à White Rock, prolongement de St Julian's Pier, ou jusqu'au **Castel Cornet★** *(voir plus loin)* et au phare, tout au bout de la digue qui prolonge Castle Pier.
Sur la North Esplanade, le pub **Ship and Crown** abritait à l'époque le **Crown Hotel** où descendit Juliette Drouet, fidèle maîtresse de Victor Hugo, quand elle débarqua à Guernesey. Hugo s'était lui-même d'abord installé à l'Hôtel de l'Europe, aujourd'hui occupé par un magasin Woolworth's.

St Peter Port Church★ (église paroissiale)

« L'église de Saint-Pierre-Port, triple pignon juxtaposé avec transept et flèche, est au bord de l'eau au fond du port, presque sur le débarcadère même. Elle donne la bienvenue à ceux qui arrivent et l'adieu à ceux qui s'en vont. Cette église est la majuscule de la longue ligne que fait la façade de la ville sur l'océan ». C'est ainsi que Hugo présente dans *Les Travailleurs de la mer* cet édifice en granit dont la construction remonte à 1048. Agrandie aux 14e et15e s., cette robuste église servait aussi de forteresse et de refuge à la population lors des incursions des pirates. Elle abrita des canons, la pompe à incendie et le marché aux fleurs les jours de pluie. Décoré d'intéressants vitraux modernes, l'intérieur recèle aussi une belle collection de drapeaux, de plaques commémoratives et des souvenirs à la mémoire des courageux marins, soldats, corsaires ou autres Guernesiais célèbres. Son horloge, dont la cloche extérieure pendue sous un auvent sonne toutes les heures, scande la vie du port.

Les marchés (the Markets)

Le premier marché couvert, à droite en remontant Market Street, où les domestiques de Victor Hugo allaient sans doute faire leurs courses, date de 1782. Son nom français, **les Halles**, lui a été donné au 19e s. car bon nombre de produits qui y étaient vendus provenaient de Bretagne. Au-dessus, les anciennes salles des fêtes datent de la même époque. En face, les Arcades (1830), qui présentent une colonnade dorique, étaient le royaume des bouchers ; vient ensuite le **marché aux poissons** (1877), avec sa rangée de fenêtres ressemblant à des hublots de navire, puis le **marché aux légumes** (1879). Sur son toit se dressent des paratonnerres en forme de feuilles de tabac : évocation de la taxe qui permit de financer en partie le marché. Cœur nourricier de la ville, ce marché est actuellement en cours de rénovation. On y vend toujours poissons, viandes et légumes, mais il devrait abriter à l'avenir des petites boutiques.

OÙ DORMIR	Moore's Central 8	Christies 3
Hougue du Pommier 1	Sunnycroft Hotel 9	Cobo Tea Room 5
La Barbarie 2	The Bella Luce 10	Fleur du Jardin 7
La Michele 4		L'Escalier 9
Maison Bel Air 6	OÙ MANGER	The Beach Cafe 11
	Auberge du Val 1	The Hollows 13

Remontez **Cornet Street** sans manquer au passage au **n° 26** une demeure du 18e s., qui a conservé ses volets en roseaux. Elle abrite le siège du National Trust of Guernsey qui a rétabli au rez-de-chaussée le magasin qui y existait à l'époque victorienne, quasiment inchangé, **Victorian Shop and Parlour** *(26 Corner St. - ✆ 1481 728 451 - de Pâques à fin oct. et autour de Noël : mar., merc., jeu. et sam. 10h-16h)*, ainsi qu'un salon victorien. Continuez à grimper en suivant **Hauteville Street**, une rue bordée de magnifiques maisons de la période 1720-1830 et de villas de la régence anglaise. C'est au **n° 20** que Victor Hugo s'installa en 1855 avec sa famille. et il termina *Les Contemplations*. Grâce à l'immense succès de cet ouvrage, il allait pouvoir s'acheter **Hauteville House**, une ancienne maison de corsaire, un peu plus haut dans la rue, au **n° 38**. En 1864, il acheta la maison du n° 20 pour Juliette Drouet et y aménagea un étonnant décor, dont on peut voir quelques éléments à la Maison de Victor Hugo, à Paris.

L'exil de Victor Hugo

Le 31 octobre 1855, Victor Hugo débarquait à Guernesey ; il devait y rester jusqu'en 1870. Ses démêlés avec le régime de Napoléon III l'avaient conduit à quitter la France pour se réfugier d'abord en Belgique, puis à Jersey en 1852. Il allait en être expulsé trois ans plus tard à cause de ses écrits politiques trop virulents à l'égard de l'alliance franco-anglaise. À cette époque, Jersey et Guernesey s'ingéniaient à ne rien faire en commun, et si Jersey expulsait Hugo, Guernesey se devait de l'accueillir. Dans sa maison de St Peter Port, Hauteville House, l'écrivain composa, ou acheva, une bonne partie de son œuvre. Il l'habita jusqu'en 1870 et l'aménagea de ses propres mains. La sobriété de l'extérieur n'annonce nullement l'incroyable richesse de l'intérieur, véritable œuvre autographe qui raconte à sa façon le génie de Hugo.

Après avoir visité Hauteville House, s'il vous reste suffisamment d'énergie, vous pourrez poursuivre la balade jusqu'au **Vieux Quartier**, autour de **Trinity Square**, une jolie place ombragée entourée de cafés en terrasse, de magasins d'antiquité et du vieux pub Britannia (1840). C'est notamment dans ce quartier, où abondent antiquaires et brocanteurs, que Victor Hugo se rendait pour se livrer à sa passion de la « fée Bric-à-Brac ». Mansell Street et Mill Street, deux pittoresques rues piétonnes, vous ramèneront vers le port.

Hauteville House★★ : la maison de Victor Hugo

38 Hauteville - ✆ 1481 721 911 - www.paris.fr/musees/maison_de_victor_hugo - visite guidée (1h) : mai.-sept. : 10h-16h ; avr. : 12h-16h - fermé dim. - £ 4.

Présumée hantée, cette grande maison qui surplombe l'océan fut achetée pour une somme dérisoire par Victor Hugo en 1856. Fasciné par la « fée Bric-à-Brac » et par le « dieu Bibelot », Victor Hugo écréma toute l'île et mit à profit ses voyages pour dénicher une profusion de bahuts et de coffres, de panneaux et d'éléments de mobilier, de faïences, de tapisseries, de miroirs, de tissus et de curiosités… Puis, avec une imagination géniale, il scia, découpa, détourna le plus souvent tous ces objets de leur usage habituel pour les recomposer à sa façon dans sa nouvelle maison. Résultat : un décor d'une richesse incroyable : des pieds de lit servent de colonnes, des assiettes tapissent le plafond, une soupière est transformée en lave-mains, des repose-fers à repasser sont intégrés dans le dais du fauteuil des ancêtres afin de lui donner une allure gothique ; dans le salon rouge, les « torches de la liberté portées par les esclaves » sont faites de bougeoirs retournés et surmontés de plateaux de balance en cuivre.

Jouant de l'ombre et de la lumière, de l'inspiration médiévale aussi bien qu'orientale, des jeux de miroirs et de transparence, des inscriptions gravées à résonnance politique, symbolique ou intime, il composa une symphonie décorative unique en son genre, empreinte de force et de mystère. L'étrange chambre de Garibaldi, le patriote italien qui n'y coucha du reste jamais, est située au deuxième étage. Au chevet du grand lit en chêne, une sculpture de tête à deux faces symbolise la Vie et la Mort.

Le dîner des enfants

Dans sa croisade contre la misère et pour l'égalité, Victor Hugo ne se contentait pas que de mots. « La porte de Hauteville House dans l'exil est ouverte à un battant aux riches et à deux battants aux pauvres », écrit-il en 1862. « Tous les mardis, je donne à dîner à quinze petits enfants pauvres choisis parmi les plus indigents de l'île, et ma famille et moi nous les servons : je tâche par là de faire comprendre l'égalité et la fraternité à ce pays féodal ».

Au troisième étage, après une sombre antichambre-bibliothèque dont les livres sont, pour la plupart, des envois d'auteurs, on arrive, en pleine lumière, dans le *look-out*, magnifique verrière carrée d'où l'on a une vue superbe sur l'océan. C'est là que Victor Hugo écrivait, sur une tablette, debout face à l'océan. C'est là qu'il signa quelques-uns de ses chefs-d'œuvre : *La Légende des Siècles, Les Misérables, Les Travailleurs de la mer, L'Homme qui rit...* À côté, une sobre mansarde lui servait de chambre. De sa fenêtre, il apercevait La Fallue, une autre maison que Juliette Drouait occupa un temps, et pouvait ainsi communiquer par signe avec sa maîtresse.
Le **jardin de Hauteville House** (*visite libre incluse dans la visite de la maison*), refait en 2002 d'après les notes rédigées par Victor Hugo, a retrouvé son caractère romantique voulu par le poète. Camélias, rhododendrons, glycines, myrtes et agapanthes, vigne et arbres fruitiers palissés s'épanouissent autour de la fontaine aux serpents, du célèbre chêne des États-Unis d'Europe, planté par l'écrivain le 14 juillet 1870, et du banc où il avait inscrit ces vers des *Contemplations* : « immensité dit l'être, éternité dit l'âme ».

Le tour des plages

Vastes baies ou minuscules criques : une trentaine de plages jalonnent le littoral de Guernesey. Les îliens mouillent leur doigt pour sentir d'où vient le vent avant de jeter leur dévolu sur celle qui sera ce jour-là la mieux protégée pour se baigner, à moins qu'ils ne recherchent les rouleaux pour le surf. Souvent aussi, ils y vont pour pêcher ou simplement pour la beauté du paysage.
Sur la côte Sud, bordée de hautes falaises, les criques sont généralement superbes. On peut les contempler de haut depuis les pointes qui s'avancent dans la mer, mais elles ne sont souvent accessibles qu'à pied par des voies escarpées, voire même seulement par la mer. À l'Ouest et au Nord, le littoral s'abaisse découvrant de vastes baies mieux adaptées aux enfants ou aux activités nautiques et facilement accessibles en voiture.
Les plus grandes plages sont toutes équipées de toilettes. Certaines, même petites, possèdent un agréable café de plage, mais aucune d'entre elles n'est vraiment éloignée d'un café ou d'un restaurant.
Les plages primées (Seaside Awards) : Fermain Bay, Petit Bôt, Portelet, l'Erée, Vazon, Cobo, Port Soif, Pembrocke et l'Ancresse.

À l'Est : Fermain Bay, le bonheur au bout du chemin

Située au Sud de St Peter Port, c'est la plus jolie plage de la côte Est. On y accède uniquement à pied par un chemin pentu et boisé. Bien protégée du vent par de hautes falaises, c'est une petite plage de galets, ourlée de sable à marée basse. Sa vieille digue en pierre, la petite **tour** du 18e s. qui la garde et ses eaux vertes sur fond de granit et de végétation luxuriante en font un des sites les plus photographiés de l'île. Un café de plage raffiné, **The Beach Cafe** (*voir Guernesey pratique*), y est installé.

Au Sud-Est : petites criques et hautes falaises

À l'extrémité Sud-Est de l'île s'avance la **St Martin's Point★★** (pointe St-Martin), terminée par un petit phare. Du belvédère, situé près du parking, on aperçoit au loin, de gauche à droite, Aurigny, Herm, Sercq et Jersey.
Par le sentier qui longe la falaise, on rejoint peu après la **Jerbourg Point★** (pointe de Jerbourg). De là, la vue s'étend sur les Pea Stacks (Tas de pois), groupe de rochers qui semblent plantés dans la mer, sur la baie du Moulin-Huet et, au large, sur les autres îles de l'archipel.
Première plage de la côte Sud, la jolie anse de **Petit Port** a la faveur des Guernesiais du fait de sa vaste étendue de sable à marée basse et de sa tranquillité. Et pour cause : on y accédait par un escalier ardu dont les marches se sont effondrées et elle n'est donc plus accessible que par la mer.
Juste à côté s'étend l'une des plus belles baies de l'île, **Moulin Huet Bay,** bordée d'intéressantes formations rocheuses et de grottes. L'accès s'effectue par un sentier depuis le parking. Le nom de cette baie vient d'un meunier établi dans le voisinage. Le torrent qui servait à faire tourner le moulin se jette de la falaise sur un amoncellement de rochers.
En 1883, Renoir a peint une quinzaine de toiles de Moulin Huet, fasciné par les lumières du soleil couchant sur les rochers roses.
Accessible par la route, **Icart Point★★** (pointe d'Icart) offre une vue panoramique sur la côte. À l'Ouest se succèdent de paisibles plages de sable fin ; à l'Est, **Saint's Bay** (la baie du Saint) accueille les bateaux de pêche. Par temps clair, on peut même apercevoir le phare de Douvres, sur la côte française, à 37 km. La pointe d'Icart a donné son nom à une roche, le gneiss d'Icart, qui forme la majeure partie du plateau Sud

de Guernesey et affleure dans les falaises du littoral. Vieille de 2 700 millions d'années, cette roche métamorphique date de l'ère précambrienne : c'est l'une des plus ancienne d'Europe occidentale.

Nichée au pied de deux vallées boisées, et dominée par **une tour pré-Martello**, **Petit Bot Bay** (baie du Petit-Bot) est une jolie plage de galets. Ourlée de sable à marée basse, elle se prête agréablement à la baignade. Les rochers sur les côtés de la baie forment des piscines d'eau de mer.

La plus petite des pointes de la côte Sud, la **pointe de la Moye**, accessible par un sentier, est bordée à l'Ouest par **le Gouffre**, que l'on peut contempler depuis une plate-forme. À l'Est, le sentier se prolonge par un escalier qui mène à une crique bien abritée où les pêcheurs de langoustes viennent encore mouiller. Ce petit port, surnommé par Victor Hugo « le port au quatrième étage », a conservé deux gros madriers sur lesquels les barques étaient descendues ou hissées.

Les tours pré-Martello

Quinze tours de défense furent construites vers 1780 pour assurer la protection de l'île de crainte d'une invasion française... qui n'eut finalement pas lieu. Douze de ces tours se dressent encore autour de l'île. On les appelle pré-Martello car elles sont antérieures d'une quinzaine d'années aux tours Martello qu'on peut voir en grand nombre à Jersey.

Au Sud-Ouest : la partie la plus sauvage de l'île

En continuant vers l'Ouest, la côte Sud ne recèle plus que de minuscules baies. Encore plus sauvage et déserte, cette côte n'est accessible que par le sentier qui longe la falaise *(voir plus loin)* ou par quelques petites routes menant à d'anciennes **maisons de guetteurs, tours ou bunkers**. Ce sont, généralement, des vestiges de l'époque où l'île craignait une invasion napoléonienne ou de l'occupation allemande.

Parmi les nombreuses grottes percées le long de la côte, **Le Souffleur,** située dans la baie de la Forge, est l'objet d'un phénomène sonore : lors de la marée montante, le flot s'engouffre dans la cavité en produisant un bruit infernal (Blow-Hole).

Le **Pleinmont Headland** (cap de Pleinmont), au paysage sauvage et désolé, marque l'extrême limite Ouest des îles Anglo-Normandes. De ce promontoire, où se dresse la **Pleinmont Tower**, une imposante tour allemande, la **vue** embrasse l'île de Lihou, la baie de Rocquaine et le phare de Hanois dont Victor Hugo disait que c'était « un des plus redoutables assassins de la mer... qui attendait en traître les navires dans la nuit... ». Il est vrai que ce phare est entouré de récifs et que la côte est particulièrement déchiquetée et dangereuse.

À la **Pezeries Point★★** (pointe de Pézéries) gisent les ruines d'un fort, en étoile, rattaché à la côte par une étroite chaussée. Ce fort qui gardait la baie de Rocquaine depuis des temps très anciens fut agrandi et renforcé au début des années 1800 de peur d'un invasion napoléonienne.

À l'Ouest de la route se trouve la **table des Pions**, anneau de pierres bordé d'une tranchée et couvert d'herbe. Jusqu'en 1837, tous les trois ans, les dignitaires du fief de St-Michel, accompagnés d'élégants jeunes hommes à pied, les « pions », inspectaient les routes de l'île. Lors de la chevauchée de Saint-Michel, les pions venaient s'asseoir à cette table d'herbe pour se restaurer, les pieds posés dans la tranchée. L'un des privilèges des pions était de pouvoir embrasser toutes les jeunes femmes !

À l'Ouest et au Nord : une succession de vastes baies faciles d'accès

Après le cap de Pleinmont, les hautes falaises déchiquetées font place à une ceinture de sable entrecoupée de baies sur le reste du littoral. Chacun des promontoires est surmonté d'un dolmen et de fortifications.

Rocquaine Bay★ – Dans la vaste baie de Rocquaine, facile d'accès, la **plage de Portelet** peut être intéressante pour les enfants à marée basse.

Au Sud de la baie, de nombreux bateaux viennent mouiller près du charmant petit port de pêche de **Portelet**.

Au milieu de la baie se dresse **Fort Grey**, un ancien château médiéval sur lequel fut ajoutée, en 1804, une tour Martello, l'un des ouvrages défensifs destinés à dissuader Napoléon d'envahir l'île. On les surnomme ici gentiment : « la tasse et la soucoupe ». La tour peinte en blanc sert d'amer aux marins. Elle abrite le **Fort Grey Shipwreck Museum** (Musée maritime de Fort Grey), un musée essentiellement consacré aux naufrages qui ont eu lieu de 1750 à 1978 sur les écueils perfides de la côte Ouest ; il expose les restes de plus de cent épaves. *81 265 036 - avr.-oct. : 10h-17h - £ 2,50, billet combiné avec le château Cornet et le Musée de Guernesey £ 9.*

Plus au Nord, l'**Erée Bay** offre une vaste étendue de sable propice à la baignade notamment pour les enfants. C'est une plage très appréciée des gens de l'île. Parking, toilettes, kiosque.

Fermant la baie, l'**Erée Headland** (cap de l'Erée) est dominé par la haute tour du **fort Saumarez**, construite en 1805 dans la crainte d'une invasion française et renforcée par les Allemands durant la Seconde Guerre mondiale.

À proximité se tient le dolmen **Le Creux ès Faies**, datant de 2000 à 1800 av. J.-C. Selon la croyance populaire, cette tombe préhistorique conduisait au pays des fées.

La baie de Vazon.

Images courtesy of VisitGuernsey

À l'une des pointes du cap se dresse le **Prosperity Memorial**, érigé en 1975 en souvenir d'un des plus effroyables naufrages des temps actuels. Les terribles récifs que l'on voit à marée basse entraînèrent la mort des 18 membres de l'équipage du *Prosperity*, un navire de 2 000 tonnes qui transportait du bois.

Depuis ce cap, on peut accéder par une chaussée *(accès à marée basse : vérifiez les horaires des marées avant de vous engager)* à **Lihou Island** (île de Lihou) où subsistent les vestiges d'un prieuré du 12e s., dédié à N.-D.-de-la-Roche. À l'Ouest, des bassins naturels creusés dans les rochers sont parfaits pour la baignade (*mais attention à l'heure !*).

Vazon Bay (baie de Vazon) – En forme de croissant, la plus longue plage de l'île (3 km) est aussi la plus populaire auprès des Guernesiais comme des touristes. Son long tapis de sable sert à la fois aux bains de soleil, aux promenades à cheval aux courses de voitures et de motos. On peut y pratiquer le surf, le kayak et la planche à voile, dans certaines zones.

Si la baignade est dangereuse dans la partie médiane de la plage, celle-ci est idéale pour les jeunes enfants dans d'autres zones où l'eau est peu profonde. Au crépuscule, les rochers de la baie prennent, dans la pénombre, des formes d'animaux fantastiques (lion, chameau gigantesques).

Le cap de **Fort Hommet** présente un double intérêt historique et naturel. Fortifié dès 1680, il fut renforcé pour prévenir une invasion française à la fin du 18e s. et doté d'une tour Martello en 1804. Comme tous les caps, en particulier sur les côtes basses, les Allemands en firent une position stratégique durant la Seconde Guerre mondiale. Restauré dans son état de 1943, l'un des bunkers se visite *(14h-16h)*. Ce cap abrite aussi une précieuse **réserve naturell**e grâce à sa diversité de milieux : dunes, landes, prairies humides et marais salants. Plus de 250 espèces de plantes y ont été recensées, dont des espèces rares telles que le crocus des sables ou la pensée naine, qui fleurissent en avril. Papillons et oiseaux y abondent.

Cobo Bay (baie de Cobo)★★ – La plage voisine présente à peu près les mêmes caractéristiques : c'est une longue baie propice à la baignade, à la planche à voile et à l'exploration sous-marine, sauf dans la zone signalisée, au Nord, où les courants peuvent être très forts. Hérissée, à marée basse, d'une multitude de spectaculaires rochers de granit dont la teinte rose contraste avec des eaux turquoises et vertes, c'est aussi la plus belle des baies de l'île. Par forte mer, elle est encore plus grandiose.

Un délicieux *tea-room* vous attend à deux pas de la plage : le **Cobo Tea Room** *(voir Guernesey pratique)*. Un joli sentier, long de 1,5 km, mène du Nord de Cobo Bay à Saumarez Park *(voir « Des fleurs sur la mer »)* en traversant un paysage de marais.

De la **pointe des Grandes Rocques**, qui ferme Saline Bay, on a une vue magnifique sur les baies sableuses en forme

En direct du jardin

Fleurs, fruits, légumes… frais, cueillis au jardin, sont souvent exposés dans de petites boîtes devant les maisons : ce sont des « Honesty box ». Mettez l'argent indiqué sur l'ardoise dans la tire-lire et servez-vous ! C'est simple et bon.

de coquilles Saint-Jacques qui se succèdent le long de la côte, vers le Nord. Celle de **Port Soif,** entourée de dunes, est une excellente plage pour nager à marée haute, mais elle devient dangereuse à marée basse. Plus au Nord encore, au Grand Havre, la Ladies Bay et la plage de Chouet (qui accueille des courses de voitures) restent peu fréquentées si ce n'est par les promeneurs. Elles ont l'avantage d'être adossées au golf. Après une marche au milieu des rochers, vous pourrez vous attabler dans un traditionnel *tea-room* (attention, il n'accueille que les « enfants bien élevés », mais il propose des biscuits maison pour les chiens)devant de délicieux « cream tea » ou des salades au crabe frais : **Chouet Tea Rooms**, près du golf.
En poursuivant la route vers le Nord, on arrive à l'**observatoire de la faune marine de Grand Camp**, une bande de littoral réputée pour ses nombreux oiseaux : sternes, huîtriers-pie, cormorans huppés. Avec un peu de chance on peut y voir aussi des fous de Bassan plonger pour attraper des poissons ou une petite bande de dauphins passer.

Au Nord : Pembroke, pour les enfants, la nage et les jeux de plage

Pembroke Bay et l'Ancresse Bay, souvent appelées simplement Pembroke, forment une superbe plage de sable qui descend en pente douce, adossée au golf. C'est une plage idéale pour la baignade et les jeux de plage, également très fréquentée par les véliplanchistes.
Cette vaste baie plate et sablonneuse, sans falaises ni grands récifs pour assurer sa protection, fut hérissée au fil de siècles de fortifications pour empêcher tout débarquement ennemi : cinq tours pré-Martello dessinent en retrait de la plage un collier défensif qui se termine par deux forts en sentinelle : le fort Pembroke, à l'Ouest, et le fort Le Marchant, à l'Est.

Se bouger : marcher, pêcher, plonger…

Marcher sur les sentiers

Le Cliff Path (sentier des falaises) – La plus vaste étendue semi-naturelle de l'île est celle qui s'étend sur les **falaises du Sud**, tapissées d'innombrables fleurs au printemps. Parmi les espèces les plus rares, on y rencontre des crocus des sable et diverses orchidées. C'est aussi le domaine de nombreuses espèces d'oiseaux migrateurs qui viennent y faire étape au printemps et à l'automne.
Long d'environ 30 km, le **Cliff Path**, le sentier de randonnée qui longe ces falaises, de La Vallette, au Sud de St Peter Port, au cap de Pleinmont, offre des vues à couper le souffle sur la mer. Très bien entretenu et balisé, il n'est pas difficile à repérer, mais présente certaines difficultés dues à son escarpement aux abords des vallées. Sa partie la plus spectaculaire et la plus fréquentée se situe entre **Fermain Bay** et **Le Gouffre**, au milieu de la côte Sud.
L'un des tronçons les plus courts (2,5 km) et les moins difficiles est celui qui va d'**Icart Point**, un promontoire d'où l'on jouit d'une vue extraordinaire, à **Petit Bôt**, une crique à laquelle on accède par une vallée boisée qui sert de refuge à de nombreux oiseaux migrateurs (difficulté modérée, quelques volées de marches en fin de parcours).

Le sentier des falaises.

Le « plus » nature

Les sentiers qui longent la falaise sur la côte Sud font l'objet de tous les soins : ils sont taillés à la main deux fois au cours de l'été. La méthode présente un triple avantage : elle est silencieuse, elle évite d'avoir à fermer un temps les sentiers au public et elle opère des coupes propres et nettes. La période de taille change chaque année selon les zones afin que chaque section des falaises bénéficie à son tour d'une taille tardive. Sans cette taille tardive qui laisse aux plantes le temps de fleurir et de disséminer leur graines, la flore s'appauvrirait et de nombreuses espèces disparaîtraient. Aucun herbicide, aucun pesticide n'est utilisé sur les falaises. Ce souci de préserver l'environnement se manifeste aussi dans le nettoyage des plages effectué, dans la mesure du possible, à la main afin de ne pas perturber la flore et la faune marines. De même, l'enlèvement des algues n'est autorisé que sur quelques plages, et encore, avec beaucoup de délicatesse, car elles constituent un habitat et une nourriture pour de nombreuses espèces.

Le tronçon qui va du **mont Hérault** au **port de Portelet** (4 km) en longeant le **cap de Pleinmont** reste lui aussi de difficulté modérée.

Sentiers côtiers des côtes Ouest et Nord – Presque tous les sentiers côtiers qui longent les dunes et les baies des côtes Ouest et Nord sont faciles, sauf celui qui rejoint l'**île de Lihou** (3,25 km/AR) plus ou moins difficile selon l'abondance des algues sur la chaussée (attention aux marées car l'île n'est accessible qu'à marée basse).
L'un de ces sentiers longe l'**Erée Headland** (cap de l'Erée), (2,5 km).
♿ Un autre, accessible aux fauteuils roulants, fait le tour du **cap du Fort Hommet** (1,8 km depuis le parking du kiosque de Vazon). Et il en existe encore bien d'autres, presque tout le long de ce littoral.

Sentiers-nature – Quelques sentiers-nature vous entraînent vers l'intérieur de l'île. L'un, facile, va tout simplement de Cobo Bay à **Saumarez Park** *(1,5 km avec balade dans le parc)*. L'autre, légèrement plus difficile, fait le tour du **réservoir de St Saviour** (3 km) dans un paysage extrêmement verdoyant, totalement différent de celui du littoral.
Pour en savoir davantage sur ces différents sentiers et sur les sites que vous découvrirez en les empruntant, procurez-vous le *Guernsey Coastal Walks and Natural Trails* (en anglais, £ 5,95) en vente à l'office du tourisme. Ce dernier organise aussi des randonnées pédestres, notamment en mai et septembre.

Pêcher à la ligne en mer ou en eau douce

On peut pêcher tout le long du rivage de Guernesey, sauf dans les marinas, au Reclamation site de St Sampston et sur le Fisherman's Quay à St Peter Port. La côte et les eaux claires abritent quelque 70 espèces de poissons ; les plus couramment pêchées sont la brème, le congre, la roussette, l'aiguille de mer, le maquereau, le mulet, le lieu et l'omniprésente vieille.
Voici les principaux sites de pêche le long du littoral : **Pembroke Bay et L'Ancresse** pour le carrelet et le bar, **Fort Doyle** pour le mulet, le bar, l'aiguille de mer, le maquereau, le lieu et la vieille, le **port de St Sampson** pour le bar, le lieu et la vieille, le **port de St Peter Port** pour le bar, les **falaises de la côte Est** pour le mulet, le bar, la brème et le carrelet, **St Martin's Point** pour le lieu, le mulet, le congre, la vieille, le maquereau et l'aiguille, la **côte Sud**, **de Jerbourg au Gouffre**, pour le bar et la **côte Ouest**, **de Rocquaine à Cobo**, pour le mulet, le lieu,le bar et la vieille. Mais la pêche peut être bonne tout autour de l'île.
Attention toutefois à ne pas vous écarter des sentiers balisés sur les falaises escarpées et à ne pas vous éloigner trop à marée basse (surveillez les horaires des marées). Et bien sûr rejetez à la mer tout poisson qui n'aurait pas la taille réglementaire (chaque île a sa propre réglementation en la matière. Renseignez-vous auparavant…).
Pour effectuer une sortie de pêche en mer, vous pouvez vous adresser à :

Out of the blue – *Richard Seager - ☎ 07 781 104 356 - www.boatfishing.net*. Groupes de 12 pers. max. Réservation nécessaire, possible au dernier moment s'il reste de la place. Possibilité de location de matériel.

Tiger Lily – *Paul Breban - ☎ 1481 833 099 ou 07 781 126 307* - Groupes de 10 à 12 personnes maximum. Matériel disponible.

Margaret K – *Richard Keen - ☎ 141 65 335 ou 07 781 101 935.*

Pour varier les plaisirs, on peut aussi **pêcher la truite dans le Reservoir,** au milieu de l'île : **Guernsey Trout Society** – *Meyrick Simmonds - ☎ 1481 242 611.*

Plonger ou faire du kayak de mer

Plongée : Dive Guernsey – *Castle Emplacement - St Peter Port - ✆ 1481 714 525 - www.geker.freeserve.co.uk.* Sorties plongées et équipement.

Plongée : Discover Snorkelling – *✆ 1481 249 444.* Snorkeling dans les baies de Guernesey, location du matériel sur demande.

Kayak de mer - Coast and Crag – *✆ 07 781 120 42.* Cours de 2 heures, 6 personnes maximum. Également des stages plus longs.

Rouler en vélo

Pour encourager la circulation en vélo, Guernesey ne cesse de développer un réseau de « ruettes » et de pistes cyclables. Il existe déjà environ 60 km de ruettes tranquilles où la priorité est accordée aux piétons, aux cyclistes et aux cavaliers. Ces petites routes vous emmèneront à travers des vallées feuillues bordées d'une profusion de fleurs qui débordent des jardins ou poussent sur les talus. Pour choisir un itinéraire, repérez les routes qui figurent en vert sur les cartes distribuées par VisitGuernsey ou, mieux encore, demandez la version française de la brochure *Guernsey Cycle Tours*. Vous pourrez ainsi effectuer, par exemple, une balade de 17 km autour de la **Talbot Valley** en traversant champs et bois. Vous verrez au passage le dernier moulin à eau encore en activité, le **Moulin des Niots**, qui approvisionne l'île en électricité. Et puis la célèbre **Little Chapel★** (petite chapelle), la plus petite église du monde, qui reproduit en miniature la basilique N.-D.-de-Lourdes. Réalisée au début du 20e s. par un religieux français installé au collège voisin des Vauxbelets, elle est entièrement recouverte de coquillages et d'une mosaïque très colorée. En chemin, vous découvrirez aussi des « **cours du fief** », comme il en existe encore plusieurs dans l'île : trois sièges de

pierre scellés dans le mur sur lesquels les magistrats féodaux s'installaient en plein air pour débattre de sujets concernant l'administration du fief.
Si vous préférez longer la mer, vous pourrez, par exemple suivre la nouvelle piste cyclable aménagée le long de l'ancien sentier côtier (vitesse limitée à 16 km/h et priorité accordée aux piétons) entre grandes Rocques et Chouet, sur la cote Ouest. En revanche, n'oubliez pas que les sentiers de la côte Sud, qui longent la falaise, sont strictement interdits aux vélos.

Golfer au bord de l'eau

Le **Royal Guernsey Golf Club** *(✆ 1481 246 523)* et l'**Ancresse Golf Club** *(✆ 1481 247 408)*. Ils s'étendent entre deux baies magnifiques, l'Ancresse et le Grand Havre. Mais pour golfer en contemplant la mer, il faut ici posséder une carte de handicap. En revanche, le petit 9 trous de l'hôtel Bon Port *(voir Guernesey pratique - ✆ 1481 239 249)* est accessible non seulement aux résidents mais aussi aux visiteurs qui viennent y prendre un repas : perché en haut de la falaise, il jouit d'une vue à couper le souffle. Il existe deux autres golfs sur l'île : La Grand Mare Golf Club *(✆ 1481 253 432)* sur la côte Ouest, et le St Pierre Park Golf Club *(✆ 1481 727 039)*, un 9 trous situé à 1,6 km à l'Ouest de la capitale et accessible à tous.

Se balader à cheval

Se balader à cheval est aussi une délicieuse manière de découvrir l'île.

Melrose Riding School – *R. du Dos-d'Âne, Castel - ✆ 1481 252 151 ou 07 781 152 151 (mobile).*

La Carrière Stables – *St Sampsons - ✆ 1481 249 998.*

Otterbourne Riding Centre – *Mrs Caroline Jackson - r. Planet - Torteval - ✆ 1481 263 085.*

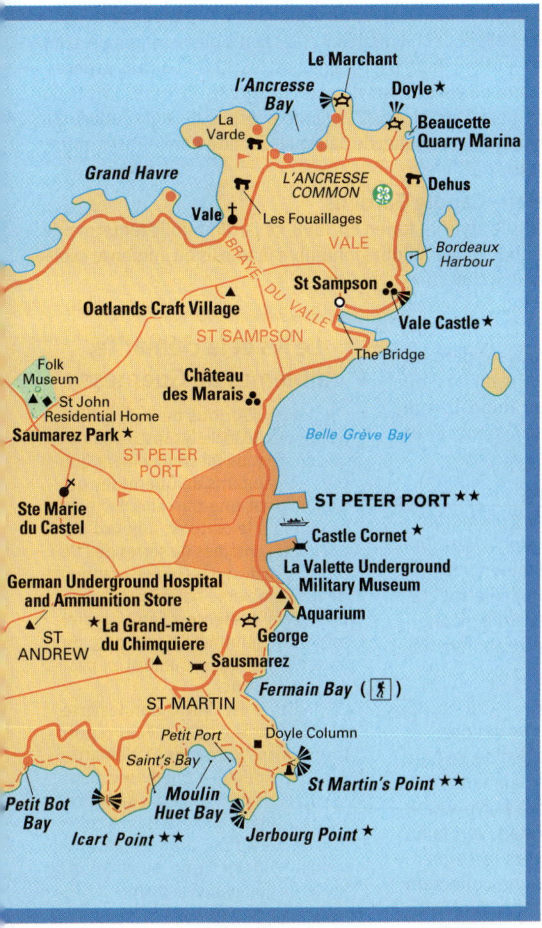

Se promener en bateau

Herm Seaway – *Albert Pier (en face de l'église) - St Peter Port - ✆ 1481 724 161.* Herm Seaway propose en saison deux types de croisières en bateau. L'une, entre 18h et 20h, fait le tour de Herm et de l'îlot voisin, Lithou, pour observer les oiseaux de mer *(voir Herm p. 137)* et en particulier les macareux, ces oiseaux noir et blanc au large bec orange et noir. Avec l'autre, qui dure de 13h à 15h10 environ (de juin à août : mar., vend. et dim. - £ 7), petite escale au port de Herm puis tour de l'île et de celle de Jethou, et retour à Guernesey en longeant la superbe côte Sud-Est.

Des fleurs sur la mer

« L'île est ravissante en ce moment. C'est comme une grosse fleur [...]. Arrivez-vite, le temps est superbe. » écrit Victor Hugo à Charles et Alice Hugo le 22 mai 1870. Grâce à la douceur du climat de cette île baignée par le Gulf Stream, les fleurs abondent partout dans l'île. Même en hiver, une quarantaine d'espèces sont en fleur. Au Sud de l'île, les fleurs sont cultivées en plein champ et rivalisent de couleurs au printemps. Serres, jardins publics, jardins privés… les Guernesiais cultivent avec passion l'art du jardinage.

Jardin subtropical et jardin de sculptures - Sausmarez Manor (manoir de Sausmarez)

St Martin - www.sausmarezmanor.co.uk - ✆ 1481 235 571 - ♿ - manoir : visite guidée mars-sept. : tlj sf vend. et w.-end 10h30, 11h30 (juin-sept. visite suppl. 14h. ✆ 1481 235 904 - jardin - 10h-17h - gratuit. Jardins subtropicaux - fév.-déc. : 10h30-17h - £ 4,50. Jardin artistique - mars-janv. : 10h30-17h - £ 4,50. Collection de maisons de poupées : de Pâques à fin oct. : 10h-17h - £ 3. Aire de jeux pour enfants, café.

Aménagé autour de la superbe demeure des seigneurs de Sausmarez, le jardin subtropical mêle avec bonheur et fantaisie l'art et la botanique. Quelque 200 sculptures d'artistes contemporains du monde entier (toutes à vendre) sont disséminées, le plus naturellement qui soit, au milieu d'une sorte de jungle où s'épanouissent bananiers, palmiers, bambous, balisiers, echiums géants (des fleurs bleues originaires des Canaries qui peuvent atteindre 3 m de haut), camélias, fuschias et autres espèces, provenant elles aussi du monde entier. Pour varier les plaisirs, le site offre la visite du manoir (façade de style colonial américain 17e s. ; arrière inspiré du style Tudor), qui abrite portraits et souvenirs des seigneurs de Sausmarez, et de nombreuses autres activités pour tous les âges.

Jardin public victorien - Candie Gardens

St Peter Port. Dessiné dans le style victorien en 1898, ce jardin public renferme de superbes essences exotiques, ginkos bilobas, phœnix canarensis ou immense capillaire, des jardins d'eau et une collection de bulbes d'Afrique du Sud. Ses serres, les plus anciennes serres chauffées des îles britanniques, se trouvent dans les « Lower Gardens », jardins du bas, où trône la statue de Victor Hugo. Le site abrite aussi le Musée de Guernesey et une galerie d'art.

Les Prés de Jerbourg

M. Chilcott - rte de Jerbourg - St Martins - ✆ 1481 236 158 - avr.-sept. : 10h-17h - £ 2. Ce jardin privé qui donne sur la mer regroupe un jardin de rocaille spectaculaire, une roseraie, un jardin méditerranéen et une grande serre abritant des plantes exotiques.

Parc de Saumarez★

3,5 km à l'Ouest par la route de Cobo.

Plus vaste jardin public de l'île, ce parc appartenait à James de Saumarez, qui, après avoir été diplomate à Tokyo, y avait aménagé un jardin japonais, vers la fin du 19e s. Aujourd'hui, il n'en reste guère plus qu'une pagode et une collection de 30 variétés de bambous, replantés

Le lys et la clématite, emblèmes de Guernesey

Originaire d'Afrique du Sud, cultivé à Paris dès 1630, le lys suscita au milieu du 19e s. un tel engouement que tous les habitants de Guernesey qui possédaient une parcelle de terre se mirent à le cultiver. Aujourd'hui quelques centaines de serres de l'île produisent des lys au mois d'octobre. Devenu emblème national, le lys de Guernesey présente à l'état naturel toute une gamme de couleurs, de l'écarlate au rouge cramoisi en passant par le blanc.

La clématite est l'autre grande fierté de l'île : sur les 700 espèces répertoriées dans le monde, 1 clématite sur 4 est produite à Guernesey. Dans sa pépinière de Guernesey, Raymond J. Evison a créé 400 espèces et cultivars de clématites, dont, en 2002, la clématite Victor Hugo, au violet intense, en hommage au poète.

Le lys de Guernesey.

récemment. Mais la roseraie a conservé son charme de l'époque. Autour du manoir du 18e s., aujourd'hui occupé par un hospice, s'étendent de vastes pelouses ombragées de grands arbres. Elles servent de cadre à de nombreuses manifestations comme la **Bataille des fleurs** (3e ou 4e jeudi d'août), où les habitants rivalisent d'imagination pour fleurir leurs chars, ou le **Viaer Marchi** (1 jour en juillet), un vieux marché animé par la musique, la danse et des dégustations de mets traditionnels de l'île tels que le *bean jar* ou la *gâche*.

Le parc abrite un terrain de jeux pour enfants ainsi que le **Guernsey Folk Museum** (musée du Folklore) – *1481 255 384 - - de fin mars à mi-oct. : 10h-17h - £ 3.* Une reconstitution de ferme victorienne avec sa buanderie, sa laiterie et son atelier. Belle collection de costumes traditionnels.

Ne manquez pas non plus le **jardin de Hauteville House** *(voir « Sur les pas de Victor Hugo à St Peter Port »)*, les **jardins d'époque de Castle Cornet** et les nombreux jardins privés qui s'ouvrent à la visite lors des festivals floraux de printemps et d'été. VisitGuernsey *(voir « Guernesey pratique »)* vous en donnera la liste.

Plonger dans l'histoire de l'île

Occupée depuis la préhistoire, l'île fut souvent convoitée pour sa position stratégique. Au fil des siècles, les fortifications se sont multipliées et renforcées le long des côtes, jusqu'au mur de l'Atlantique d'Hitler.

Le site le plus riche de l'histoire de l'île : Castle Cornet (château Cornet) et ses musées★

1481 721 657 - avr.-oct. : 10h-17h - £ 6, billet combiné avec le Musée de Guernesey et Fort Grey £ 9. Sa construction remonterait au début du 13e s, sous le règne de Jean sans Terre. Les Français s'en emparent au 14e s. Sous le règne d'Élisabeth Ire (1558-1603), de solides fortifications viennent le renforcer. Pendant la guerre civile (1642-1645), la garnison du château reste fidèle au roi alors que l'île de Guernesey se range du côté des parlementaires. Après un siège de près de neuf ans, les parlementaires se rendent maîtres de ce bastion royaliste. En 1672, la foudre s'abat sur le donjon du château où est entreposée la poudre. L'explosion le décapite littéralement. Point stratégique de défense, Castle Cornet subira encore maintes fortifications, les plus récentes étant celles des Allemands durant la Seconde Guerre mondiale : ils y ajoutent plusieurs abris bétonnés et un système de détection aérien. Sur l'enceinte extérieure de Castle Cornet, le canon tonne tous les jours à midi. Deux hommes en uniforme de la milice de Guernesey perpétuent une tradition : l'un d'eux regarde à la longue-vue l'heure au clocher de l'église alors que l'autre se prépare à faire feu.

Aujourd'hui Castle Cornet abrite quatre musées et un lieu d'exposition.

À proximité de l'accueil, **The Story of Castle Cornet** (Musée historique) retrace les grandes heures de cette forteresse grâce à plusieurs reconstitutions, panneaux, maquettes, bornes interactives…

Dans le **Maritime Museum** (Musée maritime), la vie maritime est évoquée sous toutes ses formes, de l'époque gallo-romaine à aujourd'hui, illustrée par de nombreuses maquettes de navires et des tableaux : le commerce, les corsaires, la contrebande, les chantiers navals, les grandes compagnies maritimes, les grands naufrages (*Stella*, mars 1899), la plongée, le sauvetage en mer. Situé dans les bâtiments de l'ancien hôpital (1746), le petit **Militia Museum** (musée de la Milice) retrace l'histoire de la Milice de Guernesey, créée au 13e s. pour défendre l'île. Elle a été dissoute en 1939. Dans l'ancien corps de garde, **The 201 Squadron Museum** (musée de l'Escadrille 201) rend hommage à la seule unité de la Royal Air Force basée dans ces îles. Elle est fixée à Guernesey depuis 1939. Le **Prisoners'Walk** (promenade des Prisonniers) était, au Moyen Âge, un passage qui menait au château. De la **citadelle**, située près de l'ancien donjon, belle **vue★** sur le port et la ville, au Nord sur St Sampson, Vale Castle et Aurigny, à l'Est sur Herm, Sercq et la côte française, au Sud sur Jersey.

Guernesey en quelques chiffres

L'île se divise en 10 paroisses : Castel, Forest, St Andrew's, St Martin's, St Peter in the Wood, St Peter Port, St Sampson's, St Saviour's, Torteval et Vale.
Le bailliwick de Guernesey regroupe 3 autres îles : Alderney, Sark et Herm.
Le parlement de Guernesey, le States of Deliberation, se compose de 33 députés élus au suffrage universel pour 3 ans, 10 représentants des paroisses, 12 conseillers élus pour 6 ans par les States of Election, le lieutenant-gouverneur, le procureur général et le bailli. Ces 3 derniers sont nommés par la reine. Le bailli, outre la présidence du Parlement, assure celle de la Cour de justice, formée de 12 magistrats .

Une île marquée par l'occupation allemande

Outre les nombreuses fortifications établies le long du littoral, plusieurs musées rappellent cette période, le plus intéressant étant le **German Occupation Museum** (musée de l'Occupation allemande), qui évoque tous les aspects de la vie de l'île de juin 1940 à mai 1945 à travers des tableaux grandeur nature (des fortifications, un cinéma, une scène de rue, etc.) - *À Forest (au Sud de l'église) - ✆ 1481 238 205 - 10h-17h (en hiver : 10h-13h) - £ 3,50.*

La préhistoire

De nombreux dolmens et mégalithes témoignent d'une occupation très ancienne de Guernesey. Le **dolmen de Déhus**, au Nord de l'île, est l'une des chambres funéraires les plus importantes d'Europe de l'Ouest. Au plafond de la chambre principale est gravé le « gardien du tombeau », figure humaine représentant un archer.
À l'entrée du cimetière de l'église paroissiale de St-Martin se dresse une étonnante sculpture taillée dans un menhir remontant à l'âge de pierre, la **Gran'Mère du Chimquière★**. Cette déesse de la fertilité continue de recevoir des offrandes, principalement des pièces et des fleurs. Les amateurs d'archéologie iront aussi visiter le **musée de Guernesey** - *St Peter Port - ✆ 1481 726 518 - www.museum.guernsey.net - ♿ - 10h-17h (nov.-mars : 16h) - fermé janv., 25 et 26 déc. - £ 3,50, billet combiné avec le château Cornet et Fort Grey £ 9.*

Images courtesy of VisitGuernsey

La Table des Pions.

Guernesey pratique

OÙ S'INFORMER

Après avoir débarqué, nous vous conseillons d'aller à l'office de tourisme *(voir le plan)*, qui vous donnera un plan de l'île et vous informera sur les horaires des marées, les manifestations, les bus, les randonnées, etc.

VisitGuernsey (office de tourisme) – *North Plantation - PO Box 23 - St Peter Port - Guernsey GY 3AN - ☎ 1481 723 552 ou n° Azur 0 820 600 509 - www.visitguernsey.com/fr - enquiries@visitguernsey.com*

Capitainerie de St Peter Port – *Guernsey Harbours - PO Box 631 - St Julians Emplacement - St Peter - Port, Guernsey - Channel islands - GY1 3DL - ☎ 1481 720 229 -www.guernseyharbours.gov.gg - guernsey.harbour@gov.gg*

Météo – *Météo marine : Jersey SeaMet : ☎ 0900 665 0022.*

Température de l'air – moyenne de l'air en été 20 °C ; température moyenne de l'eau en été entre 15° et 19 °C.
2 000 heures d'ensoleillement/an.

COMMENT CIRCULER SUR L'ÎLE

Les **bus**, modernes et économiques (50 P le trajet), assurent la desserte de la plupart des sites touristiques jusqu'à 18h30. Les arrêts sont indiqués sur la chaussée ou sur des panneaux. En dehors de la ville, on peut aussi leur faire signe de s'arrêter en route. Leur terminus se situe sur South Esplanade, à St Peter.

La **location de voiture** est pratique et peu chère. Attention toutefois à la conduite à gauche et à l'étroitesse des routes. Disque de stationnement nécessaire en centre-ville et sur le port.
Harlequin Hire Cars – *PO Box 258 - Les Caches - St Martins - ☎ 1481 239 511 - www.harlequinhire.com.* Il livre et récupère gratuitement ses voitures dans toute l'île.

Le **vélo** est agréable sur les « ruettes tranquilles » où la vitesse est limitée à 15 mph (24 km/h) et où piétons, cyclistes et cavaliers ont la priorité. En revanche, évitez les axes rouges vers 8h30 et 19h, sauf l'axe Nord-Ouest où existe un couloir pour vélos. Parmi les loueurs de vélos :
Millard & Co – *9-11 Victoria Rd - St Peter Port - ☎ 1481 720 777 -www.millards.org - fermé jeu. apr.-midi.*

Electra Bike Hire – *North Plantation - St Peter Port - derrière lVisit Guernsey - ☎ 07 781 192 033.* VTT et vélos à assistance électrique.

La **marche à pied** est aussi plaisante.

OÙ DORMIR

● **Chambre d'hôte Maison Bel Air** – *Le Chêne - GY8 0AL Forest - 9,6 km à l'O de St Peter Port - ☎ 1481 238 503 - ⊠ - 4 ch. £ 30/50 ☕.* Cette coquette maison d'hôte victorienne surplombe la baie du Petit Bot, accessible à pied. Son grand jardin exposé plein Sud invite au repos. Chambres spacieuses. Fumeurs s'abstenir.

●● **Hôtel La Michele** - *Les Hubits - GY4 6NB St Martin's - ☎ 1481 238 065 - www.lamichelehotel.com -16 ch., demi-pension £ 55 (de Pâques à fin oct. : pas d'enf. -10 ans).* Des chambres sans prétention, mais très propres, dans un environnement tranquille avec une piscine chauffée et un joli jardin.

●● **Sunnycroft Hotel** – *5 Constitution Steps - ☎ 1481 723 008 - www.sunnycrofthotel.com - 14 ch. £ 59/88 ☕.* Un délicieux petit hôtel cosy, perché en haut d'une longue rue en escalier, au cœur de la ville : vue superbe sur les toits, le port et les îles voisines au loin. Pour ceux qui ne craignent pas de devoir descendre de nombreuses marches depuis le parking pour rejoindre l'entrée de l'hôtel.

●● **Hôtel Moore's Central** – *Le Pollet - GY1 1 Wh St Peter Port - ☎ 1481 724 452 - 49 ch. £ 65/180 - ☕ £ 7,50 - rest. £ 12/25.* Cet hôtel en pierre de granit est en plein centre-ville, dans le quartier français. Deux salles à manger. Les gourmands pourront déguster des gâteaux à tendance autrichienne et des sandwichs moelleux à la pâtisserie. Terrasse fleurie en saison.

●● **Hôtel La Barbarie** – *Saints Bay - GY4 6ES St Martin's - au SO de St Peter Port - ☎ 1481 235 217 -www.labarbariehotel.com - 22 ch. £ 62/94 ☕ - 10 appart. £ 574/735/sem. pour 2/4 pers. - rest. £ 15/20.* Niché dans la campagne, à proximité de la mer et des falaises de la côte Sud, cet hôtel tranquille possède un pub, un agréable restaurant et une piscine chauffée.

●● **Hôtel The Bella Luce** – *La Fosse - GY4 6EB St Martin's - ☎ 1481 238 764 - www.bellalucehotel.guernsey.net - 30 ch. £ 49/98 ☕ - rest. £ 18.* En pleine campagne, à proximité de la côte Sud, de ses falaises et de ces criques, un hôtel très cosy au charme très britanique : avec son chaleureux décor de cuivre, de bois et de cuir, ses deux salles de restaurant, l'une plus élégante pour le dîner et le déjeuner du dimanche, l'autre plus informelle, ses jeux dans le salon pour l'après-dîner. Joli jardin clos et piscine chauffée.

●● **Résidence Del Mar Court** – *Le Varclin - GY4 6AL St Martin - ☎ 1481 239 549 - **P** - 21 appart. £ 220/660/sem.* Proche des falaises aux innombrables fleurs sauvages, cette résidence est tranquille, entre la mer et St Peter Port. Parfait pour un séjour en famille : tous ses appartements ouvrent sur la piscine (chauffée en été). Location à la semaine.

●●● **Hôtel Hougue du Pommier** – *Hougue du Pommier Rd - GY5 7FQ Castel - ☎ 1481 256 531 - www.hotelhouguedupommier.com - 43 ch.*

£ 72/114. Dans une ancienne ferme au milieu d'un joli jardin, à 5mn à pied des plages de Cobo et de Port Soif. Piscine chauffée (de mi-mai à mi-sept.), petit practice de golf. Barbecue autour de la piscine par beau temps, salon de thé, pub chaleureux et restaurant agrémenté d'une cheminée.

Hotel Bon Port – *Moulin Huet Bay - GY4 6EW St Martins - 1481 239 249 - www.bonport.com - ch à partir de £ 99, appart. £ 575/675 pour 2/4 pers. - rest. £ 18,95/23,95*. L'attrait majeur de cet hôtel réside dans son site exceptionnel : perché sur la falaise, il surplombe la baie de Moulin Huet, qui fascina Renoir. Jardin, piscine et petit parcours de golf (9 trous) complètent le tableau dont on peut aussi profiter en venant simplement prendre un repas.

OÙ MANGER

Bon à savoir – Pour faire un bon petit repas, sans trop dépenser, essayez les *tea-rooms*, on y mange très bien : *guernsey cream tea* (scones, confiture et crème épaisse légèrement fouettée), gache (brioche aux raisins épicée), mais aussi souvent salades et sandwichs au crabe, soupe de poisson ou *jersey bean jar* (un plat traditionnel à base de porc, de haricots et d'oignons).

Cobo Tea Room – *Face à la superbe Cobo Beach - tlj sf lun. 10h-17h - £ 4,20*. Mrs Torode a installé son salon de thé au rez-de chaussée de sa maison et se lève dès potron-minet pour faire tous ses gâteaux elle-même ! Tout est délicieux : les énormes scones, la *guernsey gache* parfumée, le cheesecake, le sandwich au crabe frais ou le *bean jar*.

The Hollows – *Le Gouffre - GY8 0DX Forest - 1481 264 121 - www.thehollows.co.uk - £ 6,25/18 - dernière commande 20h45*. Un restaurant chaleureux, à l'ambiance méditerranéenne, en haut d'une vallée profonde qui plonge vers la mer. Selon le temps, vous choisirez une table en terrasse pour la vue ou un canapé près de la cheminée. Une délicieuse étape pour déjeuner ou prendre le thé après avoir marché sur le sentier côtier, mais une adresse également agréable le soir.

The Beach Cafe – *Fermain Lane, Fermain Bay GY4 6SD - 1481 238 636 - £ 2,50/17,95*. Dans une petite crique où l'on accède par un vallon boisé, ce café de plage très tendance sert au déjeuner une dizaine de plats ainsi qu'une quinzaine de sandwiches chauds ou froids à savourer en terrasse au bord de l'eau ou à emporter (à partir de £ 2,5). Le soir, on dîne à la carte à la lueur des bougies, dans une petite salle au décor en bois chaleureux.

Fleur du Jardin – *Kings Mills Castel - GY5 7JT Kings Mills - 5 km de St Peter Port dir. Vazon Bay - 1481 57 996 - www.fleurdujardin.guernsey.net - £ 6/30 - 17 ch. £ 55/165 - £ 10*. Avec son agréable jardin, cette maison du 15e s. porte bien son nom. Le soir, vous savourerez une cuisine au goût du jour dans la salle à manger rustique agrémentée d'une cheminée de granit. Déjeuner servi au bar. Chambres spacieuses et coquettes.

Christies – *Le Pollet - GY1 1WQ St Peter Port - 1481 726 624 - £ 9,95*. Si vous êtes pressé, vous préférerez le service rapide dans le bistrot à l'atmosphère trépidante. Sinon, prenez votre temps à la terrasse du restaurant, plus calme, bien situé en centre-ville.

Auberge du Val – *GY7 9FX St Saviour - 1481 263 862 - aubduval@guernsey.net - fermé 25 déc., dim. soir et lun. - réserv. obligatoire - £ 15/45*. Cette ferme du 19e s. toute blanche est en contrebas de l'église St-Saviour. Son jardin botanique exhale des parfums que vous retrouverez dans les menus à base de produits frais. Terrasse d'été dans le parc. Chambres disponibles.

L'Escalier – *6 Tower Hill - St Peter Port - 1481 710 088 - réserv. conseillée - £ 15,50/33*. Tenu par un sympathique couple franco-britannique, ce jeune restaurant, situé à deux pas de la maison de Victor Hugo a reçu en 2005 le prix du « meilleur restaurant de Guernesey ». Anglais formé en France, en Suisse et en Espagne, son chef, Dean Hodkinson, puise un peu partout son inspiration, avec une goût marqué pour les mélanges « surf & turf » (mer et terre) tel que le bœuf bourgignon avec de la lotte rôtie. Parmi ses autres spécialités : le homard poché au beurre et fruit de la passion et la crème brûlée de foie gras. Très belle carte de vins français, mais aussi du monde entier. Pain, glace, pâtes, tout est fait maison.

QUE RAPPORTER

Spécialités – Des pulls aux motifs traditionnels, autrefois tricotés à la main par les femmes de l'île, aujourd'hui simplement finis à la main, mais toujours beaux et robustes. Aux classiques en laine s'ajoutent de Jolies collections de pulls en coton et en lin :

Le Tricoteur – *Perelle Bay - GY7 9QE Guernsey - 1481 264 264 - www.cwgsy.net/business/letricoteur/ - tlj sf dim. 8h30-17h, sam. 8h30-16h (été : 10h-16h)*.

Bon à savoir – Du fait des taxes peu élevées, vous serez peut-être tentés d'acheter bijoux, parfums ou appareils photo. Méfiez-vous toutefois de ne pas faire de fausses bonnes affaires, si vous n'êtes pas au courant des prix pratiqués en France « à qualité égale »… Ainsi, de l'or 9 carats, comme on en trouve à Guernsey, n'a rien à voir avec du 18 carats !

Herm★

14

CARTE MICHELIN LOCAL309
58 HABITANTS – 2,4 KM DE LONG – 0,8 KM DE LARGE

Des jardins à la végétation subtropicale et des dunes à perte de vue, des plages étincelantes aux couleurs des Caraïbes et des falaises escarpées, un pub chaleureux, des restaurants et un hôtel au charme très britannique où l'on s'habille le soir pour dîner puis jouer au coin du feu, des menhirs, une église du 11e s., un manoir aux tours crénelées et des cottages roses ou bleus… Pas de voiture, ni de vélo, juste des vaches, des faisans et des oiseaux de mer. À 20 minutes de bac de Guernesey, cette île familiale a un parfum de paradis.

© Frederick Warne & Co. 1983

ARRIVER À BON PORT

Hormis l'été, où il existe certains bateaux entre Sercq et Herm, le seul port d'embarquement reste St Peter Port, la capitale de Guernesey *(voir p. 121)*

LARGUER LES AMARRES !

Travel Trident assure en saison environ 8 rotations par jour entre St Peter Port et Herm : départs à 8h30, 10h15, 11h15, 12h15, 14h15, 15h15, 16h15, 17h15. En avr. et en oct. : 5 rotations par jour. En hiver : 3 par jour les merc. et sam. ; pour les autres jours de la semaine, se renseigner au ✆ (0) 1481 722 377. La traversée dure 20mn.

Travel Trident – Kiosque de réservation et de vente de billets devant la tour de l'horloge de Weighbridge - Liberation Monument - St Peter Port - ✆ 1481 721 379 - en saison £ 8,50/AR (enf. £ 4,5) ou £ 6,50 à certaines heures (enf. £ 3,50). Paiement par chèque ou en liquide uniquement. Attention : le bateau part du Weighbridge, près du kiosque, à marée haute et du Cambridge Berth, un peu plus loin, à marée basse.

BON À SAVOIR

Mieux que Sercq ou Guernesey, Herm est une île idéale pour venir avec de jeunes enfants : pas de voitures, de superbes plages, des maisons à louer et un hôtel qui sait les accueillir tout en préservant la tranquilité des grands. Mais vous ne trouverez à Herm ni télé, ni vélo, ni loueur d'aucune sorte de planche de surf ou à voile. C'est l'île des plaisirs simples retrouvés. Ainsi le veut le « Tenant », locataire de l'île.

Tomber en amour d'une île

On peut se contenter de passer quelques heures à Herm : 2 heures suffisent à en faire le tour par le sentier côtier en passant par **Shell Beach**, une plage de rêve. C'est déjà bien, mais c'est dommage. Herm est une île qu'il faut savourer lentement, pour goûter sa tranquilité et son harmonie. Pour découvrir peu à peu la richesse de sa nature et de son histoire. L'idéal, c'est d'y passer au moins une nuit, voire quelques jours, par exemple au printemps, quand les fleurs pavoisent, ou fin septembre, quand les vacanciers sont repartis. Mais même au plus fort de l'été, on trouve toujours un coin désert.

L'île en vue

Depuis le bateau en provenance de Guernesey, on aperçoit sur la gauche (au Nord) la **tour Brehon** perchée sur un ilôt et, sur la droite (au Sud), la petite **île de Jethou** *(propriété privée)*, séparée de Herm par un étroit chenal et refuge de nombreux oiseaux. Les collines verdoyantes de Herm descendent, de ce côté (Ouest), en pente douce jusqu'au rivage bordé d'une longue bande de plage. Ce sont en fait trois plages : **Harbour Beach**, à droite du port, **Fisherman's Beach** puis **Bear's Beach**, vers la gauche. Elles ont surtout pour avantage d'être proches du port, de la taverne et des boutiques. On peut y observer le va-et-vient des bateaux et s'amuser à marée basse à en explorer les piscines rocheuses. Mais les plus belles plages se trouvent sur la côte Nord-Est de l'île. Le point de débarquement dépend de la marée. À marée haute, le bateau accoste au port, près du « Village ».

Une île de famille

Herm est une île privée, louée pour près d'un siècle à une même famille, actuellement celle de Peter Wood, ancien officier anglais. Il tomba amoureux de cette île en 1949 et la loua jusqu'en 2046 à l'État de Guernesey. Auparavant, l'île avait connu d'autres locataires dont, en 1890, le prince allemand Blücher von Wahlstatt, qui construisit le manoir et planta certains arbres. Mais aucun ne fit autant pour préserver la beauté naturelle de Herm que Peter Wood et sa femme Jenny. Quand ils s'installèrent sur l'île avec leurs enfants, elle était envahie de ronces et d'herbes folles, dépourvue d'électricité, d'eau courante, de système d'évacuation des eaux usées… Ils consacrèrent tous leurs efforts à en faire une île accueillante, à mettre en valeur ses richesses, avec le souci permanent de conserver sa beauté naturelle et son caractère paisible. Depuis 1980, l'une de leurs filles et son mari ont repris le flambeau : Pennie et Adrian Heyworth. Ils se considèrent comme les gardiens protecteurs de cette île, où ils vivent avec leurs enfants. Ils vous y accueillent comme dans une maison de famille.

À marée basse, vous arriverez à Rosaire Steps, quelques centaines de mètres plus au Sud (à droite). N'oubliez pas de vérifier où vous devrez embarquer pour le retour. L'île est très bien balisée : des panneaux indiquent les différentes directions et le temps de marche correspondant.

Le tour de l'île à pied

Depuis le port, il suffit de longer la côte vers la gauche (Nord) pour passer devant les restaurants et boutiques de l'île. En continuant le sentier côtier, on longe Fisherman's Beach, plage de galets où il vaut mieux se baigner à marée haute. Sur la droite, vous verrez un délicieux cottage rose avec vue sur la mer : le Fisherman's Cottage. C'est une maison que l'on peut louer, mais elle est si prisée qu'il faut la réserver des années à l'avance. À la hauteur d'un minuscule **cimetière** (1822), en bordure de Bear's Beach, le chemin bifurque.

The Common *(au Nord de l'île)* – Si vous continuez tout droit, vous ferez le tour complet de la partie Nord de l'île, espace sauvage de dunes (attention, une végétation piquante pousse sur ces dunes), émaillé de dolmens et bordé au nord par la Mouissonnière Beach. Un menhir se dressait en bordure du rivage et servait d'amer aux marins. Expédié en Angleterre au 19e s., à l'époque où l'île était exploitée pour son granit, il a été remplacé par un obélisque : la Pierre aux rats.

Si vous prenez le sentier de droite à la hauteur du cimetière, vous croiserez la Spine Road, qui traverse l'île du Nord au Sud et mène à l'autre hameau de l'île, The Manor

(voir plus loin). À ce carrefour, le Roberts Cross, une belle **chambre funéraire néolithique,** témoigne de l'occupation de l'île entre 3000 et 2000 av. J.-C. D'autres chambres funéraires sont visibles sur le **Petit Monceau**, un petite butte sur la gauche.
Nettement plus élevé, **le Grand Monceau★**, une autre butte sur la droite, offre un panorama magnifique sur les étendues de sable, les rochers et les îles. À l'horizon, on distingue l'île d'Aurigny ; à droite, les côtes françaises.

Shell Beach★ (Plage des Coquillages) – Cette immense plage étincelante de blancheur, baignée par une mer cristalline et piquetée de rochers à marée basse, est couverte de millions de petits coquillages, déposés par les marées et les courants. On en dénombre plus de 50 espèces, dont certains, entraînés par le Gulf Stream, viendraient même du Mexique. En bordure de plage, un café vend des sandwichs ainsi que des petits ouvrages sur la flore de l'île ou sur ses coquillages (en anglais). Des toilettes se cachent un peu plus loin sur le chemin en direction de Belvoir Beach.

Belvoir Beach – Moins spectaculaire que Shell Beach, mais plus abritée, c'est une autre sublime plage familiale, très agréable pour la baignade. Un « beach cafe » y est installé.
De Belvoir Beach, un chemin remonte vers The Manor *(voir plus loin)*. Sinon, la promenade peut se poursuivre vers le Sud par le sentier côtier, qui devient un peu plus difficile à mesure que le littoral se fait plus escarpé.

The Cliffs (les falaises) – Contraste saisissant avec la partie Nord sableuse, le Sud est le domaine des falaises de granit qui plongent dans la mer. À la **pointe de Sauzebourge**, la vue s'étend sur Jethou à droite, Guernesey au loin et l'île de Sercq à gauche. Puis le sentier vous ramène à Rosière Steps et au port.
À marée haute, l'île compte tout juste 200 hectares, sans compter les plages et anses sableuses. Mais la marée basse peut dégager jusqu'à 400 hectares de plage de sable supplémentaire piquetée d'impressionnants rochers dentelés et agrémentée de piscines rocheuses à explorer.

Le « plus » nature

Tous les mardis, en saison (à partir d'avril), les jardiniers de l'île proposent des visites accompagnées des superbes jardins de Herm. **Island garden tour** : *départ 10h15, visite à pied (environ 1h30) - adultes uniquement, nombre de participants limité - £ 18,50 bateau/AR et déjeuner inclus. Renseignements auprès de Travel Trident (voir « Larguer les amarres ! »).*

Balade au cœur de l'île

Cette balade par l'intérieur peut aussi vous permettre de rejoindre ensuite Shell Beach en vous offrant une ***vue*** *magnifique sur la plage.*
Au lieu de partir vers le sentier côtier, montez droit devant vous (en laissant le port derrière) par la seule route goudronnée : The Drive. Elle longe des cottages charmants, qui font partie du White House Hotel, des jardins et des bosquets à la végétation exubérante : vous y verrez une profusion de fleurs exotiques telles que les echium, ces magnifiques fleurs géantes (elles peuvent atteindre 3 m haut) rouge ou bleu-violacé originaires des Canaries, du lin de Nouvelle-Zélande, ou des arbres gigantesques, érables, eucalyptus, pins ou chênes verts.

The Manor – Au centre de l'île, quelques maisons et fermes se regroupent en **un** minuscule village, **Le Manoir.** Dans son école miniature, un maître vient chaque jour de Guernesey en bateau pour faire la classe à la dizaine d'enfants de résidents, âgés de 5 à 9 ans. La paisible petite chapelle St-Tugual fut construite au 11e s. sous le règne de Robert le Magnifique, alors duc de Normandie. Ses vitraux, réalisés à la demande de Peter et Jenny Wood, représentent notamment le *Christ apaisant la tempête* et l'*Arche de Noé*. On peut y reconnaître des paysages et des animaux de l'île. Un office y a lieu le dimanche, à Noël et à Pâques. Le manoir du 18e s., flanqué d'une solide tour carrée crénelée, domine le hameau.
À la sortie du village, vous pourrez prendre le chemin qui va du Nord au Sud de l'île, The Spine (l'épine dorsale), ou celui qui redescend sur la **baie de Belvoir** puis rejoint Shell Beach offrant une vue magnifique sur cette plage.

Naviguer

Sur le Maid Honor of Herm avec Adrian Heyworth

S'adresser à la réception du White House Hotel (voir « Herm pratique »).
Le « Tenant » de Herm se fait un plaisir, quand il en a le loisir, d'emmener lui-même quelques-uns des hôtes de son île, en particulier du White House Hotel, faire un tour

Images courtesy of VisitGuernsey

Sur l'île de Herm depuis Belvoir House.

en mer sur le *Maid Honor of Herm* (12 passagers). La balade dure 1h et permet, avec un peu de chance, d'apercevoir des macareux, en période de nidification (avr.-juin). C'est une excursion informelle pour laquelle il demande seulement £ 8,5 par personne pour replanter des arbres sur l'île. S'il ne peut pas vous emmener lui-même, Adrian Heyworth vous recommandera à d'autres navigateurs.

Sur un voilier avec David Nicolle

Réservation : ✆ 1481 264 926 - ancien *yachtsman instructor* de la Royal Yacht Academy, David Nicolle propose des sorties sur son yacht *Zephyr* (12 m), qui peut accueillir 8 passagers. À partir de 4 personnes minimum : £ 25 par personne pour 5 heures.

Sorties-pêche avec Richard Keen

Réservation : ✆ 1481 265 335 ou 07 781 403 508 (portable). Pêcheur et plongeur qui connaît parfaitement la région, Richard Keen propose des sorties-pêche à la journée ou en soirée. Comptez £ 350 pour la journée pour 12 passagers ou £ 22 par personne pour la soirée. Location de lignes. Possbilité d'excursions vers d'autres îles.

Sur un bateau à moteur avec Buz White

Réservation : ✆ 1481 230 445 ou 07 781 147 477 (portable). Marin très expérimenté, Buz White vous emmènera sur son bateau rapide jusqu'à Sercq, Aurigny, Jersey ou jusqu'à la côte française. Comptez autour de £ 120/heure ou £ 550 pour la journée, pour un maximum de 12 passagers.

En bateau à la découverte des oiseaux de mer Herm Seaway

Puffin Patrol – *Albert Pier - St Peter Port - Guernsey (en face de l'église)- ✆ 1481 724 161 - Kiosque ouv. 9h30-12h30 - réserv. indispensable - mai-juil. : lun., merc. et jeu. départ 18h - £ 8,50/2h.* En saison, vous pouvez faire le tour en bateau de Herm et de Jethou, à la découverte des différents oiseaux qui fréquentent ce littoral : macareux (de fin avr. à mi-juil.), goélands (au moins 3 espèces), cormorans huppés, huitriers pie, sternes. Un guide vous commentera (en anglais) la vie et les mœurs de ces oiseaux. Emportez des jumelles. Pas d'escale à terre.

Des traces d'occupation très anciennes

Des vestiges au Nord de l'île révèlent une présence humaine remontant à plus de 2 000 ans av. J.-C. Les Romains ont laissé aussi quelques traces de leur passage. Au 6e s., le christianisme pénètre sur l'île par l'intermédiaire de saint Magloire, qui évangélise également Guernesey. Des moines venus de Sercq élèvent une petite chapelle sur un récif entre Herm et Jethou, qui aurait été engloutie au 8e s., lors d'une violente tempête qui sépara les deux îles. À cette époque, Herm dépend du diocèse de Dol. Normande sous Guillaume Longue-Épée, puis anglo-normande sous Guillaume le Conquérant, Herm est rattachée au diocèse de Winchester sous Élisabeth Ire en 1569. Au 17e s., des pirates, attirés par les nombreux naufrages qui ont lieu dans les parages, font de l'île leur repaire, avant qu'elle ne soit désertée. Au 19e s., Herm connaît une période de prospérité grâce à l'exploitation et à l'exportation du granit.

Herm pratique

Bon à savoir – L'unique hôtel, le pub, les quelques restaurants et boutiques, le service d'épicerie, les cottages, le camping, tout relève en définitive du « Tenant », la famille locataire de l'île.

OÙ S'INFORMER

Administration Office (office du tourisme) – *Herm Island - Guernsey, GY1 3HR - www.herm-island.com - kiosque sur le port - ✆ 1481 722 377 - été : 8h30-17h30 ; hiver : 8h30-17h, w.-end 10h-16h.*

Capitainerie – Renseignements : s'adresser à l'Administration Office.

Météo, climat – La température de l'eau peut atteindre 19 °C. Attention aux courps de soleil sur la plage.

Courants – À la pointe Nord de l'île, forts courants, baignade dangereuse.

Monnaie – Il n'y a **pas de banque** sur l'île et on ne peut pas régler en euros. Si vous n'avez pas pris vos précautions, vous pourrez effectuer un peu de change à l'Administration Office.

COMMENT CIRCULER SUR L'ÎLE

À pied uniquement. Si vous logez sur l'île, un tracteur pourra transporter vos bagages.

OÙ DORMIR

Seagull Camping – *Rens. et réserv. à l'Administration Office – empl. pour tente : £ 5,20/j/pers. - location d'une tente équipée pour 6 pers. : £ 48/j, £ 255/sem.* Surplombant la mer, ce camping situé au cœur de l'île offre une vue magnifique sur Sercq. Il est installé sur le terrain herbeux en terrasse de l'ancienne ferme laitière et ne compte que 60 emplacements.

White House Hotel – *GY1 3HR Herm - ✆ 1481 722 159 - fermé oct.-mars - 40 ch. dont 13 suites dans l'hôtel même ou dans les cottages voisins - demi-pension £ 80/200/pers. - Conservatory Restaurant £ 15/23 - The Ship Restaurant : dîner menu Captain's Table £ 17.* Doté d'une vue spendide sur la mer, cet hôtel situé en bordure de la plage et du petit port possède un charme très britannique, à la fois chaleureux et élégant. Son architecture, son jardin exubérant, ses palmiers lui rajoutent un petit air caraïbe. Piscine chauffée, tennis, terrain de croquet. Les enfants sont les bienvenus et tout est mis en œuvre pour que le soir, ils ne pertubent pas la tranquilité des adultes : un « high tea » leur est réservé en guise de dîner, des baby-sitters sont disponibles. L'hôtel abrite deux restaurants : le Conservatory Restaurant, où l'on s'habille « smart casual » le soir, et The Ship (Captain's Table), plus décontracté.

Self cattering cottages and flats – *£ 575/935/sem - disponibles tte l'année.* Une vingtaine de cottages et appartements à louer, tous situés dans des maisons de caratère, pouvant loger de 2 à 6 personnes. Nombre d'entre eux possèdent une cheminée, parfois un petit jardin. Le plus joli, le Fisherman's Cottage, est une vieille maison de pêcheurs, au milieu des champs, à 50 m de la plage. Plus faciles à obtenir (mais il faut si prendre plusieurs mois à l'avance), ceux qui se situent dans The Manor, le village au cœur de l'île, permettent de faire davantage connaissance avec les résidents.

OÙ MANGER

Bon à savoir – *Shell Beach* et *Belvoir Beach* possèdent chacune un petit café sur la plage qui servent des en-cas, des glaces et des boissons.

Il n'existe qu'une minuscule épicerie, dans la Mermaid Tavern, qui vend quelques produits de dépannage mais peut se charger de votre commande. Si vous venez en pique-nique pour la journée, mieux vaut toutefois faire vos courses à Guernesey avant de prendre le bateau.

Mermaid Tavern – *dans le village près du port- ✆ 141 710 170 - rest. à la carte : £ 15/20 - réserv. conseillée* - Cet ancien pub de pêcheurs reste aujourd'hui le grand lieu de rencontre de l'île. Avec ses tables en terrasse, son snack-bar, son barbecue et son restaurant, il offre une multitude de formules pour tous les goûts et toutes les bourses.

White House Hotel – *voir où dormir.* En saison est proposée la formule « Sunset dinner at the White House Hotel ». Elle comporte le transfert sur l'île vers l'heure du coucher du soleil et le dîner Captain's Table au restautant de l'hôtel White House. *Aller 19h15, retour 22h45 - £ 23,25 tout compris - réserv. indispensable : ✆ 1481 722 159 - rens. : Travel Trident (pour les coordonnées, voir « Larguer les amarres ! »).*

QUE RAPPORTER

Le livre écrit par Jenny Wood racontant l'aventure de sa vie et de celle de sa famille à Herm : *Herm our island Home.*

Des timbres de Herm datant de 1954 à 1969, époque à laquelle l'île avait le privilège d'éditer ses propres timbres.

Les trois boutiques, ouvertes toute l'année, vendent aussi toutes sortes d'articles de plage et de babioles, et parfois de jolis pulls traditionnels de Guernesey a des prix avantageux.

15 Sercq★★

CARTE LOCAL MICHELIN 309
600 HABITANTS– 4,8 KM DE LONG, 2,4 KM DE LARGE

C'est une île de légende, pleine de merveilles. Perchée à 110 m au dessus de la mer, coupée en deux comme par un pont de géant, entourée de falaises abruptes, tapissée de fleurs sauvages et striée de profonds vallons boisés, Sercq est le dernier fief féodal d'Europe et le plus petit État indépendant de la couronne britannique. Un monde à part où le temps semble s'être arrêté : ni route goudronnée, ni voiture, ni éclairage public. On y circule seulement en voiture à cheval, en vélo ou à pied avec, la nuit, pour seuls lampadaires, les étoiles. Une île qui n'a guère changé depuis que Victor Hugo la décrivait comme « un château de fées ». Une île où il fait bon s'attarder pour goûter le temps retrouvé.

ARRIVER À BON PORT

St Peter Port, à Guernesey, est le principal port d'embarquement pour Sercq *(voir p. 121)*.
On peut aussi embarquer certains jours depuis Granville ou Barneville-Carteret, en France dans le Cotentin, ou depuis Jersey sur les bateaux de Manche-îles-Express qui desservent Gernesey et continuent sur Sercq.
En plein été, il existe aussi certains jours des liaisons Herm-Sercq.

LARGUER LES AMARRES !

Depuis St Peter Port à Guernesey : Isle of Sark Shiping Company – White Rock - St Peter Port - Guernsey - GY1 2LN - ✆ 1481 724 059 - www.sarkshipping.guernsey.net - durée de la traversée : 50mn - lun.-sam. : de 3 à 5 rotations/j entre St Peter Port et Sercq, dim : 1 à 2 rotations ; de mi-mai à déb. sept. : départ de St Peter Port à 8h, 10h, 11h30, 14h et 17h - £ 22/AR, sous certaines conditions £ 14/AR dans la journée. Ces bateaux de passagers ne transportent pas les vélos, sauf les vélos d'enfants.
Depuis la France ou Jersey – Renseignez-vous auprès de Manche-îles-Express, sur les jours et heures de traversée qui varient en fonction des marées *(voir les informations pratiques p. 95)*.

Depuis Herm – Le *Te Aroha* assure des liaisons en haute saison avec Sercq : lun., merc. et vend. - £ 18 - Rens. : ✆ 07 781 149 696.

BON À SAVOIR

L'île se divise en deux parties, Great Sark (Grand Sercq) et Little Sark (Petit Sercq), reliées entre elles par la Coupée, une arête rocheuse exiguë flanquée des deux côtés d'un à-pic vertigineux. Autrefois passage dangereux, elle est aujourd'hui revêtue d'une chaussée et bordée d'un parapet.
Tous les hôtels, restaurants, boutiques, loueurs, etc. se concentrent sur Great Sark, sauf la Sablonnerie, un hotel-restaurant-tea garden de charme.
On ne vient pas tellement à Sercq pour se baigner, même si l'île possède quelques belles plages, mais d'un accès difficile (avec des enfants, un hôtel avec piscine peut être une bonne idée).
Si vous comptez marcher ou circuler le soir, emportez de bonnes chaussures et une lampe torche (les hôtels peuvent en prêter).
En anglais Serq se dit Sark.

À la découverte de l'île

Le bateau qui vient de Guernesey passe d'abord à proximité de Herm, dont la douceur contraste avec la beauté sauvage de Sercq : un plateau volcanique s'élevant à 110 m au-dessus de la mer et bordé de falaises abruptes.
Le bateau accoste à Great Sark, généralement à **Maseline Harbour** (port Maseline). Souvent, une chaîne s'organise de manière spontanée pour débarquer les bagages et les disposer dans les charrettes tirées par des tracteurs. Si vous ne voyez pas le charretier de votre l'hôtel, ne vous inquiétez pas : on vous répondra toujours « that's Sark » (« c'est Sark »). Ce qui veut dire en somme : laissez sur le bateau votre stress

Une île à part

Le système d'administration de l'île n'a pas changé depuis 1565, et le nombre de « tenures », ou domaines, est toujours le même. À la tête de l'île se trouve un seigneur héréditaire qui détient le fief ; actuellement, il s'agit de Michael Beaumont, petit-fils de Sibyl Hathaway, la Dame de Sercq, décédée en 1974. Sercq bénéficie de son propre parlement, les Chief Pleas, composé des quarante propriétaires de domaines ou « tenants », et de douze députés élus dans l'île tous les trois ans. Le sénéchal assure la justice, aidé par le greffier (clerc de cour) et le prévôt (magistrat). Le respect des lois et de l'ordre public sont du ressort du connétable, secondé par le vingtenier. Toute personne en état d'arrestation peut être incarcérée dans la petite prison (deux cellules) de Sercq pendant 48 heures. En été, un policier de Guernesey vient renforcer la « police » locale. Les délits graves sont transférés au palais de justice de Guernesey.

et vos habitudes pour entrer dans ce monde à part qu'est Sercq. Si vous avez bien étiqueté vos bagages, vous les retrouverez finalement à bon port. À la sortie du tunnel, le « bus » local (Harbour Hill Transport), un char à banc tiré par un tracteur, emmène les voyageurs jusqu'à La Collinette, au terme d'un raidillon de 800 m (Harbour Hill). Si vous préférez monter à pied, un joli sentier part 50 m plus haut sur la gauche de la route et passe au milieu des bois tapissés de fleurs sauvages. *Carte p. 144.*

GREAT SARK (GRAND SERCQ)

Creux Harbour★ (port Le Creux)

À l'arrivée ou au départ, ne manquez pas d'aller jeter un coup d'œil à l'autre port de l'île, auquel on accède par un second tunnel depuis port Maseline**.** Creusé en 1588, ce pittoresque petit port bien abrité est utilisé comme débarcadère quand l'orientation des vents exclut tout accostage à Maseline Harbour.

Le village

Le raidillon qui monte depuis le port vous mène à **La Collinette**, le carrefour situé au sommet de la colline. C'est là qu'attendent les **carrioles à cheval** pour vous emmener découvrir l'île. Sachez toutefois que le pas des chevaux est nettement plus lent que celui des marcheurs ! Située légèrement sur la droite, **l'Avenue** est la rue principale, bordée des quelques boutiques de l'île. À gauche au bout de l'Avenue, près de l'école, le petit bâtiment en pierre se trouve être la **prison** (1856) qui contient deux cachots. Le **visitor center** (office de tourisme) se situe dans un bâtiment de granit, peu après.

La Seigneurie★

✆ 1481 832 345 (Office du tourisme de Sark) - www.sark.info - ♿ - de Pâques à mi-oct. : lun.-vend. 10h-17h (juil.-août : également sam.) - £ 1,80, visite des jardins seuls £ 1.

Résidence du seigneur de Sercq, ce manoir est bâti sur l'emplacement d'un monastère du 6e s. dû à saint Magloire. La tour carrée, véritable observatoire sur les îles, fut édifiée en 1860. Cette belle demeure de pierre et de granit est protégée des vents par un rideau d'arbres et d'imposants murs.

Dans les jardins derrière le bâtiment, on remarque le colombier sur lequel alternent ceintures de pierre et de brique. Les **jardins** si chers à la Dame de Sercq, où abondent fleurs et arbustes, sont toujours entretenus avec le même soin.

Vaste esplanade où jadis le poisson était mis à sécher, l'**Eperquerie Common** sert aujourd'hui d'aire de pique-nique et de détente.

Port-du-Moulin★★

Après la Seigneurie, on prend une route à gauche qui devient vite un sentier serpentant sur la falaise. En suivant l'indication « Window and Bay », on arrive à la **fenêtre dans le rocher** (Window in the Rock), entaille en forme de fenêtre creusée dans la roche. De là, la **vue** est impressionnante sur **Port-du-Moulin**, véritable chaos rocheux.

Revenir sur ses pas et prendre à gauche le sentier qui mène à Port-du-Moulin.

La baie est entourée d'abrupts rocheux aux formes fantômatiques. Cet endroit,

Le « plus » nature

Douceur du climat et fertilité de la terre valent à Sercq des pâturages luxuriants, des vallées boisées, où abondent frênes et chênes de Turquie, et une multitude de fleurs sauvages. À l'intérieur de l'île, les tapis de jacinthes sauvages colorent en bleu les sous-bois au printemps. Sur la falaise, l'ajonc teinte de jaune d'or toute la côte, avec, selon les saisons, des taches de marguerites blanches, de digitales pourpres, d'arméries roses ou d'autres fleurs dont certaines ne se trouvent pas ailleurs.

prisé des baigneurs en été, s'entoure d'arches rocheuses accessibles à marée basse. À droite de la baie surgissent les Autelets, trois colonnes de granit que l'on peut atteindre lorsque la mer s'est retirée.

Monument Pilcher★

Cette colonne de granit a été érigée à la mémoire d'un marchand londonien, F. Pilcher, qui périt en mer avec trois compagnons en 1868 en revenant à Guernesey. Du pied du monument, belle **vue** sur la côte et plus loin sur les îles. Un chemin descend jusqu'au havre Gosselin où accostent des yachts en saison.

Derrible Bay (baie Derrible)

De l'autre côté de l'hôtel, prenez à gauche un chemin caillouteux, puis à droite un chemin qui longe un champ. Vous arrivez à une fourche où, à gauche, s'amorce la descente vers la baie, à travers un paysage ombragé. Avant d'arriver à la baie, remarquez à droite le creux Derrible, trou profond dans la falaise de granit.

Faire le chemin en sens inverse et, à la fourche, prendre à gauche.

Hog's Back★

Ce promontoire couvert d'ajoncs sépare la baie Derrible de la baie Dixcart. À gauche, la **vue** est saisissante sur la pointe et la baie Derrible, à droite sur la baie Dixcart ; encore plus à droite, vous remarquerez la Coupée et Petit Sercq.

LA COUPÉE★★★

De cet étroit isthme qui relie les deux îles, le spectacle est grandiose. À droite, la vue s'étend sur Brecqhou, Jethou, Herm et Guernesey ; à gauche on distingue les côtes de Jersey ; en se retournant, se profilent à l'horizon les côtes françaises. Le long de la falaise, à droite, un escalier conduit à la baie de la **Grande-Grève**, très attirante pour la baignade, en été. La chaussée ainsi que le garde-fou ont été construits en 1945 par des prisonniers de guerre allemands sous le contrôle des Britanniques.

La Coupée.

Images courtesy of VisitGuernsey

LITTLE SARK (PETIT SERCQ)

Au Sud de l'île subsistent les cheminées des mines d'argent envahies par la végétation. Ces mines fonctionnèrent au 19ᵉ s. et durent être abandonnées à cause des infiltrations d'eau. Un sentier passant à gauche des cheminées de la vieille mine descend jusqu'à un bassin visible à marée basse, le **Venus Pool** (bassin de Vénus), qui se niche sous les falaises. Creusé par la mer dans le rocher, ce bassin circulaire se prête agréablement à la baignade.

Port-Gorey

On y accède à marée basse en partant du bassin de Vénus ; on passe alors devant le **bassin de Jupiter** (Jupiter's Pool) et on contourne la baie de Plat-Rue. En empruntant les sentiers qui serpentent sur la falaise à travers bruyères, ajoncs et genêts, on aborde Port-Gorey par les hauteurs. La vue sur la calanque se révèle alors particulièrement impressionnante.

À faire ou à voir…

Si vous voulez vous baigner

Dixcart Bay : la plus facilement accessible des plages, par un agréable chemin boisé. **Derrible Bay** : la plage de sable se découvre à marée basse. **La Grande Grève** : une superbe plage de sable à marée basse, mais un accès par un long escalier escarpé. **Port du Moulin** : une crique de galets où se baigner à marée haute. **Grève de la Ville** : plage de galets agréable le matin à marée haute.

Promenez-vous en bateau pour voir les oiseaux

Marin-pêcheur, **George Guille** vous emmène sur son bateau durant 2 à 3 heures faire le tour de l'île, des îlots voisins parmi lesquels Brecqhou et l'Etac et des grottes, parmi lesquelles Moie de Mouton. En chemin, il vous parle de la vie des oiseaux de mer et s'efforce de vous les faire voir : macareux (en saison), guillemots, huitriers pie, faucons pélerins, cormorans huppés, fulmars et petits pingouins. S'adresser au **Sue's tea Garden** *(voir « Sercq pratique ») ou téléphoner pour réserver au ✆ 1481 832 107.*

Allez pêcher en mer

Lawrence Roberts – *✆ 07 781 101 905.* Sur son bateau, Lawrence vous emmène une journée pêcher en mer, avec un arrêt barbecue. Il vous fournit lignes et appâts.

Visitez les jardins privés

En juin, juillet et août, tous les vendredis, visite guidée de jardins privés qui se terminent autour d'une tasse de thé. Départ 14h, durée 2h. Les fonds récoltés (environ £ 2,50/pers.) sont versés à des œuvres de charité locales. *S'adresser à l'office de tourisme (voir « Sercq pratique »).*

Suivez les guides-nature

Fin avril-début mai, lors de la **Wild Flower Fortnight** (Quinzaine des fleurs sauvages), des spécialistes vous accompagnent à la découverte des fleurs sauvages qui abondent sur l'île. D'autres sorties-nature ont lieu à l'occasion, telles que les **Rockpools Walks**, où des spécialistes vous font découvrir la richesse de la flore et de la faune marine au creux des rochers, à marée basse. *Renseignements à l'office de tourisme.*

Plongez autour de l'île

65 km de côte très découpée, d'innombrables récifs et tombants, une eau de mer moins froide qu'ailleurs dans les îles Anglo-Normandes, une excellente visibilité et une abondante faune font de Sark l'un des meilleurs sites de plongée en Europe du Nord. Les Gouliot Caves, couvertes d'anémones de mer de toutes les couleurs, en sont le joyau.

Dive Sark – *Andy Leaman - Le Grand Fort - Sark GY9 0SF - ✆/fax 01481 832 565 - www.sarkci.com - andy@sarkci.com.* Pour plongeurs confirmés.

Ne manquez pas la course de moutons montés par des lapins

En juillet a lieu une étonnante course avec paris : les coureurs sont des moutons montés par des lapins. En réalité, des lapins en tissu. C'est aussi l'occasion de faire la fête, de boire et de manger. *Renseignements à l'office de tourisme.*

Sercq pratique

OÙ S'INFORMER

Sark Tourist Information Centre (office de tourisme) – *GY9 0SA Sark - ✆ 1481 83 345 - www.sark.info - vers la sortie du village, au bout de l'avenue, près de la prison - de Pâques à fin oct : 9h-16h30, le reste de l'année : 10h-14h.*

Capitainerie – *Harbour Office - Harbour - Sark - ✆ 1481 832 450.*

Banque – Il existe deux banques à La Collinette, mais aucun distributeur sur l'île.

Météo et température de l'air – *Voir « Guernesey pratique ».*

COMMENT CIRCULER SUR L'ÎLE

Il n'y a aucune voiture sur l'île, seulement quelques tracteurs. Ils assurent le transport des bagages mais ne sont pas autorisés à prendre des passagers sauf celui qui fait office de « bus » entre le port et le village. On circule donc à pied, en vélo ou en voiture à cheval.

À pied – Des panneaux indiquent le temps nécessaire pour rejoindre les principaux sites touristiques.

En vélo – Très pratique pour aller d'un bout à l'autre de l'île par les petites routes. Attention toutefois de rouler à gauche. Sur les sentiers pédestres, également nombreux, il est interdit de circuler en vélo, même en VTT. Il existe trois loueurs, mais en haute saison, mieux vaut réserver son vélo à l'avance.

Avenue Cycle Hire – *The Avenue - ✆ 1481 832 1020 - £ 5/j.*

A to B – *Près du sommet de Harbour Hill - ✆ 1481 832 844.*

En voiture à cheval – D'avr. à oct., des calèches attendent les clients à La Collinette. Elles prennent normalement 10 personnes chacune. En haute saison, mieux vaut réserver à l'avance. À partir de £ 6/pers. selon la durée et le trajet. Mettez-vous toujours d'accord sur le prix et la durée de la promenade avant de monter. La plus jolie des calèches ne prend que 3 personnes :

Sarah Bateman – *✆ 1481 832 018 - £ 7,5/h/pers.*

OÙ DORMIR

⊖ **Chambre d'hôte La Marguerite** – *Mrs Suzette Adams - GY9 0SD Sark - ✆ 1481 832 266 - 6 ch. £ 25* ☕. Très agréable *guest-house* familiale en plein cœur de l'île, à 3mn du sommet de Harbour Hill.

⊖⊖ **Hôtel La Sablonnerie** – *Little Sark - GY9 0SD Sark - ✆ 1481 832 061 - fermé de mi-oct. à Pâques - 22 ch. £ 66,50 ☕ - rest. £ 14,50/25,80 (menu tout homard : £ 17,50 avec ½ homard ; £ 24,50 avec homard entier).* Seul sur Little Sark, c'est un hôtel de charme, perdu dans la campagne toute entourée de mer. Tenu par la famille Peree depuis 1948, il allie le cadre rustique d'une ferme du 16e s. et de petits cottages au raffinement du décor et du service. Ambiance cosy garantie. Idéal pour couples romantiques et amateurs de tranquilité. Son restaurant, très réputé, a pour spécialités les produits de la mer et ceux du jardin : irrésistible menu « tout homard ». Ouvert aux non-résidents mais réservation conseillée. Délicieux *Tea Garden* l'après-midi.

⊖⊖ **Hôtel Dixcart** – *GY9 0SD Sark - ✆ 1481 832 015 - 15 ch. £ 52,50/105 ☕ - rest. £ 12/27.* Fréquenté par Victor Hugo, c'est l'hôtel le plus ancien de l'île. Dans une ferme du 16e s., poutres apparentes, meubles anciens, cheminées et murs de pierre procurent chaleur et confort à cet endroit rêvé pour un séjour paisible, à cinq minutes du bourg. Le jardin s'étend sur 16 ha dans une vallée profonde qui descend jusqu'à la Dixcart Bay. Le restaurant avec terrasse offre une excellente halte pour les randonneurs.

⊖⊖ **Hôtel Petit Champ** – *GY9 0SF Sark - ✆ 1481 832 046 - www.hotelpetitchamp.co.uk - 10 ch. demi-pension £ 66,50/129 - rest. £ 19,50.* Un hôtel récent avec vue sur mer, ce qui est rare à Serq, petite piscine chauffée et excellent restaurant, ouvert aux non-résidents. Réservation conseillée.

OÙ MANGER

⊖ **Sue's Tea Garden** – *Sue Guille - Gae de Mat - Sark - ✆ 1481 832 107 - lun.-vend. 2h30- 16h30, dim. 15h-17h - Sark Cream Tea £ 4 ; soupe de poisson £ 3,80.* Un jardin débordant de fleurs, des scones et des glaces à la crème de Sark faits par Sue Guille elle-même, et des soupes de poissons pêchés par son mari, George. En prime, un accueil chaleureux et des jeux pour les enfants. Un bonheur !

⊖ **La Moinerie** – *GY9 0SF Sark - ✆ 1481 832 089 - £ 15/20.* Perdu au fond d'une vallée boisée entre les jardins de La Seigneurie et Port-du-Moulin, cette vieille ferme en granit de 1728 abrite un chaleureux pub, un restaurant et 5 chambres. Le patron Jonathan Shuker,également pêcheur, va chercher lui-même ses homards, ses crabes et ses coquilles Saint-Jacques.

⊖ **Maison Pommier Restaurant** – *R. du Four - Sark- ✆ 1481 832 626 - soir seult sur réserv. - £ 16/27.* Dans un joli jardin, un restaurant réputé pour la qualité de ses produits : mouton, porc de Sercq, fruits et légumes du jardin, poissons.

QUE RAPPORTER

Caragh Chocolates – *Plaisance (juste av. la Coupée) - Sark - ✆ 1481 832 703 - www.caraghchocolates.sark.net.* Grande spécialité. Ces chocolats ont fondé leur réputation sur l'utilisation de la crème de Sercq riche et savoureuse.

Aurigny

16

CARTE MICHELIN LOCAL 309 – 2 400 HABITANTS – 15 KM²

Aurigny, la discrète. De dimensions modestes, l'île n'a pour capitale qu'un village aux rues pavées et aux maisons pastel. Les arbres y sont rares et les jardins secrets. Elle même se plait à se surnommer la « Cendrillon des îles Anglo-Normandes », sans doute pour faire valoir sa beauté cachée, une beauté mieux préservée que celle de ses deux grandes sœurs, Jersey et Guernesey. Aurigny vous accueille en « visiteur » et livre sans détour sa nature généreuse : plus de pubs qu'ailleurs, et plus de fleurs aussi. Et des oiseaux de mer par milliers, fous de Bassan, macareux, pétrels et guillemots, qui se rassemblent en colonies sur les rochers alentour. Aurigny est un havre d'harmonie et de paix. Serait-ce grâce aux nombreux forts et fortifications qui bardent l'île depuis des siècles ?

ARRIVER À BON PORT

© Frederick Warne & Co. 1983

Aurigny est l'île Anglo-Normande la plus proche de la France : elle n'est qu'à 12 km du cap de la Hague, mais elle est séparée de celui-ci par les redoutables courants du « Raz Blanchard », si bien qu'on y accède plus souvent en avion qu'en bateau, qui plus est, les horaires des bateaux ne sont pas toujours très pratiques au départ de la France. Deux compagnies aériennes desservent l'île sur de minuscules avions d'une dizaine de places.

Par avion depuis la France – Les vols de la compagnie Rockhopper partent de St-Brieuc (à 2h45 de Paris en TGV), via Jersey. Ceux d'Aurigny Air Services partent de Dinard, via Guernesey. Le vol entre la France et Jersey ou Guernesey dure environ 30mn ; entre l'une de ces deux îles et Aurigny : 15 minutes. L'aéroport se situe à 10mn à pied de St Anne, la capitale. Pour la fréquence des vols et les coordonnées des deux compagnies d'avions, voir les informations pratiques, p. 95.

En bateau depuis la France – France-Manche-îles assure une liaison avec Aurigny, via Guernesey, sur des ferries qui partent de Dielette, un port proche de Cherbourg.
It Ferries (12 passagers et 4 voitures) et Lady Maris (12 passagers) assurent chacun la desserte d'Aurigny au départ de Cherbourg.

LARGUER LES AMARRES !

France-Manche-îles assure plusieurs rotations par jour d'avril à septembre, via Guernesey (depuis cette île, la traversée dure 45 minutes). Pour des informations actualisées, contacter en France le ✆ 02 33 01 10 11 et dans les îles Anglo-Normandes le ✆ 0 825 133 050.
It Ferries relie Aurigny et Cherbourg mar. et jeu. ✆ (0)1481 825 555.
Lady Maris assure la traversée entre Cherbourg et Aurigny toute l'année, les mercredi et samedi. Renseignements : Alderney Gift Box, Victoria Street, St Anne, ✆ 1481 823 532 ou 07 781 100 840. Pour ces deux compagnies, la réservation est indispensable.

BON À SAVOIR

Bien que dotée d'un aéroport, desservi par deux compagnies d'aviation dont une compagnie d'État, l'île résiste à toute invasion touristique. Il faut dire que les avions (trislanders ou islanders), même s'ils effectuent de nombreuses rotations, ne transportent jamais qu'une dizaine de personnes à la fois.
Aurigny offre une multitude d'activités : elle compte près de 40 clubs et associations (l'office de tourisme vous en donnera la liste). Mais pour plonger, faire du surf ou tout autre sport nautique, il faut apporter son équipement.
Ses paysages restent préservés car l'essentiel de sa population se concentre dans la capitale, St Anne, au milieu du plateau.
Aurigny se dit en anglais : Alderney.

L'île d'Aurigny.

Flâner dans Sainte-Anne

Connu sous le nom de « La Ville », l'unique bourg de l'île a des allures de village anglais du 19e s. avec ses petites rues pavées bordées de belles demeures patriciennes en granit ou de cottages pastel agrémentés de fleurs et de paniers suspendus.

À l'origine, les habitations de Ste-Anne étaient groupées autour de **Marais Square** et du **Huret**, où les gens se rassemblaient pour décider du moment de la récolte du varech, utilisé comme engrais. Au 15e s., des Guernesiais s'établirent à l'Est de Marais Square. Au 18e s., l'habitat se transforma grâce aux profits réalisés par les corsaires. Les tuiles remplacèrent les toits de chaume, le premier palais de justice vit le jour et le gouverneur donna à sa résidence un éclat particulier. Au début du règne de Victoria (1837-1901), la population de Ste-Anne s'accrut avec l'arrivée d'immigrants irlandais venus cultiver la terre, et de troupes anglaises ; Queen Elizabeth II Street, Victoria Street et Ollivier Street datent de cette époque.

Victoria Street

Principale rue commerçante de l'île, **Victoria Street** s'appelait autrefois rue du Grosnez, mais fut rebaptisée Victoria après la visite de la reine en 1854. C'est là que se trouve l'excellent Alderney Visitor Center (office de tourisme).

D'un côté, Victoria Street débouche sur Braye Road, la route qui mène au port, et de l'autre sur l'esplanade des **Butes**. C'est là que s'entraînaient autrefois les archers et où se trouve aujourd'hui le terrain de **cricket**. C'est là aussi que se déroule une partie des innombrables manifestations du grand **carnaval** d'Aurigny, qui débute le 1er lundi d'août et donne lieu à 10 jours de fête : chars fleuris, procession aux flambeaux, feu d'artifice, concours de château de sable, bagarre de flotilles, etc. De cette esplanade s'étend une belle vue sur la baie de Braye au Nord-Est, la baie de Crabby, le détroit du Swinge, aux dangereux courants, et les récifs des Casquets, au Nord-Ouest.

Plus haut dans Victoria Street, l'**église Ste-Anne**, « la cathédrale des îles de la Manche », est l'œuvre du révérend Jean Le Mesurier, fils du dernier gouverneur héréditaire de l'île (cette fonction cessa en 1825). Construite en granit et en pierre de Caen, elle

Une île-forteresse

Les Romains auraient utilisé Aurigny comme base navale. On peut voir les traces d'un ancien camp près de The Nunnery, à l'Est. Les premières fortifications anglaises datent du règne d'Henri VIII (16e s.) ; un fort fut construit sur une colline au Sud de la baie de Longy. À l'époque napoléonienne, le gouvernement anglais fit renforcer le système de défense. Entre 1847 et 1858, les fortifications se multiplièrent. Pour répondre à la création du port militaire de Cherbourg, les Anglais décidèrent de construire à quelque 32 km de là une base navale bien protégée dans la baie de Braye. L'île se vit ainsi pourvue d'une très longue digue et d'un ensemble de treize forts. Pendant les cinq années d'occupation de la Seconde Gerre mondiale, les Allemands consolidèrent les anciens forts et ajoutèrent de nouvelles défenses.

reprend le style de la transition du roman au gothique. Sur le lutrin, à côté d'une bible en anglais, une bible en français rappelle que cette langue était autrefois parlée sur l'île.

Museum

Lower High Street. ✆ 1481 822 666 - www.alderneysociety.org/museum - ♿ - de Pâques à fin oct. : 10h-12h, 14h-16h, w.-end 10h-12h - £ 2.

Installé dans l'ancienne école fondée en 1790, le Museum est un musée d'histoire locale très agréablement présenté. Il rassemble des collections ayant trait à la préhistoire, à la vie domestique et militaire, à la faune et à la flore de l'île. On y voit notamment des vestiges d'un des nombreux navires qui ont fait naufrage aux abords de l'île et des documents sur l'époque de l'occupation allemande, marquée par l'évacuation massive des habitants en 1940 et leur retour en 1945.

À proximité se dresse le **clocher** de l'ancienne église (1767), détruite pour construire l'édifice actuel. Dans le joli petit cimetière, remarquez le « pebble path » un sentier en mosaïque de pierres représentant l'église, un bateau, etc., fait par les membres des clubs, sociétés et familles d'Aurigny pour marquer l'entrée dans le IIIe millénaire.

Traversée en train

Aurigny est la seule des îles Anglo-Normandes à posséder un train, l'**Alderney Railway.** Il part de Braye Road Station, près du port, et va jusqu'aux anciennes carrières de Mannez, tout près de la plage de **Corblets Bay**. Arrivé là, ne manquez pas de prendre ensuite le train miniature. Ce train fut établi à l'origine pour transporter les blocs de granit de la carrière au port. Deux anciennes voitures de métro londonien servent de wagons. – *✆ 1481 823 580 - autorail et train Wickham - de Pâques à fin sept. : w.-end et j. fériés 14h, 15h et 16h (trains suppl. en juil.-août) - £ 3,50/AR.*

Royal Connaugt Square et Court House

Charmante placette, Royal Connaught Square était le centre animé de la ville au 18e s. Côté Nord, Island Hall, un élégant bâtiment en granit, fut agrandi en 1763 par Jean Le Mesurier pour devenir la résidence officielle du gouverneur. À quelques pas, Mouriaux House fut construite en 1779 comme résidence privée.

Situé dans Queen Elizabeth II Street (autrefois New Street), **le Court House** (palais de justice) remonte à 1850. Au premier étage se trouve la salle des audiences, où se tiennent les séances des États d'Aurigny. *✆ 1481 822 817 - tlj sf jeu. apr.-midi et w.-end 9h30-12h30, 14h-16h.*

Se balader autour de l'île

Vous pouvez entreprendre le tour de l'île à pied (18 km) en suivant les différents sentiers tracés sur les falaises. La mer n'est jamais à plus de 15 minutes à pied. En vélo, la balade est également agréable, mais on ne peut pas rouler sur les sentiers des falaises.

Immense plateau dénudé balayé par les vents, Aurigny possède un charme spécifique qui réside dans une alliance subtile de simplicité villageoise, plus britannique que normande, et de modernité. Au Sud, la côte, bordée de falaises de granit rouge et entourée de récifs, reste le domaine des fleurs et des oiseaux. Au Nord, elle est plus plate et jalonnée de plages, d'anses et de criques qui font le bonheur des baigneurs.

Le port et la baie de Braye

Dominé par fort Grosnez (1853), le **Braye Harbour** (port de Braye) se caractérise par sa gigantesque digue *(breakwater)*, longue de près de 1 km. Elle fut édifiée par les Anglais qui, inquiets de la construction du port militaire de Cherbourg, voulaient faire d'Aurigny une base navale capable de recevoir des navires militaires britanniques. Elle devait être complétée par une autre digue qui ne fut jamais réalisée… mais l'invasion française n'eut de toutes façons pas lieu.

Bray Bay★ (baie de Braye), la plus grande baie de l'île, bénéficie d'une plage de sable fin et d'une très belle vue sur le port. Une longue bande herbeuse, le Banquage, ourle la plage. Autrefois, le varech y était mis à sécher ; aujourd'hui ce sont les baigneurs qui l'occupent.

À l'Est de la baie, le mont Touraille est couronné par le **fort Albert** (1853), pièce maîtresse de la quinzaine de forteresses construites à l'époque victorienne. Aujourd'hui, il abrite le dimanche un ball-trap accessible aux visiteurs. Côté mer, la **vue** embrasse la baie de Braye jusqu'au fort Grosnez à gauche et, plus loin, le fort Tourgis.

Le **Hammond Memorial** rappelle le souvenir des déportés contraints de participer à la fortification de l'île sous l'occupation allemande. Aurigny comptait alors trois camps de travail totalisant 4 500 hommes.

Les côtes Nord et Nord-Est, jalonnées de plages et de forts

Trois belles baies de sable fin se prêtent à la baignade : **Saye**, **Arch** et **Corblets**. Les deux premières sont séparées par un ancien fort (1854), château à l'Étoc, transformé en appartements. Un tunnel avait été creusé sous la route pour permettre aux charrettes de ramener le varech de la plage. Du fort Corblets (1855), belle vue sur les rochers.

Partie basse de l'île, la **Mannez Garenne** est dominée par une tour d'observation allemande érigée au bord de la carrière.

Le **phare de Mannez** (1912), *(visite guidée en saison : w.-end 14h30-16h30)* alerte les bateaux des nombreux récifs voisins et des forts courants formés par la jonction du Swinge, au Nord-Ouest, et du Race, au Sud-Est ; le **panorama**★ est impressionnant sur la côte rocheuse, même si, par temps clair, l'usine de La Hague se distingue nettement ! On voit également les trois forts qui défendaient cette avancée de l'île : les Homeaux Florains (1858), maintenant en ruine, accessibles par une chaussée, fort Quesnard et fort Houmet-Herbé, bâti sur un îlot.

Un autre fort *(propriété privée)*, datant de 1853, se dresse sur **Raz Island** (île de Raz). L'île est accessible à marée basse par une chaussée *(attention aux horaires des marées et aux algues qui peuvent la rendre glissante)* d'où l'on a une belle vue sur le château Essex et sur un bloc rocheux qui semble pendre de la muraille, le Hanging Rock.

Dans la **Longis Bay** (baie de Longis), à marée basse, les « bronzeurs » s'adossent contre un muret antichars. Non loin, aux **Huguettes**, des traces de l'âge de la pierre furent découvertes en 1968 lors de la création du terrain de golf ; les découvertes des fouilles sont exposées au musée de Ste-Anne.

The Nunnery (le Couvent) serait la plus vieille fortification de l'île : elle remonte au 4e s. Le bâtiment est entouré d'un mur haut de 5 m. Son nom lui a été donné par les soldats britanniques qui y stationnaient à la fin du 18e s.

Essex Castle (château Essex) fut construit en 1840 pour servir de caserne et d'hôpital militaire. Le pavillon fut ajouté par Jean Le Mesurier, qui transforma le domaine en ferme afin de pourvoir en nourriture la garnison du Couvent. Quant au **Hanging Rock**, on raconte que ce bloc rocheux semble pendre de la muraille et que les habitants de Guernesey y auraient accroché une corde afin de remorquer Aurigny.

Cliff Walk : le sentier des falaises au Sud de l'île

De Haize aux hauteurs de Giffoine, un sentier permet de découvrir cette partie sauvage de l'île bordée de hautes falaises d'une grande beauté. La côte est déchiquetée, la vue impressionnante. *Attention à ne pas vous écarter du sentier côté mer.*

Après avoir dépassé une vieille carrière, à **Cachalière**, un chemin descend jusqu'à une jetée contre laquelle s'amarraient les bateaux venus pour transporter les blocs de granit. De là, on peut atteindre les rochers de l'**Étac de la Quoire** quand la mer se retire.

La **Telegraph Bay**★ (baie du Télégraphe) doit son nom à la tour de communications construite en 1811. Sur la gauche se dressent les très beaux rochers de la Nache et de Fourque. *Un escalier vertigineux menait à la plage, mais ses marches se sont effondrées !*

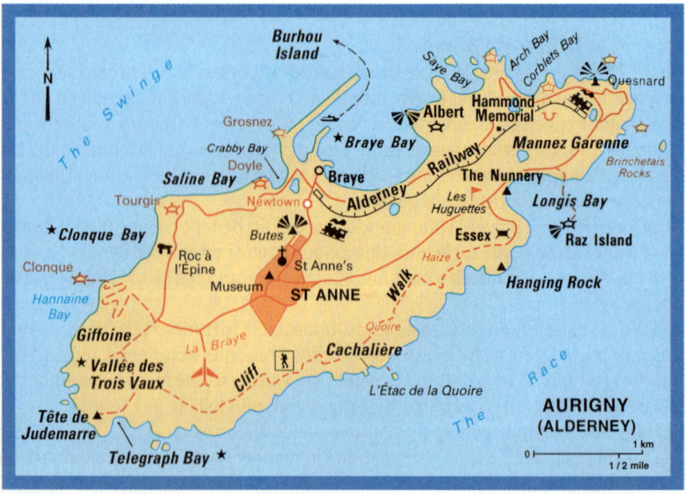

De la pointe, appelée **tête de Judemarre,** la vue s'étend sur la côte et les îles de Guernesey, Herm et Sercq. Crevasse constituée par trois vallées qui se rejoignent sur une plage de galets, la **vallée des Trois-Vaux★** offre une vision sublime.

À **Giffoine**, au-dessus de la baie d'Hannaine, vous pouvez voir les restes d'une batterie côtière allemande. À proximité du rivage, sur le groupe de rochers appelé **Les Etacs★**, plusieurs milliers de couples de fous de Bassan viennent nicher en été. Impressionnant ! **Vue** au Nord sur l'île de Burhou, les récifs d'Ortac et des Casquets.

Le « plus » nature

Avec une densité de population trois fois moins élevée que Guernesey, Aurigny a su préserver de vastes espaces ouverts qui favorisent le développement de la faune et de la flore sauvages. Plus de 1 000 espèces de fleurs sauvages poussent à Aurigny, dont plus de 200 fleurissent en hiver. Plus de 300 espèces d'oiseaux ont été recensées. Mais l'hôte le plus étonnant d'Aurigny reste le hérisson blond, une rareté.Il existe environ 1 000 représentants sur l'île.

Un chemin sinueux descend à travers bruyères et genêts jusqu'à la **Clonque Bay★** (baie de Clonque), puis une chaussée mène à fort Clonque (1855) accessible à marée basse.

Les ruines de fort Tourgis (1855), apparaissent de l'autre côté de la baie.

Sur la falaise de Clonque Bay, le **roc à l'Épine** est la chambre funéraire la mieux conservée de l'île ; la lourde table repose sur deux supports. Au 19e s., bon nombre de mégalithes ont été utilisés pour bâtir les fortifications.

Très exposée aux humeurs de la mer, la **Platte Saline Bay** est formellement interdite à la baignade car elle est parcourue de profondes lames de fond. En revanche, c'est un des sites privilégiés des pêcheurs. Une batterie allemande et un ancien fort transformé en auberge de jeunesse, fort Doyle, veillent à chaque extrémité. La **baie de Crabby**, bien encastrée dans la masse rocheuse, est fréquentée en saison.

Rencontrer les oiseaux de mer

Se laisser griser par le cri des oiseaux

Aurigny est célèbre pour ses oiseaux de mer, en particulier les fous de Bassan. De mars à octobre, quelque 6 000 couples de fous (1,8 % de la population mondiale) nichent sur deux groupes de rochers : Ortac, à environ 5 km au large de la côte Ouest, et surtout Les Etacs, à 200 m du rivage de Giffoine Point. Le rocher est entièrement couvert d'oiseaux blancs qui poussent des cris rauques et volent majestueusement alentour : saisissant ! Pour observer, au printemps, les subtilités de leur parade nuptiale, emportez des jumelles et venez de préférence le matin pour bénéficier de la lumière la plus favorable.

Réserve ornithologique – À **Burhou Island** (île de Burhou), une île située à 3 km au large, au Nord-Ouest de Braye Harbour, et classée réserve ornithologique, ce sont les macareux moines et les pétrels tempête qui viennent nicher de mars à juillet. Une cabane permet aux observateurs de passer la nuit. *℘ 1481 822 620 - de mi-mars à mi-juil : 8h-20h - pour obtenir l'autorisation de passer une nuit (£ 10 ; prévoir de l'eau), s'adresser au bureau du port (Harbour Office).*

Depuis la mer – Une bonne manière d'observer les oiseaux consiste aussi à faire **le tour de l'île en bateau.** Le *Lady Maris* et le *Voyager* s'approchent tous deux de l'île de Burhou, offrant une belle vue sur les macareux qui arrivent vers la fin mars (jusqu'à 200 couples environ). Les deux bateaux tournent aussi autour des Etacs pour contempler la spectaculaire colonie de fous de Bassan, mais seul *Voyager* va jusqu'à Otac.

Lady Maris – *Alderney Gift Box - ℘ 1481 823 532* ou *07 781 100 840 - 2h.*

Voyager – *McAllister's Fish Shop - ℘ 1481 823 666* ou *07 781 160 260.*

Pêcher en mer

Le Swinge et le Race, les deux courants qui entourent l'île et atteignent une vitesse moyenne de 6 nœuds contribuent à la richesse marine. En été, maquereau, plie, sole et bar abondent. En hiver, mulet, congre et chien de mer, de taille exceptionnelle, s'approchent du rivage. De nombreux points du littoral sont propices à la pêche, en particulier Platte saline Bay. Sinon, vous pouvez aussi pêcher en mer sur l'**Alderney Felix**, un nouveau bateau de pêche qui peut embarquer 12 passagers. *Réserv., au MacAllister's Fish Shop - ℘ 1481 823 934 ou 07 781 113 099.*

Aurigny pratique

OÙ S'INFORMER

Alderney Tourism Information Centre (office de tourisme) – *Victoria St. - Alderney GY9 3AA - Channel islands - ✆ 1481 823 737 - www.alderney.net - mai-sept. : lun.-sam. 10h-12h, 14h-16h30.* Le site Internet est très complet.

Alderney Wildlife Trust – *Même adresse et mêmes horaires que l'office de tourisme - ✆ 1481 822 935 - www.alderneywildlife.org.* Cette association qui s'occupe de la protection de la nature sur l'île, vous renseignera sur la faune et la flore et vous conseillera les plus belles balades. Elle organise aussi des randonnées-nature, y compris la nuit (pour les chauves-souris).

Capitainerie – *Braye Harbour - ✆ 1481 822 620.*

Banques – 2 distributeurs automatiques dans Victoria Street.

Température de l'air – 20 à 24 °C l'été ; 17 à 20 °C au printemps et en automne.

COMMENT CIRCULER SUR L'ÎLE

À l'arrivée **au port** du grand ferry, un car attend les passagers pour les emmener en ville (£ 1,50). **-À l'aéroport**, il n'y a pas de car, seulement des taxis. Tout est accessible à pied : le port et l'aéroport sont à 10 minutes de la ville. La marche reste la meilleure manière de découvrir l'île. Autrement, on peut circuler en vélo, en voiture ou, l'été, en bus et même en train.

En vélo : JB Cycle – *Val Reuter Garages - ✆ 1481 822 294/762 - à partir de £ 6/j.*

En voiture : Braye Hire – *✆ 1481 823 881 - à partir de £ 20/j.*

Island Taxis – *✆ 1481 823 823.*

Excursions en minibus : Riduna Buses – *✆ 1481 823 760.*

OÙ DORMIR

Bon à savoir – Vous pouvez louer à la semaine le **fort Clonque**, le **fort Coblets** et le **Mermaid Lighthouse Cottage** (maison du phare de la Sirène). *Renseignements à l'office de tourisme ou au Landmark Trust pour Fort Clonque (✆ 628 825 925).*

The Town House – *High Street - GY9 3UG St Anne - ✆ 1481 824 897 - http//thetownhouse.moonfruit.com - 8 ch. £ 25/35* ☕. Dans une pittoresque rue de la ville, une agréable maison d'hôte dotée d'un petit jardin.

Hôtel Farm Court – *Les Mouriaux - GY9 3UX St Anne - ✆ 1481 82 075 - 9 ch. £ 35/45* ☕. Dans une rue tranquille de St Anne, une maison d'hôte comme on en rêve : une ancienne ferme en granit entourant une exquise courette pavée débordant de fleurs qui embaument. Les chambres, décorées avec goût, sont ornées de toiles du propriétaire, qui est peintre. Également un appartement à louer.

Chambre d'hôte Bonjour Guest House – *16 High St. - GY9 3UG St Anne - ✆ 1481 822 152 - 5 ch. £ 25/60.* Dans la même rue, une autre maison d'hôte, toujours très fleurie, où l'on se sent comme chez soi. Les chambres y sont soigneusement tenues et personnalisées. Bon rapport qualité-prix.

Belle-Vue Hotel – *The Butes - GY9 3UN St Anne - ✆ 1481 822 844 - 27 ch. £ 60* ☕. En lisière du bourg, face au terrain de cricket et à la mer, cet agréable hôtel-restaurant-pub à a façade rose possède un intérieur chaleureux et cosy et un petit jardin. Excellent restaurant ouvert tlj sf de Noël au Nouvel An.

Chambre d'hôte The Georgian House – *Victoria St., GY9 3UF St Anne - ✆ 1481 822 471 - www.georgianhousealderney.com - 4 ch. £ 55* ☕. Au cœur du bourg, une belle bâtisse agrémentée d'un petit jardin. On peut s'y restaurer au pub, devant la cheminée, dans l'orangerie, plus classique, ou en terrasse dans le jardin.

OÙ MANGER

Vous trouverez à Aurigny toutes sortes de restaurants (thaï, italien, indien, britannique) et des pubs ouverts 7j/7 qui ferment plus tard que dans les autres îles.

The Old Barn Bar-Restaurant – *Longis - Alderney GY9 3YB - ✆ 1481 822 537 - réserv. conseillée - tlj sf lun. 11h-19h - £ 6,95/13,95.* Isolée près de Longis Bay, c'est le plus charmant restaurant de l'île : une vieille ferme joliment décorée, un jardin tropical exubérant et parfumé, où sont dressées les tables en été, l'hiver un bon feu dans la cheminée, et une cuisine savoureuse et variée.

First & Last Restaurant – *Braye Harbour GY9 3TH - ✆ 1481 823 162 - fermé dim. soir et lun. - £ 14/22.* Un très bon restaurant qui donne sur le port et a pour spécialités poissons et fruits de mer.

The Moorings – *Braye Beach – ✆ 1481 822 421 – £ 9/12.* Près du port, un snack-bar avec vue splendide sur la baie, une immense terrasse, un barbecue et des menus à petits prix : une adresse très courue par les familles et les plaisanciers.

Bumps Eating House – *Braye Beach - ✆ 1481 823 197 - tlj sf merc. 10h-21h - £ 15,95.* Également près du port, cet excellent restaurant ouvre d'un côté sur la rue, de l'autre sur les dunes et la baie. Ses grandes spécialités : le homard et les coquilles Saint-Jacques.

La pointe de Devin,
sur l'île de Noirmoutier.

B. Kaufmann/MICHELIN

LES ÎLES DE L'ATLANTIQUE

ATLANTIQUE PRATIQUE

TOURISME

Bretagne – 1 r. Raoul-Ponchon - 35069 Rennes Cedex - ✆ 02 99 36 15 15 - www.tourismebretagne.com

Pays de la Loire – 2 r. de la Loire - BP 20411 - 44204 Nantes Cedex 2 - ✆ 02 40 48 24 20 - www.enpaysdelaloire.com

Poitou-Charentes – BP 56 - 86002 Poitiers Cedex - ✆ 05 49 50 10 50 - www.poitou-charentes-vacances.com

Charente-Maritime – Maison de la Charente-Maritime - 85 bd de la République - 17076 La Rochelle Cedex 9 - ✆ 05 46 31 71 71.

Finistère – 11 r. Théodore-Le-Hars - BP 1419 - 29104 Quimper Cedex - ✆ 02 98 76 20 70 - www.finisteretourisme.com

Loire-Atlantique – 2 allée Baco - BP 20502 - 44005 Nantes Cedex 1 - ✆ 02 51 72 95 30 - www.loire-atlantique-tourisme.com

Morbihan – PIBS - allée Nicolas-Leblanc - BP 408 - 56010 Vannes Cedex - ✆ 02 97 54 06 56 - www.morbihan.com

Vendée – 8 pl. Napoléon - BP 233 - 85006 La Roche-sur-Yon Cedex - ✆ 02 51 47 88 20 - www.vendee-tourisme.com

Bretagne infos – ✆ 02 99 36 15 15 - tlj sf w.-end 8h30-17h30.

Maison de la Bretagne – 203 bd St-Germain - 75007 Paris - ✆ 01 53 63 11 50 - www.tourismebretagne.com

Vous pouvez aussi surfer sur les sites Internet suivants : www.iles-du-ponant.com, www.littoral-ouest.com, www.formulesbretagne.com

NATURE

Réserve de biosphère de la mer d'Iroise – Parc naturel régional d'Armorique - Centre d'étude du milieu ouessantin - Yvon Guermeur - 29242 Ouessant - ✆ 02 98 48 82 65.

Parc naturel régional d'Armorique – 15 pl. aux Foires - BP 27 - 29590 Le Faou - ✆ 02 98 81 90 08 - www.parc-naturel-armorique.fr

Sur le projet de parc marin en Iroise – http://iroise-parcnational.gouv.fr.

Sur la faune et la flore de Vendée – www.vendee-nature.com

AÉROPORTS

La rubrique « Larguer les amarres ! » précise les aéroports à proximité des îles de l'Atlantique. En voici les coordonnées :

Aéroport international de Brest-Guipavas – 9 km au Nord-Est de Brest - 29490 Guipavas - ✆ 02 98 32 01 00 - www.brest.aeroport.fr

Aéroport de Rennes – BP 29155 - 35091 Rennes Cedex 9 - ✆ 02 99 29 60 00 - www.rennes.aeroport.fr

Aéroport de Lorient-Bretagne Sud – 56270 Ploemeur - ✆ 02 97 87 21 50 - www.lorient.aeroport.fr

Aéroport de Quimper-Cornouaille – 29700 Pluguffan - ✆ 02 98 94 30 30.

Aéroport international Nantes-Atlantique – Au Sud-Ouest de Nantes - 44346 Bouguenais Cedex - ✆ 02 40 84 80 00 - www.nantes.aeroport.fr

Aéroport de Poitiers-Biard – 2,5 km à l'Ouest de Poitiers - 86580 Biard - ✆ 05 49 30 04 40.

Aéroport La Rochelle-Laleu – Au Nord de La Rochelle - r. du Jura - 17000 La Rochelle - ✆ 05 46 42 30 26.

AFFAIRES MARITIMES

Renseignements sur les réglementations en matière de pêche à pied, plaisance… :

Finistère – ✆ 02 98 64 96 40.

Morbihan – ✆ 02 97 37 16 22.

Loire-Atlantique – ✆ 02 40 44 81 10.

Vendée – ✆ 02 51 21 81 81.

Noirmoutier – ✆ 02 51 39 94 01.

Île d'Yeu – ✆ 02 51 59 42 60.

Charente-Maritime – ✆ 05 46 28 07 07.

URGENCE EN MER

Cross – Centres régionaux opérationnels de surveillance et de sauvetage en mer : **16 16** avec un portable. **Cross Bretagne/Manche Ouest** : ✆ 02 98 89 31 31 ; **Cross Atlantique** : ✆ 02 97 55 35 35.

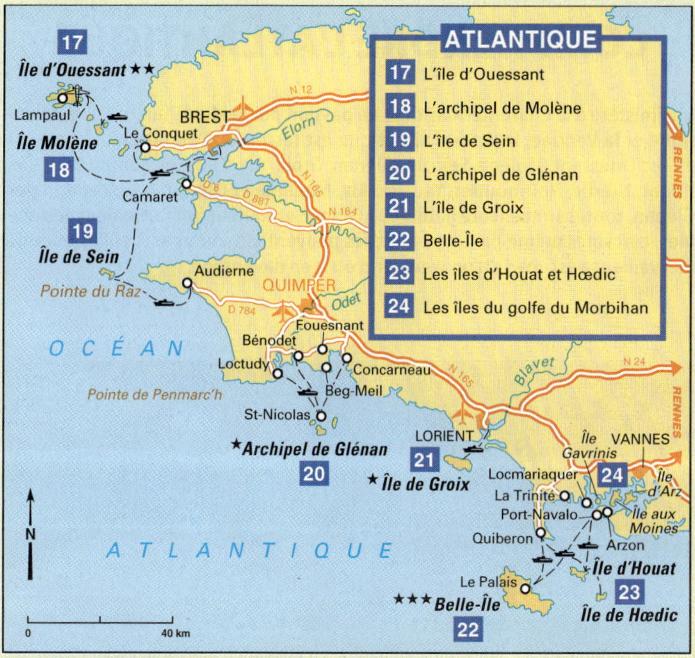

ATLANTIQUE
17 L'île d'Ouessant
18 L'archipel de Molène
19 L'île de Sein
20 L'archipel de Glénan
21 L'île de Groix
22 Belle-Île
23 Les îles d'Houat et Hœdic
24 Les îles du golfe du Morbihan
17
Île d'Ouessant ★★
Lampaul
Île Molène
18
Le Conquet
BREST
Elorn
Camaret
19
Île de Sein
Pointe du Raz
Audierne
QUIMPER
Odet
Fouesnant
Bénodet
Loctudy
Concarneau
Beg-Meil
St-Nicolas
Pointe de Penmarc'h
★Archipel de Glénan
20
OCÉAN
ATLANTIQUE
LORIENT
21
★ Île de Groix
Blavet
Île Gavrinis
VANNES
24
Île d'Arz
Locmariaquer
La Trinité
Port-Navalo
Île aux Moines
Quiberon
Arzon
Île d'Houat
23
Île de Hœdic
Le Palais
★★★ Belle-Île
22
RENNES
N 12
N 165
N 164
N 24
D 8
D 887
D 784
N
0
40 km

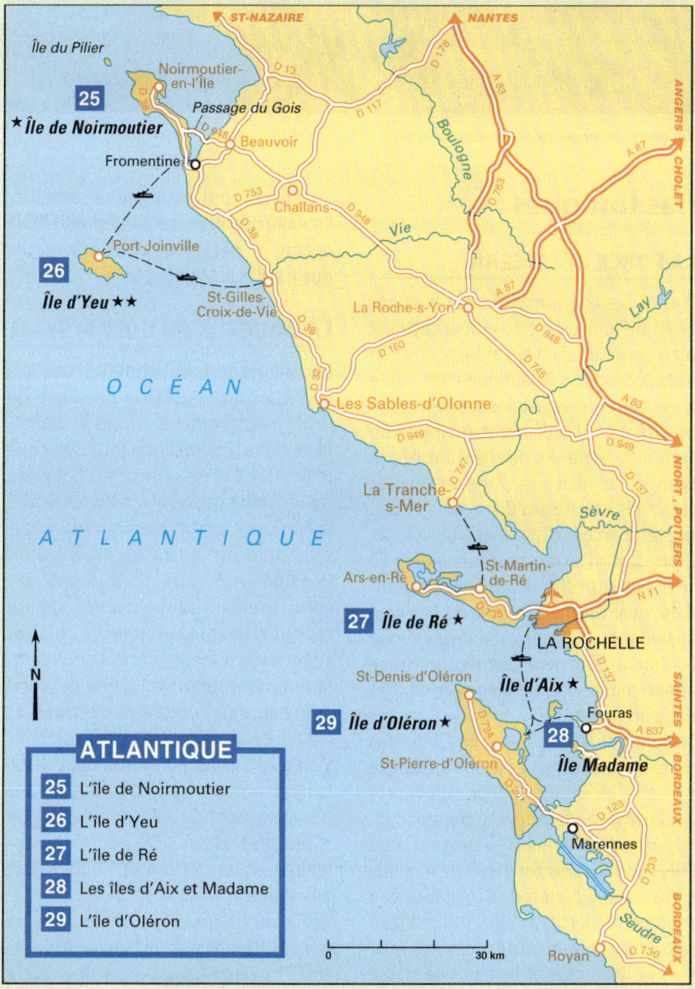

ATLANTIQUE
25 L'île de Noirmoutier
26 L'île d'Yeu
27 L'île de Ré
28 Les îles d'Aix et Madame
29 L'île d'Oléron
ST-NAZAIRE
NANTES
ANGERS, CHOLET
Île du Pilier
Noirmoutier-en-l'Île
25
★ Île de Noirmoutier
Passage du Gois
Beauvoir
Fromentine
Challans
Boulogne
Vie
Port-Joinville
26
Île d'Yeu ★★
St-Gilles-Croix-de-Vie
La Roche-s-Yon
Lay
OCÉAN
Les Sables-d'Olonne
La Tranche-s-Mer
Sèvre
ATLANTIQUE
NIORT, POITIERS
St-Martin-de-Ré
Ars-en-Ré
27 Île de Ré ★
LA ROCHELLE
St-Denis-d'Oléron
Île d'Aix ★
Fouras
29 Île d'Oléron ★
28
Île Madame
St-Pierre-d'Oléron
SAINTES
BORDEAUX
Marennes
Seudre
Royan
N
0
30 km

COMPRENDRE L'ATLANTIQUE

Du Finistère à la Charente-Maritime en passant par le Morbihan, la Loire-Atlantique et la Vendée, le littoral atlantique est festonné d'un fabuleux chapelet d'îles : Ouessant, Molène, Sein, les Glénan, Groix, Arz, l'île aux Moines, Belle-Île, Houat, Hœdic, Noirmoutier, Yeu, Ré, Aix, Madame et Oléron. À l'exception des Glénan, toutes sont encore habitées à l'année et toutes sont facilement accessibles, certaines même par un pont : elles peuvent ainsi vous accueillir pour une merveilleuse escapade d'un week-end ou bien davantage.

G. Targat / MICHELIN

L'Atlantique, au pied de Belle-Île.

Îles toniques

LA FORCE DE L'OCÉAN

Toutes ces îles sont différentes et ont chacune leur caractère et leurs attraits bien spécifiques. Leur point commun c'est l'océan, cet Atlantique redoutable pour ses colères, majestueux pour la beauté de sa houle, remarquable pour l'amplitude de ses marées. Cet océan dont la violence a façonné des « côtes sauvages » hérissées de rochers déchiquetés, percées d'aiguilles, creusées de grottes, que l'on retrouve sur nombre de ces îles et qui offrent un spectacle grandiose quand la mer se déchaîne. La « côte en dedans », celle qui est tournée vers le continent, offre généralement un visage adouci par de longues plages de sable et des ports abrités.

L'Atlantique, c'est aussi l'amplitude des marées, qui sans cesse modifient le paysage. Moins marqué près des côtes à falaises, ce phénomène peut accroître considérablement la superficie de l'île, comme dans l'archipel de Molène, posé sur une plateforme rocheuse peu profonde. Quel plaisir alors d'aller à pied pêcher sur l'estran ou de « robinsonner » sur un îlot accessible à marée basse (attention tout de même à surveiller l'horaire des marées pour le retour). Voilà encore un des attraits de l'Atlantique, que n'a pas la Méditerranée…

LA DOUCEUR DU GULF STREAM

L'autre grand point commun des îles de l'Atlantique, c'est la présence du Gulf Stream : grâce à lui, ces îles bénéficient d'un microclimat plus doux que le littoral. Certes, elles sont balayées par de puissants vents, mais les écarts thermiques y sont bien moins importants que sur le continent ; le gel et la neige y sont rares. À Ouessant, les vents soufflent souvent à une vitesse redoutable et les influences polaires se font nettement sentir. Cependant, la température moyenne ne descend guère au-dessous de 7-8 °C en hiver et il pleut deux fois moins qu'à Brest. Dans les îles du golfe du Morbihan, l'ensoleillement atteint plus de 2 000 heures par an, autant qu'à Toulouse. Sur l'île d'Yeu, on a relevé 2 370 heures d'ensoleillement par an contre 1 900 heures à Poitiers.

Grâce au phénomène des marées, le mauvais temps ne s'installe jamais et le soleil ne tarde pas à percer : les quatre

Trielen-Molène

Chaque été, lors de la grande marée d'équinoxe, a lieu une grande marche à basse mer de l'îlot de Trielen jusqu'à l'île de Molène : soit 3,5 km à pied dans les galets, sur les algues et à travers les chenaux. Cette marche organisée par l'Amicale molénaise depuis 1979 rappelle celle que faisaient autrefois les habitants de l'île de Trielen pour s'acquitter de leurs devoirs religieux et faire leurs courses. Aujourd'hui la marche relève de l'exploit sportif convivial.

saisons défilent souvent dans la même journée. D'où ces ciels lumineux lavés par les vents, traînant quelquefois derrière eux quelques cumulus, qui ont fait la réputation de ces îles et le bonheur des peintres : Monet à Belle-Île, Renoir à Noirmoutier et tant d'autres, y compris ceux qui ont choisi d'y vivre.
Conséquence de la douceur de ce climat, on rencontre une flore méditerranéenne jusque dans les îles du Finistère, bien que ces mêmes côtes abritent aussi des espèces boréales. Dans les îles du Sud de la Bretagne et les îles vendéennes et charentaises prospèrent de très nombreuses espèces venues du Sud tels que palmiers et mimosas.

LES QUATRE SAISONS

Les îles sont souvent envahies en été, généralement de mi-juillet à fin août. Pourtant c'est au printemps qu'elles sont les plus belles, quand les pelouses et les landes littorales sont tapissées de fleur. L'automne amène des couleurs douces et des oiseaux migrateurs. L'hiver, la température est généralement moins froide que sur le continent, et les côtes sauvages acquièrent toute leur grandeur quand le vent se déchaîne et que les vagues se fracassent avec violence sur les rochers dans un bouillonnement d'écume. Quant aux grandes marées d'équinoxe, elles dévoilent un paysage nouveau quand la mer se retire au loin dégageant une vaste étendue d'estran propice à la pêche à pied.

Belles et fragiles

Dans les îles et la mer alentour, la nature est non seulement belle mais aussi souvent très riche sur le plan de la faune et de la flore. Les îles de l'Atlantique, en particulier, recèlent une grande biodiversité, dont de nombreuses espèces rares, voire uniques, comme le **narcisse des Glénan**.

Or cette nature est très fragile. Déjà soumise à des conditions climatiques et géographiques difficiles, elle peut souffrir de divers facteurs tels que les pollutions, la mauvaise gestion des ressources naturelles (surpêche, abandon des terres en friche, etc.). Depuis quelques décennies, elle se retrouve en outre menacée par l'afflux croissant de visiteurs et de plaisanciers. Piétiner la flore des dunes, déranger la faune cachée sous les rochers de la plage, perturber les oiseaux nicheurs, arracher les algues ou les herbiers en jetant l'ancre n'importe où : autant de causes de destructions souvent fatales, qui ont entraîné la multiplication des mesures de protection.

LES RÉSERVES NATURELLES

Réserve de la biosphère, label attribué par l'Unesco, parc naturel régional, réserve naturelle nationale, site protégé par le Conservatoire du littoral, réserve ornithologique…, les labels de qualité et les mesures de protection sont multiples. Impossible de recenser ici toutes les zones protégées, si nombreuses dans les îles de l'Atlantique mais en voici les principales :

La réserve de la mer d'Iroise

Ouessant et l'archipel de Molène font partie de la réserve de biosphère de la mer d'Iroise, désignée par l'Unesco en 1988, et du parc naturel régional d'Armorique (qui englobe aussi Sein). Trois îlots de l'archipel de Molène (Banneg, Balanec et Trielen) sont également classés réserve naturelle nationale d'Iroise (géré par Bretagne Vivante).
Un projet de parc national de la mer d'Iroise est même à l'étude. Il engloberait Sein et un vaste périmètre marin, d'Audierne à Pospoder, et pourrait confirmer l'intérêt écologique et environnemental des archipels armoricains au niveau national et international. Mais ce projet reste encore très controversé…

La réserve naturelle nationale de St- Nicolas-des-Glénan

Le seul endroit au monde où se rencontre le narcisse des Glénan, qui fleurit en avril. Elle est gérée par Bretagne Vivante.

La réserve naturelle nationale François-Le Bail

Une réserve intéressante pour ses oiseaux, mais unique en France pour son intérêt géologique : 60 minéraux sont visibles dans ses roches, dont le glaucophane, le grenat et l'épidote… Sur l'île de Groix, gérée par Bretagne Vivante.

Les richesses de l'Iroise

Falaises, rochers et récifs, dunes, plages de sable et cordons de galets, lagunes saumâtres, pelouses et landes littorales battues par les vents et les embruns salés, fourrés et vallons boisés… et le plus vaste champ d'algues de France (plus de 56 espèces sur plus de 10 000 ha) autour de l'archipel de Molène, habitat d'une très riche faune : la richesse de l'Iroise tient à la diversité des milieux naturels, terrestres et marins, encore bien conservés. Ouessant constitue une halte migratoire pour la quasi-totalité des passereaux et limicoles d'Europe occidentale et du grand Nord, voire d'Amérique et d'Asie. Les rares Grand Corbeau et Crave à bec rouge nichent encore sur l'île. L'archipel de Molène joue un rôle majeur pour la reproduction des oiseaux marins : huîtrier pie, grand gravelot, océanite tempête, sternes pierregarin et naine ou puffin des Anglais. Des populations de phoques gris descendent d'Irlande jusqu'en Iroise (leur limite méridionale) et des grands dauphins sédentaires se reproduisent dans cette merc. Même la loutre d'Europe, rarissime dans les îles, se rencontre en Iroise. Ses îles ont également conservé de riches traces de leur histoire : des vestiges mégalithiques aux fours à goémon, qui servaient à la fabrication de la soude au 19e s.

La réserve naturelle nationale de Moeze-Oléron

Entre l'île d'Oléron et le continent, gérée par la LPO. Un site d'importance internationale pour l'hivernage et la migration de nombreux oiseaux (plus de 270 espèces observées).

La réserve naturelle nationale de Lilleau des Niges

Sur l'île de Ré, gérée par la LPO et l'Association de sauvegarde des sites des Portes-en-Ré. Organisée autour d'anciens marais salants, de prés salés et de vasières, cette réserve constitue un carrefour de migration d'oiseaux (plus de 310 espèces observées).

À quoi il faudrait ajouter les très nombreux sites qui dépendent du **Conservatoire du littoral**, tels que la pointe des Poulains à Belle-Île, les dunes de Treac'h er Goured à Houat, l'étang de Paluden à Hœdic, le marais du Müllembourg à Noirmoutier, la pointe du Grouin à Ré…

Choisissez votre île

Mis à part Noirmoutier, Oléron et Ré qui ont un statut spécial du fait de leur taille et de leur desserte par un pont, voici un classement des principales îles de l'Atlantique selon différents critères :

La plus grande : Belle-Île (8 553 ha).

Les plus petites : Sein (56 ha), Madame (78 ha) et l'île Molène (60 ha, mais l'achipel s'étend sur 218 ha).

La plus proche du continent : l'île aux Moines (500 m du continent).

Les plus éloignées du continent : Ouessant (25 km du continent) et Yeu.

Les plus peuplées : Belle-Île et Yeu (près de 5 000 hab. chacune).

Les moins peuplées : St-Nicolas-des-Glénan, (dernier habitant permanent décédé en 2004) et Hœdic (120 hab.).

La plus haute : Belle-Île, qui culmine à 71 m.

La plus basse : Sein, qui ne dépasse pas 6 m de haut.

Les îles de pêcheurs : Yeu et Houat.

La plus sportive : l'archipel des Glénan avec la célèbre école de voile « Les Glénans » et le Centre international de plongée.

Les plus fréquentées par les plaisanciers : l'archipel des Glénan (plus de 700 bateaux au mouillage certains jours d'été), Houat (mouillage forain près de la grande plage), les rias de Belle-Île, les îles du golfe du Morbihan.

La moins fréquentée par les plaisanciers : Ouessant, du fait des puissants courants qui la ceinture et de l'absence de port abrité.

Les plus sauvages : Ouessant et l'archipel de Molène.

La plus couronnée de phares : Ouessant.

Les plus fréquentées par les touristes : l'île aux Moines, Belle-Île (plus de 500 000 visiteurs par an chacune) et l'île d'Yeu (plus de 450 000 visiteurs par an).

La seule accessible par une chaussée submersible : Madame.

Les îles à falaises : Ouessant, Groix, Belle-Île, Yeu.

Les îles ceinturées d'un très vaste estran : l'archipel de Molène, l'archipel des Glénan, les îles du golfe du Morbihan.

Les plus belles plages : Treac'h er Goured sur Houat (immense plage convexe de sable blanc), les Grand Sables à Groix (autre plage convexe), les Grands Sables (plage de sable de près de 2 km de long) et Port-Donnant (plage à la beauté sauvage avec ses vagues déferlantes) à Belle-Île…

Histoires d'îles

La plupart des îles actuelles de l'Atlantique étaient encore des collines ou des buttes rattachées au continent il y a 10 000 ans. Si Ouessant était déjà une île, l'archipel de Molène, par exemple, ne formait alors que des petites collines attachées au continent et surplombant des plaines. La formation de ces îles est liée à la montée progressive du niveau de la mer, qui était alors inférieure de 20 m au niveau actuel. C'est ainsi qu'on trouve en Bretagne des vestiges mégalithiques submergés : la moitié des pierres debout de l'île d'Er Lannic dans le golfe du Morbihan disparaissent aujourd'hui sous l'eau à marée haute.

B. Kaufmann / MICHELIN

Fort Boyard, au large d'Oléron.

DIEU ET LA MER

Dès la préhistoire, les hommes se sont installés sur les îles : ils y trouvaient à la fois la proximité de la mer, qui leur servait de garde-manger, une protection contre d'éventuels ennemis et un site propice au recueillement.

La multitude des cromlec'h, croix, calvaires et chapelles que l'on retrouve dans les îles témoignent de leur importance dans le domaine de la religion. Ermites et monastères furent nombreux à s'y installer. Au 19e s. à Hœdic et à Houat, les recteurs étaient à la fois maire, syndic des gens de mer, agent des douanes, notaire, juge de paix et percepteur. Avant l'âge de 30 ans, aucune jeune fille ne pouvait sortir de l'île sans la permission du recteur.

Si aujourd'hui la religion est moins présente dans les îles, les pardons restent une tradition très vivace dans de nombreuses îles bretonnes. À Ouessant, pour la Fête-Dieu, la route que parcourt la procession est tapissée de motifs composés avec des pétales de fleurs. Dans diverses îles, les bénédictions de la mer en hommage aux marins disparus donnent lieu à d'impressionnants rassemblements de bateaux et à d'émouvantes cérémonies, en particulier entre Houat et Hœdic et à Saint-Nicolas-des-Glénan.

DES ÎLES-CITADELLES

Les îles ont longtemps eu une fonction stratégique évidente. Celles du Morbihan et de Charente-Maritime en particulier possèdent des forteresses aujourd'hui endormies, témoins d'un temps où elles durent se défendre contre les Anglais ou les Hollandais. Des bastions furent édifiés aux 17e et 18e s. pour faire face aux progrès de l'artillerie, notamment par l'ingénieur militaire Vauban (1633-1707). Belle-Île était très convoitée pour sa position face à l'estuaire de la Loire ainsi que pour sa richesse en eau et en ressources agricoles. Ré et Oléron protégeaient l'accès aux ports de La Rochelle, Brouage et Rochefort, eux-mêmes fortifiés. L'île d'Oléron, la plus exposée, fut la plus armée avec Le Château-d'Oléron et deux îlots sentinelles : le fort Chapus, situé entre l'île et le continent, et le désormais célèbre fort Boyard, qui trône entre Oléron et Aix.

À pied ou en vélo

Certaines îles ne se visitent qu'à pied : Molène, Sein, les Glénan et Hœdic. À Houat, il existe un loueur de vélos, mais on fait facilement le tour de l'île à pied, d'autant que les sentiers côtiers sont, rappelons-le, interdits aux vélos. Ouessant, Groix, Belle-Île, Arz, l'île aux Moines, Oléron, Ré, Aix, Noirmoutier, Yeu et Aix se prêtent parfaitement aux balades à vélo (location sur place). Mais **le vélo est interdit sur les sentiers côtiers, en tout cas sur les îles à falaises.** L'île de Ré est incontestablement la mieux pourvue en pistes cyclables, avec 86 km au total et cinq itinéraires touristiques balisés : les chemins de l'Histoire, du Littoral, de la Campagne, des Marais et de la Forêt.
On peut venir en voiture à Groix et à Belle-Île (mais c'est dommage pour l'île !) et bien sûr à Ré, à Noirmoutier et à Oléron, qui sont reliées au continent par un pont.

DES ÎLES ET DES PHARES

Amers et balises ont pendant longtemps été les seuls repères pour la navigation. Le premier programme d'éclairage des côtes de France fut engagé dans la seconde moitié du 17e s. pour des besoins militaires. La flotte de guerre ayant pour port d'attache La Rochelle, les premiers phares édifiés par l'ingénieur militaire Vauban furent celui des Baleines (1682) sur l'île de Ré et celui de Chassiron (1685) sur l'île d'Oléron. Après deux ou trois autres phares sur le reste du littoral continental, Vauban construisit le phare du Stiff (1700) sur l'île d'Ouessant. Ces phares, aux allures de fortins installés sur les îles remplissaient alors une double fonction : guider la navigation mais aussi surveiller l'arrivée d'un éventuel ennemi.

Il fallut attendre le 19e s. pour que soit établie le long des côtes de France une véritable « ceinture lumineuse » destinée à guider l'entrée des navires dans les ports. Avec son littoral très découpé, ses îles et îlots innombrables et ses violents courants de marée, la Bretagne bat tous les records en matière de phares : cinq phares dont trois en mer couronnent Ouessant, parmi lesquels la Jument, qui fut le plus cher de l'époque, le Kéréon, le plus raffiné dans son décor intérieur, et le Creac'h, le plus puissant d'Europe, qui abrite aujourd'hui le passionnant musée des Phares et balises.

La mer nourricière

L'ÂGE D'OR DE LA PÊCHE

Pendant longtemps, c'est avant tout la mer qui fit vivre les îliens. Laissant souvent aux femmes la culture de la terre, les hommes vivaient généralement de la pêche, sauf à Ouessant où, par suite des difficultés de navigation aux abords de l'île, ils s'engageaient plutôt dans la Marine royale ou sur les navires de commerce. Longtemps les insulaires se contentèrent de pratiquer une petite pêche dans les parages des îles.

Dans les années 1850, la pêche prit une toute autre ampleur avec le développement de la pêche hauturière et l'installation de conserveries sur les îles. Belle-Île fit sa fortune avec la sardine. Groix fut le premier port français d'armement pour la pêche au thon. Sein se spécialisa dans la langouste et le homard, qui abondent autour de l'île, mais ses pêcheurs n'hésitaient pas à descendre aussi jusqu'au large des côtes espagnoles et marocaines. Jamais les îles ne connurent une telle prospérité et une telle population. La crise de la pêche, s'accéléra dans les années 1950, notamment en raison de l'évolution des transports. Depuis le nombre des bateaux de pêche diminue un peu plus chaque année dans les îles, cédant progressivement la place aux plaisanciers et aux navettes de touristes.

LES ÎLES DE PÊCHEURS

Le long du littoral atlantique français il ne reste que deux îles où la pêche est encore la principale activité : Houat et Yeu.

Houat : une pêche artisanale et polyvalente

La quarantaine de pêcheurs de l'île, embarqués sur une vingtaine de bateaux, se contentent de pêcher à la journée dans les parages de l'île. Pour pallier l'insuffisance de ressources, ils diversifient leur activité. Ils pêchent à la ligne bar, lieu et daurade d'avril à décembre et le congre en hiver. Ils traquent au casier crabes, homards, langoustes et araignées et l'hiver, pêchent la crevette. En décembre et janvier, ils pêchent la coquille Saint-Jacques à la drague environ 1 heure par jour, trois jours par semaine, comme le permet le réglement, qui peut varier selon la zone dans laquelle ils travaillent. Le produit de leur pêche est souvent vendu sur la criée à Quiberon, au Croisic, ou directement à un mareyeur.

Yeu : une pêche très dynamique

Une cinquantaine de bateaux et 210 marins, environ 2 000 tonnes de produits débarqués en moyenne chaque année sous criées, une école de pêche, des coopératives d'armement, d'avitaillement, de mareyage… la pêche et ses dérivés pèsent de façon importante dans l'économie de l'île d'Yeu. Les patrons-pêcheurs se sont spécialisés dans la capture d'espèces nobles de grande qualité : sole, bar, merlu, lotte, etc. Depuis que la réglementation europénne a interdit, en 2002, l'usage des filets maillants dérivants, la pêche hauturière au thon germon, une des grandes spécialités de Yeu, a dû faire face à une une difficile reconversion. Mais la flotille islaise s'est enrichie de trois nouveaux senneurs (bateaux à filets tournants) et s'est reconvertie dans la pêche au thon pélagique à la palangre. La vitalité de la pêche islaise tient pour beaucoup au savoir-faire des professionnels de la pêche, mais aussi à leurs facultés d'organisation et d'adaptation.

G. Targat / MICHELIN

Pêcheurs de l'île de Houat.

LA PÊCHE À PIED

La pêche sur les **estrans**, les surfaces de rochers ou de sable découvertes à marée basse, est toujours très pratiquée par les îliens, en particulier sur les archipels de Molène, des Glénan ou dans le golfe du Morbihan, où la zone d'estran est particulièrement étendue. Les jours de grande marée, chacun arpente la grève à la recherche de coquillages et de crustacés ou même de poissons tels que la sole, qu'on pique avec un gros harpon (foëne).

Sur les **estrans rocheux**, pour pêcher les petits crustacés (bouquets, étrilles) ou les coquillages (bigorneaux, patelles), munissez-vous de chaussures en caoutchouc ou d'une paire de tennis, d'un coupe-vent ou d'un ciré, d'un gant épais, d'un panier en bandoulière, d'une épuisette, d'un crochet métallique et d'un couteau.

Sur les **estrans sableux**, les grandes étendues délaissées momentanément par la mer laissent apparaître les silhouettes des pêcheurs accroupis près de leur panier, fouillant méthodiquement le sable à l'aide d'une griffe ou d'un grattoir, à la recherche de coques, donaces, palourdes, pétoncles ou praires.

Les couteaux se pêchent à la ruse en déposant un peu de sel sur le petit trou en forme de serrure laissé par le bivalve quand il s'enfouit dans le sable. Croyant que la marée remonte, l'animal ressort : il suffit de bien le tenir par la coquille en le laissant se fatiguer jusqu'au moment où l'on peut le sortir. La pêche au filet permet de piéger les crevettes, roses ou grises, toujours exquises quand on les déguste encore tièdes au retour de la pêche après les avoir jetée juste quelques minutes dans une eau bouillante très salée.

Réglementation et sécurité

Même si la pêche à pied ne demande aucune autorisation particulière, elle est formellement interdite dans certaines zones ostréicoles et à proximité des écluses à poissons. Pour certaines espèces, il existe un calendrier très précis de jours ouverts à la pêche et des quantités maximales de prise. C'est le cas, par exemple, du pouce-pieds, un crustacé peu répandu en Europe mais que l'on trouve sur des rochers à Groix ou à Belle-Île.

Avant toute partie de pêche, renseignez-vous sur la **réglementation en vigueur**. Reportez-vous au chapître « Conseils pratiques », pp. 6-11. Vous y trouverez notamment un tableau des tailles minimales à respecter pour la pêche à pied.

LE SEL DES ÎLES

L'or blanc

La production de sel fut une des grandes sources de richesse des îles du littoral atlantique vendéen et charentais. Noirmoutier, Ré et Oléron comptent chacune plus de 1 000 ha de marais salants, qui ont fait leur fortune du 11e au 18e s.

Le sel était alors très recherché car il servait non seulement de condiment, mais aussi de moyen de conservation pour les viandes et les poissons. Des milliers de salines scintillaient sous le soleil. Le sel faisait l'objet d'un important trafic fluvial et maritime, jusqu'aux villes de l'Europe du Nord. C'est la croissance de la pêche dans cette zone qui entraîna une augmentation de la demande en sel pour conserver morues et harengs chargés dans les cales. Des bateaux hollandais, allemands, anglais et scandinaves venaient chercher le sel nécessaire à la conservation des poissons mais aussi des viandes.

S. Roussillon / Montgomery Ouest

Marais salant et outils traditionnels pour la récolte du sel.

La déprise

À partir de la fin du 19e s., la préférence pour le sel extrait des mines et les progrès de la technique du froid ont entraîné le déclin des salines. À l'époque de la Seconde Guerre mondiale, il restait encore 300 sauniers à Ré et à Noirmoutier et une vingtaine à Oléron. Dans les années 1980, il n'y en avait plus qu'une trentaine à Noirmoutier, même pas cent à Ré, trois à Oléron et plus aucun à Aix ni à Madame… Les marais étaient transformés en pâturages, en jardins maraîchers ou en réserves pour les huîtres et les oiseaux.

Un renouveau

Depuis les années 1990, une légère reprise dans la production de sel se fait jour. Cette tendance est liée à de nouvelles exigences alimentaires (la mise à l'honneur de la fleur de sel sur les tables des grands restaurants n'y est pas pour rien !) mais aussi à des programmes d'encouragement des activités susceptibles de faire vivre les populations tout en préservant la beauté du paysage.Quelques sauniers travaillent encore de manière traditionnelle à Noirmoutier, Oléron et Ré *(voir le site Internet www.sel-de-re.tm.fr)*. Ils travaillent toute l'année dans les marais salants pour une récolte qui va du 15 juin au 15 septembre. Seuls la marée, le soleil et le vent président à l'élaboration lente du sel.

La fleur de sel

À la surface de l'eau de l'œillet (bassin central), la fleur de sel apparaît. Ses cristaux peuvent être de tailles différentes à cause du vent plus ou moins fort balayant l'eau. Elle sèche naturellement au soleil et ne subit ensuite aucun lavage ni concassage. Son petit goût de violette très caractéristique a déjà séduit plus d'un grand chef cuisinier ! Attention de ne pas confondre le sel de mer traité qui vient de Méditerranée et le sel marin, produit pur, de l'Atlantique.

LA CONCHYLICULTURE

La culture des coquillages est très ancienne sur les îles charentaises, en particulier à Oléron où les anciens sauniers se sont reconvertis depuis le début du siècle dans l'ostréiculture. Elle est également bien développée autour de certaines îles bretonnes, comme l'île aux Moines et l'île d'Arz dans le golfe du Mobihan qui font venir leurs naissains (petites huîtres) de Marennes. Certaines îles de Bretagne du Nord, comme Ouessant, connaissent également un certain succès dans le développement de la mytiliculture (culture des moules). Et sachez que contrairement à une idée reçue, il n'y a pas de saison pour déguster les huîtres.

L'île d'Ouessant★★

17

CARTE MICHELIN LOCAL 308 A4 – FINISTÈRE (29)
850 OUESSANTINS – 15 KM²

Forteresse de granit dressée 60 m au-dessus de la mer, Ouessant est la dernière sentinelle à la pointe Ouest de l'Europe. Hérissée de rochers déchiquetés, souvent enveloppée de brumes et battue par des vents violents, encerclée de récifs et de furieux courants, l'île est couronnée de cinq phares qui clignotent à longueur de nuit pour signaler les dangers de la côte aux 50 000 navires qui passent chaque année à quelques encablures. Dépourvu d'arbres et de port naturel abrité, son paysage sauvage et grandiose, égayé de moutons et d'oiseaux innombrables, s'offre sans barrière à la joie des marcheurs et des amoureux de la nature.

ARRIVER À BON PORT

Sauf exception liée au temps, Ouessant est accessible tous les jours en bateau depuis **Brest** via **Le Conquet**, situé à 20 km à l'Ouest de Brest, par la D 789. En juillet et en août, un parking gardé et payant au Conquet est relié par une navette gratuite à la gare maritime. Renseignements au bureau du parc - route de Brest - 29217 Le Conquet - ✆ 06 08 48 60 67 - www.sceta-parc.com
Ouessant est également accessible depuis l'île de Molène et Camaret, sur la presqu'île de Crozon.
En train, de nombreux TGV desservent Brest (gare TGV). Parking gratuit, mais places limitées.
L'île est également desservie deux fois par jour par **avion** depuis l'aéroport de Brest-Guipavas. Un petit avion Cessna Grand Caravane (9 passagers) assure, sauf par mauvais temps, la liaison. Renseignements à la compagnie **Finist'Air** - aéroport de Brest-Guipavas *(coordonnées p. 156)*. Départs de Brest 8h30 et 16h45, départs de Ouessant 9h et 17h15 - aller simple 62 €, tarif séjour (2 nuits sur place) 87 €/AR. Durée de la traversée : 15mn.

LARGUER LES AMARRES !

Ouessant, comme Molène et Sein, est desservie tous les jours de l'année par les lignes régulières de la **compagnie marime Penn Ar Bed.** Traversée Brest-Ouessant, via Le Conquet et Molène : environ 2h30 ; Le Conquet-Ouessant, via Molène : environ 1h15. Durée minimale de traversée Le Conquet-Ouessant : 35mn.
En saison : 7 rotation/j (sf dim.). Au printemps : merc., service rapide sur les lignes Brest-Camaret-Molène-Ouessant. Avec le billet est fournie une brochure pratique comportant un plan de l'île et la liste des services, hébergements et restaurants. **Compagnie martime Penn Ar Bed** - 1er éperon - port de Commerce - 29200 Brest - informations et réserv. Ouessant-Molène : ✆ 02 98 80 80 80 - www.pennarbed.fr - Brest/Le Conquet-Ouessant 30,40 €/AR (enf. 26,30 €/AR) - réserv. obligatoire.
En saison, la **compagnie maritime Finist'Mer** propose aussi des traversées rapides et commentées vers Ouessant et Molène depuis Le Conquet, Camaret, Lanildut et Brest. Renseignements : ✆ 0 825 135 235 (0,15 €/mn) - Le Conquet-Ouessant : 25,50 €/AR (31 € avec retour différé de mi-juil. à fin août).

BON À SAVOIR

Les réservations sont obligatoires pour chaque traversée. En cas de retour différé, pensez à vérifier l'horaire de départ du bateau à la gare maritime, des modifications pouvant avoir lieu en fonction de l'état de la mer.
La traversée depuis Brest offre une promenade passionnante dans la rade, l'une des plus grandes du monde (150 km²). Mais si vous craignez la mer, embarquez plutôt au Conquet, vous gagnerez une heure de traversée.
Les plaisirs de la plage restent assez limités : Ouessant possède des attraits plus forts et plus discrets : ses rochers, ses oiseaux, ses phares, son histoire…
En hiver, le vent règne en maître et pousse sur les côtes rocheuses et déchiquetées les flots, qui déferlent rageusement. Le brouillard se mêle aux lugubres avertissements des sirènes et au mugissement du vent. C'est alors que l'île atteint sa plus grandiose beauté.

Ouessant à la nuit tombante, face à une mer agitée

Découverte de l'île

L'île d'Ouessant se présente comme un plateau culminant à 60 m vers l'Est et s'inclinant vers l'Ouest. Formée de granit au Nord et au Sud, elle est séparée en deux par une dépression centrale, constituée de micaschistes moins résistants, qui s'ouvre au Sud-Ouest sur la baie de Lampaul et au Nord-Est sur la baie du Stiff. Ouessant s'écrit *Enez Eusa* en breton (*enez* : île), ce qui signifie « l'île la plus haute ».

L'excursion en bateau à Ouessant depuis Brest est déjà passionnante en soi : elle permet de voir le Goulet de Brest, la pointe de St-Mathieu, le chenal du Four et, à gauche, le fameux écueil des Pierres-Noires, l'île de Beniguet et Molène, puis le passage tumultueux du Fromveur.

Le bateau accoste dans la **baie du Stiff,** protégée par une grande jetée en béton, au pied d'une immense tour radar qui surveille le rail d'Ouessant, l'autoroute de mer de l'île *(voir l'encadré sur le rail d'Ouessant plus loin)*. La découverte de l'île se fait ensuite par tous les moyens sauf la voiture !

Lampaul, capitale d'Ouessant

Du débarcadère, vous pouvez gagner le bourg de **Lampaul** (à 4 km), qui regroupe tous les commerces, soit par une navette, soit en louant un vélo au port *(voir Ouessant pratique)*. Capitale de l'île, Lampaul se distingue par ses maisons anciennes très bien entretenues, aux volets peints en bleu ou vert, couleurs traditionnelles de Ouessant.

L'église, construite en 1860, possède un clocher à la gloire des sauveteurs ouessantins : il fut offert par la couronne britannique en remerciement du rôle joué par les Ouessantins lors du dramatique naufrage du *Drummond Castle* en 1896.

Le minuscule **port**, exposé à l'Ouest, n'est utilisable qu'à marée haute et par mer calme. En bas à droite, le canot de sauvetage attend dans son hangar : trois coups de sirène courts annoncent son lancement. Ici, les sauveteurs sont de sacrés marins : ils peuvent aller secourir jusqu'aux navires en détresse dans le rail d'Ouessant.

À proximité du port s'étend la vaste **plage de sable de Corz**. Des routes au départ de Lampaul mènent aux sites les plus remarquables de l'île.

Randonnnées depuis Lampaul

Vous trouverez à l'office du tourisme (situé près de l'église) un plan de l'île et un guide de randonnées pédestres qui propose 4 itinéraires : Pern, Pors Doun, Penn Arlan et Cadoran. Pour les parcourir tous, il faut prévoir trois jours : l'île compte 46 km de côtes et 60 km de sentiers (le vélo est interdit sur les sentiers du littoral). Sinon, ne manquez pas d'aller au moins au **phare du Créac'h** et à la **pointe de Pern**, sur la côte sauvage *(voir plus bas)*.

Vers le phare du Créac'h et la pointe de Pern : la côte sauvage★★★

Quitter Lampaul à l'Ouest par une rue en montée. À 500 m, tourner à droite.

Au hameau de **Niou Uhella**, remarquez ces deux habitations traditionnelles aux ouvertures peintes en blanc et bleu et entourées d'un muret bas. Elles abritent l'intéressant **Écomusée de l'île d'Ouessant** *(voir plus loin)*.

Poursuivre en direction de la côte.

Bien campé sur sa base en pierre, le petit **moulin de Karaes** est le dernier d'une centaine de moulins familiaux disséminés dans toute l'île et qui servaient encore au début du 20e s. à moudre l'orge cultivée à Ouessant.
Le **phare du Créac'h** indique, avec le phare britannique de Lands End, l'entrée de la Manche et abrite le **Centre d'interprétation des phares et balises** *(voir plus loin).*

Contourner le phare par la droite afin de découvrir la côte.

Extraordinairement déchiquetés et continuellement battus par les flots, les **rochers★★★** offrent un spectacle extraordinaire. Une passerelle située en avant du phare permettait autrefois d'accéder à la pointe du Créac'h, où se trouvait la sirène de brume. Cargos et pétroliers ont longtemps animé l'horizon ; environ 50 000 navires empruntent chaque année le rail d'Ouessant, surveillé nuit et jour par des patrouilleurs de la Marine nationale. Mais depuis la catastrophe de l'*Erika* (1999) le rail a été repoussé plus au large, et l'on ne voit plus passer que les bateaux qui entrent ou sortent de la rade de Brest.

Faire demi-tour, puis prendre à droite vers la pointe de Pern.

Près de la pointe de Pern, la **Chapelle N.-D.-de-Bon-Voyage**, appelée aussi St-Gildas en souvenir de ce saint venu de Grande-Bretagne au 5e s., a été édifiée à la fin du 19e s. Les gens d'Ouessant y viennent tous les ans en pèlerinage, le 1er ou le 2e dimanche de septembre, jour du pardon de l'île.
Extrémité Ouest de l'île, la **pointe de Pern★** se prolonge par des rochers et récifs sur lesquels vient écumer la houle. Au large, le petit **phare de Nividic** fonctionne automatiquement, de même que celui de La Jument, au Sud-Ouest de l'île.

Vers la pointe de Porz Doun

Dans Lampaul, emprunter la rue qui longe le cimetière.
Après être passé à proximité du petit port, la route contourne la baie profonde de Lampaul, bordée par les **plages de Corz et du Prat**. En son milieu se dressent les rochers du Grand Truk et Youc'h Corz. Puis on descend doucement vers la pointe de Porz Doun.
Sur la gauche, la pyramide blanche du Runiou sert d'amer pour la navigation. Pointe de l'extrême Sud de l'île, la **pointe de Porz Doun** est bordée de falaises. Belle **vue** sur Lampaul, la pointe de Pern et le **phare de La Jument**.

Vers la crique de Porz Arlan

Quitter Lampaul par la rue qui longe le cimetière, puis tourner à gauche.
La route laisse sur la droite la chapelle N.-D.-d'Espérance (1863) et, sur la gauche, l'aérodrome. Elle oblique sur la droite pour rejoindre, à travers le rare vallon boisé de l'île, Porz Arlan : une délicieuse crique avec sa minuscule plage de sable et son petit port abrité par une jetée. La **vue** est fort belle sur la côte rocheuse, le Fromveur qui moutonne et le phare de Kéréon et, derrière, l'île de Bannec.

Vers la crique de Porz Yusin

Quitter Lampaul au Nord par la rue qui passe devant la centrale électrique alimentant l'île. On traverse plusieurs hameaux aux maisons blanches et aux volets colorés entourées de jardinets avant d'arriver au joli site rocheux de Porz Yusin, un des rares abris de la côte Nord.

Vers le phare du Stiff et la presqu'île de Kadoran

Quitter Lampaul par la rue qui longe le flanc gauche de l'église.
La route atteint doucement le point culminant de l'île, 60 m à la **pointe de Bac'haol**, où se dressent le phare, construit par Vauban, et la nouvelle tour-radar *(voir plus loin)*. Des sentiers permettent de gagner la pointe de la **presqu'île de Cadoran**, d'où l'on jouit d'une jolie vue sur la baie de Beninou et sur l'île de Keller, propice à la nidification des oiseaux. Une petite colonie de phoques évolue parfois sur la presqu'île.

L'île aux phares

« Qui voit Ouessant voit son sang, qui voit Molène voit sa peine, qui voit Sein voit sa fin ». Ce dicton en dit long sur les difficultés de la navigation au large des îles de la mer d'Iroise. Les écueils, les courants, les tempêtes mais plus encore la brume rendent la navigation très dangereuse dans les parages d'Ouessant. Pourtant, le trafic est particulièrement intense aux abords de cette île, qui se situe à la lisière de l'Atlantique et de la Manche : c'est un passage obligé pour tous les navires qui transitent entre l'Europe du Nord et le reste du globe.
Pour signaler aux navires les dangers de la navigation à l'approche de ses redoutables côtes, Ouessant a été couronnée de feux maritimes, toujours plus nombreux et plus perfectionnés : phare d'atterrage blanc, comme Le Créac'h, qui signale la terre aux navires encore éloignés ; phares de proximité, rouge, vert ou blanc qui, comme le Stiff ou La Jument, signalent des récifs, des hauts-fonds ou d'autres dangers relativement proches. S'y ajoutent les radio-phares, qui émettent des ondes radio « visibles » en permanence et dont la précision atteint quelques dizaines de mètres. *Pour repérer les phares, voir carte p. 167.*

Les phares sur l'île

Le Créac'h – Identifiable par ses bandes blanches et noires, ce phare, qui marque la coupure entre la Manche et l'Atlantique, est l'un des plus puissants du monde. Il balise l'une des routes maritimes les plus fréquentées de l'Atlantique et guide l'entrée des bateaux dans la Manche. Allumé en 1863, il fut électrifié en 1888. Hauteur : 55 m. Portée : 35 milles nautiques (65 km). Rythme des feux : 2 éclats blancs toutes les 10 secondes. La disposition de ses 4 lentilles, sur 2 niveaux, est unique en son genre. Un puissant radio-phare et une corne de brume portant à 18 km complètent son équipement.
L'ancienne salle des machines a été transformée en un **musée des Phares et Balises**. Il retrace l'histoire de ces tours à feu depuis l'Antiquité jusqu'à nos jours et présente les différents types de phares actuels. On y voit turbine, lentilles, lampes et réflecteurs, et on y découvre ce que fut la dure vie de gardien de phare. *✆ 02 98 48 80 70 - avr.-sept. et vac. scol. (ttes zones) : 10h30-18h30 ; reste de l'année : tlj sf lun. 13h30-17h30 - fermé 1er janv. et 25 déc. - 4,10 € (-8 ans gratuit).*

Le rail d'Ouessant

Chaque jour 150 à 200 bateaux, dont au moins 8 navires transportant des produits jugés dangereux, passent au large d'Ouessant pour entrer dans la Manche ou en sortir. En 1978, l'échouage dans cette zone de l'*Amoco Cadiz*, un pétrolier libérien chargé de 227 000 tonnes de brut, provoqua sur le littoral breton la plus grande marée noire jamais enregistrée. Suite à cette catastrophe, il fut décidé de mettre en place une réglementation du trafic maritime obligeant les navires à passer sur une autoroute de la mer appelée le « rail d'Ouessant ». En partie modifié à la suite du naufage de l'*Erika* (1999), ce rail comporte 2 voies de navigation : l'une pour les bateaux qui montent vers la Manche, l'autre pour ceux qui en descendent, ces deux voies ne se croisant pas. Les bateaux qui montent passent à 4 milles nautiques d'Ouessant, ceux qui descendent à 34 milles. Le navire-frégate porte-hélicoptère *Germinal* et deux nouveaux remorqueurs, l'un basé à Brest et l'autre à Cherbourg, qui ont remplacé en 2005 *L'Abeille-Flandre*, renforcent le dispositif de sécurité. En 20 ans, *L'Abeille-Flandre* avait réalisé plus de 200 sauvetages et remorquages !

Le Stiff – Le plus ancien phare d'Ouessant. Hauteur : 33 m, soit 90 m par rapport au niveau de la mer. Portée : 24 milles (44 km). Rythme des feux : 2 éclats rouges toutes les 20 secondes. Construit en 1700 par Vauban sur le point culminant de l'île (60 m), il comprend deux tours accolées ; l'une abrite l'escalier à vis (126 marches), l'autre trois petites chambres superposées. Il a d'abord fonctionné au charbon puis à partir de 1889 au pétrole. Aujourd'hui, il ne joue plus qu'un rôle de feu de proximité.

F. et P. Sanson / MICHELIN

Phare du Créac'h

Tour radar – Mise en service en 1982, cette tour, voisine du phare du Stiff, fut construite à la suite du naufrage de l'*Olympic Bravery* en 1976 et de l'*Amoco Cadiz* en 1978. Elle surveille le rail d'Ouessant. Hauteur : 72 m soit 136 m par rapport au niveau de la mer. Les informations recueillies par le radar de la tour du Stiff sont transmises par faisceaux hertziens au centre opérationnel de Cross Corsen (à la pointe du Corsen, près de Plouarzel), qui surveille les côtes françaises du Mont-Saint-Michel à la pointe de Penmarc'h. Pour le seul mois de mars 2001, le Cross Corsen a, par exemple, réalisé 33 opérations de sauvetage et secouru 77 personnes.

Les phares en mer

La Jument – Il balise les roches qui affleurent au Sud-Ouest d'Ouessant. Hauteur : 47 m. Portée : 19 milles (3 km). Rythme des feux : 3 éclats rouges toutes les 15 secondes.Réchappé de justesse d'un naufrage dans les parages d'Ouessant, Charles-Eugène Porton lègue en 1904, 400 000 francs-or pour bâtir un phare habité en mer. À une condition : il doit être achevé avant 7 ans. Un défi qui fait affronter mille dangers, mais sera finalement relevé de justesse. Dès 1911, un nouveau phare habité balise les rochers au Sud-Ouest de l'île... Mais l'impressionnante tour octogonale perchée sur le rocher Ar Gazek-Koz (la Vieille Jument) reste fragile, les accidents obligent à la consolider sans cesse. En 1934, il faut même l'ancrer sur son roc par quatre câbles intérieurs. Habité jusqu'en 1991, le phare est aujourd'hui télécontrôlé à partir de Créac'h. Il se signale également par sa sirène de brume.

Kéréon – Il balise le Fromveur et les roches de Molène. Hauteur : 41 m. Portée : 17 milles (31 km). Rythme des feux : 1 éclat long/1 éclat court toutes les 24 secondes (feu blanc et rouge). Surnommé « le Palace » en raison de son parquet en marquetterie, de ses mosaïques, lambris en chêne et de son lit clos, ce phare-monument fut édifié en 1907 grâce au don d'une descendante de Charles-Marie Le Dall de Kéréon, enseigne de vaisseau, guillotiné en 1794, à 19 ans. Bâti dans le passage du Fromveur, sur l'écueil de Men Tensel, « la Pierre Hargneuse », à 3 km au Sud-Est d'Ouessant, il resta habité jusqu'en 2004. il est désormais télécontrôlé depuis le phare du Créac'h.

Nividic – Il balise les passages dangereux à la pointe de Pern. Hauteur : 36 m. Portée : 9 milles (17 km). Rythme des feux : 9 éclats blancs en 10 secondes. Construit entre 1912 et 1936, à la pointe de Pern, il était à l'origine dôté de pylônes et d'un câble pour transporter la cabine d'entretien depuis la terre. À partir de 1971, il fut doté d'une plate-forme pour permette aux hélicoptères de le ravitailler en carburant. Il est désormais télécontrôlé depuis Le Créac'h.

Vivre avec la nature

Observer la flore et les oiseaux

Comme l'archipel de Molène, Ouessant est intégrée depuis 1969 au parc naturel régional d'Armorique et classé, depuis 1988, **réserve de la biosphère de la mer d'Iroise** par l'Unesco. L'île a conservé une très vaste zone naturelle propice à l'observation de la flore et surtout à celle des oiseaux migrateurs.

500 espèces de plantes – La flore insulaire compte environ 500 espèces de plantes, pour la plupart adaptées aux vents forts et aux embruns salés. Sur les rochers ou dans les fissures s'épanouissent lichens et cristes marines. Au sommet des falaises pousse une pelouse rase où fleurissent au printemps (de fin avril à mi-mai) le silène maritime blanc, l'armérie rose, la scille bleue et le lotier corniculé jaune. On y voit aussi des plantes rares et protégées, comme l'isoete, une petite fougère, la centaurée maritime ou l'ophioglosse du Portugal. Puis la pelouse fait place à une lande sèche où, dès la mi-juillet, ajonc de Le Gall, bruyère cendrée et callune dessinent des tapis jaune d'or, pourpre et rose pâle. Dans les quelques zones humides on rencontre la linaigrette, une plante rare aux fruits cotonneux, et une grande fougère protégée, l'osmonde royale. Les rares arbres se trouvent dans le bourg de Lampaul et dans le vallon d'Arlan, abrité des vents violents.

400 espèces d'oiseaux – Ouessant est le royaume des oiseaux : on y recense environ 400 espèces chaque année. L'île abrite le rare crave à bec rouge, au cri strident métallique, qui se nourrit d'insectes sur les pelouses littorales rases et niche dans les grottes littorales.
Des millions d'oiseaux migrateurs, qui se repèrent aux étoiles, sont attirés par les phares de Ouessant et font escale plus ou moins longtemps sur l'île : quantité de passereaux nord-américains déviés de leur trajet migratoire par les tempêtes comme la grivette à joues grises, ou des oiseaux sibériens, tels le -pipit richard ou le pouillot à grands sourcils. Chevaliers gambette, labbes parasites, rouges-queues, puffins, pingouins, guillemots, sternes … : vers la mi-octobre et en avril, les oiseaux sont partout. Sans parler des goélands, omniprésents, des fulmars, des cormorans huppés ou des huîtriers pie qui viennent se reproduire sur le littoral de l'île.

Sorties nature – Ouessant possède la seule station permanente d'observation des oiseaux migrateurs en France : le **Centre d'étude du milieu d'Ouessant** (CEMO), situé près du phare du Créac'h. En juillet et en août, ce centre propose notamment des sorties-nature thématiques : oiseaux marin, évolution du paysage et flore de la côte Nord, faune et flore de la côte Sud, algues et animaux du bord de mer, oiseaux migrateurs du littoral. *Durée 1h30 à 2h - 3,80 € (enf. 2,30 €) - également des sorties-nature et des sorties-marées spéciales enf. - rens. à l'Office du tourisme ou au Centre d'étude du milieu d'Ouessan - ✆ 02 98 48 82 65.*

Voguer sur l'eau ou plonger dans les fonds marins

Les activités nautiques se concentrent sur le port de Lampaul.

Centre nautique Kornog – *✆ 06 08 50 39 26 - juil.-août - stages Optimist, 420 et planche à voile : 50 €/sem. ; location de 420, planche à voile, Caravelle : 10 €/½j. ;. location de kayak de mer : 5 €/h ou 9 €/3h.*

Club de Plongée Subaqua – *✆ 02 98 48 83 84 - mai-oct.* Ce petit club propose à des plongeurs confirmés des stages à thème d'une semaine, tels que « biologie de l'environnement », « photo vidéo » ou « épaves contemporaines » (celles-ci sont particulièrement nombreuses aux abords de l'île). Aux dires des participants, les fonds sont magnifiques (poulpes, lieux, torpilles, vieilles, spirographes, corail jaune, etc.). L'eau est beaucoup plus claire qu'aux Glénan (elle est très froide aussi : 12-13 °C) et les algues poussent très profond. Le champ de laminaires est unique en Europe. Trente sites d'épaves sont accessibles contre seulement 6 ou 7 aux Glénan. Le petit nombre de participants (14 maximum) permet une atmosphère plus sympathique. Mais pour en profiter, un niveau 2 est nécessaire et il faut souvent réserver un an à l'avance, d'autant que les possibilités d'hébergement sur l'île sont limitées.

Naviguer autour de l'île

Le **Leier Eusa** est un ancien bateau-pilote : c'est sur cette petite embarcation que le pilote se rendait à bord du long-courrier qui le réclamait. Aujourd'hui, son capitaine vous propose des sorties en mer à la carte. Il peut embarquer 6 passagers pour aller naviguer sur « la peau du diable » et contempler Kéréon, sans jumelles et sans zoom, faire le tour de l'île d'Ouessant, ou pourquoi pas, si le temps le permet, une croisière d'une nuit à Molène. *✆ 06 88 76 07 82 ou 02 98 48 83 63.*

Le « plus » nature

La faune d'Ouessant diffère de celle du continent. On n'y trouve aucun carnivore (ni renard, ni belette) et aucun serpent. Le seul reptile est le lézard des murailles, les seuls batraciens, le crapaud commun et le triton palmé. D'une manière générale les vertébrés sont rares, sauf les oiseaux, qui abondent. Ceci s'explique par l'isolement précoce d'Ouessant, dont la séparation du continent est bien plus ancienne que celle de l'Angleterre. Elle remonte à la fin de la dernière glaciation : il y a 11 000 ans. Seules les espèces qui volent ont pu coloniser l'île après l'ère glaciaire.

Quelques jours par mois, en saison, les compagnies Penn ar Bed et Finist'Mer proposent un tour d'Ouessant en bateau et la découverte des phares qui entourent l'île. *Renseignements à l'office de tourisme ou sur le site www.ot-ouessant.fr*

Se balader à cheval

Calèches du Ponant – *Attelage et équitation - Katai Malgorn-Debusschere - Le Goubars - 29242 Ouessant - ✆ 02 98 48 89 29 ou 06 85 03 17 29 - http://perso.wanadoo.fr/cheval.ouessant.* Balades en calèche et balades accompagnées à cheval. Une merveilleuse manière de découvrir l'île.

Lézarder sur la plage ?

Les plages sont rares à Ouessant, aucune n'est surveillée. Les plus importantes sont celles de Lampaul et d'Arlan, cette dernière étant la plus jolie.

F. et P. Sanson / MICHELIN

Isolement et calme à 1 km de Lampaul.

Approcher la vie de l'île

La maison du Niou

Outre le bourg de Lampaul, Ouessant compte **92 villages**, en fait de minuscules hameaux qui ne comptent souvent qu'une ou deux maisons. Bâties pour résister au vent, ces maisons ont conservé une belle unité architecturale : les toits autrefois en chaume sont aujourd'hui recouverts d'ardoises, parfois cimentées pour résister au vent. Des murets de pierre protègent les jardins. Pour découvrir comment on y vivait, allez visiter, au hameau de Niou Huella, les deux habitations traditionnelles aménagées par le parc naturel régional d'Armorique en **Écomusée de l'île d'Ouessant.**
La première de ces maisons a conservé son mobilier typique d'Ouessant aussi compact et fonctionnel que celui d'une cabine de bateau. Fabriqué avec du bois provenant d'épaves, il est peint en bleu et blanc, symbole de la protection de la Vierge, mais aussi en vert (symbole de l'espérance) ou en bleu-blanc-rouge (couleurs du drapeau français). La seconde maison retrace la vie ouessantine à travers diverses collections (costumes, outils agraires et domestiques, géologie de l'île). Le jeudi après-midi, au musée du Niou, on se retrouve comme autrefois autour d'un café pour « faire gorzez », ces moments où les anciens se réunissaient pour bavarder en filant la laine ou en jouant aux cartes. Une fois par mois, l'écomusée organise un « gorzez » consacré à un thème spécifique de l'île. *✆ 02 98 48 86 37 - avr.-sept. : 10h30-18h30 ; vac. de fév. : 10h30-17h30 ; vac. de Noël : 10h30-16h ; reste de l'année : l'apr.-midi - 3,30 € (enf. 2,10 €).*

L'île des femmes

L'absence de port naturel et les redoutables courants et récifs qui entourent l'île ont profondément influencé le destin de Ouessant : au lieu d'être pêcheurs, les hommes s'engagèrent dans la Marine, royale, nationale ou marchande. Nombre d'entre eux participèrent à la guerre d'Indépendance des États-Unis ou à l'épopée du cap Horn. Ils restaient souvent absents de longs mois, voire 2 ou 3 années de suite. Les femmes devaient parer à tout : elles cultivaient les champs, élevaient des chevaux, des vaches et surtout des moutons, coupaient les ajoncs qui servaient de combustible, ramassaient le goémon, réparaient les toits des maisons et les murets de pierre.

Au début du 20e s., l'île comptait plus de 2 600 habitants. Chaque famille possédait plusieurs petites parcelles de terre réparties sur toute l'île. Cultivées en commun, les unes étaient plantées d'orge, de seigle ou de légumes, les autres servaient au séchage du goémon ou à parquer le bétail. Aujourd'hui, ces innombrables parcelles (50 000 parcelles pour 1 550 ha) sont le plus souvent laissées en friche et données en pâture aux moutons. Seuls quelques jardinets, enclos de murets, sont encore cultivés.

L'île aux moutons

L'élevage des moutons est une longue tradition. Même si leur nombre diminue régulièrement, il en existe encore un millier. Chaque famille possède une ou deux bêtes. Mais le « mouton d'Ouessant », une race noire et petite (50 cm de haut) élevée pour sa laine, a été remplacé par des moutons blancs, plus gros, élevés pour leur viande. De septembre à février, les moutons vivent en liberté dans toute l'île. Le premier mercredi de février a lieu une grande **foire aux moutons** : les bêtes sont rassemblées par des rabatteurs et chaque propriétaire vient reconnaître les siennes grâce aux entailles pratiquées aux oreilles. De février, avant les agnelages, à septembre, les moutons sont attachés ensuite deux par deux à un piquet.

Le ragoût d'agneau dans les mottes

Vu la rareté des arbres, on utilisait pour combustible les ajoncs ou les mottes prélevées sur les pelouses littorales. La tradition se perpétue aujourd'hui pour la cuisson du ragoût d'agneau, grande spécialité d'Ouessant. Viande, carottes, oignons et pommes de terre sont disposés en couche successive dans une marmite en fonte que l'on dépose sur des mottes chaudes et que l'on recouvre entièrement de mottes avant de laisser mitonner doucement le plat durant 4 heures.

La route des calvaires

Dix huit calvaires, une église, deux chapelles : autant de croix qui s'inscrivaient sur le passage des processions. L'office de tourisme vous en donnera la liste. La plus ancienne est sans doute la **croix de St-Paul** qui surplombe la pointe de Penn Arlan, face à l'archipel de Molène. Tout près se trouve une pierre plate sur laquelle figure, dit-on, les traces des griffes du diable. La messe de l'Assomption, le 15 août, est célébrée à la **croix St-Nicolas**, près de la plage de Corz. Elle est suivie de la bénédiction de la mer, dans la baie de Lampaul.

Dans le cimetière attenant à l'église, un petit monument surmonté d'une croix mérite une attention particulière : c'est le monument de **la proella**, qui rappelle le souvenir des Ouessantins disparus en mer. La proella désignait à la fois une petite croix en cire qui symbolisait le disparu et la cérémonie funèbre qu'on lui consacrait. On veillait la croix avant de la porter en procession à l'église. Après le service funèbre, on plaçait la proella dans une urne en bois qui n'était finalement portée au cimetière qu'à l'occasion d'une visite de l'évêque ou d'une mission.

Animations et fêtes

Parmi les festivités locales à ne pas manquer : la bénédiction de la mer le 15 août *(voir ci-dessus)* et la Fête-Dieu (15 jours après la Pentecôte), qui donne lieu à une procession jusqu'au bas du bourg. La population réalise des dessins avec des pétales de fleurs sur le parcours que suit le cortège. La fête de la SNSM (fin juillet) s'accompagne de repas sur le port de Lampaul, de concerts, et promenades en canot de sauvetage jusqu'au phare de La Jument. Le salon du livre insulaire à Ouessant (fin août) est aussi un importante manifestation. Les différentes associations organisent aussi toutes sortes d'animations tels que le tour de l'île à la marche (début août) ou un tournoi de pétanque (vers le 15 août). Des rencontres musicales ont lieu début août *(voir le site www.rencontresdemusiciennes.com)*

Ouessant pratique

OÙ S'INFORMER

Office de tourisme – *Bourg de Lampaul - pl de l'Église - 29942 Ouessant - ✆ 02 98 48 85 83 - www.ot-ouessant.fr - 10h-12h, 13h30-18h, dim. et j. fériés 10h-12h ; juil.-août : 9h-13h, 13h30-19h, dim. et j. fériés 9h30-12h30.*

Banque – Des distributeurs de billets se situent à l'intérieur des alimentations SPAR et 8 à Huit.

Capitainerie – Ouessant ne possède pas de capitainerie. Il existe une trentaine de mouillages gratuits dans la baie de Lampaul et une dizaine au port du Stiff.

Courants et récifs – L'île et ses parages sont connus pour leurs conditions de navigation difficiles, à cause de la brume fréquente, des innombrables récifs et des courants violents. Les trois principaux sont le **Fromrust**, au Nord-Ouest, le plus violent ; le **Fromveur**, au Sud, où le chenal, profond de plus de 50 m, sépare Ouessant de Molène. Ramification du Gulf Stream, c'est l'un des plus rapides d'Europe (13 km/h) ; et le courant du chenal du Four, à l'Est d'Ouessant et de Molène, qui longe la côte Nord-Ouest du Finistère. Il atteint 7 nœuds en période de grandes marées.

Climat – Il pleut deux fois moins à Ouessant qu'à Brest ! Mais le vent y est souvent deux fois plus violent. La température moyenne est de 16-17 °C en été, 7-8 °C en hiver.

COMMENT CIRCULER SUR L'ÎLE

En vélo ou à pied – (le transport de véhicules automobiles n'est autorisé que pour 2 mois minimum). Quatre loueurs de vélos vous attendent en saison au port du Stiff et au bourg de Lampaul. En haute saison, mieux vaut réserver à l'avance :

Ouessantcycles – *✆ 02 98 48 83 44 ou 06 81 89 11 41.*

Les sentiers côtiers sont interdits aux vélos, VTT compris.

Des navettes relient le port du Stiff au bourg *(2 €/AR, 3,50 €/AR).*

Cars et taxis-minibus assurent aussi des visites commentées :

M. et Mme Étienne – *✆ 06 07 90 07 43/62.*

M. Quantin – *✆ 06 07 90 07 36 ou 02 98 48 85 95.*

OÙ DORMIR

Hôtel Le Fromveur – *À Lampaul - 29242 Ouessant - ✆ 02 98 48 81 30 - ouv. fév.-nov. et fêtes de fin d'année - 11 ch. demi-pension 49 € - rest. 13,50/28 €.* Un petit hôtel familial, aux chambres simples, mais correctes, des menus copieux, un accueil aimable.

Hôtel Roc'h-Ar-Mor – *À Lampaul - 29242 Ouessant - ✆ 02 98 48 80 19 - www.rocharmor.com - fermé 24 nov.-7 déc. - 15 ch. 61/85 € - ☕ 9,50 € - rest. 12/29 €.* À la lisière du village de Lampaul, face à la baie, grande bâtisse rénovée offrant désormais un confort de qualité. La véranda et la majorité des chambres, lumineuses et modernes, jouissent d'une vue sur la mer.

Hôtel La Duchesse Anne – *À Lampaul, au dessus du port - 29242 Ouessant - ✆ 02 98 48 80 25 - 9 ch. 45/48 € - ☕ 6,50 €.* Un petit hôtel refait récemment qui a pour atout principal sa double orientation sur la mer et la baie de Lampaul.

Chambre d'hôteTi Jan Ar C'hafé – *À Lampaul - 29242 Ouessant - ✆ 02 98 48 82 64 - 8 ch. 68/78 € - ☕ 9 € - fermé du 11 Nov. au vac. de fév.* Notre adresse coup de cœur : une déco chaleureuse, lumineuse, colorée, qui mélange les styles avec goût. Une maison d'artiste comme sa propriétaire, Odile Thomas, qui vous fera savourer le temps retrouvé et les charmes secrets de l'île. Rançon du succès, il faut réserver 2 mois à l'avance.

OÙ MANGER

Spécialité – Sachez que la spécialité d'Ouessant est la ragoût de mouton qui mitonne pendant des heures.

Crêperie Ti A Dreuz – *À Lampaul, bas du bourg - 29242 Ouessant - ✆ 02 98 48 83 01 - ouv. vac. de Noël, de fév. et de printemps à fin sept. - fermé dim. soir d'avr. à juin et lun. hors vac. scol. - 13 €.* Vieille maison à la façade inclinée où vous dégusterez des crêpes tout en vous laissant conter l'histoire insolite des assiettes de faïence qui ornent le buffet de sa salle à manger blanc et bleu… La seconde salle ouvre sur un joli jardin fleuri.

Ty Korn – *À Lampaul - 29242 Ouessant - ✆ 02 98 48 87 33 - fermé dim. soir et lun. - 13/29 €.* La meilleure adresse de l'île : accueil, ambiance et qualité, tout y est. Amusante déco en proue de bateau, avec la mer des deux côtés (peinte à fresque par beau temps et tempête). Carte courte mais qui garantit la fraîcheur des produits, tributaires de la marée. Spécialité de fruits de mer et poissons de ligne.

QUE RAPPORTER

Des babioles de toutes sortes en laine de mouton : mobiles, boucles d'oreille, chaussons, cartes postales… C'est, avec les rideaux « **brise-bise** », la spécialité de ce magasin unique en son genre créé par Isabelle Patard. « **Ar Gwasked** » L'abri du mouton – *Pl. de l'Église - 29242 Ouessant - ✆ 02 98 48 88 42.*

18 L'archipel de Molène

CARTE MICHELIN LOCAL 308 B4 – FINISTÈRE (29)
250 MOLÉNAIS – 60 HA POUR L'ÎLE MOLÈNE

Chapelet d'îlots à fleur d'eau fréquentés par des dauphins, des phoques et des colonies d'oiseaux marins, l'archipel de Molène égrène des bancs de sable bordés d'eaux turquoise, des cordons de galets, des champs d'algues et des rochers hérissés en cercle comme des rassemblements de fées. Molène, l'île principale et la seule encore habitée, se déploie sur à peine 60 ha. Sa fierté : le courage de ses marins-sauveteurs, sa tranquillité et sa nature préservée.

ARRIVER À BON PORT

On embarque pour Molène depuis **Le Conquet,** situé à 26 km à l'Ouest de Brest par la D 789, ou Ouessant. On peut également partir de Brest. Pour rejoindre les **ports d'embarquement** *(voir Ouessant, p 165, « Larguer les amarres ! »).*

LARGUER LES AMARRES !

Molène est desservie tous les jours par les bateaux de la **compagnie Penn ar Bed** depuis Brest (gare TGV) ou Le Conquet. Les mercredis au printemps, et tous les jours en été sauf le dimanche, la compagnie offre aussi un service rapide sur les lignes Brest-Camaret-Molène-Ouessant. Brest/Molène : 27,20 €/AR (enf. 16,30 €), Le Conquet/Molène : 23,20 €/AR (enf. 13,90 €), Camaret/Molène : 23,20 €/AR (enf. 13,80 €) - www.pennarbed.fr
En saison, l'île est également desservie certains jours de la semaine par la compagnie Finist'Mer au départ du Conquet. Pour les coordonnées et les services offerts par ces différentes compagnies maritimes *(voir Ouessant, p 165, « Larguer les amarres ! »).*

BON À SAVOIR

1,2 km de long, 800 m de large, à peine 25 m de haut : 1 heure suffit pour faire à pied le tour de Molène, l'« île chauve ». Un peu plus, si vous voulez visiter ses petits musées.
Il faut passer au moins une nuit sur cette île dont l'unique hôtel mérite, à lui seul, une escapade. Non pour son luxe (pour éviter de gaspiller l'eau, il faut appuyer sur le bouton en permanence pour qu'elle coule…), mais pour la personnalité de la famille qui le tient : famille d'anciens marins, elle connaît tout de l'île et vit encore à l'heure solaire…

Arpenter Molène, « l'île chauve »

Près du débarcadère, la table d'orientation permet de situer les principales îles de l'archipel. Un sentier balisé fait le tour de l'île (4 km), la plus jolie partie se situant au Nord.

Visite libre ou guidée ?

Après l'impluvium (bassin de récupération de l'eau de pluie), en direction du sémaphore, se dresse l'un des trois **calvaires** de l'île. Orné de jardinets soignés et fleuris d'agapanthes, le petit bourg entoure un monument aux morts polychrome. Dans l'église, une maquette de voilier, placée en ex-voto, indique, dit-on, la direction dans laquelle le vent va souffler, car la corde en chanvre par laquelle elle est suspendue, se tord en fonction de l'humidité. Vous pourrez ensuite chercher la plus vieille maison de l'île (1648), l'abri du canot de sauvetage, le puits de St-Ronan et le moulin des Moines. À moins que vous ne préfériez suivre une visite guidée. Dans ce cas adressez-vous au **Relais de découverte** – *Mme Jackie Coquet - ✆ 02 98 07 38 52 - petit musée d'histoire locale - avr-sept : 10h30-12h, 14h30-17h30 - 1 € ; visite guidée de l'île sur réserv. (1h30) 5 €/pers. (min. 4 pers.).*

Une île de pêcheurs

À la différence d'Ouessant, Molène était traditionnellement une île de pêcheurs. Son port était bien abrité et ses abords très poissonneux. Aujourd'hui, il reste une dizaine de pêcheurs et deux gros bateaux. Mais on voit surtout, dans tout l'archipel, des goémoniers venus du continent récolter les algues avec d'énormes bateaux-grues, au risque d'appauvrir les fonds marins…

Une île de sauveteurs
Les naufrages furent nombreux aux abords de l'archipel et les Molénais se sont toujours illustré par leur courage dans les opérations de sauvetage. Le plus célèbre de ces naufrages fut celui d'un paquebot anglais, le *Drummond Castle* ; le joli cimetière et un petit musée conservent son souvenir.

Musée du Drummond Castle – *✆ 02 98 07 38 41 - été : 14h30-18h30 ; sept. : vend. et sam. 14h30-17h, dim. 14h30-18h30 ; 8 avr.-8 mai : 14h30-17h (dim. 18h30) - 2 €.*

Le « plus » nature

Les champs d'algues de l'archipel de Molène sont les plus importants d'Europe. On y trouve plus de la moitié des espèces d'algues présentes dans toutes les mers d'Europe. L'archipel abrite aussi 30 à 35 grands dauphins et plus de 45 phoques gris.

Réserve naturelle d'Iroise : découverte

Partie émergée d'un plateau sous-marin dont la profondeur excède rarement 20 m, l'archipel de Molène compte une cinquantaine d'îles. L'ensemble est classé **réserve de biosphère par l'Unesco.** Trois de ces îles, **Banneg, Balane et Trielen**, sont particulièrement protégées pour leurs riches flore et faune sauvages et leurs intéressantes traces d'occupation humaine : caïrns, enclos préhistoriques, hameaux agricoles du 19e s., fours à goémons et autres vestiges des activités pratiquées jusqu'au milieu du siècle dernier. Deux d'entre elles abritent aussi un loc'h, un petit étang saumâtre. Une dizaine d'espèces d'oiseaux marins nichent sur ces îles : océanite tempête et puffin des Anglais, huîtriers et grands gravelots, et parfois aussi les sternes caugeck, pierregarin, arctique, naine… Les plus visibles de tous sont les goélands argentés, bruns et marins.

Banneg est une réserve intégrale d'accès interdit. **Balaneg** est interdite d'accès en période de nidification (1er avr.-15 juil.). **Trielen** est accessible en tout temps.

Maison de l'environnement insulaire – *Dans le bourg de Molène - ✆ 02 98 07 38 92 - été : 15h-17h30 ; mai-sept (hors été) : w.-end. 15h-17h30 - 2 €.* Pour tout savoir sur la faune et la flore de l'archipel.

Aquafaune – *Au départ du Conquet, horaires en fonction des marées - ✆ 02 98 89 14 13 - www.vedette-aquafaune.com - 23 €.* Promenade commentée (2h30) sur des vedettes à vision sous-marine autour de l'archipel de Molène. À la découverte des oiseaux marins, des goémoniers au travail et des champs d'algues. Rencontres fréquentes avec des phoques et des dauphins.

Molène pratique

OÙ S'INFORMER

Point info-tourisme – *29259 Molène - ✆ 02 98 07 37 35/39 47 - sur le port - de mi-juin à mi-sept.*

Mairie – *29259 Molène - ✆ 02 98 07 39 05.*

Mouillages – *12 mouillages plaisanciers - 7 €/j*

Heure locale – Molène, ou en tout cas un certain nombre de ses habitants, vivent à l'heure solaire, soit, en été, 2h de moins que sur le continent.

Commerces – une supérette, qui abrite un distributeur d'argent, et un tabac-presse.

COMMENT CIRCULER SUR L'ÎLE

À pied. Un **taxi** assure la navette entre le port et votre lieu de résidence – *✆ 06 74 11 53 57 - 2,30 €.*

OÙ DORMIR

⊖⊖ Hôtel Kastell an Daol – *✆ 02 98 07 39 11/38 64 - 10 ch. 65 € - ☕ 8 € - demi-pension 58,20 €/pers. - fermé 10 janv.-10 fév.* Un accueil chaleureux par une famille d'anciens marins qui vous livrera quelques secrets de l'île. Optez sans hésiter pour la demi-pension.

Camping municipal – *✆ 02 98 07 39 05 - camping sauvage d'env. 50 empl.*

OÙ MANGER

⊖ Bar-Restaurant Kastell an Daol - *150 m plus haut que l'hôtel - ✆ 02 98 07 39 11 - 19 €.* Au bar, ambiance chaleureuse et jazzy, avec livres, disques, photos et souvenirs de Johnny Hallyday. Le café d'Erwann Masson est une institution ! Au restaurant, vue sur le port et gastronomie familiale avec des produits frais sortis du vivier. Spécialités de ragoût de homard bleu du Tarvig, gâteau aux algues et plateau de fruits de mer.

⊖ Bar-Restaurant l'Archipel – *✆ 02 98 07 38 56 - www.archipelrestaurant.com - 13,70/20,40 €.* Dans la salle lambrissée ou en terrasse, spécailités de moules, ragoût de homard et plats « terre et mer » à base de saucisse de Molène.

19 L'île de Sein

CARTE MICHELIN LOCAL 308 B6 – FINISTÈRE (29)
56 HA – 246 SÉNANS

Au large de la pointe du Raz, au cœur de récifs à fleur d'eau, Sein forme un radeau de terre nue d'une hauteur moyenne de 1,50 m au-dessus de l'océan. Livré aux embruns et aux tempêtes, on n'y entend que les bruits de la mer et du vent. Île de pêcheurs et de marins à la vie rude et au courage souvent héroïque, Sein présente aujourd'hui un autre visage, plus pimpant, avec les façades jaune, bleu ou rose des maisons, colorées par de nouveaux résidents.

ARRIVER À BON PORT

Longtemps coupée du monde plusieurs jours de suite quand la tempête sévissait, Sein est aujourd'hui reliée tous les jours au continent par la compagnie Penn ar Bed. Les bateaux partent du joli petit port d'Audierne, à 40 km de Quimper. Malheureusement les horaires du car SNCF qui relie la gare routière de Quimper à Audierne ne correspondent pas toujours aux horaires de bateaux. En saison, Penn ar Bed assure aussi le dimanche une liaison avec Sein au départ de Brest et de Camaret, sur la presqu'île de Crozon.

LARGUER LES AMARRES !

Traversée : 45mn. Pour les coordonnés et les services assurés par la **compagnie Penn ar Bed,** voir Ouessant, *(voir « Larguer les amarres ! »).*
De début juillet à mi-septembre, la **vedette panoramique Biniou II** dessert également Sein au départ d'Audierne. De mi-juillet à fin août, elle assure jusqu'à 3 rotations par jour (départ : 10h, 13h30 et 17h ; retour de Sein : 11h, 15h40 et 18h30). Embarcadère de Ste-Evette - renseignements et réservations : ✆ 02 98 70 21 15 et www.vedette-biniou.fr.st - 24 €/AR.

BON À SAVOIR

En fonction de la marée, les bateaux débarquent et repartent soit du Men Brial, soit de la cale de la Poste. Le capitaine le signale à chaque passage.
S'il fait mauvais, c'est la météo qui commande les horaires et les ports : il arrive que le bateau reparte à 13h plutôt que 16h et qu'il retourne sur Douarnenez plutôt que sur Audierne, auquel cas la compagnie met à la diposition des passagers un transport terrestre pour rejoindre Audierne.

Une île, des isliens…

Le bateau offre une belle vue sur la côte, qu'il longe pendant 45 minutes entre Audierne et la pointe du Raz. Puis il traverse le raz de Sein, un chenal jalonné d'écueils, particulièrement difficile par suite des courants de marée et des hauts-fonds soudains. Dans ces remous, où la « mer travaille », on voit souvent des pêcheurs de bar. À l'approche du Nerrot, l'îlot bas qui protège l'avant-port, vous aurez peut-être la chance d'apercevoir un groupe de grands dauphins qui, collés à l'étrave, font la course avec le bateau !

Un village qui fait front commun contre la violence des éléments

Plusieurs fois dans son histoire envahi par la mer, l'unique village est protégé par des digues massives. Pour offrir moins de prise aux rafales de vent, ses maisons sont resserrées autour de ruelles étroites qui n'ont souvent guère plus que la largeur d'une barrique. Ses commerces s'alignent le long des quais, où se trouvent aussi ses deux petits musées, celui de l'Abri du marin, et celui de la SNSM. Sur le tertre proche de l'église, deux menhirs fichés côte à côte ont été baptisés les « Causeurs ».

Deux émouvants petits musées

« **L'Abri du marin** » – *Quai des Pampolais - ✆ 02 98 70 90 35 - juin-sept. : 10h-12h, 14h-16h (juil.-août 18h) - 2,50 €.*
Il fut fondé au 19e s. par Jacques de Thézac, comme dans beaucoup d'autre îles, pour éviter l'alcoolisme des marins : en leur offrant un hébergement dans les ports, on espérait les voir moins traîner dans les bars. Aujourd'hui, il abrite un petit musée.

F. et P. Sanson / MICHELIN

Le port de l'île de Sein.

En bas sont amoureusement rassemblés quelques images et objets d'autrefois : on y voit le *jibilinenn*, la coiffe noire de deuil adoptée définitivement par les femmes après la dernière épidémie de choléra (1886), des évocations de l'époque où l'on récoltait le goémon pour fabriquer de la soude et servir de combustible, des photos des inondations après la tempête de 1989. On y apprend que les habitants de Sein furent exemptés d'impôts locaux par Colbert : « Vouloir imposer Sein ou Molène, déjà accablées de tous les impôts de la nature, ce serait vouloir imposer la mer, les tempêtes et les rochers » avait déclaré Louis XIV. Que les parcelles étaient devenues si petites et si imbriquées que le cadastre, trop compliqué à actualiser, fut supprimé en 1856. Et que Sein comptait 119 bateaux en 1938 pour une demi-dizaine aujourd'hui…
À l'étage, une autre partie du musée commémore des événements survenus pendant la Seconde Guerre mondiale : le départ des Sénans pour l'Angleterre, l'action des Forces françaises navales libres, les campagnes auxquelles ont participé les Compagnons de la Libération, les pertes de la marine marchande, la lutte anti-sous-marine.

Station de sauvetage en mer – ✆ *02 98 70 91 37 - juil.-août : 14h-18h ; sept. : 14h-16h ; le reste de l'année : sur RV - 2 €.* Objets récupérés dans les nombreuses épaves alentour et longues listes de noms de sauveteurs rappellent le courage des bénévoles sortant à leurs risques et périls pour sauver les bateaux en détresse dans les parages de cette île hérissée de rochers.

Les phares

Les périls guettent les navigateurs aux abords de l'île : d'un côté le raz de Sein et ses courants, et de l'autre, côté Ouest, la chaussée de Sein, un plateau rocheux qui s'étend sur près de 30 km. Phares et balises jouent un rôle essentiel pour prévenir les naufrages, qui ont été malgré tout très nombreux.
Le premier phare que l'on aperçoit en s'engageant dans le raz de Sein, depuis Audierne, est la belle tour carrée du **phare de la Vieille** (Ar Croac'h, 34 m).
Non loin se dressent la **Tourelle de la Plate** (21 m) et plus à l'Ouest la **Tourelle de Men Ar C'haz** (Rocher du Chat, 27 m).

Compagnons de la Libération

Au lendemain de l'appel du général de Gaulle, le 18 juin 1940, les 130 marins et pêcheurs de l'île de Sein gagnent l'Angleterre. Le 6 juillet, lors de la revue à Londres des premiers volontaires, le général interroge chacun sur son origine : et 130 fois, sur les 500 présents, il s'entend répondre « île de Sein », ce qui lui vaut cette célèbre boutade : « L'île de Sein est donc le quart de la France ? » Quand les Allemands arrivent à Sein, il n'y a plus que femmes, enfants et vieillards, maire et curé. Pendant plusieurs mois, des bateaux de pêche déposent et embarquent des officiers alliés. Parmi les marins de l'île partis pour la Grande-Bretagne, 29 ont trouvé la mort sur les champs de bataille. Non loin du phare, un monument portant l'inscription **Kentoc'h Mervel** (« plutôt mourir ») commémore cet épisode. En 1946, le général de Gaulle vint lui-même remettre à l'île la Croix de la Libération.

Puis vers le Nord, sur un rocher, le **phare de Tevennec** (28 m).
Le **phare de Men Brial** (16 m) facilite l'entrée de nuit dans le port de Sein.
À la pointe Ouest de l'île, le **Grand Phare de Sein** (43 m de haut, portée 55 km), reconstruit après-guerre, demeure un des plus modernes de France. Il est doté d'une centrale électrique qui alimente son feu, le radiophare, la sirène de brume du Guerveur ainsi que les maisons du village.
À sa gauche se trouve la minuscule chapelle dédiée à saint Corentin, l'évêque qui évangélisa les Celtes de cette région.
Plus à l'Ouest, à l'extrémité de la chaussée de Sein, le **phare d'Ar-Men** (29 m) se dresse au milieu de ce que les Sénais appelaient « Ar vered ne », le nouveau cimetière. Il fallut 14 ans pour le construire (1867-1881) tant la mer était redoutable.

Le peintre de l'île de Sein

Didier-Marie Le Bihan – *Le Lenn - 29990 Île de Sein - ✆ 02 98 70 93 43 - www.dm-lebihan.com.* Tout au bout de l'île, dans l'ancienne usine à crabes, un peintre d'un autre âge a décidé de vivre libre et hors du temps. Didier-Marie Le Bihan peint des petits bijoux de natures mortes, parfois teintées de surréalisme, en jouant des glacis et du clair-obscur, comme ses grands maîtres, les Flamands. La porte de son atelier est souvent grande ouverte, même s'il n'a rien à vendre, hormis quelques gravures ou reproductions.

Sein pratique

OÙ S'INFORMER

Mairie – *R. St-Guénolé - 29990 Île de Sein - ✆ 02 98 70 90 35.*

Sites Internet – www.ile-de-sein.net, site portail de l'île de Sein, et www.ile-de-sein.com, site de la boutique Tom Pouce.

Météo – *✆ 0 892 680 229.*

Température de l'air – Moyenne de 8,3 °C en février, 17,6 °C en août. 135 jours de pluie/an.

Pas de capitainerie – Mouillage dans le port - gratuit.

COMMENT CIRCULER SUR L'ÎLE

À pied, uniquement. Les vélos ne sont pas autorisés sur l'île.

OÙ DORMIR

Bon à savoir – La mairie vous fournira la liste des locations saisonnières et chambres d'hôte contre une enveloppe timbrée à votre adresse. Vous en trouverez aussi une sélection, photos à l'appui, sur le site www.ile-de-sein.com

Hôtel Les Trois Dauphins – *16 quai des Paimpolais - ✆ 02 98 70 92 09 - bar-hôtel ouv. tte l'année - 7 ch. 31/54 € - ☕ 5,50 €.* Ambiance bateau dans les chambres comme au bar de cet petit hôtel sans prétention qui donne sur le port.

Hôtel Ar Men – *Rte du Phare - ✆ 02 98 70 90 77 - hotel.armen@wanadoo.fr - fermé 6-20 oct. - 10 ch. 65 € - ☕ 7 € - rest. 18/24 €.* Séduisante maison rose isolée face à la mer. L'intérieur, entièrement rénové, abrite des chambres simples, un salon-bibliothèque et une salle à manger modeste où l'on sert une cuisine régionale. Ragoût de homard sur commande (53 €).

OÙ MANGER

O Crabe qui Rit – *Quai des Français-Libres - ✆ 02 98 70 92 42 - ouv. juil.-août - 11/19 €.* Une savoureuse crêperie à l'ambiance sympathique. Parmi les spécialités : crêpe à la chair de homard ou d'araignée, crêpe andouille-pommes, crêpe celtoberbère…

Case de Tom – *Quai des Paimpolais (maison bleue) - ✆ 02 98 70 93 38 - ouv. tte l'année - 15/21 €.* Bar-pizzeria, restauration rapide.

Chez Brigitte – *Quai des Paimpolais - ✆ 02 98 70 91 83 - fermé dim. soir et lun. - bistrot ouv. tte l'année, rest. fermé de déb. oct. au déb. des vac. de printemps - réserv. conseillée - 20/53 €.* Une toute petite salle aménagée à l'étage d'un bistrot où se retrouvent les pêcheurs venus échanger les dernières nouvelles. Décor sans façon, mais superbe vue sur la pointe du Raz. Un seul menu, composé uniquement de produits de la mer, et ragoût de homard sur commande.

OÙ PRENDRE UN VERRE

Chez Bruno – *5 quai des Français-Libres - ✆ 02 98 70 91 11 - ouv. tlj sf dim. - « horaires de l'apéritif ».* Un bar peint en jaune et décoré de belles photos, de collections de boules de neige et de coupes sportives. Ambiance chaleureuse. Terrasse ensoleillée pour observer les joueurs de pétanque…

QUE RAPPORTER

Des livres et d'autres souvenirs sur l'île de Sein sont en vente dans la petite boutique **Tom Pouce** – *À côté de la Case de Tom - ✆ 02 98 70 93 12.*

L'archipel de Glénan★ et le littoral fouesnantais

20

CARTE MICHELIN LOCAL 308 H7 – FINISTÈRE (29)
ÎLE SAINT-NICOLAS : 14 HA – AUCUN HABITANT À L'ANNÉE

À 18 km au large de Fouesnant, la plus grande station touristique du Finistère, s'étend un archipel de rêve métissé de Bretagne et de Pacifique : un chapelet d'îles et d'îlots bordés de plages de sable blanc et de lagons émeraude où nichent des colonies d'oiseaux marins et poussent des fleurs qu'on ne voit nulle part ailleurs. Aujourd'hui inhabité, sauf à la belle saison, cet archipel est presque entièrement voué aux loisirs nautiques. Quant au littoral fouesnantais voisin, bordé de dunes, de grandes plages, de criques rocheuses, de polders et de zones inondables, il offre, lui aussi, des sites naturels magnifiques et de multiples possibilités d'activités nautiques.

ARRIVER À BON PORT

L'archipel de Glénan dépend de la commune de Fouesnant (qui englobe aussi Mousterlin, Beg-meil et Cap-Coz).

Fouesnant se situe au Sud de Quimper (gare SNCF) à quelques kilomètres de la voie rapide Lorient-Quimper-Brest (N 165-E 60), entre Concarneau et Bénodet. Le principal **port d'embarquement** pour les Glénan est **Bénodet** (17 km au Sud de Quimper par la D 34). En saison, on peut aussi embarquer à Beg-Meil (24 km au Sud-Est de Quimper par la D 34 et la D 45), Concarneau (5 km au Sud de la N 165), Port-la-Forêt, Quimper ou Loctudy.

LARGUER LES AMARRES !

Vedettes de l'Odet – 2 av. de l'Odet - Vieux Port - BP 8 - 29950 Bénodet - ✆ 02 98 57 00 58 - www.vedettes-odet.com. La compagnie propose plusieurs formules d'escapades dans les Glénan : **Évasion** : traversée/AR (1h + 1h) et escale libre sur l'île St-Nicolas - 26 €. **Découverte** : traversée/AR, escale libre et croisière commentée dans l'archipel - 34 € - Même formule que la précédente + promenade dans l'archipel sur un bateau à **vision sous-marine** (pour découvrir les forêts d'algues et la diversité de la faune : bars, mulets, vieilles, rougets, araignées, bancs d'éperlans ou de lançons) - 39,50 €. **Escapade en kayak de mer** : traversée/AR + mise à dispostion de kayak de mer - 26 € + 16 €/32 €/39 € pour un kayak monoplace/biplace/familial (2 adultes et 2 enfants). La formule idéale pour visiter toutes les îles de l'archipel.

Départ de Bénodet – juil.-août : 9h30, 10h, 11h30 et 13h30 ; mai-juin et sept. : 10h et 13h30 ; avr. et oct. : merc. et jeu. 13h30 ; reste de l'année : sur demande.

Départ de Beg-Meil – La Cale - ✆ 02 98 94 97 94 *(voir plus haut)* - de fin mars à mi-juil. et 1er-11 sept : mar. 14h ; de mi-juil. à fin août : entre 9h et 10h30, 14h (w.-end 13h30) ; le reste de l'année : s'adresser à la compagnie pour les horaires *(voir plus haut)*.

Vedettes Glenn – 17 av. du Dr-Nicolas (face au port de plaisance) - 29900 Concarneau - ✆ 02 98 97 10 31. Elles desservent les Glénan **depuis Concarneau** de mi-juin à mi-sept, et assurent aussi une liaison régulière Concarneau-Beg-Meil du 5 juil. au 30 août.

BON À SAVOIR

Les bateaux vous débarquent sur l'île Saint-Nicolas, où il n'y a pour tout commerce que deux restaurants (en saison). Mieux vaut donc réserver sa table ou emporter un pique-nique. Il n'existe pas d'hôtel ni de camping aux îles de Glénan. Le camping sauvage y est interdit (site classé). La seule possibilité de logement reste un gîte d'étape.

Sachez aussi qu'en dehors des plaisirs de la nature et de la mer, il n'y a rien à faire ni à visiter sur l'archipel : mieux vaut donc y aller quand il fait beau. Un conseil : emportez masque et tuba pour observer les fonds marins et des jumelles pour les oiseaux.

S. Sauvignier / MICHELIN

Les îles de Glénan, véritable lagon aux eaux transparentes, à seulement 20 km du continent.

Respecter les îles de Glénan

L'**archipel de Glénan★** compte sept îles principales, plus une vingtaine d'îlots. Ces îles forment un cercle au centre duquel la mer, plus calme et peu profonde, est appelée « La Chambre ». Par beau temps, l'eau, extrêmement limpide, y prend les teintes émeraude ou turquoise d'un lagon.

L'île Saint-Nicolas

L'île Saint-Nicolas, où le bateau accoste, est un site naturel classé et fragile *(voir l'encadré Le « plus » nature)*. Elle abrite quelques maison privées et communales, le Centre international de plongée, un gîte d'étape et les deux restaurants de l'archipel, dont un possède un magnifique vivier à crustacés construit vers 1870.

Un sentier (1,5 km) fait le tour de l'île. Près de l'éolienne subsistent des fosses en pierre dans lesquelles, aux 18e et 19e s., on brûlait le goémon pour obtenir de la soude. Les plages de l'île surprennent par leur blancheur qu'elles doivent à la décomposition d'une algue calcaire, le maërl.

Le reste de l'archipel

Au Nord de Saint-Nicolas, la petite **île Brunec** et, au Sud, l'**île du Loch**, avec sa cheminée, vestige d'une ancienne usine d'iode (obtenue par combustion du goémon), sont des propriétés privées.

Certaines îles sont occupées par le Centre nautique des Glénan, première école de voile d'Europe, de renommée internationale : **Penfret**, avec son phare de même nom, **Cigogne**, avec les vestiges d'un fort du 18e s., **Bananec**, relié à St-Nicolas par un tombolo (banc de sable découvert à marée basse), et **Drenec**.

L'**île Giautec** et les îlots inhabités sont autant de réserves protégées où se reproduisent goélands, sternes, huîtriers pie, gravelots et cormorans.

Sorties « nature » – Pour découvrir la richesse naturelle des Glénan et du littoral, suivez Lulu, guide nature de la station de Fouesnant. De février à novembre, elle vous entraîne à la découverte des très nombreux oiseaux sédentaires ou hivernants, de la faune et de la flore de l'estran et, quand vient la saison des fleurs, des fameux narcisses. Les sorties aux Glénan ont en général lieu le mardi. *Renseignements à l'Office du tourisme de Fouesnant-les-Glénan (voir « Les Glénan pratique »).*

Un éventail d'activités nautiques

Les plages

Les plages de l'archipel de Glénan sont superbes, mais aucune n'est surveillée *(vérifiez les horaires des marées avant de vous rendre sur l'île de Bananec par le tombolo).*

En revanche, il existe 5 magnifiques plages surveillées en juillet et août (13h-19h) sur le littoral fouesnantais : Cap-Coz (la plus familiale), Kérambigorn, Coat-Clévarec, Cleut-Rouz (réduite à marée haute) et Mousterlin. 1 tiralo et 2 hippocampes sont disponibles dans certains postes de secours pour faciliter la baignade des personnes à mobilité réduite. *Renseignements à l'Office du tourisme de Fouesnant-les-Glénan.*

La voile

Centre nautique des Glénans – *8 pl. P.-Viannay - 29185 Concarneau - ✆ 02 98 97 14 84 - www.glenans.asso.fr - ouv. tte l'année.* Cette célèbre école de voile propose des formations pour les individuels et les groupes en internat. Formation monitorat, voile légère, habitable. Il est indispensable de réserver et de s'inscrire à l'avance.

Centre nautique de Fouesnant-Cornouaille – *1 chemin de Kersentic - Cap-Coz - 29170 Fouesnant - ✆ 02 98 56 01 05 - www.asso.ffv.fr/cn-fouesnant (été : cale de Beg-Meil, ✆ 02 98 94 47 32) - ouv. tte l'année.* École de voile tous niveaux : catamarans, trimaran, planches à voile, dériveurs individuels à partir de 4 ans. Formation monitorat. Location et cours particuliers de catamarans, dériveurs, planches à voile… Plusieurs centres ouverts en été : *Plage du Cap-Coz - ✆ 02 98 56 01 05 ; Point passion plage - Cap-Coz - ✆ 02 98 51 10 36 ; Latitude Glisse - Beg Meil - ✆ 02 98 94 45 86 (été).*

La plongée

CIP Glénan (Centre international de plongée) – *29185 Concarneau - île Saint-Nicolas et cale de Beg-Meil - ✆ 02 98 50 57 02 et ✆ 05 65 36 95 91(hiver) - www.cip-glenans.org - de ml-avr. au 11 Nov.* Baptêmes, plongées exploration, formation monitorat. Inscription à l'avance obligatoire.

Actisub – *Fouesnant - ✆ 02 98 56 05 46 - www.chez.com/actisub.* Niveau 2 minimum.

Aviron de mer, kayak de mer, surf

Centre de stages d'aviron de Fouesnant – *22 chemin de Maez-Reun - Beg-Meil - 29170 Fouesnant - ✆ 02 98 95 02 17 ou 02 98 94 96 24 ; cale de Beg-Meil ✆ 06 88 98 77 32 (été).* Stages et location d'aviron de mer.

Centre nautique de Fouesnant-Cornouaille – *Pour les coordonnées, voir plus haut.* Stages et location de kayak de mer.
Pour la location de kayak dans les îles des Glénan : voir aussi **Vedettes de l'Odet** *(voir « Larguer les amarres ! »).*

École de surf de Bretagne - Centre de glisse de la Torche – *La Torche - Plomeur - ✆ 02 98 58 53 80 - www.twenty-nine.com.* Surf, kite, char à voile, kayak.

Le « plus » nature

L'archipel, havre privilégié pour les oiseaux marins, accueille une espèce botanique unique au monde, le narcisse des Glénan. Cette plante, découverte en 1803 par un pharmacien de Quimper, fleurit durant un mois environ vers la mi-avril. Protégée depuis 1973 au sein d'une réserve naturelle, elle compte aujourd'hui 145 000 pieds sur l'île Saint-Nicolas. Des sorties natures sont organisées spécialement pour admirer sa floraison : sublime ! Si la réserve naturelle a été créée pour cet exceptionnel narcisse, d'autres plantes sont également protégées ; la cueillette de toutes les fleurs est donc interdite. Respectez le platelage au sol et la délimitation par des ganivelles (palissades en bois).

Location de bateaux (avec et sans permis)

Centre nautique de Fouesnant-Cornouaille – *Voir plus haut.*

Odet Location – *Cale du bac - Bénodet - ✆ 02 98 57 02 82 ou 06 99 04 21 59.* Vedettes, voiliers semi-rigides et canoés.
L'office de tourisme pourra vous indiquer encore d'autres loueurs.

Pêche en mer

M. Patrice Bodé – *2 r. du Verger-Kerlean - 29900 Concarneau - ✆ 02 98 50 69 01 ou 06 62 88 00 87 - juil.-août : sur réserv.* Pêche en mer aux îles Glénan sur le *Santa-Maria*. Demi-journée (possibilité de pêche : tacot, dorade, congre, maquereau…) au départ de Concarneau ou de Beg-Meil : 30 € (4-12 ans 15 €). Location matériel et appât. Pêche au gros (requins, raies, congres, bars, dorades…) au départ de Concarneau : sam. 8h-18h et lun. 12h-22h ; 65 € repas non-fourni.

Croisière sur un vieux gréement

Gouelia – *2 bis r. Haute - 29000 Quimper - ✆ 02 98 65 10 00 - www.gouelia.com.* Compagnie bretonne de navires traditionnels. Sortie à la journée ou croisière à la carte sur *Corentin*, réplique d'un lougre de l'Odet, *Belle Angèle*, reconstruction d'un Chasse-marée des avens, ou *Dalh Mad*, réplique d'un sloop de bornage de Landerneau.

Les Glénan pratique

OÙ S'INFORMER

Office du tourisme de Fouesnant-Les-Glénan – *Espace Kernévélech - 29170 Fouesnant - ✆ 02 98 56 00 93 - www.ot-fouesnant.fr - juil.-août : 9h-19h, dim. 9h-12h30 ; reste de l'année : tlj sf dim. 9h-12h, 14h-18h.*

Capitainerie – *Antenne sur l'île Saint-Nicolas - ✆ 02 98 97 32 31.*

Météo – *✆ 0 892 680 229.*

Température de l'air – Moyenne de 6,3 °C en janvier, 17,8 °C en août. 148 jours de pluie/an.

Température de l'eau – En été dans l'archipel de Glénan : 16 °C (1 °C de moins que sur le littoral car on est en plein océan).

COMMENT CIRCULER

À pied sur l'île Saint-Nicolas.

En bateau ou en kayak d'une île à l'autre (voir la formule proposée par les Vedettes de l'Odet).

En voiture ou en vélo sur le littoral fouesnantais, car des sites comme la pointe de Mousterlin ne sont pas desservis par les transports en commun.

OÙ DORMIR

Relais Sextant - *Île St-Nicolas - Les Glénan – juil.-sept : ✆ 02 98 50 68 88 - oct-juin : ✆ 02 98 56 53 77 - 5 ch. de 6 lits 12,50 €/nuit.* Construit pour des stagiaires d'associations nautiques, ce gite accueille aussi des individuels l'été, pour 3 nuits maximum.

Il faut tout emporter : duvet, vivres, eau potable... Mais quel bonheur de contempler l'archipel à l'aube ! Réserver longtemps à l'avance.

Hôtel de la Pointe de Mousterlin – *29170 Fouesnant - 6 km au SO de Fouesnant par D 145 et D 134 - ✆ 02 98 56 04 12 - www.mousterlinhôtel.com - fermé 10 janv.-13 fév.- P - 48 ch. 89/100 € - 8 € - rest. 13/33 €.* Dans ses trois bâtiments, cet hôtel propose chambres traditionnelles et modernes, vues sur mer et plage ou sur jardin. Une maison sympathique disposant en outre de nombreux équipements de loisirs et d'une piscine.

Hôtel-Restaurant Belle Vue - *Le Cap-Coz - 29170 Fouesnant - ✆ 02 98 56 00 33 - www.hotel-belle-vue.com - fermé lun. - P - 16 ch. 54/68 € - 7 € - rest. 20/34 €.* Une hôtel très familial au bord de la baie de la Forêt-Fouesnant. Accueil charmant, cuisine à base de produits frais servie dans une salle à manger au mobilier ancien avec vue sur la mer. Livres et jeux à disposition.

Hôtel de la Pointe du Cap Coz - *Le Cap-Coz - 29170 Fouesnant - 2,5 km au SE de Fouesnant par rte secondaire - ✆ 02 98 56 01 63 - www.hotel-capcoz.com - fermé 1er janv.-10 fév. -16 ch. 56/86 € - 7,50 € - rest. 21/42 €.* Un cadre unique, entre deux eaux : d'un côté une langue de sable blanc et la mer, de l'autre l'anse de Port-la-Forêt. Des chambres confortables, une cuisine bien ficelée à base de produits frais, des prix raisonnables... et le calme. Tout pour plaire, cette maison !

S. Sauvignier / MICHELIN

Près de l'embarcadère, sur l'île St-Nicolas.

OÙ MANGER

Bon à savoir – Les restaurants des trois hôtels donnés dans *Où dormir* sont les plus agréables du littoral.

Les Viviers - chez Castric – *Île St-Nicolas -Les Glénan - ✆ 02 98 50 68 90 - mai-sept. - 14,50/17 € (spécialité de homard sur commande).* Bar ouvert à toute heure, restauration sur réservation. Tenu par une famille de pêcheurs, les Castric, ce restaurant sert des produits frais pêchés dans l'archipel ou puisés dans leur magnifique vivier.

La Boucane – *Île Saint-Nicolas - Les Glénan - ✆ 02 98 50 69 00 - ouv. du 15 avr. à fin sept. - 16 €.* Sandwichs, frites, crêpes et glaces. Réservation conseillée en juillet-août.

QUE RAPPORTER

Biscuiterie François Garrec – *Rte de Fouesnant - ✆ 02 98 57 17 17.* Crêpes et gateaux bretons en direct de la fabrique.

Cidrerie de Menez Brug – *5 Hent-Carbon - Beg-meil - 2910 Fouesnant - ✆ 02 98 94 94 50.* Cidre et pommeau de Bretagne AOC Cornouaille.

L'île de Groix★

21

CARTE MICHELIN LOCAL 308 K9 – MORBIHAN (56)
1 770 HA – 2 323 GROISILLONS

Au large de Lorient, Groix, la plus vaste île bretonne après Belle-Île, présente comme cette dernière une grande diversité de paysages : falaises et verte campagne, vastes plages de sable et criques sauvages. Mais c'est une île plus « nature », moins coquette, plus authentique et plus chaleureuse. Une île, en tout cas, qui a beaucoup de caractère comme en témoignent sa réserve minéralogique célèbre dans le monde entier, le thon qui couronne son clocher et les deux manifestations qu'elle accueille régulièrement : le Festival international du film insulaire et le Salon du commerce équitable.

ARRIVER À BON PORT

Groix est facile d'accès : elle se situe à 45mn de bateau de **Lorient**, ville très bien desservie par la route, le train et l'avion.

En voiture : on y accède par la voie rapide Nantes-Brest (N 165-E60) et par la voie rapide en provenance de Rennes (N 24). En arrivant sur Lorient, il suffit de suivre la direction « île de Groix », très bien indiquée. Parking gratuit à proximité de la gare maritime et parking payant gardé à 200 m (parking de l'Embarcadère - ✆ 02 97 64 19 79 ou 06 83 38 53 64).

En train : le TGV direct Paris-Lorient met 3h30. Une navette fait la liaison de la gare routière (proche de la gare SNCF) à la gare maritime, environ 25mn. avant le départ du bateau. Renseignements : CTRL ✆ 02 97 21 28 29.

On peut également rejoindre Lorient en **avion** (4 vols/j au départ de Paris, 3 vols/j au départ de Lyon, 2 vols/semaine sur Galway et Waterford) - aéroport de Lorient-Bretagne Sud - renseignements/réservations : ✆ 0 820 820 820 ou www.lorient.aeroport.fr

LARGUER LES AMARRES !

La traversée régulière Lorient-Groix est assurée par la **Société Morbihannaise de navigation** (Smn Gare maritime - r. Gilles-Gahinet - 56100 Lorient - ✆ 0 820 056 000 ou 02 97 35 02 00 - www.smn-navigation.fr) qui effectue 4 à 9 rotations par jour - 23,64 €/AR

Juil.-août : départ de Lorient 7h30, 8h45, 10h, 11h45, 12h30, 16h (sf merc.), 17h30, 18h30, 20h ; retour de Groix 7h15, 8h45, 10h15, 11h15 (sf merc.), 13h30 (sf sam. et certains jours), 13h45 (sam. et certains jours), 16h15, 17h15, 18h45 et 19h45 - 23,64 €/AR.

Pour les autres horaires et le transport des véhicules (à partir de 131,64 €/AR pour un véhicule de 3,8 m à 4,4 m), renseignez-vous directement auprès de la compagnie.

Bateau-taxi : départ à la demande suivant la météo. Traversée : 20mn. Réservation : ✆ 02 97 65 52 52.

BON À SAVOIR

Mieux vaut éviter d'amener sa voiture sur l'île : c'est compliqué (il faut réserver très longtemps à l'avance) et ça revient cher. De plus, les dimensions de l'île sont parfaites pour le vélo (facile à louer sur place) et le système de taxi est très efficace et peu coûteux.

Rappel : les sentiers côtiers sont interdits aux vélos, par mesure de sécurité.

Si vous faites une randonnée sur le sentier côtier donc, vous pouvez facilement demander à un taxi de vous déposer à un endroit et de venir vous rechercher quelque temps plus tard à un autre.

Sachez aussi qu'à moins d'être un spécialiste, mieux vaut suivre une visite guidée pour saisir tout l'intérêt et même la beauté des minéraux de la réserve François Le-Bail. D'autant que les animateurs sauront vous passionner !

Mettez-vous dans le bain

Ouvrez les yeux pendant la traversée

Dès que vous embarquez, le voyage commence : la traversée de la rade de Lorient, qui regroupe cinq ports (militaire, commerce, plaisance, passagers et pêche), fait partie des attraits d'une escapade à Groix.
En face de la gare maritime, remarquez la **tour de la Découverte**, qui surveillait l'entrée du port du temps de la Compagnie des Indes. Après le **port de plaisance**, à babord le **port militaire** : deux vieux navires servent de brise-lames. À tribord se succèdent le port de passagers et le **port de commerce** avec ses grues, ses entrepôts réfrigérés, ses silos à colza et ses citernes à hydrocarbures. Puis vient le **port de pêche de Kéroman**, qui fut un temps le 1er port de pêche de France. Juste à côté se trouve la base des sous-marins. Au milieu de la rade, **l'îlot Saint-Michel**, où s'entraînent les fusilleurs marins, appartenait autrefois aux moines, qui prélevaient une dîme sur les bateaux. Puis la superbe **citadelle de Port-Louis** et de part et d'autre de l'estuaire de superbes **plages**..., celles de la presqu'île de Gâvres à babord et celles de Larmor à tribord. Le navire gagne enfin le large tandis que Groix se détache sur l'horizon avec sa ligne d'arbres et ses rochers escarpés, sur la droite... Cette île donne moins le sentiment d'isolement que d'autres, tant elle paraît proche du continent.

F. Le Divenah / MICHELIN

Port-Tudy.

Faites un tour à Port-Tudy

Le bateau accoste à Port-Tudy, un petit port bien protégé dont les môles ont été construits de 1860 à 1891, quand la pêche au thon commençait à se développer. De 1870 à 1940, Groix fut en effet le premier port français d'armement au thon avec 260 bateaux. Aujourd'hui, les bateaux de plaisance ont remplacé les chalutiers : il ne reste plus à Groix que huit bateaux de pêche. Le long du quai s'étalent les loueurs de vélo.

Écomusée de l'île de Groix – *✆ 02 97 86 84 60 - www.groix.fr - juil.-août : 9h30-12h30, 15h-19h ; mai-juin et sept. : 10h-12h, 14h-17h ; avr. et oct.-nov. : tlj sf lun. 10h-12h30, 14h-17h ; déc.-mars : merc. et w.-end 10h-12h30, 14h-17h - 4,30 € (enf. 2 €), gratuit dim. de nov. à mars.* L'ancienne conserverie de thon, juste au-dessus, a été transformée en écomusée. Faites-y un tour sans tarder : c'est une introduction idéale à la géographie et aux curiosités géologiques de l'île ainsi qu'à la vie qu'on y menait autrefois.

Office de tourisme – Également sur le port, il vous fournira gracieusement un guide pratique et une carte de l'île sur laquelle figurent les itinéraires pour les vélos et les sentiers pédestres. Sinon, vous pouvez aussi acheter une « carte-découverte » (1 €) étoffée de commentaires sur l'île et sur les sites à découvrir.

Café Ty Beudeff – *✆ 02 97 86 80 73 - 18h-2h.* Enfin, impossible de quitter Port-Tudy sans entrer dans ce café. Une ruelle pentue située face à l'embarcadère de Port-Tudy conduit à ce bistrot marin mondialement réputé. Belles sirènes et matelots y chantent la mer à l'unisson dans une ambiance festive un brin coquine.

Baladez-vous dans l'île

Groix possède 27 km de sentiers côtiers (balisés au sol) qui font le tour de l'île et sont exclusivement réservés aux piétons.

50 km de sentiers accessibles aux piétons, chevaux et vélos (circuit à vélo fléché) sillonnent l'intérieur de l'île, traversant champs et de bois, jalonnés de vestiges préshistoriques, de hameaux traditionnels, de fontaines et de lavoirs. Le village principal de l'île, **Loctudy** que tout le monde appelle « Le Bourg », se situe à 800 m du port, en montant.

Les deux visages de Groix

L'île se divise en deux parties : **Primiture** à l'Ouest, où se succèdent les plages de sable et les bosquets verdoyants, **Piwisy** à l'Est, beaucoup plus sauvage et escarpé, avec ses falaises et ses petites criques accessibles uniquement par la mer. Deux parties qui furent longtemps rivales au point qu'il était impensable, il y a 40 ans encore, qu'un gars de Piwisy, qui parlait breton de Cornouaille, épouse une fille de Primiture, qui parlait breton vannetais. Et réciproquement…

Primiture la douce : de port en plage

Si vous ne faites qu'une balade, ce circuit conseillé par l'office de tourisme (8 km, difficulté moyenne, environ 2h sans les arrêts) vous fera faire le tour des plus belles plages avant de vous ramener au bourg.

Au départ de Port-Tudy, longez le quai Sud (passez devant le « Comptoir de l'île de Groix ») jusqu'au bout. Montez l'escalier puis prenez deux fois à gauche pour rejoindre le sentier côtier.

À **Port-Mélite**, la vue s'étend de la barre d'Étel jusqu'à la pointe du Talut. On aperçoit à marée basse les vestiges d'un quai qui servait au mouillage des chaloupes de l'île jusqu'à l'achèvement des travaux de Port-Tudy. Il y avait à Port-Mélite deux presses à sardines qui transformaient la pêche de plus de 220 bateaux jusqu'en 1880.

Après un chemin de terre, on retrouve le sentier côtier qui longe la **plage des Grands Sables**. Cette ravissante plage de sable fin présente deux spécificités : sa rare forme convexe et ses déplacements perpétuels (180 m entre 2002 et 2003).

Suivez toujours le sentier puis, arrivé face au V.V.F., descendez (à gauche) la route qui mène à la **plage des Sables rouges**, une plage dont l'étonnante couleur est due aux grenats, particulièrement abondants après un fort coup du vent.

Après la chambre d'hôte « Les Grands Sables », prenez le sentier sur votre droite et suivez-le jusqu'à la route. Prenez alors à droite sur 50 m et ensuite le chemin à gauche que vous longerez jusqu'au bout. À l'intersection, tournez à gauche, pour rejoindre la route puis à droite en direction de **Locmaria**, un village aux rues tortueuses qui fut longtemps le premier port et le village le plus peuplé de l'île. Il abrite différents lavoirs et fontaines ainsi que la chapelle Notre-Dame-de-Plasmanec, qui fut pillée par les Anglais et les Hollandais en 1696.

Prenez à gauche à l'intersection et tout de suite à droite dans la rue du Tromor, qui passe devant la **crêperie l'Ocre Marine** (une des plus agréables adresses de l'île) et que vous longerez jusqu'au petit port de pêche et de plaisance de Locmaria, qui fait face au grand large. Sur la gauche s'etend la **pointe des Chats**, la partie la plus basse de l'île, où se trouve la **réserve minéralogique** *(voir plus loin)*. Un site particulièrement joli par tempête.

Contournez l'anse de la plage (en passant devant le Bar de la plage) jusqu'à l'entrée du village de **Kersauce**. Après être remonté sur la route sur une dizaine de mètres, un petit chemin sur la droite vous emmènera jusqu'à l'**étang de Kermouzouet**. Vous déboucherez sur une route et là, vous remonterez sur votre gauche, traverserez le village et à l'intersection des chemins, prendrez à droite jusqu'à la route. Après avoir tourné à gauche, puis à droite devant la chapelle de la Trinité, vous apercevrez le clocher de l'église surmonté de son thon en guise de girouette (il a été posé en 1946 pour rappeler la vocation thonnière de l'île) – concerts de jazz, chansons et contes, il s'y passe toujours quelque chose –. En continuant tout droit vous voilà bientôt dans Le Bourg.

Détente au Bourg (Loctudy)

C'est là que se regroupent la majorité des commerces, des petites boutiques colorées et chaleureuses, à l'image des Groisillons. Ne manquez pas d'aller faire un tour à la librairie-café **L'Écume des Jours** *(pl de l'Église - ☏ 02 97 86 82 41 - ecume-des-jours.com - tlj sf dim. mat. et lun. mat. 9h30-13h et 16h-19h30)*. C'est une excellente librairie avec un important rayon jeunesse, mais aussi littérature, polars, poésie, voyages et Bretagne. C'est un lieu ouvert et plein de vie où se déroulent rencontres littéraires et projections de documentaires. On y vend même des produits du commerce équitable.

Juste à côté, le charmant **Bleu Thé** *(✆ 02 97 86 54 57)* fait à la fois salon de thé et boutique de souvenirs. On y déguste des gâteaux bretons ou des gâteaux au chocolat maison au milieu des maquettes de bateau et des rideaux groisillons.

À moins que vous ne préfériez un verre de vin et une assiette de bulots dans le décor nautique d'**Entre vins et marée** *(voir « Groix pratique »)*, la porte à côté.

Un peu plus loin se trouvent les halles, qui abritent un petit marché tous les matins, et un plus grand le samedi, puis la Maison de la réserve *(voir plus loin)*.

Pour retourner au port (à 800 m), il faut descendre la rue du Général-de-Gaulle (en passant entre l'hôtel de La Marine et la poste). En vélo ou en voiture, attention aux sens interdits.

Piwisy la sauvage

Le sentier côtier de Piwisy présente un caractère beaucoup plus sauvage. Si vous partez sur les chemins, pensez à emporter un pique-nique et suffisamment d'eau. La plus belle partie s'étend entre le **trou de l'Enfer★**, profonde échancrure taillée dans la falaise où la mer s'engouffre avec violence, et le superbe **site de Port-St-Nicolas** où de belles falaises encadrent une vaste ria aux eaux claires.

À voir et à faire

Découvrir le patrimoine naturel et la réserve François-Le-Bail

Groix est un site géologique exceptionnel qui recèle plus de 60 espèces de minéraux. L'île est constituée à 80 % par des micaschistes, dont le mica blanc, mélangé au quartz, donne aux roches une coloration blanc argentée sous le soleil. D'autres roches, très sombres, les amphibolites, montrent de belles aiguilles de glauconite bleu parfois associées à l'épidote vert pistache et au grenat rouge.

Ces roches, qui n'ont pu se former qu'à des conditions de pression et de températures bien spécifiques, présentent un intérêt considérable car elles permettent aux géologues de reconstituer l'histoire géologique de la terre. Le glauconite bleu, star de Groix dans le monde scientifique, est ainsi le témoin d'un chevauchement (subduction) de deux plaques terrestres qui s'est produit il y a 300 à 400 millions d'années, au moment où s'érigeait la grande chaîne hercynienne, dont le massif Armoricain est l'un des vestiges.

Créée pour protéger ces roches, la réserve François-Le-Bail (47 ha. ; interdiction de ramasser le moindre caillou) se subdivise en deux parties : le secteur de Locqueltas, à la pointe des Chats, au Sud-Est de l'île, qui comprend une étroite frange côtière et dont l'intérêt est essentiellement minéralogique ; et le secteur de Pen-Men/Beg Melen, au Nord-Ouest de l'île, qui englobe des falaises et de vastes étendues de pelouses et de landes, un secteur intéressant non seulement pour ses minéraux mais aussi pour sa flore (bruyère vagabonde, bruyère cendrée, etc.) et pour ses colonies d'oiseaux marins nicheurs (goéland brun, marin et argenté, cormoran huppé, fulmar boréal et mouette tridactyle).

Des panneaux explicatifs sont installés sur la réserve.

Mais rien ne vaut une balade avec un guide de la Maison de la réserve. Lui seul saura attiser votre curiosité et votre œil pour observer les oiseaux et la flore, pour repérer les minéraux et comprendre l'histoire qu'ils racontent.

Maison de la Réserve – *Le Bourg - ✆ 02 97 86 55 97 - juil.-août : 10h-12h30, 17h30-19h, dim. 10h30-12h30 ; reste de l'année : mar., jeu. et sam. 10h-12h - gratuit - animations (2/j en été tlj sf le dim.) - 5 €.* Expositions sur le patrimoine naturel de l'île, bibliothèque naturaliste, boutique. Les gardes de la réserve organisent de très nombreuses animations, passionnantes et souvent ludiques : découverte de la réserve naturelle (roches mais aussi oiseaux, algues, coquillages, micro-faune…) initiation à l'astronomie, plantes comestibles et médicinales, teinture végétale et balade à la loupe.

Découvrir le patrimoine historique et maritime

L'**Écomusée** (*voir coordonnées plus haut dans « Faites un tour à Port-Tudy »*) propose pendant les vacances scolaires diverses animations telles que sorties en mer, initiation à la pêche à pied, découverte des nœuds marins, etc. Dans le hameau de Kerlard, il a restauré un habitat traditionnel de pêcheur agriculteur des années 1930 *(juil.-août : merc.-dim. 14h-18h)*.

Association St-Gunthiern – *✆ 02 97 86 58 58* - elle organise des balades à pied (3h) à la découverte des fontaines, lavoirs et mégalithes de l'île.

Le « plus » nature

Dans les années 1970, des pétrologues, ces spécialistes de la description des roches, ont découvert à Groix des minéraux plus intrigants encore que les grenats et les glauconites bleus : des **fantômes de lawsonite**. De vrais fantômes ? Non, les scientifiques ne croient pas aux fantômes. Mais c'est ainsi qu'ils appellent un minéral qui, par une réaction chimique, s'est transformé en un second minéral en conservant seulement la forme du premier. Et alors ? C'est là que l'affaire se corse : car sur toute l'étendue de la chaine hercynienne érigée il y a 300 à 400 millions d'années (des Apallaches à la Bohême en passant par le Massif armoricain), la lawsonite n'est connue que dans deux autres localités : au Portugal en Galice, au Nord de l'Espagne. Pour les Sherlock Holmes de l'histoire de la terre, c'est là une preuve de plus que la Bretagne était proche de l'Espagne il y a environ 100 millions d'années, avant l'ouverture océanique dans le golfe de Gascogne.

Activités nautiques

Plages – Les trois plages surveillées en juillet et août (13h-19h) sont Port-Mélite, les Grands Sables, où est installée une base nautique de voile, et Locmaria, où l'on peut louer des kayaks. Parmi les autres jolies criques figurent en particulier la plage des Sables rouges *(voir plus haut dans « Primiture la douce »)*, la baie des Curés, près de la pointe de l'Enfer, et Poulziorec, entre la pointe du Grognon et Port-Melin.

Voile et kayak : **Club nautique de Groix** – *Plage des Grands Sables - ✆ 02 24 90 57 70 ou 06 84 79 61 80 - Pâques, juil.-août et la Toussaint.* Initiation et perfectionnement. (Optimist, planche à voile). Location de matériel. **L'Amer** – *Plage de Locamaria - ✆ 02 97 86 88 59 ou 06 77 47 44 01 - juil.-août seult.* Stage découverte en kayak pour les 6-15 ans. Location de kayaks ouverts « sit on top » tous les après-midis.

Plongée : **Subagrec** – *Port-Tudy (sur le quai côté phare rouge) - ✆ 02 97 86 59 79 ou 06 75 50 19 27 - http://assoc.wanadoo.fr/subagrec.* Baptêmes, plongées-exploration et stages. L'île de Groix offre un choix de plongée très variés : tombant de pointes rocheuses, véritable aquarium de pleine mer, épaves (sous-marin, remorqueur, briseur de blocus), bases rocheuses au large de la côte sauvage…

Sorties en mer

Sarl Bageal - Compagnie des Croisières – *7 bd de la Compagnie-des-Indes - 56290 Port-Louis - ✆ 02 97 28 80 57 ou 06 09 96 26 84 - www.bageal.com - avr.-oct. : à la demande - 40 €/j/pers.* Ancien langoustier reconverti en bateau de croisière, le *Bro Warok* vous emmène naviguer tranquillement à la découverte des îles morbihannaises. Pendant la balade, vous partagerez un pique-nique sur le pont avec le capitaine et ceux qui le désirent pourront être initiés aux techniques de navigations et à la pêche en mer.

Sail in Breiz – *À partir de 6 €/pers. - renseignements à l'Office du tourisme de Groix.* Propose promenades ou croisières à la carte (tour de l'île, virée à Belle-Île ou aux Glénan…) sur un bateau de plaisance de 3 m, l'*Orene*. Départ à la demande toute l'année, sous réserve des conditions météo, à partir de 2 personnes.

Groix pratique

OÙ S'INFORMER

Office de tourisme – *Port-Tudy (au-dessus de la gare maritime) - 56590 Île de Groix - ✆ 02 97 86 53 08 - juil-août : tlj sf w.-end. 9h-13h, 14h-19h ; hors sais. : 9h-12h, 14h-18h.*

Capitainerie – *Port de plaisance de Port-Tudy - ✆ 02 97 86 54 62 - juil.-août : 7h-20h ; hors sais. : 8h30-12h, 14h30-17h30.*

Météo – *✆ 0 892 680 256.*

Température de l'air – Moyenne 6,3 °C en janvier et 17,8 °C en août. 132 jours de pluie/an.

COMMENT CIRCULER SUR L'ÎLE

Le **vélo** est très pratique.
Nombreux loueurs de vélo et scooters sur le port.

Taxis efficaces et peu coûteux, entre l'embarcadère et le lieu de séjour *(forfait 2,50 €/pers.).*

Service de bus – *Juil.-août :4 fois/j*

Tour de l'île commenté en taxi collectif : *45 € pour 1 à 5 pers.*

Taxico – *✆ 02 97 86 81 81 ou 06 07 87 95 93.*

Taxi Tonnerre – *✆ 02 97 86 81 62 ou 06 07 75 52 08.*

OÙ DORMIR

⊖ **Hôtel La Marine** – *Le Bourg - ✆ 02 97 86 80 05 - hoteldelamarine.com - fermé janv., dim. soir et lun. hors sais. sf vac. scol. - 22 ch. 36/86 € - ☕ 8,5 € - rest. 16/25 €.* Quel délice ! Ce petit hôtel a bien des atouts avec sa jolie terrasse ensoleillée, son charmant jardin et ses chambres simples, mais bien tenues. Quand, en plus, vous saurez que sa cuisine soignée attire les gourmands de la région, vous y courrez à coup sûr !

⊖ **Hôtel La Jetée** – *1 quai Port-Tudy - Port-Tudy - ✆ 02 97 86 80 82 - fermé 5 janv.-15 fév. - 8 ch. 53/79 € - ☕ 7 €.* Un petit hôtel de carte postale : d'un côté il donne sur le port et les bateaux, de l'autre il ouvre sur une minuscule terrasse nichée dans le rocher face à l'océan et ses embruns. Les chambres, petites mais coquettes, se partagent les deux vues. L'hôtel n'a pas de restaurant, mais le pub attenant, très sympathique, permet de déguster des huîtres.

⊖ **Chambre d'hôte La Passagère** – *30 r. du Gén.-de-Gaulle- Le Bourg - ✆ 02 97 86 55 91 - 4 ch. 33/42 € - ☕ 4 €.* Dans cette belle maison agrémentée d'un superbe jardin, on ne vient pas tant pour la chambre, encore moins pour le calme, que pour la propriétaire, une des figures de l'île qui anime le cercle celtique. Plongée dans la culture groisillonne garantie : musique traditionnelle, danse bretonne, broderie…

⊖ **Chambre d'hôte et appartements La Grek et Ar Vag** – *3 pl. du Leurhé - Le Bourg - ✆ 02 97 86 89 85 ou 06 09 71 01 91 - www.groix.com - 4 ch. 50/60 € ☕ - 3 appart. : 490-600 €/sem.* Deux maisons, La Grek et Ar Vag, l'une proposant des chambres, l'autre des appartements. Décoration élégante, confort et grand jardin avec terrasse et portique pour les enfants. Une très bonne adresse.

⊖⊖ **Appartements Les Grands Sables - M. et Mme Verdié** – *Près de la plage des Sables rouges, à 3 km du bourg et du port - ✆ 02 97 86 82 64 ou 06 62 76 19 38 - www.les-grands-sables.com - 5 appart. : 600/720 €/sem. pour 2/5 pers.* Surplombant la mer et une jolie crique, non loin de la plage aux Grenats, ces appartements, aménagés dans une grande maison, possèdent chacun une petite terrasse ou un mini-jardin privatif. Sobre, mais très colorée, la décoration est l'œuvre de la propriétaire, une artiste. Une adresse de charme, où il faut réserver longtemps à l'avance.

OÙ MANGER

⊖ **Chez Paule** – *6 r. de Port-Melite - ✆ 02 97 86 89 72 - fermé de fin sept. aux vac. de printemps - réserv. conseillée en été - 6,10/11,43 €.* Paule, c'est la gentille patronne qui, depuis plus de vingt ans, vous accueille dans cette authentique crêperie bretonne, qui n'est autre que sa propre maison. Décor rustique avec cheminée, pendule et rideaux au crochet.

⊖ **Entre vins et marées** – *Pl. de l'Église - au bourg – fermé 10 janv.-10 fév., 2 sem. en oct. et merc. du 10 juil. à fin août - 8,50/16 €.* Un sympathique bistot à vins, avec une déco bateau. À toute heure, de savoureux en-cas : assiette de bulots, huitres de Groix, rillettes de maquereau…

⊖ **Le Safran** – *25 pl. de l'Église - Le Bourg - ✆ 02 97 86 58 72 - fermé oct.-mars et mar., merc. en juil.-août - 9,50/22 €.* Un restaurant-pizzéria où faire un bon repas à prix modéré dans un décor coloré, sur le thème de la mer et des voyages. Belles photos de plongée de Simon Calloch (spécialiste d'éclairage sous-marin).

⊖ **L'Ocre marine** – *22 r. de Tromor - Locmaria - ✆ 02 97 86 53 98 - fermé jeu. sf vac. scol. et juil.-août ; de mi-nov. à Pâques : w.-end - 12/15 €.* Une délicieuse crêperie dans une vraie maison de patron-pêcheur. Dans la salle : cheminée et superbe fresque marine peinte par la fille de la maison. En terrasse : vue sur la mer. Toutes les préparations sont faites maison, comme la sauce moutarde qui accompagne la galette à l'andouille, ou le caramel au beurre salé servi avec l'Ocre marine, une double crêpe aux pommes cuites au beurre avec amandes grillées, cannelle et glace vanille. Un délice !

Belle-Île★★★

22

CARTE MICHELIN LOCAL 308 L10/11 – MORBIHAN (56)
8 563 HA – 5 000 BELLILOIS

Des falaises abruptes et de longues plages de sable, des landes couvertes d'ajoncs dorés et des criques d'eau turquoise, mais aussi des vallons, des bois, des ruisseaux et des champs à l'horizon desquels on ne voit plus la mer ; un port-capitale, Le Palais, avec sa citadelle et son mur d'enceinte ; un port de carte postale, Sauzon, avec son petit phare et ses maisons pastel ; et deux bourgs dans les terres, Bangor et Locmaria. La plus grande et la plus peuplée des îles de Bretagne a des allures de petit continent. Un continent comme on en rêve…

ARRIVER À BON PORT

Belle-île est desservie toute l'année (passagers et véhicules) par la Société morbihannaise de navigation depuis la gare maritime de **Quiberon-Port-Maria**.

Accès à Quiberon – En voiture : on peut suivre la voie rapide gratuite Nantes-Brest (N 165-E 60) en direction d'Auray puis prendre la D 768 vers Quiberon.
En train : on peut descendre à la gare d'**Auray** (desservie par le TGV) puis prendre un car TIM jusqu'à la gare maritime de Quiberon (renseignements : ✆ 02 97 24 26 20 ou 02 97 47 29 64). En juillet et août, un **train Auray-Quiberon,** le **« Tire-Bouchon »**, permet d'éviter les terribles difficultés de circulation pour l'accès à la presqu'île de Quiberon, et plus encore au retour (à l'heure du retour de la plage, on peut mettre 2h30 de Quiberon à Auray). À Auray, il existe un parking (non gardé) en face de la gare. **Tire-Bouchon** : 10 départs/j de 8h14 à 20h48 - durée du trajet : 35 à 50mn (selon les heures), 5 €/AR.

Accès à la gare maritime de Quiberon Port-Maria – En juillet et août, service de navette (2 €/AR) entre la gare SNCF et l'embarcadère maritime. Sinon, 10-15mn de marche à pied.
En saison, Belle-île est également desservie (passagers uniquement) depuis **Lorient** par la Société morbihannaise de navigation (*voir ci-dessous*) :
depuis **Vannes**, **Port-Navalo** et **La Trinité-sur-Mer** par la compagnie **Navix** – ✆ 0 825 132 100 (0,15 €/mn) - www.navix.fr ;
depuis **La Turballe** par la **Compagnie des îles** – ✆ 0 825 134 100 (0,15 €/mn) - www.compagniedesiles.com

LARGUER LES AMARRES !

Départ Quiberon - arrivée Le Palais – Société morbihannaise de navigation – ✆ 02 97 35 02 00 ou 0 820 056 000 (0,12 €/mn) - www.smn-navigation.fr - traversée 45mn (vedette rapide l'été pour passagers uniquement : 20mn) - service assuré toute l'année pour les passagers et les véhicules (5 à 13 rotations/j suivant la saison) - 23,64 €/AR. En haute saison, cette compagnie offre également des liaisons (passagers uniquement) **Quiberon-Sauzon** et **Lorient-Sauzon.**
Bateau-taxi : Atmos'Air Marine – Le Palais - ✆ 02 97 31 55 55 ou 06 82 29 38 95.

BON À SAVOIR

Si vous n'avez pas besoin de prendre un bateau assurant le transport de véhicule, embarquer à Vannes ou à Lorient peut être une bonne idée. L'accès au port sera sans doute plus facile et vous profiterez de la traversée de la rade de Lorient ou du golfe du Morbihan.
Sachez que le stationnement à Quiberon est réglementé (1h30 à 24h maximum). Plusieurs parkings payants et surveillés sont à votre disposition : parking La Sirène (150 places) - ✆ 02 97 50 03 37 ; parking du Sémaphore (1 300 places) - à l'entrée de la ville - ✆ 02 97 30 59 45 - fermé oct.-mars. Navette gratuite pour la gare maritime.
En haute saison, il est conseillé de réserver votre place au parking. Prévoyez d'arriver à la gare maritime au moins 30mn avant le départ du bateau et 45mn avant si vous devez embarquer un véhicule.

Le Palais, la petite capitale de Belle-Île.

À l'assaut du Palais

Quand on arrive par le bateau régulier, Belle-Île apparait comme un vaste plateau extrêmement verdoyant : on ne voit alors que la « côte douce » qui fait face au continent, à l'opposé de la « côte sauvage » battue par les vents et les vagues du grand large. Puis on découvre une jolie vue sur les bassins du port de la « petite capitale » que les Bellilois nomment tout simplement « Palais ».

Surveillant la rade, l'impressionnante **citadelle Vauban★** (16e-17e s.) déploie sur son éperon shisteux ses kilomètres de courtines, bastions et casemates… C'est la partie la plus visible des importantes fortifications de l'île, qui fut longtemps convoitée pour sa position stratégique face aux côtes bretonnes et à l'embouchure de la Loire (et pour sa richesse en eau douce et en produits agricoles qui en faisait un port d'attache privilégié pour la marine de guerre). Ce système défensif fut complété sous l'Empire par une enceinte urbaine fortifiée sur les hauteurs de Palais qui reste aujourd'hui un témoignage unique en France de l'architecture militaire défensive au 19e s.

Avant de vous lancer à l'assaut de la forteresse, vous pouvez prendre des munitions à l'office de tourisme, face au débarcadère : *Guide de la découverte et plan de l'île (gratuits), Guide des randonnées pédestres et des randonnées cyclistes (8 €).*

Escalader la Citadelle Vauban★

✆ 02 97 31 84 17 - www.citadellevauban.com - juil.-août : 9h-19h ; avr.-juin et sept.-oct. : 9h30-18h ; nov.-mars : 9h30-12h, 14h-17h - possibilité de visite guidée (1h) - fermé 1er janv. et 25 déc. - 6,10 € (enf. 3,05 €).

Après avoir franchi la passerelle de l'écluse et la porte du Bourg, on chemine dans le **grand fossé** taillé à même le roc jusqu'à la porte du Donjon. *Un circuit fléché permet de découvrir l'ensemble des ouvrages.*

Construite en 1549, la citadelle fut agrandie par les ducs de Gondi de Retz, puis par Fouquet. Cependant, sa physionomie actuelle, avec sa double enceinte, ses puissants bastions, ses dehors, est surtout l'œuvre de Vauban, qui séjourna ici en 1683, en 1687 puis en 1689. Attaquée à maintes reprises au cours du 18e s., la citadelle tomba aux mains des Anglais en 1761, qui l'occupèrent jusqu'en 1763, date à laquelle le traité de Paris rendit Belle-Île à la France, en échange de Minorque. Dès la fin du 19e s., la citadelle perdit de son intérêt militaire par suite des progrès de l'artillerie. Finalement délaissée par l'armée, elle fut vendue à l'état de ruines, en 1960, à des personnes privées. Ses nouveaux propriétaires, M. et Mme André Larquetoux, consacrèrent 40 ans de leur vie à sa renaissance : ils firent dégager de la végétation et reconstruire d'après les documents d'archives les 10 ha de fortifications, 4 km de murailles, 10 000 m^2 de planchers…

Le **Musée historique**, installé dans les casemates Louis-Philippe voûtées « en feuilles d'érable », expose des documents sur l'histoire de l'île et ses hôtes illustres. À voir aussi : la **poudrière circulaire**, à l'étrange acoustique ; le grand **arsenal**, qui accueille des expositions et autres manifestations culturelles ; les **magasins** ; la **casemate** où se trouve la salle des cartes ; les cachots. Des **bastions** de la Mer et du Dauphin, **points de vue★** remarquables sur Le Palais, le port et la côte Nord, ainsi que sur les îles d'Houat et de Hœdic. La citadelle accueille chaque année de nombreuses manifestations artistiques dont un festival d'art lyrique, **Lyrique-en-mer** *(www.belle-ile.net - réserv. à partir de déb. juil. à Taol Mor, sur le port de Palais ou : ☏ 02 97 31 59 59)*. Elle abrite aussi désormais un hôtel de prestige, dans l'ancien quartier des officiers, depuis sa reprise en 2005 par un groupe hôtelier, qui entend développer sa double vocation historique et culturelle.

Flâner le long du port et sur le marché

Entre deux balades sur les fortifications de la ville, il fait bon respirer l'ambiance locale en flânant le long du **port** qui pénétre au cœur de la ville. Certes, vous ne verrez plus les sardiniers qui firent la fortune de Belle-Île au 19e s. : la dernière conserverie a fermé en 1976 et il ne reste plus que quelques pêcheurs sur l'île. Mais au retour de la marée, vous verrez peut-être les pêcheurs vendre leurs poissons sur le quai.

Puis, si c'est l'heure, faites un tour au **marché** qui se tient tous les matins place de la République. L'ambiance est animée et les produits frais de Belle-Île abondent : tomates, fraises, melons, fromage de chèvre particulièrement savoureux, de même que l'agneau de Belle-Île aux embruns salés. Vous pourrez y acheter de délicieuses spécialités locales pour agrémenter un pique-nique ou rapporter en souvenir, tels que la bière *La Morgat* ou les galettes fines et la crème de caramel au beurre salé de **La Bien Nommée**, une merveilleuse biscuiterie artisanale fondée par un de ces jeunes couples qui décident un jour de tout quitter pour aller vivre dans les îles et qui font preuve de la même exigence pour la qualité de leurs produits que pour celle de leur vie.

Sur le marché, vous rencontrerez aussi en saison des loups de mer aguerris qui viennent proposer des sorties à la voile ou des croisières jusqu'à Houat, Hœdic, Groix ou les Glénan. C'est l'occasion de discuter avec eux pour enrichir votre programme si vous avez quelques jours devant vous…

Grimper sur les remparts pour explorer l'enceinte fortifiée

Prendre la rue de l'Escalier dans la rue Jules-Simon pour rejoindre la rue des Remparts. En suivant les remparts, on jouit d'une très belle **vue★** sur l'avant-port et la baie. Puis le chemin longe un fossé, la « coupure », qui termine l'enceinte de la ville. Surplombant la porte de Locamaria, une des trois portes qui permettaient de sortir de la ville, le Réduit A abrite aujourd'hui la **Maison de la nature**. Vous y verrez exposées des pierres qui témoignent de la nature volcanique de l'île, des sables de toutes sortes provenant des diverses plages, des photos de la cinquantaine d'espèces de plantes remarquables de l'île, dont l'asphodèle à la longue hampe blanche ou le lin méridional à fleur jaune. Vous y trouverez des guides sur les randonnées et sur les plages de l'île. Et vous pourrez vous y inscrire à des sorties-nature *(voir plus loin). CPIE de Belle-Île-en-Mer - Réduit A - r. des Remparts - 56360 Le Palais - ☏ 02 97 31 40 15 - www.belle-ile-nature.com*

En continuant à longer l'escarpe, le rempart intérieur de l'enceinte, vous rejoindrez la porte Vauban qui débouche sur l'avenue Carnot et vous ramène vers le port. Mais si vous êtes plus curieux, empruntez plutôt sur la gauche, peu après la Maison de la nature, un petit passage voûté dérobé, appelé poterne, qui traverse les remparts. De là vous déboucherez sur le fossé qui sépare l'escarpe, côté ville, de la contrescarpe, côté campagne. Puis vous pourrez découvrir l'enfilade de casemates qui communiquent entre elles sur 1 km de long. Pour revenir jusqu'aux deux grandes portes de la ville, la porte de Bangor et la porte Vauban, vous pourrez ensuite suivre soit le fossé, soit le sentier qui longe la contrescarpe, le rempart extérieur de l'enceinte.

L'enceinte fortifiée de Belle-Île

Commissaire général des fortifications dépêché sur l'île par Louis XIV, Vauban établit un projet de défense complète de la ville et de l'île qui prévoyait, outre la citadelle, une enceinte urbaine fortifiée sur les hauteurs de Palais. Mais faute de crédit, seuls les travaux de la citadelle furent alors effectués. C'est ainsi que les Anglais purent s'installer sur les hauteurs de la ville pour pilonner la citadelle et s'en emparer en 1761. Dès son accession au pouvoir, Napoléon Bonaparte reprit donc le projet de construction de cette enceinte urbaine, qui fut finalement achevée en 1877. Mais l'art de la guerre avait encore changé : avec l'artillerie moderne, la mobilité des armée paraissait préférable à la défense de places fortes. L'enceinte fortifiée de Palais ne fut donc jamais éprouvée. C'est pourquoi cet ensemble de remparts, de fossés et de bastions reste un témoignage intact et unique de l'architecture militaire du 19e s.

Pour en savoir plus sur cette enceinte, reportez-vous à l'itinéraire de visite détaillé dans le Guide découverte de Belle-Île *disponible à l'office de tourisme, ou suivez les des visites organisées par l'Office de tourisme ou par la Société historique (mairie de Locmaria).*

Belle-Île dévoilée en un jour et deux tours

Si vous ne disposez que d'un jour pour explorer Belle-Île, vous pouvez louer une de ces amusantes petites voitures électriques aux allures de buggy, un scooter ou une Méhari, et partir à la découverte de ses plus beaux attraits en suivant l'un ou l'autre de ces deux petits circuits, ou les deux… Suivre les tracés verts du plan ci-contre.

LA CÔTE SAUVAGE★★★

Circuit 1 *45 km environ. Quittez Le Palais par le quai Gambetta et la promenade Boulogne, où vous tournerez à droite vers la citadelle. En bordure de la côte, prenez à gauche puis à droite.* Vous voilà à la **pointe de Taillefer.** Des abords du sémaphore, la **vue** s'étend sur la rade de Palais et la pointe de Kerdonis à droite ; au large, les îles de Hœdic et d'Houat ; en face, la presqu'île de Quiberon.
Faites demi-tour et prenez maintenant la route Sauzon. En chemin, vous pourrez vous avancer jusqu'à **Port-Fouquet**, dont la plage est bien abritée.

Sauzon★

Cet adorable petit port aux maisons merveilleusement colorées et animé par les voiliers occupe un joli **site★** sur le versant gauche de l'estuaire de la rivière du même nom. Depuis le port, une agréable promenade *(1h30 à pied/AR)* permet de faire le tour de la **pointe du Cardinal** et offre des vues sur l'entrée du port, la pointe de Taillefer à droite, et la pointe des Poulains à gauche.

Pointe des Poulains★★

Accessible par un tombolo de sable, mais isolée par la mer lors des grandes marées, la pointe des Poulains, où se dresse un petit phare, offre un **panorama★** magnifique sur la baie de Quiberon. Par temps clair, la vue s'étend jusqu'à Lorient et l'île de Groix.

Stêr-Vraz et Stêr-Ouen★

Ces deux profonds abers échancrent la côte au pied de la **réserve ornithologique de Koh-Kastell,** ou pointe du Vieux-Château *(voir plus loin).*
Dans la lande de Kerlédan se dressent les **menhirs Jean et Jeanne**, deux jeunes gens qui auraient été punis par leurs familles, hostiles à leur mariage, de s'être aimés. On dit que les nuits de pleine lune, on les voit se rapprocher.

Port-Donnant★★

Le site est magnifique : les vagues déferlent avec violence dans un amphithéâtre formé de dunes sauvages, de rochers déchiquetés et de hautes falaises. Mais la plage est l'une des plus dangereuses de l'île.

Grand Phare

Inauguré en 1836, ce phare haut de 52 m atteint une portée de près de 48 km. Du balcon (213 marches pour y accéder), magnifique **panorama★★** sur l'île, les îlots voisins et toute la côte continentale. *10 juil.-15 sept. : 10h30-12h, 14h-17h30.*

Après le manoir de Goulphar, une route en forte descente *(15mn à pied AR)* mène à **Port-Goulphar★**, échancrure spectaculaire au pied des falaises. Un ensemble d'îlots en marque l'entrée. C'est du rebord de la falaise que l'on a la meilleure **vue★** sur ce chaos rocheux.

L'île de Sarah

Cédant à un coup de foudre pour ce site grandiose, la célèbre tragédienne **Sarah Bernhardt** y acheta en 1894 un fortin désaffecté, point de départ d'une propriété plus vaste où elle revint chaque année durant 30 ans. Pourtant, depuis Paris, il lui fallait alors faire plus de douze heures de train et plusieurs heures de traversée avant qu'elle ne se fasse enfin déposer à bras d'hommes sur la plage en face de chez elle. Mais dans cette île, elle retrouvait la paix et la tranquillité. Acquis en 2000 par le Conservatoire du littoral, l'**île des Poulains** et l'ancienne propriété voisine de Sarah Bernhardt sont en cours de réaménagement (revégétalisation, restructuration des accès, intégration paysagère du stationnement). La **villa Lysiane**, qui appartenait à la tragédienne, abrite depuis 2005 une **Maison de site** *(✆ 02 97 31 61 29 - tlj sf w.-end. 10h30-17h30).* D'autres bâtiments et les jardins ayant appartenu à la tragédienne devraient également être réhabilités.

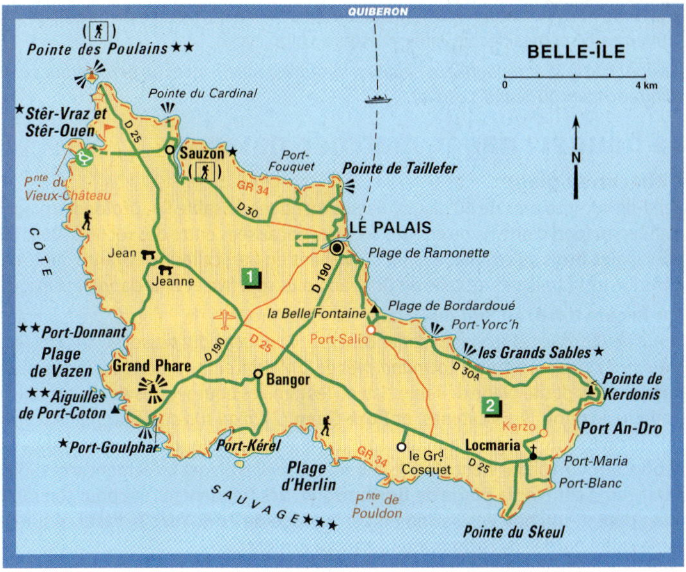

Aiguilles de Port-Coton★★

Port-Coton est ainsi appelé parce que la mer y bouillonne et se gonfle comme un gros paquet d'ouate. À l'extrémité de la route surgissent les Aiguilles : un spectacle magique, changeant perpétuellement, selon les variations de la lumière et, dans une moindre mesure, les déformations des rochers qui s'usent d'année en année sous l'effet des paquets de mer qui s'abattent sur eux. En 1886, Claude Monet habita durant deux mois sur l'île, à Kervilahouen, et y peignît une quarantaine de toiles, notamment les différentes versions des aiguilles de Port-Coton.

Encadré par les sites les plus sauvages de l'île, le village de **Bangor** tire son nom de l'abbaye de Bangor (Irlande du Nord), l'une des plus célèbres de l'Occident chrétien, d'où sont venus les premiers moines celtiques installés sur l'île au 6e s.

Regagnez Le Palais.

POINTE DE KERDONIS★

Circuit 2 *33 km. Quitter Le Palais par l'avenue Carnot et la rue Villaumez à gauche.*

Adossée à la pointe du même nom, la **plage de Ramonette** est celle de Palais.

À l'entrée de Port-Salio, tournez à gauche puis, 250 m plus loin, de nouveau à gauche.

La Belle Fontaine★

Créé sur ordre de Vauban en 1703, ce réservoir qui peut contenir 750 000 litres d'eau servait autrefois au ravitaillement en eau douce des navires de hauts rangs.

Faites demi-tour et prenez à gauche pour rejoindre la **plage de Bordardoué***, l'une des plus agréables de l'île. Faites demi-tour et prenez deux fois à gauche.*

La route descend vers **Port-Yorc'h**, fermé par la pointe du Bugul à droite et la pointe du Gros Rocher à gauche, prolongée par un îlot supportant un ancien fort. De Port-Yorc'h à la pointe de Kerdonis, le parcours offre de remarquables **vues★★** sur l'île d'Houat et la rade du Palais. La plus vaste plage de Belle-Île, **Les Grands Sables★**, conserve d'importants vestiges des fortifications élevées en 1747. Elle fut en effet témoin, aux 17e et 18e s., de nombreuses tentatives de débarquement de la part des Anglais et des Hollandais.

Au Sud de la **pointe de Kerdonis** se trouve le phare du même nom, qui signale aux navires le passage entre Hœdic et Belle-Île. À proximité, se trouve **Port-An-Dro**, plage de sable au débouché d'un vallon où les Anglais prirent pied en 1761.

Locmaria

Locmaria est un village magnifique, moins sophistiqué que Sauzon. Son église romane (11e s., rénovée au 17e s.) abrite des ex-voto. Une route en descente, à droite de l'église, mène à **Port-Maria**, profonde échancrure rocheuse qui offre à marée basse une belle plage de sable fin. Un peu plus au Sud, **Port-Blanc** est une petite anse dominée par les falaises de la pointe d'Arzic.

Une route non revêtue après le hameau du Skeul mène à la **pointe du Skeul**, un site sauvage aux rochers déchiquetés, dressés en hémicycle.

Revenez à la D 25 et regagnez Le Palais en faisant éventuellement un petit détour par le village acadien du Grand-Cosquet.

Se bouger : nager, marcher, naviguer…

À chacun sa plage

Belle-Île compte près de 60 plages, vastes étendues de sable fin, profondes plages nichées au fond d'une ria ou criques secrètes encaissées entre des rochers. Voici les principales (trois de ces plages sont surveillées en été : celles des Grands Sables et d'Herlin, très familiales, et celle de Donnant, plus sportive et plus dangereuse) :

Sur la côte Nord, au Sud du Palais – Les plus proches de Palais *(à pied, prendre la rue de l'Escalier et suivre le sentier côtier sur la gauche qui passe devant un vieux moulin, puis sous la porte de Locmaria, près de la Maison de la nature)* sont la **plage de Ramonette,** petite plage de sable clair où les familles bourgeoises de la « capitale » avaient autrefois leurs cabines, et **Port-Guen** *(2 km au sud de Palais par le sentier côtier)*, ravissante petite crique de sable jaune encadrée de rochers verdoyants, au débouché d'un vallon. Vient ensuite une série de belles plages facilement accessibles par la route côtière : la **plage de Bordardoué**, très fréquentée l'été pour son sable fin et doré et son bon ensoleillement, et la **plage de Pork-Yorc'h**, vaste crique de sable jaune bordée de rochers intéressants à explorer.
Puis c'est la célèbre **plage des Grands Sables★**, qui s'étend sur près de 2 km, une plage de sable blanc et fin, bien abritée des vents d'Ouest et ensoleillée tout la journée. La mer y est calme et les coquillages y abondent. Elle possède deux entrées : l'une à côté de la **base nautique Horizon** *(voir plus loin)*, l'autre face au poste de surveillance de la plage (SNSM). C'est là que se trouve la zone de baignade protégée en été (la surveillance est assurée en juillet-août de 13h à 19h). Durant cette période, les responsables du poste de secours proposent des cours de gymnastique sur la plage *(mar.-vend. 10h-11h)*. ♿ Des tiralos (fauteuils roulants de mer et de sable pour personnes à mobilité réduite) sont disponibles gratuitement au poste de secours *(✆ 02 97 31 89 79)*. Snack-buvette en saison près de la base nautique.

Sur la côte Est – La belle **plage de Port-An-Dro**, au sable jaune et à l'eau claire, est l'une des rares sur cette côte. Bien abritée du vent, agréable pour la baignade, elle est très fréquentée et jouxte le camping. Au dessus de la plage, crêperie-bar ouverte en été.

La côte Sud – Elle est jalonnée de plages aux eaux plus chaudes. Nichée dans un cirque de dunes merveilleusement fleuries au printemps, la **plage de Baluden** *(accès par un chemin de terre défoncé mais carrossable fléché depuis le village d'Herlin, à 500 m)* offre un vaste espace de sable doré à marée basse, bien abrité des vents froids et bénéficiant d'un ensoleillement maximum.
Port Herlin *(accès à pied depuis le village de Calastren ; en voiture : première à droite sur la route de Kervarigeon à Borlagadec, puis 400 m à pied après le parking)* est une belle et vaste plage de sable blond ouverte, au fond d'une ria profonde. C'est une plage familiale où la baignade est agréable et où l'on peut pratiquer les sports de plage. Des rouleaux permettent souvent de s'initier au body-board. Attention toutefois aux dangereux courants sur les côtés. Plage surveillée en juillet-août de 13h à 19h.
Dans une sorte de petit fjord si profond qu'on n'aperçoit pas le large, la **plage de Kérel** *(à l'entrée de Grand Village, en venant de Bangor, prendre la route sur la droite qui mène au parking, puis sentier pédestre sur 300 m)* forme une très longue bande (750 m aux basses-eaux) de sable jaune pailleté d'or qui descend en pente douce vers une mer émeraude. C'est une plage idéale pour la baignade et réputée l'une des plus chaudes de l'île. Attention toutefois aux vives (poissons de sable venimeux) et aux sables mouvants.

Sur la côte Ouest – La **plage de Vazen** *(accès par un chemin carrossable à l'entrée du village de Varzen, proche de Borzose)* forme une profonde et étroite langue de sable, très plate, qui atteint 750 m de long à marée basse (mais très réduite à marée haute). C'est une plage sûre, parfaite pour les enfants.
Toute proche, la **plage de Port-Donnant★★** *(divers accès, notamment depuis le menhir Jean par la route qui serpente dans le vallon jusqu'au grand parking, puis par un sentier sableux et un escalier)* est la plus grandiose de l'île. Les vagues déferlent avec violence pour le plus grand bonheur des spectateurs et des adeptes expérimentés de surf et de body-board. Seule la partie centrale de la plage se prête à la baignade, à condition

G. Targat / MICHELIN

Les aiguilles de Port-Coton.

de ne pas s'aventurer vers le large (des courants vous ramènent vers les rochers). Dès qu'on s'approche des rochers la baignade est très dangereuse. Les accidents graves sont fréquents. En juillet-août, la surveillance est assurée de 13h à 19h.

À la pointe Nord de l'île – Bénéficiant du soleil à toute heure puisqu'elle est orientée de différents côtés, la grande **plage des Poulains** offre du sable et des petits cailloux. Sa facilité d'accès *(par la D 25 depuis Palais)* et la notoriété du site font qu'elle est extrêmement courue. Pourtant, l'eau y est plus froide qu'ailleurs. Attention à ne pas nager vers le large à cause des courants et n'oubliez pas qu'aux grandes marées la pointe des Poulains, surmontée par le phare, se retrouve isolée par la mer.

Pour découvrir d'autres plages, procurez-vous le *Guide des 58 plages de Belle-Île*, édité par la Maison de la nature.

Pêche à pied : les bons coins

La pêche à pied réserve de bonnes suprises à Belle-Île. On trouve même sur la plage des Grands Sables, des huîtres échappées des parcs du golfe du Morbihan… Parmi les nombreux bons coins figurent la **ria de Sauzon,** pour les fruits de mer de vasière ; toute la **côte rocheuse**, pour les pouces-pieds et les moules ; les anfractuosités rocheuses de **Port-Yoarc'h, de Kérel et de Taillefer,** pour les coquillages et les crustacés.

Suivre le sentier côtier

Pour découvrir la nature sauvage, encore très préservée, de Belle-Île, l'idéal reste la marche à pied. Un sentier côtier fait le tour de l'île en 90 km environ, ce qui représente 4 à 6 jours de randonnée. Souvent escarpé, il suppose un bon entraînement à la marche. Mais on peut se contenter d'en parcourir un tronçon : au départ de chaque plage ou crique, des bornes de granit indiquent au promeneur le lieu où il se trouve et le lieu vers lequel mène le sentier ainsi que la distance à parcourir pour y arriver. L'un des tronçons les plus beaux va **de la pointe des Poulains à la grotte de l'Apothicairerie** *(environ 6 km).* Un autre, parfait pour une brève escale à Belle-Île, va du **port de Palais à la plage de Bordardoué** *(environ 2h30/AR, départ par la rue de l'Escalier près de l'embarcadère)* en passant par la Belle Fontaine. De nombreux sentiers traversent également l'île. Le *Guide des randonnées pédestres de Belle-Île-en-Mer* vendu à l'office de tourisme propose 17 circuits en boucle en indiquant leur niveau de difficulté. *Belle-Île couleur nature*, édité par la Maison de la nature, présente une

Le « plus » nature

Le pouce-pied, ce crustacé qui ressemble un peu à un pouce humain, ne se développe qu'en de rares endroits d'Europe, dont Belle-Île. Il vit en colonies, fixé sur les rochers escarpés battus par les vagues et d'accès périlleux. « Délice de la mer », très apprécié des Bellilois, il abondait encore il y a 50 ans sur les rochers des côtes Sud et Ouest : à marée basse, on marchait sur les touffes de pouces-pieds piquetées de moules. Aujourd'hui, le pouce-pied se fait rare. Sa pêche (interdite en juillet-août) n'est autorisée que certains jours précis et très limitée en quantité. Il n'en est que plus prisé…

trentaine de circuits pédestres en attirant l'attention du promeneur sur la faune, la flore, la géologie, le patrimoine bâti et l'histoire. Vous pouvez aussi vous faire accompagner par un guide naturaliste en vous adressant à la **Maison de la nature** *(voir plus haut)*.

♿ Il est possible d'emprunter un fauteuil, baptisé « Joëlette », qui rend le sentier côtier accessible aux personnes à mobilité réduite. *Renseignements : ✆ 02 97 31 48 32.*

G. Targat / MICHELIN

Découvrir la nature avec les yeux d'un spécialiste

Laissez vous guider à la découverte des algues et des animaux du bord de mer à Port-Yorc'h, ou de la faune et de la flore des falaises de la côte sauvage, partez en randonnée-découverte au creux d'un vallon près de la plage de Kérel, laissez-vous expliquer la géologie qui prouve que Belle-Île est un ancien volcan ou repérez les plantes bonnes pour la cuisine et pour la santé... Ce sont là quelques thèmes des sorties « nature-découverte » proposées en saison par la **Maison de la nature** *(voir p. 191)*. Sorties-nature chaque samedi et tout l'été.

Visite de la réserve ornithologique de Koh-Kastell – Cette réserve, qui s'étend sur une presqu'île de 17 ha dans le site grandiose de la baie de Stêr-Vraz, fut créée pour protéger la mouette tridactyle (pattes noires, bec jaune et poids plume la distinguent des goélands). Elle abrite aussi des colonies nicheuses de goélands argentés, bruns et marins, des cormorans huppés, des huîtriers pie. On peut y voir également des fulmars boréal, oiseau de haute mer de la famille des albatros, et des espèces terrestres. Interdit d'accès en période de reproduction (du 15 mars au15 août), le site peut néanmoins se visiter avec un guide de **Bretagne Vivante-SEPNB** – *✆ 06 72 97 83 25 - mai-juin : dim. 14h ; juil.-août : tlj sf lun. 10h, 14h et 16h - visite 2h - dép. du kiosque de l'Apothicairerie - 5 € - animations spéciales pour les enfants du 14 juil. au 15 août.*

Les chemins de la petite reine

🚲 Belle-Île a la taille idéale pour les randonnées à bicyclette, mais il mieux vaut éviter les grands axes, souvent chargés en été. Des itinéraires de randonnées cyclistes sont signalés par des panneaux verts sur fond blanc. Une pastille de couleur indique un circuit en boucle : **circuit bleu** (14,5 km) à partir de Palais, **circuit rouge** (11,25 km) à partir de Bangor, **circuit violet** (13,2 km) et **circuit orange** (7,2 km) à partir de Sauzon, **circuits rouge et jaune** au départ de Locmaria. Le *Guide des randonnées cyclistes et pédestres (8 €)* vendu par l'office de tourisme décrit ces circuits.

Voile, kayak, plongée ou pêche en mer ?

Voile-Base Nautique Horizon – *Plage des Grands Sables - 56360 Locmaria - ✆ 02 97 31 54 71 - www.belleile-horizon.com.* Stages de voile pour adultes et pour enfants (à partir de 6 ans) : Mousse, Optimist, New Cat 12, planche enfant, Hobie Cat Wave, Laser Pic, planche à voile et Hobie Cat 160. Location de planches, dériveurs, catamarans, kayaks de mer Trimaran Magnum 21 et bateaux à moteur. Renseignements sur place ou sur le marché de Palais (le matin).

Kayak-Vives Eaux – *Roserière - Le Palais - ✆ 02 97 31 49 98 ou 06 82 05 22 53 - ts les mat. sur le marché en saison.* École et location de kayak de mer.

Body-boards - Vélo Fun – *34 av. Carnot - Le Palais - ✆ 02 97 31 57 48.* Location.

Pèche en mer-Atmos'air Marine – *1 rte de Bangor - Le Palais - ✆ 02 97 31 55 55 ou 06 82 29 38 95.* Sorties pêche en mer, tour des îles, plongée (gonflage, location de matériel).

Plongée-Angélus Plongée – *2 quai Gambetta - Le Palais - ✆ 06 85 1 83 76 - www.angelus-plongee.com.* Du baptême de plongée au plongeur confirmé.

Guedel Sub Armor – *Chemin de Port-Puce - Sauzon - ✆ 02 97 31 64 69 - www.guedel-subarmor.com.* Toute la plongée : baptêmes, initiation, examens, stages.

Belle-Île pratique

OÙ S'INFORMER

Office de tourisme – *Quai Bonnelle - BP 30 - 56360 Le Palais - ✆ 02 97 31 81 93 - www.belle-ile.com - juil.-août : 8h45-19h30, dim. 8h45-13h ; avr.-juin et sept. : 9h-12h30, 14h-18h, dim. 10h-12h30 ; reste de l'année : tlj sf dim. mêmes horaires.*

Point info – *Quai Guerveur - Sauzon - ✆ 02 97 31 69 49 - de Pâques à fin sept.*

Capitainerie –*Le Palais, ✆ 02 97 31 42 90 ; Sauzon, ✆ 02 97 31 63 40.*

Météo marine du Morbihan – *✆ 02 97 68 38 80 (répondeur).*

Température de l'air – Moyenne de 7,5 °C en février et 18,2 °C en août. 118 jours de pluie/an.

Température de l'eau – En été 17 °C.

COMMENT CIRCULER SUR L'ÎLE

À pied – Sur les sentiers côtiers exclusivement réservés aux piétons.

En vélo ou en 2 roues à moteur – Vue la taille de l'île (20 km x 9 km), le vélo, ou le VTC pour être précis, est le moyen idéal pour aller d'un point à un autre. Sachez toutefois qu'il faut souvent pédaler dur car l'île est très vallonnée. Suivez de préférence les itinéraires cyclistes, à l'écart des grands axes.

Reversade – *14 r. de l'Église - Le Palais - ✆ 02 97 31 84 19 ou 06 80 62 62 28.* Location de vélos, tandems, cyclomoteurs et scooters. Vélo adulte à partir de 9 €/j.

En voiture – S'il n'est pas évident d'amener sa voiture sur l'ile – c'est très cher et il faut réserver sa place très longtemps à l'avance – vous trouverez plusieurs loueurs sur l'île. En haute saison, mieux vaut réserver.

Locatouriste – *Quai Bonnelle (à 2 pas de l'office de tourisme) - Le Palais - ✆ 02 97 31 83 56/58 78 - www.locatourisle.com.* Toute la gamme des voitures, décapotables ou non, y compris des petites voitures électriques aux allures de buggy tout à fait ludiques.

En bus : **Taol Mor** – *Quai Bonnelle - Le Palais - ✆ 02 97 31 32 32.* Dessert la majorité des villages et des plages : service régulier dans la journée, d'avril à septembre (un peu moins régulier hors saison et pas le soir).

En car touristique : **Les Cars Bleus** – *Face au débarcadère de Palais - ✆ 02 97 31 83 56 - www.les-cars-bleus.com*

En taxi – Notamment **M. José Guégan** – *✆ 02 97 31 86 33 ou 06 71 64 28 71.*

Bateau-taxi : Atmos'Air Marine – *✆ 02 97 31 55 55 ou 06 82 29 38 95.*

OÙ DORMIR

⊖ **Hôtel L'Apothicairerie** – *À la grotte de l'Apothicairerie - 3 km à l'O de Sauzon par D 30 - ✆ 02 97 31 62 62 - www.hotelapothicairerie.com - fermé janv.-mars et 15 nov.-20 déc. - 38 ch. 40/109 € - ☕ 9,60 € - rest. 28/40 €.* Cet hôtel moderne qui ne brille pas par ses qualités esthétiques est admirablement situé sur la falaise de la Roche percée. Ses chambres claires meublées en bois cérusé vous permettront de goûter au calme remarquable des lieux.

⊖ **Hôtel Les Tamaris** – *11 allée des Peupliers - 56360 Sauzon - ✆ 02 97 31 65 09 - tte l'année - 15 ch. (dont 1 ch ♿) 45/68 €- ☕ 6,50 €.* Dans les terres, à 800 m du port de Sauzon, une maison noyée sous la verdure, des agapanthes, du fenouil et des roses. Jardin ombragé en lisière des champs. Chambres style « motel » : demandez celles qui ouvrent sur le jardin et la campagne.

⊖ **Hôtel Le Saint-Amant** – *14 av. Carnot - 56360 Le Palais - ✆ 02 97 31 36 71 - www.le-saint-amant.com - fermé janv. -12 ch. (2/4 pers.) 44/52 € - ☕ 6 €.* Un petit hôtel qui ne manque pas de caractère avec sa déco à dominante rouge et son dédale d'escaliers, de courettes, de terrasses qui se font face. Accueil chaleureux. Vestiaire prévu pour se rafraîchir avant de reprendre le bateau du soir.

⊖⊖ **Hôtel Le Vauban** – *1 r. des Remparts - 56360 Le Palais - ✆ 02 97 31 45 42 - www.hotelvauban.com - fermé nov.-janv. sf vac. scol. - 16 ch. demi pension 63/69 € - ☕ 8 €.* Sur les remparts, cet hôtel bénéficie du calme et d'une vue magnifique sur le port et la baie. Bonne cuisine et spécialité de fruits de mer.

⊖⊖ **Hôtel Le Grand Large** – *Goulphar - 56360 Bangor - ✆ 02 97 31 80 92 - www.hotelgrandlarge.com - fermé mi-nov. à fin mars - 35 ch. 65/96 € - ☕ 9 €.* Un vieil hôtel bien tenu avec une vue superbe sur la côte sauvage et la mer.

⊖⊖ **Maisons meublées Marie-Thérèse Burle** – *Le Hameau de Polyte - Kervilahouen - 56360 Bangor - ✆ 02 97 31 42 63 ou 06 19 94 18 10 - www.lehameaudepolyte.com - juil.-août : 5 maisons mitoyennes 1 600/1 840 €/sem. pour 6/8 pers. ; hors sais. : location à la nuit (2 nuits min.) et au nbre de pers. l'occupant.* Dans la campagne, sur la route de la côte sauvage, des maisons mitoyennes néo-bretonnes très confortables et dotées chacune d'un petit jardin privatif. Jardin commun équipé d'un portique et d'un filet de volley. Quelques jeux pour enfants.

⊖⊖ **Chambre d'hôte Hostellerie La Touline** – *R. du Port-Vihan - 56360 Sauzon - ✆ 02 97 31 69 69 - fermé de mi-nov. à mi-mars - 5 ch. 85/95 € - ☕ 10,50 €.* Escale agréable dans cette maison de pêcheur qui abrite derrière sa façade rose des chambres coquettes et décorées de meubles anciens et de bibelots. La véranda donne sur l'intime jardin de curé. Solarium et jacuzzi.

Hôtel Le Manoir de Goulphar – *Goulphar - 56360 Bangor - ✆ 02 97 31 80 10 - www.manoir-de-goulphar.fr - fermé de déb. nov. à mi-mars - 64 ch. 94/157 € - ☕ 8 € - rest. 23/28 €.* Sur la côte sauvage, avec vue sur la mer. À 30 m de la thalassothérapie.

Hôtel La Désirade – *Rte de Port-Goulphar - 56360 Bangor - ✆ 02 97 31 70 70 - www.hotel-la-desirade.com - fermé 7 janv.-31 mars et 10 oct.-26 déc. - P - 26 ch. 123 € - ☕ 11,60 € - rest. 30,50 €.* Les chambres, aménagées dans trois des quatre maisons roses aux volets bleus entourant la piscine, sont assez grandes et confortables. Vous profiterez de la douceur de l'île sur la belle terrasse du restaurant, le soir uniquement (pas de déjeuner). Superbe petit-déjeuner.

Chambre d'hôte Château de Bordénéo – *Jean-Luc-Duplessy - 56360 Le Palais - ✆ 02 97 31 80 77 ou 06 12 78 24 49 - www.chateau-bordeneo.com - ouv. tte l'année - 5 ch. 115/160 € - ☕ 12 €.* Ce n'est pas vraiment un château, mais une belle demeure de 1879 avec des pièces vastes et hautes sous-plafond, ce qui est plutôt rare dans les îles. Autour, un parc de 9 000 m^2 aux arbres magnifiques (palmiers, araucarias et magnolias). Des chambres à la déco contemporaine chaleureuse et sobre, une superbe piscine couverte et chauffée avec vue sur le parc… et la possibilité de se connecter en wi-fi jusque dans le jardin. Ce nouveau venu sur la scène belliloise a vraiment tout pour plaire !

OÙ MANGER

Crêperie Café Coton – *Kervilahouen - 56360 Bangor - ✆ 02 97 31 32 62 -13/20 €.* Des crêpes et des galettes préparées avec des farines bio-artisanales du pays Bigouden et des produits fermiers de Belle-Île. Des salades composées ou du faux-filet avec de vraies et bonnes frites (rares sur l'île !). Une ambiance chaleureuse à la bonne franquette.

La Table – *Petit Cosquet – 56360 Bangor - ✆ 02 97 31 70 70 -15/30 €.* C'est le restaurant gastronomique de la Désirade, distinct de celui qui accueille les pensionnaires. Très apprécié des Bellilois, il fait une large place aux produits locaux et joue avec subtilité des mélanges de saveurs exotiques. Service soigné.

Auberge Chouk'azé – *Chemin du Petit Houx - 56360 Locmaria - ✆ 02 97 31 79 69 - fermé lun. - 14,50/20 €.* Une cuisine simple mais savoureuse avec une pincée de fantaisie et toujours des produits frais, de préférence locaux. Spécialité de chevreau de la ferme de Keroulep rôti au pleuric (*sur commande*). Terrasse fleurie. Balançoire et jeux pour enfants. Soirées à thème certains jours.

Crêperie Les Embruns – *Le Port - 56360 Sauzon ✆ 02 97 31 64 78 - de fin mars à la Toussaint, tlj sans interruption à partir de 12h - 11/14 €.* L'une des meilleures crêperies de l'île avec *Chez Renée*. Galettes et crêpes sont préparées avec de la farine bretonne fraîche moulue à la meule de pierre. Carte à base de produits issus de l'agriculture biologique.

Crêperie Chez Renée – *Rte de Port-Kérel (derrière l'église) - 56360 Bangor - ✆ 02 97 31 52 87 - fermé janv., en sem. d'oct. à Pâques sf vac. scol., lun. d'avr. à fin sept. - 10/12 €.* Cette ancienne ferme isolée au milieu des champs ressemble à une maison de poupée avec ses deux salles très colorées et sa charmante petite terrasse arborée. Pensez à réserver car les crêpes ont bonne réputation, et cela depuis les débuts de Renée… il y a plus de vingt ans !

Café de la Cale – *Quai Guerveur - 56360 Sauzon - ✆ 02 97 31 65 74 - fermé 4 oct.-25 mars - 22 €.* Bel emplacement, sur les quais et tout près du phare pour cette ancienne sardinerie transformée en bistrot chic à la mode. La salle à manger, décorée dans un esprit marin, est joliment éclairée de lampes design. On s'y restaure au coude à coude. L'été, la terrasse, dressée face au port et bien à l'abri du vent, fait des ravages. Dans l'assiette : cuisine régionale, poissons et fruits de mer.

Le Contre-Quai – *R. St-Nicolas – 56360 Sauzon - ✆ 02 96 31 60 60 - fermé 21 sept.-31 mars, dim. et lun. sf juil.-août et j. fériés - 22/37 €.* Dans une rue surplombant le port, simple et sympathique petit restaurant de style bistrot proposant une cuisine assez inventive, légère et goûteuse. Le chef privilégie la qualité des produits (essentiellement des poissons et des crustacés) et leur origine : la mer et la terre belliloises. Murs et poutres peints en blanc, éclairage modernisé et belle mise en place des tables confortent l'attrait exercé par cette escale îlienne.

Roz Avel – *56360 Sauzon - ✆ 02 97 31 61 48 - fermé 31 déc.-1er mars et merc. - réserv. obligatoire - 25/32 €.* Derrière l'église, maison de pays ancienne avec de vieux meubles bretons dans la salle et une charmante terrasse fleurie dressée dès les premiers rayons de soleil. Une adresse fort appréciée des îliens pour sa cuisine, son cadre et son service d'un excellent rapport qualité-prix.

Les îles de Houat et Hœdic

23

CARTE MICHELIN LOCAL 308 N10 – MORBIHAN (56).
HOUAT : 288 HA, 320 HOUATAIS – HŒDIC : 208 HA, 120 HŒDICAIS

Ce sont deux sœurs jumelles, affleurement d'une même crête granitique qui court de Quiberon au Croisic. Leur destin fut souvent commun et, aujourdhui encore, les collégiens de Hœdic prennent le bateau du matin pour aller à l'école sur Houat, de même que l'unique recteur doit affronter les flots pour veiller sur ses ouailles de l'un et l'autre bord. Cependant, chacune de ces îles possède son caractère propre : frangée de hautes falaises et de plages immenses, Houat est encore une île de pêcheurs tandis qu'Hœdic, toute basse et jalonnée de criques rocheuses, vit plutôt au rythme, fort convivial, de sa communauté touristique.

ARRIVER À BON PORT

L'embarquement pour Houat et Hœdic se fait depuis Quiberon. Pour les indications sur l'accès à Quiberon, voir Belle-Île, p. 189.

En saison, on peut y accéder depuis différents autres ports, notamment **Le Croisic**, desservi par le TGV.

LARGUER LES AMARRES !

Les îles sont desservies tous les jours de l'année par la compagnie **SMN** (Société morbihannaise de navigation) au départ de la **gare maritime de Port-Maria** à Quiberon.

Liaisons régulières depuis Quiberon - Société Morbihannaise de navigation (SMN) - Quiberon-Houat 30 ou 40mn selon le bateau. Houat-Hœdic : 15 ou 25mn - Quiberon-Hœdic : 60 min - Quiberon/Houat/Hœdic (juin-sept.) 23,64 €/AR - de 1 à 6 rotations/j selon les jours de la semaine et la période. En août les départs de Quiberon pour Houat ont lieu généralement à 9h, 9h15, 14h15, 16h50, 19h15, 19h20. La plupart des bateaux continuent sur Hœdic, mais pas tous. Et certains jours, ces horaires sont modifiés .

Attention : hors saison, les horaires ne permettent pas toujours d'effectuer un AR dans la journée. ✆ 02 97 35 02 00 ou 0 820 056 000 - www.smn-navigation.fr

Liaisons saisonnières depuis les autres ports

Vedettes Port Liberté – ✆ 02 40 23 05 80 - juil.-août : Houat et Hœdic tlj au départ du **Croisic** et de **La Turballe**.

La **Compagnie des îles** assure certaines liaisons avec Houat et Hœdic au départ de **Vannes**, ✆ 0 825 134 100, de **Port Navalo**, ✆ 0 825 134 120, de **Locmariaquer**, ✆ 0 825 134 130, de **La Turballe**, ✆ 0 825 134 180, et du **Croisic**, ✆ 0 825 134 170 - www.compagniedesiles.com

La compagnie **Navix** dessert Houat en juil.-août depuis **La Trinité-sur-Mer**, ✆ 0 825 132 150 - www.navix.fr

BON À SAVOIR

La presqu'île de Quiberon formant un goulot d'étranglement, la circulation y est parfois très ralentie à la belle saison (on peut mettre 1h à 1h30 pour aller d'Auray à Quiberon). Tenez-en compte pour arriver à l'heure au bateau. Ou laissez votre voiture au parking de la gare d'Auray et prenez le tire-bouchon, le train Auray-Quiberon (voir Belle-Île « *Arriver à bon port* »).

Si vous avez l'intention de passer la journée sur la plage, pensez à emporter pique-nique, boisson et protection solaire. Ombre et café sont rares sur ces îles, sauf au village. Si, au contraire, vous avez l'intention de déjeuner au restaurant, mieux vaut réserver surtout le week-end et en été.

À la découverte de Houat

Le port de pêche et le cœur du village

Le petit port de Saint-Gildas, où le courrier accoste, fut construit dans les années 1950 après qu'une tempête avait dévasté celui qui se trouvait à l'extrémité de la plage de

Treac'h er Goured. Une vingtaine de bateaux de pêches lui donnent sa couleur. C'est peu par rapport à la quarantaine qui existaient dans les années 1980 mais suffisant pour montrer que Houat reste, avec Yeu, l'une des rares îles de l'Atlantique où la pêche est encore la principale ressource. Finie la pêche à la sardine, aujourd'hui la quarantaine de pêcheurs professionnels pêchent surtout le bar ou la dorade à la ligne, le homard, l'araignée et le crabe au casier, la langouste au filet et la coquille Saint-Jacques à la drague. Leurs familles habitent ces grandes maisons neuves qui jalonnent la montée au bourg, tandis que les petites maisons de pierre, les étables et les écuries fraîchement repeintes, serrées autour des placettes et des venelles au cœur du village, sont pour la plupart devenues des résidences secondaires.

Par les dunes et par les plages

Environ 6 km, mais nombreux raccourcis en route pour accéder directement à la plage ou revenir au village. En suivant le sentier qui longe le cimetière derrière l'église, on débouche sur un petit belvédère offrant une très belle **vue★** sur le port et la presqu'île de Rhuys. Puis on rejoint la **pointe d'Eun Tal** (au Nord-Est de l'île), bordée par une étonnante plage convexe comme il en existe peu, si ce n'est à Groix, qui se poursuit vers l'Est en un sublime ruban de sable doré, long de 2 km, adossé aux dunes et ourlé d'eaux turquoise : **Treach'ar Gouret** (Grande Plage).

Au Sud de cette baie, les vestiges de **l'ancien port** abritent l'association **Les Alizés** *(☏ 02 97 30 67 96)*, qui organise des stages de voile : Optimist, planche à voile et catamaran. La pointe d'Er Beg (Sud-Est de l'île), que prolongent les **îlots de Beg Tost**, **Beg Creiz** et **Beg Pel**, fait face à l'île de Hœdic, par-delà le passage des Sœurs. Au Sud-Ouest, on aperçoit aussi par beau temps l'**île aux Chevaux** et Belle-Île. De retour vers le village, le sentier longe **Treac'h ar Salus,** autre belle plage où se pratique le body-board. Attention toutefois : elle devient dangereuse par mauvais temps, comme toutes les plages de l'île exposées au Sud.

Par les falaises et par les criques

Environ 9 km, mais possibilité de revenir par le centre de l'île. Les amateurs de randonnée pourront emprunter le sentier côtier escarpé qui part sur la droite du port pour faire le tour de l'île côté Ouest (interdit aux vélos). Chemin faisant vous découvrirez des éperons rocheux et des récifs, la lande fleurie d'ajoncs et des vallons feuillus, de nombreuses criques pas toujours faciles d'accès et la très belle **plage de Béniguet** ainsi que d'anciens forts, témoins de l'histoire de l'île.

L'Éclosarium

Accès facile en fin de balade ou directement depuis le bourg. ☏ 02 97 52 38 38 - de Pâques à fin sept. Prévu au départ pour réimplanter de jeunes homards dans la mer, l'Éclosarium abrite aujourd'hui une exposition sur l'histoire de l'île et sur le monde microscopique marin : on y découvre l'importance du phytoplancton, à la base de toute vie marine et « poumon bleu » de la planète (il produit 80 % de l'oxygène terrestre). En fin de visite, on peut acheter les produits cosmétiques à base d'algue et de plancton de Daniel Jouvance, fondateur de l'Éclosarium.

À la découverte de Hœdic

Des dunes, un marais, des criques et une ambiance unique

Si vous passez deux heures à Hœdic, entre deux bateaux, vous risquez d'être déçu par cette petite île rase et sèche qui n'a rien de spectaculaire. Le charme de Hœdic se goûte avec le temps. Le temps de parcourir ses sentiers (tour de l'île : 7 km) à la recherche de la plus belle **crique** (il y en a 23, dont l'une s'appelle Tahiti : devinez pourquoi ?). Le temps d'observer les fleurs de ses dunes et les oiseaux de son marais, les bateaux en ex-voto dans son église ou le bar qui trône en haut de son clocher. Le temps de rencontrer Jean-Paul, dans son café-librairie, ou Jacqueline, à l'hôtel des

Le « plus » nature

Houat (dont le nom signifie « le canard ») et Hœdic (« le caneton ») abritent une flore remarquablement riche par rapport à leur faible superficie (respectivement 5 km x 1,3 km et 2,5 km x 1 km). Sur les dunes de Treach'er Goured (Houat) et les dunes et marais de Paluden (Hœdic) poussent des espèces variées dont certaines rares : œillet, chardon bleu (symbole du conservatoire du littoral), immortelle (appellée couramment « curry », giroflée et surtout le magnifique lys de mer *(pancratium maritimum)* qui atteint là sa limite nord de répartition. *Les dunes sont fragiles et protégées : respectez les sentiers, ne cueillez pas les fleurs.*

Cardinaux, et tous ceux qui contribuent à faire de Hœdic une île particulièrement vivante et accueillante.

Le fort d'Hœdic

Construit en 1859, aujourd'hui propriété du Conservatoire du littoral, le fort abrite un gîte d'étape et des expositions sur les richesses naturelles de l'île. L'association de gestion du fort d'Hœdic (*✆ 02 97 52 48 82*) organise aussi en saison des randonnées-découvertes de la flore, de la faune et de l'histoire de l'île.

Bénédiction de la mer et route de l'Amitié

Le 15 août, tous les bateaux de Houat et de Hœdic se rassemblent en mer, grands pavois hissés, près de la tourelle « Men er Groise », pour célébrer la mémoire des marins disparus. Chaque île dépose une gerbe de fleurs sur l'eau, puis après la prière et les chants, les flotilles rentrent au port dans le mugissement des sirènes et des cornes de brume.

Tous les 2 ans, fin juillet-début août, **la route de l'Amitié** fait étape à Houat : plus de 100 bateaux dont beaucoup de vieux gréements sont rassemblés. Ambiance assurée.

Houat et Hœdic pratique

OÙ SE RENSEIGNER

Mairie de Houat – *56170 Île de Houat - ✆ 02 97 30 68 04*. **Point-info** *au port en saison.*

Mairie de Hœdic – *56170 Île de Hœdic - ✆ 02 97 52 48 88.*

Banque – Pas de billetterie automatique sur les îles.

Capitainerie – **À Houat** *: service assuré par la commune de Pâques à fin oct., ✆ 02 97 30 68 04 ;* **à Hœdic** *: port géré par la commune, ✆ 02 97 30 68 32.*

Météo – *✆ 0 892 68 08 56.*

COMMENT CIRCULER

À pied. À Houat on peut aussi louer un **vélo** (*loueur en saison près du port, ✆ 02 97 30 66 64*) ou prendre le **bus** pour monter du port au bourg (2 €).

OÙ DORMIR

Bon à savoir – La mairie propose 13 gîtes communaux pour 4/6 pers. *(52/95 €).*

Gîte d'étape Le Fort – *56170 Hœdic - ✆ 02 97 52 48 82 - 1 dortoir/6 lits et 1 dortoir/15 lits - 10 €/nuit.*

Hôtel des Îles – *Au bourg - 56170 Houat - ✆ 02 97 52 48 48 et 02 97 30 68 02 - ouv. Pâques-oct. - 12 ch. 57/63 € - ☕ 8 € - rest. 16,20 €.* Perché sur la falaise au-dessus du port, cet hôtel a pour principal attrait sa vue imprenable sur la mer. Pour en profiter pleinement, demandez une des chambres dans l'annexe (plus pimpantes) avec terrasse face à l'Océan.

Hôtel L'Ezenn – *Rte du Moulin - 56170 Houat - ✆ 02 97 30 69 73 - ouv. tte l'année - 6 ch. 44/67 €.* Un petit hôtel- bar, tout simple, mais propre et coquet. Terrasse avec jardin. Pas de restaurant, mais on sert au bar, l'été, du tourteau mayonnaise (15 €). À 300 m de Treac'h ar Gouret, sublime plage.

Hôtel La Sirène – *R. du Port - 56170 Houat - ✆ 02 97 30 66 73 - fermé nov.-mars - 20 ch. demi-pension 95 € - rest. 20/28 €.* Au centre du bourg, cet hôtel possède des chambres confortables sans charme particulier mais a une bonne réputation pour sa cuisine.

Hôtel des Cardinaux – *56170 Hœdic - ✆ 02 97 52 37 27 - ouv. tte l'année - 10 ch. 77/87 € - ☕ 7 € - rest. 22/35 €.* Un bar en bois, un billard, un petit salon rouge cosy avec une cheminée, de la musique live une fois par mois : un cadre sympathique et douillet, agréable même en hiver. Chambres gentiment meublées, salle à manger avec vue sur la mer, jardin et accueil charmant (mais évitez de venir en août !).

OÙ MANGER

Crêperie « Chez Loulou » – *Au bourg - 56170 Houat - ✆ 02 97 30 67 88 - ouv. mai-sept. ; fermé mar.-merc. en mai - 10/19 €.* Ancien marin pêcheur, Loulou installe en saison des tables dans son jardin ou sous la tente, face à la mer où il sert les poissons du jour joliment parfumés à sa façon : salade de daurade crue, marinade de sardines, seiche et bar grillés. En prime, il fait des crêpes et des galettes délicieuses. C'est la coqueluche des plaisanciers : réservez !

Chez Jean-Paul – *Au bourg - 56170 Hœdic - ✆ 02 97 57 42 26 - 15/28 €.* Un restaurant-librairie : le bonheur dans l'île. Savourer un délicieux crabe mayonnaise, une daurade grillée, des moules ou des morgates (seiches) puis après le café, choisir son livre pour lire sur la plage ou au coin du feu.

24 Les îles du golfe du Morbihan★★

CARTE MICHELIN LOCAL 308 N/O9 – MORBIHAN (56)
ÎLE AUX MOINES : 310 HA, 650 ILOIS, – ÎLE D'ARZ : 313 HA, 260 ILDARAIS

Dédale d'îles et d'îlots qui se confondent avec les terres, le golfe du Morbihan possède un charme ensorcelant. C'est un pays d'étrange douceur où se mêlent les effluves salés de Bretagne, la puissance des mégalithes et des parfums de Méditerranée. Dans cette « petite mer » (« mor bihan » en breton) fermée par une unique passe large d'à peine 1 km, les marées se déchaînent en des courants violents avant de mourir apaisées tout au fond des marais. Point de rocher escarpé ni de falaise grandiose, mais des arbres, des oiseaux, des fleurs, parfois des champs et des vergers, des genêts et des bruyères, et de merveilleux jeux de lumière sur les eaux piquetées de voiles blanches ou rouges.

ARRIVER À BON PORT

La porte d'accès privilégiée au golfe du Morbihan est **Vannes**, ville desservie par la voie express gratuite Nantes-Brest (N 165) et par la D 167 en provenance de Rennes. En train, Vannes est à 3h de Paris par le TGV. Depuis la gare SNCF, on peut rejoindre, en bus ou en taxi, les deux principaux ports d'embarquement pour les deux seules îles habitées, et non privées, du golfe du Morbihan : l'île aux Moines et l'île d'Arz.

Pour l'île d'Arz : embarquement à **Conleau,** 4 km au Sud de Vannes, direction le Port, puis Parc des expositions et Conleau (parking et navette gratuits l'été depuis le parc des expositions), ou à **Barrarac'h,** près de Séné.

Pour l'île aux Moines : embarquement à **Port-Blanc,** 11 km au Sud-Ouest de Vannes par la D 101 puis la D 316 à gauche. Parking gratuit.

Pour rejoindre Berder et Gavrinis, voir « Au fil de l'eau et des îles… ».

LARGUER LES AMARRES !

Pour l'île d'Arz : traversée 15mn - 6,30 €/AR - juil.-août : départ ttes les h de 6h55 (8h45 le dim.) à 19h45 depuis Conleau, 10mn plus tôt depuis Barrarac'h ; hors sais. : pas de départ à 9h45, 12h45 et 15h45. **Le Passeur de l'île d'Arz** – 6 r. du Crélin - 56400 Brech - ✆ 02 97 50 83 83 ou 06 08 32 81 14.

Pour l'île aux Moines : traversée 5mn - 3,70 €/AR - juill.-août : départ ttes les 30mn 7h-22h depuis Port-Blanc ; sept.-juin : 7h-19h30. **Izenah Croisières** – Le port- 56780 Île aux Moines - ✆ 02 97 26 31 45 - www.izenah-croisieres.com

En saison, la **Compagnie des îles** et **Navix** proposent aussi des liaisons directes avec ces deux îles et des **croisières dans le golfe**, avec escale dans ces îles, au départ de la **gare maritime de Vannes** (1,5 km de la gare SNCF, parking gratuit - parc du Golfe). Voir plus loin « Les croisières organisées : le tour du golfe ».

Bateau-taxi pour toutes les îles du golfe (et jusqu'à Houat, Hœdic et Belle-Île) : **Le Tac'Sea Jaune** – Fabrice Lizee - Golfe Service - La Vigie - 56870 Port-Blanc - ✆ 06 61 87 87 13 - www.bateautaxi.com - formule au mille de 7,50 € à 75 €/pers + forfait de prise en charge 15 € (23 € après 19h30) - sur réserv. 7j/7 et 24h/24.

BON À SAVOIR

Il n'y a pas de bac d'une île à l'autre. Pour aller de l'île d'Arz à l'île aux Moines, distantes de 300 m, il faut soit revenir sur le continent et faire près de 20 km par la route, soit utiliser les vedettes qui font le tour du golfe, soit prendre un bateau-taxi soit, et c'est là l'idéal, disposer soi-même d'un bateau ou d'un kayak de mer. Les plages du golfe sont souvent vaseuses à marée basse : mieux vaut se baigner à marée haute ou sur les plages situées vers le Sud du golfe. En revanche, la marée basse est parfaite pour observer les oiseaux limicoles. En été, dans la journée, le golfe tient du boulevard maritime. Pour en faire le tour, vous pouvez suivre les circuits 1 et 2 tracés sur le plan p. 205. Le week-end, des centaines de touristes font escale sur l'île aux Moines…

G. Targat / MICHELIN

Le golfe du Morbihan, vers Penboc'h.

Au fil de l'eau et des îles du golfe

Membre du très sélect club des plus belles baies du monde, aux côtés de la baie d'Halong, le **golfe du Morbihan★★★** est une petite mer intérieure de 11,5 km² semée d'une d'une quarantaine d'îles et d'îlots et entourée d'une côte extrêmement découpée, si bien qu'on ne sait jamais si l'on voit une île ou la terre ferme. Les deux plus grandes, l'île d'Arz et l'île aux Moines, sont les deux seules communes du golfe et sont habitées à l'année. Les autres, dont la taille varie de quelques centaines de mètres carrés à plusieurs hectares, sont presque toutes des propriétés privées, sauf deux ou trois qui sont classées réserve naturelle ou site archéologique.
Sauf à contempler le paysage d'avion ou en montgolfière (*pour ce faire, s'adresser à l'Office du tourisme de Vannes*), la meilleure façon de voir le golfe du Morbihan reste le bateau.

Les croisières organisées : « Le tour du golfe »

Minicroisière ou grand tour du golfe avec ou sans escale à l'île aux Moines, à l'île d'Arz, ou aux deux… ou encore déjeuner ou dîner-croisière… les formules sont mutliples. Les ports d'embarquement aussi : Vannes, Locmariaquer, Auray, Le Bono, Larmor-Baden, Port-Navalo, La Trinité-sur-Mer ou même Port-Haliguen, sur la presqu'île de Quiberon. La croisière dure de 1h15 (mini-croisière sans escale) à la journée entière (grand tour du golfe avec escale, 10h-18h30) et coûte de 14 € à 25 € (restauration non-comprise). Vous n'aurez que l'embarras du choix…

Navix – *Gare maritime - parc du Golfe - 56000 Vannes - ☏ 0 825 132 100 (0,15 €/mn) - www.navix.fr.*, **Compagnie des îles** – *Parc du Golfe- 56000 Vannes - ☏ 0 825 134 100 (0,15 €/mn) - www.compagniedesiles.com.* Deux compagnies sœurs qui fonctionnent de début avril à mi-septembre, avec un maximum de rotations en juillet-août, mais offrent aussi quelques croisières de février à la Toussaint. Réservation recommandée.

Izenah croisières et **Le passeur de l'île d'Arz** – *Voir leurs coordonnées dans la rubrique « Larguer les amarres ! »*. Proposent aussi en saison des « tours du golfe ».

Une « petite mer »

Le golfe du Morbihan résulte de la montée du niveau de la mer, accentué par l'affaissement de la cuvette morbihannaise. Les marées ont commencé à pénétrer dans le golfe 8 000 à 9 000 ans av. J.-C. Puis, au fil des flux et des reflux, durant des millénaires, la « petite mer » (*mor bihan en breton*) s'est progressivement étalée sur un terrain de 11 500 ha, déjà modelé par l'érosion des rivières de Vannes, d'Auray et de Noyalo : de là proviennent ces découpures et ces estuaires, ces îles et îlots innombrables qui font l'originalité du Morbihan. D'une profondeur moyenne de 6-7 m, ce bassin reçoit 400 millions de mètres cubes d'eau salée à chaque grande marée. De l'eau de mer qui s'engouffre par un étroit goulet (900 m), entre Port-Navalo et Locmariacquer, d'où la violence des courants de marée à l'entrée du golfe, qui peuvent atteindre 8 à 10 nœuds (15 à 18 km). Ils sont particulièrement dangereux entre Gavrinis et Er Lannic, entre La Jument et Berder et entre Port-Blanc et l'île aux Moines.

Vedettes blanches armor – *Port de Larmor Baden - ✆ 02 97 57 15 27 - www.vedettes-lanches-armor.com.* D'avril à septembre, promenades sur le golfe, avec sous sans escale à l'île aux Moines. Embarquement au port de Larmor-Baden.

… ou les croisières à la carte

Formule idéale pour découvrir le golfe à son rythme, et qui n'est pas si coûteuse dès qu'on forme un petit groupe. Idéal aussi pour goûter la beauté du golfe dans la douceur du petit matin ou au coucher du soleil, quand les gros bateaux de croisières sont rentrés au port. *Les offices de tourisme pourront vous indiquer encore d'autres possibilités de sorties sur des vieux gréments.*

Le Tac'Sea jaune – *Voir les coordonnées plus haut dans la rubrique « Larguer les amarres ! ».* Sur l'un de ses petit bateaux à moteur peints en jaune et noir comme les taxis new-yorkais, Fabrice Lizee (ou l'un de ses collaborateurs) vous fera découvrir le golfe, qu'il connaît comme sa poche. Comptez 80 €/2 pers. pour un tour du golfe de 45 minutes au départ de Port-Blanc (qui vous fera découvrir par exemple : Berder, La Jument, le Grand Vézit, Locmariaquer et Port-Navalo, puis Gavrinis, Er-Lannic, Crézic et l'île aux Moines), ou 140 €/h pour 6 pers. max.

Crialeis – *Michel Bellego - ✆ 02 97 26 31 14 - promenade dans le golfe sur un sinagot à partir de 10 pers.* Le top du top reste toutefois la balade sur un vieux grément, et de préférence un **sinagot**, ce vieux bateau de pêche à voile rouge, typique du golfe. Construit à l'origine dans la région de Séné (d'où son nom), on en compta jusqu'à 200 qui partaient avec le jusant pour traquer le poisson plat en baie de Quiberon. Aujourd'hui, il n'en reste plus que 5, qui servent pour des sorties en mer.

Soyez maître à bord : louez un bateau ou un kayak de mer

Outre le plaisir de la balade, le golfe du Morbihan offre un extraordinaire terrain d'entraînement pour les activités nautiques : voile, régates, kayak de mer (jet-ski et ski nautique sont en revanche interdits). Mais attention, derrière son apparence de lac, le golfe présente de sérieuses difficultés de navigation *(voir l'encadré « Une petite mer »)*. Attention aussi aux nombreux parcs à huîtres et aux horaires de marée, pour ne pas vous retouver échoué… Le kayak de mer, en particulier, permet d'accoster à marée basse sur les grèves de toutes les îles à l'exception des réserves naturelles interdites d'accès comme Er Lannic. Dans les îles privées, il faut se cantonner dans la zone de marnage (ne pas dépasser la hauteur maximum atteinte par la mer) sauf sur la ravissante île de Berder où l'accès au sentier côtier est autorisé aux visiteurs. Le kayak permet aussi de naviguer dans les zones marécageuses de la partie orientale du golfe (sauf dans la réserve naturelle du marais de Sené, interdite à toute embarcation), très riche en oiseaux.

Le Blan marine – *La Pointe d'Arradon (6 km de Vannes par D 101) - ✆ 02 97 44 06 90 - www.leblanmarine.com.* Location de bateau, à moteur avec ou sans permis, voilier, catamaran, kayak. Livraison possible du bateau sur l'île où vous séjournez.

Club nautique de l'île aux Moines – *Anne Cazeneuve - saison : Grande Plage - L'île aux Moines - ✆ 06 82 69 38 13 ou 02 97 44 83 39.* Location de catamarans, planches à voile, kayaks, canoës, bateaux à moteur avec ou sans permis.

Tradiloc – *Port de plaisance d'Arradon - ✆ 06 84 94 05 46 - http://tradiloc.monsite.wanadoo.fr.* Location de bateaux à caractère traditionnel.

Varec'h – *Alain Couchoud - Bois-Bas (au SO de Vannes par D 101. Au rd-pt « Moulin de Pomper », prendre à gauche dir. Bois-Bas)- 56870 Baden - ✆ 02 97 57 16 16 ou 06 03 32 35 67 - www.bretagne-kayak.com - ouv. tte l'année.* Location de kayak, drakkar, aviron, bateau à moteur avec ou sans permis et voilier (10 m, 6 couch.). Randonnée en kayak avec moniteur. Stages d'initiation de kayak de mer.

Le plus « nature »

Sous l'effet des marées se développent autour des îles et dans le fond du golfe (70 % de la superficie du bassin) des terrains très divers et riches en vie marine. Submergé uniquement aux grandes marées, le **schorre ou pré salé** favorise la reproduction de certaines plantes comme **la salicorne et la lavande de mer,** qui retiennent les sédiments. Le **slikke** (zone vaseuse découverte puis recouverte à chaque marée) est propice au développement des herbiers et des algues, où nichent des milliers d'animaux (parfois plus de 4 000/m²), crabes, palourdes, vers… Un fabuleux garde-manger pour une foule d'oiseaux sédentaires (tadornes de Belon, aigrettes, hérons, goélands…) ou migrateurs (oies bernache de Sibérie, canards, sternes, spatules blanche, etc.). Ce qui explique que le golfe soit un des grands sites ornithologiques du littoral atlantique.

Armor Evasion – *Jean-Stéphane Guillot - 18 r. du Gén.-Giraud - 56000 Vannes - ✆ 02 97 54 18 77 ou 06 65 49 44 77.* Location de kayak de mer et randonnées (possibilité d'assistance : on vient vous chercher sur votre lieu d'hébergement pour vous amener au départ de la randonnée, puis on vient vous rechercher à l'arrivée).

Des îles remarquables

Outre Arz et l'île aux Moines, traitées plus loin, voici quelque îles remarquables :

Gavrinis et son cairn★★ – *Embarquement à la cale de Pen-Lannic - Larmor-Baden - renseignements sur les horaires de bateaux et réservation (vivement conseillée) pour la visite. ✆ 02 97 57 19 38 - www.cairn-de-gavrinis.com - visite guidée (50mn) sur demande (la veille) juil.-août : 9h30-12h30, 13h30-19h ; avr., juin et sept. : 9h30-12h30, 13h30-18h30 ; mai : 13h30-18h30, w.-end et j. fériés 9h30-12h30, 13h30-18h30 ; oct.-nov. : tlj sf mar. 13h30-17h - 10 € (8-17 ans 4 €).*

Construit au néolithique, environ 3 500 ans av. J.-C., le cairn de l'île de Gavrinis compte parmi les plus intéressants monuments mégalithiques d'Europe. Il se compose d'un dolmen recouvert d'un amoncellement de pierres (cairn) qui atteint 6 m de haut et 50 m de diamètre. Au centre se trouve une chambre funéraire de 2,50 m de côté à laquelle on accède par une galerie couverte de 14 m de longueur. L'ensemble du dolmen est constitué par l'assemblage d'une cinquantaine de dalles, dont la plus importante, qui couvre la chambre, pèse 17 tonnes. Mais ce qui fait la célébrité de Gavrinis ce sont surtout les magnifiques gravures qui ornent presque toutes les dalles du couloir et de la chambre. Même si leur signification reste encore assez mystérieuse, on y reconnaît des symboles caractéristiques de l'art néolithique : divinités, crones de bovidés, haches, arcs et flèches.

Er Lannic, ses mégalithes et ses oiseaux – Un peu au Sud de Gavrinis, le petit îlot d'Er Lannic porte un autre monument mégalithique célèbre : deux cercles de menhirs, dessinant une sorte de 8, dont toute une partie est immergée sous l'eau par suite de la montée du niveau de la mer depuis l'époque préhistorique. À marée basse, une partie de ces menhirs réapparaît sur l'île. S'agissait-il d'un sanctuaire, d'une nécropole, d'un habitat, peut-être les trois à la fois ? Aujourd'hui, on n'y entend plus que le cri des oiseaux car l'île est classée réserve ornithologique et interdite d'accès. **Circuit des mégalithes** – *✆ 02 97 57 19 38 - durée 2h - juil.-sept. : départ 17h - 13 € (8-17 ans 5 €).* La visite guidée du cairn de Gavrinis se poursuit par un circuit en bateau autour d'Er lannic avec commentaire sur les enceintes de pierres.

Berder – *Accès à marée basse par une route goudronnée depuis Larmor-Baden. Un panneau indique, de chaque côté, les horaires durant lesquels la route est découverte : durant 4 à 5h, 2 fois/24h. Attention à respecter ces horaires : la route à sec peut être recouverte de 1 cm d'eau en l'espace de 20mn Pour les habitants de l'île seulement, il y a aussi un passeur à marée haute.*

Cette ravissante île privée (23 ha) est actuellement occupée par l'association Loisirs Vacances Tourisme, qui laisse aux visiteurs l'accès au sentier de randonnée qui en fait le tour. Plantée de pins et de cyprès magnifiques, mais aussi de palmiers, d'arbousiers et de figuiers, elle offre une très jolie balade ombragée (2,2 km), jalonnée de petites criques où se baigner. Si vous y prenez goût, il ne vous restera plus qu'à vous inscrire à l'**association Loisirs Vacances Tourisme (LVT)** – *Île de Berder - 56870 Larmor-Baden - ✆ 02 97 57 03 74 - www.lvt-berder.com - tarifs en fonction des revenus : de 43 à 59 €/j.* Locataire de l'île, cette association à but social et culturel, propose l'hébergement en pension complète et des animations gratuites (école de voile, poney, kayak de mer…).

Escale à l'île aux Moines

À 5mn en bateau, l'île aux Moines frappe d'emblée par son opulence et sa végétation luxuriante : grandes villas balnéaires du 19e s., camélias, mimosas, hortensias, figuiers, palmiers, eucalyptus et pins gigantesques…

L'île, en forme de croix, recèle encore bien d'autres visages : modestes maisons de pêcheurs aux murs blanchis, maisons cossues de capitaines ou d'armateurs au granit pafois sculpté, fontaines, chapelles, vieux moulins et vestiges mégalithiques, plages et rochers, minicollines et minibois dont les noms invitent à rêver : bois d'Amour, bois des Soupirs, bois des Regrets…

Au Moyen Âge, le roi de Bretagne Erispoë fit don de l'île aux moines de l'abbaye de Redon, d'où son nom d'« Enez Manac'h », contracté en « Izenah », « île des Moines » en breton.

Un choix de balades et de plages

Il n'existe pas encore de sentier côtier pour faire le tour de l'île aux Moines. En revanche, 4 itinéraires fléchés au sol mènent à chaque pointe de l'île.

Itinéraire vert – Il relie le port (le Lério) et Le Bourg (800 m), un très beau village escarpé. Grimpez par les escaliers plutôt que par la route. C'est plus dur, mais vous en serez récompensé par la vue de coquettes maisons noyées sous des cascades de fleurs. En haut du bourg, faites une pause à **L'Âme vagabonde**, une charmante librairie maritime. Puis, après avoir contemplé la vue derrière l'église, descendez à **Port-Miquel**, une jolie plage tranquille en contrebas du bourg, où vous pourrez vous baigner si vous le désirez.

Itinéraire jaune – Il mène à la pointe du Trech' (2,5 km du port), au Nord. Après une chapelle, la route ombragée et bordée de grandes villas aboutit au calvaire du Trech. **Point de vue★★** sur le port et l'île d'Irus à l'Ouest, la pointe d'Arradon et l'île Olavre au Nord, et l'île d'Arz à l'Est. Creusé par l'air marin, vous aurez peut-être envie de déguster quelques huîtres, palourdes ou coquillages les pieds dans l'eau à l'**atelier ostréicole Eric Mallegol**. *✆ 02 97 26 39 75 ou 06 80 66 86 32 - juil.-août : 12h-15h, 17h30-19h30 ; reste de l'année : w.-end et j. fériés.*

Itinéraire rouge – Il mène à la **pointe de Brouel** (3 km du port), à l'Est, en traversant un paysage de campagne jalonné de fontaines et de chapelles. À la pointe, Arz, la rivale de toujours, n'est distante que de 300 m. À pied, vous pourrez longer la côte Sud de la pointe. Vous verrez les îles de Brouel, accessibles à marée basse, du moins la première car la seconde est une réserve d'oiseaux. Puis, par-delà le bois de la Chèvre, vous découvrirez l'impressionnantes vues sur la baie du Vran. Un chemin rejoint la piste bleue.

Itnéraire bleu – Le plus long, il rejoint la pointe de Pen-Hap (5 km du port), au Sud, en parcourant les paysages les plus divers : landes et rochers escarpés côté Ouest, exposé aux vents dominants, relief plus paisible sur la côte Est, qui descend en pente douce jusqu'à la baie du Vran. Cette baie peu profonde est le paradis des parcs à huîtres et des oiseaux ; certains Ilois prétendent que c'est une des plus belles baies du monde (baignade à marée haute). Ce parcours mène aussi aux principaux vestiges mégalithiques de l'île : le **cromlech de Kergonan**, le plus grand cercle de pierres de France, et le **dolmen de Penhap**. Dans la ferme du Cromlech *(juil.-août)*, exposition sur la richesse du site naturel de Penhap, qui accueille 50 espèces d'oiseaux et une flore méditerranéenne : laurier rose, figuier et olivier. Au fil du parcours bleu, plusieurs plages se prêtent à une agréable halte, en particulier la **plage du Goret**, sur la côte Ouest. À 300 m du port, la **Grande Plage** est une plage de sable jaune bordée de cabines, elle abrite en saison un centre nautique (*voir « Soyez maître à bord », Club nautique de l'île aux Moines*) où l'on peut louer des embarcations.

L'île d'Arz, des champs et des prés au raz de la mer.

Escale à l'île d'Arz

Des vergers et des champs jusqu'au raz de la mer, des vaches et des oiseaux, des marais et des îlots satellites, des pointes et des baies découpées en tous sens, un paysage plat dont l'unique mont culmine à 13 m : l'île d'Arz ressemble plutôt à une dentelle de campagne vannetaise posée sur l'eau. Rien à voir avec sa luxuriante voisine : les touristes sont deux fois moins nombreux à y débarquer chaque jour. D'ailleurs, pour accéder au Bourg depuis la cale de Béluré, où accostent passeurs et bateaux de croisière, il faut déjà parcourir plus de 2 km. Un effort que consentent surtout les amateurs de tranquillité, de pêche ou de marche à pied. Ils en sont récompensés… car Arz possède encore le charme de l'authenticité.

Le bourg et les villages

L'île abrita deux prieurés au Moyen-Age, l'un au Sud et l'autre au Nord, mais elle fut surtout célèbre pour ses dynasties de marins : aux 18e et 19e s. un habitant sur dix était un capitaine ! De ce riche passé subsistent une église de l'époque romane (chapiteaux sculptés du 12e s.), agrandie par la suite, un élégant prieuré (17e s.), des manoirs (16e-17e s.) et nombre de belles maisons de capitaines.

Le sentier côtier

17 km de sentiers font le tour de l'île. Le **circuit bleu** (9 km) qui part de Béluré vers la côte Ouest, en longeant tout d'abord la plage de la Falaise, est le plus varié. Il offre d'un côté la vision sur la mer et les îles, de l'autre sur les champs, les pâturages et les cultures doucement vallonnés. La côte, parfois hérissée de petites falaises de 3 à 6 m, est découpée de très nombreuses criques. Récemment restauré le **moulin à marée de Berno** (16e s.) se visite en saison. De la **plage de Brouël**, la plus belle de l'île, à la **plage de Kerolan** en passant par la **pointe de Liouse**, la balade est très belle et offre de merveilleuses possibilités de baignade ou de planche à voile. D'ailleurs, l'**école de voile des Glénan** (*☎ 02 97 44 31 16*) s'est installée à Kérolan. Ce n'est pas sans raison. Quant au **circuit vert** (7,5 km), il vous entraîne jusqu'à la **presqu'île de Billihervé** à travers un paysage où l'eau et la terre sont constamment mêlées : la côte basse compte de nombreux marais et de vastes vasières, paradis de la pêche à pied et des oies bernache en période d'hivernage. Au large, s'étendent les parcs à huîtres, si nombreux dans le golfe.

Le golfe du Morbihan pratique

OÙ SE RENSEIGNER

Office du tourisme du pays de Vannes – *1 r. Thiers - 56000 Vannes - ✆ 02 97 47 24 34 - www.tourisme-vannes.com - juil.-août : 9h-19h ; hors sais. : 9h30-12h30, 14h-18h.*

Mairie de l'île aux Moines – *✆ 02 97 26 32 31 - www.ile-aux-moines.com* ; **Point-info au port en saison** – *✆ 02 97 26 32 45.*

Mairie de l'île d'Arz – *✆ 02 97 44 31 14 - www.iledarz.fr.* Notez qu'il n'y a pas de distributeur d'argent sur l'île.

Capitainerie de Vannes – *✆ 02 97 54 16 08.* **Capitainerie de l'Île aux Moines** – *✆ 02 97 26 30 57.*

Courant – Le courant de la Jument à l'entrée du golfe peut atteindre 10 nœuds (18 km/h).

Météo – *✆ 0 892 68 02 56.*

Température de l'air – Moyenne en été : 22 °C. Plus de 2 000 heures de soleil par an (autant qu'à Toulouse).

COMMENT CIRCULER

Île aux Moines : nombreux loueurs de vélos sur le port. **Taxi** – *Gilou Transport - ✆ 06 11 71 51 36.* **Visite guidée en minibus** – *Guy Allioux - ✆ 06 88 17 24 23 - 10 €/h/pers. (10 pers. max.)*

Île d'Arz : plusieurs loueurs de vélos à la cale de Béluré. **Cycles Ricaut** – *✆ 06 11 69 31 04.* **Transports Iledarais** – *✆ 02 97 44 30 82 - (le soir) 1,50 € le trajet en minibus jusqu'au bourg.*

OÙ DORMIR

⊖ Chambre d'hôte Mme Lesquel – *18 rte d'Auray - 56870 Larmor-Baden - ✆ 02 97 57 16 90 ou 06 22 69 91 12 - www.kermarine.com - 4 ch. 40/50 €* ☕. Dans l'agréable maison du passeur des Vedettes Blanches Armor, à 300 m de la mer.

⊖⊖ Hôtel de l'Isle – *R. du Commerce (haut du bourg) - 56780 Île aux Moines - ✆ 02 97 26 32 50 - www.hotel-de-lisle.com - 8 ch. et 1 suite 65/115 € - ☕ 8 € - fermé de mi-nov. à fin janv.,- fermé dim. soir et lun. hors vac. scol. - rest. 16/30 €.* Des chambres à la déco raffinée, un restaurant et une crêperie qui proposent une cuisine à base de produits du marché. Une agréable terrasse.

⊖⊖ Hôtel de L'Escale d'En Arz – *56840 Île dArz - ✆ 02 97 44 32 15 -www.restaurant-escale.com - 11 ch. 80 € - ☕ 8 € - fermé janv. et fév. - rest. 19/35 €.* Seul hôtel de l'île, il a les pieds dans l'eau et jouit d'une terrasse à la vue magnifique. Visant plutôt l'accueil de groupes, le propriétaire a rénové ses chambres avec TV, minibar et douches (en plastique), mais n'a pas misé sur une déco de charme. Dommage ! À côté de l'hôtel : parc de loisirs avec tennis, minigolf, jeu d'enfants, location de bateau et de kayak.

⊖⊖ Chambre d'hôte Kerisa – *R. du Presbytère (haut du bourg) - 56780 Île aux Moines - ✆ 02 97 26 32 52 - www.kerisa.com - 5 ch. 70/100 €* ☕. Notre coup de cœur. Une grande maison de famille nichée dans un merveilleux jardin et tenue par un couple charmant. Chambres décorées avec beaucoup de goût à base de lin beige et blanc, de toile de Jouy et de meubles de famille.

⊖⊖ Maison à louer à la semaine – *Greavo - R. du Presbytère - 56780 Île aux Moines - ✆ 02 97 44 31 66 ou 06 30 0 47 04 - 960 €/sem.* Belle maison traditionnelle mitoyenne avec une grande cheminée en pierre et 3 ch. (7 pers.).

⊖⊖⊖ Hôtel Le San Francisco – *R. Benoni-Praud (au Port) - 56780 Île aux Moines - ✆ 02 97 26 31 52 - 8 ch. 85/125 € - ☕ 12 € - rest. 18,30/36,60 € - fermé apr. le w.-end du 1er nov. jusqu'au déb. des vac. de fév.* Aménagé dans une ancienne maison de repos de sœurs franciscaines, cet hôtel a pour avantages sa vue directe sur le port, sa terrasse ombragée par de grands arbres et sa proximité de la plage.

⊖⊖⊖ Hôtel Villa Kerasy – *20 av. Favrel-et-Lincy – 56000 Vannes - ✆ 02 97 68 36 83 - en face de la gare - 12 ch. 134/165 € - ☕ 12 €.* Un hôtel de charme décoré sur le thème de la Compagnie des Indes.

⊖⊖⊖ Hôtel Le Roof – *Presqu'île de Conleau - ✆ 02 97 63 47 47 - 42 ch. 92/125 € - ☕ 11 € - rest. 29/60 €.* Vue sur la presqu'île de Conleau. Pratique pour embarquer pour Arz.

OÙ MANGER

⊖ Chez Charlemagne – *Sur le quai menant au bourg - 56780 Île aux Moines - ✆ 02 97 26 32 43 - fermé nov.-mars - 8,50 €.* Des pizzas, des grillades et autres plats rapides, mais surtout une chaleureuse ambiance de pub et de l'animation le soir.

⊖ L'Hippocampe – *R. du Commerce (au Bourg) - 56780 Île aux Moines - ✆ 02 97 26 38 29 - 10/20 €.* Un restaurant-crêperie sans prétention où la cuisine est bonne et l'accueil très aimable.

⊖ Les Îles – *Au Bourg - 56840 Île d'Arz - ✆ 02 97 44 30 95 - ouv. de Pâques aux vac. de la Toussaint ; juil.-août : 12h-23h - fermé merc. et sam. (avr.-juin) - 12/22 €.* Une déco marine joliment troussée par la patronne qui monte elle-même ses pieds de lampes en bois flotté. Délicieuses crêpes à base de produits locaux frais. Huîtres de l'île ou galettes au foie gras maison.

⊖⊖ Les Embruns – *R. du Commerce (haut du bourg) - 56780 Île aux Moines - ✆ 02 97 26 30 86 - fermé janv., fév., 1er-15 oct. et merc. - 18/25 €.* Spécialisé dans les poissons et fruits de mer, c'est le meilleur restaurant de l'île. Tout est fait maison : de l'entrée au dessert. Le soir, belle ambiance aux lueurs des torchères.

L'île de Noirmoutier★ 25

CARTE MICHELIN LOCAL 316 C5 – VENDÉE (85)
4 881 HA – 1 000 NOIRMOUTRINS

Les marais de Müllembourg, L'Épine, La Guérinière, le bois de la Chaise, le polder de Sébastopol… voilà autant de noms qui laissent rêveurs et qui fleurent bon le mimosa et les pins. Bienvenue à Noirmoutier, ce « coin admirable, beau comme le Midi mais avec une mer autrement belle que la Méditerranée… », selon les mots du chantre de l'impressionnisme, Auguste Renoir. Depuis le passage du Gois, où règne une atmosphère de bout du monde, jusqu'au port animé de l'Herbaudière, en passant par les forêts et les marais salants, l'île est une mosaïque de paysages et un kaléidoscope de couleurs. Une île au doux climat, auréolée de criques et de belles plages, riche d'un patrimoine insulaire, de ses saveurs océanes que se partagent le sel, l'huître et une fameuse pomme de terre… Noirmoutier est une véritable invitation à la détente et à la promenade contemplative comme à la régalade !

ARRIVER À BON PORT

Pour rejoindre Noirmoutier, on quitte le continent à Beauvoir-sur-Mer pour emprunter, à pied ou en voiture, le passage du Gois ou à Fromentine, pour – c'est plus simple – traverser le pont.

Pour aller à Beauvoir-sur-Mer – En voiture : depuis Nantes, suivre la D 723, la D 751, pour finir par la D 758. En TGV Paris-Nantes (2h), puis correspondance Nantes – Beauvoir-sur-Mer en autocar SNCF (1h).

Pour aller à Fromentine – En voiture : depuis Nantes, emprunter la D 723, la D 751 et la D 758 jusqu'à Beauvoir-sur-Mer, puis la D 22. En TGV Paris-Nantes, puis correspondance Nantes – Fromentine-La-Barre-de-Monts en autocar SNCF (1h20).

LARGUER LES AMARRES !

Passage du Gois – Pour l'emprunter, respectez bien les consignes et les horaires : soit, pendant le premier ou le dernier quartier de lune par beau temps (vent haut) d'1h30 environ avant la basse mer à 1h30 environ après la basse mer : pendant la pleine lune ou la nouvelle lune par temps normal, de 2h avant la basse mer à 2h après la basse mer ; en toutes périodes par mauvais temps (vent bas), ne pas s'écarter de l'heure de la basse mer.

BON À SAVOIR

Stationner son véhicule sur la chaussé est formellement interdit et déconseillé aux abords du Gois.
De nombreuses animations (spectacles, concerts, tournois, etc.) sont organisées sur l'île de Noirmoutier en été. Le programme est répertorié tous les 15 jours dans un petit cahier disponible à l'office de tourisme, dans certains magasins et auprès des professionnels du tourisme.

Déambuler dans l'île

Une brochure des circuits pédestres balisés (6 différents) et une carte des sentiers cyclables (sablés ou goudronnés) sont disponibles dans l'un des trois offices du tourisme de l'île. La carte est téléchargeable sur le site Internet de la communauté de communes - www. ile-noirmoutier.com

Enfourcher un vélo

Avec son réseau de pistes cyclables, l'île propose une multitude de trajets sur un relief peu accidenté. Au Nord-Est, à partir de la jetée Jacobsen, il est agréable de rouler aux abords de la plage des Sableaux, puis de celle des Dames, avant de gagner le **bois de la Chaise★**. Entre Noirmoutier-en-l'île et la Guérinière, une piste traverse le paysage des marais salants et se poursuit vers les plages du Sud-Ouest, des Sables d'Or ou du Midi… À vos vélos ! De nombreux loueurs s'offrent à vous et proposent un choix de VTT, VTC et divers équipements.

S. Sauvignier / MICHELIN

L'estacade de la pointe des Dames.

Charier Cycles – *23 av. Joseph-Pineau - 85330 Noirmoutier-en-l'Île (en direction du bois de la Chaise) - ✆ 02 51 39 01 25 - juil.-août : 8h-19h30, dim. 10-12h30 ; hors saison : mar.-sam. 8h-12h30, 14h-18h30.* Location, vente et réparation toute l'année. Tarif moyen : 5 €. Dégressif au-delà de 3 jours de location.

Le Vél'hop – *55 av. Joseph-Pineau - 85330 Noirmoutier-en-l'Île - ✆ 02 51 39 01 34 - de Pâques à mi-sept. : 9h30-19h - 5 à 10 €/j./pers.* Cette boutique située juste à côté du cinéma loue un vaste choix de modèles adaptés à tous, allant du simple vélo à la Rosalie (voiture à pédales). Livraison sur simple appel téléphonique.

Autres adresses : **Le Central** – *Pl. du Marché - 85740 L'Épine - ✆ 02 51 39 46 53.* **Cycl'her** – *1 r. du Centre - 85630 Barbâtre - ✆ 02 51 39 01 34.* Location et vente toute l'année.

Bois de la Chaise★

2 km au Nord-Est par la D 948 (suivre la signalisation «Plage des Dames»). Ce bois de pins maritimes, de chênes verts et d'arbousiers est un site classé de 110 ha placé en bordure de l'océan. Il ressemble à un coin de Côte d'Azur égaré sur les rivages de l'Atlantique. Parcourant l'allée des Soupirs, celle des Désirs ou bien celle des Désillusions, on peut y respirer le parfum des mimosas qui font la réputation de l'île en hiver.

Passage du Gois★★

12 km au Sud-Est par la D 948 (rond-point au niveau de Barbâtre).

Utilisée depuis le 17e s., cette magnifique chaussée submersible, tantôt pavée, tantôt goudronnée, longue de 4,150 km, relie la côte Est de l'île (Barbâtre et sa périphérie) au continent, au niveau du goulet de Fromentine. Elle fut la seule voie d'accès carrossable de la fin du 19e s. à 1971, date à laquelle le pont, reliant Fromentine à Noirmoutier, fut mis en service. Site naturel classé depuis 1942, aujourd'hui fréquenté à marée basse par des ostréiculteurs et boucholeurs locaux, et par de nombreux pêcheurs à pied, le Gois offre un spectacle insolite sur fond de parcs ostréicoles. Mais attention… Les neuf balises-refuges, érigées à la fin du 18e s., qui jalonnent le passage et permettent aux imprudents, surpris par la marée montante (entre 1,30 et 4 m suivant le coefficient des marées), de se hisser en attendant les secours, rappellent l'importance de respecter scrupuleusement la signalisation et les consignes de sécurité affichés aux abords du site.

Le « plus » nature

La végétation révèle la nature des sols. Sur les terres fortement concentrées en sel, en bordure des bassins où pénètre l'eau de mer, s'épanouissent les espèces dites « halophytes » : différentes variétés de salicornes, la soude arbrisseau, l'obione, l'inule faux-crithme. La rupie maritime forme des herbiers denses à l'intérieur même des bassins. Les zones humides, saumâtres, moins salées, sont le paradis des espèces hautes parmi lesquelles le jonc maritime et l'agropyre piquant. Premier arbre à pouvoir être planté sur des sols encore saturés de sel, le tamaris est omniprésent sur les polders, d'anciennes vasières devenues champs de blé, qu'il abrite du vent.

Promenade des Souzeaux★

Charmante promenade *(45mn à pied AR)* à effectuer, au départ de la plage des Dames, le long de criques boisées. *S'engager à gauche sous les chênes verts dans le sentier qui part à gauche de la digue. Prendre ensuite le premier chemin à gauche, en montée.*
Après le phare des Dames, les pins se mêlent aux chênes. La falaise rocheuse domine une mer ponctuée de récifs ; vues sur la côte de Jade et Pornic. On rencontre l'anse Rouge qui veille la tour Plantier avant d'arriver à la plage des Souzeaux.

Les foulées du Gois

Manifestation populaire et sportive organisée chaque année en juin depuis 1987, elle rassemble 30 athlètes venus de France et d'ailleurs. Le départ de la course, longue de 4 km, et dont le but est d'aller contre les courants et plus vite que la marée montante, n'est donné que lorsque l'eau arrive à la cheville. C'est rappeler l'origine du mot « gois », déformation de « goiser » qui signifie en patois « marcher en mouillant ses sabots ».

Jetée Jacobsen★

Réservée aux cyclistes et aux piétons, cette agréable route se prend au pied du château et marque la limite du domaine terrestre de la réserve naturelle des marais de Müllembourg, qui borde la baie de Bourgneuf. La jetée permet à ceux qui l'empruntent d'aller jusqu'au bois de la Chaise et d'observer en chemin la faune et la flore spécifiques aux 48 ha de marais salants et marais sauvages de la réserve *(voir plus loin)*.

Approcher la faune et la flore

Il existe différentes manières de découvrir les richesses écologiques de l'île, à travers la diversité de ses paysages, dunes, marais, estran. Des balades à la rencontre de miliers d'oiseaux, dans un décor féérique, sont à réaliser seul ou avec l'un des trois guides animateurs nature. *Un programme de visites guidées est disponible à l'office de tourisme.*

Polder de Sébastopol

Sur la côte Est de Barbâtre, le long de la plaine agricole et de la baie de Bourgneuf.
Empruntez les sentiers aménagés en périphérie pour faire un tour complet du polder vaste de 135 ha et apprécier la biodiversité du site, riche d'oiseaux et de poissons. Outre les avocettes, les échasses et autres chevaliers gambette qui ont l'habitude de nicher sur le polder, deux espèces d'oiseaux rares et protégés viennent s'installer pour se reproduire : la mouette mélanocéphale et la sterne caugek, dont on dénombre respectivement une dizaine et une soixantaine de couples.

Réserve naturelle des marais de Müllembourg

Maison de la réserve - Fort Larron - 85330 Noirmoutier-en-l'Île - ✆ 02 51 35 81 16.
Enserrée entre le chemin de Ribandon et la jetée Jacobsen, au Nord-Ouest de l'île, à l'abri du vent et des marées, elle est le refuge de nombreuses espèces végétales et animales, oiseaux marins et de rivage. Dans ces terres gagnées sur la mer au siècle dernier, on distingue d'une part **le petit Müllembourg,** ses marais salants (une dizaine encore en activité) et ses quelques hectares plantés de pommes de terre de Noirmoutier. D'autre part, **le grand Müllembourg**, propriété du Conservatoire du littoral, possède des bassins utilisés comme sites de reproduction ou reposoirs de marées hautes lors des haltes migratoires. La réserve, étendue sur 49 ha, se découvre à pied. *La Ligue pour la protection des oiseaux propose en été, tous les jeudis à 9h30, des visites guidées sous la forme de matinées-découverte. Consultez le guide* Découvrez la nature en Vendée *disponible à l'office de tourisme.*

Aquarium-Sealand

Le Vieux Port - ✆ 02 51 39 08 11 - juil.-août : 10h-20h ; de déb. fév. à mi-nov. : 10h-12h30, 14h-19h - 9 € (3-12 ans 7,50 €).
Des échantillons de la faune et de la flore des mers froides et des mers chaudes sont présentés dans un décor de rochers, de grottes marines reconstituées et d'aquariums géants. Vous y verrez évoluer de superbes poissons multicolores parmi des coraux vivants, mais aussi d'inquiétantes murènes, des requins et des crustacés en tous genres. Ne râtez pas les animations mettant en scène des **otaries de Californie**. Ces véritables acrobates pleines d'adresse aux jeux de ballon ou de cerceau se produisent dans l'otarium, un bassin d'une capacité de 270 tonnes d'eau de mer ; vous pourrez les observer sous l'eau, à travers l'écran de 6 m de large de la salle sous-marine.

Connaître le patrimoine

Un château austère, successivement habité par les Anglais, les Espagnols et les Hollandais, un musée de la construction navale installé dans un ancien grenier à sel, des évocations des activités insulaires à travers l'histoire, des faïences de Jersey, des moulins à vent… Voilà un patrimoine tourné essentiellement vers la mer.

Château de Noirmoutier-en-l'Île

Pl. d'Armes - 85330 Noirmoutier-en-l'Île - ☏ 02 51 39 10 42 - juil.-août : 10h-19h ; fév.-juin et sept.-oct. : tlj sf mar. 10h-12h30, 14h30-18h - 3,80 € (enf. 2,10 €).

Construit vers la fin du 12e s., le château de Noirmoutier subit au cours des siècles les assauts des Anglais, puis des Bretons, des Espagnols et des Hollandais. Il connut aussi les guerres de Vendée, et servit de prison durant la Révolution, la Commune et les deux guerres mondiales. Austère et nue, son enceinte du 15e s. forme un rectangle interrompu seulement par deux tours d'angle et des échauguettes ; un chemin de ronde court sur son pourtour, d'où l'on découvre des perspectives sur la ville, les marais salants, l'océan. L'enceinte renferme deux bâtiments principaux : le logis du gouverneur (17e s.) et le donjon médiéval (12e s.), aujourd'hui converti en musée.

Musée du château – Ses collections, déployées sur quatre niveaux, retracent l'histoire de Noirmoutier de la préhistoire jusqu'au 19e s. Les pièces du **rez-de-chaussée**, consacrées à la période préhistorique et médiévale, évoquent également les guerres de Vendée, notamment l'exécution du général d'Elbée, représentée par une toile marquante de J. Le Blant. Au **1er étage**, la marine ancienne est à l'honneur, avec ses figures de proue, maquettes, croix de coquillage, dents de cachalot gravées, haches et sabres d'abordage. Toujours au même étage, admirez la superbe collection de **faïences de Jersey★** (18e-19e s.), étonnantes par la variété de leurs formes, motifs décoratifs et couleurs (lustre rose, or ou argent). Le **2e étage** complète les collections sur la marine ancienne avec des instruments de navigation et de belles figures de proue, et présente le développement du tourisme balnéaire à Noirmoutier au 19e s. (série d'aquarelles d'A. Baudry). Au **3e étage**, consacré aux Beaux-Arts, vous découvrirez les paysages insulaires de différents peintres natifs de Noirmoutier ou séduits pas la beauté de l'île : F. Alvadeau, J. Vincent-Darasse, E. Vergez, E. Dezaunay, R. Sourzac, O. de Rochebrune. De cet étage, un escalier mène au sommet du donjon d'où vous bénéficierez d'un **panorama** sur Noirmoutier et le littoral ; vous apercevrez même, par beau temps, le pont et la côte de la baie de Bourgneuf.

Église St-Philbert

À Noirmoutier-en-l'Île.

Elle fut construite à l'emplacement de l'ancienne église Notre-Dame du monastère bénédictin fondé, au 7e s., par **saint Philbert** qui incita les insulaires à mettre le sol de l'île en valeur (marais salants, moulins à vent).

Sous le chœur, de part et d'autre duquel on remarque deux somptueux retables du 17e s, une belle **crypte★** du 11e s. occupe l'emplacement de la chapelle mérovingienne primitive ; elle abrite la sépulture de saint Philbert, tombeau vide érigé au 11e s., le sarcophage d'origine ayant été transporté à St-Philbert-de-Grand-Lieu lors des invasions normandes.

Musée de la Construction navale

R. de l'Écluse - 85330 Noirmoutier-en-l'Île - ☏ 02 51 39 24 00 - ♿ - juil.-août : 10h-19h ; avr.-juin et sept : tlj sf lun. 10h-12h30, 14h30-18h - 3,20 € (enf. 1,60 €).

C'est dans cette ancienne salorge (grenier à sel) du 20e s., utilisée comme atelier de charpentier de marine pendant près de 50 ans, que fut conçu un petit bateau typique : le *Noirmoutrin*. Aujourd'hui, ce petit musée recrée l'ambiance de l'atelier d'antan et expose les différentes étapes de la construction navale, de la coupe du bois à la finition des gréements, en passant par l'assemblage de l'étrave et le calfatage de la coque.

Les moulins à vent

L'histoire de Noirmoutier est indissociable des moulins à vent, dont les premiers ont été édifiés sous l'impulsion du **moine saint Philbert** au 7e s. S'appuyant sur la force des marées, dressés sur les hauteurs des dunes pour profiter des vents, ils étaient utilisés pour broyer le blé. Si, dans la deuxième moitié du 19e s, on en comptait une trentaine, le dernier s'est arrêté de fonctionner dans les années 1950. Aujourd'hui disséminée dans l'île, une vingtaine a été restaurée dont les quatre moulins de la Court, près de la Guérinière, ou celui du Both, juché sur la digue du Pulan.

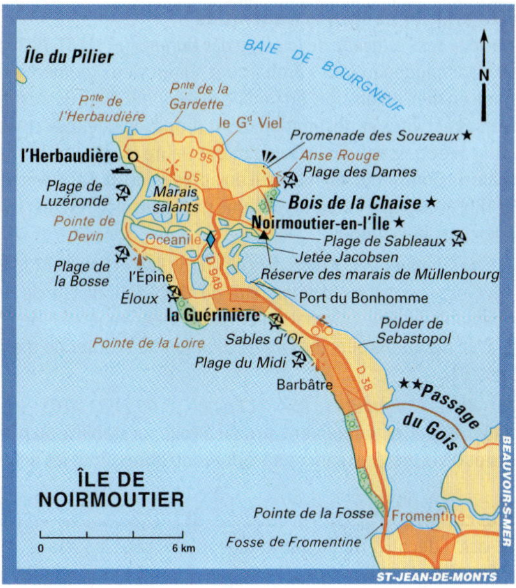

Le cimetière des bateaux

À l'entrée du port de Noirmoutier-en-l'Île, tout près du musée de la construction navale, reposent les vieux bateaux trop endommagés pour être restaurés, bercé par le flux et le reflux. C'est là un décor fascinant et surprenant, habillé de carcasses flottantes où le bois pourrissant se mêle à la tôle froissée, rouillée.

Musée des Traditions de l'île

Pl. de l'Église - 85680 La Guérinière - ✆ 02 51 39 41 39 - ♿ - juil.-août : 10h-19h ; avr.-juin et de déb. sept. à mi-oct. : 14h30-17h30 - fermé 1er mai - 3,30 €.

Le visiteur est invité à suivre un parcours thématique consacré au patrimoine insulaire de Noirmoutier. Huit salles soigneusement décorées évoquent le mode de vie et les activités traditionnelles des habitants à la fin du 19e s. et au début du 20e s. : navigation et pêche, saliculture, agriculture, religion… On notera l'évocation particulièrement réussie d'un atelier d'artisan, avec son établi, ses rabots et ses gabarits, et celle tout aussi soignée d'un intérieur noirmoutrin d'autrefois.

Abbaye de la Blanche

Ne se visite pas. Propriété privée située à l'orée du bois de la Blanche, entre l'Herbaudière et le hameau de la Madeleine.

L'abbaye fut fondée au début du 13e s pour une communauté de moines. Elle fut occupée jusqu'à la Révolution française et renferme aujourd'hui un monastère. Sa façade, à l'entrée (porte des Lions) est classée monument historique.

Au fil de l'eau

Des plages qui donnent l'impression de s'étendre à l'infini, des activités nautiques pratiquées toute l'année, et des écoles de voile ouvertes aux débutants comme aux navigateurs confirmés : voilà une multitude de sites adaptés à tous, pour respirer, se détendre, s'amuser.

Les plages

Bordée par 40 km de plages aux allures bretonnantes, parfois méditerranéennes, l'île de Noirmoutier offre des paysages contrastés. Sur la côte Ouest, de la pointe de l'Herbaudière à La Fausse, s'étendent de vastes plages dunaires au sable fin et doré, à commencer par la **plage de Luzéronde**, sauvage et par endroit naturiste, au cadre idyllique, la **plage de la Bosse** et celle de **l'Épine** bordant le bois des Eloux.

La plage des **Sables d'Or**, face à la Guérinière, et la **plage du Midi,** à la hauteur de Barbâtre, venteuses et spatieuses, attirent les amateurs de voile.

La côte Nord, succession de charmantes petites criques entre les rochers, se partage entre la **plage du Viel,** où se pratique notamment la pêche à pied, la **plage des Souzeaux**, douce et agréable, et la **plage des Dames**, la plus connue certes mais pas la plus spatieuse de l'île surfréquentée en été, et **la plage des Sableaux** (la seule à être surveillée en juillet et en août).

Promenades en mer et sports nautiques

O'Abandonado – *Sur l'estacade de la plage des Dames - ✆ 02 51 39 89 57 ou 06 80 72 25 61 - www.oabandonado.com* – embarquez sur un vieux grément de 1916 pour une promenade en mer, en groupe, en famille ou en individuel. Réservation recommandée. Diverses activités et destinations sont proposées : le tour complet de l'île de Nourmoutier avec passage sur le Gois à marée haute (durée 8h), la visite du Nord de l'île et la baie de Bourgneuf (en matinée ou après-midi), la découverte de **l'île du Pilier** (10h30-18h) avec pique-nique à bord, une partie de pêche en mer (7h30-12h30), une croisière en pension complète...

Family Jet – *R. du Camping - 85630 Barbâtre - ✆ 02 51 39 95 13 ou 06 77 16 13 42 - www.familyjet.fr - avr.-oct.- accueil sur la plage - cale du Midi* – tour de l'île de Noirmoutier, île du Pilier, passage du Gois... Initiation et randonnées en jet-ski (de 80 à 100 cv), sans permis, avec des moniteurs diplômés. Location de scooter de mer. Pilotage à partir de 16 ans.

Sel ton char – *Rte de Noirmoutier - 85740 L'Épine - ✆ 06 71 81 00 05 - tte l'année sur réserv.* – initiation et perfectionnement au char à voile sur stabilisé ou plage en fonction des vents et de la marée. Séances encadrées ou libres. Pour les enfants à partir de 8 ans.

Danse avec les congres – *Port de l'Herbaudière - 85330 Noirmoutier-en-l'Île - ✆ 02 51 35 96 44 - avr.-oct.* – découverte du patrimoine marin : sous la surface, au fil de l'eau ou sur terre. Baptêmes, explorations, intiations. Plongée subaquatique pour tous publics, tous niveaux.

École de voile municipale Fort St-Pierre – *Bois de la Chaise, plage des Dames - 85330 Noirmoutier-en-l'Île - ✆ 02 51 39 32 62 - 5 séances de 3h, lun.-vend.* Optimist, planche à voile, catamaran, char à voile, dériveur... Stages à la semaine, perfectionnement, cours particuliers. Formation de moniteurs.

École de croisière – *Port de l'Herbaudière -85330 L'Herbaudière - ✆ 02 51 39 11 12 ou 06 75 36 52 45, tte l'année* –mouillage au pied du vieux château. Pour apprendre à naviguer en famille ou entre amis à bord d'un voilier, encadré par un moniteur. Navigation en baie de Bourgneuf et découverte des autres îles de l'Atlantique.

Pour plaire aux enfants

La diversité des activités proposées sur l'île permet à toute la famille de passer des vacances ou un séjour agréable, à commencer par les enfants, qui trouvent tout leur bonheur, entre le petit train et le Jardin des mers.

Le Noirmout'train

Départ pl. du Château - 85330 Noirmoutier-en-l'Île - ✆ 02 51 39 50 02 - juil.-août : à partir de 10h, nocturne merc.-vend. à 19h ; avr.-oct. et vac. scol. : 11h-17h30 - 4,50/6,50 € suivant le parcours (enf. 2,50/4,50 €).

Ce petit train vous permettra de découvrir de façon ludique les paysages de l'île (marais salants, plages, forêts, etc.), son histoire et ses traditions. Circuits commentés de 35mn, d'1h ou 2h.

Océanile

Rte de Noirmoutier - site des Oudinières - 85740 L'Épine - ✆ 02 51 35 91 35 - fermé du 5 sept. à fin juin - 19 € (enf. 14 €). Jouxtant les marais salants, ce parc aquatique propose de nombreuses attractions dans une eau à 28°C : cascades, vagues, torrent, toboggans, rivière à bouées, etc. Snack-bar et aire de pique-nique sur place.

Parc Mini-Ville

Rte de Noirmoutier - BP 22 - 85740 L'Épine - ✆ 06 81 21 69 88 - www.mini-ville.com - juil.-août : 10h-19h30 ; de mi-juin à mi-sept. : 11h-19h ; sept. : 14h-19h.

Reproduction en modèle réduit (au 1/8e) de maisons construites avec des matériaux d'origine (pierre, bois, ardoise, chaume, lauze...) prélevés dans chaque région. L'ensemble compose un village en miniature habité par quelques animaux de la ferme dont la taille est proportionnelle à celle des maisons. Pour petits et grands.

Hippobus

Départ pl. du Château de Noirmoutier-en-l'Île - ✆ 02 51 35 71 65 - de déb. avr.-sept. sur RV. À ceux qui préfèrent visiter l'île et approcher les marais à cheval, l'Hippobus conduit par Eliot et Tulipe offre une balade commentée d'1h.

La récolte du sel.

Le Jardin des mers du centre nautique de Fort St-Pierre

Plage des Dames - 85330 Noirmoutier-en-l'Île - ✆ 02 51 39 32 62.
Pour les moussaillons de 4 à 6 ans, l'école de voile municipale « Fort Saint Pierre » de Noirmoutier-en-l'Île concocte des stages basés sur une approche douce et ludique de l'eau et de la navigation. Groupes limités à 8 enfants.

Promenades gourmandes

Déclinaison de sels, des plus naturels aux plus audacieux mélanges, production d'huîtres, dégustation de fruits de mer, soles, bars et seiches débarqués par cageots sur le port, pêche aux crustacés, cueillette de fruits et légumes, pommes de terre réputée… L'île se veut un formidable terroir de saveurs océanes. N'hésitez pas à goûter ces produits locaux !

À la rencontre des sauniers

Un quart de la surface de l'île est recouverte de **marais salants**. Pas moins ! De la cité de Noirmoutier à la Guérinière se succèdent nombre de baraques de sauniers qui donnent au relief des accents magiques. Les marais salants produisent plusieurs centaines de tonnes de sel par an. La production est largement tributaire de l'ensoleillement, de l'amplitude des marées et des intempéries.
Des 700 ha qu'ils couvrent, 100 ha seulement sont exploités par 40 « sauniers », propriétaires groupés en un syndicat s'occupant de l'entretien des étiers et commercialisant le sel à travers une coopérative.
En juil.-août (fin d'apr.-midi), plusieurs sauniers de l'île ouvrent leur marais à la visite (1h) : Michel Gallois - ✆ 02 51 39 52 72 ; Véronique Gendron - ✆ 02 51 39 58 67 ; Cathy Guérin - ✆ 06 18 01 06 08 ; Christine et Normand Hallais - ✆ 02 51 35 90 14 ; Martine Ruffio - ✆ 06 63 64 79 76 ; Valérie Simon - ✆ 02 51 35 97 22.

Le port de l'Herbaudière

À l'Herbaudière, sur la pointe Nord-Est de l'île.
À côté de l'espace réservé aux plaisanciers, animé par le va-et-vient des bateaux, le port de pêche voit débarquer, selon les saisons, une multitude de poissons et crustacés. Lieu d'animation par excellence, où l'on peut faire ses emplettes à la criée. Les fanions multicolores servant à repérer en mer les casiers à langoustes, à homards… donnent aux caseyeurs des airs de fête.
De la jetée qui sépare le port de pêche du port de plaisance, vue sur le phare et l'île du Pilier, qu'une chaussée reliait jadis à Noirmoutier.

Le port du Bonhomme

Sur la côte Est, à la hauteur de La Guérinière.
Planté de cabanes de pêcheurs, ouvert sur les parcs conchylicoles de la baie de Bourgneuf, voici le lieu où déguster et/ou emporter des coquillages. Du producteur au consommateur.

La Godaille – *Port du Bonhomme - 85680 La Guérinière - ✆ 02 51 39 60 77 - avr.-oct. : 11h-17h - réserv. conseillée - ouv. tte l'année.* Situé sur le port, cette petite maison en dur propose tous les jours en période estivale, et suivant la disponibilité, des dégustations et une vente directe de crabes, de moules de bouchot, d'huîtres (compter 7 € pour une assiette de 10 huîtres n° 4 non-laiteuses servies avec 2 tranches de pain aux céréales, un carré de beurre, un verre de muscadet frais et un quart de citron). Plateau de fruits de mer à commander la veille pour le lendemain (20 € la part).

La cueillette du Gois

R. du Polder (rd-pt du Gois) - 85630 Barbâtre - ✆ 02 51 26 55 98 - www.chapeau-depaille.fr - tlj à partir du 1er mai : 9h-12h, 15h-19h.

Sur la route menant au Gois, vous pourrez cueillir des fruits et des légumes de saison (tomate, aubergine, potiron, framboise, rhubarbe), couper quelques aromatiques brin par brin (persil, ciboulette) ainsi que quelques fleurs (lys, glaïeul), tout en vous promenant dans un cadre champêtre. La liste des produits arrivés à maturité figure sur un panneau à gauche de l'entrée.

Une pomme de terre

Noirmoutier est une île à vocation agricole. Enrichie de goémon, d'un mélange sableux, parfumée d'embruns, la terre fertile donne des pommes de terre réputées, partout en vente. Talus, murets de pierre sèche, haies de tamaris ou rangées de cyprès protègent les cultures du vent marin. Sirtéma, aminca et charlotte constituent la gamme des pommes de terre de Noirmoutier, à côté de la fameuse pomme de terre, la bonnotte.

Noirmoutier pratique

OÙ S'INFORMER

Office du tourisme de l'île de Noirmoutier à Barbâtre – *Rte du Pont - 85630 Barbâtre - ✆ 02 51 39 80 71 - www.ile-noirmoutier.com - tlj sf dim. 9h-12h30, 14h-17h30.*

Office du tourisme de Noirmoutier-en-l'Île – *R. du Gén.-Passaga - 85330 Noirmoutier-en-l'Île - ✆ 02 51 39 12 42 - www.ile-noirmoutier.com - juil.-août : lun.-sam. 9h-13h et 14h-19h, dim. 9h30-13h et 15h-19h ; vac. scol. : lun.-sam. 9h30-12h30, 14h-18h.*

Capitainerie du port de Morin – *85740 L'Épine - ✆ 02 51 35 81 26.*

Capitainerie du port de l'Herbaudière – *85330 Noirmoutier-en-l'Île - ✆ 02 51 39 05 05 - horaires d'ouverture calés sur les marées.*

Température de l'air – Moyenne de 6,7 °C en janvier, 18,6 °C en août. 113 jours de pluie par an.

COMMENT CIRCULER SUR L'ÎLE

Si la voiture n'est pas interdite, le meilleur moyen de parcourir l'île, d'approcher et/ou d'accéder aux coins les plus protégés sans les abîmer est le vélo ou, mieux encore, la marche à pied.

OÙ DORMIR

⊖ Chambre d'hôte Baranger – *8 r. de la Mougendrie - 85330 Noirmoutier-en-l'Île - ✆ 02 51 39 12 59 - yvan.baranger@wanadoo.fr - 15 sept.-Pâques - ⊭ - 5 ch. 44/48 € ☕.* Cette maison située dans une paisible ruelle proche du château accueille ses hôtes dans des chambres simples ouvrant toutes sur l'agréable jardin clos. Jolie salle de petits-déjeuners rustique et belle exposition de photos réalisées par le propriétaire. Également un studio avec cuisine et terrasse privative.

⊖ Camping Le Caravan'Île – *R. de la Tresson - 85680 La Guérinière - ✆ 02 51 39 50 29 - contact@caravanile.com - ouv. mars-15 nov. - réserv. conseillée - 385 empl. 20,30 €.* Ce grand camping bénéficie d'un emplacement idéal le long d'une immense plage de sable fin. Nombreux emplacements et location de mobile homes. Deux piscines chauffées (dont une couverte avec Jacuzzi), sauna, hammam, parc de loisirs pour les enfants, salle de jeux, terrain multisports, etc.

⊖ Camping La Sourderie – *R. des Moulins - 85680 La Guérinière - ✆ 02 51 39 51 38 - contact@campingsourderie.com - ouv. avr.-15 oct. - 306 empl. 22 €.* Situé à deux pas de la plage, que l'on rejoint par un escalier, ce camping possède des aménagements classiques ainsi qu'un service de petite restauration. Location de mobile homes à la semaine ou au week-end. Animations, club pour les enfants, micro-golf.

⊖⊖ Hôtel du Château du Pélavé – *9 allée de Chaillot - Bois de la Chaize - 85330 Noirmoutier-en-l'Île - ✆ 02 51 39 01 94 - www.chateau-du-pelave.fr - P - 18 ch. 50/175 € - ☕ 8,50 € - rest. 20/52 €.* Au cœur du bois de la Chaize, grande villa en granit de la fin du 19e s. entourée d'un joli parc arboré et fleuri. Les chambres, claires et dotées de meubles modernes, sont progressivement personnalisées ; quatre possèdent une terrasse privative.

⊜⊜ **Hôtel Autre Mer** – *32 av. Joseph-Pineau - 85330 Noirmoutier-en-l'Île - ✆ 02 51 39 11 77 - www.autremerhotel.fr - fermé 12 nov.-31 mars -* P *- 27 ch. 51/79 € - ☕ 7,50 €.* Ce hôtel entièrement rénové arbore une pimpante façade blanche aux volets verts. Décoration sobre et contemporaine aux tons sable dans les chambres, disposant toutes d'une salle de bains. Deux d'entre elles sont spécialement équipées pour les personnes handicapées.

⊜⊜ **Hôtel Turquoise** – *26 r. de la Fontaine, à 200 m du Château - 85330 Noirmoutier-en-l'Île - ✆ 02 28 10 68 90 - www.hotel-turquoise.fr - fermé janv. -* P *- 12 ch. 55/85 € - ☕ 8 €.* Cet hôtel situé dans un quartier résidentiel calme, proche du château, se compose de quatre maisons basses typiques de l'île. Trois d'entre elles abritent les chambres, fraîches, toutes de plain-pied et dotées d'une terrasse privative ; la dernière accueille la réception et la salle des petits-déjeuners.

OÙ MANGER

⊜ **Les Glycines** – *9 r. du Robinet - 85330 Noirmoutier-en-l'Île - ✆ 02 51 39 76 07 - réserv. conseillée - 11,50/20 €.* Blottie dans une petite rue derrière le château, cette sympathique maison typiquement vendéenne reçoit les convives le temps d'un repas en terrasse, à l'ombre de la glycine. Cuisine traditionnelle constituant une excellente alternative aux nombreuses spécialités de la mer servies dans l'île.

⊜ **L'Auberge du Château** – *9 r. des Douves - 85330 Noirmoutier-en-l'Île - ✆ 02 51 35 74 31 - auberge-noirmoutier@wanadoo.fr - fermé 5 sem. en hiver et mar.-merc. hors sais. - 13/35 €.* Cette sympathique ex-maison de pêcheur bénéficie d'un emplacement de choix, à l'ombre du château et à proximité du port. Cuisine de la mer mettant à l'honneur langoustines, Saint-Jacques, huîtres et bars, assortie de plats du jour.

⊜ **La Plage de Jules** – *Plage des Dames - 85330 Noirmoutier-en-l'Île - entrée de Noirmoutier-en-l'Ile, dir. «Bois-de-la-Chaize, plage des Dames» - ✆ 02 51 39 06 87 - laplagedejules@wanadoo.fr - fermé d'oct. à déb. avr. - réserv. conseillée - 13,50/40 €.* Ce restaurant bénéficie d'un beau cadre où se mêlent les roches, le sable fin et les chênes verts du bois de la Chaise. Dans une ambiance marine chaleureuse, vous pourrez déguster les produits de la mer parfois agrémentés des fameuses pommes de terre de l'île.

⊜ **L'Île d'Her** – *10 pl. d'Armes - 85330 Noirmoutier-en-l'Île - ✆ 02 51 39 11 93 - liledher@wanadoo.fr - fermé dim. soir et lun. de fin sept. à mars - réserv. conseillée en sais. - 13,80/30,50 €.* Dès qu'un rayon perce les nuages, les Noirmoutrins prennent d'assaut la grande terrasse de ce restaurant situé face à la place du château. Les produits de la mer y tiennent bien sûr la vedette, mais ceux de la terre ne sont pas en reste. Excellent rapport qualité-prix.

⊜ **Le Café Noir** – *4 quai Cassard (sur le port) - 85330 Noirmoutier-en-l'Île - ✆ 02 51 39 00 75 - fermé merc. et jeu. nov.-janv. - 14/19,50 €.* Idéalement situé face au canal du port, ce café doté d'une vaste terrasse est un incontournable de l'île ! Georges, son propriétaire, vous y accueille dans une ambiance à la fois branchée et décontractée. À midi, petite restauration copieuse et familiale : salades, croque-monsieur, gâteau au chocolat…

⊜ **Le Vélo Noir** – *13 r. du Vieil-Hôpital - 85330 Noirmoutier-en-l'Île - ✆ 02 51 35 85 29 - levelonoir@tele2.fr - ouv. vac. de Pâques-11 nov. - réserv. conseillée - 15/18 €.* Si le vélo noir est adossé à l'entrée, le restaurant est ouvert. Le mobilier chiné, la cheminée et les murs en pierre confèrent à cette ancienne maison de pays une atmosphère cosy. À l'ardoise : sardines en millefeuille de poivrons rouges et courgettes jaunes, filets de rouget barbet, vinaigrette aux herbes et aux légumes…

QUE RAPPORTER

Coopérative agricole de Noirmoutier – *Rte Champ-Pierreux - le Petit Chessé - 85330 Noirmoutier-en-l'Île - ✆ 02 51 35 76 76 - coop-noirmoutier@terre-net.fr – tlj sf dim. 9h-12h, 14h-18h, sam. 9h-12h - fermé 12 nov.-mars.* Ici, les stars restent les pommes de terre : la sirtema, la rarissime bonnotte, la lady christl, l'aminca, la roseval ou la charlotte. Egalement : fleur de sel, salicornes et mogettes de Vendée.

Maison des Saveurs – *1 r. du Marché - 85330 Noirmoutier-en-l'Île - ✆ 02 51 39 03 87 - tlj : Pâques-15 oct. et vac. scol. ; hors sais. : vend., sam. 10h-12h30, 14h30-19h, dim. 10h-12h30, 15h-18h.* Issues de petits producteurs du département, les spécialités sont aussi nombreuses qu'appétissantes dans cette jolie boutique à la devanture rétro.

26 L'île d'Yeu★★

CARTE MICHELIN LOCAL 316 B/C 7 – VENDÉE (85)
2 300 HA – 4 900 ISLAIS

Cette terre insulaire de 10 km de long sur 4 km de large est, parmi les îles de l'Ouest, l'une des plus éloignées du continent (10 milles nautiques). Elle est aussi, de ce côté de l'Atlantique, l'une des rares à pouvoir s'enorgueillir de petites criques propices à la baignade. Traversée de chemins douaniers, l'île se découvre idéalement à pied ou à vélo. C'est aussi dans son décor très diversifié de ports, phares, châteaux et citadelle que viennent se réfugier plusieurs centaines d'espèces d'oiseaux.

ARRIVER À BON PORT

Pour l'île d'Yeu, embarquez à Fromentine ou à St-Gilles-Croix-de-Vie.

Aller à Fromentine – En voiture : à Nantes, sur l'A 11/E 60, continuer en direction de Vannes (A 821/E 60), et prendre la rocade Ouest sur 5,2 km. En bas du pont de la Loure, tourner à droite vers Noirmoutier sur la D 723, puis suivre Noirmoutier/Beauvoir-sur-Mer et Fromentine. En train : liaisons Paris-Nantes pratiquement toutes les heures, puis correspondance en autocar (1h20, ou en taxi, certains proposant un forfait) jusqu'à Fromentine, soit 70 km.

Aller à St-Gilles-Croix-de-Vie – En voiture : depuis la Barre-de-Monts, avant Fromentine, emprunter la D 38. En train : iiaisons Paris-Nantes par TGV (env. 2h), puis correspondance en autocar jusqu'à St-Gilles-Croix-de-Vie (1h30). Il est également possible de se rendre à Yeu en hélicoptère ou en avion *(voir « l'île d'Yeu pratique »*.

LARGUER LES ARMARRES !

Du continent, trois embarcadères accueillent des bateaux effectuant une liaison maritime régulière ou saisonnière avec l'île d'Yeu (Port-Joinville) ; une autre liaison est établie depuis l'île de Noirmoutier *(voir « Noimoutier pratique »)*.

Au départ de Fromentine (La Barre-de-Monts) : Compagnie Yeu Continent – 3 av. de l'Estacade - Fromentine - 85550 La Barre-de-Monts - ✆ 0 825 853 000 - 3615 Yeu - www.compagnie-yeu-continent.fr - tte l'année - réserv. conseillée - guichets ouv. lun.-vend. 9h30-12h, 14h30-17h, sam. : 9h30-11h30 et tlj à l'arrivée des navires - 27,40 €/AR (-4 ans 4 €, 4-17 ans 19,60 €). Depuis la gare maritime, traversée pour l'île d'Yeu à bord de la vedette rapide *Amporelle* (45mn) ou d'un paquebot côtier, *Insula Oya* (70mn) ou *La Vendée* (70mn).
Compagnie Vendéenne – 2 bis av. du Phare - Fromentine - 85550 La Barre-de-Monts - ✆ 0 825 169 120 - www.compagnievendeenne.com - avr.-sept. - 28 €/AR (-4 ans 3 €, 4-11 ans 15,50 €, 12-18 ans 20 €).

Depuis St-Gilles-Croix-de-Vie : Vedettes Inter-Iles-Vendéennes (VIIV) – Kiosque av. Jean-Cristau (ponton à passagers) - 85800 St-Gilles-Croix-de-Vie - ✆ 02 51 54 15 15 - www.ile-yeu.com - de mi-juin à mi-sept. - 28 €/AR (-2 ans 3 €, 2-11 ans 14 €, 12-17 ans 20 €). Liaison en vedette rapide pour une traversée de 45mn à 1h.
Compagnie Vendéenne – Pl. de la Douane - 85800 St-Gilles-Croix-de-Vie - ✆ 0 825 139 085 - www.compagnievendeenne.com - traversée : 1h - avr.-sept. - 29 €/AR (-4 ans 3 €, 4-11 ans 15,50 €, 12-18 ans 20 €).

Depuis Les Sables-d'Olonne : Compagnie NGV « Le Sabia » – 11 bis r. Joseph-Benatier - La Chaume - 85100 Les Sables-d'Olonne - ✆ 02 51 23 54 88 - www.yeu-liaisons.com - avr.-sept. - traversée : 1 h - 40,50 €/AR, (4-18 ans 26,50 €, - 4 ans 5,50 €).

BON À SAVOIR

Difficile de trouver une place pour se garer dans les rues de Fromentine. Il est donc conseillé de stationner son véhicule dans un parking et de réserver sa place ! Sur demande, les bagages sont acheminés jusqu'à la gare maritime. Parmi les 5 parkings accessibles, 3 sont ouverts à l'année : parking Blanchard parking Bodin, parking Martineau.

La côte sauvage de l'île d'Yeu.

Visiter les lieux en curieux...

Différents itinéraires de randonnées (une dizaine de kilomètres à pied, autant voire le triple en vélo), tracés sur une carte, sont disponibles à l'Office de tourisme ou consultables sur Internet. Des visites guidées et commentées peuvent aussi vous être proposées. Chemin faisant, si vous partez seul, voici les sites à ne pas rater.

Port-Joinville★

Son nom vient de l'amiral de Joinville, fils de Louis-Philippe ; on l'appelait auparavant Port-Breton. La vue idéale sur le port s'offre lors de l'arrivée en bateau. Il se montre alors rempli de thoniers et de petits chalutiers dont les fanions multicolores claquent au vent. À l'arrière-plan court le quai bordé de maisons blanches. Le port assèche à marée basse, à l'exception d'un avant-port. En arrière des quais, la localité dissimule une rue commerçante et de multiples ruelles où se pressent les maisons des marins.

Musée de la Pêche – *Quai de la Chapelle - Port-Joinville - ✆ 02 51 59 31 00 - juil.-août : lun.-sam. 9h30-12h30 et 15h-18h30 ; avr.-juin, sept. et vac. scol. (Toussaint, Noël) : lun.-sam. 10h-12h et 14h-17h ; hors sais : ✆ 02 51 58 32 58 (office du tourisme) - 3,50 € (4-12 ans 2 €).*

Créé en 1898 pour lutter contre le désœuvrement et l'alcoolisme dans les milieux maritimes, pour procurer aide et assistance et perpétuer les traditions, **l'abri du marin** s'est converti en musée de la Pêche. Inauguré en 1993, il se répartit en deux salles : la première décorée de maquettes de bateaux, instruments de marine, photos, objets (casiers, filets), présente le patrimoine islais ; la seconde, plus petite, évoque la pêche artisanale en Amazonie.

Situé de l'autre côté de la route, à côté du *Corsaire*, dernier bateau en bois à cul rond construit en 1963 aux Sables-d'Olonne et utilisé jusqu'en 1998 pour la pêche au thon et au merlu, se trouve **l'abri du sauvetage**. Ouvert à la visite depuis 1999, il contient une exposition dédiée à l'histoire du sauvetage en mer : organisation, conditions de travail, équipement (habits, outillage, différentes générations de canots sont aussi présentées, du canot à rames et à voiles au canot à deux moteurs)... La visite se termine dans **l'abri du marin**, par la projection d'un film vidéo (de 1990) sur les techniques de pêche.

Le Grand Phare

Visite interdite. Bâti en 1829 pour assurer la sécurité des navires suite au naufrage d'une gabarre de la Marine royale, il fut dynamité en août 1944 par les troupes de l'Occupation, puis reconstruit en 1951.

La Citadelle

Accès libre toute l'année.

Bâtie sur une colline entourée par 13 ha de bois plantés entre 1860 et 1880, la Citadelle, ou « Fort de Pierre-Levée », fut édifiée en 1856 pour renforcer le système défensif de l'île. Son emploi fut tout autre faute de crédits suffisants et elle devint, en 1871, caserne et prison d'État (où séjourna le maréchal Pétain de 1945 à 1951). Mise à la disposition de la commune, elle abrite aujourd'hui de nombreuses associations. C'est aussi le siège de la radio locale Neptune FM.

Dolmen

Sur la côte Nord-Ouest, entre la Pointe de la Gournaise et la Pointe du But, le **dolmen de la Planche à Puare** est une tombe en granit chisteux, mégalithe datant d'environ 3000 av. J-C, élevée près de l'anse des Broches. Il est pourvu de cellules latérales (ici au nombre de deux, ce qui le différencie du dolmen des Petits Fradets). On y a retrouvé des ossements d'une douzaine d'individus répartis sur trois caveaux et trois ou quatre niveaux séparés par un dallage de pierres.

Vieux Château★

✆ 02 51 58 32 58 - visite guidée - de mi-juin à mi-sept. : 3,50 € (7-18 ans 1,50 €) ; hors sais. 2,50 € (7-18 ans 1 €).

Le château se dresse sur un éperon de granit coupé de la côte par une étroite crevasse (17 m de profondeur) où les flots s'engouffrent avec un bruit assourdissant. Bâti au 14e s. pour protéger les islais d'une invasion, démantelé sous Louis XIV à la fin du 17e s. puis répertorié à l'inventaire des monuments historiques en 1890 et soumis à des travaux de restauration (toujours en cours), ce farouche nid de corsaires dessine un trapèze défendu par des tours formant bastions. Remplaçant le pont-levis, une passerelle permet d'accéder à l'intérieur de l'enceinte. Du sommet du donjon *(attention, absence de parapet)*, **vues★★** splendides sur la côte sauvage et l'océan.

En partant du Vieux Château, suivez, à distance respectable, le bord de la falaise dénudée qui surplombe les flots *(attention au vertige et aux éboulements)*, en direction de Port-de-la-Meule. On arrive au petit bois de pins qui marque l'entrée du havre : **vue★★** plongeante sur la crique.

Port-de-la-Meule★★

Anfractuosité de la côte, longue et étroite, port semblable à un fjord pris entre deux falaises recouvertes de lande. À son extrémité s'est installée la cale des langoustiers et des homardiers qui vont mouiller leurs casiers sur les fonds rocheux de la côte sauvage. Sur le haut de la lande, dominant le port, la blanche **chapelle N.-D.-de-Bonne-Nouvelle** (bâtie au 11e s) veille sur le port et les marins. Elle est l'un des plus anciens témoignages religieux de l'île. Chaque année, le lundi de Pâques, les islais y viennent en pèlerinage. *Messe célébrée en juil.-août : merc. 11h.*

En suivant la falaise au-delà de la chapelle, on arrive à la **Pierre tremblante** (ou branlante), énorme rocher dominant la baie, mégalithe naturel long de 7 m, en forme de gros rongeur, que l'on peut faire bouger en s'appuyant en un point précis.

St-Sauveur

✆ 02 51 59 45 45 (mairie) ou 02 51 58 32 58 (Office de tourisme) - visite guidée avr.-oct.

C'est le plus ancien village de l'île, entouré de moulins qui témoignent de la culture du blé. Jadis capitale religieuse et résidence du gouverneur, communément appelé « le Bourg », St-Sauveur possède une **église** romane en granit gris dont la croisée du

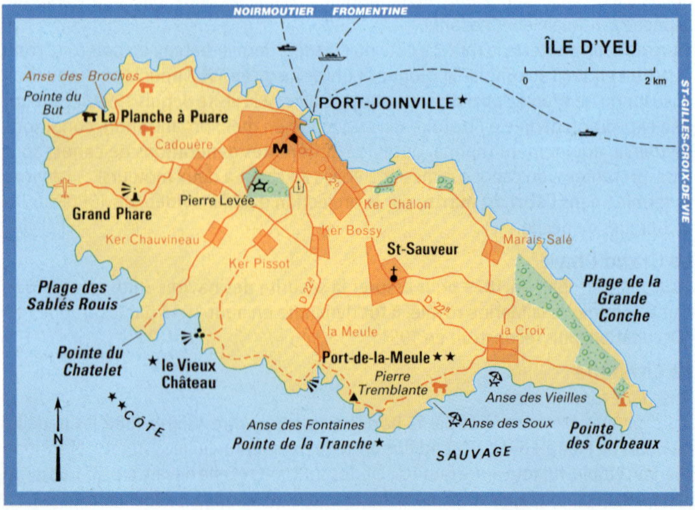

transept porte une tour carrée. Classée à l'inventaire des monuments historiques depuis 1906, ses parties les plus anciennes datent du 11e s. *9h-18h, juil.-août : messes mar. et jeu. 11h, sam. 19h, dim. 9h et 11h.*

Les pieds dans l'eau

L'île possède des côtes très différentes et ne compte pas moins de 21 plages ! Entre dunes et marais, bocages, haies de tamaris et de prunelliers, bois de conifères (pins maritimes, chênes verts, cupressus), la **côte Est**, sablonneuse et verdoyante, plutôt vendéenne, contraste avec la **côte sauvage★★**, à l'Ouest. Étendue de la pointe du But à la pointe des Corbeaux, frappée par les embruns et les vagues, voilà une côte d'allure bretonne, rocheuse, avec criques, falaises et pelouses rases.

Se baigner de plages en criques

Ici et là, ce sont autant d'invitations à la baignade, autant d'occasions de choisir son lieu idéal. Sachez toutefois qu'il n'y a pas de douches, parfois une cabine téléphonique et des toilettes publiques. Aucune plage n'est surveillée.

Plage de la Grande Conche – Cachée derrière les dunes, jouxtant les marais salés, voilà l'une des plus grandes plages de l'île. Également l'une des plus fréquentées, étendue sur 5 km de sable fin, et faisant face au continent.

Plage des Sables Rouis – Belle plage située au pied des falaises, bordée de rochers, et qui doit son nom au sable minéral, rougeâtre voire roux, à gros grains, dont elle se compose. Lorsque le temps s'y prête et que le vent souffle du Sud, elle se fait rendez-vous des surfeurs.

Pointe de la Tranche★ – Nombreuses criques rocheuses. De chaque côté de la pointe se répartissent l'anse des Fontaines, ainsi nommée en raison de ses sources, et deux sites bien abrités, propices à la baignade, l'anse des Soux à laquelle fait suite la plage des Vieilles.

Anse des Fontaines – Entre le port de la Meule et les falaises de la pointe de la Tranche, elle se déploie en une superbe crique accessible à pied en suivant la côte ou par la route du Sémaphore (poste toujours en activité).

Anse des Soux – Autre (petite) plage très sollicitée par les baigneurs mais dangereuse les jours de houle, à laquelle on accède exclusivement à pied par un chemin côtier ou depuis St-Sauveur. C'est une belle crique, abritant la grotte du Ciel et de l'enfer, longue de 37 m. et surplombée par une falaise très escarpée.

Plage des Vieilles – Renvoyant au nom d'un poisson à robe colorée peuplant ses eaux ou reposant au milieu des rochers qui la bordent, c'est l'une des plus belles plages de l'Ouest. Une longue plage de sable blond, en pente douce, située en contrebas du village de La Croix. Bordée de dunes et de bosquets de pins, elle est prisée des familles en été, du matin jusqu'au coucher du soleil. Elle abrite un petit port de pêche accessible depuis le chemin des Vieilles par l'impasse de la Gargourite. Peuplé de barques, il était utilisé au Moyen Âge pour débarquer baleines et morues.

S'adonner aux plaisirs nautiques

L'île possède une multitude de sites adaptés à toutes les formes de pratiques nautiques. Avec, notamment, des écoles de voile ouvertes aux débutants comme aux confirmés. Prenez la mer !

CNID (Centre nautique de l'Île d'Yeu) – *Baie de la Pipe - 85350 Île d'Yeu - ✆ 02 51 58 31 50 - www.juratlantique.com* – catamaran, planche à voile, ptimist... pour petits et grands. Le centre propose des stages d'initiation et découverte à partir de 7 ans, et des stages de perfectionnement à partir de 12 ans.

Pour une approche douce et ludique du milieu marin, le Jardin des mers s'adresse aux enfants de 5 à 8 ans.

Vol au vent – *Contacter Amélie Bétus - rte des Conches - 85350 Île d'Yeu - ✆ 02 51 58 70 01 ou 06 85 12 92 08 - avr.-sept.* – école de croisière pour découvrir la voile, se perfectionner ou tout simplement se détendre.

Le « plus » nature

Avec ses bocages, ses marais, sa lande, privilégiée par un climat doux, l'île d'Yeu est un théâtre réservé à la flore et à la faune. S'y côtoient plus de 800 espèces végétales sauvages, l'œillet et le coquelicot, la jacinthe et la giroflée des dunes, à côté de 16 espèces d'orchidées qui sépanouissent entre mars et octobre. Sur ce lit naturel, verdoyant et coloré, viennent se poser 254 espèces d'oiseaux. Au gré des saisons, on croise les grands labbes et les petits pingouins, les fous de Bassan, les bécasseux ou encore les fauvettes et le busard des roseaux. Un théâtre magique.

Caval Kayak – *Plage du Marais-Salé - 85350 Île d'Yeu - ✆ 02 51 58 35 71 ou 06 31 29 82 16 (location de kayaks) - mars-nov.* – stages et balades accompagnées.

Sub'Evasion – *Port de la Meule - BP 201 - 85350 Île d'Yeu* – *✆ 02 51 58 59 59 - http://subevasion.free.fr - mars-nov. : 9h30-12h30, 14h30-18h30.* Le centre bénéficie d'une très bonne réputation dans le milieu de la plongée sous-marine : initiation, stages, exploration…
Outre les adultes, les enfants y sont les bienvenus : stages de formation à partir de 12 ans et baptême dès 8 ans.

L'Islaise – *Allée de la Croix-de-Bois - BP 211 - 85350 île d'Yeu - ✆ 06 70 95 18 65 ou 02 51 58 32 58 (Office de tourisme) - avr.-oct.* – départ de Port-Joinville pour un tour de l'île en bateau, une sortie pêche à la morgatte ou au maquereau, une promenade côtière…

M. Thiery / MICHELIN
Une rue de Port-Joinville.

L'île d'Yeu pratique

OÙ S'INFORMER

Office du tourisme de l'île d'Yeu – *Pl. du Marché - 85350 Île d'Yeu - ✆ 02 51 58 32 58 - www.ile-yeu.fr - juil.-août : 9h-13h, 14h-19h, dim. et j. fériés 9h-12h30 ; avr.-juin et sept. : 9h-12h30, 14h-18h, dim. et j. fériés 9h-12h30 ; reste de l'année : 9h-12h30, 14h-17h30, dim. et j. fériés 9h-12h30.*

Capitainerie *-Port de Plaisance -85350 Île d'Yeu - ✆ 02 51 58 38 11 - horaires en fonction des marées.*

Température de l'air – Moyenne minimale 7,3 °C en janvier et 19,1 °C en août.

LIAISONS DEPUIS NOIRMOUTIER

Compagnie VIIV – *Pointe de la Fosse - BP 5 - 85630 Barbâtre - ✆ 02 51 39 00 00 (7j./7) - www.ile-yeu.com - avr.-sept. : traversée 45mn - embarquement au Sud de l'île, près des pontons de l'estacade de la Fosse - 28 € AR (-2 ans 3 €, 2-11 ans 14 €, 12-17 ans 20 €) - parking gratuit de 2 000 places à proximité.*

ACCÈS PAR LES AIRS

La **société Oya Hélicoptère** assure une liaison aérienne entre l'héliport de La Barre-de-Monts (continent) et celui de Port-Joinville (quai de la Chapelle, sur l'île d'Yeu). *✆ 02 51 59 22 22 - www.oya.atlantique-aviation.com - tte l'année - durée 10mn -réservation recommandée - 64 € AR (2-12 ans 38,40 €).*

Atlantic Air Lift assure une liaison régulière entre l'aéroport de Nantes-Atlantique (l'un des plus importants de France), à Bougenais (44340), et l'aérodrome de l'île d'Yeu, en moins de 30mn. Liaisons quotidiennes à partir du 15 avril : 2 vols/j. – dans les deux sens. *✆ 02 40 84 82 41 - www.atlanticairlift.com*

COMMENT CIRCULER SUR L'ÎLE

À l'arrivée, débarqué sur le quai, vous serez sollicité par les loueurs de vélos de Port-Joinville qui vous proposeront sensiblement les mêmes services (VTT, vélos hollandais, siège ou remorque couverte pour enfants) et les mêmes prix. En ce qui concerne les locations de voitures ou les taxis, peu nombreux, pensez à réserver suffisamment à l'avance. Un service de bus municipal (ID Bus) pourra aussi vous transporter dans l'île.

OÙ DORMIR

Hôtel L'Escale – *La Croix de port - 85350 Port-Joinville - ✆ 02 51 58 50 28 - yeu.escale@voila.fr - fermé 18 nov.-15 déc. - 28 ch. 36/65 € - ☕ 6,80 €.* Une escale aux couleurs de l'île, un peu à l'écart de l'activité du port. Murs blancs et volets jaunes pour la maison, meubles en tek et décor d'inspiration marine pour la salle des petits-déjeuners. Chambres simples, bien tenues.

Chambre d'hôte M. et Mme Cadou - *10 r. Ker-Guérin - 85350 St-Sauveur - ✆ 02 51 58 55 13 - fermé oct. - ⊭ - 3 ch. 30/50 €.* Cette maison est un des rares lieux d'accueil du pimpant village de Saint-Sauveur. En blanc et bleu, le décor de ses grandes chambres s'inspire de celui des navires. Et pour cause : monsieur est charpentier naval.
Par beau temps, le petit-déjeuner est servi dans le jardin.

Atlantic Hôtel – *Quai Carnot - 85350 Port-Joinville - ☎ 02 51 58 38 80 - atlantic-hotel-yeu@club-internet.fr - fermé 2-24 janv. - 15 ch. 54/70 € - ☕ 7 €.* Sur le port de pêche, au-dessus d'une poissonnerie, cet hôtel est une bonne adresse de l'île. On y accède par un escalier étroit à côté du magasin. Ses petites chambres modernes sont simples mais fonctionnelles et bien tenues.

Chambre d'hôte Villa Monaco – *Villa Monaco - 85350 Pointe-des-Corbeaux - ☎ 02 51 58 76 56 - www.villamonaco.info - 5 ch. 70/120 € ☕ - repas 22 €.* Cette maison vendéenne aux volets bleus située à l'extrémité Est de l'île vous séduira en premier lieu par son emplacement : depuis son jardin, la vue sur les deux côtes de la pointe est splendide. Les chambres sont à la fois simples et décorées avec goût. Gîte disponible en hiver seulement.

OÙ MANGER

Les Bafouettes – *8 r. Gabriel-Guist'hau - 85350 Port-Joinville - ☎ 02 51 59 38 38 - lesbafouettes@aol.com - fermé dim. et lun. sf d'avr. au 15 sept. - réserv. conseillée en été - 15,90/47 €.* Ce restaurant est devenu une adresse incontournable de l'île. La façade plutôt discrète dissimule plusieurs salles à manger feutrées où dominent le bois clair et les tons vert et oranger. Vous y dégusterez des produits de la mer préparés avec créativité.

Le Père Raballand – *6 pl. de la Norvège - 85350 Port-Joinville - ☎ 02 51 26 02 77 - www.lepereraballand.com - fermé déc.-fév. - réserv. conseillée en été et le w.-end - 16,90/39,80 €.* L'atout de ce restaurant très prisé est sa terrasse, couverte et chauffée hors saison, d'où l'on peut admirer les bateaux et profiter de l'animation du port. Intérieur décoré d'éléments d'accastillage, ambiance animée et cuisine de la mer simple.

QUE RAPPORTER

Marché – *Quai Carnot - 85350 Port-Joinville - www.ile-yeu.fr - tlj sf lun. 9h-13h (8h en été).* Parmi les 8 commerçants que compte ce tout petit marché, il faut vous arrêter chez Monsieur Branger : le meilleur boudin blanc de l'île - servi traditionnellement à l'occasion des fêtes de Pâques - se trouve sur l'étal de ce maître-artisan-charcutier, au milieu d'autres produits gourmands.

Surville – *15 quai Carnot - 85350 Port-Joinville - ☎ 02 51 58 72 01 - nov.-mars : 7h-13h ; avr.-oct. : 7h-13h, 15h30-20h.* Depuis 1931, les propriétaires de cette belle boulangerie traditionnelle se transmettent de père en fils le secret de fabrication des Min-Min, délicieuses spécialités de caramel fondant aux pruneaux et au beurre salé. À découvrir également, les pains aux céréales, au levain, au seigle, etc.

La Conserverie – *Quai Carnot - 85350 Port-Joinville - ☎ 02 51 58 38 16 - www.yeuconserverie.com - des vac. de printemps à fin sept., 1er nov. et 25 déc. : 9h30-12h30, 16h-19h.* Bernard et Caroline Hennequin ont remis au goût du jour les recettes des anciennes conserveries de l'île : spécialités à base de thon, rillettes de poissons (maquereaux, sardines), foie de lotte (ou « foie gras de la mer »), terrine d'huîtres fumées ou de seiches marinées…

Cotons Tissés – *13 r. de la Chaume - 85350 Port-Joinville - ☎ 02 51 58 55 50 – tlj sf dim. 10h30-12h30.* Cette boutique artisanale proche de Port-Joinville vend rideaux tissés, abat-jour, meubles, broderies, etc..

27 L'île de Ré★

CARTE MICHELIN LOCAL 324 C3 – CHARENTE-MARITIME (17)
8 532 HA – 15 000 RÉTAIS

Une île qui se joue, s'amuse des dégradés de blanc, des lumières océanes. Ici la blancheur d'un phare qui se dresse au-dessus des falaises et des plages, là une mosaïque de villages aux maisons basses blanchies à la chaux couvertes de treilles ou de glycines, là encore les teintes pâles de la fleur de sel et les écumes de l'Atlantique. Reliée à la terre ferme depuis 1988, voilà une île lumineuse, colorée, à sillonner à pied ou à vélo, partagée entre les vignobles, les bois de pins, les marais salants les villages paisibles. Avec ses paysages et ses activités variées, Ré invite aux plaisirs, à la détente, aux succulences. Parce que non contente de déployer ses parfums et son décor, l'île est aussi tournée vers la bonne chère. De quoi éveiller tous les sens.

ARRIVER À BON PORT

Depuis La Rochelle, à mi-chemin entre Nantes et Bordeaux, accès par un pont-viaduc. *Péage auto (conducteur et passagers compris), de mi-juin à mi-sept. : 16,50 € AR, 5 passages AR 67 € ; de mi-sept. à mi-juin : 9 € AR, 5 passages AR 27 €. Deux-roues motorisées : 2 €. Gratuit pour les cyclistes et les piétons. Possibilité d'abonnement temporaire - ✆ 05 46 00 51 10.*
La Rochelle en voiture : depuis Paris, suivre l'A 10/E 05 et prendre la sortie 33 (10 km après Niort) puis la N 11 direction Rochefort/La Rochelle/Surgères (pendant 60 km).
En train : liaison La Rochelle-Paris-Montparnasse, 3h par TGV Atlantique, puis correspondance en bus pour l'île de Ré.
En avion : aéroport de La Rochelle-Laieu *(coordonnées p. 156).*
Accès en bus depuis La Rochelle : *✆ 05 46 09 20 15 - www.aunis-saintonge.fr - le réseau Rébus (St-Martin-de-Ré) dessert toutes les communes de l'île de Ré à partir de La Rochelle (gare SNCF et pl. de Verdun) toute l'année. Il existe un forfait journée appelé «Ré en Liberté» pour visiter l'île (12,80 €).*
Pour se rendre à Sablanceaux-plage (après le pont) au départ de la gare de La Rochelle, contacter la RTCR - *✆ 05 46 34 02 22 - lun.-vend. : 8h30-12h15 et 14h-7h15 - horaires disponibles sur www.rtcr.fr*
En taxi : depuis la gare ou l'aéroport - ✆ 05 46 09 00 55.

LARGEZ LES AMARRES !

Croisières Inter-Îles – ✆ 0 825 135 500 (0,15 €/mn) - www.inter-iles.com - 18 € AR (-4 ans 2,40 €, -14 ans 12 €) - réserv. conseillée. Cette société organise 1 à 2 fois par semaine, en juillet et août, un service de traversée en bateau entre la Tranche-sur-Mer et St-Martin-de-Ré (trajet 45mn). Escale libre d'une journée : départ en début de matinée et retour en fin d'après-midi.

BON À SAVOIR

En panne d'idées pour vos sorties ? La solution se trouve dans le *Phare de Ré*, disponible chaque mercredi chez les marchands de journaux et consultable dans tous les Offices de tourisme, et, en version mensuelle, dans *l'Essentiel de l'Île de Ré et de La Rochelle*. Pour les internautes, il suffit de surfer sur le site www.iledere.fr
Comptez 1/2 journée pour découvrir St-Martin-de-Ré, 1 ou 2 journées selon que vous serez en voiture ou à vélo pour faire le tour de l'île, et, en saison, le temps qu'il faudra pour vous baigner.

Une terre d'histoire et de pierre

Abbaye, citadelle, fortifications massives et vieil hôtel constituent les plus belles pièces du patrimoine rétais, pleinement inscrit dans l'insularité. Et comme l'on trouve de tout sur l'île de Ré, vous pouvez aussi visiter le musée Ernest-Cognacq, négociant et fondateur des grands magasins de la Samaritaine, à Paris !

Le port de Saint-Martin-de-Ré.

St-Martin-de-Ré★

Le bourg le plus important de l'île, jadis place militaire puissante et port actif, est devenu une charmante cité aux rues étroites et paisibles, pavées et reluisantes de propreté, et qui dans l'ensemble ont gardé l'aspect classique du Grand Siècle.

Fortifications★ – Elles remontent au début du 17e s. mais ont été entièrement remaniées par Vauban. Afin de renforcer la défense des installations navales de Rochefort créées par Colbert en 1666, Vauban vint inspecter l'île de Ré en 1674. Il acheva la fortification de St-Martin-de-Ré en 1692. L'enceinte est percée de deux portes monumentales, la porte Toiras et la porte des Campani, précédées par des espaces demi-circulaires et pourvues de corps de garde sur leur face interne.

La citadelle – Édifiée en 1681, elle était déjà une prison sous l'Ancien Régime. On ne la visite pas, mais on peut parcourir les bastions du front de mer d'où l'on a de belles vues sur le Pertuis breton et le continent : remarquez les embrasures à canons et les tourelles de guetteurs. L'entrée principale est une majestueuse porte classique au fronton sculpté d'emblèmes guerriers ; face à cette porte, entre deux bastions, est aménagé le petit port particulier de la citadelle. En la dépassant ainsi que les tennis en contrebas, on atteint une plage de sable fin.

Musée Ernest-Cognacq – *Hôtel de la Clerjotte - en cours de restructuration, réouverture prévue pour 2007 - ✆ 05 46 09 21 22 - juil.-sept. : tlj sf mar. 10h-19h ; reste de l'année : tlj sf mar. 10h-12h, 14h-18h - fermé 1er janv. et 25 déc. - 4,20 €.*
Édifice mi-flamboyant mi-Renaissance qui fit office de demeure seigneuriale avant de devenir un arsenal, l'**hôtel de Clerjotte** accueille aujourd'hui ce musée du patrimoine rétais. Ses collections, offertes à l'origine par Ernest Cognacq, fondateur de la Samaritaine et originaire de St-Martin, se sont enrichies au fil des ans. Elles comprennent toutes sortes d'objets de marine, cartes et plans, dessins, gravures, costumes, faïences, porcelaines, et objets maçonniques évoquant l'histoire de l'île, son économie et ses traditions, tandis que des peintures offrent une rétrospective de la création artistique sur Ré.

Église St-Martin – *En haut de la rue de Sully (rue piétonne). Clocher : ✆ 05 46 09 58 25 - juil.-août : 9h30-23h30 ; sept.-juin : 10h à la tombée de la nuit - 1,60 € (enf. gratuit).*
Appelée « Grand Fort », en raison des défenses qui la protégeaient (encore visibles au transept), l'église date du 15e s. Ruinée par les bombardements de la flotte anglo-hollandaise en 1696, elle a été restaurée au début du 18e s. Une chapelle dédiée aux marins contient des ex-voto des 18e et 19e s.
Si vous êtes courageux, gravissez les 117 marches jusqu'au clocher pour profiter d'un joli **panorama** sur l'île.

Ancien hôtel des Cadets de la marine – Il abrite l'hôtel de ville et la poste. Ce bâtiment fut construit au 18e s. pour servir de logement à une compagnie de cadets des troupes de marine. Au début du 20e s., le propriétaire de l'édifice, Ernest Cognacq, en fit don à sa ville natale.

Ancienne abbaye des Châteliers

Visite libre ou guidée, proposée par la Maison du platin - 4 cours Félix-Faure - 17630 La Flotte - ☏ 05 46 09 61 39.

Sur la lande couvrant le promontoire des Barres, face au Pertuis breton, le vent joue dans les vestiges d'une abbaye cistercienne fondée au 12e s., et dont la guerre de Cent ans, puis les guerres de Religion ont entraîné la ruine. De l'abbatiale subsistent la façade et les murs dessinant une nef et un chevet plat à la mode de Cîteaux ; le chœur est percé d'une élégante baie. À gauche de l'église, les piliers et départs d'ogives attestent qu'il y eut là un cloître : des fouilles ont ramené au jour des chapiteaux, des pièces de monnaie et des squelettes.

Fort de la Prée

Entre La Flotte et Rivedoux, à 100 m de l'abbaye des Châteliers. ☏ 06 81 91 64 15 - www.fort-la-pree.com - Pâques-1er nov. : 10h-12h30, 15h-19h - visites libres ou organisées, commentées (contacter la Maison du platin) - 4 € (-12 ans 2 €).

Si son nom évoque « un pré humide recouvert à marée haute », c'est là un bâtiment militaire du 17e s, qui demeure le doyen des fortifications de l'île. Louis XIII en décida la construction en 1625. Bâti en étoile sur un estran rocheux, avec les pierres de l'abbaye des Châteliers, dressée à deux encablures et détruite deux ans plus tôt, il joua un rôle important lors du siège de La Rochelle.

Maison du platin

4 cours Félix-Faure - front de mer - 17630 La Flotte-en-Ré - ☏ 05 46 09 61 39 - Pâques-1er nov. - 3,70 € (enf. 2,10 €). Musée associatif de la Flotille en Pertuis (nom charentais désignant l'estran). La salle du rez-de-chaussée relate une histoire de l'île, des origines à aujourd'hui, avec ses traditions maritimes et populaires. Vestiges archéologiques, maquettes de bateaux, objets marins. Plusieurs panneaux, différentes pièces d'embarcadère, des photographies en noir et blanc évoquent la vie rétaise quand l'île était encore insulaire (jusqu'au 19 mai 1988). Des affiches, des coupures de presse rappellent la polémique sur la construction du pont. Au premier étage sont évoqués les coutumes et les métiers de l'île ; au second est exposé l'histoire de l'huître depuis son état sauvage jusqu'à la culture ostréicole moderne (la pièce la plus insolite étant l'exposition d'un vélo déposé dans un parc à huîtres pendant 21 mois et 22 jours, tout entier harnaché d'huîtres agrippées sur son cadre).

Prendre son temps

Forte de ses dimensions humaines, étirée sur à peine trois dizaines de kilomètres, l'île se prête volontiers à la balade, aux déambulations. Certaines promenades gagnent les plages, traversent les communes et les hameaux, les sous-bois, les dunes et les parcs à huîtres, d'autres mènent aux différents ports ou aux petites criques abritées. À chaque fois, un plein bol d'air vous attend.

SE PROMENER

À pied

L'île possède de véritables trésors, naturels ou créés par l'homme, qu'il convient de découvrir à pied, au détour d'un sentier, d'une venelle, d'un petit chemin. Des circuits de randonnées fléchés ont été mis en place pour gagner les sites les plus intéressants, à travers les plages, les villages, les bois ou les dunes. Le plus souvent, les temps de parcours sont indiqués. *Cartes disponibles dans les offices de tourisme.*

À vélo

Si vous n'avez pas la possibilité d'emmener votre vélo, on trouve sur place nombre de locations de cycles. Du Nord au Sud, d'Est en Ouest, vous pouvez traverser l'île au rythme de vos envies. Le sommet culminant à seulement 19 mètres au-dessus du niveau de la mer, la petite reine est très largement utilisée. Près de 100 kilomètres de voies cyclables sur cinq circuits balisés (marais, campagne, littoral, forêt et histoire) permettent de découvrir la diversité des lieux.

Les plus belles balades

Autour d'Ars-en-Ré, itinéraire urbain entre océan et marais salants (2h à 2h30) ; à partir de La Flotte, l'abbaye des Châteliers (2h30) ; le sentier de la mer et des bois, circuit des sables à Sainte-Marie-de-Ré (1h15) ; du centre-bourg à Plage Sud au niveau de Rivedoux, circuit plage…

Depuis la sortie du pont, à Rivedoux-Plage, de l'abbaye des Châteliers au fort de la Prée, de Sainte-Marie au vieux port de La Flotte… *Les offices de tourisme proposent gratuitement plans et circuits.*

À cheval

L'île a conservé de ses traditions agricoles la présence du cheval. Avec la fin des charrues, le voilà galopant sur les plages. Plusieurs centres équestres proposent stages et leçons tous niveaux.

Centre équestre de Ré – *17590 Saint-Clément-des-Baleines (les Portes-en-Ré) - ✆ 05 46 29 46 48 ou 06 16 27 18 16 - tte l'année* – promenades et randonnées diverses. Stage d'initiation et perfectionnement. Passage des galops.

Les Petites écuries du marais – *17590 Ars-en-Ré - ✆ 05 46 29 68 68 ou 06 16 46 08 89 - tte l'année, sur réservation* – randonnées découvertes à travers les plages, les forêts et les marais.

Les Écuries du moulin Moreau – *Rte de La Noue - 17630 La Flotte - ✆ 05 46 09 32 34 ou 06 09 23 39 26 - tte l'année* – leçons, promenades, stages d'élevage ; commerce de chevaux et poneys.

ICI ET LÀ

Des villages typiques, des hameaux, des lieux où il fait bon flâner, passer du temps… Voici un florilège de sites à découvrir. *Reportez-vous à la carte.*

Port de St-Martin-de-Ré

Sa forme est originale : le bassin enserre l'ancien quartier de marins, aujourd'hui bordé de commerces, qui forme presque un îlot au centre du port. Au 17e s., il connut une époque de prospérité grâce à ses relations commerciales avec le Canada et les Antilles.

Parc de la Barbette

À St-Martin-de-Ré.

À l'abri des fortifications, on découvre de très beaux arbres, parfois abîmés par les tempêtes : pins, chênes verts, acacias, robiniers. On peut aussi y voir des ânes culottés, vêtus d'un chapeau de jardinier et d'un pantalon rayé ou à carreaux, afin de les protéger des mouches, des moustiques et des herbes coupantes ! Tel que cela se pratiquait autrefois dans les marais salants. Une agréable promenade surplombe la mer, offrant une vue sur la côte Sud-vendéenne au loin.

Ars-en-Ré★

Un réseau de ruelles, si étroites qu'il a fallu tailler les angles des maisons pour que les attelages puissent virer, s'enchevêtre dans le centre d'Ars, dont le port recevait les vaisseaux de Hollande et de Scandinavie venus embarquer le sel.

Sur la place centrale, ancien cimetière maintenant remblayé et planté d'ormes, s'élève l'église St-Étienne. Son clocher effilé est peint en blanc et noir pour servir de repère aux marins. Un portail roman précède la nef de même époque, renforcée par d'épaisses

L'escalier hélicoïdal du phare des Baleines.

nervures en ogives. Le chœur gothique, plus long que la nef et flanqué de larges collatéraux, porte des voûtes bombées angevines.
Rue Gambetta, proche de l'église, maison du Sénéchal, Renaissance, à deux tourelles d'angle.

Les Portes-en-Ré

Accès par la D 101 depuis Ars-en-Ré.
Cet ancien village de sauniers est surnommé « le bout de l'île ». À la sortie Est, remarquez la curieuse chapelle de la Redoute qui cache en fait une ancienne poudrière.

La conche des Baleines

Depuis les Portes-en-Ré, un petit chemin forestier permet d'atteindre cette grande baie bordée de dunes qui dessine une magnifique courbe. À l'époque romaine, des centaines de baleines seraient venues s'y échouer, d'où son nom.

Bois de Trousse-Chemise

Accès depuis les Portes-en-Ré.
Rendue célèbre par la chanson écrite et interprétée par Charles Aznavour, cette vaste pinède, enclavée dans les résidences secondaires, est agréablement aménagée (panneaux de découverte de la faune et de la flore des dunes). Elle donne accès à la plage de la pointe du Fier d'Ars.

Flottille-en-Pertuis

La Maison du platin - 4 cours Félix-Faure - front de mer - 17630 La Flotte-en-Ré - ☏ 05 46 09 61 39 - avr.-1er nov.
Installée dans les murs de la Maison du Platin, cette association propose différentes visites guidées de l'île : les parcs à huîtres, le fort de la Prée, les vieux quartiers de la Flotte-en-Ré, des promenades à vélo (réservées à un public familial) sur des parcours adaptés.
Des activités spécifiques sont également programmées pour les enfants de 6 à 12 ans : pêche à pied (départ à marée basse, mais prévoir cependant des bottes), à la découverte des coquillages, chasse au trésor au Fort de la Prée sur le principe d'un jeu de piste, avec rébus, devinettes, histoire des lieux…

Le « plus » nature

Couvrant cinq fois moins de surface qu'autrefois, la vigne de l'île produit un vin de pays charentais (blanc, rouge ou rosé), au léger goût d'algue, le traditionnel cognac et surtout le fameux pineau des Charentes (qui vaut bien celui d'Oléron). Attachés à leurs traditions, les agriculteurs cultivent aussi une pomme de terre primeur, aujourd'hui reconnue en AOC (appellation d'origine contrôlée).
Plus terriens que marins, les Retais ne retiennent des fruits de mer guère que le goémon (algue également appelée « sart »), ramassé à l'aide de grands râteaux, les coquillages ou les crevettes, qui pullulent sur le « platin » rocheux entourant le littoral et visible à marée basse.

Observer, découvrir

Les Rétais ont fait de leur petite île un paradis d'émotions et de connaissances. À côté d'un musée pédagogique exposant l'histoire de ses hommes et de sa terre, quelques sauniers récoltent le sel dans la plus grande tradition, d'autres artisans cultivent amoureusement la vigne. Dans la réserve de Lilleau se bousculent en vol nombre d'espèces d'oiseaux rares ; des passionnés ont conservé une poignée d'écluses à poissons, tandis que l'Arche de Noé présente perroquets, singes et lémuriens…

Écomusée du Marais salant

Environ 1 km avant le village le Loix, sur la gauche ; suivre les panneaux indicateurs. ✆ 05 46 29 06 77 - www.marais-salant.com - ♿ - visite guidée (dernière visite 1h av. fermeture) juin-sept. : 10h-12h30, 14h-19h ; de déb. oct. à mi-nov. : 14h-17h30 ; de mi-fév. à déb. avr. : 14h30-17h30 ; avr.-mai : 14h-18h - 4,20 € (-8 ans gratuit).

Dans ce petit centre d'interprétation en bordure du Fier d'Ars, un guide vous explique autour d'une maquette les techniques de production du sel et de la fleur de sel, puis vous invite à le suivre pour une visite sur le terrain. Vous partez ainsi à la découverte d'un marais salant rétais et de son vaste circuit d'évaporation, et pouvez suivre le long cheminement de l'eau de mer du **vasais** (réservoir d'eau salée et bassin de décantation) jusqu'aux ultimes **aires saunantes** où, l'eau arrive à saturation et où le sel se cristallise. Vous aurez également l'occasion, selon la saison, de vous initier au maniement des outils du saunier (simoussi, souvron, lousse, rouable, boguette). Concluez la visite par la boutique où sont vendus différents produits des marais : gros sel, sel aromatisé, salicorne, caramels à la fleur de sel, etc.

Phare des Baleines★

Juil.-août : 9h30-19h30 ; avr.-juin : 10h-19h ; reste de l'année : 10h30-17h30 - 2,50 € (enf. 1,30 €). Point culminant de l'île (hauteur : 55 m), le Grand Phare fut construit en 1854 pour remplacer une tour-fanal plus ancienne, la **Vieille Tour** (1682), qu'on repère à proximité du rivage. On monte au sommet du Grand Phare par un escalier hélicoïdal de 257 marches débouchant sur une galerie ; de là s'offre un superbe **panorama★** embrassant les côtes de Vendée, le Pertuis breton et la pointe de l'Aiguillon à l'Est, Ré au Sud-Est, Oléron au Sud. À marée basse, on distingue les écluses à poissons, aménagées à la pointe.

Le plus haut phare

Nul hasard si le **phare des Baleines** fait écho aux cétacés. Pline l'Ancien, naturaliste romain, rapportait déjà dans ses ouvrages, au premier siècle après Jésus-Christ, l'existence du géant des mers sur cette côte. Beaucoup de ces mammifères venaient s'y échouer.

L'Arche de Noé - Amazonia

À St-Clément-des-Baleines, à environ 500 m du phare des Baleines. Suivre les panneaux indicateurs. ✆ 05 46 29 23 23 - www.parc-archedenoe.com - juin-août : 10h30-20h ; de déb. sept. à mi-oct. 14h-18h ; de mi-oct. à fin mai dim. et vac. de fév. et Noël 14h-18h - 10 € (enf. 7 €).

Ici, une multitude de **perroquets**, des singes, des porcs-épics, des lémuriens, des flamants roses évoluent en toute liberté, dans un luxuriant décor de bambous, cactés et autres plantes exotiques, pour former une arche de Noé singulièrement colorée. Mais cette jungle recèle bien d'autres trésors d'un éclectisme surprenant. On notera tout particulièrement le superbe **Naturama★** et ses animaux naturalisés du monde entier, présentés dans de beaux décors reconstitués ; la quarantaine de vitrines du petit musée de la navigation ; les coraux, éponges, coquillages et huîtres perlières de l'espace océanographique ; une collection de plus de 7 000 papillons et insectes des quatre coins du monde ; des personnages en cire retraçant, façon musée Grévin, l'histoire du bagne de l'île de Ré, etc. Les amateurs de spectacles apprécieront aussi, dans l'Arche de Noé, les concerts d'orgue et synthétiseurs du **musicarium**, et dans le parc Amazonia *(de l'autre côté de la route)*, les **vols libres de perroquets** au-dessus-des ruines d'un temple inca.

Maison du Fier

Le Vieux Port - 17880 Les Portes-en-Ré - ✆ 05 46 29 50 74 - www.lilleau.niges.reserves-naturelles.org - ♿ - de mi-juin à mi-sept. : tlj sf sam. matin 10h-12h30, 14h30-19h ; de déb. fév. à juin et de mi-sept. à mi- nov. : 14h30-18h - 3 € (enf. 2 €).

Pour vous initier aux richesses naturelles et humaines de l'île de Ré, et plus particulièrement celles du Fier d'Ars, faites une halte dans cet ancien hangar à sel, à deux pas de la réserve ornithologique de Lilleau-des-Niges.

Vous y découvrirez des expositions thématiques et des idées d'activités-découverte sur la faune, la flore, les traditions… Un morceau de vie sauvage géré par la LPO (Ligue pour la protection des oiseaux).

Réserve naturelle de Lilleau-des-Niges

05 46 29 50 74 - www.lilleau.niges.reserves-naturelles.org - - visite libre aux abords de la réserve naturelle - des sorties naturalistes, sur réservation, sont régulièrement proposées par la Maison du Fier - 6 € (enf. 4 €).

Établie sur de riches vasières et d'anciens marais salants, cette réserve est peuplée de milliers d'oiseaux regroupés en plus de 250 espèces, certains en cours de migration, d'autres venus nicher : courlis cendrés, pluviers argentés, sarcelles, bernaches. Vous pourrez les découvrir à pied, lors de visites accompagnées, ou de la piste cyclable reliant les Portes à Ars. Et au cours de votre balade, ne vous étonnez pas de la présence inattendue de quelques moutons écossais dont le broutement efficace facilite l'entretien des étendues herbeuses. Des ateliers «nature» sont organisés pour les enfants.

Maison du magayant

61 cours des Jarrières - 17740 Ste-Marie-de-Ré - 05 46 37 47 50 - de mi-juin à mi-sept. : 10h-12h, 15h-19h ; de déb. avr. à mi-juin de mi-sept. à fin sept. : tlj sf mar. 14h-18h - 3,50 € - possibilité de visite guidée des écluses à poissons - 4 €.

Logé dans l'ancien atelier d'un chauleur, ce petit écomusée est entièrement dédié au patrimoine culturel, biologique et environnemental de l'estran rétais, domaine du « magayant » ou paysan de la mer. Il propose notamment des visites guidées d'**écluses à poissons** de l'île. Témoins d'un savoir-faire ancestral, ces fragiles murets bâtis en pierre sèche sont aujourd'hui en voie de disparition et font l'objet d'importants efforts de sauvegarde et de restauration.

Écluses à poissons

Pour les visites, s'adresser à la Maison du magayant (cf ci-dessus) ou à l'ADEPIR (Association de défense des écluses à poissons de l'île) - 8 bis r. de la Terre-Rouge - 17740 Ste-Marie-de-Ré 05 46 30 25 28 - conférences et expositions itinérantes sur demande.

Recouverts à marée haute, ces murets de pierre en arc ont l'avantage de retenir le poisson prisonnier dès lors que la mer se retire. Ce type de pêche, unique en France, né au Moyen Âge, a aujourd'hui quasiment disparu. Au début du siècle, l'île comptait près de 140 écluses à poissons. Il en reste une petite dizaine, maintenue en l'état par des amateurs passionnés.

Au rythme des marées

L'île de Ré peut s'enorgueillir de plages aux caractères différents, imprimées par Dame Nature. Autant de petits bonheurs faits de sable d'or ! Voile, surf, canoë et catamaran, planche à voile et kayak de mer… Que ne manque-t-il pas sur l'île pour prendre la mer, jouer avec, s'en amuser, se dépenser ?

Les plages

À chaque lieu son espace idyllique. Au sortir du pont, **Rivedoux** propose sa plage Sud (surveillée), au sable doré ; plus au Nord, suivant la côte Ouest, Sainte-Marie-de-Ré répand allègrement sa plage de **Basse Benaie** aux portes d'une côte sauvage préservée, tandis qu'à Bois-le-Plage s'étend un sable blond bordé de pins, de la **plage du Gros Jonc** (surveillée) à celle du **Pas des Bœufs**, grimpant jusqu'à la Couarde, partagée entre les plages de la Pergola et du Peu Ragot (également surveillée) elles aussi bordées de pins et de tamaris.

Tout au Nord, à la **pointe du Lizay**, face aux brises océanes, au niveau des Portes-en-Ré, la nature offre de petites criques tranquilles et abritées, propices aux douces baignades et à la contemplation… Sur la côte Est, la **plage de l'Arnérault** à La Flotte est également surveillée.

Enfin, les plages des Gallandières et de Gros Jonc (à Bois-Plage-en-Ré), du Peu Ragot (à La Couarde) et de la Clavette (à La Flotte) possèdent un club, riche en activité pour les enfants.

Écoles françaises de voile

Diversement situées sur l'île, ouvertes toute l'année, labellisées par la FFV (Fédération française de voile), elles proposent des cours pour tous niveaux, aux adultes comme aux enfants, des initiations en bassin avec catamaran, dériveurs ou planches…

Voici quelques adresses pour vous aider à choisir :

Centre nautique d'Ars-en-Ré – *27 quai de la Criée - 17590 Ars-en-Ré - 05 46 29 23 04.*

Centre Nautique Goizil – *Rte Goizil - 17670 La Couarde-sur-Mer - ✆ 05 46 29 82 40.*

Centre Nautique et de plein-air – R. *de la Surveillance - 17940 Rivedoux-Plage - ✆ 05 46 09 50 57.*

Club Nautique Portingalais – *1 prom. de la Mer - 17880 Les Portes-en-Ré - ✆ 05 46 29 61 36 ou 06 64 64 76 96*

Canoë ou surf ?

Deux lieux pour la pratique du canoë en saison : dans **le marais de Loix** ou dans le **Fier d'Ars**. Promenade de 2 à 3h. Renseignements et inscription en fonction des marées et de la météo. Location de matériel possible. *Office du tourisme de Loix-en-Ré ✆ 05 46 29 07 91 - 20 €/pers.*

Ré surf – *Plage du Gros-Jonc - 17580 Le Bois-Plage-en-Ré - ✆ 06 30 08 12 81.* Stage et initiation de surf et body-board.

Pêche en mer et promenade maritime

Pêche en mer – *Port de St-Martin-de-Ré - ✆ 06 74 18 22 16* – un équipage, avec skipper et marin qualifiés, vous permet de découvrir, sur une journée, les possibilités de pêche alentour (matériel fourni). Balade d'1h30 du côté du Fiers d'Ars, pour assister notamment au coucher de soleil.

Croisières inter-îles – *✆ 0 825 135 500 (0,15 €/mn) - avr.- sept.* – liaisons régulières à partir de Sablanceaux ou de St-Martin-de-Ré vers l'**île d'Aix** (avec approche du célèbre fort Boyard). Des croisières sont également organisées en sais. vers **La Rochelle et l'île d'Oléron**. 5 formules au choix.

Les cabanes ostréicoles

Une position géographique, des marais salants reconvertis, une topographie et des traditions ne pouvaient lui échapper : l'huître fine et spéciale de claire s'est imposée en figure incontournable de l'île, introduite dans La Fosse de Loix et le Fier d'Ars. Au détour des parcs se distinguent ici et là les cabanes d'ostréiculteurs, tantôt en bois, tantôt en dur. Vente aux particuliers et dégustations assurées !

S. Roussillon / Montgomery Ouest

L'huîtrière de Ré

Route d'Ars - la Maison Neuve - 17590 Ars-en-Ré - ✆ 05 46 29 44 24 - avr.-1er nov., vac. scol. merc.-jeu. à 18h visite libre ou commentée. Dirigée par Brigitte et Tony Berthelot, cette ferme « découverte » est consacrée à l'histoire du coquillage sur l'île. Vente à emporter.

Les pieds dans l'ô

335 av. de la Corniche - 17940 Rivedoux-Plage - ✆ 05 46 68 05 68 ou 06 77 77 10 18. Juil.-août : 10h-15h, 18h-21h. Face à l'étendue des parcs, fines et spéciales de claire s'offrent pour une dégustation sur le pouce et dans un décor surprenant : les pieds dans l'eau ! En effet, le propriétaire des lieux a aménagé là tables et chaises dans un petit espace, tel un parc à huîtres en miniature, recouvert d'une dizaine de centimètres d'eau. De quoi donc déguster des huîtres de façon très originale.

La Rhétaise

Route de Loix - 17670 La Couarde-sur-Mer - ✆ 05 46 28 20 64 - Pâques-1er nov. Huîtres, moules, palourdes (en mai et octobre, selon disponibilité). Vente à emporter et dégustation à toute heure.

La Cabane du Feneau

Rte de la Passe - 17670 La Couarde-sur-Mer - ✆ 05 46 30 43 68 - de Pâques à sept. et vac. de Toussaint. Entre la Passe et Loix-en-Ré, en plein marais, dans un cadre charmant, dégustation et vente à emporter d'huîtres, de palourdes et de gambas.

Ré pratique

OÙ S'INFORMER

10 bureaux d'Office de tourisme sont éparpillés dans l'île, à Ars-en-Ré, Le Bois-Plage-en-Ré, La Couarde-sur-Mer, La Flotte, Loix, Les Portes-en-Ré, Rivedoux-Plage, St-Clément-des-Baleines, Ste-Marie-de-Ré et St-Martin-de-Ré. Voici les coordonnées de trois d'entre eux :

Office du tourisme de Rivedoux-Plage – *Av. Gustave-Perreau - 17940 Rivedoux-Plage - 05 46 09 80 62 - sept.-juin : lun.-sam. 9h-12h et 13h-17h ; juill.-août : lun.-sam. 9h-12h30 et 13h30-18h30, dim. et j. fériés 9h30-12h30.*

Office de tourisme du Bois-Plage-en-Ré – *87 r. des Barjottes - 17580 Le Bois-Plage-en-Ré - 05 46 09 23 26 - www.leboisplageenre-tourisme.com - juil.-août : 8h30-19h, dim. 9h-13h ; reste de l'année : 9h-12h, 14h-17h.*

Office de tourisme d'Ars-en-Ré - *26 pl. Carnot - 17590 Ars-en-Ré - 05 46 29 46 09 - juil.-août : 10h-13h, 14h-19h, dim.10h-13h ; reste de l'année : tlj sf dim. 10h-12h30,14h-18h (lun. et sam.17h30).*

Il existe 3 ports de plaisance, 3 capitaineries ouvertes au gré des marées et des saisons.

Mairie de La Flotte, bureau du port – *quai Sénac - 17630 La Flotte - 05 46 06 67 66.*

Mairie de St-Martin-de-Ré, bureau du port – *Quai Daniel Rivaille - 17410 St-Martin-de-Ré - 05 46 09 26 69.*

Capitainerie du port d'Ars-en-Ré – *Quai de la Criée - 17590 Ars en Ré - 05 46 29 25 10 - www.ars-en-re.fr - vac. de Pâques, j. fériés et w.-end, de Pâques à mi-juin et de mi-juin à mi-sept. : horaires en fonctions des marées (2h avant et après la pleine mer dans la limite de 8h-22h) ; hors sais. : lun.-vend. 9h-12h30, 14h-17h30.*

Température de l'air – Moyenne de 6,6 °C en janvier et de 20 °C en août. 115 jours de pluie / an.

COMMENT CIRCULER SUR L'ÎLE

La location de vélos est possible partout dans l'île, où les Offices de tourisme suggèrent 5 parcours balisés évocateurs des divers visages de Ré : chemins de la Forêt, du Littoral, des Marais, de la Campagne et de l'Histoire.
Renseignements à l'Office de tourisme.

Parmi les adresses :

Cycland – *8 magasins, à Sablanceaux Rivedoux - 05 46 09 97 54 - www.cycland.fr - dépannage gratuit.*

OÙ DORMIR

Hôtel L'Hippocampe – *R. du Château des Mauléons - 17630 La Flotte - 05 46 09 60 68 - 12 ch. 35/60 € - 5 €.* Cette maison qui date de 1927 profite du calme d'une paisible rue du village. Ses petites chambres restent modestes, mais leur décoration a été remise au goût du jour : literie neuve, peintures et papiers peints refaits. En été, petit-déjeuner servi en terrasse.

Chambre d'hôte Hefloda-Carlus – *14 r. de la Beurelière - 17740 Ste-Marie-de-Ré - 05 46 30 26 81/06 88 83 10 56 - 3 ch. 40/55 € selon période.* Dans une ancienne ferme, au détour d'une jolie venelle, des chambres de deux à quatre personnes pourvues de salles d'eau et de toilettes privées. Cuisine, salon commun et parking fermé.

Camping Interlude – *Plage de Gros-Jonc - 17580 Le Bois-Plage-en-Ré - 4 km au S de St-Martin par D 201^{E2} puis rte de Gros-Jonc - 05 46 09 18 22 - infos@interlude.fr - ouv. 9 avr.-2 nov. - réserv. obligatoire - 300 empl. 39 € - restauration.* À 150 m de la plage, dans un parc paysager, vous aurez le loisir de choisir entre la tente, le mobile home et le chalet. Côté détente et sports : piscines, couverte et de plein air, pétanque, ping-pong et salle de remise en forme vous attendent. Les enfants ne manquent pas de jeux non plus.

Hôtel Sénéchal – *6 r. Gambetta - 17590 Ars-en-Ré - 05 46 29 40 42 - hotel.le.senechal@wanadoo.fr - fermé 3 janv.-14 fév. et 13 nov.-19 déc. - 20 ch. 60/170 € - 8 €.* Ce vieil hôtel rétais vient de s'offrir une cure de rajeunissement sous l'impulsion de son propriétaire, architecte de formation. Pierres blanches, boiseries claires et tissus de couleur font le cachet des chambres rénovées. Agréable patio où l'on sert le petit-déjeuner à la belle saison.

Chambre d'hôte Le Clos Bel Ébat – *17 r. de la Grainetière - 17630 La Flotte - 05 46 09 61 49 - fermé janv. à mars - 3 ch. 72/92 €.* Les jolies petites chambres (louées en saison pour deux nuits minimum) de cet ancien chai sont parfaites pour les séjours en amoureux ou pour une grande famille (portes communicantes, cuisinette et terrasse). Délicate attention, le panier petit-déjeuner déposé chaque matin sur votre seuil…

Chambre d'hôte Domaine de la Baronnie – *21 r. Baron-de-Chantal - 17410 St-Martin-de-Ré - 05 46 09 21 29 - www.domainedelabaronnie.com - fermé 4 nov.-28 mars - 6 ch. 140/200 € - 15 €.* Une adresse rare sur l'île ! Ce superbe hôtel particulier classé, restauré avec goût, propose des chambres calmes, au confort raffiné. L'une d'elles, en duplex dans la tour, offre une vue ravissante sur le jardin et les toits de St-Martin. Petit-déjeuner servi dans une charmante salle.

OÙ MANGER

Le Martin's Pub – *Quai de la Poithevinière - 17410 St-Martin-de-Ré - 05 46 09 15 87 - fermé de mi nov. à déb. fév. et lun. sf juil.-août - 10/25 €.* Bien situé face au port, ce pub au décor typiquement britannique propose une cuisine traditionnelle et des menus attractifs à prix sages. On y propose également crêpes, glaces et sorbets. Bar animé à partir de 22h, nombreux cocktails.

La Poissonnerie Dégustation du Port – *4 quai de Sénac - 17630 La Flotte - t 05 46 09 04 14 - fermé du 16 nov. à déb. mars sf vac. de Noël - 18/35 €.* Une poissonnerie dotée d'une cuisine ouverte et d'une terrasse directement installée sur les pavés du port : voilà une formule qui ne manque pas de fraîcheur ! Tous les matins, les poissons arrivent de La Rochelle puis sont préparés à l'annonce ou simplement à emporter. Délicieuses huîtres de Gillardeau.

Les Embruns – *6 r. Chay-Morin - Îlot - 17410 St-Martin-de-Ré - 05 46 09 63 23 - helene.berenguer@wanadoo.fr - fermé dim. soir et merc. hors sais. sf vac. scol. et j. fériés - 19/40 €.* Ce petit restaurant sert une cuisine de la mer évoluant avec le marché et les saisons. Intérieur aux tons brique et beige, rehaussé d'ustensiles de pêche. Les suggestions du jour sont inscrites sur l'ardoise posée au milieu des tables, qui portent toutes le nom d'un village rétais.

La Bouvette – *Le Morinand - 17580 Le Bois-Plage-en-Ré - 2 km au SE de St-Martin-de-Ré par D 201E2 - 05 46 09 29 87 - fermé 20 nov.-20 déc. - 21/38 €.* À côté du moulin de Morinand, cet ancien chai abrite un restaurant. À l'intérieur, vous dégusterez des poissons de la pêche du jour grillés au feu de bois et quelques viandes. La carte, à l'ardoise, change avec les saisons. Ambiance très décontractée.

Le Chat Botté – *20 r. de la Mairie - 17590 St-Clément-des-Baleines - 05 46 29 42 09 - rest.-lechatbotte@wanadoo.fr - fermé 1er déc.-1er fév. et lun. du 15 sept. au 15 juin - 22/60 €.* Cette maison de pays veillée par le clocher de l'église est tenue par la même famille depuis sa construction en 1920. Sa grande salle à manger offre un cadre rénové : boiseries, tons bruns, tableaux et deux maquettes de bateaux. Agréable terrasse prolongée par un jardin. Cuisine traditionnelle faisant la part belle aux produits de la mer.

Le Bistrot de Bernard – *1 quai de la Criée - 17590 Ars-en-Ré - 05 46 29 40 26 - bistrot.de.bernard@wanadoo.fr - fermé 6 janv.-15 fév., 11 nov.-20 déc., lun. et mar. d'oct. à mars - 24/32 €.* Cette vieille maison de pays ne manque pas de charme : jolie salle à manger ouverte sur une cour-jardin, sculptures en bronze et cadres en mosaïque réalisés par le patron et terrasse dressée face à l'animation portuaire. Décoration balnéaire en accord avec la cuisine de poissons.

QUE RAPPORTER

Marché Médiéval – *R. du Marché - 17630 La Flotte - 05 46 09 60 13 - mairie@laflotte.fr - 8h-13h.* Dans le joli port de La Flotte, tous les matins de 8h à 13h, un pittoresque marché médiéval occupe les halles, dont les tuiles, poutres, piliers et pavés n'ont pas changé d'un pouce depuis le 12e s. ! Sous le préau, une trentaine de professionnels proposent viandes, pain, fruits, légumes, poissons et coquillages.

Marchés – Tous les matins en saison : Ars (pl. du Larché d'Été), Le Bois-Plage (pl. R.-Dupeux), La Couarde (pl. du Marché), La Flotte (Vieux Marché), Loix (pl. de la Mairie), Les Portes (pl. de la Liberté), Rivedoux (marché couvert), St-Clément (pl. de l'Église), Ste-Marie (pl. d'Antioche), La Noue (Cours des Écoles), St-Martin (r. Jaurès).

La Ferme Marine – *Rte de Loix - 17670 La Couarde-sur-Mer - 05 46 29 82 57 - tlj sf dim. 8h-12h30, 14h30-18h - fermé janv. et j. fériés.* Un environnement plaisant au cœur des marais salants, la découverte de l'élevage des huîtres et des gambas et la possibilté de faire une dégustation de fruits de mer constituent les trois bonnes raisons de visiter cette ferme marine.

L'Île en Ré-ve – *10 r. de Sully - 17410 St-Martin-de-Ré - 05 46 09 02 96 - été : 9h30-22h ; hors sais. : tlj sf mar. 10h30-12h30 ; 14h30-19h - fermé janv.* Cette boutique présente une sélection de produits locaux, vendus au détail ou en panier garni : pineau, bière « La Blanche de Ré », fleur de sel, salicornes et miel.

Saveurs de Ré – *Rte de Ste-Marie - 17580 Le Bois-Plage-en-Ré - 05 46 09 23 09 - visite juil.-août : 10h30 et 15h30 ; avr.-juin et sept. : tlj sf dim. 9h-12h, 14h-18h ; juil.-août : tlj sf dim. 9h-12h30, 14h30-19h ; oct.-mars : tlj sf w.-end 9h-12h, 14h-18h - fermé 1er janv., 1er Mai, 25 déc. et dim.* Cette coopérative regroupe 70 viticulteurs insulaires, mais aussi des producteurs de sel et des maraîchers. La boutique, joliment nommée « Saveurs de Ré » vous permettra de ramener chez vous quelques délicieux souvenirs.

La Chèvrerie – *Chemin du Corps-de-Garde. 17111 Loix - 05 46 29 04 11 - 17h30-20h.* Visite de la ferme et vente de fromages de chèvre sur place.

28 L'île d'Aix★ et l'île Madame

CARTE MICHELIN LOCAL 324 C3 – CHARENTE-MARITIME (17)
AIX : 130 HA, 186 AIXOIS – MADAME : 85 HA

L'une est accessible à marée basse, l'autre s'enorgueillit de son exceptionnel décor naturel et cultive ses caractères insulaires. Distantes d'une poignée de milles, l'île Madame et l'île d'Aix ont en commun de faire partie de ces petites îles, estampillées charentaises, chargées d'histoire, propices à la promenade et aux déambulations baignées de lumières océanes… La première se prête aux courtes visites, la seconde aux séjours romantiques, aux doux moments de paresse sur les plages, aux randonnées pédestres et cyclistes… en somme, deux îles qui méritent une halte et un détour.

ARRIVER À BON PORT

Pour gagner l'île d'Aix depuis le continent, embarquez toute l'année à **Fouras**, et en saison, également à La Tranche-sur-Mer, La Rochelle ou Port-des-Barques.

Pour l'île Madame, empruntez, à marée basse, la passe aux bœufs depuis Port-des-Barques.

Se rendre à Fouras – Depuis Paris, emprunter l'autoroute A 10 jusqu'à la sortie 33. À Surgères, prendre la direction de Tonnay-Charente puis de Rochefort et La Rochelle. En train : TGV Paris Montparnasse-La Rochelle en moins de 3h, puis liaison par autocar.

Rejoindre Port-des-Barques – Depuis Paris, comme pour aller à Fouras, emprunter l'autoroute A 10 jusqu'à la sortie 33, puis la D 911 et 9 km après Epannes, prendre la direction Surgères/Rochefort. Continuer sur les routes départementales (D 733, D 238 et D 125) en direction d'Echillais et Les Lauriers. En train : TGV Paris Montparnasse-Rochefort puis correspondance par autocar.

LARGUER LES AMARRES !

Le **service maritime de l'île d'Aix** assure, toute l'année en 30mn, une liaison régulière et quotidienne depuis Fouras (pointe de la Fumée). Haute sais. (mai-oct.) : 11,50 € (enf. 4-11 ans : 8 €) ; basse sais. (janv.-avr. et nov.-déc.) : 7,50 € (enf. 4-11 ans : 5,20 €) - ✆ 0 820 16 00 17 (0,12 €/mn) - www.service-maritime-iledaix.com – guichets ouverts tlj juil.-août, 7h30-19h – un parking public est mis à disposition à 200 m de l'embarcadère – stationnement payant du 10 mars au 20 oct. Gratuit -1h puis 1,10 €/h ✆ 05 46 84 57 44.

Les Croisières Inter Îles – ✆ 0 825 13 55 00 (0,15 €/mn) - www.inter-iles.com – en saison, virée en mer et d'une escale à l'île d'Aix (entre 1h et 5h) avec une approche du fort Boyard. Au départ de La Rochelle, La Tranche-sur-Mer, l'île de Ré (Sablanceaux) ou l'île d'Oléron (Boyardville ou St-Denis-d'Oléron).

La Fée des îles – 17730 Port-des-Barques - ✆ 06 17 92 81 65 ou 06 81 93 81 11 - avr.-sept. - 15 € (-3 ans : 5 €, 4-12 ans : 10 €). Croisières commentées. Départ de Port-des-Barques, tlj à 9h, approche de Fort Boyard et arrivée 1h après sur l'île d'Aix. Rémbarquement à 18h15.

BON À SAVOIR

Il n'y a pas de liaison entre les deux îles.

Lorsque vous empruntez la passe aux bœufs pour gagner l'île Madame, prévoyez 30mn de battement par rapport aux horaires indiqués sur la brochure (distribuée dans les offices de tourisme de la région). Reliés aux conditions météo, susceptibles de modifications, ces horaires doivent donc être considérés avec réserve. En cas de doute, contactez le Syndicat d'initiative de Port-des-Barques.

Événement annuel incontournable de l'île d'Aix, la Visite de l'Empereur l'an 6 revisite pendant le week-end de la Pentecôte les heures de gloire de Napoléon après la victoire d'Austerlitz. Dîner et bal au bivouac le samedi soir. Réservation conseillée.

La rue du Bourg, sur l'île d'Aix.

Histoires maritimes

Bien que toutes petites, Aix et Madame n'en sont pas moins chargées d'histoire, peuplées de figures légendaires, de mythes, auréolées de noms prestigieux ou assombries par des événements tragiques. Une prégnance historique rehaussée par des monuments, des curiosités, un fier et majestueux patrimoine architectural.

Les prêtres réfractaires aux îles Madame et d'Aix

L'île Madame a été le théâtre de sombres exactions au cours des années 1794 et 1795. Au lendemain de la Révolution était décrété un arrêté sur la constitution civile du clergé. Les prêtres qui refusèrent de prêter serment à cette constitution furent alors considérés comme réfractaires. Plusieurs milliers d'entre eux furent arrêtés, souvent emprisonnés sur les ports de l'Atlantique, en attendant un éventuel embarquement pour la Guyane.

C'est dans ce contexte de persécutions et de déportations que 827 prêtres ont été entassés, retenus, en mars 1794, sur deux navires affrétés au commerce des esclaves, ancrés dans la rade de la Charente, entre l'île d'Aix et l'île Madame. Vermine, scorbut, typhus et dysenterie eurent raison de la plupart des prisonniers. 254 prêtres périrent sur l'île Madame. À l'extrême Sud-Est de l'île, une grande croix de galets indique le reliquaire, et chaque année, au mois d'août, est organisé un pèlerinage honorant les prêtres martyrs ensevelis dans les vases et les sables de l'île Madame.

Sur l'île d'Aix, plus de 220 prêtres furent enterrés, dont les ossements ont été plus tard recueillis puis déposés dans un ossuaire commun sous une dalle de pierre devant l'autel de l'église.

Le bourg, village fortifié d'Aix

Habillé de petites maisons basses aux pierres blanches illuminées par les couleurs vertes ou bleues de leurs volets, le bourg (partie du territoire comprise à l'intérieur des remparts) est ordonné selon un plan strict dont les voies rectilignes convergent vers l'ancienne esplanade, la place d'Austerlitz, ornée de cyprès. L'Office de tourisme propose différentes visites guidées articulées autour du contexte géographique et stratégique de la rade, sur différents thèmes notamment le village fortifié, le Musée napoléonien et le fort Liédot.

L'église Saint-Martin – *Avr.-nov. : 10h-19h ; déc.-mars : dim. 10h-17h.* Héritage de l'occupation de l'île par les moines cisterciens et seul témoignage du village primitif, cette église abbatiale a été établie sur une petite crypte du 11e s dans sa partie Est, tandis que la partie Ouest date du 12e s.

Place d'Austerlitz – Au-delà du môle, une porte à pont-levis donne accès à la place d'Austerlitz, ancienne place d'Armes de l'île d'Aix, où le 9 juillet 1815 Napoléon fit manœuvrer une compagnie du 14e régiment de marine. À droite, sitôt franchie la porte, on découvre le bâtiment à arcades de l'ancienne gare maritime.

Musée napoléonien (fondation Gourgaud) – *30 r. Napoléon - ☎ 05 46 84 66 40 - juin-sept. : 9h30-18h (dernière entrée 30mn av. fermeture) ; avr.-mai et oct. : tlj sf mar. 9h30-12h30, 14h-18h ; nov.-mars : tlj sf mar. 9h30-12h30, 14h-17h - fermé 25 déc. - 3 €*

(18-25 ans 2,30 €), gratuit 1er dim. du mois. Il est installé dans la maison construite en 1808 sur l'ordre de Napoléon et qui l'abrita du 12 au 15 juillet 1815. L'une des seules maisons à étages de l'île, elle est surmontée de l'aigle impérial et présente une porte d'entrée encadrée de deux colonnes classiques.

Le baron Gourgaud, arrière-petit-fils de l'officier d'ordonnance de l'Empereur, l'acheta en 1925 et la légua aux Musées nationaux. Une profusion de souvenirs relatifs à l'Empereur, à sa famille, à son entourage remplit les 10 salles : œuvres d'art, meubles, armes, vêtements, autographes, portraits par Isabey, Gros, Appiani, etc. La chambre de l'Empereur n'a pas changé depuis ces jours tragiques où il suivait du balcon, à la lorgnette, les évolutions de la flotte anglaise. C'est ici qu'il rédigea sa lettre de reddition au prince-régent (un fac-similé du brouillon est exposé). Dans le jardin, frêne greffé sur ormeau par Napoléon, en 1808, et buste à l'antique du souverain, ancienne figure de proue de navire.

Fort Liédot

Situé à l'Est de l'île d'Aix, ce fort connut bon nombre de locataires : prisonniers russes de la guerre de Crimée (1854), prisonniers prussiens de la guerre de 1870, insurgés de la Commune, bagnards en partance pour Cayenne dont le bateau s'était échoué sur les rochers, soldats russes partisans des bolcheviques, après la révolution russe, en 1917. Ben Bella, l'ancien leader du FLN algérien, y fut détenu pendant 7 ans, avant de devenir président de la République algérienne

Fort de la Rade

Sur l'île d'Aix.

En 1699, Vauban dessine ses fortifications et entreprend la construction d'une citadelle à cinq bastions. Les travaux sont terminés dès 1702, mais en 1757 le fort est en grande partie détruit par les Anglais. Les fortifications présentent, côté mer, une contrevallation protégée par une digue et une large douve en eau. En 1810, sa réédification commença sur l'ordre de Napoléon, mais son achèvement n'eut lieu qu'en 1837. Le fort porte deux phares. De la jetée, on aperçoit, à une distance d'environ 3 km, la masse allongée du fort Boyard.

Napoléon à Aix

Il arrive sur l'île le 8 juillet 1815 à bord de la Frégate *La Saale* et envisage peut-être de gagner l'Amérique, en faussant compagnie à la flotte anglaise qui le surveille. Le 9, il visite les fortifications d'Aix sous les acclamations des 1 500 marins de la garnison. De retour à bord, il apprend que Fouché, son ancien ministre, lui laisse le choix : partir, s'il le peut, ou négocier son avenir avec les Anglais. Le capitaine de *La Saale* n'a qu'une hâte : se débarrasser d'un passager encombrant. Le 13 juillet, ses amis le supplient de s'en remettre à la magnanimité anglaise. Il se laisse convaincre. Le 15 juillet, il quitte l'île d'Aix et embarque à bord du *Bellérophon*, à destination d'une autre petite île, Sainte-Hélène, lointaine colonie britannique de l'Atlantique Sud où il mourra en 1821.

Le rallye patrimonial

Office du tourisme de l'île d'Aix - ✆ 05 46 83 01 82 - formules individuelles en juil.-août. - 4,60 €. Sous la houlette de l'Office de tourisme, ce circuit ludique et pédagogique de l'île d'Aix, sur les traces du patrimoine est à réaliser entre 2 et 3h. Remise d'un livret-jeu avec plans et cartes. L'objectif est de se rendre sur les différents sites, de miser sur le sens de l'orientation et de l'observation du public. Du port au fort de la Rade, du sémaphore au Musée napoléonien, de l'église à la poudrière, du fort Liédot au cimetière.

Découvrir les richesses insulaires

À l'écart des effervescences urbaines, les îles Madame et d'Aix ont su préserver leur charme insulaire, leur identité propre. Ce sont des coins de paradis, de quiétude, à peine habités, où la mer et la terre se conjuguent, des espaces naturels sauvegardés pour le bonheur du promeneur et des invitations à découvrir des sites et des activités insolites.

Ferme aquacole

Île Madame - 17730 Port-des-Barques - ✆ 05 46 84 12 67 - www.ilemadame.com
Au cœur de l'île, la ferme aquacole est aussi une auberge marine où Elisabeth et Jean-Pierre Mineau proposent diverses visites et découvertes pédagogiques : élevages de poissons et coquillages, culture de la salicorne, marais salant aux techniques traditionnelles. Dégustations de fruits de mer et de spécialités charentaises. Sur place également, vente en boutique des produits de la ferme (sels, conserves, vinaigre, pineau, etc.) et restaurant (ouvert uniquement au déjeuner.)

Déambuler sur l'île d'Aix

Classée parmi les « sites naturels remarquables », elle se prête parfaitement à la marche et à la bicyclette (la circulation automobile y est extrêmement limitée). Sur 130 ha, elle concentre la diversité des paysages du littoral de la région. Plusieurs chemins traversent bois, marais et longent les bords de mer. D'une longueur de 7 km, le **sentier des douaniers** permet de réaliser le tour de l'île en un peu moins de 3h.

L'île Madame à pied

La passe aux Bœufs, à marée basse, est particulièrement caillouteuse, tapissée de galets, mais avant de gagner l'île Madame, une petite route plane en fait le tour, passant d'un carrelet à l'autre, longeant les nombreux parcs à huîtres. À l'occasion de promenades, on peut pêcher et ramasser sur les bancs rocheux divers coquillages (bulots, coques, couteaux, crevettes, palourdes).

Un tour de calèche – *17123 Île d'Aix - ✆ 05 46 84 69 73 - avr.-sept. : des attelages attendent paisiblement l'arrivée des bateaux à l'entrée de la place d'Austerlitz - 6,50 € (-10 ans 5 €).* Fouette cocher ! Laissez-vous guider depuis la place d'Austerlitz, agréablement ombragée, à travers la campagne aixoise dans une calèche champêtre, tractée par deux fidèles et robustes chevaux. Le conducteur se fera un plaisir de vous conter l'histoire locale. Balade d'environ 50mn.

Musée de la Nacre

Pl. de l'Église - 17123 Île d'Aix - ✆ 05 46 84 66 17 - avr.-oct. : 10h-18h - 3 € (-12 ans gratuit) - Boutique : 9h30-12h30, 14h-18h - fermé nov.-avr. - atelierdelanacre@nomade.fr
Au sein du dernier atelier du travail de la nacre en France, visite commentée par un audioguide. Voilà un musée original, aux richesses insoupçonnées. Collection de coquillages marins aux formes, couleurs et origines diverses (oéans Atlantique, Indien, Pacifique et mer Méditerranée). Descriptif pédagogique sur les mollusques, différentes vidéos livrant des entretiens avec des naturalistes et des chimistes. Enfin, commentaires sur le travail de la nacre, depuis le découpage jusqu'au gravage pour parvenir à la joliesse d'un objet en passant par la meule. Dans la boutique attenante, Alain Gallet propose ses créations.

Musée africain (fondation Gourgaud)

30 r. Napoléon - ✆ 05 46 84 66 40 - juin-sept. : 9h30-18h ; avr.-mai et oct. : tlj sf mar. 9h30-12h30, 14h-18h ; nov.-mars : tlj sf mar. 9h30-12h30, 14h-17h (dernière entrée 30mn av. fermeture) - fermé 25 déc. - 3 € (18-25 ans 2,30 €), gratuit 1er dim. du mois. Aménagé dans une suite d'anciens logements militaires, il expose une collection ethnographique et zoologique constituée de 1913 à 1931 par le baron Gourgaud. Le dromadaire blanc que montait Bonaparte durant la campagne d'Égypte avait été ramené au Jardin des Plantes à Paris. Naturalisé après sa mort, il est aujourd'hui conservé ici.

Les pieds dans l'eau

Beaucoup de littoral, et autant de plages ! Sables dorés, galets, espaces longs et larges, intimes, reclus ou animés… L'île d'Aix possède nombre de plages aux caractères très diversifiés. Ici des criques reposantes, à l'écart, là des lieux plus partagés, enjoués, conviviaux, propices aux activités nautiques. Du sur mesure pour tous !

Les plages de l'île d'Aix

Elles ne sont pas surveillées mais possèdent toute leur charme et leur identité. Au Nord-Est, **Baby Plage** et **Sables Jaunes** sont de petites plages au creux de criques, bordées de falaises, avec une végétation plutôt méditerranéenne, entre eucalyptus, arbousiers et cistes. De son côté, à l'Ouest, la plage de sable fin de **l'anse de la Croix** est la plus facile d'accès, reposante aussi, sécurisante car dépourvue de rocher, tandis que la **plage aux Coquillages**, étendue à l'Est sur une baie évasée, a l'eau la plus chaude de l'île (elle peut atteindre 24°C !).

Les carrelets

Sur les îles d'Aix et Madame, on trouve des cabanes sur pilotis construites sur l'estran. Elles servent aux pêcheurs à manier les **carrelets**, des filets suspendus à un mât par un système de poulies. Lieux de prédiclection de quelques irréductibles malgré leur rentabilité incertaine, ces cabanes les pieds dans l'eau sont situées sur le domaine public maritime. Des autorisations d'exploitation sont délivrées pour cinq ans, renouvelables, mais la plupart restent dans les mêmes familles de génération en génération.

Cercle nautique de l'île d'Aix

Fort de la Rade - 17123 Île d'Aix - ✆ 05 46 84 69 89 - mars-oct. Profitant de la variété des côtes, le Cercle aixois propose des initiations ou des stages de perfectionnement de voile, planche et catamaran, mais aussi des animations et des visites pédagogiques sur le milieu marin. Sortie pêche en mer. Activités pour petits et grands.

Aix et Madame pratique

OÙ S'INFORMER

Office du tourisme de l'île d'Aix - *6 r. Gourgaud - 17123 Île d'Aix - ✆ 05 46 83 01 82 - www.ileaix.fr - juil.-août : 10h-17h ; reste de l'année : se renseigner.*

Office du tourisme de Fouras – *Av. du Bois-Vert - 17450 Fouras - ✆ 05 46 84 60 69 - www.fouras.net - de mi-juin à mi-sept. : 9h-12h30, 13h30-18h30, dim. et j.fériés 10h-12h, 15h-18h ; reste de l'année : tlj sf dim. 9h-12h, 14h-18h.*

Météo – *✆ 0 892 68 02 17.*

OÙ DORMIR

Bon à savoir – Si vous allez sur l'île Madame, sachez qu'Il n'y a ni hôtels, ni chambres d'hôte. Logez donc alentour, sur le continent, à Port-des-Barques (village de pêcheurs et d'ostréiculteurs), Soubise ou Rochefort.

Hôtel La Saintonge – *14 r. Gambetta - 17123 Île d'Aix - ✆ 05 46 05 78 24 - 14 ch. 36/60 € - ☕ 6,50 €.* Quelques pas séparent cet hôtel de la belle plage du centre-ville, du port de plaisance et des commerces. Les chambres, dont deux familiales et un studio, sont simples mais parfaitement tenues. Accueil sympathique.

Hôtel-restaurant Le Soubise – *62 r. Henri-Drouet - BP 21 - 17780 Soubise - ✆ 05 46 83 30 10 - 24 ch. 39/52 € - ☕ 6 €.* Chambres confortablement équipées et farandole de viennoiseries au petit-déjeuner.

Résidence Hôtelière Maeva – *Au fort de la Rade (à la pointe Ste-Catherine) - 17123 Île-d'Aix - ✆ 05 46 84 28 28 - fermé 25 sept.-8 avr. - 58 studios 182/910 €/sem. pour 6 pers.* Ce complexe, qui comprend des appartements et studios, un restaurant et une piscine chauffée, se trouve près de l'ancienne place d'Armes et bénéficie d'une vue sur la rade. Même si - grande chaîne oblige - le tout manque un peu de personnalité, on ne peut ignorer un tel ensemble sur l'île.

OÙ MANGER

Ferme aquacole de l'Île Madame – *17730 Port-des-Barques - ✆ 05 46 84 12 67 - fermé fév., vac. de Toussaint, dim. soir et merc. - réserv. obligatoire - 12,50/24 €.* Dégustation de fruits de mer maison et spécialités charentaises.

Franck Speisser – *Les Mathes – 17123 île d'Aix - ✆ 06 62 76 64 55 - ouv. tte l'année.* Dans l'ère des parcs ostréicoles, vente au détail et dégustation d'huîtres. Gratuit pour les enfants de moins de 6 ans.

Le Fort de la Rade – *Dans le fort, à la pointe Ste-Catherine - 17123 Île-d'Aix - ✆ 05 46 84 50 00 - fermé 25 avr.-8 avr. - 15/25 €.* Restaurant intégré à la vaste résidence hôtelière installée au cœur du fort, point stratégique de l'île. Grande salle à manger fonctionnelle aux murs crépis blancs et sobrement décorée où l'on sert une cuisine traditionnelle.

L'île d'Oléron★

29

CARTE MICHELIN LOCAL 324 C4 – CHARENTE-MARITIME (17)
17 439 HA – 16 500 OLÉRONAIS

Entre terre et mer, baignée de lumière, l'île d'Oléron est la plus grande île de France après la Corse. Des plages de sable fin, des stations balnéaires, une nature envoûtante, des villages pittoresques, une mosaïque de parcs à huîtres et un riche patrimoine maritime font la diversité de ses paysages : phare et citadelle, jardins exceptionnels, animaux insolites, marais, dunes et forêts se mêlent, se succèdent ou se côtoient en une douce harmonie. Pour ne rien enlever à ces petits bonheurs insulaires, les haltes gourmandes ponctuent savoureusement la visite d'Oléron.

ARRIVER À BON PORT

Pour rejoindre Oléron, le plus simple est d'emprunter le pont (gratuit) depuis Marennes (suivre la D 26 à la sortie de la ville) en voiture.
Si vous n'avez pas de voiture : liaisons par autobus entre la gare SNCF de Rochefort et Château-d'Oléron, entre les gares de Saintes et La Rochelle avec la plupart des agglomérations de l'île.
Mais il est également possible de s'y rendre en bateau, en saison, depuis La Rochelle, départ du Vieux Port.
Marennes est situé à 55 km de La Rochelle, par la N 137-E 602, puis la D 733 jusqu'à St Agnant, et la D 123.
Pour aller à La Rochelle – En voiture : suivre l'autoroute A 10 depuis Paris, sortie 33 La Rochelle. En TGV Paris-La Rochelle, compter 3h.

LARGUER LES AMARRES !

Liaisons maritimes en juil.-août entre La Rochelle et St-Denis-d'Oléron ou Boyardville. Départ du Vieux Port. Pas de parking longue durée à proximité mais système de navettes avec le centre-ville (parking-relais Jean Moulin).
Croisières inter Îles – ✆ 0 825 135 500 (0,15 €/mn) - http://inter-iles.com - 22 € AR, (- 4 ans 4 €, 4-14 ans 14 €*)*, 15 €/trajet pour un AR différé (- 4 ans 4 €, 4-14 ans 10 €*)*.

BON À SAVOIR

Pour une meilleure préservation de la nature d'Oléron, il est déconseillé de cueillir les plantes et les fleurs.
Pour les amateurs de vélos, sachez que l'île est entièrement traversée de pistes cyclables.

À la rencontre d'un patrimoine insulaire

On peut être relié au continent par un viaduc et conserver néanmoins ses caractères d'insularité et sa personnalité. Tel est le cas d'Oléron, avec son phare au-dessus de falaises vertigineuses, sa citadelle, sa fameuse Lanterne des morts, son château… Des lieux qui sentent la pierre et l'histoire, pleinement inscrits dans un patrimoine exceptionnel. *Pour situer les sites, voir la carte p. 243.*

Phare de Chassiron

À la pointe Nord de l'île - ✆ 05 46 75 18 62 - juil.-août : 10h-20h ; avr.-juin et sept. : 10h-12h15, 14h-19h ; oct.-mars : 10h-12h15, 14h-17h - 2 € (enf. 1 €).
Après avoir admiré quelques appareils d'optique dans la salle d'exposition du rez-de-chaussée, il vous faudra gravir 224 marches pour accéder au sommet du phare. De là vous pourrez découvrir un vaste **panorama★** sur Oléron, la tour jaune d'Antioche (1925) et ses rochers, qui causèrent bien des naufrages au sours des siècles, les îles d'Aix et de Ré, La Rochelle et La Pallice.

Fort Boyard

Sur la côte Est de l'île, au large. Ne se visite pas.
Cet étrange vaisseau de pierre à la carcasse ventrue se dresse sur un bras de mer, au cœur même du pertuis d'Antioche, face à l'île d'Oléron. Bâti pour garder l'embouchure de la Charente, le fort fut mis en chantier en 1804 et achevé en 1859, sous Napoléon III.

Fort Boyard à l'horizon, depuis Oléron.

Mais les progrès de l'artillerie, plus rapides que ceux de la construction, le rendirent inutile aussitôt achevé. En 1871, il devint la prison de bon nombre de communards avant leur jugement et leur déportation vers la Nouvelle-Calédonie. Au début des années 1990, des producteurs avisés ont transformé le fort (laissé à l'abandon) en une aire de jeux télévisés, lui donnant une renommée internationale. En saison, des promenades en mer permettent une approche du fort : peut-être apercevrez-vous l'auguste silhouette du père Fouras.

Citadelle de Château-d'Oléron

Sur la côte Est. Ne se visite pas. Une citadelle au sol foulé par quelques illustres personnalités : Agrippa d'Aubigné, Aliénor d'Aquitaine, Henri de Navarre, Richelieu, Louis XIV et Vauban… Le bâtiment, élevé par Pierre d'Argencourt en 1630 sur une décision de Richelieu a été renforcé suivant les plans de Vauban au 17e s. En 1666, la construction du port de Rochefort amena Louis XIV à créer une ceinture de feu pour protéger l'embouchure de la Charente. Fouras et l'île d'Aix furent alors fortifiés, la citadelle remaniée et renforcée. Sous la Révolution elle reçut de nombreux déportés laïques et religieux. La localité s'ordonne géométriquement autour d'une vaste place ornée d'une jolie fontaine Renaissance, soulignée par quatre colonnes torsadées. Le port s'enfonce dans la ville : on y découvre des barques se rendant sur les parcs à huîtres ou en revenant.

Château de Bonnemie

St-Pierre-d'Oléron. Ne se visite pas.

Au cœur de la cité, il fut autrefois le domaine résidentiel des seigneurs de Fors, jusqu'au 14e s., avant de devenir la propriété des seigneurs de Bonnemie, ce qui lui vaut son nom actuel. Le château s'enorgueillit de remarquables tours en poivrière. Son parc, libre d'accès, est une douce invitation à la flânerie.

Église de St-Pierre-d'Oléron

St-Pierre-d'Oléron. Plate-forme du clocher accessible de mi-juin à mi-sept.

Son clocher octogonal (18e s.), de couleur claire, sert de repère aux marins. De la plate-forme, à 32 m de haut, le **panorama★** embrasse la totalité d'Oléron, les îles d'Aix et de Ré, l'estuaire de la Charente.

Lanterne des morts

St-Pierre-d'Oléron.

Située à l'emplacement du vieux cimetière de St-Pierre *(pl. Camille-Memain)*, cette impressionnante flèche à huit pans de style gothique fut érigée lors de l'occupation anglaise, au 13e s. Ses lignes sobres et élancées se terminent par une flèche pentagonale couronnée d'une croix de pierre. L'intérieur comporte un escalier par lequel on accédait au fanal funéraire, supposé servir de guide aux défunts.

Maison des Aïeules

St-Pierre-d'Oléron. Ne se visite pas. C'est dans le jardin de cette maison, demeure de sa famille maternelle, au n° 19 de la rue qui porte son nom, que Pierre Loti fut enterré en 1923 « sous le lierre et les lauriers ». Loti avait racheté cette maison en 1898. Près du corps de Loti, ont été placés, selon ses désirs, son seau et sa pelle d'enfant ! Et, toujours selon ses dernières volontés, la Maison des Aïeules ne se visite pas. Dans le square attenant, on trouve le buste de l'écrivain

Musée de l'île d'Oléron Aliénor-d'Aquitaine

9 pl. Gambetta - St-Pierre-d'Oléron - ☏ 05 46 47 39 88 - www.musee-oleron.com - ♿ - ouverture prévue en 2006.

Ambiances sonores, films et technologies interactives sont au programme de ce musée du patrimoine historique et ethnologique oléronais. Les collections permanentes du musée retracent l'évolution de l'île et de ses hommes du néolithique à nos jours à travers plusieurs thématiques : saliculture, viticulture, agriculture, gemmage (technique de l'extraction, de la récolte et du traitement de la résine de pin), pêche, costumes traditionnels, habitat, etc.

Maison paysanne de la coiffe et du costume

Bd de la Plage - Le Grand-Village-Plage - ☏ 05 46 47 43 44 - juil.-août : tlj sf dim. et lun. mat. 10h-12h, 15h-18h - 4,50 € (enf. 3,50 €).

La reconstitution entièrement meublée d'une ferme oléronaise d'antan fait revivre les traditions folkloriques de l'île. Vous y verrez notamment la maison d'habitation, à pièce et fenêtre uniques, les dépendance (chai, forge, etc.), avec tout le matériel de travail d'époque, le jardin de grand-mère et le four à pain. Ne manquez pas la collection de voitures hippomobiles et, surtout, la présentation de **costumes folkloriques et coiffes★**, dont le somptueux « ballon de mariée ».

Église de St-Georges-d'Oléron

C'est le lieu à voir de St-Georges -d'Oléron, petite station balnéaire. Édifice roman des 11e et 12e s., l'église a été restaurée en 1618 puis en 1968. Sa façade est joliment décorée de motifs géométriques. L'arc du portail central a été refait au 13e s., de même que les voûtes gothiques de la nef. Sur la place, belle halle.

Nature et découvertes

Entre terre et mer, surnommée la « lumineuse », l'île d'Oléron possède ses charmes indéniables, envoûtants, voire insolites, que se partagent une faune et une flore tout en vibrations colorées.

Les jardins de la Boirie

10 r. Centrale - La Boirie - St-Pierre-d'Oléron - ☏ 05 46 76 45 63 - mi-mars à oct. : 10h-12h, 16h-20h ; le reste de l'année : 10h-12h, 14h-19h ; par temps couvert : 10h-20h - 3,50 € (-14 ans gratuit) - visites libres.

Au cœur d'un vieux village typique de l'île d'Oléron, où s'entremêlent ruelles et courettes, à une poignée de kilomètres de St-Pierre, c'est un jardin botanique à la fois romantique et ludique. Des plantes parfaitement adaptées aux terrains secs et calcaires, aux bords de mer, aux sables et aux embruns, sont remarquablement mises en scènes, à côté d'objets décoratifs. S'y côtoient de nouvelles graminées de plantes vivaces, plusieurs milliers, en provenance d'Amérique latine, d'Asie produites en petite quantité : tulipes, cyclamens, fleurs du Japon, arbustes, nérine rouge, ipomée asiatique…

Curiosité de la maison : **une collection de sauges** riche de 150 variétés, bleues, rouges, ou vertes, aux parfums insolites, étonnants, qui à la cacahuète, qui à l'ananas, qui à l'anis… un jardin qui s'étend sur 2 500 m^2, illuminé de toutes les couleurs en été.

Parc des myocastors

Pré de la Morinière - Dolus d'Oléron - ☏ 05 46 75 60 46 (saison), 05 46 84 45 31 (hors sais.) - juil.-août : 10h30-18h30 ; juin-sept. : 14h30-18h - fermé dim. mat. - 3 € (3-12 ans 2 €).

Entre St-Pierre-d'Oléron et le village des Allards, ce parc animalier fait la part belle aux myocastors, une espèce de ragondins.

Exposition de photographies, visite commentée du parc articulée autour des mœurs, de la reproduction et de la morphologie du mammifère avant l'approche du myocastor, qui vient délicatement manger, presque dans votre main, la carotte qu'on vous aura distribuée à l'entrée.

Aquarium

Port de la Cotinière - 17310 La Cotinière - ☏ 05 46 47 31 90 - de Pâques à mi-oct. : 11h-12h, 14h30-19h30 - 5 € (enf. 4 €). Curieusement installé au sein d'une boutique de souvenirs et colifichets marins, face au port de **La Cotinière★**, le site présente, dans quelques aquariums et bassins (soit 70 000 l d'eau !), plusieurs dizaines de variétés de poissons d'eau douce et de mer. Araignées, tortues de Floride, jeunes piranhas, congres, petits requins, loups, raies blondes et lisses, daurades, vieilles communes, pieuvre, homards et langoustes, carpes et esturgeons… Toute une faune marine d'ici et d'ailleurs, fantastique, souvent fascinante.

Maison de la nature

2 rte des Huîtres - 14480 Le Château-d'Oléron - 05 46 47 72 77 ou 06 12 21 93 87 - mars-oct. : tlj. sf dim. À la sortie de la ville, à droite sur la route des Huîtres, proche du bord de mer voilà une maisonnette conçue pour accueillir les enfants. Diverses activités sont proposées : des parcours ludiques et d'interprétation, des expositions, des jeux, des ateliers créatifs autour de la nature.

Parc d'oiseaux - Vol en scène

Sur la D 274, entre La Cotinière et St-Pierre d'Oléron - 05 46 47 10 32 - - de Pâques à fin sept. : 10h-19h ; de déb. oct. à fin vac. de la Toussaint : 14h-19h - 7 € (enf. 5 €). Environ 200 espèces d'oiseaux arborant une multitude de couleurs y sont présentées : loris de Nouvelle-Guinée à calotte noire, grues couronnées à huppe jaune, aras, toucans et autres. Ne manquez pas le vol libre de rapaces, perroquets et cigognes (40mn).

Marais aux oiseaux

Les Grissotières, à 3 km de St-Pierre. 05 46 75 37 54 - www.centre-sauvegarde-oleron.com - - juil.-août : 10h-19h ; avr.-juin et sept. : 10h-13h, 14h-18h (w.-end 14h-18h) ; oct.-mars : merc. et dim. 14h-18 (pdt vac. scol. tlj sf sam. 14h-18h) - fermé 1er janv. et 25 déc. - 4,20 € (enf. 2,60 €). Une propriété de 30 ha de bois et de marais sert à la fois de cadre à un centre de sauvegarde d'oiseaux en détresse, et à un parc de découverte de la faune sauvage et domestique. Les animaux traditionnels de la ferme vous y attendent, ainsi que toutes sortes d'oiseaux aquatiques : hérons, aigrettes, pélicans, bernaches, fous de Bassan... Notez qu'un petit observatoire vous offre une vue panoramique du site.

Écomusée du port des Salines

Hameau du Petit Village - r. des Anciennes Salines - 17370 Le Grand-Village-Plage - ✆ 05 46 75 82 28 - juil.-août : 9h30-11h45, 14h30-18h, dim. 9h30-11h30, 15h-18h ; avr.-juin et sept. : 9h30-11h30, 14h30-17h, dim. et lun. 14h30-17h - 4 € (enf. 1,50 €).

Dans un site enclavé entre la route menant au pont-viaduc, les claires à huîtres et la forêt domaniale, se dresse l'écomusée, logé dans des cabanes ostréicoles aux couleurs vives. Suivant un parcours guidé passant d'une cabane à l'autre, on y découvre remarquablement exposés tout un univers oléronais : maquette reproduisant le port des Salines (réalisée à l'échelle de 1/50), récit du travail des sauniers (de la préparation des marais à la récolte du sel), photographies en noir et blanc et en couleurs, costumes traditionnels, outils, histoire de l'huître depuis son élevage jusqu'à l'emballage et son expédition, en passant par la récolte et l'affinage, descriptif des tempêtes en pleine mer, instruments météorologiques.

Les écluses à poissons

✆ 05 46 75 18 62 - visite guidée par l'Association des Écluses à poissons et des pêches traditionnelles - tte l'année sur RV - 3 € (-12 ans gratuit).

À la pointe de Chassiron et sur la côte rocheuse du Nord-Ouest de l'île (à St-Denis-d'Oléron), une forme originale de pêche survit dans les écluses à poissons. Construites sur le socle rocheux qui se découvre à marée basse, leurs murs bâtis en pierres sèches comportent à leur base des orifices grillagés par où l'eau s'écoule à marée descendante. Quand la mer est basse, les pêcheurs y capturent poissons et crustacés à l'aide de « fouënes » (genre de harpons) et «d'espiottes » (genre de sabres).

Sillonner l'île à pied, à vélo et aussi en train

Étendue sur 30 km de long et sur 6 km de large, mais avec un relief peu prononcé, l'île est une véritable exhortation aux promenades en tout genre. Des pistes cyclables qui parcourent les terres et les forêts de pin, telles les fils d'une toile d'araignée, un petit train pour gagner la plage ou la citadelle, des chemins de traverses propices aux déambulations romantiques, d'un village pittoresque à un autre. Dans les plis et replis de l'île, voilà autant de façons enivrantes de visiter, de s'imprégner des atmosphères selon son rythme son envie.

Les villages pittoresques

Chaucre, La Ménounière, Arceau, la Rémigeasse et Domino sont autant de villages paisibles et charmants, typiquement oléronais. Constitués de maisonnettes basses blanchies à la chaux, aux volets bleus ou verts, les villages entre jardins et potagers, ruelles, venelles et courettes, égayées ici et là de roses trémières, bégonias et fuchsias éclatants forment parfois de véritables labyrinthes dans lesquels il est agréable de se promener.

La forêt domaniale de l'île

Il existe plusieurs sentiers et pistes cyclables qui traversent de part en part cette magnifique forêt de 27 ha. D'Est en Ouest et du Nord au Sud, du Vert-Bois aux plages de Gatseau et de la Giraudière, de la rade des Trousses à l'anse de Maleconche, le paysage se partage entre massifs, dunes boisées de chênes verts et pins maritimes. Le réseau pédestre est accessible à tous et offre un large choix de randonnées. Selon les circuits empruntés, vous pourrez parcourir jusqu'à 28 km ! Prévoir de bonnes chaussures pour les sorties à pied et une crème de protection l'été. Pour une meilleure préservation de la nature, il est déconseillé de cueillir les plantes et les fleurs. À bicyclette, le casque est obligatoire pour les mineurs. Il existe également plusieurs pistes équestres, de la passe du Treuil à Gatseau, de la Nouette à la Gautrelle. La circulation des cavaliers est réglementée, seules les pistes balisées sont autorisées.

Le « plus » nature

Le marais des Bris – *Au Sud de St-Trojan-les-Bains, sur la rte de Lannelongle ✆ 05 46 76 00 86 (Office de tourisme) - mars-déc. : découverte commentée à pied, de 1h30 à 2h* – cet espace naturel de 37 ha est aménagé pour les promenades. Réservé aux piétons, et traversé par une piste cyclable, le site est protégé pour ses richesses biologiques (variété d'oiseaux et d'orchidées). Il convient donc de rester sur les sentiers.

B. Dumas / MICHELIN

Pédaler à souhait

Tous les offices de tourisme proposent des cartes et des plans. Au Sud, une piste s'étend de Lannelongue à Grand Village-Plage, passant par la forêt domaniale. À l'Ouest, au départ de Boyardville, une autre piste longe la forêt des Saumonards, flirte avec sa plage. Au Nord, une autre encore relie les Trois Pierres au Phare de Chassiron. Et partout, des aménagements qui permettent de gagner toutes les communes, de traverser les villages, de croiser les plus beaux sites, avec en prime des aires de pique-nique.
Dans tous les cas, il convient de respecter les lignes de conduite et l'environnement, d'éviter les hors-pistes à l'intérieur des forêts, dans les marais et les cultures.

Le petit train du Château d'Oléron

Bd. Chartier - BP 16 - 17480 Le Château d'Oléron - ✆ 05 46 47 66 07 - Pâques-oct. - circule tlj en été, à partir de 10h, moins régulièrement hors saison - 5 € (enf. 3 €) - durée 35mn.
Depuis l'entrée de la citadelle, visite historique et ludique en petit train. Au programme de cette flânerie romantique, la citadelle, ses douves et ses remparts, le port ostréicole et la traversée de la cité.

Le petit train de St-Trojan

✆ 05 46 76 01 26 - du déb. des vac. de printemps au 1er nov. - se renseigner pour les horaires - 10 € (enf. 7 €). Le billet AR permet de pique-niquer au bord de la mer avant de revenir sur St-Trojan. Durée 1h30.
Inauguré en 1963 par un passionné du rail, le Docteur Pol Gala, le circuit démarre au Sud de la ville, à la petite gare, rue Camille-Samson et vous conduit au pertuis de Maumusson, à travers les sables et les pinèdes inaccessibles par la route. Il dessert notamment la plage de Gatseau avant d'arriver au Pertuis.

Jouer les cavaliers

Les écuries du Carbet – *Allée Montplaisir - 17370 St-Trojan-les-Bains - ✆ 05 46 76 05 23 - ouv. tte l'année* – le centre équestre propose des leçons et des stages tous niveaux, des promenades à cheval ou en poney, à travers les plages ou la forêt. Également un manège couvert, des balades à thèmes, coucher de soleil et clair de lune.

Le Paddock – *Rte de St-Georges - 17310 St-Pierre-d'Oléron - ✆ 05 46 47 17 69* – centre équestre avec leçons tout niveau et promenade de 1 à 3h, entre forêt et plages.

Les plages et les plaisirs nautiques

L'île peut s'enorgueillir de ses plages de sable fin, lascivement étendues aux pieds des dunes, avec les bois de pinèdes dans le dos et l'océan pour seul horizon. Certaines sont surveillées ou aménagées pour les handicapés, d'autres sont réservées aux naturistes, ou disposent de structures pour accueillir les enfants. *Renseignements aux offices de tourisme.*

Des plages pour tous !

Les plages des Saumonards, de Domino, de Vert-Bois et de Gatseau, le plan d'eau de la Phibie au Château d'Oléron et l'appontement du club nautique de Saint-Trojan-les-Bains sont accessibles aux handicapés. Fauteuils de baignade, déambulateurs, gilets flottants. Pour les matériels, il suffit de se présenter avec une personne valide au poste de secours. Des maîtres nageurs sauveteurs assurent l'accueil et informent sur les règles d'utilisation. La plage de la Giraudière, la Grande Plage au niveau de Grand Village, et la plage des Saumonards possèdent un espace réservé aux naturistes. *Pour situer les plages, voir la carte p. 242. Carte des plages détaillées aux offices de tourisme.*

Grande Plage – Sur la Côte Sauvage fouettée par le vent, la Grande Plage de sable fin et bordée de dunes s'étend à perte de vue.

Plage de Gatseau – La route des préventoriums mène aux sables fins de Gatseau, une plage idéale pour la baignade.

Le Grand-Village-Plage – Les amateurs de sport, de détente et de culture seront comblés par cette station balnéaire pleine de charme.

Plage des Sables Vigniers – Au pied des dunes boisées, entre deux éperons rocheux, elle offre des vues sur la côte sauvage et un océan souvent houleux.

Plage de Vert-Bois – Une route à sens unique, décrivant une boucle à travers les dunes couvertes de pins et de joncs marins, permet d'atteindre la grève d'où se dégage une **vue★** impressionnante sur l'océan, qui déferle en puissants rouleaux dès qu'il y a un peu de vent.

Activites nautiques à la carte : char à voile, jet ski, plongée…

Néophytes et passionnés trouvent sur l'île un nombre considérable de sites adaptés à la glisse et au nautisme. Spots de surf pour les amateurs de glisse, plans d'eau pour les débutants, plages idéales pour le char à voile, sites propices à la plongée…

Funisland – *Plage du Château-d'Oléron - 17480 Le Château-d'Oléron - ✆ 05 46 47 99 03 ou 06 68 10 55 55 - juil.-août ; sur réserv. le reste de l'année* – école de voile où se pratique le catamaran, le dériveur, la planche à voile, le canoë… Ce club convivial, pour adultes et enfants (à partir de 7 ans) propose stages, cours particuliers et locations.

Wind Oléron Club – *Anse de la Perroche - 17550 Dolus-d'Oléron - ✆ 05 46 75 44 16 - juil.-août.* Sur la côte Ouest de l'île, dans la baie de la Perroche, abritée par deux plateaux rocheux. Voile, funboard, catamaran, char à voile… Leçons pour débutants et perfectionnement. Enfant à partir de 7 ans. Formule « Jardin des mers » pour initier les 5-7 ans aux plaisirs de la navigation. Prévoir un équipement de chaussures de sport, de vêtements étanches, de paire de gants et de lunettes pour le char à voile.

Sea side – *Le Grand-Village-Plage - 2 r. des Pêcheurs - la Chevalerie - 17480 Le Château-d'Oléron - ✆ 05 46 75 84 16 ou 06 66 06 51 79.* Pratique du char à voile pour tout public, de juin à sept. sur les plages de Grand-Village et de juin à sept. à Maumusson St-Trojan.

Le Joyeux corsaire – *125 rte de la pointe de Chaucre - 17190 St-Georges-d'Oléron - ✆ 05 46 76 62 45 ou 06 87 07 20 73 - www.oleronplongee.com - ouv. tte l'année sur réserv.*– club de plongée sous-marine. Sorties en mer selon la météo. Plongées sur différents sites à différents niveaux d'eau à la rencontre de fonds riches.

Randojet – *Embarcadère de Boyardville-Plage - 17190 Boyardville - ✆ 05 46 47 21 41 - tte l'année sur RV* – randonnée jet ski sans permis. Initiation, baptême et balades en compagnie d'un moniteur diplômé d'État.

Promenades en mer

Au départ de Boyardville. De Pâques à septembre, il existe plusieurs expéditions pour l'île d'Aix et l'approche du fort Boyard :

En vedettes, avec visite commentée et escale à l'île d'Aix – *15 €/AR (-4 ans 4 €, 4-14 ans 10 €).* **En catamaran** *(durée 1h30) 23 € (enf. 17 €) - ✆ 06 07 76 01 50.*

En voile, à bord de *la Marcelle*, avec skipper et escale sur l'île d'Aix (comptez une journée). *25 € (enf. 20 €). ✆ 05 46 75 19 19 (juil.-août) ou 06 15 20 19 73.*

Sur le port également, **locations de bateaux** jusqu'à 6 pers., avec ou sans permis. *65 €/h, 140 €/½j, 190 €/j - ✆ 06 75 60 34 17.*

Latitude Oléron – *Port de St-Denis-d'Oléron - 17650 St-Denis-d'Oléron - ✆ 06 84 80 77 87 - de 40 € à 880 €, selon la formule et le nombre de passagers - plaisance, stage ou croisière - entre ½j et 3j, formules modulables.* Différentes sorties en mer sont proposées à bord d'un First 27.7 (9 m), équipé de 6 couchettes.

Le plein de saveurs : autour de l'huître

S'il est une reine dans l'île, c'est bien l'huître, élevée, affichée, placardée, salée, fêtée ici et là des cabanes d'ostréiculteurs aux parcs à huîtres. À déguster sur place ou à emporter. C'est un plein bol d'iode que viennent enrichir des vins élevés et des bières brassées sur l'île, des sels et des condiments marins. Autant d'invitations gourmandes.

Steve Mesnard, ostréiculteur

Rte de Boyardville - la Perrotine - 17190 St-Georges-d'Oléron - ✆ 05 46 75 67 41 ou 06 15 27 54 00 - juil.-août : 17h-20h ; de Pâques à fin sept. : w.-end 17h-20h.

Assurément l'adresse la plus sympathique et chaleureuse de l'île. Dans une cabane en dur, au sortir de Boyardville sur la route de Dolus, au lieu dit La Perrotine, Steve Mesnard propose huîtres, moules de bouchot, et d'excellentes palourdes tirées de sa production. Il est l'un des rares ostréiculteurs à vendre des huîtres nées, élevées et affinées sur place (beaucoup élèvent leurs coquillages en Bretagne ou en Irlande avant de les affiner de retour sur l'île). Vente à emporter ou dégustation sur place face aux splendeurs des marais. Possibilté également de visites des parcs à huîtres sur demande.

Site ostréicole de Fort-Royer

Association du site de Fort-Royer - BP 43 - 17310 St-Pierre-d'Oléron - ✆ 05 46 47 06 48 - juil.-août : tlj (sf dim.) 10h30, 15h et 17h ; juin, sept. et vac. scol. : mar., jeu.-sam. à 15h ; hors sais. : vend.-sam. à 15h - fermé déc.-janv. - 4,40 € (8-16 ans 3,30 €) - réserv. indispensable (mini. 5 pers., maxi. 20 pers.).

À deux encablures de Boyardville, au sud, le site est implanté au cœur d'une réserve naturelle tournée vers le Pertuis charentais. Parsemé de cabanes ostréicoles bâties au milieu des claires et des chenaux, en bord de mer, dans un paysage partagé entre les dunes et l'estran vaseux. Visites guidées, consacrées à l'ostréiculture, avec commentaire sur son histoire et ses traditions, sur la pêche à pied, sur l'élevage et l'affinage. Sont déclinées ici toutes les techniques et spécificités du bassin. Également des promenades à pied dans les parcs à huîtres de la « vieille goule », à marée basse, et des dégustations sur place. Prêt de bottes possible. Le site propose aussi une grande promenade pour découvrir le milieu naturel, la formation du littoral, les plantes de la dune et des vases salées. Au sortir de ces déambulations, réalisation d'un herbier des plantes du marais.

Le chenal de la Baudissière en tracto-car

Port de la Baudissière - « rte des Huîtres » - 17550 Dolus-d'Oléron - ✆ 05 46 75 32 94 (Office de tourisme) ou 06 84 60 26 05 - de Pâques à fin oct. - 11 € (5-12 ans 6,50 €).

Proche de la pointe d'Arceau, entre Boyardville et Le Château d'Oléron, on trouve là, à marée basse, une visite commentée de parcs à huîtres en tracteur et remorque. Comptez 2h mais arrivez 1h avant le départ en juillet et août, 30mn avant hors sais.

Chenal d'Ors

Pt d'accueil n° 1 - 17480 Le Château-d'Oléron - ✆ 05 46 47 60 51 (Office de tourisme).

Sylviane Normandin est ostréicultrice et présidente de Terres marines, une association désirant rapprocher vacanciers et professionnels de la mer. Le long parcours (plus de cinq heures) proposé à travers les parcs à huîtres est une bonne approche d'un métier aussi passionnant qu'éprouvant.

Maison de l'huître oléronaise

Le Port - 17370 St-Trojan-les-Bains - ✆ 05 46 76 08 16 - tte l'année sur réserv. - durée 1h30.

Les maîtres des lieux, Patricia et Marc Texier, adhérents à l'association Terres marines proposent différentes activités articulées autour d'un coquillage : une visite à pied, à marée basse, des parcs à huîtres, sur St-Trojan pour découvrir ce trésor des mers dans son élément et le travail artisanal qui l'accompagne, de la naissance à l'assiette (si vous n'avez pas prévu de bottes, il est possible d'en louer pour 1,50 €). Dans le musée ostréicole installé dans une ancienne cabane ostréicole, parmi les nombreux outils et une collection relatant l'histoire de l'huître d'hier à aujourd'hui, on apprend les différentes techniques de la culture du coquillage, à travers des cartes, des fossiles et des films vidéo. Pour conclure cette visite pédagogique, une dégustation est offerte.

Oléron pratique

OÙ S'INFORMER

L'Office de tourisme possède 11 bureaux et 3 points d'information et d'accueil (ouverts en saison), éparpillés sur la communauté de communes. Voici les coordonnées de trois d'entre eux :

Bureau municipal de tourisme de St-Trojan-les-Bains – *Carr. du port - 17370 St-Trojan-les-Bains - ✆ 05 46 76 00 86 - http://st-trojan-les-bains.fr - juil.-août : 9h30-19h.*

Office du tourisme de St-Pierre-d'Oléron – *Pl. Gambetta - 17310 St-Pierre-d'Oléron - ✆ 05 46 47 11 39 - www.saint-pierre-oleron.com - juil.-août : 9h-19h, sf dim et j. fériés 10h-13h ; avr.-juin et sept. : 9h-12h30, 14h-19h30 ; reste de l'année : lun.-sam. 9h-12h30, 14h-18h - fermé 1re sem. de déc.*

Office du tourisme d'Oléron – *2 bd d'Antioche - 17650 St-Denis-d'Oléron - ✆ 05 46 47 95 53 - juil.-août : 10h-12h30, 14h30-00h ; sept.-oct. : tlj. sf dim. 10h-12h, 14h30-19h ; nov.-Pâques : tlj. sf dim. 14h30-18h ; Pâques-juin : tlj. sf dim. 10h-12h, 14h30-19h.*

Capitainerie de St-Denis-d'Oléron – *Port de plaisance - 17650 St-Denis-d'Oléron - ✆ 05 46 47 97 97 - été : 8h-22h ; automne-printemps : 8h30-12h ou 13h, 14h-20h ; hiver : 8h30-12h, 14h-18h30.*

Capitainerie de Boyardville – *Port de plaisance - 17190 St-Georges d'Oléron - ✆ 05 46 47 23 71 - horaires calés sur les marées.*

Il existe 2 autres capitaineries situées à La Cotinière.

COMMENT CIRCULER SUR L'ÎLE

Nombreux sont les magasins de location de cycles, VTT, VTC… Ce n'est pas par hasard : paradis pour le vélo, l'île est tout entière sillonnée de pistes cyclables.

OÙ DORMIR

⊖ Chambre d'hôte Micheline Denieau – *20 r. de la Legère, La Menounière - 17310 St-Pierre-d'Oléron - 3 km à l'O de St-Pierre-d'Oléron - ✆ 05 46 47 14 34 - http://perso.wanadoo.fr/denieau-gites - ⊭ - 5 ch. 45/51 €* ☕. Chambres simples et soignées aménagées dans les dépendances de cette maison typique. Une salle commune avec cuisine en plus. Par contre, vos hôtes, producteurs de vin d'Oléron et de pineau, vous reçoivent dans leur salle à manger pour le petit-déjeuner.

⊖ Camping Le Verébleu – *17190 St-Georges-d'Oléron - 1,7 km au SE de St-Georges-d'Oléron par D 273 et rte de Sauzelle - ✆ 05 46 76 57 70 - verebleu@wanadoo.fr - ouv. 28 mai-11 sept. - réserv. obligatoire - 360 empl. 29 € - restauration.* Tout y est ! Un vaste espace aquatique et ludique sur le thème de Fort-Boyard, un mini-golf, une aire de jeux pour les enfants, un court de tennis, du tir à l'arc, des locations de vélos… Et si vous n'avez pas de tente, mobiles homes, chalets et cottages vous attendent.

⊖⊖ Hôtel L'Albatros – *11 bd du Dr-Pineau - 17370 St-Trojan-les-Bains - ✆ 05 46 76 00 08 - fermé 5 nov.-13 fév. - P - 13 ch. 54/94 € - ☕ 8 €.* Cette ancienne maison d'ostréiculteurs bénéficie d'un superbe emplacement « les pieds dans l'eau ». Les chambres sont simples, mais rénovées peu à peu. Le décor de la salle à manger opte pour le style marin, tandis que la terrasse s'ouvre sur le grand large. Fruits de mer et poissons selon les arrivages du jour.

B. Dumas / MICHELIN

Cabane d'ostréiculteur.

⊖⊖ Chambre d'hôte Les Trémières – *5 rte de St-Pierre - 17310 La Cotinière - ✆ 05 46 47 44 25 - ⊭ - 4 ch. 49/64 €* ☕. À 200 m du port de la Cotinière et des commerces, cette ravissante maison du début du 20e s. vous séduira au premier coup d'œil. Prendre son petit-déjeuner dans le jardinet, à l'ombre du marronnier, est un pur moment de bonheur en été ! Chambres et suites.

⊖⊖ Hôtel L'Ecailler – *65 r. du port - La Cotinière - 17310 St-Pierre-d'Oléron - ✆ 05 46 47 10 31 - www.ecailler-oleron.com - fermé déc.-janv. - P - 8 ch. 69/87 € - ☕ 8 €.* Hôtel situé sur le port de La Cotinière, petit port de pêche artisanale, et dont la vue s'ouvre plus loin sur l'océan. Accueil agréable. Restaurant de fruits de mer et produits locaux.

⊖⊖ Hôtel La Chaudrée – *7 pl. Pasteur - 17840 La Brée-les-Bains - ✆ 05 46 47 81 85 - hotel.la.chaudree@wanadoo.fr - oct.-mars - 17 ch. 66/81 € - ☕ 7 € - rest. 18,50/25 €.* À quelques encablures de la plage, dans le labyrinthe d'un village oléronais typique, confort de chambres climatisées et piscine chauffée. Restaurant avec une carte marine.

OÙ MANGER

⊖ **Les Alizés** – *4 r. Dubois-Aubry - 17310 St-Pierre-d'Oléron - ☏ 05 46 47 20 20 - fermé de mi-nov. à mi-déc., de mi-janv. à déb. mars, mar. et merc. sf juil.-août et j. fériés - 15/31 €.* Les deux salles à manger de cette maison blanche, égayées de couleur vives, sont très reposantes. Chaudrée charentaise, sole rapportée par les petits bateaux de La Cotinière et cuisinée meunière, matelote d'anguilles, etc. : carte et menus s'en donnent à cœur joie pour mettre en valeur les délicieux poissons et fruits de mer oléronais.

⊖ **Le Relais des Salines** – *Au port des Salines - 17370 Grand-Village-Plage - ☏ 05 46 75 82 42 - fermé 3 nov.-15 mars - 15/29 €.* Au port, cette cabane ostréicole en bois agrémentera agréablement votre visite. Murs colorés, chaises bistrot et toiles cirées avec une jolie vue sur les paysages de salines et les herbes couchées par le vent… Carte simple de produits de la mer.

⊖⊖ **La Belle Cordière** – *17370 St-Trojan-les-Bains - ☏ 05 46 76 12 87 - fermé 11-31 janv., lun. et mar. sf juil.-août - 16/25 €.* Restaurant aménagé dans une maison régionale bordant une ruelle voisine de l'église et de la mairie. Selon la saison, vous serez installé dans la salle à manger-véranda ou en terrasse. Le cadre est simple et l'accueil familial. Cuisine iodée.

⊖⊖ **Le Bout au Vent** – *Au Port - 17370 St-Trojan-les-Bains - ☏ 05 46 76 05 43 - fermé 15 sept.-15 juin - ⊭ - 16/23 €.* En longeant la rive droite du port, vous trouverez cette amusante maison de pêcheur sur pilotis. Attablez-vous sur sa terrasse couverte pour profiter de la vue imprenable sur le pont d'Oléron. La cuisine est familiale et le pain fabriqué sur place.

⊖⊖ **Les Bains** – *Au port - 17190 Boyardville - ☏ 05 46 47 01 02 - hotel.des.bains@net-up.com - fermé 20 sept.-19 mai et merc. du 26 mai au 7 juil. et merc. midi du 14 juil. au 15 sept. - 18/33 € - 11 ch. 33/51 € - ☕ 6,40 €.* Un restaurant modeste qui vous permettra de profiter en terrasse dès les beaux jours de l'animation du petit port de plaisance de Boyardville . Salles à manger rustiques et appétissante carte traditionnelle faisant la part belle aux poissons. Chambres d'un autre âge, mais bien tenues.

⊖⊖ **Les Jardins d'Aliénor** – *11 r. du Mar.-Foch - 17480 Le Château-d'Oléron - ☏ 05 46 76 48 30 - fermé 2 sem. en janv., 2 sem. en mars, jeu. midi et merc. sf juil.-août - réserv. conseillée - 23/45 € - 8 ch 65/85 € - ☕ 8 €.* Pierres apparentes, mobilier familial ou chiné, tableaux contemporains, etc. : l'ancien et le moderne se marient pour le meilleur dans ce restaurant récemment rénové. La cuisine qui privilégie les poissons crus est accompagnée d'une belle carte des vins. Agréable terrasse, salon non-fumeurs et cave à cigares.

⊖⊖ **Saveurs des îles** – *18 r. de la plage – 17310 La Ménounière - ☏ 05 46 75 86 68 - fermé janv.-mars, lun. et merc. au déj. en sais., du lun. au merc. d'oct. à déc. - 23/35 € - réserv. conseillée.* Dans le hameau de La Ménounière, sans doute le restaurant le plus surprenant de l'île, avec une cuisine inspirée des richesses des lieux, interprétée selon l'esprit inventif et l'audace de Christian Daudu. Décor assez hétéroclite, à mi-chemin entre l'Amérique latine et l'Asie, au diapason d'une cuisine très contemporaine.
À la carte : minute de thon rouge à l'huile d'olive, salade du marché, dos de maigre aux palourdes, tian de légumes, jus de basilic, cappucino de fruits frais et de mousse au rhum, gingembre et menthe. Terrasse sur jardin ouverte l'été.

QUE RAPPORTER

Des huîtres, bien sûr ! Mais aussi du sel de mer et ses produits dérivés, bonbons et caramels… Terre viticole, l'île d'Oléron possède ses vignes pour une production non négligeable.

Les Délices d'Oléron – *Carr. Gendarmerie - RD 734 - 17310 St-Pierre-d'Oléron - ☏ 05 46 75 29 67 - juil.-août : 9h-13h, 15h-20h ; fév.-juin et sept.-déc. : 10h-13h, 15h-19h - fermé janv., dim.-lun. hors sais.* Cette boutique présente un large choix de produits régionaux : vin, pineau, cognac, condiments, confitures, sels et quelques réalisations originales (pâté de ragondin au cognac, sablé aux algues).

Le Grenier à sel – *Phare de Chassiron - 17650 St-Denis-d'Oléron - ☏ 05 46 76 11 47 - ouv. de Pâques à sept. 9h à 23h en été. De 10h-19h hors sais.* A l'entrée du Phare de Chassiron, sur la droite, adossée au restaurant d'Antioche, voilà une boutique de produits régionaux pour combler tous les fins gourmets : caramels au sel de l'île d'Oléron, vinaigre de cidre, moutarde à la salicorne, à la fleur de sel ou au citron, crème de salidou (caramel au beurre salé), vin de pays et bières rousses et blondes de l'île, et même bières au cognac !

Les Jardins de la Josière – *Les Pesas « La Josière » - Chaucre - 17190 St-Georges-d'Oléron - ☏ 05 46 76 51 75.* Conserves et confitures maison, fruits et légumes du jardin. Vente à la ferme toute l'année et au marché de Domino de juin à mi-sept.

Charcuterie Proteau – *3 r. Georges-Clémenceau - 17480 Le Château d'Oléron - ☏ 05 46 75 22 82 - mar.-merc., vend.-dim. 7h-13h, 15h30-19h, jeu. 7h-13h.* Cet artisan de nombreuses fois médaillé et primé offre des spécialités alliant terre et mer parmi lesquelles une tourte aux huîtres et aux salicornes. Également des conserves et des produits secs à glisser dans ses valises.

J. Malburet/MICHELIN

LES ÎLES DE LA MÉDITERRANÉE

MÉDITERRANÉE PRATIQUE

TOURISME

Comité régional de tourisme de Provence-Alpes-Côte d'Azur – Les Docks - Atrium 10.5 - 10 pl. de la Joliette - BP 46214 - 13567 Marseille Cedex 02 - ✆ 04 91 56 47 00 - www.crt-paca.fr

Pour les archipels du Frioul et de Riou, pour l'île Verte et La Ciotat : **Comité départemental de tourisme des Bouches-du-Rhône** – Le Montesquieu, 13 r. Roux-de-Brignoles, 13006 Marseille - ✆ 04 91 13 84 40 - www.visitprovence.com

Pour les îles de la baie de Sanary à Bandol et les îles d'Hyères : **Comité départemental de tourisme du Var** – 1 bd du Mar.-Foch - BP 99 - 83003 Draguignan Cedex - ✆ 04 94 50 55 50 - www.tourismevar.com

Pour les îles de Lérins et la baie de Cannes : **Union départementale des Offices de tourisme et Syndicats d'initiative des Alpes-Maritimes** – 2 r. Gustave-Deloye - 06000 Nice - ✆ 04 92 47 75 15 - www.cotedazur-en-fetes.com

Pour les manifestations culturelles : le site internet du quotidien La Provence, **www.laprovence-presse.fr.** Pour les activités nautiques : le site **www.bloc.marine.fr** et leur guide.

AÉROPORTS

Aéroport international de Marseille-Provence – 13727 Marignane - ✆ 04 42 14 14 14 - www.marseille.aeroport.fr

Aéroport de Toulon-Hyères – Bd de la Marine - 83418 Hyères Cedex - ✆ 0 825 018 387 - www.aeroport.var.cci.fr

Aéroport international de Nice-Côte d'azur – BP 3331 - 06206 Nice Cedex 03 - ✆ 0 820 423 333 - www.nice.aeroport.fr

AFFAIRES MARITIMES

Pour connaître les réglementations locales, les zones littorales protégées, obtenir un permis de chasse sous-marine (gratuit et obligatoire), partez à la pêche aux informations auprès des Affaires maritimes :

Bouches-du-Rhône – ✆ 04 91 39 69 00.
Var – ✆ 04 94 46 92 00.
Alpes Maritimes – ✆ 04 92 00 41 50.

Pêche interdite

La capture et la pêche des mérous, des nacres et des ormeaux sont interdites en permanence. Le ramassage des oursins n'est autorisé que de novembre à mars, à raison de 4 douzaines par personne, la taille des oursins devant dépasser 5 cm.

La chasse sous-marine est interdite au moins de 16 ans, et de mai à sept. dans le Var, de novembre à mars dans les Alpes-Maritimes, de mi-octobre à mi-avril, dans les Bouches-du-Rhône. Le permis et la signalisation sont obligatoires (pavillon alpha).

Certaines **zones sont totalement interdites de pêche sous-marine** toute l'année : la facade Sud de la presqu'île de St-Mandrier (baie de Toulon), l'île de Port-Cros et ses îlots, une partie de l'île de Porquerolles.

URGENCE EN MER ET SUR TERRE

En mer, **Cross med** : ✆ 04 94 61 71 10, **depuis un portable** : ✆ 1616.

Sur terre, et principalement sur les îles : **SAMU** : 15, **Pompiers**, 18, **Urgence portable**, 112.

SÉCURITÉ

Incendie

Spécificité malheureuse du Sud de la France, l'incendie est une donnée à prendre en compte pour qui veut découvrir le littoral et ses îles. Avant de partir en promenade, s'assurer qu'aucune réglementation particulière ne concerne votre balade. Les niveaux de danger météorologique d'incendie sont fournis par Météo France *(voir coordonnées p. 6)* et par les préfectures (au téléphone ou sur leur site Internet).

Les Calanques : accès limité

Pour faciliter les secours en cas d'incendie, l'accès aux calanques est réglementé : accès automobile limité les week-ends et jours fériés de mi-avril à mi-juin et tous les jours de mi-juin à mi-septembre de 8h à 19h30. Accès pédestre en période d'été limité de 6h à 11h du matin et totalement interdit en cas de risque majeur, à savoir vent violent et forte chaleur.

La circulation de nuit et le bivouac dans les Calanques font l'objet de verbalisation (135 €). Toute l'année, le stationnement et la circulation des véhicules à moteur y sont strictement interdits,.

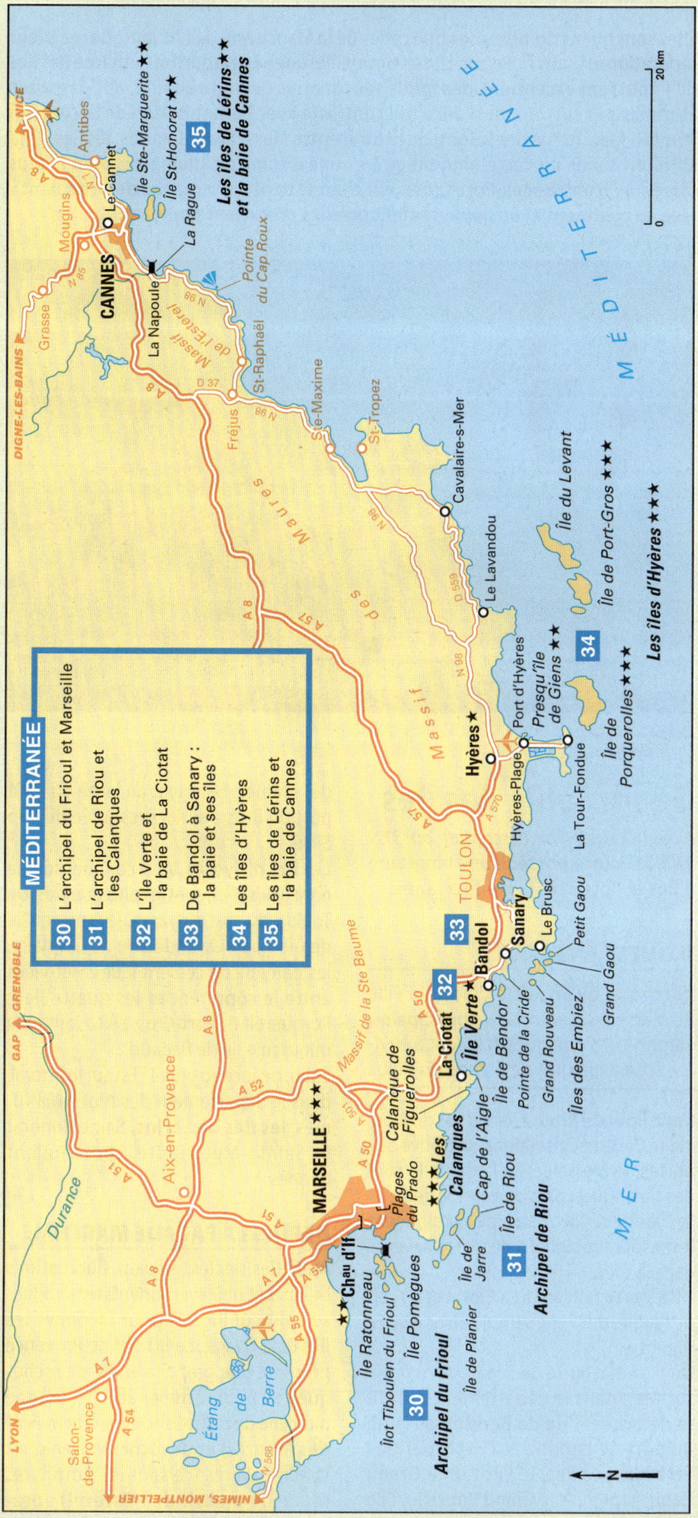

COMPRENDRE LA MÉDITERRANÉE

Elles sont moins nombreuses que celles de la Manche ou de l'Altantique mais leur réputation est sans faille : un climat ensoleillé, une végétation foisonnante (les îles du Frioul font exception), des fonds sous-marins de toute beauté, des paysages étonnants et surtout un silence qui contraste avec l'urbanisation de la côte qui leur fait face. Réparties le long du littoral entre Marseille et Cannes, les îles de la Méditerrannée ne s'en éloignent guère : une dizaine de kilomètres pour la plus téméraire d'entre elles, Port-Cros. Leur charme tient à ce « proche détachement » face au continent et au dépaysement qu'elles proposent pourtant.

J. Malburet / MICHELIN

La rade de Port-Cros.

Géographie des îles

Avec la Corse *(voir description pp. 312-320)*, **la France possède une vingtaine d'îles et îlots dans la Méditerranée.**

D'OUEST EN EST...

L'archipel du Frioul fait face à la ville de Marseille. Ses trois îles principales, Ratonneau, Pomègues et If, sont à environ trente minutes de bateau du Vieux Port.

L'archipel de Riou, avec les îles de Riou, Maïre, Jarre et Calseraigne, se trouve aux portes de Marseille, au large de la côte des Calanques, près du cap Croisette.

Les îles de ces deux archipels prolongent le massif montagneux de Marseilleveyre dans la mer.

L'île Verte fait face à La Ciotat et au cap de l'Aigle, dont elle semble être l'exacte réplique.

De part et d'autre de la baie de Sanary-sur-Mer, dans le département du Var, se détachent **l'île de Bendor,** au large du port de Bandol, et **l'archipel des Embiez**. Ses îles, le Petit et le Grand Gaou, le petit et le Grand Rouveau, l'île des Embiez, baignent au large du Petit port du Brusc, sur la presqu'île du Cap Sicié.

Les îles d'Hyères, aussi connues sous le nom d'îles d'Or, sont les plus grandes. De Toulon, du port d'Hyères, de la presqu'île de Giens, du Lavandou ou de Cavalaire, les bâteaux ne cessent leur va-et-vient entre le continent et les quatre îles : Porquerolles, Port-Cros, Le Levant et la minuscule île de Bagaud.

Enfin, beaucoup plus à l'Est sur le littoral, dans le département des Alpes-Maritimes, **les îles de Lérins,** Saint-Honorat et Sainte-Marguerite, contemplent Cannes.

DEPUIS LA FAÇADE MARITIME

Au fil des siècles, érosion, fluctuations marines et bouleversements tectoniques se sont conjugués pour façonner les îles et le rivage. Le littoral de Provence présente une grande variété de roches que l'on peut résumer ainsi : une zone médiane de roches anciennes (**le massif des Maures)** et de roches volcaniques spectaculaires (ce sont les porphyres rouge du **massif de l'Esterel)** enca-

drée par deux régions où dominent de puissantes assises calcaires : les impressionnantes falaises du **massif des Calanques et du cap Canaille** à l'Ouest, et l'**arc de Nice** à l'Est.
Petit aperçu géologique de la facade maritime toujours d'Ouest en Est, vue depuis les îles…
Face aux archipels du Frioul, de Riou et à l'île Verte : **la région des Calanques**. Elle résulte des retombées brutales des massifs de Carpiagne et de Marseilleveyre sur la mer. D'un contraste saisissant, les reliefs calcaires (blancs) apparaissent à partir de l'Estaque.
De Marseille jusqu'à la Ciotat, une kyrielle de petites baies découpe la côte, les plus profondes formant des calanques.
Les îles du Frioul ressemblent à ces calanques voisines : falaises vertigineuses, criques de sable, eau turquoise, ces îles blanches offrent un relief aussi tourmenté. La ressemblance est encore plus saisissante avec les îles de Riou : massifs sauvages de calcaire blanc, elles semblent avoir été arrachées aux calanques qui leur font face.

Les calanques

Du provencal *calenco* (escarpé), les calanques sont taillées dans du calcaire urgonien. Ces roches, truffées d'organismes fossilisés, émergèrent il y a 100 millions d'années. L'érosion liée à un ruissellement important et la dissolution de la roche ont creusé les vallons des calanques. Il y a environ 12 000 ans, le niveau de la mer est progressivement remonté, envahissant les vallées et dessinant le paysage actuel. Les falaises blanches et grises, acérées, dressées en à pic au-dessus de l'eau, où les pins d'alep jouent les funambules sont comme un écrin à l'une des mers les plus bleues du monde et offrent l'un des paysages les plus sauvages du littoral méditerranéen.

La côte calcaire de la Provence s'étend jusqu'à Bandol, où d'un point de vue géologique elle laisse place à la côte cristalline et au massif des Maures.
Face aux îles d'Hyères, le massif des Maures est une zone de roches anciennes, un massif cristallin, de faible altitude, baignant dans la mer. Les îles d'Hyères et le massif des Maures, sur le continent, constituent les derniers représentants d'un continent aujourd'hui disparu. Vaste, ce continent occupait l'emplacement de la Méditerranée au Sud de la Provence. La Corse et la Sardaigne en faisant également partie.

De Saint-Rahaël à Cannes, la côte de l'Estérel exposent ses rochers rouges plongeant dans la mer bleue frangée par le vert intense de la végétation… bref quelque chose ayant trait au paradis et qui s'explique par le massif volcanique de l'Esterel. Au-delà de ce massif, à la hauteur de Cannes et des îles de Lérins, le calcaire jurassique revient avec le **massif du Tanneron,** qui constitue le prolongement septentrional du massif des Maures.

Un refuge ?

Refuge d'un monde encore sauvage ou refuge d'estivants ? La question mérite d'être posée. Les îles d'Hyères accueillent chaque année plus d'1 million de visiteurs ; Port-Cros, le plus petit des parc nationaux avec 2 000 ha (dont 705 ha terrestres et 1 288 ha marin) reçoit 3 000 plaisanciers par jour en été et ses 300 habitants à l'année. 680 000 personnes débarquent sur les îles de Riou entre mai et septembre. Comment les îles résistent-elles à l'invasion estivale des touristes et à la progression de la pollution due au nombre toujours croissant de bateaux de plaisance et aux détergents ? Sont-elles encore, comme le décrivent la plupart des brochures touristiques, les derniers refuges sauvages d'une faune et d'une flore souvent différente de celle du continent ?

PROTECTION

Conscients de la fragilité des patrimoines naturels que représentent les îles, différents organismes s'emploient à protéger ces territoires terrestres et marins.
Le **parc national de Port-Cros,** créé en 1963, gère l'île ainsi qu'une partie de Porquerolles, aidé du Conservatoire botanique national de Méditerranée. Il a pour objectif de valoriser les paysages, de réintroduire la faune et la flore qui ont pu ou qui tendent à disparaître, et de surveiller l'équilibre écologique. Les îles d'Hyères sont ainsi soumises à une réglementation spécifique que chaque estivant doit respecter (pas de feu ni de cigarette, pas de déchets, pas de bruit, obligation de rester sur les sentiers autorisés, chiens interdits sur les plages, activités de plongée contrôlées, etc.)
Au-delà de la repression, l'objectif est éducatif : il faut apprendre aux estivants à respecter l'environnement. Un arsenal de mesures techniques et pédagogiques est ainsi mis en place dans le cadre du programme européen « Natura 2000 ».

L'archipel de Riou, l'île du Grand Rouveau dans l'archipel des Embiez, la presqu'île de Port-Miou appartiennent eux au Conservatoire du Littoral, qui, depuis 30 ans, a pour mission de protéger le littoral (*plus d'informations p. 11).* Depuis août 2003, Riou est classé réserve naturelle sur terre, ce qui a pour conséquence l'interdiction d'aborder l'île du coucher au lever du soleil afin de préserver la tranquillité des oiseaux nicheurs. Un travail avec les plongeurs a également été mis en place pour une meilleure gestion des mouillages. Du côté du Frioul, la ville de Marseille a instauré en 2004 un parc maritime qui consiste essentiellement dans des actions de pédagogie et de prévention. À terme, la logique de préservation des lieux voudrait que Riou soit laissé aux oiseaux et que le Frioul devienne un site d'observation privilégié.

Richesses naturelles

Le caractère extraordinaire de la faune et de la flore des îles de la Méditerranée demeure le plus souvent ignoré du grand public. Pourtant, outre la beauté et la qualité des paysages, c'est bien des richesses naturelles et biologiques que naît leur charme.

FRIOUL : VÉGETATION RARE...

Considérées comme le site le plus sec de France, les îles du Frioul connaissent un micro-climat qui en fait le dernier bastion d'une nature sauvage et tourmentée. Grand maître des lieux, le mistral sculpte et façonne ces cailloux calcaires qui malgré leur apparence dénudée recèlent d'intéressantes espèces végétales.

Adaptées à ces conditions très particulières, 200 espèces de plantes peuvent être observées, parmi lesquelles de nombreuses espèces végétales protégées. Ainsi, germandrée purpurine, saladelle de Provence, silène de Provence, lys des sables ou astragalle de Marseille refleurissent chaque printemps.

Terre d'asile pour les plantes, l'archipel du Frioul l'est aussi pour les oiseaux marins. Quelques dizaines de couples de puffins cendrés viennent y nicher. Le goéland leucophée, surnommé « gabian » par les Provençaux, est ici chez lui. Dans les falaises du littoral, quelques espèces à plumes ont élu domicile. C'est le cas notamment de la chouette chevêche, du merle bleu, du martinet pale ou du martin-pêcheur.

Espace protégé ou dénaturé ?

« L'enthousiasme généralisé pour la rencontre avec la nature place les espaces protégés au hit-parade des territoires les plus fréquentés. (...) Sauvegarder l'esprit des lieux, l'ambiance paysagère, les richesses d'équilibre et d'harmonie devient dans ces conditions un art difficile ». *Nicolas Gérardin, chargé de mission du parc national de Port-Cros.*

Protégées par le Conservatoire du littoral ou par le « label » de parc national ou parc maritime, les îles de la Méditérranée attirent un nombre croissant d'estivants, qui fragilisent l'environnement. Rançon du succès ou dérive incontrôlée ou incontrôlable ? Quoi qu'il en soit, la nature que l'on veut sauvegarder se voit de plus en plus exposée. À tel point que certaines associations environnementales tirent la sonnette d'alarme, et craignent de voir certains sites comme les Calanques de Marseille classées en parc national.

RIOU : DES ARBRES BONZAÏS

Sécheresse, vents violents et embruns constituent l'essentiel des phénomènes climatiques de l'archipel. De ce microclimat difficile est née une végétation exceptionnelle. Plus de 320 espèces végétales y sont recensées dont 18 protégées. La plupart sont des espèces endémiques du bassin méditerranéen occidental, rares ou rarissimes pour la flore de France mais abondantes sur les îles, où elles trouvent une zone de refuge, se maintenant et se développant à l'abri du piétinement des touristes qu'elles subissent sur la côte provencale.

Un seul exemple : l'astragale de Marseille, est une plante en coussinet qui donne des fleurs blanches au printemps et que l'on observe dans les hautes montagnes de l'Iran ou de l'Anatolie.

À la différence des îles d'Hyères, la végétation ne dépasse pas ici un mètre de haut : les mêmes pistachiers lentisques mesurent sur les îles d'Hyères, 7 à 8 mètres, quand les deux chênes verts de Riou peinent à dépasser la hauteur d'un homme et rampent sur une bonne quinzaine de mètres au sol. Façonnés par les vents chargés d'embruns, les arbres ressemblent ici à des bonzaïs.

L'archipel de Riou est le seul endroit en France où nichent ensemble trois espèces procellariformes (oiseaux de haute mer) de Méditerranée. Puffin cendré, puffin de Méditerranée et océanite tempête cohabitent ainsi sur ces îlots calcaires. Quant au goéland leucophée, sa surpopulation crée parfois sur les îles une ambiance « hitchockienne ». Côté mammifère, les trois espèces présentes sont le rat noir, le lapin de garenne et la chèvre, introduites par l'homme. Au détour d'un sentier, vous pourrez également rencontrer un petit gecko, le phyllodactyle d'Europe, une espèce endémique de cette partie de la Méditerranée (présent aussi sur l'île de Port-Cros).

L'ÎLE VERTE : LA BIEN NOMMÉE

Ceux qui, au préalable, ont visité les îles du Frioul seront surpris par son caractère boisé. Ici la végétation domine. Aujourd'hui recouverte de pins d'Alep et de maquis, l'île a survécu à une série d'incendies et d'événements (*voir plus loin «Le rôle des îles»*) qui, sans la proximité du continent et l'aide du vent – deux facteurs qui ont permis aux pins d'essaimer sur l'île – l'auraient entièrement transformée en garrigue. Contrairement à sa voisine Bendor, l'île est vierge de toute habitation : un facteur supplémentaire garantissant son équilibre naturel.

LES EMBIEZ

Chapelet d'îles, d'îlots et d'écueils qui protège la rade du Brusc, l'archipel forme un ensemble sauvage. La lagune du Brusc est une zone de ponte et de refuge pour de nombreuses espèces. Biotope exceptionnel, elle abrite un récif de barrière de posidonie, l'un des derniers en Méditerranée française. L'île du Grand Gaou, transformée en parc communal, se veut sanctuaire de la végétation méditerranéenne. Dans les pinèdes, les pins d'Alep torturés par les vents prennent des formes surprenantes.
Propriété du Conservatoire du littoral, l'île du Grand Rouveau se protège grâce un accès limité, tandis que l'île du Petit Rouveau « se réserve » à la reproduction d'oiseaux. Les goélands aiment y nicher et les flamands roses n'hésitent pas à y faire escale.
Dentelle rocheuse aux multiples ancrages naturels, l'île des Embiez a été construite, pour ne pas dire outrageusement bétonnée, par Paul Ricard (comme l'île de Bendor).
Heureusement, la partie construite n'occupe qu'une petite partie de l'île, le reste étant laissé à l'état presque sauvage. La richesse naturelle des Embiez se découvre pour l'essentiel sous l'eau : ses paysages sous-marins font référence en matière de plongée.

J. Malburet / MICHELIN

Sur l'île des Embiez.

PORT-CROS : FÔRET LITTORALE

Côté flore, l'île de Port-Cros offre un exemple rare de conservation d'une forêt littorale méditerranéenne dominée par les pins d'Alep et les chênes verts. Les essences du maquis, comme l'arbousier ou la bruyère arborescente, y atteignent des dimensions exceptionnelles.
Côté faune, si Port-Cros est connu pour ses mérous, comptabilisés tous les trois ans (dernier rélevé en oct. 2005) et totalement protégés grâce à l'action du parc national, on trouve aussi sur l'île d'autres espèces originales. C'est le cas du **discoglosse sarde**, un crapaud qui vit aussi en Corse, et de deux variétés de **geckos**, les phyllodactyles et les hémidactyles, qui ne sortent que la nuit. Mais Port-Cros abrite également un oiseau rare, le **puffin de Méditerranée**, sorte de mini albatros, seule espèce endémique de cette mer avec le puffin des Baléares. Il fait partie d'un programme européen de préservation *Life* (plus d'infos sur www.puffin-hyères.org).

Pas de voiture !

Aucune des îles de la Méditerranée n'accepte de voitures (sauf celles des résidents). Le vélo est même interdit sur l'île Verte, Port-Cros, Le Levant, les îles du Lérins, Riou, Frioul, Bendor et Les Embiez. Toute l'année, le stationnement et la circulation des véhicules à moteur sont interdits à l'intérieur du massif des calanques, hors des voies ouvertes à la circulation publique.

J. Malburet / MICHELIN

L'île de Bendor accueille un des centres de plongée les plus importants d'Europe.

Monde sous-marin

Des fonds calcaires recouverts d'herbiers, une eau claire, des tombants vertigineux, une faune et une flore abondantes, protégées par de nombreuses réserves marines : une des richesses des îles de la Méditerranée se trouve sous l'eau et fait le bonheur des plongeurs.

LA MER AU MILIEU DES TERRES

Méditerranée vient du latin mediterraneus, de *medius*, au milieu, et de *terra*, terre. La Méditerranée est « la mer au milieu des terres », et nos îles sont en bordure de ce « milieu » !

Presque fermée, environnée de terres arides, et subissant la chaleur d'un soleil quasi tropical, la Méditerranée s'évapore beaucoup et les fleuves la renouvellant ne sont pas assez nombreux. Sans l'eau de l'Atlantique qui se mêle à la sienne par le détroit de Gibraltar, elle s'assècherait en 1 000 ans.

De cette évaporation intense, il résulte une salinité élevée. Mais si elle est salée, l'eau de la Méditérannée est aussi une des eaux les plus pauvres en sels nutritifs. La Méditerranée « produit » ainsi peu d'animaux et de plantes. Elle est la moins poissonneuse des mers bordant le littoral français. Mais à l'inverse, elle a « fabriqué » énormément d'espèces, le manque de nourriture rendant la sélection naturelle plus âpre. La Méditerranée, qui représente seulement 0,8 % de la superficie des océans, abrite 8 à 9 % des espèces maritimes recensées.

Isolées de leur population d'origine, les espèces animales et végétales venues pour l'essentiel de l'Atlantique ont dû s'adapter à la pauvreté de la mer et se sont modifiées. Après des millions d'années d'évolution, 20 % d'entre elles sont devenues endémiques : elles ne vivent maintenant qu'en Méditerranée, à l'image de la posidonie, d'origine indo-pacifique.

Vaste palette mouvante, les eaux limpides de la Méditerranée affichent des températures de surfaces idéales pour la baignade en été (de 20 à 25 degrés, sauf lorsque le mistral souffle et fait chuter la température de l'eau d'au moins 5 degrés), pour fraîchir sensiblement en hiver, où elles ne dépassent guère 12 ou 13 degrés. Elle n'est soumise qu'à de faibles marées. Ses flots calmes peuvent aussi se déchaîner quelques heures lorsque le mistral se lève.

LES HERBIERS DE POSIDONIE

Derrière ce doux nom se cache une plante dont se nourrit toute la biodiversité de la Méditerranée.

Un poumon…

Sans les vastes prairies que constitue cette plante à fleur sous-marine aux longues feuilles vert foncé (elle appartient

4 biotopes sous-marins

Les quatre grands milieux méditerranéens sont :
- les herbiers de posidonies,
- les fonds rocheux avec les tombants qui sont le prolongement des falaises sous l'eau et les éboulis,
- les fonds sableux qui renvoient une eau presque turquoise, les graviers et le coralligène, constitué d'algues rouges calcifiées.

à la famille des joncs), la Méditerranée serait déserte. La croissance lente des rhizomes permet en effet à la posidonie de fixer les sédiments du littoral et de créer un biotope riche en oxygène, favorable au développement de nombreuses espèces animales. Quand les posidonies meurent, les espèces animales qui y avaient trouvé domicile disparaissent ou migrent. Les prairies constituent en effet de véritables nurserys et des abris pour près des trois quarts des poissons côtiers et à des miliers d'invertébrés, sans compter toutes les espèces d'algues.

... menacé

Les menaces pesant sur les herbiers sont pourtant réelles et plurielles : la posidonie ayant besoin de lumière, elle ne s'installe que sur les petits fonds (en desous de 30 m) : malheureusement pour elle, ces zones sont très rares en Méditerranée, et toujours convoitées par l'urbanisation intensive des côtes qui a, elle aussi, besoin des petits fonds.

Les constructions côtières et les travaux portuaires provoquent une importante sédimentation et une pollution mettant en péril ce fragile biotope.

Depuis 1989, l'une des six espèces d'algues caulerpes d'origine tropicale signalées en Méditerranée, la taxifolia (non toxique pour l'homme), jetée en mer lors d'une vidange des bassins du Musée océanographique de Monaco l'a rapidement proliféré sur le littoral azuréen. Ce développement rapide a fait craindre qu'elle ne devienne nuisible pour l'environnement et la posidonie, mais cette dernière lui résiste pour l'instant et on constate que la taxifolia repeuple des fonds trop acides et désertés par la posidonie.

La faune des herbiers

Une promenade en masque et tuba au-dessus des herbiers offre au plongeur la possiblité d'étonnantes rencontres.

Il en sera ainsi du concombre de mer ou holothurie, véritable éboueur des fonds sableux, qui se reproduit uniquement dans les herbiers, de l'étoile de mer, et d'une limace de mer, la doris maculée, endémique en Méditerranée, qui est un mollusque blanc tacheté de marron qui tranche sur le rouge des éponges.

Très riche en invertébrés, l'herbier de posidonie attire un seul poisson herbivore au sens strict – il mange uniquement du plancton végétal et des algues – la saupe, aux rayures longitudinales dorées.

On y trouve beaucoup de poissons prédateurs comme le sar, qui vit en banc, et la rascasse brune. L'hippocampe aime se nicher près de son cousin le poisson-aiguille, dont l'étonnante morphologie filiforme, avec une bouche en trompette, lui permet de se dissimuler par mimétisme dans les feuilles de posidonie. L'herbier abrite également la famille des labres, qui font leur nid au pied des grandes herbes, et regroupent vingt espèces, dont les girelles.

Zones marines protégées

Lorsque des zones marines sont protégées, les activités suivantes sont interdites toute l'année : La pêche sous toutes ses formes y compris la pêche professionnelle, la chasse sous-marine, la récolte de fruits de mer, la plongée individuelle en scaphandre, le mouillage.

LE MONDE DU SILENCE

C'est à Marseille que Jacques-Yves Cousteau, Philippe Tailliez et Frédéric Dumas ont mis au point le détendeur moderne qui a permis le développement de la plongée en scaphandre autonome, et c'est à Bandol qu'un matin de juillet 1943 ils le testèrent.

La pratique de la plongée est très développée et ne manque pas de clubs. Elle se pratique à Marseille, dans l'archipel du Frioul, dans l'archipel de Riou, où se trouvent le merveilleux site des Impériaux (à la pointe Ouest de l'île de Riou) et l'un des derniers sites coraliens de la Méditerranée, à 15 m de profondeur de l'île Maïre, dans les calanques, mais aussi au large de l'île Verte, à La Ciotat, dans le parc régional marin de la baie, à Bendor, Sanary, Port-Cros et Cannes.

Les épaves

La fréquence du trafic maritime au cours des siècles a transformé les fonds sous-marins méditerranéens en véritable musée d'épaves.

Au large de l'île du Planier : épave du *Chaouen*, cargo marocain échoué sur en 1970

Devant l'île Maïre (archipel de Riou) : épave du paquebot *Liban*

Au large de l'îlot Tiboulen (archipel du Frioul) : un bombardier allemand et des centaines d'amphores romaines.

à lire : *Plongée sur les plus belles épaves de Provence* (des 150 dernières années), Isabelle Croizeau, éditions Glénant, 2002.

Écologie

UN LITTORAL CHAUD ET SEC

Baigné par une mer tiède, le littoral méditerranéen est réputé pour la douceur de son climat, surtout en hiver, où les gelées sont exceptionnelles. Le climat de la côte et des îles bénéficie en outre de l'abri des montagnes souvent élevées et proches qui arrêtent les vents froids du Nord.

Les moyennes de température sur le littoral sont à Marseille de 14,2 °C, à Bandol et Bendor de 15,7 °C, à Porquerolles de 15,3 °C. Elles atteignent et dépassent 16 °C près de Toulon.

Si les températures sont élevées et relativement uniformes, **la pluviosité** est, elle, très variable entre des points du littoral provençal même proches. Ainsi, sur une distance de quelques kilomètres, entre le centre de Marseille et le cap Croisette, porte d'entrée des calanques, les précipitations annuelles tombent de 572 mm à moins de 400. **Le cap Croisette** est un véritable pôle d'aridité avec une pluviosité comparable à celle des confins de l'Algérie et du Sahara. Il en va de même pour l'archipel du Frioul, au large de Marseille, qui est le lieu le plus sec de France avec 350 à 400 mm de précipitations par an.

De même, Porquerolles reçoit en moyenne 100 mm de pluie de moins que Toulon. En revanche la pluviosité annuelle est plus importante à Bandol qu'à Marseille (577 mm.), et plus encore à Toulon (714 mm.).

Autre caractéristique de la pluviosité en Méditerranée : sa discontinuité. Moins de 70 jours de pluie dans l'année sur tout le littoral (moins de 50 près de Marseille contre 110 à Paris).

L'été, la sécheresse est forte, moins de 20 mm de pluie en juillet sur toute la côte répartie en moyenne sur 2 jours, et certaines années absolue. Elle dure en moyenne trois mois. La végétation ne bénéficie d'eau en quantité suffisante que de septembre à avril.

D. Pazery / MICHELIN

Forêt carbonisée, un an après l'incendie

Que faire ?

Le feu laisse derrière lui un paysage meurtri d'arbres calcinés. L'équilibre écologique se modifie peu à peu : la forêt ne cesse de reculer, grignotée par des sols qui demeureront longtemps stériles avant de se regénérer. Un système très performant de lutte contre les incendies a été mis en place : surveillances, interventions spectaculaires et risquées des Canadaires, répression contre les pyromanes. Mais ne faudrait-il pas aussi revoir certaines notions d'aménagement des paysages qui permettent au feu de se propager ?

UNE MENACE : LE FEU

Il n'y a pas si longtemps, le feu était pour l'homme de la terre un allié et non un ennemi. Il favorisait la repousse de l'herbe et évitait que les pâturages ne soient envahis de broussailles.

Mais les pâturages et les bergers sont devenus anecdotiques, les petites exploitations agricoles ont laissé la place à des investissements économiques plus rentables – agriculture intensive, aménagement touristique, urbanisation, infrastructure routière ou friche tout simplement. Conséquence de cette longue chaîne de déséquilibres, dont le seul responsable est l'homme, le feu dévaste chaque année des millions d'hectares, et menace des vies humaines !

En période de sécheresse, les broussailles des sous-bois et les aiguilles de pins offrent au feu un combustible de choix : à la première amorce, tout s'enflamme. Certaines plantes dégagent même des essences très volatiles qui peuvent s'enflammer toutes seules. Et lorsque le vent s'en mêle, la catastrophe devient inéluctable. De véritables vagues de feu, qui peuvent se déployer sur 10 km de long et 30 m de haut, se propagent inexorablement, progressant de plusieurs kilomètres par heure. Bien souvent, cette course folle ne prend fin que lorsque les flammes rencontrent la mer, à moins que le vent ne tombe subitement, ou ne renverse sa direction.

Le rôle des îles

Mouillages naturels et sûrs le long des côtes, escales sur les routes maritimes qui reliaient Gênes à Marseille, terres de quarantaine pour protéger le littoral des épidémies, avant-postes du continent aux premières loges lors des attaques des flottes étrangères, notamment italiennes et espagnoles, les îles méditerranéennes ont joué un rôle essentiel dans l'histoire, depuis la haute antiquité.

Elles virent successivement défiler les Ligures, qui peuplèrent toute la région dès l'âge de bronze (1800 à 800 av. J.-C.), les Celtes (du 7e au 4e s. av. J.-C.) puis les Grecs (les Phocéens) et les Romains.
Elles furent maintes fois envahies et pillées par les pirates et les corsaires qui appréciaient ces îles idéalement proches de la côte ; elles furent annexées par les militaires qui y construisirent des prisons ou des fortins, conscients de leur valeur stratégique. Leurs populations furent soumises à la terreur de ces multiples envahisseurs et à des conditions de vie rudes jusqu'au jour où, après la Seconde Guerre mondiale, paix et progrès aidant, elles se transformèrent pour l'essentiel en lieu de villégiature, laissant place à un envahisseur d'un nouveau genre : le touriste.

CEINTURE SANITAIRE

L'histoire des îles du Frioul et de l'archipel de Riou est liée à celle de Marseille et commence à l'arrivée des marins grecs, les Phocéens, qui débarquèrent en 600 av. J.-C., séduits par l'immense rade ceinturée de collines. En 49 av. J.-C., la flotte romaine de Jules César jette l'ancre au large des îles du Frioul, avant d'assiéger la cité de Massalia. Leur nom s'explique peut-être par ce fait : *Fretum Juil.*
Pendant les siècles qui suivirent, l'archipel servit régulièrement d'escale et joua un rôle sanitaire important. Les îles servirent de lieux de quarantaine, notamment pour les navires en provenance d'Afrique du Nord et d'Asie. Les nombreux échanges commerciaux exposaient Marseille à la peste et au choléra. C'est dans les îles du Frioul, et particulièrement dans le port naturel de Pomègues, que furent mis en quarantaine les navires contaminés et leur marchandise. Les fonds marins de la crique de Pomègues regorgent encore de pipes en terre, souvenirs d'attentes interminables. Dès 1627, la pratique de la quarantaine est instituée pour les bateaux suspects et des bâtiments sont bientôt réservés aux pestiférés, ce qui n'empêchera d'ailleurs pas à Marseille d'être ravagée par le fléau. La fièvre jaune s'annonçant terrible en 1823, l'hôpital Caroline est construit sur l'île de Ratonneau, pour accueillir les malades.

L'OCCUPATION DES MOINES ET DES PIRATES...

À la fin du 4e s., saint Honorat se fixe dans la plus petite des îles de Lérins, Lerina, mais sa retraite est vite connue et les disciples accourent. Le saint fonde un monastère qui comptera parmi les plus illustres de la chrétienté.
Quelques années après, au 5e s., les moines de Lérins fondent également un prieuré sur l'île du Levant, puis à Porquerolles et à Port-Cros. Mais du 7e au 16e s., les pirates s'emparent de ces îles, terrorisant continuellement la population des côtes. Les moines de Saint-Honorat verront leur monastère, pourtant fortifié, saccagé par les Sarrasins, repliés, depuis la défaite de Poitiers, en Provence. Les incursions des corsaires gênois, les attaques espagnoles et la présence de

Un renouveau culturel

Si la plupart des îles de la Méditerranée ont une vocation essentiellement touristique, certaines cultivent leur patrimoine et leur potentiel culturel.
Ainsi, l'île Ratonneau et l'hôpital Caroline accueillent chaque été les Nuits Caroline, un festival multiculturel au succès croissant. L'association Caroline, qui gère les lieux, compte transformer l'hôpital en résidence artisitique, affichant l'ambition de créer un véritable centre culturel de rencontres labélisé par l'État, comme l'est par exemple la Chartreuse de Villeneuve-lès-Avignon.
L'île du Gaou, dans l'archipel des Embiez, voit se dérouler chaque été un festival musical devenu au fil des années l'un des poids lourds du genre, les Voix du Gaou. Des pointures tels que The Cure ou Iggy Pop and the Stooges y ont joué devant plus de 8 000 personnes.
Face au succès croissant de ces nouvelles orientations culturelles, on peut s'interroger sur le danger et les risques qu'elles comportent en augmentant de manière considérable – bien que ponctuelle – le nombre des visiteurs sur les îles. Les goélands de Gaou savent-ils apprécier les décibels d'Iggy Pop ?

J. Malburet / MICHELIN

La calanque de Podestat, sur l'île de Jarre.

garnisons placées dans l'île entravent considérablement la vie des moines.
À la Révolution, le monastère est confisqué puis vendu. Mais depuis 1869, les moines sont de nouveau propriétaires du lieu et présents sur l'île. Les îles d'Hyères, elles, ont définitivement perdu leurs moines. Il n'en reste pas moins que Porquerolles comme Saint-Honorat sont aujourd'hui célèbres pour leur vignoble, le second étant entièrement géré par les moines.

DES HABITS MILITAIRES

La position stratégique des îles de la Méditerranée fut de tout temps un enjeu à conquérir. Ligures, Grecs et Romains les colonisèrent dans cet esprit, puis les pirates de tous les horizons s'y installèrent. Les différents rois et dirigeants de France ont protégé avec acharnement ces territoires si précieux pour leur défense militaire.
Ainsi, François Ier fortifia les îles du Frioul pour protéger Marseille. La forteresse la plus célèbre est le château construit sur If entre 1524 et 1528. N'ayant jamais subi d'attaque, il fut utilisé comme prison d'État à partir de 1634.
Sur les îles d'Hyères, François Ier eut beau relever le fort Sainte-Agathe de Porquerolles, bâtir le Vieux-Château de Port-Cros et y disposer une garnison, personne ne voulut disputer la place aux pirates, qui occupaient les lieux. Il fallut déclarer les îles terre d'asile aux criminels pour les peupler. Assurés de l'impunité, les nouveaux occupants devinrent à leur tour des pirates… Sous Louis XIV, les îles d'Hyères seront purgées de leurs mauvais garçons.
Mais à peine débarassées de ses pirates, elles devinrent un enjeu pour les flottes anglaises et espagnoles. Richelieu, à son tour, s'employa à les défendre, en construisant les forts de Port-Man et l'Estissac à Port-Cros et le Grand et le Petit Langoustier à Porquerolles.
Puis Napoléon inclut les îles dans le système de fortification du littoral : les batteries se multiplièrent, pour contrer l'Angleterre, toute puissante sur mer, à l'exemple du fort de l'Arbousier sur l'île du Levant. Au total, 18 batteries hérissent les îles d'Hyères.
Les îles de la Méditerranée n'échappèrent pas à la tourmente de la Seconde Guerre mondiale. Le 11 novembre 1942, la Provence est envahie par les troupes allemandes. Ces dernières stationnent sur les îles du Frioul, s'installant dans les anciens forts. 700 tonnes de bombes seront larguées par les Alliés pour les déloger. Le phare de l'île de Planier, dans l'archipel voisin de Riou, planté depuis le Moyen Âge sera entièrement détruit par les bombardements allemands et reconstruit sur les crédits du plan Marshall.
Sur l'île Verte, les Allemands édifièrent des blockhaus et un réseau de galeries souterraines. Les cratères creusés par les obus se repèrent aujourd'hui grâce à une végétation typique de myrtes, pistachiers-lentisques et autres arbustes comme la salsepareille.
Ainsi, de François Ier au débarquement allié de 1944, l'histoire des îles de la Méditerranée s'est donc surtout écrite à l'ombre des canons : jusqu'en 1992, l'île de Riou appartenait à la Marine nationale, et c'est encore le cas de l'île du Levant, dont 90 % de la surface est occupée par l'armée, qui y effectue des essais de missiles.

L'archipel du Frioul et Marseille

30

CARTE MICHELIN LOCAL 340 G6-H6 – BOUCHES-DU-RHÔNE (13)
ARCHIPEL DU FRIOUL : 200 HA ; 80 HABITANTS

Berceau des civilisations méditerranéennes, la rade de Marseille abrite des navires depuis presque 2 600 ans. Aujourd'hui encore, le ballet des paquebots en partance pour la Corse ou l'Afrique du Nord offre un superbe spectacle lorsqu'à la nuit tombée ils scintillent de mille lumières. Au centre de la baie, les îles du Frioul jouent les ambassadrices phocéennes. Anciens ports naturels ou terres de quarantaine, ces « Portes du Sud » qui ont longtemps protégé la cité accueillent désormais de nombreux visiteurs.

ARRIVER À BON PORT

Pour arriver à Marseille en voiture, suivre l'autoroute du Littoral (A 55) jusqu'à la sortie Vieux Port. En **train**, le TGV Méditerranée relie Marseille à Paris en 3h. Empruntez ensuite le métro jusqu'à la station Vieux-Port. En **avion**, aéroport Marseille-Provence à Marignane, puis navette routière jusqu'à la gare Saint-Charles.

LARGUER LES AMARRES !

Navettes au **départ du Vieux Port**. Traversée : 30mn environ – été dép. toutes les h., hiver dép. toutes les h. et demie - traversée AR 10 € - forfait 2 îles : 15 €. Visite du château d'If avr.-sept. : 9h-17h40 ; oct.-mars : 9h15-18h45 - 4 €. *Groupement des armateurs côtiers Marseillais - 1 quai des Belges - Marseille ✆ 04 91 55 50 09.*

BON À SAVOIR

Au départ du port phocéen, cette mini-croisière offre un somptueux panorama sur la rade de Marseille

La végétation de l'archipel du Frioul offre très peu de zones ombragées. Pensez à vous équiper contre le soleil.

Les îles ne disposent pas de structures hôtelières vous permettant d'y passer la nuit : notez bien l'heure de départ de la dernière navette.

Les voitures ne sont pas autorisées sur l'archipel ; des parkings souterrains sont aménagés autour du Vieux Port.

Virée historique autour du port phocéen

L'histoire du Vieux Port de Marseille débute il y a plus de 2 600 ans. L'ancienne crique qui avance sur plus d'un kilomètre à l'intérieur des terres est le berceau de la cité phocéenne.

Point de départ : quai des Belges, à la sortie de la station de métro Vieux-Port.

Vous trouverez des plans de la ville à l'Office de tourisme, situé juste derrière le quai des Belges.

Vieux Port★★

Au 6e s. av. J.-C., un groupe de navigateurs grecs venu de Phocée, en Asie Mineure, découvrent un port naturel à l'abri des vents, qu'ils baptisent « Lacydon ». La légende raconte que le roi Nann choisit le jour de ce débarquement pour marier sa fille Gyptis à Protis, chef des marins grecs. De ce mariage naîtra Massalia, la ville du Sud, qui verra défiler pas moins de vingt-cinq siècles d'activité maritime.

C'est au cours du 19e s. que le Vieux Port connaît son plus grand aménagement. Le creusement du bassin de carénage dans la partie Sud, sous l'abbaye Saint-Victor, et l'élargissement du quai Napoléon ont permis d'accueillir des navires de fort tonnage dans de nouveaux bassins plus profonds.

Devenu port de plaisance, le Vieux Port accueille aujourd'hui quelque 3 200 plaisanciers et pêcheurs. Ses 6 mètres de tirant d'eau en font l'un des rares ports de Méditerranée à pouvoir accueillir de grosses unités.

Quai des Belges

Baptisé ainsi depuis le 22 janvier 1915, en souvenir de l'héroïque résistance des soldats belges, le quai des Belges accueille chaque matin les femmes de pêcheurs venues vendre le poisson du jour (ou de la veille !). Une ambiance haute en couleurs qui vous immerge au cœur d'une Marseille typique.

Hôtel de ville

Ce petit pavillon, le long du quai des Belge, évoque certains palais de la côte italienne, comme à Gênes. L'édifice de Gaspard Puget et de Mathieu Portal est réalisé à partir du projet de Pierre Puget, sculpteur, peintre et architecte français (1620-1694). Sa façade arbore une belle pierre rose et lumineuse. De part et d'autre de l'hôtel de ville, les immeubles de l'architecte Pouillon, tous habillés de pierre jaune, sont un bel exemple de la reconstruction qui eut lieu au cours des années 1960, suite aux bombardements de 1943.

Longez le quai du Port sur la droite. Depuis le quai vue sur N.-D.-de-la-Garde.

Vue sur Notre-Dame-de-la-Garde

Construite par Espérandieu au milieu du 19e s., N.-D.-de-la-Garde s'élève sur un piton calcaire à 162 m d'altitude. Ajoutez à cela son clocher de 60 m de haut, surmonté d'une énorme statue dorée de la Vierge Marie. L'intérieur de l'église, de style romano-byzantin est revêtu de marbres colorés, de mosaïques et de peintures murales de l'école de Düsseldorf. Son parvis dévoile un panorama fabuleux sur la ville, qui semble sous la protection de cette « Bonne Mère », comme les Marseillais aiment l'appeler.

Fort Saint-Jean

Au bout du quai du Port. Ouvert lors d'expositions temporaires.

La commanderie des Hospitaliers de Saint-Jean de Jérusalem est à l'origine de l'édifice datant du 12e s. La Tour carrée, plus récente, résulte d'une commande du roi René au 15e s. Haute de 34 m, la construction recèle en son sommet une douzaine de canons. Au 17e s., Louis XIV fait construire la tour du Fanal. Vauban, une fois de plus, orchestre les travaux. Le remaniement des fortifications a un double objectif. D'une part, les remparts entrent dans une stratégie de défense de la rade, d'autre part ils permettent au souverain de garder une distance avec des Marseillais rétifs à sa politique.

Esplanade Saint-Jean

Communément appelé « J4 » par les Marseillais, du nom de l'ancien bâtiment portuaire détruit en 1997, l'esplanade préfigure un chantier d'envergure : la Cité de la Méditerranée. Le site, qui accueille déjà quelques manifestations, verra naître d'ici 2009 le musée des Civilisations de l'Europe et de la Méditérannée (Mucem). L'architecte provençal d'origine italienne Rudy Ricciotti s'est vu confier le projet.

La traversée du Vieux Port en Ferry Boat

8h-18h30, w.-end en été 8h-20h30. De la place aux Huiles à l'hôtel de ville. 0,80 €/AR, 0,50 €/aller.

Au début du siècle, des passeurs à rame assuraient la traversée aux poissonnières du quartier du Panier, aux pêcheurs allant livrer à la Criée, aux ouvriers se rendant aux manufactures de la rue Sainte ou encore au personnel hospitalier de l'hôtel-Dieu. Aussi, la mise en service en juin 1880 du ferry-boat déclencha la colère des syndicats de bateliers mais suscita un réel engouement de la part de la population. Trois lignes furent mises en place : il ne reste plus que la ligne Mairie - Place aux Huiles. Le *César* est le dernier rescapé d'une flottille de trois ferries. Construit en 1952, il transporte inlassablement près de 80 000 passagers par an. Si Escartefigue, le célèbre personnage de Marcel Pagnol, n'officie plus comme capitaine, le trajet garde néanmoins un charme fou.

La Canebière

Elle fait l'angle avec le quai des Belges.

« On connaît dans chaque hémisphère, notre Cane, Cane, Canebière », entonnaient les chanteurs d'opérettes de Vincent Scotto, célèbre compositeur marseillais de l'entre-deux guerres. Il faut dire que l'activité de négoce de la ville au 19e s. participa à l'effervescence de cette avenue ouverte en 1666 lors de l'agrandissement de la ville ordonné par Louis XIV. Son nom issu du provençal « canebe » (chanvre), perpétue le souvenir des cordiers installés ici depuis le Moyen Âge. La Troisième République sera l'époque de son apogée grâce à l'intense activité intellectuelle et commerçante régnant dans les cafés, grands hôtels et grands magasins.

Ville de Marseille

Les îles de Ratonneau, Pomègues et du château d'If.

Musée de la Marine et de l'Économie de Marseille

Métro Vieux-Port. Rez-de-chaussée du palais de la Bourse. ✆ 04 91 39 33 21 - www.ccimp.com/patrimoine - 10h-18h - 2 € (-12 ans gratuit).
Le bâtiment fut construit sous Napoléon III dans un style néo-classique par l'architecte marseillais Pascal Coste. Le musée présente des maquettes de navires et des peintures illustrant le commerce et l'industrie marseillais. Une salle entière est consacrée à la conquête des fonds marins. Outre le musée, le palais de la bourse abrite également le siège de la plus ancienne chambre de commerce de France (1599).

Fort Saint-Nicolas

En face du fort St-Jean, au bout du quai de la Rive-Neuve. Empruntez les escaliers jusqu'au sommet. Édifié de 1660 à 1664 sur ordre de Louis XIV, le fort Saint-Nicolas compte parmi l'un des plus remarquables ouvrages militaires des Bouches-du-Rhône. Surnommé «la Citadelle», l'œuvre du chevalier de Clerville présente un plan défensif en étoile, cher à Vauban. À l'instar du fort Saint-Jean, le fort Saint-Nicolas a un rôle ambivalent. S'il améliore la défense de la ville, il surveille également la ville et les Marseillais désobéissants.

Vos pas doivent logiquement vous ramener vers le boulevard Charles-Livon et l'entrée du jardin du Pharo.

Palais du Pharo

Napoléon III, séduit par Marseille, émet le désir d'y disposer d'une résidence « les pieds dans l'eau ». La ville, touchée par l'intention, offre à l'empereur le promontoire du Pharo, autrefois appelé « Tête de More ». Le plateau rocheux présente un splendide panorama sur le Vieux Port et la côte Nord de Marseille.
En arrière-plan de la rade piquée de voiliers blancs, la cathédrale de la Major impose ses tranches de marbre. Le lieu accueille aujourd'hui de nombreux congrès et la pelouse est le terrain de jeux favoris des minots.

Explorer l'archipel du Frioul

Situé à 30mn du Vieux Port de Marseille. L'accès à l'archipel du Frioul se fait exclusivement en bateau. Attention : pas d'hébergement sur l'archipel.

L'archipel du Frioul fait face à la ville de Marseille. À La fois si proches et si isolées, les îles Pomègues et Ratonneau, reliées entre elles par une digue, exposent leur carapace calcaire à la surface des eaux salées. Anciennes ceintures sanitaires, les deux plus grandes îles de l'archipel du Frioul (les autres sont If et l'îlot de Tiboulen), recèlent des vestiges aux souvenirs douloureux. Témoin des épidémies passées, des navires en quarantaine, d'une terre d'asile au large de Marseille, l'hôpital Caroline résiste comme un symbole.
Le microclimat est à l'origine de quelques belles variétés végétales qu'il convient de découvrir aux abords des sentiers.
Aucune voiture n'est tolérée sur le site, classé «Natura 2000» (programme européen).

Île Ratonneau

C'est sur cette île que s'effectue le débarquement des navettes du Vieux Port. La seule île à être habitée à l'année fit en 1974 l'objet d'un projet de construction de village, projet avorté quatre ans plus tard. Surplombant le débarcadère, vous apercevez une jolie chapelle construite sous la Restauration dont l'architecture évoque l'antiquité. C'est d'ici que le prêtre officiait, donnant sa bénédiction aux navires amarrés.

Port du Frioul – Autrefois nommé « Port de Dieudonné », du nom du fils posthume du duc de Berry, le port du Frioul peut accueillir 650 navires, une capacité d'accueil limitée du fait de l'impraticabilité de certains bassins. En effet, la digue Est ne suffit pas à casser les vagues par fort vent d'Est.
Installé dans le port, **Emeraude Yachting** propose la location de bateau sans permis : idéal pour découvrir l'archipel depuis la mer. *5 pers. 90 €/demi-journée, 150 €/j. - ✆ 04 31 39 03 31*

L'hôpital Caroline – *Suivez le sentier qui surplombe la calanque Sainte-Estève. Accès libre.* Classé au registre des monuments historiques, l'hôpital Caroline a été construit en 1828. Nommé Caroline en hommage à Marie-Caroline de Bourbon-Sicile, Princesse des Deux-Siciles, épouse du duc de Berry, l'hôpital fut construit pour accueillir les malades atteints de la fièvre jaune, dont on pensait faciliter la guérison grâce à l'air marin. Utilisé lors des grandes épidémies du 19e s. comme lieu de quarantaine, le site a été en partie détruit par les bombardements de l'aviation alliée lors de la libération de Marseille en août 1944. Chaque été, il accueille de nombreux événements culturels *(voir p. 262)*.

La chapelle de l'Hôpital Caroline – Les bâtiments de l'hôpital s'articulent symétriquement autour d'une chapelle centrale dont le sanctuaire surélevé était destiné à permettre aux malades de suivre les offices sans quitter les quartiers dans lesquels ils étaient consignés.

La plage de Sainte Estève – En contrebas de l'Hôpital Caroline, la plage de Sainte Estève est remarquable pour la transparence de son eau, que l'on dit plus chaude que dans les calanques. La baignade y est surveillée et une buvette propose boissons et sandwiches.

La digue de Berry – *Au bout du quai d'honneur.* Dédiée au duc de Berry, héritier du trône des Bourbons assassiné en 1820, la digue se déroule sur 315 m de long et 90 de large. Les travaux débutés en 1822 s'achèvent deux années plus tard. Près de 600 ouvriers ont participé à cet immense chantier. L'ouvrage qui ferme le port entre Pomègues et Ratonneau, permettait ainsi le mouillage des navires en quarantaine.

Île Pomègues

Point de mouillage naturel pour les galères marchandes depuis la plus haute antiquité, la crique de Pomègues devint par la suite un port de quarantaine, notamment pour les navires en provenance d'Afrique du Nord et d'Asie mineure.
À cet endroit, les fonds marins regorgent de pipes en terre, souvenirs d'attentes interminables. Les bittes d'amarrages taillées à même la roche gardent l'empreinte de cette époque. Elles sont une trentaine à se dresser dans le port naturel de Pomègues. Certaines d'entre elles, reconnaissables à leur forme de tronc conique inversé, sont encore en excellent état.

L'îlot Tiboulen

« Le petit rocher du bout », voilà ce que signifie son nom. Situé à l'Est de l'île Ratonneau, son accès nécessite de disposer d'une embarcation privée. Ses fonds sont particulièrement appréciés des plongeurs qui viennent y observer congres, rascasses ou sars.

Plonger au Frioul

Les fonds marins de l'archipel sont le théâtre de nombreuses sorties de plongée. Il n'est pas rare en week-end de voir au creux de quelques criques des bateaux chargés d'hommes-grenouilles. Partez à la découverte d'épaves, comme

Le « plus » nature

À vingt bonnes minutes à pied du port du Frioul, à l'Est de l'île de Pomègues, la calanque de la « Grande Brise » regorge de prestigieux invités. Un petit plan d'eau protégé du vent d'Est par une digue et abrité du mistral par la pointe de la baie, forme la zone d'élevage de poissons issus de l'aquaculture biologique.
Le site qui servait depuis 1927 aux écaillers de Marseille pour y faire retremper leurs coquillages, est réputé pour la qualité de ses eaux. Chaque année, la ferme produit près de soixante tonnes de loups et de daurades royales. Possibilité de visite de la ferme sur RV *✆ 04 91 37 06 75.*

ce bombardier allemand, qui gît au large de l'îlot Tiboulen, ou encore ces centaines d'amphores que l'on découvre ça et là. À moins que votre passion soit plutôt une eau turquoise aux fond de sable blanc et d'herbiers ondoyants, où les jeux de lumière du soleil font scintiller des myriades de poissons multicolores. Bref, à chacun son plaisir !

Le château d'If.

Fédération française des sports sous-marins
24 quai de Rive-Neuve - 13284 Marseille Cedex 07 - ✆ 04 91 33 99 31 ou 0 820 000 457 - www.ffessm.fr – elle regroupe un grand nombre de clubs locaux et publie un ensemble de fiches présentant les activités subaquatiques de la Fédération. Une fois le club choisi, il suffit de réserver sa plongée, puis d'embarquer sur les bateaux équipés.

Plaisir de la mer
Quai Marcel-Pagnol - bus 83 depuis le Vieux Port (arrêt Fort-St-Nicolas) - ✆ 04 91 33 03 29 - marseillecotemer@wanadoo.fr - fermé 15j à Noël - baptême 35 €. Du simple baptême aux cours pour plongeurs expérimentés, la palette est large dans ce club fort connu à Marseille, créé à l'origine par le propriétaire du Vieux Plongeur, un magasin de plongée tout aussi célèbre auprès des « scaphandriers » phocéens. L'embarquement a lieu au club, au pied du fort St-Nicolas, à 10mn à pied du Vieux Port.

Escale au Château d'If

2 janv.-30 avr. : 9h30-17h30 ; 1er mai-3 sept. : 9h30-18h30 – 4 sept.- 31 déc. : 9h30-17h30, fermé le lun. de sept. à mars inclus - 4,60 €, tarif réduit : 3,10 €. Dans la cour du château, un snack-bar propose de manger sur le pouce. Beignets de calamars, steaks hachés, salades composées, etc. - 9/18 €.

Histoire – If est un îlot de rocher de 3 ha, resté désert jusqu'au 16e s., époque à laquelle François 1er entreprend d'y dresser une forteresse destinée à protéger Marseille de ses assaillants venus de la mer. Commandant l'entrée du port de Marseille, il devait protéger la rade de toute attaque et garantir la possibilité de ravitaillement de la ville par la mer. Commencés en 1524, les travaux ne s'achèveront qu'en juillet 1531. Tant redouté, le château d'If ne fut jamais attaqué. Quelques années seulement après la fin de sa construction, au milieu du 16e s., le château devint une prison d'État, où furent emprisonnés des huguenots et des opposants au coup d'état de 1851. L'histoire raconte qu'on y enferma le mystérieux « Masque de fer ». Alexandre Dumas qui immortalisa le site dans ses romans, y fit croupir quelques-uns de ses héros comme le comte de Monte-Cristo ou l'abbé Faria. La visite, qu'agrémentent des vidéos extraites des multiples avatars cinématographiques du Comte de Monte-Cristo, fait parcourir les cachots de ces nombreux prisonniers.

Architecture – Le **château d'If★★** forme un carré de 28 mètres de côté, flanqué de trois puissantes tours cylindriques : Saint-Christophe, la plus massive et la plus haute, s'élève à 22 mètres et fait face à l'île Ratonneau. Les deux autres quant à elles, Saint-Jaume et Maugouvert, regardent vers le Vieux-Port. En 1702, Vauban, commissaire des fortifications, ordonna la construction, à côté du château, du bâtiment des corps de garde appelé « caserne Vauban ». D'une terrasse, au sommet de la chapelle désaffectée s'ouvre un panorama sur la rade et la ville, les îles Ratonneau et Pomègues reliées par la digue de Berry.

Le rhinocéros d'If

En 1515, on débarqua sur l'île d'If le premier rhinocéros connu en Europe, un rhinocéros d'Asie, présent du roi de Guzarat à Emmanuel le Magnifique, roi du Portugal. Ce dernier décide à son tour de faire don de l'animal au pape Léon X. Le rhinocéros quitte alors Lisbonne pour rejoindre Rome et fait escale à Marseille sur l'île d'If. Une gravure de Dürer immortalisa l'événement.

Flâner le long de la Corniche, à Marseille

Laisser la voiture sur l'un des emplacements gratuits bordant la Corniche, qui débute au niveau de la plage des Catalans, après le croisement avec l'avenue de la Corse. À pied, comptez environ 2/3h pour parcourir la corniche Kennedy, du quartier des Catalans aux plages du Prado.
Autre possibilité, prendre le bus 83, qui démarre du Vieux-Port et file le long de la Corniche jusqu'à l'arrêt Borély. Ce voyage hautement panoramique coûte une somme modique, la climatisation en prime.

La corniche du Président-Kennedy★★

Elle déroule son parcours du quartier des Catalans au Prado, sur près de 5 km. Autrefois, la corniche se résumait à un chemin sur lequel les douaniers surveillaient les contrebandiers qui arrivaient par bateau du Maroc ou d'Espagne pour s'adonner à des trafics en tout genre. L'aménagement de la corniche se fait en plusieurs étapes aux 19e et 20e s. Baptisé corniche du Prés.-Kennedy en 1963, ce véritable balcon sur la mer est équipé d'un banc continu de deux kilomètres, le plus long banc urbain du monde ! En toute saison, la promenade accueille de nombreux Marseillais venus admirer le coucher de soleil qui embrase la rade.

Les Catalans

C'est au 18e s. que des pêcheurs catalans s'installent dans la cité phocéenne. Leur méthode de pêche, nocturne et au filet, engendre alors la colère des pêcheurs marseillais. Pour des questions de sécurité, les autorités décident de leur réserver ce secteur et les logent dans les anciennes infirmeries municipales. Très fréquentée au 19e s, la plage des Catalans, la plus proche du centre ville, fait toujours la réputation de ce quartier. L'accès autrefois payant est redevenu libre.

Le monument aux morts de l'armée d'Orient

Il ménage de belles vues sur la côte et les îles. Le mariage artistique du sculpteur Antoine Sartorio et de l'architecte Gaston Castelet a donné naissance à cet arc de triomphe en bronze qui fait face au large. Amphitrite, déesse de la mer et Bellone, déesse de la guerre, ouvrent la voie à l'armée qui entoure la Victoire.

Le vallon des Auffes

Pour y accéder, il faut descendre, juste avant le viaduc (bd des Dardanelles), par un escalier situé derrière l'Abribus.

Plein de charme, le vallon des Auffes est un petit port typiquement méditerranéen qui aligne ses barquettes de pêche dans un décor de cabanons pittoresque. Pas étonnant que, depuis Braque, les peintres de tout poil continuent de venir y tremper leurs pinceaux. Le vallon des Auffes incarne l'art de vivre marseillais, à base de soleil, de pastis et de fruits de mer. C'est l'un des rares lieux, dit-on, où l'ouvrier croise encore le député pour discuter de football, la passion marseillaise par excellence. Enfin, le vallon des Auffes est un haut lieu de la bouillabaisse grâce à des restaurants fameux comme Fonfon et l'Épuisette *(voir «Marseille pratique»)*.

L'anse de Malmousque

Quelques mètres plus loin, les ruelles bordées de villas conduisent à l'anse de Malmousque, un dédale de ruelles blanches, d'escaliers de pierres, de jardins touffus où Marseille prend des airs d'Afrique du Nord et d'Andalousie et qui mène à de petits ports, des plages de galets, des sentiers à flanc de littoral. Villas exotiques, garages à bateaux et cabanons cohabitent en un patchwork urbain étonnant.

S. Sauvignier / MICHELIN

Le vallon des Auffes.

Le marégraphe

En 1884, le Comité du nivellement général de la France fait installer sur l'anse de Calvo un marégraphe totalisateur. L'appareil enregistre en permanence les variations du niveau de la mer Méditerranée. Douze années d'observation de 1885 à 1897 ont permis de définir le zéro de référence. Le repère fondamental en platine iridié, à partir duquel sont établis tous les nivellements français, est scellé dans un bloc de granit. Le marégraphe de Marseille reste, à ce jour, le seul appareil de ce type en Europe toujours en fonctionnement.

Parc balnéaire du Prado

26 ha d'espaces verts, 10 ha de plages de sable, tel est le résultat de l'aménagement de la façade maritime de Marseille en 1977. L'espace conquis sur la mer grâce à l'installation de digues basses pour contrer la houle et au détournement des eaux de l'Huveaune accueille chaque année trois millions et demi de visiteurs. Pelouses, esplanades, zones de repos et aires de jeux constituent le must du site balnéaire, classé parmi les plus beaux d'Europe. Ici, il y en a pour tous les goûts : cerfs-volants, rollers, ballons de foot ou de volley animent à longueur d'année le parc qui prend des allures californiennes. De plus, une piste de skate de renommée internationale accueille petits et grands amateurs de glisse.

Le David

Cette copie du célèbre *David* de Michel-Ange en marbre de Carrare, fut offerte par le sculpteur Jules Cantini en 1903 et installée au rond-point de la Plage en 1951. Issu d'une famille italienne immigrée à Marseille, le sculpteur et marbrier fit de nombreux dons à la ville parmi lesquels la majestueuse fontaine érigée place Castellane en 1911.

Le château et le parc Borély

C'est un but de promenade prisé le week-end, quand il n'accueille pas les grands concours de pétanque, événements de la vie marseillaise. Très bien remis en valeur, le parc de 17 ha se prolonge par un **jardin botanique** (abritant entre autres, une serre tropicale du 19e s.) et une **roseraie**. La collection de près de 3 000 rosiers de 150 espèces différentes est particulièrement belle en mai et juin. Une piste cyclable fait le tour du parc, très populaire auprès des adeptes du roller. Son revêtement rosé, lisse comme du velours, est l'un des rares espaces « patinables » de Marseille. C'est le rendez-vous des débutants et des acrobates. Au milieu du parc trône un élégant **château** du 18e s., édifié par de riches armateurs, les Borély, qui ont assis leur fortune sur le commerce avec le Levant. La bastide accueillera après restauration le musée des Arts décoratifs de la ville.

Le charme des plages de ville

Le bus 83 relie toutes les plages du centre-ville jusqu'au Prado.

Des Catalans à la Pointe-Rouge, en passant par la plage du Prophète et celle du Prado, les plages de la cité phocéenne, longtemps décriées à cause de la pollution et de la saleté, sont devenues le lieu de rendez-vous de tous les Marseillais. Ambiance familiale, animations sportives inopinées (beach-volley, football…), pique-niques nocturnes, en font sans doute le meilleur endroit de la ville pour s'imprégner des charmes d'une population hétéroclite.

Plage des Catalans

La plage la plus proche du Vieux Port bénéficie de récents aménagements. Elle est équipée d'un poste de secours, de sanitaires et d'une buvette et son terrain de volley accueille des tournois familiaux comme des compétitions de haut niveau. La plage est surveillée de juin à septembre de 9h à 19h30.

Plage du Prophète

Appelée aussi plage du Roucas Blanc, cette petite anse de sable située en contrebas de la Corniche arrive en tête du palmarès des escales familiales. Les minots apprécient son eau peu profonde et ses larges zones d'ombre en matinée. Terrain de prédilection du beach volley, il n'est pas un soir d'été sans un match !

Les plages du Prado

Composées de plusieurs plages de gravier concassé, aménagées avec les remblais du métro en 1975, cet ensemble balnéaire s'étend sur 2 km, entre l'hôtel Sofitel-Palm-Beach et la plage de la Pointe-Rouge.

Surnommé le « Prado » par les Marseillais, il a tout du club de vacances géant : grands espaces de pelouse pour les jeux de raquette, de ballon ou le cerf-volant ; base nautique pour pratiquer toute la palette des sports aquatiques ; sanitaires, douches, buvettes et poste de secours ; esplanade dédiée aux vélos, rollers et autres engins à roulettes ; aire de jeux pour les enfants ; piste de skate, l'un des plus grands bowls d'Europe.

À l'exception de quelques pinèdes, il n'y a pas d'ombre. Les nombreux emplacements de parking, payants ou gratuits, achèvent de drainer les foules. Inconvénient majeur de ces plages, elles sont bondées dès les premières chaleurs et la propreté n'est pas toujours au rendez-vous.

La plage de la Pointe-Rouge

L'anse est très populaire auprès des familles pour sa farandole de restaurants. Les parents peuvent déjeuner ou dîner les pieds dans le sable tout en gardant un œil sur les enfants qui jouent dans l'eau peu profonde. Douches, toilettes et poste de secours achèvent de rendre cette plage, non ombragée, très attractive.
Avec une zone séparée des nageurs par des bouées jaunes, c'est aussi l'endroit idéal pour débuter en planche à voile. Seul bémol, il est souvent difficile de se garer à proximité malgré les nombreux emplacements gratuits. Cette plage est prise d'assaut le week-end et mieux vaut réserver sa place au restaurant, même pour la traditionnelle « moite-moite » (pizza moitié anchois, moitié fromage), l'une des icônes de la gastronomie marseillaise.

Planche à voile chez Pacific Palissades – *Plage de la Pointe-Rouge - bus 19 - ✆ 04 91 73 54 37- pacific-palissade@wanadoo.fr - fermé 20 déc.-20 fév. et mar. de mars à mai et de sept. à déc. - 16 €/h.* Location de planches et funboards tous niveaux. Combinaison comprise dans le tarif. Les débutants apprécieront les eaux calmes de l'anse de la Pointe-Rouge. Les plus calés fileront au large. Moniteurs diplômés, ambiance décontractée et vestiaires pour se changer et se doucher.

L'Estaque, un village marseillais en bord de mer

À 10 km du Vieux Port. Accès par la N 568 en direction de Martigues.

Port de l'Estaque

13016 Marseille - ✆ 04 91 46 01 40.
Première étape vers la Côte Bleue, le port de l'Estaque accueille près de 1 500 plaisanciers.
Marquant la limite nord de Marseille, l'Estaque est le 16e arrondissement marseillais mais n'en fait pas grand cas, tenant avant tout à son identité villageoise. Délimité par le site de Corbières vers ce Rove et l'anse de Saumaty vers Marseille, le village est formé de trois quartiers principaux : l'Estaque-Gare, l'Estaque-Plage et les Riaux. C'est d'ailleurs dans cet espace tourmenté de falaises abruptes, de rochers et de grottes que l'on trouve les premières traces de la présence humaine sur le territoire marseillais, entre 10 000 et 60 000 av. J.-C.
De nouveau sur le devant de la scène ces dernières années, grâce aux films du réalisateur **Robert Guédiguian**, le village de pêcheurs (estaco signifie attache de bateau en provençal) est cher au cœur de nombreux Marseillais, qui apprécient, le week-end, de venir déjeuner ou dîner dans les bars et restaurants qui longent le port.

Une grande histoire industrielle

Jusqu'au début du 19e s., l'activité économique du petit village de l'Estaque s'articule autour du port et de la pêche. La grande aventure de l'industrie des tuileries entraînera ensuite la création d'une flottille d'une trentaine de tartanes (petit navire de commerce typiquement méditerranéen, sans grosse contenance, mais facilement manœuvrable et rapide). La quantité peu importante de la cargaison était compensée par le nombre de rotations. Les tartanes ont disparu de la Méditerranée dans les années 1930. Fin 19e s., l'Estaque s'affiche comme un des grands pôles industriels locaux. Le développement des secteurs de la réparation navale, des mines mais aussi de la chimie engendrent l'ouverture de plusieurs usines. De 287 habitants en 1872, la population passe à 13 536 en 1931 ! C'est dire l'essor fulgurant de l'ancien village de pêcheurs ! Malheureusement, l'industrialisation de la pêche et les mutations de l'activité navale ont généré des pertes massives d'emplois. Le quartier n'en a pas perdu pour autant son identité, et il reste un bastion populaire à l'âme forte, riche de tradition, d'histoire et de culture.

L'Estaque sous les pinceaux

Dans une lettre à Pissarro, en 1876, Paul Cézanne vantait ainsi les charmes de l'Estaque : « C'est comme une carte à jouer. Des toits rouges sur une mer bleue. » Il ne fut pas le seul à succomber aux paysages estaquéens : entre 1870 et la Première Guerre mondiale, quelques-uns des principes de la modernité en peinture furent posés ici, sous les pinceaux de Cézanne, Renoir, Derain, Marquet ou Othon Friesz. Au début du 20e s., le cubisme est né simultanément à Paris et à l'Estaque, avec Braque et Dufy. Des panneaux reproduisent certaines œuvres de Paul Cézanne, sur les lieux qu'il a peints : le viaduc, le vallon du Marinier, la place de l'Église avec, au n° 2, la maison qu'il a habitée de 1870 à 1882…

Achevez la promenade sur cette même place : la vue sur Marseille et sa rade est splendide, avec les toits rouges du vieux village en contrebas. Ne quittez pas l'Estaque sans avoir sacrifié à la tradition du « p'tit jaune » (pastis) en terrasse accompagné des chichis frégis (beignets sucrés en forme de boudin) ou des panisses (beignets de farine de pois chiche). Le week-end, la queue est longue devant les deux kiosques du village. Un pèlerinage de poids !

Les plages de l'Estaque

Trois plages (la Lave, la Batterie et le Fortin) ont été aménagées au sud de l'Estaque, en contrebas de la N 568. Un chemin creusé dans la roche permet l'accès à pied. Peu profondes, en partie ombragées, surveillées et pourvues de sanitaires, ces trois jolies plages de sable font presque oublier que les industries ont longtemps confisqué l'accès à la mer, une réalité contre laquelle se sont battus les habitants réunis en association.

L'archipel du Frioul pratique

OÙ S'INFORMER

Office du tourisme de Marseille – *4 La Canebière - 13001 Marseille - ✆ 04 91 13 89 00 - fax 04 91 13 89 20 - www.marseille-tourismecom - lun.-sam. 9h-19h (19h30 en été), dim. et j. fériés 10h-17h (18h en été).*

Office de la mer – *6 r. Fort-Notre-Dame - 13007 Marseille - ✆ 04 91 90 94 90 - mar.-sam. 10h-17h.* L'association a ouvert un centre d'information et de ressources sur l'ensemble de la vie maritime du bassin de Vie de Marseille.

Capitainerie du Vieux Port – *Quai Marcel-Pagnol - 13007 Marseille - ✆ 04 91 33 25 44 - 24h/24, 7j/7.* Toute l'année des escales de courte durée sont possibles. Pour les yachts dont la taille est inférieure à 12 mètres, l'escale se fait sans réservation.

Capitainerie du Frioul – *13007 Marseille - ✆ 04 91 59 01 82 - mars-juin : 7h15-19h ; juil.-août : 7h15-19h30, sept.-avr. : 7h15-17h30.* La capitainerie se trouve au fond du bassin d'honneur, sous la digue Berry, et dispose d'un quai d'accueil pour accoster temporairement.

Météo France – ✆ 0 892 68 02 13 pour la météo des Bouches-du-Rhône (prévisions à 7 j.).

Température de l'eau – D'avril à octobre, températures entre 17° et 23 °C.

Température de l'air – Moyenne de 26 °C en été, 21 °C et 23 °C au printemps et à l'automne.

Courants – Redoublez de vigilance par temps de mistral.

OÙ DORMIR

Hôtel Benidorm – *734 chemin du Littoral - L'Estaque - 13016 Maseille - ✆ 04 91 46 12 91 – 26 ch. 38/44 € - ☕ 6 €.* Unique hôtel de l'Estaque, ce bâtiment blanc tout simple offre un bon rapport qualité-prix. La moitié des chambres ont vue sur la mer et sont protégées du bruit et de la circulation par un double vitrage. Chambres banales mais confortables. Certaines n'ont pas de toilettes privées : précisez si vous en voulez.

Hôtel Le Richelieu – *52 corniche-Kennedy - 13007 Marseille - ✆ 04 91 31 01 92 - 21 ch. 39/100 € - ☕ 7 €.* Un deux étoiles charmant, sur la Corniche, près de la plage des Catalans. Sept types de chambres (et de prix), avec ou sans vue sur mer. Double vitrage et climatisation côté rue. Les moins chères ont un cabinet de toilettes privé mais des WC communs. Coup de cœur pour la suite 5, avec sa terrasse dominant la rade. Plus chère que les autres mais bon rapport qualité-prix.

Hôtel Les Gens de Mer – *25 r. de Forbin (quartier la Joliette, derrière le Panier) - 13002 Marseille - ✆ 04 91 91 19 58 - 63 ch. 44/60 € ☕.* Les Maisons des gens de mer ont été créées en 1946 afin d'accueillir les personnes en relation avec le milieu maritime. Depuis juillet 2000, ces établissements sont ouverts au public. Marins ou famille de marins bénéficient toujours de tarifs préférentiels et constituent encore une bonne partie de la clientèle, rendant l'ambiance d'autant plus sympathique et hospitalière.

Hôtel Alizé – *35 quai des Belges - 13001 Marseille - ✆ 04 91 33 66 97 - 39 ch. 60/85 € ☕.* Le bel immeuble en pierre de taille du 18e s. abrite un hôtel plutôt confortable. Devant le célèbre marché aux poissons, hôtel fonctionnel où vous choisirez de préférence les chambres rénovées situées en façade pour profiter du spectacle du port.

Résidence du Vieux Port – *18 quai du Port – ✆ 04 91 91 91 22 - 40 ch. 100/129 € ☕.* Les balcons donnent sur le Vieux Port. Classique ou provençal, le décor est au choix de l'hôte. Goûtez à la douceur des nuits massaliotes dans cet établissement à la situation enviée !

Sofitel Palm Beach Marseille – *200 Corniche du Prés.-J.-F.-Kennedy - 13007 Marseille - ✆ 04 91 16 19 00 - 150 ch. 239/315 € ☕.* Architecture cubique idéalement située face à la célèbre île du château d'If. Bel intérieur de style design entièrement rénové. Agréable piscine, restaurant méditerranéen, spécialités de poissons, bar avec terrasse ; espace forme, piscine, sauna, Jacuzzi, parcours jogging, ponton d'accostage ; tennis, sports aquatiques et golf.

OÙ MANGER

La Caravelle – *34 quai du Port - 13002 Marseille - ✆ 04 91 90 36 64 - 15/30 €.* Surplombant le Vieux-Port et la Bonne-Mère, ce café-restaurant possède l'une des plus belles vues de la cité phocéenne. Son minuscule balcon situé au premier étage de l'hôtel Belle-Vue est idéal pour prendre votre petit-déjeuner, tout en observant la ville se réveiller. La cuisine se veut familiale et provençale : aïoli, daubes, farcis, pieds paquets, etc. Des groupes de jazz y donnent régulièrement des concerts.

L'Hippocampe – *151 plage de l'Estaque - 13016 Marseille - ✆ 04 91 03 83 78 - fermé dim. soir et lun. - 9/30 €.* N'oubliez pas de réserver, même en basse saison, pour profiter de la belle terrasse ou de la grande salle au frais. Toutes deux ont les pieds dans l'eau, au milieu des bateaux, au bout de l'Estaque. Le restaurant ne désemplit jamais, pour ses pizzas au feu de bois, ses grillades à la plancha et ses poissons grillés. Karaoké géant organisé chaque fin de semaine (du vendredi soir au dimanche midi).

Le Kai Kai – *Quai d'honneur - île du Frioul (Ratonneau)- 13001 Marseille - ✆ 04 91 59 01 33 - ouv. tte l'année 7j/7 - 20 €*. À quelques mètres seulement de l'embarcadère, le restaurant « Le Kai-Kai » propose un large choix de produits de la mer : poissons grillés, crustacés et coquillages. à essayer, l'Assiette Kaï composée de gambas clovisses, amandes, bulots, lotte, moules, 1/2 tourteau, rouget, petites crevettes, beignets de calmar, le tout en persillade.

Les Arcenaux – *25 cours d'Estienne-d'Orves - 13001 Marseille - ✆ 04 91 59 80 30 - fermé 11-19 août et dim. - 28,50/49,50 €.* Situé dans les entrepôts des galères (17e s.), ce lieu original qui associe une librairie, une maison d'édition et un restaurant est l'écrin d'une cuisine régionale gorgée de soleil.

Le Péron – *56 corniche Kennedy - 13007 Marseille - ✆ 04 91 52 15 22 - 26/60 €.* Rendez-vous du Marseille chic, ce restaurant de la Corniche soigne autant le décor (ambiance yacht de luxe) que ses spécialités de poissons (fricassée de casserons, cabillaud au caramel d'épices, mille-feuille de brandade). Terrasse en balcon sur la mer, où rêver devant les ferries en partance pour l'Algérie et la Corse.

L'Épuisette – *138 r. du Vallon-des-Auffes - 13007 Marseille - ✆ 04 91 52 17 82 - fermé dim., lun. et 7 août-7 sept. - 43/90 €.* Accroché au rocher du vallon des Auffes, face au château d'If et aux îles du Frioul, ce restaurant aux larges baies vitrées jouit d'une situation exceptionnelle. Aïoli, bouillabaisse et bourride voisinent avec une cuisine provençale inventive et raffinée signée Guillaume Sourrieu.

QUE RAPPORTER

Librairie maritime – *26 quai de Rive-Neuve - 13007 Marseille - ✆ 04 91 54 79 26 - tlj sf dim. 9h-12h, 14h-19h.* Navigateurs et amoureux de la mer pourront étancher leur soif de découverte du monde marin en fréquentant cette librairie fort bien fournie en ouvrages, cartes nautiques, maquettes, lithographies et objets divers liés à la mer.

72 % pétanque – *10 r. du Petit-Puits - Le Panier - 13002 Marseille - ✆ 04 91 91 14 57 - 10h-18h30 (fermé l'été entre 13h et 14h).* Pour un souvenir bien Marseillais à des prix très doux, vous trouverez dans cette boutique au cœur du Panier tout ce qui fait le bonheur des gens du Sud. L'incontournable savon de Marseille version boule de pétanque (une exclusivité de la boutique !), les parfums qui rappellent l'odeur des vacances et des huiles aromatisées et épices qui évoquent les repas entre amis. Une adresse qui fait sans nul doute référence !

Santons Marcel Carbonel – *49 r. Neuve-Ste-Catherine - 13007 Marseille - ✆ 04 91 13 61 36 - boutique : tlj sf dim. 9h30-12h30, 14h-18h30, tlj en déc. ; atelier (visite guidée) : mar. et jeu. sf déc. sur réserv.* Dans cet atelier, les figurines d'argile sont estampées et décorées à la main. Si, pour les uns, le santon est témoin de la chrétienté, pour d'autres, il témoigne de la résistance du peuple de Marseille face aux interdictions des messes de minuit sous la Révolution. Le santon est né de la passion des hommes de mettre en scène des personnages intemporels et mythiques, mais aussi des personnages ancrés dans la réalité. Ainsi, quelques figures comme le marin ou les pêcheurs viennent compléter cette extraordinaire collection.

L'archipel de Riou et les Calanques★★

31

CARTE MICHELIN LOCAL 340 H6-I6 – BOUCHES-DU-RHÔNE (13)
SITE CLASSÉ DES CALANQUES : 5 500 HA

Aux portes de Marseille, la nature met ses habits de lumière. Le long du littoral, de profondes échancrures abritent criques, plages discrètes ou petits ports de pêche : ce sont les calanques, promenade favorite des marseillais. Au large, les quelques îlots au crâne calcaire de l'archipel de Riou sont le refuge d'une faune et d'une flore à préserver.

ARRIVER À BON PORT

Pour arriver à Marseille, en voiture, suivre l'autoroute du Littoral (A 55) jusqu'à la sortie Vieux-Port. En train, le TGV Méditerranée relie Marseille à Paris en 3h. Empruntez ensuite le métro jusqu'à la station Vieux-Port. En avion, aéroport Marseille-Provence à Marignane, puis navette routière jusqu'à la gare Saint-Charles.

LARGUER LES AMARRES !

Les Calanques – Réparties sur les communes de Marseille et Cassis, les calanques, au pied du massif de Marseilleveyre, s'abordent depuis divers endroits. Suivre les Goudes pour Callelongue, l'avenue de Hambourg pour Sormiou, les Baumettes pour Morgiou et Luminy pour Sugiton. Cassis est à 22 km de Marseille par le col de la Gineste. Côté mer, les navettes amarrées sur le quai du Vieux Port de Marseille et de Cassis vous proposent des balades au cœur des calanques.

L'archipel de Riou – Pour l'archipel de Riou, le débarquement n'est possible qu'avec un bateau privé ou dans le cadre de sorties organisées (kayak, plongée, etc. - *voir plus loin « Riou : un écosystème fragile à respecter »*. La plupart des départs s'effectuent depuis le **port de la Pointe-Rouge**, à Marseille. Pour le rejoindre, il suffit de suivre la Corniche du Prés.-J.-F.-Kennedy puis la promenade de la Plage. Au-delà du rond-point où se dresse une réplique du *David* de Michel-Ange, continuer le boulevard qui longe la mer jusqu'à la Pointe-Rouge.

BON À SAVOIR

L'accès aux calanques est réglementé du 1er juil. au 2e sam. de sept., en raison des risques d'incendie, et interdit les jours de violent mistral. *(voir p. 249).*

Des Goudes à Callelongue

À 10 km du Vieux Port, passer la Pointe-Rouge en direction des Goudes. Une route unique mène jusqu'à Callelongue.

Les Goudes, village de pêcheurs

L'embarcation échouée sur le terre-plein au milieu du boulevard A.-Delabre annonce l'arrivée dans l'ancien village de pêcheurs. Bienvenue aux Goudes, petit port du bout du monde abrité des vents, qui se partage entre plaisance et pêche professionnelle. Très embouteillée le week-end, la rue Pelaprat descend dans le hameau constitué essentiellement de cabanons hérités d'une tradition plus que centenaire. La légende raconte que certains de leurs propriétaires payent encore leur loyer en poisson frais. Si la plupart des cabanons ont été transformés en résidences principales, certains abritent des bars et restaurants où les Marseillais aiment venir se rafraîchir. Le village fut

Pointu ou barquette ?

La barque échouée sur le bitume à l'entrée du village des Goudes est-elle un pointu ou une barquette ? À Marseille, on parle de « barquette » et non de « pointu », qui désigne le bateau toulonnais.
La barquette marseillaise, influencée par la barque napolitaine, est une embarcation légère destinée surtout à la pêche autour des îles marseillaises.

J. Malburet / MICHELIN

Au loin, l'île de Riou.

à l'époque des deux grands bandits, Spirito et Carbone, le lieu de villégiature des voyous venus se mettre au « vert » après quelques mauvais coups. Il a récemment été remis à l'honneur par le romancier Jean-Claude Izzo dont le héros, Fabio Montale, fait des Goudes son refuge préféré.

Cap Croisette, l'appel du large

Contournez le port des Goudes. En poursuivant sur la route de la Maronnaise, vous surplomberez une petite crique de sable et buterez enfin sur l'aire de parking aménagée au pied de la longue langue rocheuse du cap Croisette. À droite, un sentier pierreux fléché part vers le restaurant La Baie des Singes *(voir «Les Calanques pratique»)* et vers une calanque où se nichent quelques cabanons et une base UCPA. Face à ce petit paradis, l'**île de Maïre** dresse vers le ciel ses arêtes de calcaire. Plus au large, se déploient les autres îles de l'archipel de Riou. Un paysage saisissant qui révèle l'une des faces oubliées de la Méditerranée « marseillaise », indomptable et sublime.

Sur les traces d'un passé industriel

À la sortie des Goudes, poursuivre vers le Sud sur la route de Callelongue.

En suivant la route, vous découvrirez avec étonnement des vestiges d'usines parfois reconverties en habitations avec de grands murs de briques crues, des portails et de hautes cheminées. Le massif calcaire, superbe en son dénuement, n'a pas toujours été le cadre rêvé des randonneurs et des alpinistes. Ces ruines témoignent du riche passé industriel des calanques qui, au début du 20e s., abritaient des carrières de sable et de pierre, des usines de soude, d'acide sulfurique, de plomb, des tanneries et des savonneries. La maigre garrigue, qui s'accroche tant bien que mal aux pentes et autres éboulis, donne une bien pâle idée de la couverture végétale d'origine qui a été abondamment exploitée : les chaufourniers, qui transformaient le calcaire en chaux, alimentaient leurs fours avec du chêne vert, les boulangers avec des fagots de broussailles, la bruyère servait à confectionner des balais, l'écorce de pin était utilisée pour teindre les filets de pêche… Heureusement, les chemins continuent de fleurer bon le thym et le romarin.

Callelongue, la calanque au bout du monde

La route bute sur le massif des Calanques, qui la stoppe net. Se garer sur le parking aménagé au bout du hameau.

C'est au terme d'une route sinueuse, qui épouse les échancrures de la côte battue par l'écume et baignée d'une lumière éclatante, qu'apparaît Callelongue.

Situé à l'extrémité Est de Marseille, le hameau semble faire office de poste frontière entre la ville et le massif de Marseilleveyre. Posté comme une oasis dans un univers de plus en plus âpre et désert, Callelongue est né d'une succession de cabanons construits en 1911 pour les ouvriers qui occupaient la calanque. Elle a disparu mais les trois propriétaires successifs des lieux ont maintenu les loyers des cabanons à un niveau raisonnable, une poignée d'euros mensuels pour les moins chers ! Le spectacle des barques calées à flan de colline, ajoute au charme du lieu. Au pied de certaines maisonnettes, la rampe d'amarrage quasi verticale permet la mise à l'eau des embarcations colorées. À défaut de profiter d'un cabanon, vous pourrez vous consoler à la terrasse de La Grotte *(voir «Les Calanques pratique»)* l'unique restaurant de Callelongue. C'est un poste d'observation rêvé pour regarder les courageux randonneurs qui filent au pas de charge prendre d'assaut le GR 98. Traversant les calanques sur 24 km jusqu'à Cassis, ce célèbre sentier balisé démarre (ou finit, tout dépend du point de départ) juste au-dessus du port de plaisance.

Jouez les hommes-grenouilles

Centre de plongée des Goudes – *2 bd Alexandre-Delabre - Les Goudes - 13008 Marseille - ✆ 04 91 25 13 16* – depuis le petit port des Goudes, le *Galion* et le *Squale*, deux bateaux traditionnels méditerranéens vous emmènent sur les sites de plongée. Dans **l'archipel de Riou**, tombants vertigineux, grottes et épaves s'associent à la faune et à la flore sous-marines pour vous offrir un spectacle époustouflant. Laissez-vous emportez par le ballet des gorgones, éponges, oursins violets, langoustes, nacres et rougets ! Baptême, sortie accompagnée ou location de matériel, le centre de plongée des Goudes propose un large éventail de prestations. La structure dispose également d'un centre d'hébergement, si vous désirez prolonger votre séjour. Comptez de 160 à 185 € pour deux jours en pension complète.

Riou : un écosystème fragile, à respecter

À la découverte de l'archipel

Témoin préhistorique du réchauffement terrestre et de la montée des eaux qui submergèrent les vastes plaines, l'archipel est composé de **l'île de Riou, l'île Maïre, l'île Calsereigne et l'île de Jarre.** Sa protection par le conservatoire du Littoral rappelle que ce patrimoine naturel est à découvrir avec respect et précaution. Aussi, privilégiez une visite en voilier ou en kayak de mer afin de ne pas rompre la quiétude des lieux. Le débarquement n'est autorisé que dans les criques au Nord-Ouest de Jarre, la calanque de Pouars sur Calsereigne et dans les calanques de Fontagne et de Monasterio sur Riou.

Sur un voilier habitable avec le CNTL – *Quai Marcel-Pagnol - 13007 Marseille - ✆ 04 91 59 82 00 - fermé lun.-merc. - 25 € pour une demi j.* – partez en mer à moindre frais avec cette école de navigation. Du jeudi au dimanche, des cours à la demi-journée sont organisés sur Class 8 et Sunshine, deux voiliers habitables de 7,8 et 11 m.

En kayak de mer avec le CNPRS – *Port de la Pointe-Rouge - 13008 Marseille - ✆ 04 91 73 34 78 (merc. et sam.) - Séance découverte à partir de 10 €* – le Club nautique provençal de la recherche scientifique a créé en 1999 une section Kayak. Randonnée et découverte du milieu marin sont au programme des activités du club. Les sorties sont encadrées par des moniteurs fédéraux de kayak de mer.

L'île de Riou

C'est du coté du massif de Marseilleveyre que vous pourrez mouiller l'ancre. Cette cathédrale de calcaire aux reliefs tourmentés fait le bonheur des plaisanciers marseillais qui viennent s'y réfugier. Les roches verticales et les éboulements sur l'autre face expriment la force de l'érosion et rendent ses abords périlleux. La **calanque de Monasterio** est équipée d'un débarcadère qui vous permettra de rejoindre les sentiers de découverte de l'île. Riou culmine à 194 m., offrant un panorama sans égal sur les calanques et sur toute la côte de La Ciotat à la Camargue. Les vestiges d'une tour de guet, édifiée au 12e s., évoquent l'emplacement stratégique de l'ancien poste d'observation. Si, dès le néolithique ancien, l'île fut occupée par des pêcheurs de mollusques, elle est aujourd'hui inhabitée.

Le mystère Saint-Exupéry

Le 31 juillet 1944, le commandant Antoine de Saint-Exupéry embarque à bord de son Lightning P-38. Il décolle de l'aérodrome de Borgo, en Haute-Corse, afin d'effectuer une mission de reconnaissance photographique au-dessus des Alpes. Disparu en rade de Marseille depuis ce jour, il faudra attendre 60 ans pour que les premiers indices ne refassent surface. C'est d'abord la gourmette du père du Petit Prince qui est retrouvée par un pêcheur marseillais. Puis, le 7 septembre 1998, le bateau de Jean-Claude Bianco chalute du côté de l'île de Riou, lorsque ses filets remontent la chaîne en argent qui porte le nom de l'aviateur. Les recherches s'intensifient et c'est ainsi qu'une équipe de passionnés finit par découvrir des pièces de l'avion à 60 mètres de fond. Officiellement identifié, l'appareil n'a toujours pas délivré les raisons de ce crash mystérieux.

Le Petit et le Grand Congloué

à quelques encablures de Riou, deux îlots célèbres sont des spots appréciés des plongeurs, le Petit et le Grand Congloué. Ce dernier, particulièrement sauvage, a fait l'objet d'une exploration du commandant Cousteau. C'est en 1952 que l'équipage de *la Calypso* découvre l'épave romaine la plus célèbre du monde. Outre une cargaison d'amphores de vin, ce sont plus de 7 000 pièces de vaisselle qui sont sorties des eaux. Ce n'est pas par hasard si la recherche en archéologie sous-marine est née à Marseille et que son siège national est implanté sur le Vieux Port, dans la tour St-Jean.

L'île Maïre

Séparée du cap Croisette par une étroite passe, l'île Maïre marque l'extrême Sud de la rade de Marseille. Si les fouilles de 1903 ont révélé la présence de l'Homme dès le néolithique, Maïre est aujourd'hui désertée. Quelques signes de l'activité militaire de la première moitié du 20e s. sont encore visibles, comme cette tourelle, unique vestige des fortifications construites par les Italiens sous les ordres de l'armée allemande. Aux abords de l'île, les deux rochers jumeaux appelés « farillons » gardent l'empreinte de nombreux naufrages depuis l'antiquité. Les vertigineuses falaises offrent une vue sensationnelle sur les calanques mais c'est au pied de l'îlot, dans les profondeurs marines que se joue le plus beau spectacle. Á 15 mètres de profondeur, la grotte de corail nichée sur la côte Sud de l'île est l'un des derniers sites coralliens de la Méditerranée.

L'île Calsereigne

Culminant à 22 mètres seulement, l'île Calsereigne est également appelée l'île Plane. Le versant Est de l'île recèle une échancrure assez profonde. C'est sur la face Nord de cette crique que le mouillage est possible. À l'abri du mistral, mais beaucoup moins du vent d'Est, ce port naturel offre un cadre idyllique où vous pourrez jeter l'ancre.

L'île de Jarre

Face au massif de Marseilleveyre, l'île de Jarre constituait, comme ses voisines Pomègues et Ratonneau de l'archipel du Frioul, un lieu de quarantaine pour les navires désirant aborder à Marseille. Son histoire fut marquée par celle du Grand Saint-Antoine, un navire chargé d'étoffes précieuses, qui, venant de Smyrne, ramena la peste à Marseille en 1720. En effet, une partie de son équipage réussit à quitter le bord avant que le navire ne soit brûlé et coulé dans l'anse de Jarron par ordre du Régent.

Naviguer aux pieds des falaises calcaires

À moins d'une demi-heure du centre-ville de Marseille commence un spectacle à couper le souffle : les Calanques. Sublime et sauvage, ce littoral de calcaire blanc au relief tourmenté a donné son nom à tout un massif qui s'étend jusqu'à la baie de Cassis. Pas de séjour dans la région sans une visite dans ce paradis qui offre des balades fantastiques et des vues incroyables sur la mer. « Calanque », du provençal *calanco*, escarpé, désigne une profonde indentation de la mer dans la côte, qui forme à cet endroit une petite crique. Du point de vue géologique, les Calanques sont formées

d'anciennes vallées marines datant de la fin de l'ère glaciaire. Elles forment une chaîne de 16 km de long sur 3 de large, de Marseille jusqu'à la baie de Cassis. Avec moins de 400 mm/an, les Calanques détiennent le record français de la plus faible pluviosité. Filles de la mer, du soleil et du vent, Sormiou, Morgiou, Sugiton, En-Vau, Port-Miou et Port-Pin, se déclinent en criques de sable fin, petits ports de pêche ou de plaisance ou simplement en sites naturels inégalables. Quelle que soit votre préférence, visite commentée en bateau ou exploration solitaire en kayak de mer, les calanques de Marseille à Cassis restent incontournables.

En kayak de mer avec Raskas Kayak

Auberge de jeunesse - impasse du Dr-Bonfils - 13008 Marseille - ✆ 04 42 66 39 72 - www.raskaskayak.com - 35 € la demi j., 55 €/j, 100 €/w.-end.
Créée par un passionné de kayak de mer, cette structure propose des formules d'initiation (à la demi-journée et à la journée) ainsi que des raids avec bivouacs de 3 jours à 1 semaine.

Au départ de Marseille

Groupement des armateurs côtiers marseillais *–1 quai de la Fraternité (quai des Belges) - Vieux-Port-Marseille - ✆ 04 91 55 50 09 - promenade commentée (4h) juil.-août : 9h30 et 14h ; reste de l'année : merc. et w.-end 14h - 25 €. Visite de la plupart des calanques, mais sans arrêt baignade – durée de la visite sans escale : 4h environ.* Le départ est donné là où les Grecs débarquèrent au 5e s. av. J.-C., autrement dit depuis le Vieux Port de Marseille. Visite commentée des calanques de Marseilleveyre, de l'archipel de Riou, Sormiou, Morgiou, Sugiton, En-Vau, Port-Pin, Port-Miou jusqu'à Cassis.

Au départ de Cassis

Les Bateliers de Cassis *– ✆ 04 42 01 90 83 ou 08 92 25 98 92 (office municipal de tourisme) - visite (45mn) en bateau des calanques de Port-Miou, Port-Pin et En-Vau sans escale - 11 €. Autres excursions : 5 calanques (1h) ou 8 calanques (1h30). Vision sous-marine nocturne de mi-juil. à mi-août. Juil.-août : départs réguliers de 9h à 16h30.*

Une grotte unique

Les calanques se sont formées grâce aux variations du niveau marin pendant les deux derniers millions d'années, dues à l'alternance des périodes de glaciation et de réchauffement à la surface de la Terre. C'est ainsi que la dernière remontée des eaux, qui a eu lieu il y a 10 000 ans avec une amplitude d'environ 100 m, noya des grottes fréquentées par les Hommes de la préhistoire. **Henri Cosquer**, plongeur passionné, découvrit lors d'une de ses explorations, la grotte qui devait porter bientôt son nom. Et il peut en être fier. Elle est unique au monde. Occupée à deux périodes distinctes, la grotte recèle des dessins d'animaux remontant à 12 000 et 10 000 ans ainsi que des mains en négatif datant de 27 000 ans. Avis aux plongeurs ! La grotte est fermée pour votre sécurité et, bien sûr, pour la préserver des esprits mal intentionnés.

Goûter au pittoresque des calanques

Les petits ports de pêche de **Sormiou★** et **Morgiou★★** se devinent au bout des chemins qui serpentent entre les collines calcaires. Seuls quelques cabanons annoncent l'arrivée dans ces paradis, trésors d'un littoral ciselé.
Attention : sachez que l'accès aux Calanques est réglementé et ce en toute saison, pour les voitures comme pour les marcheurs. *Pour les détails (horaires et mois), voir p. 252.*

Sormiou★, un paradis aux eaux turquoise

En voiture, depuis Marseille, prendre l'avenue de Hambourg en direction de Mazargues. Parking obligatoire : 3 €. À pied, prévoir une demi-heure de marche à l'aller et une heure au retour.
Un petit port de plaisance, une plage de sable fin, quelques rochers pour lézarder au bord de l'eau, Sormiou ressemble au paradis. Ses eaux turquoises prises en étau entre deux langues de calcaire d'un blanc immaculé donnent l'impression d'être à mille lieux de Marseille. Pourtant, vous êtes dans le 9e arrondissement et une dizaine de kilomètres seulement vous sépare du centre-ville ! Les quelques cabanons colorés, tonnelles et treilles aux verts intenses agrémentent discrètement le paysage sans le défigurer. Deux restaurants et un centre de plongée UCPA l'occupent également. Il faut dire que la calanque de Sormiou fût le berceau de la plongée sous-marine. En effet, d'illustres plongeurs y ont laissé leur signature comme Albert Falco, Jacques Mayol ou encore Jacques-Yves Cousteau.

Le 8 juillet 1998 reste une triste date pour la calanque. En ce jour d'été où le mistral souffle à plus de 140 km/h, pas moins de 360 ha d'arbres et de verdure sont détruits par les flammes. Pour qu'un tel désastre ne se reproduise plus, soyez particulièrement vigilant et suivez les consignes de sécurité indiquées sur les panneaux. Face à un tel événement, le principe d'accès réglementé paraît d'autant plus évident.

Morgiou★★, petit port de pêche

Passer devant la prison des Baumettes, s'engager sur la route des Calanques. Parking situé à l'entrée du vallon avant la barrière.

Descente à pied par la route goudronnée, 45mn à l'aller, 1h au retour.

Le chemin de Morgiou serpente dans le massif calcaire et laisse entrevoir au détour d'un lacet le bleu de la Méditerranée. Il ne reste qu'une petite route sinueuse de ce que l'on appelait autrefois le chemin des Fabriques, en raison des usines de soude destinées à la fabrication du savon de Marseille. Quatre kilomètres de marche vous conduisent dans ce hameau de cabanons qui se transmettent de père en fils depuis des générations. à l'origine, le cabanon est une simple remise de pêche qui accueille aussi le pêcheur et sa famille pour la bouillabaisse dominicale. Lieu de repos, de discussion, de farniente, il devient, avec l'engouement pour les plaisirs de la plage, une vraie maisonnette au délicieux crépi rose, saumon ou ocre, bichonnée à souhait. Le petit port de pêche et le Nautic Bar participent à l'animation de la dernière calanque habitée à l'année. Dominée par le cap Morgiou et les ruines d'un fort du 17e s., elle recèle en son sein une petite crique baptisée **calanque de la Triperie**, que vous pourrez rejoindre en suivant le chemin balisé.

Escapade jusqu'à la calanque de Sugiton★★

Accès à partir de Marseille : rejoindre le domaine universitaire de Luminy par le boulevard Michelet. Parking à proximité de l'École des beaux-arts et d'architecture.

Le col de Sugiton – *50mn AR.* La cabane du gardien marque le point de départ de cette promenade au cœur du massif des Calanques. Le large sentier s'arrête à un grand carrefour, où le panorama s'ouvre sur la Grande Bleue. À gauche, le chemin invite les bons randonneurs à poursuivre leur périple jusqu'à Cassis. Comptez une bonne journée de marche sur le GR pour arriver jusqu'à destination. À droite, vous vous dirigez vers le Belvédère, sur la crête des Escrampons.

Le Belvédère – *30mn AR depuis le col de Sugiton* – la piste suit le Crêt Saint-Michel sur 600 m environ. Des escaliers en pierres sèches conduisent aux différentes plates-formes protégées par des balustrades. Sur le dernier palier, la table d'orientation vous permet d'identifier le panorama qui s'offre à vous. C'est certainement l'un des plus beaux points de vue sur les Calanques ! En contrebas, la calanque de Morgiou vit au rythme de son petit port. Côté littoral, le rocher du Torpilleur, tel un sous-marin semi-immergé, semble flotter sur les eaux bleues, et au loin, le massif de la Grande Cadenelle s'impose par ses escarpements.

Le « plus » nature

Le site des calanques, en apparence dénudé, recèle en fait un haut lieu botanique reconnu depuis le 16e s. Dans un environnement semi-aride s'imposent la garrigue pierreuse à chêne kermès, dont les cochenilles servaient autrefois à faire de la teinture, et la garrigue à romarin et bruyère. Les quelques espaces de forêt consistent en taillis ou fourrés de chênes verts, viornes, oliviers sauvages, myrtes et lentisques mêlés de salsepareilles que viennent ça et là égayer quelques bosquets de pins d'Alep. En bordure du littoral s'accrochent cristes-marines et lavandes de mer, relayées en hauteur par une association de plantes en coussinet comme la rare astragale de Marseille, à qui ses redoutables épines ont valu le nom de « coussin de belle-mère ». Pas moins de 900 espèces végétales, dont une quinzaine protégées par la loi, trouvent ainsi refuge dans ce monde minéral. Citons encore *l'herbe à Gouffé* qui n'existe au monde qu'entre Marseille et Toulon, ou encore la fougère scolopendre à feuille triangulaire qui n'est présente en France que dans les fentes et cavités rocheuses du massif de Marseilleveyre et des îles. Face à ces trésors délicats, vous comprendrez qu'il vaut mieux suivre les chemins de sentier plutôt que d'emprunter des raccourcis sur lesquels vous risqueriez de piétiner quelques-unes de ces espèces. L'état de la végétation est hélas déjà extrêmement dégradé. Les responsables ? La sécheresse, l'abattage d'arbres, le pâturage excessif et, surtout, les feux répétés : de l'incendie ordonné par Jules César en 49 av. J.-C. au catastrophique embrasement du 21 août 1990, la forêt du massif des Calanques a souffert un véritable martyre. Et la menace plane toujours durant les mois d'été sur les espaces encore épargnés.

Au détour d'une calanque, sur l'archipel de Riou.

La calanque de Sugiton★★ – *1h AR.* Depuis le col de Sugiton, descendez le chemin cimenté qui serpente jusqu'au fond du vallon de Sugiton. Au détour d'un virage, vous apercevez le rocher du Torpilleur et la calanque blottie entre l'aiguille de Sugiton et les contreforts du mont Puget. Le long du chemin, pensez à lever le nez vers la falaise des Toits sur laquelle sont souvent agrippés quelques férus d'escalade. Mais ne vous y risquez pas, à moins d'être initié, ce terrain d'entraînement est propice à l'escalade de haute difficulté !
Marquez une pause sur l'esplanade aménagée à l'ombre d'un grand pin. De là, longez les impressionnantes parois jusqu'à une aiguille rocheuse appelée « Doigt de Sugiton ». À gauche, quelques nudistes s'offrent un bain de soleil au creux de la calanque des Pieds-Tombés. Si vous êtes plutôt maillot de bain, virez à droite vers la plage de galets et les eaux turquoise de la calanque de Sugiton.

Explorez les fonds en masque et tuba

Ne partez pas dans les Calanques sans emporter vos masques et tubas ! La limpidité des eaux promet quelques spectacles aquatiques de toute beauté. Rejets polluants et abus de la chasse sous-marine ont certes perturbé les fonds marins des calanques. Mais ceux que l'on comptait, il y a seulement 30 ans, parmi les plus extraordinaires sites de la Méditerranée occidentale réservent encore de jolies surprises à qui prendra la peine d'y jeter un œil.

Jouer les aventuriers de Port-Miou à En-Vau

Cassis est à 25 km de Marseille. Pour rejoindre ce petit port de Méditerranée, empruntez le col de la Gineste, qui vous offre des points de vue sans égal sur Marseille.

Flânez dans le village de Cassis

Ancien comptoir romain blotti entre le **cap Canaille**, dont les falaises les plus hautes d'Europe surplombent la mer à 416 m d'altitude, et le massif des Calanques, Cassis est une petite station balnéaire séduisante pour un week-end. Le pittoresque port de pêche caressé par la lumière provençale a inspiré plus d'un artiste. Derain, Matisse et Signac ont ainsi immortalisé les barques colorées des pêcheurs, le dédale de ruelles et les quais animés. Restaurants et boutiques donnent vie à la station estivale, qui ne désemplit pas dès les premiers week-ends d'avril.

Surveillez les plages…

Trois plages principales attirent la foule des baigneurs. **Grande Mer,** située derrière l'Office de tourisme et **Bestouan**, nichée derrière le quai Saint-Barthélemy en direction de la presqu'île. Ces deux plages sont aménagées et surveillées en saison. **Plus sauvage, la plage de l'Arène,** située à l'Ouest de Cassis après avoir laissé sur la gauche le casino, dispose néanmoins d'un parking.

Randonnez à flanc de falaises

Comptez 4h de marche AR. de Port-Pin à En-Vau.

Port-Miou – *1,5 km du centre de Cassis - accès en voiture jusqu'au parking, envahi en été.* Ce bras de mer qui s'avance profondément à l'intérieur des terres forme un port

naturel. Baptisée « Portus melior », le meilleur port, par les Romains, Port-Miou est sans doute la plus profonde et la mieux abritée des calanques.
L'histoire raconte qu'en 1376, les navires ramenant le pape d'Avignon à Rome y trouvèrent refuge et en souvenir de cet événement fut édifiée, au bout de la calanque, la chapelle N.-D.-de-Bon-Secours. Au début du 20e s., les bateaux en partance pour Les Salins-de-Giraud viennent y charger le calcaire destiné à la fabrication de la soude. Les trémies encore visibles laissent une empreinte de cette activité qui perdura jusqu'en 1982. Aujourd'hui, ce port naturel dispose de 460 emplacements, dont une part importante réservée aux embarcations de passage.

Port-Pin★ – *Le GR 98-51 relie les Calanques depuis le petit port de Port-Miou jusqu'à la plage de Port-Pin* – les pinèdes qui descendent jusqu'au ras de l'eau ont donné son nom à la plus petite des calanques de Cassis, Port-Pin. D'accès facile, sa crique est le rendez-vous préféré des adeptes du bronzing. Il est à noter que le naturisme y est toléré. Côté mer, les eaux d'un bleu profond se déploient en forme de ruban, parfois un peu trop envahi par les plaisanciers.

En-Vau★★ – *1h à pied de Port-Pin* – En-Vau se dévoile au pied de superbes falaises hérissées d'aiguilles dont la plus pittoresque est surnommée « Le doigt de Dieu ». Les pins d'Alep ont réussi à se nicher dans cette dentelle rocheuse, ajoutant à la beauté du site quelques touches verdoyantes. En contrebas, une belle plage invite à la baignade dans les eaux fraîches des calanques. Sur les parois, de nombreux amateurs d'escalade créent le spectacle silencieux des « hommes-araignées ».

L'archipel de Riou pratique

OÙ S'INFORMER

Office du tourisme de Marseille – *4 La Canebière - 13001 Marseille - ✆ 04 91 13 89 00 - fax 04 91 13 89 20 - www.marseille-tourismecom - lun.-sam. 9h-19h (19h30 en été), dim. et j. fériés 10h-17h (18h en été).*

Office de la mer – *6 r. Fort-Notre-Dame - 13007 Marseille - ✆ 04 91 90 94 90 - mar.-sam. 10h-17h* – l'association a ouvert un centre d'information et de ressources sur l'ensemble de la vie maritime du bassin de Vie de Marseille.

Capitainerie du port de la Pointe-Rouge – *Av. de la Pointe-Rouge - 13008 Marseille - ✆ 04 91 73 13 21 - 7h-18h.* Service de nuit non assuré à ce jour faute d'effectifs appeler pour confirmation.

Office du tourisme de Cassis – *Quai des Moulins - 13260 Cassis - ✆ 04 42 01 71 17 - www.cassis.fr - juin-sept. : 9h-12h30, 14h-19h, w.-end et j. fériés 9h-12h30, 15h-18h ; mars-mai et oct. : 9h30-12h30, 14h-18h, sam. 10h-12h, 14h-17h, dim. et j. fériés 10h-12h ; nov.-fév. : 9h30-12h30, 15h-18h, sam. 10h-12h, 14h-17h, dim. et j. fériés 10h-12h.* Centrale de réservation, le jour même, des hôtels et des chambres d'hôte.

Port de Sormiou – *13009 Marseille - ✆ 04 91 55 31 33.*

Port de Morgiou - *13009 Marseille - ✆ 04 91 55 31 33.*

Météo France – *✆ 0 892 68 02 13.*

Température de l'eau – Entre avril et octobre, les températures oscillent entre 17 et 23 °C.

Température de l'air – Moyenne de 8,60 °C en janvier et 23,8 °C en août.

Courants – Redoublez de vigilance par temps de mistral.

OÙ DORMIR

⊖ Auberge de Jeunesse Marseille – *Imp. du Dr.-Bonfils - Bonneveine - 13008 Marseille - ✆ 04 91 17 63 30 - ouv. mi-janv. au 22 déc. - 150 lits 15 €.* À proximité des Calanques et à 200 m des plages du Prado, l'auberge de Marseille-Bonneveine est le rendez-vous des randonneurs, plongeurs, grimpeurs, marcheurs ou simples visiteurs. L'auberge accueille jeunes et moins jeunes de toutes nationalités et de tous horizons.

⊖ Hôtel restaurant Casa Latina – *19 bd des Neiges - 13008 Marseille - ✆ 04 91 73 52 37 - 9 ch. 30/40 €.* Situé à 400 m des plages du Prado et de la Pointe-Rouge, l'établissement se caractérise par son accueil chaleureux. Le restaurant propose des spécialités cubaines et sud-américaines. Attention, pas de réception en dehors des heures d'ouverture du restaurant : 10h30-23h00.

⊖ Hôtel Le Mistral – *31 av. de la Pointe-Rouge - 13008 Marseille - ✆ 04 91 73 44 69 - 23 ch. 40/85 €.* Situé au bord de la mer tout près du massif des Calanques, l'hôtel accueille plongeurs et randonneurs, mais également tous ceux qui recherchent une ambiance familiale et sympathique.

⊖ Hôtel Clos des Arômes – *10 r. Paul-Mouton - 13260 Cassis - ✆ 04 42 01 71 84 - fermé 4 janv. à fin fév., mar. midi, merc. midi et lun. - 14 ch. 48/73 € - ☕ 7 € - rest. 21/29 €.* Au centre du village, bâtisse ancienne possédant le charme d'une maison de maître. Vous y apprécierez sa cuisine aux accents provençaux, servie sur la terrasse fleurie en été. Ses chambres, plutôt petites, sont colorées et intimes. Ambiance méditerranéenne.

Hôtel du Grand Jardin – *2 r. Pierre-Eydin - 13260 Cassis - ✆ 04 42 01 70 10 -* *- 26 ch. 60/69 € -* *8 €.* Bon d'accord, le jardin que vous apercevez n'est pas celui de l'hôtel mais celui jouxtant la poste et la mairie, en face. Reste que cette adresse chaleureuse et familiale n'est qu'à 2mn du port. Les chambres sont confortables, la salle à manger est grande et lumineuse, et la terrasse, fleurie.

Hôtel Les Roches Blanches – *Rte des Calanques - 13260 Cassis - ✆ 04 42 01 09 30 - 24 ch. 87/270 €* - Face au cap Canaille, la plus haute falaise d'Europe, la bâtisse verdoyante surplombe la mer. Terrasses fleuries et patios de verdure animent le jardin qui descend en cascade jusqu'à l'eau. Pour l'amour du site…

OÙ MANGER

Le Nautic Bar – *Calanque de Morgiou – 13009 Marseille - ✆ 04 91 40 06 37 - fermé dim. soir, lun. et en janv. -* *- 14/30 €.* Un restaurant simple avec des terrasses qui surplombent le port de Morgiou. Parmi les spécialités, la friture de girelles ou les traditionnels poissons grillés. Pour la bouillabaisse et la paëlla pensez à les commander à l'avance. La Calanque est accessible en été sur réservation au restaurant.

La Grotte – *1 av. Pébrons - Callelongue - 13008 Marseille - ✆ 04 91 73 17 79 - 10h-1h en sais. - 26/40 €.* Poissons, calamars ou scampis frits sont à déguster dans un décor bourgeois à l'évocation italienne. Le patio et la véranda donnent tout son cachet à ce restaurant devenu l'incontournable des déjeuners dominicaux.

La Presqu'île – *2 km au SO de Cassis, rte de Port-Miou -13260 Cassis - ✆ 04 42 01 03 77 - fermé dim. soir, lun. et en janv. - 29/46 €.* Perché là, sur la route des Calanques, juste en face du cap Canaille, vous profiterez du superbe paysage de falaises abruptes plongeant dans les eaux turquoise. Loup farci en feuilletage, salade de homard tiède, chèvre chaud sur salade de pignons de pins… Les saveurs du terroir sont revisitées avec élégance.

La Baie des Singes – *Le Cap-Croisette - Les Goudes - 13008 Marseille - ✆ 04 91 73 68 87 - fermé 20 sept. à mars - 30/60 €.* L'emplacement exceptionnel de ce restaurant en fait son atout principal. Ses terrasses font face à l'île de Maïre, qui ne semble qu'à quelques brasses. La plage privée et la location de matelas (10 €/j.) sont une invitation à un farniente digestif !

Château de Sormiou – *13009 Calanque de Sormiou - ✆ 04 91 25 08 69 – ouv. tlj avr.-sept. (attention, accès voiture réglementé) -* *- 35/53 €.* Face aux eaux turquoise de la calanque de Sormiou, l'une des préférées des Marseillais, à 15mn de voiture du centre-ville. L'ancien cabanon familial est devenu restaurant de poissons, avec des plats honnêtes (soupe de poisson, paella, zarzuela, bouillabaisse) et un décor naturel qui décoiffe.

Le Lunch – *13009 Calanque de Sormiou - ✆ 04 91 25 05 37 - fermé nov. à mi-mars -* *- réserv. obligatoire - 35 €.* Si vous avez envie de déjeuner « les pieds dans l'eau » dans un site sauvage, c'est ici qu'il faut venir. Les produits de la mer y sont à l'honneur et leur fraîcheur est garantie. En été, l'accès à la calanque est réglementé : seuls ceux qui ont réservé au restaurant peuvent y descendre en voiture.

QUE RAPPORTER

Syndicat des vignerons de Cassis – *Château de Fontcreuse - rte de la Ciotat - 13260 Cassis - ✆ 04 42 01 71 09 – ouv. tte l'année : lun.-vend. 8h30-12h, 14h-17h45 - fermé j. fériés.* Classé Appellation d'Origine Contrôlée depuis 1936, le vignoble de Cassis occupe aujourd'hui 90 % des vignes de Cassis, soit 165 hectares pour une production d'environ 600 000 bouteilles. Contrairement aux usages en Provence, le raisin est ici cueilli à maturité. Cette pratique conjuguée à la qualité des sols calcaires et aux longues journées d'ensoleillement permet d'obtenir un vin blanc très sec.

32 L'île Verte★ et la baie de La Ciotat

CARTE MICHELIN 340 LOCAL – BOUCHES DU RHONE (13)
ÎLE VERTE : 13 HA ; AUCUN HABITANT

Ville ouvrière marquée par l'épopée des chantiers navals, La Ciotat cultive un parfum populaire et réserve de belles surprises littorales : l'île Verte, minuscule parcelle boisée pour une escapade insolite ; les poudingues du bec de l'Aigle, où se cachent des calanques « seycheliennes » ; les plages de l'Est, avant-goût de Côte d'Azur, sans oublier les fabuleuses falaises du cap Canaille, parmi les plus hautes d'Europe.

ARRIVER À BON PORT

L'embarquement pour l'île Verte se fait depuis **La Ciotat**, que l'on rejoint **en voiture** depuis l'A 8 après Aix-en-Provence, prendre A 52 puis l'A 50 en direction de Toulon et sortie à La Ciotat. En **train** : TGV Paris-Marseille, puis TER jusqu'à La Ciotat (env. 30mn). En **avion** : aéroport Marseille-Provence ou Toulon-Hyères (puis bus et train jusqu'à La Ciotat).

LARGUER LES AMARRES !

Pour l'île Verte – Embarquement depuis le vieux port. Traversée : 15mn. Mai-sept. : tlj. En mai, juin et sept., départ toutes les heures de 9h à 12h et de 14h à 17h (18h le dim.), en juil. et août, départ toutes les demi-heures de 9h à 17h30 ; avr. : dép. uniquement le w.-end en fonction du temps. 7 € ; (-10 ans 3 €). **Navettes Île Verte** – *✆ 04 42 83 11 44, 06 16 40 83 50 ou 06 63 59 16 35 www.île-verte. net.*

Pour les calanques de La Ciotat – Quatre circuits en mer incluant tous la visite des calanques de La Ciotat, de 45mn à 2h45, de 13 à 22 €. **Les Amis des Calanques** – *Quai Ganteaume - La Ciotat - ✆ 06 09 35 25 68 ou 06 09 33 54 98.*

BON À SAVOIR

Sur l'île Verte : pas de voiture et pas de vélo non plus !
Entre les rochers du bec de l'Aigle se cachent deux calanques secrètes à découvrir absolument : Mugel et Figuerolles !
Les falaises du cap Canaille peuvent se découvrir à la verticale et en amateur. *Renseignements à la* **Maison des falaises** - *✆ 04 42 08 56 21 - www.guides-ciotadins.com.* initiation à la technique de progression en milieu vertical. Accessible à partir de 7 ans, certificat médical obligatoire.

La Ciotat, parfum populaire et goût de plages

Balade pédestre en ville. Compter la journée. Départ et retour de l'église Notre-Dame, sur les quais du port.

Installée en haut des marches et dominant le port, l'**église Notre-Dame du port de La Ciotat**, aux tons rosés, évoque sans conteste l'Italie. L'intérieur, moderne, a été décoré par des peintres locaux. La **rue des Poilus**, qui s'enfonce dans le cœur de La Ciotat, est le pouls vivant de la cité. Commerces populaires et ambiance méditerranéenne en diable. On ne manquera pas de s'engager à droite et à gauche dans les rues adjacentes : Ernest-Renan, Marius-Monnet, Edgar-Quinet, Canolle… autant de passages qui évoquent avec leurs senteurs et le linge suspendu aux fenêtres le quartier marseillais du Panier, les pentes en moins !
Plus haut, la rue des Poilus découvre à droite la petite **place du Colonel-Ducas**. Une plaque rappelle le passage de Stendhal et son attachement à la commune. N'est-ce pas lui qui, en 1838, écrivait dans *Mémoires d'un touriste* : « S'il fallait absolument habiter une petite ville en France, je choisirais Grasse ou La Ciotat » ?
Au terme de la rue des Poilus, prendre à gauche le bd Jean-Jaurès. Quelques mètres encore et vous pénétrez à droite dans le **jardin de ville** : adorable square urbain empreint d'une sérénité toute méditerranéenne, avec ses parterres de fleurs et ses essences du

Sud. Retour au boulevard Jean-Jaurès pour rejoindre le front de mer à hauteur du bd Clemenceau. À gauche, se trouve le site de l'**Eden Théâtre**, le plus vieux cinéma du monde. C'est ici que les frères Lumière, ciotadens d'adoption, projetèrent pour la première fois devant les notables locaux *« L'entrée du train en gare de La Ciotat »*, en mars 1899. Le début du 7e art !

Démarre ensuite sur la gauche la très longue **promenade du front de mer**. Av. Président-Wilson, av. Franklin-Roosevelt, bd du-Beau Rivage : trois larges artères bordées de restaurants, de cafés et de glaciers qui font face à des plages agréables, qui ont pour nom **plage des Capucins, plage Cyrnos, plage Lumière, Grande Plage** (cette dernière est composée de sable, et idéale avec des enfants) un petit air de Côte d'Azur, bien différent de l'ambiance intimiste du vieux port.

Mer et 7e art

Le **Musée ciotaden★**, installé dans l'ancien hôtel de ville, retrace l'histoire locale et le passé maritime de La Ciotat. Une salle est consacrée au cinéma et aux frères Lumière. Les passionés d'histoire du 7e art pourront aussi suivre l'itinéraire que propose l'Office de tourisme. Il part à la découverte des lieux et monuments rendus célèbres par Auguste et Louis Lumière, tels la gare, l'Eden Théâtre ou le **château Lumière, la demeure familiale**.
04 42 71 40 99 - juil.-août : 16h-19h ; sept.-juin : 15h-18h - fermé mar. et certains j. fériés - 3,20 €.

Au-delà du port Saint-Jean et du cap des Moulins débute une partie plus sauvage, en direction du Liouquet et du cap Gros Nez (en limite du département du Var). Les plages font alors place aux **criques** et les **galets** remplacent le sable : Saint-Jean, Fontsainte, Arène-Cros. Il y en a pour tous les goûts !

Ne restera plus alors qu'à reprendre le **chemin du vieux port**, en remontant les 6 km de front de mer (si vous êtes allés jusqu'au Liouquet). Arrivé sur les quais, place à l'ambiance portuaire, avec les bateaux de pêche stationnés le long des pontons et l'imposante masse des portiques des anciens chantiers navals, reconvertis peu à peu en garages pour navires de luxe. Complété par les façades aux teintes chaudes des maisons et l'animation des restaurants, le vieux port conserve une véritable authenticité.

Évasion à l'île Verte

Une demi-journée suffit. Un peu plus si vous vous attardez au seul restaurant de l'île ou si vous souhaitez lézarder sur les plages.

Le départ en navette depuis le port est déjà une promesse de dépaysement. Superbe vue sur les façades aux tons pastels des quais, les bateaux de pêche et les chantiers navals. À peine 15mn de mer et vous voilà arrivé au minuscule débarcadère de l'**île Verte★**, à seulement 400 mètres de la côte. Une île ? Un îlot, plutôt, étendu seulement sur 400 m de long et 260 m de large. Ceux qui auraient au préalable visité les îles de l'archipel du Frioul, à Marseille (If, Pomègues, Ratonneau), seront surpris par son caractère boisé. Ici, la végétation domine et la structure géologique n'apparaît vraiment que sur les falaises du pourtour Sud. L'occasion de rappeler que feux et cigarettes sont rigoureusement interdits.

J. Malburet / MICHELIN

Approche de La Ciotat, avec l'île Verte à l'horizon.

Le « plus » nature : le parc du Mugel

On ne s'attend pas à le trouver là, au fin fond de la calanque de Mugel. Sur 3 ha environ, ce jardin botanique municipal peu fréquenté par les touristes présente une belle collection d'essences méditerranéennes, étagées à flancs de versants. Bambous, chênes-liège, palmiers, rosiers, orangers, oliviers… Il règne dans cet écrin de verdure une atmosphère comparable à celle des jardins de Menton. Autre intérêt de ce parc, protégé toute l'année des influences du mistral grâce à son exposition Sud : un sentier-escalier qui grimpe jusqu'à un belvédère, à travers les roches fantasmagoriques du bec de l'Aigle. De là-haut, 82 m au-dessus des flots, vue exceptionnelle sur la Méditerranée, la falaise du cap de l'Aigle et sur la droite – en se penchant un peu mais pas trop ! –, sur les îles de Marseille. *Avr. - sept. : 8h-20h ; oct.- mars : 9h-18h. Accès libre. Tables pique-nique et jeu enfants.*

Alors, une fois le pied posé à terre, que faire ? Les moins courageux pourront décider de s'étendre sur la première **plage**, située tout de suite à gauche du débarcadère. Les autres feront l'effort d'entamer **le tour de l'île**, bouclé en moins d'une heure. Vers la droite, le sentier conduit jusqu'au **fort Saint-Pierre**.
Sur les vestiges d'une ancienne chapelle, les Allemands avaient installé durant la dernière guerre une casemate d'observation. La vue est magnifique depuis cette pointe sur le bec de l'Aigle, formidable arête rocheuse plantée dans la mer qui surplombe à l'arrière les chantiers navals.
Puis, côté Sud-Ouest, le sentier flirte avec des falaises échancrées et vertigineuses (nombreux oiseaux) avant de retrouver une adorable plagette de sable sertie dans une minuscule anse : notre préférée !
Le sentier rejoint ensuite très vite l'embarcadère, où l'on pourra, selon l'heure, décider de s'attarder Chez Louisette, authentique, populaire, et unique restaurant de l'île (*voir «L'île Verte pratique»*). La navette vous ramène ensuite à bon port, retrouver la civilisation et l'atmosphère plus animée des quais ciotadens.

Calanques secrètes et massif du bec de l'Aigle

Balade pédestre depuis le port de La Ciotat (compter 3h) ou en voiture puis à pied (2h). Quitter le port par le quai François-Mitterrand. S'engager ensuite dans l'avenue des Calanques, qui s'échappe juste derrière les portiques des chantiers navals (impressionnant !) puis prendre à gauche la ruelle qui descend à la calanque de Mugel (1,5 km depuis le port – parking gratuit à droite pour les personnes véhiculées).
Probablement la balade la plus étonnante à faire à La Ciotat ! Au Sud du port se cache en effet le **massif du Bec-de-l'Aigle**, grosse masse rocheuse aux formes adoucies constituées de poundingue – mélange de galets et de graviers agglomérés – qui plongent côté mer en d'impressionnantes falaises.
Depuis l'avenue des Calanques, un accès goudronné conduit à la **calanque de Mugel**. Déjà un autre monde, protégé des regards indiscrets, face à la bien nommée Île Verte. Une petite plage offre ses galets pour un moment de détente agréable. De l'autre côté, le sentier remonte et rejoint le parc du Mugel *(voir ci-dessous)*.
Le **parc du Mugel** abrite aussi un centre de sensibilisation à l'environnement qui propose aux petits et grands de suivre un **sentier sous-marin** dans la calanque du Petit Mugel, accompagnés par un moniteur. Le matériel, combinaison, palmes, masque et tuba, est inclus dans le forfait. Il est également possible de s'initier à la plongée sous-marine (remise d'un certificat de baptême à l'issue de l'expérience).
Centre permanent d'initiation pour l'environnement – *Parc du Mugel - 13 600 La Ciotat ✆ 04 42 08 07 67 - atelier.bleu@atelierbleu.org - lun.-vend. 9h-18h.*

Revenir ensuite à l'avenue des Calanques en retraversant la calanque de Mugel. Poursuivre tout droit avenue du Mugel, puis à gauche avenue du Cardinal-Maurin (les visiteurs véhiculés peuvent, s'ils le souhaitent, reprendre leur voiture. Un autre parking les attend en haut de la calanque de Figuerolles). Quelques mètres encore et un accès à droite permet de dévaler jusqu'à la **calanque de Figuerolles★**, encore plus échancrée que la précédente. N'y a-t-il pas là comme un air de Seychelles, avec ces gros rochers aux formes oblongues qui encerclent la petite crique ? Juste à l'arrière de la calanque, le très réputé hôtel-restaurant-salon de thé **La République Indépendante de Figuerolles** reçoit hôtes et gourmets dans un cadre digne des magazines de décoration. Retour ensuite par l'avenue des Calanques au vieux port de La Ciotat.

À l'assaut de la route des Crêtes

Itinéraire voiture avec incursions pédestres. 18 km AR. Compter 2h avec les arrêts.

Impossible de se rendre à La Ciotat sans s'échapper en direction des **falaises du Cap Canaille★★★** ! Parmi les plus hautes d'Europe, elles offrent d'extraordinaires points de vue sur la Méditerranée, La Ciotat, les Calanques de Marseille et le port de Cassis. Les 9 km qui conduisent de La Ciotat au cap Canaille sont un vrai plaisir pour la conduite et un enchantement pour les yeux. On quitte La Ciotat par l'avenue Marcel-Camusso, dans le prolongement de laquelle s'échappe la CD 141 dite « **route des Crêtes★★** ». Celle-ci s'élève rapidement et après quelques lacets (soyez très prudents), on parvient sur les flancs hauts du massif, depuis lesquels commencent à se découvrir de larges panoramas. À une intersection, prenez à gauche la D 141^{b} qui conduit au sémaphore du bec de l'Aigle (328 m). La vue plonge sur La Ciotat, ses chantiers navals et le rocher du bec de l'Aigle. Revenir à la route de la corniche pour tourner à gauche et rejoindre le cap Canaille. La route contourne d'abord la Grande Tête, point culminant du massif (399 mètres). Au **Cap Canaille**, garez votre véhicule.

Depuis le garde-fou (attention par fort mistral), à-pic vertigineux jusqu'à la mer et vue époustouflante sur les Calanques, les îles de Marseille et le massif de Marseilleveyre. Pour ceux qui le souhaitent, la route continue ensuite jusqu'à Cassis. En rentrant vers La Ciotat, on pourra achever l'itinéraire en effectuant un crochet à la **chapelle N.-D. de la Garde**. Revenu en ville, prendre à droite la direction « Calanque de Figuerolles » puis s'engager à droite avenue du Cardinal Maurin et enfin à droite, chemin de la Garde. Poursuivre jusqu'au lotissement. De là, un sentier de 85 marches taillées dans le roc mène à une plate-forme rocheuse dominant la chapelle. Votre récompense ? Une énième vue sur toute la baie de La Ciotat.

L'île Verte pratique

OÙ S'INFORMER

Office du Tourisme de La Ciotat – *Bd Anatole-France - 13600 La Ciotat - ✆ 04 42 08 61 32 - www.laciotatourisme.com - été : 9h-20h, dim. 10h-13h ; hiver : tlj sf dim. 9h-12h, 14h-18h.*

Capitainerie du port de La Ciotat – *Port de Plaisance - av. Wilson. ✆ 04 42 08 62 90 - 8h-17h30 - fermé 12h-14h hors sais.* 13 places réservées aux bateaux-visiteurs.

Météo France – *✆ 0 892 680 213.*

Température de l'air – Moyenne de 26 °C en été, 21° à 23 °C au printemps et à l'automne.

OÙ DORMIR

Hôtel-pension La Croix de Malte – *4 bd Jean-Jaurès - 13600 La Ciotat - ✆ 04 42 08 63 38 - fermé du 15 nov. à déb. mars - 32 ch. 56/59 € - rest. uniq. pour les résidents.* Un établissement sympathique et au calme, à deux pas du centre-ville et de la mer. Ambiance pension de famille, accueil cordial et chambres confortables.

Hôtel La Closeraie – *8 av. Bellon - 13600 La Ciotat - ✆ 04 42 71 32 80 - 17 ch. 52/66 € - 7 €.* Ce petit hôtel récent se trouve à 6mn à pied de la plage et à 2mn du port Saint-Jean. L'étroitesse des chambres est compensée par le calme du quartier.

Résidence Motel Camping Saint-Jean – *30 av. de St-Jean - 13600 La Ciotat - ✆ 04 42 83 13 01 - fermé 30 sept.-10 avr.- 32 ch. 44/65 € - 6 € - repas 17/25 €.* Une adresse pratique en bord de mer, vous donnant le choix entre l'hébergement classique en hôtel, des studios avec kitchenette loués à la semaine (draps et serviettes fournis) et un terrain de camping de 80 emplacements ombragés, disposant d'un accès direct à la plage.

OÙ MANGER

Chez Louisette – *Île Verte - ✆ 04 42 08 21 92 - ouv. midi juin-sept. - 10/20 €.* Au débarcadère de l'île Verte, Louisette, vrai figure ciotadine, concocte pour ses clients de généreuses salades et pizzas. Simple et efficace.

Snack Pizzeria Les Deux Petou – *Av. A.-Bellon - 13600 La Ciotat - ✆ 04 42 83 08 09 - rest. ouv. de fin mai au 1er sept., uniq. le soir - 9/18 €.* Une institution à La Ciotat. Très agréable de déguster une pizza le soir sur la terrasse ombragée, à côté des terrains de boules. Ambiance populaire à souhait, très couleur locale.

La Fresque – *18 r. des Combattants - 13600 La Ciotat - ✆ 04 42 08 00 60 - lafresque@aol.com - fermé 15 déc.-10 fév., dim. soir et lun. - 25/35 €.* La plaisante terrasse ombragée de cette ancienne pharmacie domine le pittoresque Vieux Port. À l'intérieur, certains éléments du décor d'origine ont été conservés, telle la jolie fresque qui orne le plafond de la salle à manger et les meubles d'apothicaire du 19e s.

33 De Bandol à Sanary : la baie et ses îles

CARTE MICHELIN LOCAL 340 J6 – VAR (83)
ÎLE DE BENDOR : 7 HA, AUCUN HABITANT – ÎLE DES EMBIEZ : 95 HA, 50 HABITANTS

De part et d'autre de la baie de Sanary-sur-Mer, quelques joyaux de la Méditerranée se détachent du continent. L'île de Bendor, à l'Ouest, et l'archipel des Embiez, à l'Est, opposent leur quiétude à l'effervescence des stations balnéaires de la côte. Bandol et Sanary, deux communes au caractère multiple, dévoilent leurs différents visages au fils des saisons.

ARRIVER À BON PORT

En voiture : toute la côte est accessible par l'A 50 Marseille-Toulon, ou par la N 8 qui longe le circuit du Castellet et passe par le village du Beausset. **En train** : le rail dessert Bandol et Sanary-sur-Mer. **En avion**, l'aéroport Toulon-Hyères est à 30 km.

L'embarquement pour Bendor se fait à **Bandol**, celui pour les Embiez, au port du **Brusc**, à Six-Fours, accessible par la D 616.

LARGUER LES AMARRES !

Navettes pour l'île de Bendor – Embarquement quai d'honneur, port de Bandol. Traversée : 5mn. Départ ttes les 30mn env. 1er janv.-1er avr. et 2 nov.-31 déc. : 8h-18h ; 2 avr.-24 juin et 13 sept.-1er nov. : dép. suppl. jusqu'à 23h ; 25 juin-12 sept. : 7h-2h - 7 €/ AR (enf.5 €). **Compagnie Maritime Paul Ricard** - ✆ *04 94 10 65 20 ou 0 890 711 183 - www.paul-ricard.com*

Navettes pour l'île des Embiez – Embarquement quai St-Pierre, port du Brusc, à Six Fours - traversée : 7mn - Dép. ttes les 3mn environ - 1er janv.-1er avr. et 2 nov.-31 déc. : 6h50-19h40 ; 2 avr.-24 juin et 13 sept.-1er nov. : dép. suppl. jusqu'à 23h ; 25 juin-12 sept. : 7h-1h - 9 € AR (-12 ans 6 €). **Compagnie Maritime Paul Ricard** - ✆ *04 94 10 65 20 ou 0 890 711 183 www.paul-ricard.com*

BON À SAVOIR

Les stations balnéaires de Bandol et Sanary-sur-Mer sont noires de monde en juillet et août : préférez la demi-saison ou réservez bien en amont votre hébergement.

Certains passages de la promenade le long de la baie de Cousse s'avèrent dangereux par mauvais temps et forte houle.

Les voitures sont interdites sur les îles de Bendor et des Embiez.

Flâner dans Sanary-sur-Mer

Du petit port de pêche aux ruelles animées du vieux village, des terrasses ombragées au jardin exotique, **Sanary-sur-Mer** se découvre au rythme de la pêche et des marchés. Peuplée de 18 000 habitants pendant 8 mois, le village voit sa population tripler pendant la période estivale. L'animation de la station balnéaire contraste alors avec la douceur de vivre du village provençal.

Sur les quais

Une flottille de pointus provençaux colore le petit port provençal et témoigne de l'activité des pêcheurs locaux. Rentrés du large, c'est à même le quai qu'ils proposent, chaque jour, le produit de leur pêche. Côté plaisance, ce port abrité de tous les vents (sauf celui du Sud-Ouest, qui génère une forte houle dans le bassin), dispose de 650 anneaux dont 70 pour les petites unités de passage.

La pêche au gros

Sanary-sur-Mer est en France un des centres de la pêche au gros. S'initier à cette pratique le temps d'une journée allie la découverte de la vie sauvage en Méditerranée et une activité stimulante et singulière connue seulement de quelques amateurs. La pêche au thon, à l'espadon ou au requin ne s'improvise pas.

J. Malburet / MICHELIN

Le petit port de Bendor.

Embarquez avec des professionnels qui vous initieront aux bonnes techniques et aux bons gestes. Départ du port de Sanary à 6h00, retour entre 18h00 et 22h00. Réservation obligatoire. 130 €.

Le Mistigri – *✆ 04 94 74 36 54 ou 06 07 39 05 48 - juil.-sept. et déb. oct.*

Le Flawless – *✆ 06 80 45 28 45.*

Le Fanny – *✆ 04 94 88 08 49 ou 06 13 09 46 39.*

Les plages

Les plages du Lido, de la Roche-Taillée, la Dorée et celle de la Gorguette forment une langue de sable sur plus d'un kilomètre (postes de surveillance, douches et WC). La plage de galets de Beaucours est encerclée par les rochers et la plage de sable de Portissol, au fond de la baie du même nom, a l'avantage d'être à deux pas du centre-ville.

Les marchés

Aux marchés quotidiens (fleurs, primeurs, poissons…) qui animent le village, vient s'ajouter le grand marché provençal du mercredi matin. Plus de trois cents commerçants régionaux réveillent le centre ville avec ce marché typique du Sud-Est de la France.

Plongée dans l'histoire…

Rendez-vous à la Tour romane. Bâtie à la fin du 13e s., cette tour de guet résista à plusieurs attaques, notamment en 1524 et 1536 contre des galères hispaniques ou encore en 1707 face à un siège du duc de Savoie. Ancien poste de garde, l'édifice servit également de geôle. Son sommet qui s'élève à 21,5 m offre un panorama à 360° depuis la pointe du Cerveau au Nord-Est jusqu'au large de l'île des Embiez. Aujourd'hui, la tour abrite un musée en hommage à l'histoire de la plongée et de la chasse sous-marine.

Terre d'asile pour des écrivains allemands

Sanary, déjà célèbre en 1920 par les artistes et écrivains étrangers qui y avaient élu résidence (Huxley, Kisling), devint, à partir de 1933, le refuge d'un grand nombre d'intellectuels allemands fuyant le régime nazi. Parmi les quelque cinq cents personnes qui se réfugièrent ici, les plus connues sont Thomas Mann et son frère Heinrich, Lion Feuchtwanger, Alma Mahler et Franz Werfel… Bertold Brecht et Arthur Koestler vinrent les saluer. Lors de l'armistice de 1940, grâce à l'intervention de l'épouse du Président Roosevelt, la plupart purent se réfugier aux États-Unis. Certaines, moins connues, furent internées au camp des Milles près d'Aix-en-Provence. En vous promenant dans le village, vous apercevrez les plaques commémoratives qui rappellent ce séjour. Les passionnés du sujet trouveront toutes nourritures littéraires à la **librairie La Galerie**. La propriétaire, Anne-Marie, connaît très bien l'histoire de Sanary. Elle-même germanophone, elle saura vous conseiller un des ouvrages couvrant cette période. *18 quai De-Gaulle - 83110 Sanary-sur-Mer - ✆ 04 94 74 16 71 - tlj sf lun. hors sais.*

Musée Frédéric Dumas – *Tour romane - ✆ 04 94 74 01 04 - juil.-août : 10h-12h30, 16h-19h30 ; reste de l'année : w.-end 10h-12h30, 16h-19h30 - gratuit.* Sanaryen d'adoption, Frédéric Dumas fut un pionnier de la plongée en scaphandre autonome, du cinéma sous-marin et de l'archéologie sous-marine. Le musée présente une collection d'équipements et de matériel dont certains remontent aux années 1930.

J. Malburet / MICHELIN

Longer le littoral en admirant le large

De la pointe de la Cride à la plage Dorée, cette promenade le long de la baie de Cousse offre successivement des points de vue sur l'archipel des Embiez au Sud, Bandol et l'île de Bendor au Nord-Ouest.

Située à l'Ouest de Sanary, la pointe de la Cride est accessible depuis le port par l'avenue de Portissol, puis l'avenue F.-Mistral. Sur votre gauche, l'avenue de la Corniche vous emmène au point de départ de la balade. Durée : 2h30 AR.

Pointe de la Cride

La côte dentelée de la Cride sépare la baie de Sanary de la baie de Bandol. Ici, la bauxite donne sa couleur rouge à la roche. L'extrémité de la pointe est occupée par les ruines d'une batterie militaire. Mais inutile de vous y rendre, le site n'est pas visitable et la proximité de la station d'épuration décourage vite les narines sensibles !

Sur le versant Ouest, descendez sur la gauche par l'accès qui mène au bord de mer et empruntez les escaliers qui ramènent au sentier.

Baie de Cousse

Baladez-vous à flanc de falaise en admirant le camaïeu de bleu qui se décline au large de la baie de Cousse. Par terre, malgré la forte exposition aux vents d'Ouest, la végétation mérite qu'on s'y attarde. Vous pourrez observer quelques belles colonies de *Calicotum* épineux, de séneçon ou encore de crithme maritime. Cette dernière plante, caractéristique du bord de mer, est reconnaissable à sa souche rampante composée de feuilles charnues et à ses fleurs jaunes regroupées en ombrelles. Ses propriétés diurétiques sont reconnues et les provençaux la consomment façon « cornichons au vinaigre ». Attention tout de même où vous mettez les pieds, le sentier s'interrompt un instant.

Il convient alors de rejoindre la route jusqu'au boulevard de la Plage-de-Beaucours.

Plage de Beaucours

Cette petite plage de galets est surveillée en journée du 30 juin au 13 septembre. Sur les hauteurs, quelques villas émergent des pinèdes. Après une pause baignade, retournez sur le boulevard de la Plage.

Pointe de la Tourette

À 200 m, le boulevard de la Falaise conduit jusqu'au restaurant Roc Amour. Au creux de rochers, de nombreux pêcheurs taquinent l'hameçon, alors qu'au large, Bendor pointe son nez. Ici commence la partie délicate de la balade. Sans danger par beau temps, il vaut mieux éviter ce tronçon par mauvais temps ou forte houle. Un trou dans la roche permet de continuer la balade au pied de la falaise. Vous trouverez sur le tronçon qui rejoint **l'anse de la Gorguette** quelques éperons rocheux, des escaliers métalliques, mais aussi de nombreux passages aménagés.

La plage de la Gorguette

C'est, entre autres, sur ce site qu'ont été identifiées les traces d'une ancienne ville gallo-romaine. Jouxtant la plage, un port minuscule abrite une quinzaine d'embarcations. En face de la plage de sable, Bandol s'étale sur le littoral. Vous pouvez continuer la balade les pieds dans l'eau jusqu'à la plage Dorée.

La plage Dorée

Chaises longues, matelas et restauration sont au menu des concessions privées. Ici, vous reprendrez contact avec le monde !

Bandol et l'Île de Bendor, plaisirs de la mer

Avec un port de plaisance qui abrite plus de 1 300 bateaux, **Bandol** est le rendez-vous des plaisanciers. Après une promenade le long des quais, quittez l'agitation de la station balnéaire en embarquant pour l'île de Bendor. Situé à 7 min de la côte, le site fait référence en matière de plongée sous-marine.

Le port

Entouré de collines couvertes de genêts, de saules, de pins et de mûriers, le port de Bandol est un abri apprécié des marins depuis l'antiquité. Il dispose actuellement de 1 350 places dont 110 places visiteurs.

Les plages

La commune de Bandol offre à ses touristes quatre plages de sable fin : l'anse de Renecros, bien abritée à l'Ouest, la plage Centrale (douches WC), celle du Casino (douches WC) et la plage de la Résidence du Grand-Valat (douches) prolongée par celle face à l'ancien Grand Hôtel où séjourna l'écrivain allemand Thomas Mann. Ailleurs, la côte alterne zones rocheuses et petites plages de galets : la plage de l'Anglaise (criques de rochers), la plage du Barry (douches), où Cousteau, Taillez et Dumas inventèrent en 1943 le scaphandrier autonome. La petite plage de l'Éden-Roc, bordée de villas, est accessible par d'étroits escaliers.

Bandol, Station voile

La diversité et la qualité des activités nautiques ont hissé Bandol au rang de « Station voile ». Le label honore le dynamisme de la ville en matière de nautisme.

Société nautique de Bandol – *plage Centrale - Port de Bandol - ✆ 04 94 29 42 26 - ouv. tte l'année* – dériveurs, planches à voile, catamarans habitables, Optimists… Initiation et perfectionnement adultes et enfants à partir de 7 ans.

L'île de Bendor

Navettes depuis le port de Bandol, voir « Larguer les amarres ! », p. 282.

Une demi-heure à pied suffit pour faire le tour de cette île de 7 ha située à quelques encablures de Bandol. Le long du sentier qui longe le rivage, on regrette parfois l'empreinte laissée par la main de l'homme. Propriété de la fondation Paul Ricard, ce rocher austère, fréquenté uniquement par des naufragés et des pêcheurs de langoustes, s'est laissé dompter pour devenir un centre de loisirs. C'est dans les années 1950 que s'opère sa transformation, lorsque le créateur du pastis accoste sur le rivage et tombe amoureux du site. Hôtels, restaurants et boutiques fleurissent alors autour du petit port qui prend des allures de village provençal. Dans les années 1960, l'endroit devient très « people ». Une pléiade de personnalités vient y faire la fête, parmi lesquelles Joséphine Baker, Salvador Dalí, Luis Mariano ou encore Youri Gagarine. Aujourd'hui, l'île a perdu un peu de son éclat. Depuis le départ de son créateur, la gestion du site semble hésitante malgré les 400 000 personnes qui visitent Bendor chaque année.

Le musée des Vins – *Île de Bendor - t 04 94 29 44 34 - juil.-août : se renseigner - gratuit* – inaugurée en 1958, cette exposition de vins et spiritueux présente une impressionnante collection de 8 000 bouteilles venues de 51 pays différents, à laquelle s'ajoutent quelques beaux verres et carafes en cristal. Sur les murs voûtés, les fresques réalisées par les étudiants des Beaux-Arts offrent une palette colorée des différentes tendances picturales.

Plongez à Bendor – *Centre International de plongée - île de Bendor, en face du débarcadère - ✆ 04 94 29 55 12 ou 06 15 12 47 78 - baptême à 11h et 17h : 36 € - exploration à 9h et 14h30 : 31 €* – fondé

AOC Bandol

« Produire peu pour produire bien », telle est la devise des vignerons de Bandol. Héritiers d'un savoir-faire ancestral, ils sont 45 exploitants indépendants à se partager 1 325 ha de vignes répartis entre le massif de la Sainte-Baume et les rivages de la Méditerranée, pour une production annuelle de 42 000 hl. Cultivé en « restanques », sortes de terrasses soutenues par des murets de pierres, le vignoble bénéficie d'un parfait ensoleillement, ainsi que de l'influence maritime. C'est la terre d'élection du mourvèdre, le cépage-ro, qui donne aux vins leur corps et leur grande capacité de garde. Le grenache, le cinsault, avec la syrah et le carignan qui le complètent, donnent de bons rosés. Mais ce sont ses rouges qui assurent au bandol le prestige de son appellation. Vins puissants et structurés, ils sont aptes à un long vieillissement en fûts de chêne.

en 1961 par Georges Serenon, le CIP compte parmi les centres les plus importants d'Europe. Sars à tête noire ou museau pointu, girelles multicolores, dorades argentées… l'île de Bendor se pose en fief de la plongée sous-marine. Déjà, dans les années 1940, Cousteau, Tailliez et Dumas venaient explorer les fonds du coin : ceux que l'on surnomme les « mousquemers » sont à l'origine du scaphandre autonome, une invention qui allait ouvrir les portes du monde sous-marin et dévoiler les joyaux des profondeurs.

Se balader entre mer et terre aux Embiez

Chapelet d'îles, d'îlots et d'écueils qui protège la rade du Brusc, l'archipel des Embiez marque la frontière entre Provence occidentale et orientale. Grand et Petit Gaou, Petit et Grand Rouveau, et bien sûr la célèbre Ile des Embiez forment un ensemble sauvage modelé depuis des millénaires par le vent, la mer et le soleil.

Les roches de schistes accueillent toute une mosaïque de végétaux que vous ne manquerez pas d'observer au long de la balade.

Depuis le port du Brusc, longez la lagune en direction de l'île du Petit Gaou.

Le Petit Gaou

Franchir le pont qui relie l'île au continent.

Tournoi de pétanque, pique-nique en famille, ou encore bronzette et baignade sont au rendez-vous sur cette petite île qui offre un superbe panorama sur la côte rocheuse du massif de Sicié. Le grand parking aménagé accueille chaque été au mois de juillet le festival de musique Les Voix du Gaou.

La passe du Petit-Pas-du-Coq – À droite, la passerelle franchit la passe et rejoint l'île du **Grand Gaou** *(voir l'encadré « Le plus nature » ci-contre)*. Au-delà de la rambarde, remarquez les quelques pointus qui signalent la présence de pêcheurs locaux.

La lagune du Brusc

Zone de ponte et refuge pour de nombreuses espèces, la lagune constitue un biotope exceptionnel. Celle que l'on surnomme « la Petite Camargue » abrite un récif-barrière de posidonies, l'un des derniers en Méditerranée française. Trois espèces marines protégées y ont élu domicile : la cymodocée (plante aquatique), la grande nacre (le plus grand coquillage bivalve de Méditerranée) et le mérou.

Le « plus » nature

Transformé en parc communal, l'îlot du **Grand Gaou** se veut sanctuaire de la végétation méditerranéenne. Dans les pinèdes, les pins d'Alep torturés par le vent prennent des formes surprenantes. Vous les reconnaîtrez à leur écorce argentée et à leurs aiguilles fines et molles dont l'acidité empêche toute végétation. Ce phénomène d'arbres couchés porte le nom d'anémomorphose. Au fil du sentier, lentisques et genévriers poussent avec ardeur sur ces sols schisteux. À l'abri des vents du Sud-Ouest, un jardin méditerranéen préserve quelques pieds d'agave et luzerne arborescente. De quoi ravir les amoureux de la nature ! *Ouv. de 8h à 20h.*

L'île des Embiez

À quelques brasses du rivage, l'île des Embiez offre sa côte sauvage *(voir « S'évader sur l'île des Embiez »)*.

L'île du Grand Rouveau

Jalonnant une route maritime fréquentée depuis la plus haute antiquité, le phare du Grand Rouveau *(ne se visite pas)* a été construit en 1861. Édifiée au sommet de l'île, la tour carrée de 17 m de hauteur seulement s'élève à 48 m au-dessus de la mer. Doté d'un système automatique, son fanal signale la proximité d'écueils très dangereux. Les nombreuses épaves découvertes en témoignent.

Depuis 2000, les 5,5 ha de l'îlot du Grand Rouveau appartiennent au Conservatoire du littoral et l'accès à l'île est limité.

L'île du Petit Rouveau

Le site est réservé à la reproduction d'oiseaux. Les goélands aiment s'y nicher et les flamands roses n'hésitent pas à y faire escale.

Avec une bonne paire de jumelles et beaucoup d'attention, vous pourrez peut-être observer une avocette agile ou un gracieux héron cendré.

Cormorans et martins-pêcheurs survolent quelquefois les alentours de ce refuge de la Ligue de protection des oiseaux.

L'histoire d'une île

Sous l'Antiquité, le large de l'**île des Embiez** est la scène d'un ballet de galères faisant commerce en Méditerranée. À terre, Grecs et Romains s'installent successivement aux abords du Brusc. Puis, les moines de Saint-Victor viennent exploiter les salines des Embiez. La dernière récolte remonte à 1934, avec 818 tonnes. Témoin d'une occupation humaine, l'ancien château de Sabran, qui domine le port et dont il ne reste qu'un donjon cylindrique, remonte au 14e s.

Mais c'est au 20e s. que l'île des Embiez connaîtra son plus grand tournant. Tombé sous le charme du rocher sauvage battu par les vents, Paul Ricard y construit l'île de ses rêves. Homme au destin incroyable, il vient d'avoir 23 ans lorsqu'il crée une boisson légendaire : le pastis de Marseille. Grâce à sa fortune, il acquiert en 1958 l'île des Embiez avec l'ambition d'en faire un haut lieu touristique.

Aujourd'hui l'ensemble immobilier de style provençal et les statues façon Grèce antique nous font partager sa passion pour les civilisations méditerranéennes. Curieux cocktail de béton tiré au cordeau et de néo-classicisme assez kitch, l'architecture n'a pas grand intérêt si ce n'est d'être le support d'ornement à un décor verdoyant. Heureusement, la partie construite n'occupe qu'une petite partie de l'île, le reste étant laissé à l'état **presque sauvage.**

Dentelle rocheuse par excellence, l'île offre de multiples ancrages en eau claire. On peut envisager de passer quelques jours dans ses parages, en profitant du calme généré par l'absence de voiture. Une spécificité non négligeable surtout en saison, à l'heure où les touristes affluent sur le littoral varois !

S'évader sur l'île des Embiez

Navettes depuis le port du Brusc. Voir « Larguer les amarres ! », p. 282.

Séparée du Brusc par une lagune, l'île des Embiez est propriété de la fondation Paul-Ricard. Elle s'étend sur 95 hectares et présente une diversité étonnante : plages de fin gravier, côtes sauvages ponctuées de criques, marais salants, forêts de pins maritimes, et enfin un vignoble qui donne un rosé réputé.

L'île compte aujourd'hui une cinquantaine d'habitants dont deux chèvres qui débroussaillent tranquillement le site. Elle dispose de nombreuses possibilités de restauration et d'hébergement invitant les visiteurs à y passer quelques jours. Un séjour dépaysant qui mêle aux joies de l'insularité celles des plaisirs nautiques (voile, wind-surf, ski nautique…).

Le tour de l'île

En VTT – Véloc' – *Près du débarcadère - ✆ 06 61 89 40 29 - avr.-sept. : 10h-17h30 - 10 € la demi j.* Le site possède de nombreuses pistes qui donneront du fil à retordre même aux plus aguerris.

En petit train – *✆ 06 88 69 76 78 - 5 € (enf. 3 €) - durée : environ 35mn.* Si la chaleur vous écrase et vous ôte l'envie de marcher, partez à la découverte des paysages de l'île des Embiez à bord du petit train. Un conducteur fort sympathique assure la visite guidée et vous dépose où vous voulez sur son parcours.

L'approche par la mer

Yacht Club des Embiez – *Île des Embiez - ✆ 04 94 34 10 63 - juin-sept.* École de voile sur dériveur et planche à voile, le yacht club propose également toutes sortes de sports nautiques : catamaran, canoë kayak…

Centre de plongée des Embiez – *Île des Embiez - ✆ 04 94 34 12 78 ou 06 87 61 03 20 - cpie83@wanadoo.fr.* Les amateurs de plongée sous-marine pourront découvrir des fonds à la faune exceptionnellement riche grâce aux stages et baptêmes.

La cuvée des Embiez

32 000 bouteilles par an : telle est la production des 10 ha de vignoble de l'île. Un rosé d'excellence naît de ces cépages caressés par les embruns.

Toutes les étapes de la vinification, des vendanges jusqu'à la mise en bouteilles, sont réalisées sur l'île. Près du port, la cave propose chaque été des milliers de bouteilles à la vente.

Découvrir la richesse des fonds marins

Institut océanographique Paul-Ricard★

✆ 04 94 34 02 49 - www.institut-paul-ricard.org - juil.-août : 10h-12h30, 13h30-17h30 ; avr.-juin : tlj sf sam. mat. 10h-12h30, 13h30-17h30 ; sept.-mars : 10h-12h30, 13h30-17h30, w.-end 13h30-17h30 - fermé 1er janv., 25 et 31 déc. - 4 € (enf. 2 €).

En 1966, Paul-Ricard fonde l'Institut océanographique des Embiez. Amoureux de la mer et de la nature, mécène d'Alain Colas et d'Éric Tabarly, le maître du pastis décide d'œuvrer pour la protection de la mer et crée un véritable temple de la recherche océanographique. Installé sur un promontoire, dans l'ancienne batterie de marine de la pointe Saint-Pierre, l'institut comporte des laboratoires où les chercheurs étudient la biologie marine, l'aquaculture et les problèmes liés à la pollution des mers.

Dans l'**ancien fort Saint-Pierre**, le **musée** ouvert au public présente les principaux biotopes méditerranéens et les espèces qui y vivent, dont une grande variétés de mollusques (certains géants).

À l'étage, une trentaine de **grands aquariums** permettent d'observer dans leur environnement naturel une centaine d'espèces méditerranéennes aux couleurs souvent somptueuses. On remarque principalement des gorgones, des bernard-l'ermite, des mérous, des langoustes, des araignées de mer, des poulpes, des rascasses qui se dissimulent en faisant du mimétisme, de petites murènes et la girelle-paon qui rivalise de couleurs avec les poissons tropicaux.

Aquascope : comme un air de Nautilus

à l'embarcadère du port du Brusc - 83140 Six Fours les Plages - ✆ 04 94 34 17 85 - juin-sept. et vac. de la Toussaint - 16 € (enf. 9 €) - départs ttes les 40mn, durée env. 30mn.

Les yeux dans l'eau, les pieds au sec, l'Aquascope, le bateau à la coque transparente, fait découvrir les beautés du monde du silence. L'appareil, à enfoncement variable, peut accueillir une dizaine de passagers installés dans une nacelle vitrée entièrement immergée. À bord de ce vaisseau des mers, vous découvrirez la faune et la flore traditionnelles de Méditerranée. Suspendu comme dans une bulle d'air au-dessus du monde de la mer, vous ferez halte à la «nurserie» sous-marine où vous pourrez observer de près les jeunes poissons de l'année ou encore découvrir le site de reproduction d'oursins.

La baie de Sanary à Bandol pratique

OÙ S'INFORMER

Pavillon du tourisme de Bandol – *Allée Alfred-Vivien - 83150 Bandol - ✆ 04 94 29 41 35 - www.bandol.fr - été : tlj sf dim. 9h-19h ; hiver : lun.-vend. 9h-12h, 14h-18h, sam. 9h-12h.*

Maison du tourisme de Sanary – *Jardins de la Ville - BP 24 - 83110 Sanary-sur-Mer - ✆ 04 94 74 01 04 - www.sanarysurmer.com - juil.-août : 9h-12h30, 14h-19h, dim. 9h30-12h30 ; mai-juin et sept.-oct. : 9h-12h, 14h-18h, sam. 9h-12h, 14h-17h ; nov.-avr. : 9h-12h, 14h-17h30, sam. 9h-12h, 14h-17h - point info sur le port en juil.-août pour les activités nautiques de la région : 10h-12h30, 17h-23h.*

Office du tourisme de Six-Fours-les-Plages – *Prom. Charles-de-Gaulle - BP 308 - 83140 Six-Fours-les-Plages - ✆ 04 94 07 02 21 - www.six-fours-les-plages.com - juil.-août : 9h-13h, 14h-19h, dim. 10h-13h ; avr.-juin et sept. : tlj sf dim. 9h-12h, 14h-18h ; oct.-mars : tlj sf dim. 8h45-12h, 14h-17h30, sam. 9h-12h, 14h-17h30.*

Capitainerie du port de Sanary – *Corniche Baux - 83110 Sanary-sur-Mer - ✆ 04 94 74 20 95 - janv-mars : lun.-vend. 8h-12h, 14h-17h ; avr.-15 juin : lun.-vend. 8h-12h, 14h-17h, sam. 8h30-12h, 14h-17h30, dim. et j. fériés : 10h-12h ; juil.-août : tlj. 8h-12h, 14h-19h.* À quai, de nombreux services sont offerts aux usagers : douches, sanitaires, ravitaillement en carburant…

Capitainerie du port de Bandol – *Jetée Est - 83150 Bandol - ✆ 04 94 29 42 64 - ouv. 24h/24* – le port, abrité de tous les vents, dispose de 1 350 places.

Capitainerie du port des Embiez – *Quai Saint-Pierre - Port des Embiez - 83140 Six-Fours-les-Plages - ✆ 04 94 10 65 21 - tlj. 8h-20h30 en sais.* Le port de plaisance est très fréquenté par les amateurs de pêche et de plongée. 730 places dont une trentaine réservées aux escales.

Météo France – *✆ 0 892 68 02 83.*

Température de l'eau – Entre avril et octobre, les températures oscillent entre 17 et 23 °C.

Température de l'air – Moyenne de 26 °C en été, 21 °C au printemps et 23 °C à l'automne.

Courants – Redoublez de vigilance par temps de mistral.

OÙ DORMIR

⊖ Hôtel Sinaya – *92 chemin Olive - 83110 Sanary-sur-Mer - ✆ 04 94 74 10 50 - fermé nov.-mars - P - 11 ch. 40/48 € - ☕ 6 €.* Petit hôtel dans une grande maison aux volets bleus avec un jardin au calme. La plage est à 200 m. L'ambiance et la cuisine sont familiales : pourquoi ne pas opter pour la demi-pension ?

⊖ Hôtel « Bon Abri » – *94 av. des Poilus (et av. Pasteur) - 83110 Sanary-sur-Mer - ✆ 04 94 74 02 81 - fermé janv. - 9 ch. 41/65 € - ☕ 6,50 €.* L'hôtel « Bon Abri » est situé au coeur de Sanary-sur-Mer, à 200 m des plages. Son cadre agréable et paisible incite à opter pour la pension complète. Le restaurant propose une cuisine appréciable et les chambres avec vue sur le parc offrent un cadre verdoyant.

⊖⊖ Golf Hôtel – *10 corniche Bonaparte, sur la plage Renecros par bd Louis-Lumière - 83150 Bandol - ✆ 04 94 29 45 83 - fermé*

4 janv.-12 fév. - 23 ch. 72/110 € - ☕ 8 €. Au bord de l'eau, cet hôtel installe en saison ses matelas et son restaurant sur la plage. La majorité des chambres, toutes simples, ouvrent leurs fenêtres sur la mer. Certaines ont un balcon. Service du dîner assuré en juillet et août uniquement. Menu enfant.

⊖⊖ **Hôtel Le Soukana** – *Île Bendor - 83150 Bandol – 48 ch. 58/74 € - ouv. de fin mai à fin sept.* Que diriez-vous d'une nuit sur l'île de Bendor, loin des agitations du continent ? Le Soukana est un hôtel confortable et agréable doté d'une piscine semi-extérieure. À proximité immédiate d'une plage de sable fin, les chambres ont toutes vue sur la mer. L'hôtel « pieds dans l'eau » par excellence !

⊖⊖⊖ **Hôtel Helios** – *Île des Embiez – 83140 Six-Fours-les-Plages - ✆ 04 94 10 66 10 - 60 ch. 107/116 €.* Toutes les chambres, avec ou sans balcon, disposent d'une vue sur la mer ou sur le port de plaisance. Un restaurant climatisé ouvre sur une terrasse ombragée et une salle est équipée pour les animations (dîner-spectacle-dansant). Hors saison, l'hôtel accueille de nombreux séminaires, l'été, il prend des allures de club-vacances.

OÙ MANGER

⊖ **L'Oulivo** – *19 r. des Tonneliers - 83150 Bandol - ✆ 04 94 29 81 79 - fermé de fin déc. à déb. janv. (le soir en juil.-août), dim. soir, lun. et mar. - 12,80/24,50 €.* Ce sympathique restaurant de quartier fleure bon la Provence : décor tout simple agrémenté de vieilles affiches de cinéma rendant hommage à Raimu et Fernandel, plaisante terrasse sur rue et petits plats embaumant l'huile d'olive, l'ail et les aromates.

⊖ **La Table d'Adrienne** – *18 av. Galliéni - 83110 Sanary-sur-Mer - ✆ 04 94 88 06 29 - fermé sam. midi et dim. midi en juil.-août et dim. - 9/16 €.* Petit restaurant intime face au cinéma ABC. Cuisine raffinée. Essayez le confit de canard accompagné de pommes salardaises ou les filets de rouget avec des tomates confites et du basilic.

⊖ **L'Assiette des Saveurs** – *1 r. Dr-Marçon - 83150 Bandol - ✆ 04 94 29 80 08 - 11/31 €.* Un peu en retrait du port, le petit restaurant de Stéphane Lara propose une cuisine dont le rapport qualité-prix est raisonnable. Des produits simples accommodés avec finesse à savourer dans un décor discret et cosy.

⊖ **Le Grand Large** – *Île de Bendor - 83150 Bandol - ✆ 04 94 29 81 94 - ouv. tlj, sur réserv. en sais, fermé janv. - 16/23 €.* Un cadre idyllique pour ce restaurant qui affiche un bon rapport qualité/prix. À deux pas de l'embarcadère, sa salle s'ouvre sur la Grande Bleue. Parmi les spécialités, la daube du chef fait référence !

⊖ **Le Canoubié** – *Île des Embiez – 83140 Six Fours-les-Plages - ✆ 04 94 74 94 94 – ouv. avr.-sept., et le midi en w.-end - 15/25 €.* Blotti entre la pinède et la mer, le Canoubié offre un cadre intime et convivial. Le bouchon de Saint-Jacques au foie gras fait partie des originaux de cette carte plutôt haut de gamme.

⊖⊖ **Hôtel restaurant de la Tour** – *24 quai du Gén.-de-Gaulle - 83110 Sanary-sur-Mer - ✆ 04 94 74 10 10 - P - 30/44 € - 24 ch. 58/96 € - ☕ 7 €.* L'une des célèbres tables de Sanary où se retrouvent bon nombre d'habitués. Le service est exemplaire dans cette maison qui jouit d'une grande terrasse sur le port. Au menu : poisson en croûte de sel, bouillabaisse, bourride… et plateau de coquillages.

QUE RAPPORTER

Maison des vins – *22 allées Vivien - 83150 Bandol - ✆ 04 94 29 45 03 - ouv. tlj.* 28 prop riétaires-récoltants adhérents au syndicat des domaines se sont groupés pour proposer leurs vins de Bandol. Vieilli en fût de chêne, le rouge compte parmi les grands vins de garde. La fraîcheur et la profondeur du rosé rivalisent avec la vivacité et la nervosité du blanc. Quelque soit votre préférence, ne quittez pas la région sans une bonne bouteille de Bandol !

34 Les îles d'Hyères★★★

CARTE MICHELIN LOCAL 340 M-N 7 – VAR (83)
PORQUEROLLES : 1 254 HA ; 350 HABITANTS – PORT-CROS : 675 HA ; 30 HABITANTS
LEVANT : 996 HA ; 20 HABITANTS

Les plus méridionales des îles françaises (hormis la Corse) sont aussi les plus grandes. Au large d'Hyères et du Lavandou, chacune défend une identité forte, promesse de plaisirs variés. À côté de Porquerolles la « domestiquée », idéale pour le VTT et la bronzette, Port-Cros la « montagneuse » s'affiche comme un sanctuaire de la nature, à découvrir chaussures au pied. Quant à l'île de Levant, pionnière en matière de naturisme, elle plaira aux adeptes des tenues minimalistes, à l'abri des regards indiscrets. Le parc national de Port-Cros, à l'œuvre aussi à Porquerolles, veille à préserver les écosystèmes fragiles d'une fréquentation démesurée.

ARRIVER À BON PORT

Embarquement toute l'année de **Hyères** (Hyères-Port et La Tour-Fondue) pour les trois îles et du Lavandou, pour Port-Cros et Le Levant.

Pour aller à Hyères – **En voiture** : depuis l'A 8 après Aix-en-Provence, autoroute A 52 et A 50 jusqu'à Toulon, puis A 570 jusqu'à Hyères. En train, liaisons TGV Paris-Hyères via Toulon.

En avion : vols réguliers Paris-Toulon/Hyères et vols saisonniers depuis Brest, Lille et Strasbourg.

Pour aller au Lavandou – **En voiture** : depuis Hyères, N 98 direction Fréjus, puis D 559.

En train : TGV jusqu'à Hyères, puis car.

LARGUER LES AMARRES !

De Hyères pour Porquerolles : Compagnie TLV-TVM – ✆ 04 94 58 21 81 - www.tlv-tvm.com - embarquement depuis La Tour-Fondue (presqu'île de Giens, 11 km au Sud de Hyères) ; il est préférable de laisser sa voiture dans un des 4 parkings (3 privés, 1 public ; compter 6 €/j.) - traversée : 15mn - de 7 dép./j. en basse sais. à 19 dép./j. en juil.-août, entre 7h30 et 19h, idem pour les retours - 15 € AR (4-10 ans 13,50 €), vélo adulte 12 € AR (enf. 9 €).

De Hyères pour Port-Cros et Le Levant : Compagnie TLV-TVM – ✆ 04 94 57 44 07 - www.tlv-tvm.com - embarquement au port d'Hyères (5 km au Sud de Hyères, près de l'aéroport) - parking gratuit limité à 48h.
Port-Cros : traversée 1h - de 1 dép./j. en basse sais. (9h30) à 4 dép./j. en juil.-août (8h15-14h30) - 22 € AR (enf. 19,30 €), vélos interdits sur l'île.
Levant : traversée 1h30 à 1h50 - de 1 dép./j. en basse sais. (9h30) à 3 dép./j. en juil.-août (8h15-14h30) - via Port-Cros en basse sais., direct en juil.-août - 22 € AR (enf. 19,30 €). La compagnie assure des liaisons saisonnières entre Porquerolles et Port-Cros et entre Port-Cros et le Levant.

Du Lavandou pour Port-Cros et Levant – *Voir « Les îles d'Hyrères » pratique p. 301.*

BON À SAVOIR

Sur les îles d'Hyères, adoptez la devise : « un week-end, une île » ou « une journée, une île ». En effet, le rythme de vie insulaire et la lenteur des déplacements – rapellez-vous, marche à pied ou vélo obligatoire ! – sont peu compatibles avec une découverte express de l'archipel.
Il est sage d'éviter juillet et août, quand la fréquentation et les prix prennent un coup de chaud…
À Porquerolles et à Port-Cros, afin de protéger l'environnement, il est interdit de faire du feu, de fumer (en dehors des villages), de camper, de cueillir des espèces végétales, de quitter les sentiers tracés, d'abandonner ses détritus, de promener les animaux en dehors du village ; à Port-Cros, de pêcher, ramasser des coquillages et de faire du vélo.
En cas de risque majeur, le plan alarme, signalé à l'embarquement, interdit l'accès aux massifs forestiers, mais pas aux villages et aux plages.

L'anse de la Palud, sur l'île de Port-Cros.

Découvrir le patrimoine de Porquerolles

Porquerolles★★★ est la plus grande (7 km de long et 3 km de large) et la plus occidentale des trois îles d'Hyères. Les principaux lieux permettant de comprendre son histoire et son évolution sont assez proches du débarcadère. On peut facilement les relier à pied ou en vélo (environ 8 km) en une journée.

Le village

Tous les bateaux y débarquent leurs passagers. Bâti au milieu du 19e s. par l'administration militaire au fond d'une rade minuscule, il évoque plus un petit centre colonial d'Afrique du Nord qu'un village provençal. Concentrant la quasi-totalité des commerces et des hébergements de l'île, son noyau est constitué de la place d'Armes, entourée d'une humble église et de restaurants.

Maison du Parc

Centre d'information et d'accueil du parc national de Port-Cros - ☏ 04 94 58 07 24 - www.portcrosparcnational.fr - juil.-août : 9h30-12h30, 14h-18h30 ; avr.-juin et sept-mi oct. : 9h30-12h30, 13h30-17h30 (fermé sam. d'avr. à fin juin) - fermé de mi-oct. à avr. - gratuit.

Sur la droite à la sortie du village, en direction du phare. Depuis 1971, l'État est propriétaire de 1 073 ha à Porquerolles, soit les 4/5e de l'île. Ces terres ont été remises en dotation au parc national de Port-Cros, qui en assure la gestion et l'entretien. La Maison diffuse toutes les informations relatives aux actions du Parc sur l'île (préservation de la faune et de la flore, observation des oiseaux, gestion des écosystèmes…). Elle affiche les campagnes en cours (baguages d'oiseaux…) et propose des visites à thème. Vente de cartes et de brochures.

Jardin du Palmier

Mêmes horaires que la Maison du Parc - gratuit.

Contigü à la Maison du Parc, ce jardin ouvert en avril 2005 recense 72 espèces différentes de palmiers sur 1 ha. Très pauvre en explications, il n'intéressera que les purs amoureux de botanique.

Le Hameau

À environ 1 km du village, direction le Phare, puis plage d'Argent - ☏ 04 94 58 07 24 - mai-sept. : 8h-12h, 13h30-17h30 - visite libre des jardins et des vergers de collection - exposition permanente en plein air.

Le Hameau abrite le **Conservatoire botanique national méditerranéen**. Rattaché au parc national de Port-Cros, cet organisme œuvre pour la préservation des plantes sauvages, rares ou menacées. Son action a permis de sauver 2 000 espèces, dont les graines sont conservées dans une banque de semences.

Qu'y voit-on ? Sur le site, quelques panneaux didactiques le long du bâtiment expliquent l'écosystème de l'île et les actions du Conservatoire. Un jardin central (le « carré Jahandiez ») regroupe les 25 espèces d'arbres ou d'arbustes présents sur l'île (le bureau du Conservatoire vous prête un petit livret explicatif, moyennant 5 € de caution).

Enfin, autour du site, plusieurs vergers ont été plantés d'espèces méditerranéennes (figuiers, oliviers, mandariniers, pêchers...). Certains sont équipés de panneaux « questions-réponses ». Vous croiserez normalement ces vergers à pied ou à vélo en déambulant dans un large périmètre autour du Hameau. Tout cela est bien joli, mais un document d'itinéraire aurait été le bienvenu...

Domaine viticole Perzinsky

Prendre un sentier à gauche, en retournant vers le village depuis le Hameau (bien indiqué) - ✆ 04 94 58 34 32 - visite dégustation : 9 € avec une bouteille de rosé.

Créé en 1989, c'est l'un des trois domaines de l'île, et l'un des deux seuls qui se visite avec le domaine de la Courtade. Il produit rouges, blancs et rosés et bénéficie d'une AOC.

Phare★★

À 2,5 km du village, sur la côte Sud - ✆ 04 94 58 33 76 - le phare peut être fermé pour travaux d'entretien (information auprès de l'Office de tourisme) - ouv. Pâques-1er nov. : 11h-12h et 14h-16h (haute saison 17h) - entrée libre.

Construit de 1823 à 1837 par les forçats du bagne de Toulon. Désormais automatisé, sa portée est de 53 km.

Superbe vue depuis le haut de la tour, à 80 m au dessus des flots (61 marches !). Trois gardiens en assurent la sécurité, tout en effectuant d'autres missions de contrôle.

Fort Sainte-Agathe

Juste au dessus du village - ✆ 04 94 12 30 40 - mai-sept. : 10h-12h, 14h-17h30 - 3 € (enf. 1,50 €).

Surplombant le port, son enceinte en trapèze est surmontée d'une grosse tour d'angle (20 m de diamètre, 15 m de haut, murs épais de 4 m). À l'intérieur, le parc national de Port-Cros présente plusieurs expositions thématiques : Porquerolles et la rade d'Hyères, patrimoine vivant ; l'histoire du parc national de Port-Cros ; l'univers des chauves-souris.

En plus d'avoir une vision synthétique du patrimoine de l'île, on jouit d'un panorama exemplaire sur l'ensemble de l'île et la côte. Le «must» de la découverte culturelle de Porquerolles !

Le « bâtisseur » de Porquerolles

Propriétaire de l'île dès 1912, après avoir fait fortune au Mexique dans les mines d'or et d'argent, François-Joseph Fournier développe une agriculture raisonnée (vins, agrumes, maraîchage...) et se veut porteur d'harmonie naturelle et sociale. C'est lui qui plante eucalyptus, mimosas, pins parasol et cyprès sur l'île. Il installe aussi dispensaire, coopérative, épicerie. Avant le Parc National, c'est le premier défenseur de l'intégrité de Porquerolles.

Les guides naturalistes

il est possible d'avoir recours à des guides naturalistes pour découvrir dans le détail le patrimoine culturel et naturel de l'île :

Naturelles balades – *Vincent Blondel - ✆ 04 94 58 57 97.*

Les jardins de l'Espérance – *✆ 04 42 08 01 12.*

Naturoscope : Loïc Panzani – *✆ 04 91 40 20 11.*

Association d'Âme Nature – *Amandine Marie - ✆ 06 71 95 91 75.*

S'affûter les mollets sur les pentes escarpées

🚲 Circuit «tour de l'île» : 24 km. Compter 4 à 5h. Niveau moyen. Le bureau d'information touristique, au village, vend un cyclo-guide (15 €) avec carte, incluant 4 circuits (60 km de sentiers balisés sur l'île, dont une infime partie est interdite aux vélos).

Une grande journée sportive en VTT pour se « perdre » sur l'île (1,5 million de visiteurs par an, tout de même...) et découvrir maquis et cultures, falaises et forts.

Ceux qui n'ont pas embarqué leur vélo pourront en louer un sans problème au village *(voir «Les îles d'Hyères pratique»)*. Prévoir réserves d'eau et pique-nique. Feux, cueillette, camping, bivouac, cigarettes interdits. Certains jours, en raison du risque d'incendie, le massif forestier est interdit au public.

À l'Ouest de Porquerolles, cap sur l'île «domestiquée»

Suivre le tracé 1 *du plan.*

Juste après la place d'Armes, prendre à droite le premier chemin. Entre les maisons, il conduit en 1 km au carrefour du Rossignol. Puis vient **la plage d'Argent**, qui fait face à la côte (accès à pied). Le chemin s'enfonce ensuite vers la pointe Ouest de l'île (vue à gauche sur la plaine cultivée du Bréganconnet) et rejoint **l'anse de l'Aiguade et**

le belvédère du Maure. Un isthme permet ensuite de pénétrer dans la **presqu'île du Langoustier**, dominée par le fort (architecture militaire de Richelieu).
Retour ensuite vers la côte opposée, en passant par les hauteurs et **le col du Langoustier** (un peu sportif !), avant de rejoindre **la calanque** secrète et peu fréquentée du **Brégançonnet** (refuge de faucons pélerins). On coupe ensuite plein nord à travers la forêt et une plaine cultivée (vignes) pour retrouver le large chemin du Hameau, que l'on emprunte à droite. Ne reste plus qu'à revenir vers le village pour pique-niquer ou déjeuner dans l'un des restaurants.

À l'Est, l'île « virginale »

Suivre le tracé 2 *du plan.*

L'Est est sans conteste la partie la plus exotique de Porquerolles. Ne serait-ce que parce que l'extrême pointe, rocheuse, est encore territoire militaire (accès toléré uniquement par le chemin principal). Depuis le village, suivre la côte Nord en longeant la longue **plage de la Courtade**, la plus étendue de l'île.
Une fois dépassée, on parvient au **fort de l'Alycastre**. Après celui du Grand Langoustier, c'est le deuxième construit sous l'autorité de Richelieu. Il servait à empêcher les débarquements ennemis sur l'île. Puis, toujours en longeant la côte, apparaît le belvédère de Notre-Dame.
Plus loin, c'est la plage Notre-Dame. Juste après le belvédère, s'enfoncer à droite dans la plaine Notre-Dame. Sur la gauche, un chemin vous conduit au « bout du bout », la **pointe de la Galère**. La forêt est ici dominante. Vous laissez les vélos au col et terminez la descente vers l'anse à pied, entre deux lignes de crêtes.
Retour à la plaine Notre-Dame pour « attaquer » en face la montée vers le **fort de la Repentance**. Il abrite depuis plusieurs années un ermite, le père Séraphin. On peut décider alors de rejoindre le village par la plage de la Courtade ou de pousser jusqu'à la **calanque de l'Oustaou-de-Diou**, pour voir les formidables falaises de la côte Sud. Retour final au village en passant au pied du **fort Sainte-Agathe**.

Lézarder sur les plages

Vous l'avez bien mérité après avoir prospecté tout ce territoire ! Porquerolles dispose de cinq plages. Attention, ne vous attendez pas à trouver de vastes étendues de sable blanc à l'ambiance tropicale. En haute saison, il y a foule et leur étroitesse condamne toute pratique sportive (beach-volley ou autre). La **plage de la Courtade**, juste à l'Est du village, est la plus grande et la plus fréquentée. On conseille plutôt la **plage Notre-Dame**, un peu après, plus secrète et moins envahie.
Côté Ouest, nous avons bien aimé la **plage d'Argent**, avec son joli restaurant-terrasse qui fait face à la côte. Enfin, à l'extrême Ouest, à l'entrée de la presqu'île du Langoustier, deux mini-plages de sable se tournent le dos : **la plage Blanche et la plage Noire**. Le sable noir de cette dernière n'a rien de volcanique : il est issu des rejets d'une ancienne usine de soude en activité au 19e s. !

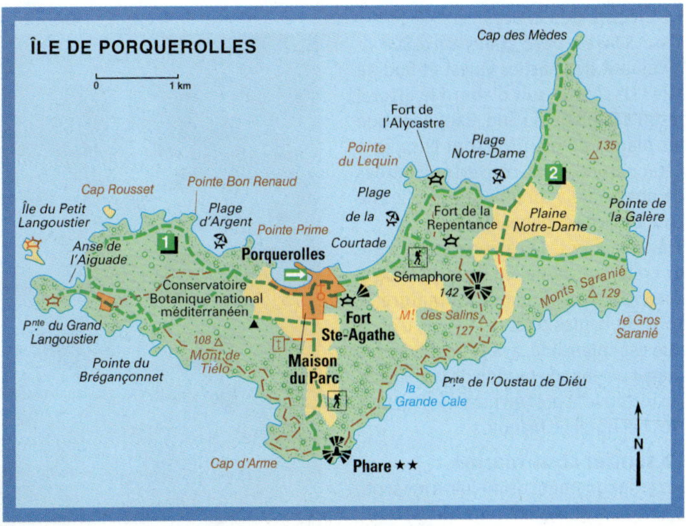

Jouer les Robinsons à Port-Cros

Plus petite (4 km de long, 2,5 km de large), plus accidentée, plus boisée (700 ha de massifs forestiers, chênes verts et pins), plus secrète (mais env. 300 000 visiteurs par an sont les même les 2/3 en été), quasi inhabitée : en un mot, **Port-Cros★★★** dispose de tous les ingrédients de « l'île randonnée-aventure », celle où l'on prend plaisir à se perdre sitôt quitté le petit port d'arrivée. Pour autant, elle est loin d'être livrée à elle-même : depuis 1963, le parc national de Port-Cros l'a transformée en sanctuaire de la nature et y impose une discipline rigoureuse. Les gardes veillent et ne se privent pas – avec raison – de rappeler à l'ordre ou de verbaliser les contrevenants (chasseurs sous-marins, fumeurs). Les vélos sont interdits. Les chiens aussi, hormis au village et sur un court itinéraire autour de celui-ci s'ils sont tenus en laisse.

Marche à pied obligatoire donc, et chaussures de randonnées fortement recommandées. Autre conseil : prévoir son ravitaillement en eau, l'île ne dispose que de 2 points d'eau amenée du continent au village, qu'il n'est pas permis d'utiliser à volonté.

Le village

Un petit air de bout du monde, lové au fond d'une mini-rade. Une épicerie, une poste, quelques restaurants, un accueil détendu : loin du continent, la «zen-attitude» atteint le visiteur sans crier gare…

La Maison du Parc

Sur le port - ✆ 04 94 01 40 70 - ouvert en principe de 9h30 à 17h30.

Il y a toujours quelqu'un à l'arrivée des bateaux pour prodiguer infos et conseils sur les possibilités de balades (30 km de sentiers balisés). Vente de carte (3,80 €) et pochette thématique (2 €).

Les trois grands classiques de l'île ? Le circuit des Crêtes (3h), le circuit de Port-Man (4h) et le sentier sous-marin.

Le circuit de Port Man★

Comme le circuit des Crêtes, il est agréable à faire si vous ne restez qu'une journée. Il permet d'explorer les parties Nord et Est de l'île. *Suivre le tracé* 1 *du plan p. 300.*

Depuis le port, on rejoint le fort du Moulin, le « château » (privé) qui domine le village, avant de gagner le **fort de l'Estissac** *(expo sur le Parc national et sur la biodiversité de l'île, jolie vue depuis la terrasse - ✆ 04 94 01 40 70 - juin-sept. - gratuit)* et **la plage de la Palud★**. Puis, après des zigs-zags le long de la côte, on gagne la **plage de Port-Man,** la plus éloignée du village et la moins fréquentée. Retour par le centre de l'île.

Depuis le **col des Quatre-Chemins**, on pourra faire un crochet à gauche jusqu'au **fortin de la Vigie** (point culminant de l'île, 196 m). C'est un fort militaire utilisé pour surveiller les essais de tirs effectués depuis l'île voisine du Levant *(accès interdit)*. Très jolie vue sur Le Levant et l'immensité de la Méditerranée.

On revient au village en passant au pied du **fort de l'Éminence** (géré par la Fédération des œuvres laïques pour l'accueil de scolaires, les bienheureux !).

Le circuit des crêtes

Suivre le tracé 2 *du plan p. 300.*

À l'assaut des parties Ouest et Sud de l'île ! Le sentier suit d'abord le littoral jusqu'à la plage du Sud. Rapellons que les plages à Port-Cros sont laissées à l'état naturel, donc couvertes d'herbes de posidonie. À première vue, elles ne sont pas très engageantes !

Puis le sentier se fait altier et suit la ligne de crêtes, en dominant les falaises de la côte Sud. Il passe au **mont Vinaigre**, le sommet le plus célèbre (194 m), d'où la vue est splendide, avant de dévaler le massif par le secret vallon de la Solitude. On retrouve le port en passant devant le très bel hôtel Le Manoir.

J. Malburet / MICHELIN

Le sentier sous-marin★

Accompagnement de mi-juin à mi-sept., tlj sf mauvaise météo - rens. au t 04 94 05

90 17. *Gratuit*. Une promenade originale et mouillée, entre l'îlot du Rascas et la plage de la Palud, à 10 m de profondeur au plus. Depuis la plage de la Palud, sept bouées numérotées signalent les principaux points d'observation, chacune correspondant à une légende explicative, à lire sur sur la pancarte installée sur la plage ou sur l'aquaguide plastifié que l'on accroche au poignet (vendu à la Maison du Parc). Inutile de pratiquer la plongée, il suffit de savoir nager avec palmes et tuba pour découvrir la grande variété de biotopes typiques de la Méditerranée. Visite en solo si vous amenez votre matériel.

Le « plus » nature

Si Port-Cros est connu pour ses mérous, comptabilisés tous les trois ans (dernier rélevé en oct. 2005) et totalement protégés grâce à l'action du Parc national, on trouve aussi sur l'île d'autres espèces originales. C'est le cas du **discoglosse sarde**, un crapaud qui vit aussi en Corse, et de deux variétés de **geckos**, les phyllodactyles et les hémidactyles, qui ne sortent que la nuit. Mais Port-Cros abrite également un oiseau rare, le **puffin de Méditerranée**, sorte de mini-albatros, seule espèce endémique de cette mer avec le puffin des Baléares. Il fait partie d'un programme européen de préservation Life *(plus d'infos sur www.puffin-hyères. org)*.

Une nuit à Port-Cros

Une solution originale (mais onéreuse) pour profiter de la quiétude de l'île, une fois tous les bateaux repartis. Tant qu'à délester son portefeuille, on a un faible pour Le Manoir, superbe bastide provençale blanche de 1830 transformée en hôtel en 1948. Magnifique parc d'eucalyptus et de lauriers-roses, sur deux hectares en bord de mer.

Se découvrir au Levant

Un relief plus aride, une île allongée (8 km de long sur 1,2 km de large) entourée de falaises inaccessibles avec de prodigieux à-pics, sauf au niveau des calanques de l'Avis et de l'Estable… et 90 % de la surface occupée par l'armée, qui y effectue des essais de missiles (accès interdit) : autant dire que des trois, Le Levant est l'île d'Hyères qui offre le moins de possibilités. D'autant que les 10 % restant sont en partie réservé aux naturistes *(domaine privé)* !.

Bronzer intégral à Héliopolis

Héliopolis est un peu le temple français du nudisme. C'est l'un des premiers endroits en France à avoir mis en pratique, dès 1931, les principes naturistes des docteurs Durville. il garde toujours de ce fait une certaine cote auprès des adeptes. À la journée ou en séjour.

Voir l'île tout habillé

Une petite journée suffit. Depuis le **débarcadère de l'Ayguade**, un sentier grimpe en 20 bonnes minutes au village d'Héliopolis. On découvre en chemin quelques jolies maisons étagées sur le versant – certaines sont habitées à l'année – avant d'arriver au sommet, où l'on trouve quelques commerces.

On peut aussi accéder aux **plages de l'Ayguade et des Grottes**, les seules accessibles au non-naturistes.

En bateau ou en plongée autour des îles

Plusieurs clubs de plongée, sur les îles ou sur la côte, proposent la découverte de sites très intéressants. Des croisières sont aussi organisées autour des îles.

Fureter en mer

La « Croisière bleue » est une belle balade d'une journée à faire à bord de *Îles d'Or XX*, un navire à propulsion qui emmène ses passagers le long des côtes du Levant, de Port-Cros et de Porquerolles, ainsi qu'au large du fort de Brégançon et de la Côte des Maures. 2h d'arrêt à Port-Cros, 4h à Porquerolles.

Vedettes Îles d'Or et Le Corsaire – *✆ 04 94 71 01 02 - www.vedettesilesdor.fr - départs du Lavandou, de La Croix-Valmer et de Cavalaire - 1 départ jeu. en moyenne sais., un départ lund., mercr. et jeu. en haute sais. - 42 € (enf. 34,20 €) - réserv. recommandée - également des promenades à la journée vers les îles.*

Voir les fonds les pieds au sec

Vision sous-marine depuis La Tour-Fondue (Hyrères) à bord de l'*Aquascope*. Trente-cinq minutes de balade, sans escale sur les îles, pour découvrir faune et flore, en limite d'un des premiers parcs naturels marins d'Europe.

TLV-TVM – *✆ 04 94 58 21 81 - www.tlv-tvm.com - mai-sept. : tlj sf sam. (5 à 7 dép./j.) - 11,5 € (enf. 9 €).*

En bouteilles sous la mer

Autour de Porquerolles et de Port-Cros, plusieurs clubs de plongée emmènent néophytes et plongeurs confirmés découvrir des sites de grande notoriété.

À Porquerolles, sont particulièrement prisés l'épave située dans le secteur du **Petit Langoustier** et le secteur des **Mèdes.**

À Port-Cros, font l'unanimité : l'**îlot de la Gabinière** (mérous, tombants...), **la pointe de la Croix, la pointe du Vaisseau, les pointes Nord de l'îlot Bagaud et la pointe de la Galère** (il est à noter que certains sites sont aménagés avec des systèmes d'ancrage artificiels, pour éviter d'abîmer les fonds).

Toute cette activité est très réglementée (les clubs la connaissent parfaitement). Si vous êtes plongeur confirmé individuel, renseignements indispensables à prendre aux bureaux du Parc, à Porquerolles et surtout à Port-Cros.

Porquerolles Plongée – *Sur le port - ✆ 04 98 04 62 22 - www.porquerolles-plongee.com - également locations de catamaran avec skipper et de kayaks de mer.*

Protéger l'environnement

Créé en 1963 après celui de la Vanoise, qui fut le premier, le parc de Port-Cros est l'un des sept parcs nationaux français. Il regroupe Port-Cros, l'île de Bagaud, les îlots du Rascas et de la Gabinière et une zone de 650 m autour des rivages, soit une surface terrestre de 700 ha et marine de 1 800 ha.

La mission du premier parc marin d'Europe est de préserver la faune et la flore des îles d'Hyères, lutter contre la dégradation du milieu sous-marin en Méditerranée, sensibiliser le public, étudier et protéger les espèces menacées. Parmi toutes les menaces pesant sur la nature sauvage des îles, la visite annuelle de près d'un milion de touristes n'est pas la moindre. Depuis 2002, Port-Cros, les deux îles voisines, les salins d'Hyères et la presqu'île de Giens font partie du programme européen environnemental « Natura 2000 ».

Les îles d'Hyères pratique

OÙ S'INFORMER

Bureau d'information de Porquerolles – *Au village - 83400 Porquerolles - ✆ 04 94 58 33 76 - www.porquerolles.com - avr.-sept. : 9h-17h20 ; oct.-mars : 9h-12h30 - fermé dim. hors vac. scol.*

Maison du parc de Port-Cros – *Sur le port - 83400 Port-Cros - ✆ 04 94 01 40 70.*

Maison du parc de Porquerolles – *Village - 83400 Porquerolles - ✆ 04 94 58 07 24.*

Parc national de Port-Cros – *Castel Ste-Claire - 83418 Hyères Cedex - ✆ 04 94 12 82 30 - www.portcrosparcnational.fr*

Office de Tourisme d'Hyères – 3 av. Ambroise-Thomas - BP 721 - 83400 Hyères - ✆ 04 94 01 84 50 - www.ot-hyeres.fr

Capitainerie port d'Hyères – *83400 Hyères - ✆ 04 94 12 54 40 - lun.-dim. 8h-12h, 14h-18h.*

Capitainerie du port de Porquerolles – *83400 Porquerolles - ✆ 04 94 58 30 72 - juil.-août : 8h30-19h30 ; avr.-juin et sept.-oct. : 8h30-12, 14h-18h.* Utiliser Canal 9 VHF.

Capitainerie de Port-Cros – *Dans la Maison du Parc - ✆ 04 94 01 40 70.*

Seules Porquerolles et Port-Cros disposent d'un port de plaisance. Au Levant, il n'y a qu'un quai d'accostage.

Météo France – *✆ 0 892 68 02 83.*

Bulletins maritimes détaillés et actualisés à Météo Consult - *✆ 01 39 28 00 28.*

Température de l'air – Moyenne de 9,6 °C en janvier, 24,5 °C en août. 60 j. de pluie par an seulement !

Courants – Navigation délicate par fort mistral.

LIAISONS ÎLES - CONTINENT

Du Lavandou pour Port-Cros et Le Levant – Embarquement depuis la gare maritime (face Office de tourisme). *Vedettes Îles d'Or et le Corsaire - ✆ 04 94 71 01 02 - www.vedettesilesdor.fr*

Port-Cros : *traversée 35mn - de 2 dép./j. l'hiver à 7 dép./j. en juil.-août (entre 7h30 et 18h30), retours idem - 22 € AR (4-12 ans 18,20 €).*

Levant : *traversée 30 mn - de 2 dép./j. l'hiver à 6 dép./j. en juil.-août (entre 8h et 19h15), retours idem - 22 € AR (enf. 18,20 €).* Hormis ces traversées à l'année, plusieurs rotations saisonnières ont lieu depuis d'autres ports du continent.

Du Lavandou pour Porquerolles – *Vedettes Îles d'Or et le Corsaire - ✆ 04 94 71 01 02 - traversée : 50mn - avr.-sept. : de 3 dép./sem. à 1 dép./j.*

De Cavalaire-sur-Mer pour Porquerolles – *Vedettes Îles d'Or et le Corsaire - ✆ 04 94 71 01 02 - avr.-sept. : 2 dép./sem. à 1 dép./j.*

De La Croix-Valmer pour Porquerolles – *Vedettes Îles d'Or et le Corsaire - ✆ 04 94 71 01 02 - juil.-août : 1 dép./j. sf dim.*

De Toulon pour Porquerolles – *Bâteliers de la Rade - ✆ 04 94 46 24 65.*

De La Londe-Miramar pour Porquerolles – *Bâteliers de la Côte - ✆ 04 94 05 21 14.*

De Bandol pour Porquerolles – *Atlantide - ✆ 04 94 32 51 41 - juil.-août : 1 fois/sem.*

De Saint-Tropez, Sainte-Maxime et Les Issambres pour Porquerolles – *Bateaux Verts - ✆ 04 94 49 29 39 - 4 fois/sem. depuis St-Tropez, 1 fois/sem. en juil.-août depuis Ste-Maxime.*

Depuis Cannes pour Porquerolles – *Trans Côte d'Azur - ✆ 04 92 98 71 30 - 1 fois/sem. juil.-août.*

COMMENT CIRCULER SUR L'ÎLE

À pied sur les trois îles, à vélo uniquement à Porquerolles. Circulation en voiture à Porquerolles et à Port-Cros réservée aux résidents et aux véhicules d'intervention.

À Porquerolles, au village, 10 loueurs de VTT, tous à peu près au même tarif (environ 15 €/j., 11 € la 1/2 j.). Location VTT enfant, carrioles enfant bi-places, carrioles bagages...

La circulation à Porquerolles se fait soit sur de larges chemins aisés, soit sur des sentiers plus ou moins escarpés et roulants. On passe ainsi rapidement du facile à « l'abrupt », alors renseignez-vous bien au bureau d'information.

Idem pour la marche à pied à Port-Cros, où certaines portions présentent des dénivelés conséquents.

À noter que les personnes logées au Mas du Langoustier, à Porquerolles, peuvent être récupérées au port par la navette de l'hôtel (l'établissement est à l'extrémité Ouest de l'île).

OÙ DORMIR

⊖⊖ Chambre d'hôte Le Roustidou – *17 r. du Phare - 83400 Porquerolles - ✆ 04 94 58 31 54 - www.le roustidou. com - 3 ch. 95/115 €* ☕ Une des premières adresses de chambres d'hôte à avoir été créée à Porquerolles, il y a quatre ans. Trois chambres doubles seulement, mais calmes et très confortables. Table d'hôte sur demande.

⊖⊖ Chambre d'hôte Maison du Port – *Sur le port - 83400 Port-Cros - ✆ 04 94 05 92 72/06 80 32 14 16 - rés. obligatoire - 7 ch. 77/98 €.* Rendez-vous des plongeurs en stage à Port-Cros, cette bâtisse aux volets vert clair n'est pas sectaire : elle accueille aussi les terriens, dans des chambres claires ouvrant sur le port et dont les terrasses sont séparées par des toiles blanches, créant ainsi une ambiance intimiste.

⊖⊖⊖ Hôtel Villa Sainte-Anne – *Pl. d'Armes - 83400 Porquerolles - ✆ 04 98 04 63 00 - courrier@sainteanne.com - fermé 2 nov.-25 déc. et 3 janv. à fin fév. - 22 ch. demi-pension obligatoire 190/320 €.* Tout en haut de la place d'Armes et à côté de l'église, sa position légèrement en retrait lui confère une certaine tranquillité. Jolie maison traditionnelle, avec grande terrasse dominante pour observer l'animation de la place. Les chambres, récemment rénovées, dégagent une atmosphère provençale ; cadre plus récent à l'annexe.

H. Le Gac/ MICHELIN

⊖⊖⊖ Hôtel Mas du Langoustier – *3,5 km à l'O du port - 83400 Porquerolles - ✆ 04 94 58 30 09 -www.langoustier.com - fermé oct.-avr. - 44 ch. demi-pension 208/281 €.* À Porquerolles, les prix s'envolent mais ici on est sûr au moins de la qualité. Calme et grand confort assuré dans cet hôtel isolé de l'île, à l'ambiance cosy et chic.

⊖⊖⊖ Hôtel Manoir – *83400 Port-Cros - ✆ 04 94 05 90 52 - lemanoir-portcros@wanadoo.fr - fermé 4 oct.-9 avr. - 18 ch. demi-pension 150/195 €.* Une adresse de charme dans un cadre exceptionnel : à quelques centaines de mètres du port, cette jolie villa de 1830 au milieu d'un grand parc jouit d'un calme remarquable. Chambres crépies sobres, piscine et jardin très agréables. Demi-pension seulement.

⊖⊖⊖ Hôtel La Brise-Marine – *83400 Île de Levant - ✆ 04 94 05 91 15 - www.labrisemarine.fr - demi-pension (obligatoire juin-août) 125/163 €.* Dans le village d'Héliopolis, cet hôtel propose quelques chambres agréables disposées autour d'une piscine. Accueil sympathique.

OÙ MANGER

⊖ Snack Le Jardin de l'Escale – *83400 Porquerolles - ✆ 04 94 58 30 18 - 3,20/6,10 €.* Pour manger sur le pouce, assis à l'une des dix tables en bois installées devant le kiosque de vente. Accueil sympathique. également sympa de prendre le petit-déjeuner à la terrasse de l'Escale, le restaurant contigü.

⊖ Kiosque de l'Hostellerie Provençale – *Au port - 83400 Port-Cros - ✆ 04 94 05 90 43 - 4/6 €.* Joli kiosque-bar en bois devant le port, pour emporter de copieux sandwichs à déguster ensuite sur les chemins de l'île. Excellent accueil.

⊖ Sun Bistrot – *Au port - 83400 Port-Cros - ✆ 04 94 05 90 16 - fermé de Toussaint à Pâques - 14,90/22 €.* Ambiance jeune et plats de petite brasserie (salades, pizzas, pâtes, poissons). Ce bar-restaurant est aussi le QG des plongeurs en stage à Port-Cros. Son propriétaire s'occupe du club « Sun Plongée » ainsi que de la Maison du Port, où logent ses stagiaires.

⊖ Le Petit Café Tahitien – *83400 Porquerolles - ✆ 04 94 12 32 70 - 8h-23h - 15/32 €.* Salades chaudes et froides qui mêlent saveurs de Provence et exotiques. Rare adresse à tarifs raisonnables, même en haute saison. Belle carte de cocktails.

⊖ La Trinquette – *83400 Porquerolles - ✆ 04 94 05 93 75 - 15/25 €.* Lieu de rendez-vous privilégié des - rares - îliens, ouvert toute l'année. Cuisine familiale. Face au port.

QUE RAPPORTER

Bon à savoir – Du vin ! À Porquerolles, trois domaines : La Courtade (*voir ci-dessous*), domaine Perzinsky (*voir p. 288*), Domaine de l'île (*voir ci-dessous*) vendent leur production.

Domaine de la Courtade – *83400 Porquerolles - ✆ 04 94 58 31 44 - vente au domaine sur RV.* Le domaine de la Courtade, le plus réputé, est l'occasion d'une belle balade *(15mn à pied)*.

Domaine de l'Île – *83400 Porquerolles - pl. d'Armes - 9h-20h.* Le domaine de l'Île vend ses vins uniquement dans son magasin de la place d'Armes.

Les îles de Lérins★★ et la baie de Cannes

CARTE MICHELIN LOCAL 340 5 R – ALPES MARITIMES (06)
SAINTE-MARGUERITE : 210 HA ; 10 HABITANTS
SAINT-HONORAT : 60 HA ; ENVIRON 30 HABITANTS

Quoi de commun entre l'effervescence cannoise et la quiétude des Iles de Lérins ? Rien, et c'est bien ce qui fait le charme d'un week-end combiné terre-mer en baie de Cannes. Éclectique, le touriste passera donc du luxe tapageur de la Croisette au calme recueilli de l'île Saint-Honorat. Un morceau de Côte d'Azur bien adapté aux amoureux de contrastes, aussi à l'aise avec les atours chic et les festivités « people » qu'ils trouveront sur la côte qu'avec les solitaires et toniques moments qui s'offriront à eux sur l'une des deux îles de Lérins.

ARRIVER À BON PORT

L'embarquement pour les îles de Lérins se fait depuis **Cannes** (hormis quelques liaisons saisonnières à partir de Golfe-Juan et Juan-les-Pins vers Sainte-Marguerite).

En **voiture** : autoroute A 8 jusqu'à Cannes. En **train**, TGV Paris-Nice, arrêt Cannes (gare en centre-ville). En **avion**, liaisons depuis toute la France pour l'aéroport de Nice-Côte-d'Azur. Puis TER ou bus jusqu'à Cannes.

LARGUER LES AMARRES !

Tous les bateaux partent du quai des Îles (ou quai Laubeuf), de l'autre côté du port par rapport au palais des Festivals, après la mairie.

Quatre compagnies assurent les liaisons **vers l'île Sainte-Marguerite**, la plus proche du continent des deux îles de Lérins. **Trans Côte d'Azur** – ✆ 04 92 98 71 30 - www.trans.cote-azur.com - juil.-août : 8h-19h ; reste de l'année : 8h30-12h, 13h30-18h - 10/48 €. **CMT Estérel Côte d'Azur** – ✆ 04 93 39 11 82. **SARL Horizon** – ✆ 04 92 98 71 36. **Société Maritime Cannoise de Tourisme** – ✆ 04 93 38 29 92.

Traversée : 15mn. De 5 à 7 dép./j en basse sais. ; 10 à 15 dép./j en haute sais. Retours idem (dernier retour l'été à 19h). La compagnie CMT Esterel Côte d'Azur est la seule à assurer un départ chaque matin à 7h30, toute l'année. Tarifs : 10 €/AR, 5-10 ans : 5 €, -5 ans : gratuit.

Une seule compagnie dessert à l'heure actuelle **l'île Saint-Honorat** : la **société Planaria** – ✆ 04 92 98 71 38. Elle dépend de la communauté monastique de l'abbaye de Lérins. 6 dép./j hors sais. 8h-16h30 ; 10 dép./j en haute sais. 8h-17h30. Traversée en 30mn. Tarif : 10 €/AR, 5-10 ans : 5 €, -5 ans : gratuit.

BON À SAVOIR

Le parking Laubeuf devant la gare d'embarquement est payant et son prix à la journée, plus élevé que l'aller-retour en bateau vers les îles !

Pour éviter cette dépense, on pourra stationner son véhicule gratuitement sur le boulevard du Midi, l'avenue qui longe la mer en direction de La Napoule (comptez 5 à 10mn à pied).

Les deux îles se visitent exclusivement à pied. On ne peut embarquer ni voiture, ni vélo.

Nature et histoire en bandoulière à Ste-Marguerite

L'arrivée à **Sainte-Marguerite★★** à quelques encablures de la célèbre Croisette a toujours quelque chose de magique. Le silence, soudain, après tant d'agitation ; le parfum tenace de nature, aussi, après les méfaits de la circulation cannaise effrénée. On visitera d'abord le micro-village avant d'entamer le tour de l'île, le temps de s'imprégner lentement de l'atmosphère, préambule indispensable à la visite du fort Royal. *Prévoir une journée de visite.*

Le monastère fortifié de l'île Saint-Honorat.

Le village

Un bien grand mot ! Tout juste quelques cabanons améliorés, les pieds dans l'eau ou en hauteur, au caractère simple et populaire contrastant avec les constructions rutilantes de la côte qui leur fait face. Invariablement, on se demande : y a-t-il des habitants qui vivent ici à l'année ? Réponse : oui ! Mais guère plus d'une dizaine, partagés à peu près entre trois ou quatre retraités, les gardiens de la seule propriété privée de l'île (côté Sud), la famille du garde-forestier de l'ONF et le gardien du fort. Chaque matin, la navette de 7h30 déverse ceux qui ont à faire sur l'île : techniciens de la « ville », restaurateurs et, bien sûr, les premiers visiteurs.

Le tour de l'île

Compter 2h. Prévoir réserve d'eau et éventuellement pique-nique (nombreuses tables pour s'installer). Carte p. 306.

Pas de grands vestiges en chemin (quelques restes de tours de défense, des casemates de la dernière guerre…), mais une balade nature agréable, pour découvrir la flore – voire la faune – et humer le parfum venu du large, entrecoupée de baignades ici et là, depuis les rochers ou sur l'une des deux plages.

À l'Ouest du débarcadère, le sentier littoral longe la côte en direction de la pointe du Batéguier. La plage, étroite et couverte d'algues séchées, n'est pas très engageante. Puis c'est l'**étang du Batéguier**, une étonnante étendue d'eau salée à la riche avifaune. La côte Sud est sans conteste la plus agréable. Le sentier se faufile entre pins d'Alep, eucalyptus (parmi les plus vieux spécimens d'Europe), bruyère arborescente et genévriers, ouvrant des perspectives sur les roches plates – on peut s'y faire bronzer après la baignade – et l'île voisine de Saint-Honorat, d'où se détache le clocher du monastère. Il n'est pas impossible de rencontrer sur le chemin écureuils, lézards des murailles, hérissons ou lapins, ni de tomber nez à nez avec une couleuvre de Montpellier.

Une petite incursion le long des allées rectilignes du centre de l'île permet de croiser la maison du garde-forestier – vous avez dit Éden ? – et le Grand Jardin, seule propriété privée – et bien protégée – de l'île. Aux der-

Les énigmes du fort Royal

Qui était le Masque de fer, incarcéré ici en 1687 ? À cette question, aucune réponse certaine. Serait-ce le frère adultérin de Louis XIV, un secrétaire du duc de Mantoue, un dévoyé de la haute noblesse impliqué dans l'affaire des Poisons ou le gendre du médecin d'Anne d'Autriche qui aurait ébruité la stérilité de Louis XIII ? Mystère. Dommage qu'il n'ait pas agi comme Andrew MacDonagh, autre prisonnier incarcéré en 1777 suite à d'obscures intrigues familiales. En 1990, en restaurant les peintures murales de la cellule du Masque de fer – où il fut lui aussi détenu –, on retrouva, caché dans un trou du mur, enveloppés dans du papier grossier, cinq billets recto en français, verso en anglais, qui éclairèrent les historiens sur la vie singulière de ce prisonnier.

nières nouvelles, elle était à vendre et la rumeur prétend que Hug Grant aurait été intéressé. Arrivée ensuite à l'extrémité Est de l'île, face à l'îlot pelé de **la Tradelière**, avant un retour tranquille, en compagnie des mouettes puis en longeant une seconde plage, au fort Royal.

Le fort Royal

On visite le site du fort et le musée. ✆ 04 93 38 55 26 - avr.-sept. : tlj sf lun. 10h30-13h15, 14h15-17h45 ; reste de l'année : tlj sf lun. 10h30-13h15, 14h15-16h45 - fermé 1er janv., 1er Mai, 1er et 11 Nov., 25 déc. - 3 €, gratuit 1er dim. du mois.

Bâti par Richelieu, il a été renforcé par Vauban en 1712. Il est surtout célèbre pour avoir servi de prison jusqu'au 19e s.

On déambule d'abord sur le site, dont les bâtiments gérés par la ville de Cannes accueillent des scolaires en visite ou en séjour (quelle chance !). Puis, on visite le musée de la Mer : d'un côté, informations intéressantes et pédagogiques sur les épaves et leurs cargaisons retrouvées autour de l'île et de l'autre, découverte des cellules où furent « embastillés » de nombreux prisonniers. Les triples rangées de barreaux aux fenêtres se posent comme un défi aux envies légitimes d'évasion…

Le « plus » nature : un vignoble divin !

Comme Porquerolles, Saint-Honorat s'est aussi rendue célèbre par son vignoble. Entièrement géré par les moines, il occupe le cinquième de la superficie de l'île (soit 7,6 hectares). Il produit bon an mal an 30 000 à 35 000 bouteilles de vin rouge et blanc, d'excellente réputation. Toute la vinification est faite sur l'île. Depuis le 19e s., la communauté exploite aussi une fabrique artisanale de liqueurs. L'ensemble des vins et spiritueux, ainsi que d'autres produites monastiques, sont en vente à la boutique de l'abbaye.

Méditer à Saint-Honorat

Plus petite que Sainte-Marguerite, **Saint-Honorat★★** est aussi plus mystérieuse. Elle est occupée par les moines depuis l'an 400 ; une trentaine y séjourne encore à l'année et l'île est toujours leur propriété. Impossible d'y dormir – sauf à y faire une retraite –, mais une journée suffit pour en découvrir les charmes insolites.

SAINT-HONORAT ET LE PATRIMOINE MONASTIQUE

L'ancien monastère fortifié★

✆ 04 92 99 54 00 - www.abbayedelerins.com - 1er juil.-20 sept. : 10h30-12h30, 14h30-17h, dim. 14h30-17h (les 11 juil., 15 et 20 août : h. du dim.) ; reste de l'année : 9h-17h - fermé 3 mardis en juil. et août (« Mardis de Lérins ») - saison 2,50 € ; gratuit reste de l'année.

L'attraction architecturale de l'île, sur la côte Sud. Cet édifice, élevé en 1073, dresse ses murs bastionnés au-dessus des flots. Il restitue l'atmosphère dans laquelle les moines étaient autrefois obligés d'exercer, doublement reclus afin de se protéger des convoitises des pirates. Après les vestiges intérieurs – cellier, cloître, citerne d'origine romaine, chapelle Sainte-Croix… –, le visiteur grimpe au sommet du vieux donjon. **Vue★★** extraordinaire sur l'île Saint-Honorat, Sainte-Marguerite, la côte, Cannes et à l'arrière-plan, les cimes de la chaîne alpine.

L'abbaye de Lérins

Accès uniquement à l'église - ✆ 04 92 99 54 00 - www.abbayedelerins.com - 8h45-11h15, 14h-17h30, dim. 8h45-9h30, 11h30-12h25, 14h-14h30, 15h-17h30 - gratuit.

L'abbaye est protégée par une clôture à l'intérieure de laquelle se déroule la vie monastique. Depuis l'arrivée de saint Honorat en 400, la présence des moines n'a jamais cessé sur l'île. Après les épisodes de domination sarrazine, saint Honorat bascule au 10e s. sous l'autorité de l'ordre bénédictin. Il subira une perte d'influence au moment de la Révolution française – l'île est alors rebaptisée île Pelletier – avant qu'elle ne soit reprise en 1869 par les Cisterciens, qui l'administrent encore aujourd'hui.

L'abbaye actuelle comprend d'anciens bâtiments, occupés par les moines (certaines parties remontent au 11e et 12e s. et des constructions du 19e s. L'église abbatiale, la seule partie accessible aux visiteurs, fut également construite au 19e s. dans un style néo roman. Les offices religieux, ouverts au public, permettent d'entendre une belle liturgie, chantée en français mais d'inspiration byzantine par la trentaine de moines présents à Saint-Honorat.

Vendanger en compagnie des moines

C'est possible mais ce n'est pas facile ! Tous les ans, la communauté des moines recourt à des bras bénévoles pour l'aider à effectuer les vendanges, en septembre. Beaucoup sont des habitués ou des locaux, qui reviennent d'une année sur l'autre. Mais il est toujours possible de tenter sa chance, à condition de s'y prendre trois à quatre mois à l'avance. Pour cela, il faut adresser une demande à frère Marie ou frère Bernard, les responsables du vignoble, via le site Internet *www.abbayedelerins.com*. Si l'on a pu être sélectionné, il faudra faire preuve de souplesse. Les jours de vendange s'organisent en fonction du temps, de l'occupation spirituelle des moines et des rotations des bateaux. L'expérience peut peut être rester inoubliable.

Faire retraite sur l'île

Uniquement réservé aux personnes souhaitant se ressourcer, goûter au silence ou prier (les repas se prennent en silence et la participation aux prières liturgiques est recommandée…). Qu'on soit bien d'accord, il ne s'agit pas d'une possibilité de séjour, mais bien d'une retraite spirituelle. La demande doit être adressée au frère hôtelier 2 mois à l'avance *(hôtellerie@abbayedelerins.com)*, qui testera les motivations de chacun. L'accueil n'excède pas une semaine et est ouvert aux individuels comme aux couples. Alors seulement, on pourra profiter de nuits exclusives sur l'île Saint-Honorat… *Capacité d'accueil : 30 places - fermé en nov.*

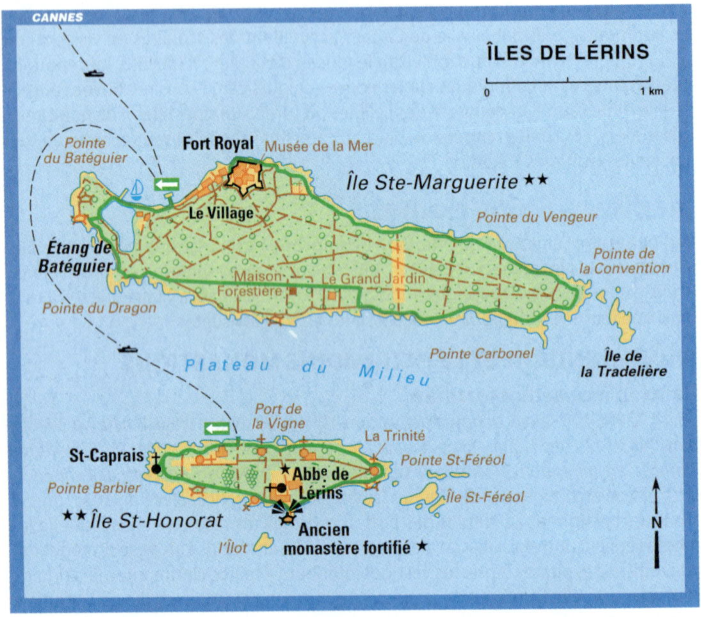

SAINT-HONORAT, L'ÎLE NATURE

Musarder autour de l'île

Depuis l'embarcadère, un joli chemin ombragé permet de faire le tour de l'île, en une heure. Distance : 3 km. Se reporter au tracé vert du plan.

Suivre d'abord le sentier à droite, jusqu'à l'extrémité occidentale de l'île, où se trouve la **chapelle Saint-Caprais** (reconstruite en 1993 sur des vestiges médiévaux). Une allée sous les pins et les cyprès, agréablement ombragée, se dirige ensuite vers l'abbaye, avec vue à gauche sur les vignobles.

Le sentier s'engage ensuite en direction de la partie Est de l'île, longeant la mer jusqu'à la pointe Saint-Féréol (îlot en face). Juste derrière, bien cachée entre les pins, on découvre la chapelle de la Trinité, antérieure au 11e s. D'inspiration byzantine, elle est bâtie sur un plan tréflé avec une coupole ovale. Elle fut transformée en fortin par les Espagnols en 1635.

Le « chemin de ronde » repart ensuite vers l'Est en direction de l'embarcadère, dégageant de jolies vues sur l'île voisine de Sainte-Marguerite et le chenal qui les sépare, appelé « plateau du milieu ». C'est sur cette partie de côte qu'il est le plus aisé de se baigner.

Cannes chic, Cannes populo

Balade pédestre depuis le palais des Festivals. Prévoir 4h, ou la journée avec une pause pour le déjeuner et une autre pour se détendre sur la plage.

La découverte de **Cannes**☆☆☆ ne ressemble à rien d'autre. Tantôt l'impression d'être à Paris, tant les boutiques de luxe et la clientèle évoquent les beaux quartiers de la capitale, tantôt la sensation de retrouver une Provence originelle, dès que l'on se faufile dans les ruelles cachées du vieux centre. Mais toujours en point de fixation, la Méditerranée et son obsédant bleu intense !

Boulevard de la Croisette★★

À l'Est du palais des Festivals.

On y croise des têtes argentées, des retraités ou des stars, plus ou moins avérées, en attente de leur palme. Entre le palais des Festivals et la pointe de la Croisette – environ 2,5 km –, on découvre un monde hors normes, celui des restaurants et des boutiques de luxe, des voitures haut de gamme garées devant des hôtels prestigieux. Le fameux palais des Festivals reçoit chaque année en mai le gratin du cinéma mondial. Mais il y a du monde devant toute l'année, pour immortaliser les célèbres marches. Juste à côté, l'allée des stars conserve au sol l'empreinte de main et la signature de toutes les vedettes qui ont « fait » Cannes.
Vous n'êtes pas obligé de pousser jusqu'à la pointe de la Croisette et le casino Palm Beach. On se fait déjà une idée assez précise de l'endroit en passant devant les façades rutilantes des palaces : Majestic, Noga Hilton, Carlton et Martinez. On peut aussi s'engager dans les rues adjacentes (des États-Unis, des Serbes…), où l'on aperçoit pléthore d'enseignes de mode, de salons de thé chic et de passants distingués.
Enfin, les amateurs de baignade doivent savoir que les plages de la Croisette ne sont pas toutes privées ou payantes. Trois sont publiques, dont une juste derrière le palais des Festivals. Profitez-en !

Le Vieux Cannes et le port

Depuis la **rue d'Antibes**, on rejoint aisément ce Cannes aux accents de Provence. Première impression au marché Forville, grande halle couverte qui s'anime chaque matin (sf lun.) : primeurs des collines cannoises, étals de poissons, fleuristes…, la faconde en plus. Tout autour, animation commerçante avec boutiques d'alimentation à l'ancienne et cafés-restaurants populaires.
Au-dessus, la **rue Saint-Antoine** – nombreux restaurants – grimpe à l'assaut de la colline du Suquet. Ambiance de village **rue Coste-Corail** et traverse de l'Église. En haut, se dressent fièrement le clocher de l'**église N.-D.-de-l'Espérance** et la **tour du Suquet**, qui signale la présence du **musée de la Castre**★ *(collections d'archéologie et d'ethnographie. ✆ 04 93 38 55 26 - www.cannes.fr - juin-août : 10h-13h, 15h-19h ; avr.-mai et sept. : 10h-13h, 14h-18h ; oct.-mars : 10h-13h, 14h-17h - fermé lun., 1er janv., 1er Mai, 1er et 11 Nov., 25 déc. - 3 €, gratuit 1er dim. du mois.*
Mais surtout, très belle vue plein Est sur Cannes, le port, le Palais des Festivals et l'île Sainte-Marguerite.
La **rue du Mont-Chevalier** dévale la colline pour rejoindre le port. Au passage, vue sur la **tour du Masque,** une ancienne tour de défense érigée contre les envahisseurs barbaresques qui aurait servi de refuge au Masque de Fer. Sur le **port,** face à l'élégant hôtel de ville, ne manquez pas une visite aux derniers pêcheurs cannois. Ils s'insurgent contre « l'invasion » des navires de plaisance mais défendent coûte que coûte les dernières parcelles de l'identité populaire de la ville.

Suivre l'insolite rivage de La Napoule

Balade pédestre. Compter 2 à 3h. Niveau facile. Départ au pied du château-musée de La Napoule, situé à 7 km à l'Ouest de Cannes (prendre l'A 8 et la sortie 40 ou suivre la N 98).
Cette randonnée aisée permet à la fois d'apprécier la beauté de la baie de Cannes et de découvrir deux châteaux, « folies » de style médiéval dues à l'extravagance de deux anglo-saxons.

Château-musée de la Napoule

À Mandelieu-La Napoule. ✆ 04 93 49 95 05 - www.chateau-lanapoule.com - fév.-oct. : 10h-18h ; nov.-janv. : 14h-17h, w.-end et vac. scol. 10h-17h - visite guidée (45mn) : 11h30 et 14h30-16h30 ; nov.-janv. : 14h30-15h30, w.-end et j. fériés 11h30 et 14h30-15h30 - fermé 25 déc. - 6 € (-7 ans 4 €) ; 3,5 € parc et jardins seuls.
Cet édifice un peu « décalé » dans cet environnement maritime, ancien château fort du 14e s., a été transformé par Henry Clews, un sculpteur américain tombé amoureux

de la Côte d'Azur au lendemain de la Première Guerre mondiale. Donnant directement sur la mer, on y admire ce curieux mélange de roman, de gothique et de motifs orientalistes. À l'intérieur, salon, salle à manger, atelier de l'artiste et crypte se visitent, autour des sculptures fantasmagoriques du maître des lieux. Beaux jardins, dessinés par Mme Clews, et agréable salon de thé.

Au bas du château, prendre à droite l'accès vers la mer (panneau « plage du château »). On rejoint la mer en s'engageant sous les arcades des remparts.

Rivages et secrets de La Napoule

L'itinéraire pédestre rase ensuite les flots et traverse les plagettes de la Raguette (*surveillée de fin juin à déb. sept.*) et de la Rague. Attention, cette portion est dangereuse par mer houleuse. Déjà, les roches pourpres annoncent les reliefs caractéristiques de l'Esterel tout proche, tandis qu'au loin, se détache la silhouette massive du monastère fortifié de l'île Saint-Honorat. À la sortie de la plage de la Rague, poursuivre tout droit et longer le port de plaisance (magnifiques bateaux), en passant sous la voie ferrée puis la RN 98. Juste après, s'engager à droite avenue de Lérins et immédiatement à gauche dans le secret vallon de la Rague. Immédiate ambiance intimiste, au milieu d'une végétation étonnamment luxuriante. Passé un garage à bateaux (à gauche), le sentier s'élève sur la droite dans la colline. Suivre ensuite le panneau « déviation par château Agecroft ». On ne tarde pas à voir de nouveau le monastère de Saint-Honorat. Le sentier débouche sur un parking. S'engager alors dans la montée à gauche, puis, en longeant une résidence, on parvient au château Agecroft.

Château Agecroft

Cette autre folie, ressemblant à s'y méprendre par le style au château d'Henry Clews, est l'œuvre de l'anglais Harry de Lengley. Il ne se visite pas (centre de vacances de la RATP) mais on traverse sa cour pour admirer son architecture « médiévaliste ».

Redescendre ensuite jusqu'à la RN 98, que l'on prend à gauche jusqu'au premier carrefour (partie la moins intéressante de la balade, rendue obligatoire par la fermeture de sentiers autrefois accessibles). Prendre alors de nouveau à gauche dans l'avenue Jacques-Soustelle. Au feu tricolore suivant, à droite, suivre la direction « Parc naturel départemental de San Peyre ».

Colline de San Peyre

On rejoint peu après la colline de San Peyre (131 m) qu'il faut gravir (sentier pavé, AR en 15mn) pour jouir d'un formidable panorama sur toute la baie, les îles, Cannes, La Napoule, l'Esterel, l'arrière-pays et les Alpes maritimes (table d'orientation, vestiges d'un château-fort). Le redescente est une vraie partie de plaisir : elle conduit à travers rues et escaliers jusqu'au cœur commerçant de La Napoule. De là, on rejoint la gare et un passage souterrain qui permet de retrouver le château d'Henri Clews.

S'offrir les plaisirs de la mer

Lézarder sur les plages

C'est possible à Cannes, en dépit du fait que nombre d'entre elles soient privées et qu'il faille débourser monnaie pour y accéder (notamment sur la Croisette). Pourtant, une plage publique, idéalement placée, se trouve juste derrière le palais du Festival. Les autres plages ouvertes à tous se trouvent : à l'Ouest du port, en direction de Cannes-la-Bocca (longue plage le long des bds Jean-Hibert et du Midi) ; au port Canto ; et après la pointe de la Croisette, le long du bd Gazagnaire. Prestige de la cité oblige – et règles élémentaires de propreté ! –, elles sont toutes bien entretenues et plutôt agréables.

Du ski Grand Bleu

Du ski nautique, bien sûr ! Pour échapper à la foule ou au sable brûlant, rien de tel qu'une escapade sportive sur les vagues. Trois zones et chenaux d'accès sont réservés au ski nautique à Cannes : au départ du bd du Midi ; à hauteur du « rocher de la Bocca », à l'Ouest du port ; sur le bd de la Croisette.

Ponton Majestic Ski Nautique – *Bd de la Croisette - face à l'hôtel Majestic - ✆ 04 92 98 77 47 ou 06 11 50 77 53 - avr.-oct : tlj 8h à la tombée de la nuit.* Également parachute ascensionnel et promenade en bateau vers les îles de Lérins.

Mettre les voiles

Et que diriez-vous de naviguer sur un antique voilier de croisière ? C'est possible à Cannes sur le voilier *À tout vent*, construit en 1945 en Norvège et qui a fait de nombreuses campagnes de pêche à la baleine… avant d'être reconverti en navire de plaisance à Berlin. Son propriétaire, Jacky Salin, un aventurier bourru au cœur tendre,

Terrasse du Carlton à Cannes.

se fait fort de vous emmener vers les îles de Lérins (ou la Corse), au nez et à la barbe des riches yatchmen qui ont jeté l'ancre dans la baie de Cannes.

Jacky Salin – *Café Maritime - quai Saint-Pierre - ✆ 06 11 52 43 42.* Croisières journée en mer (jusqu'à 6 pers.) ; promenades journée et demi-journées (maximum 15 pers.).

Embarquer pour une excursion marine

Une balade de 2h au départ de Cannes, qui vous emmenera à travers le golfe de la Napoule jusqu'aux rochers pourpres de l'Esterel. Le bateau suit la côte rocheuse, du village de La Napoule jusqu'à la pointe du cap Roux. Une manière confortable d'avoir une vue d'ensemble sur la baie de Cannes.

Trans Côte d'Azur – *Quai Laubeuf - ✆ 04 92 98 71 30 - www.trans-cote-azur.com - juin-sept. : lun.-merc. départ de Cannes à 14h30, retour à 16h30 - 15 € (-4 ans gratuit, 4-10 ans 8,5 €) - réserv. impérative.*

Avec palmes et oxygène

La baie de Cannes se prête aussi à la plongée sous-marine. Entre les grottes, les épaves et les tombants, une trentaine de sites ont été répertoriés (notamment autour des îles de Lérins et le long du massif de l'Esterel). L'occasion d'aller découvrir par exemple les péniches d'Anthéor, barges de débarquement coulées lors de la dernière guerre et gisant à 32 mètres de fond (site réservé aux plongeurs confirmés).

Centre de plongée Armand Ferrand – *Port de la Rague - BP 915 - 06210 Mandelieu - ✆ 04 93 49 74 33 - www.plongee-ferrand.com.* Initiation et plongeurs tous niveaux.

À l'assaut des hauts de Cannes

Un petit itinéraire en voiture pour ceux que la conduite urbaine n'effraie pas et pour découvrir jolis points de vue et beaux quartiers.

Environ 25 km, départ devant l'hôtel de ville et arrivée sur la Croisette. Compter 2h.

La croix des Gardes★

Depuis l'hôtel de ville, prendre le quai Saint-Pierre puis le bd du Midi en direction de La Napoule. 1,5 km plus loin, prendre à droite le bd Leader, en passant sous la voie ferrée (panneau « Croix-des-Gardes »). La route monte entre villas et résidences luxueuses jusqu'au sommet de la colline. Rejoindre à pied la croix (15mn AR), de 12 m de haut. L'espace autour n'est pas vraiment aménagé mais l'on jouit ici, à travers la végétation, de jolis points de vue sur Cannes et les îles. Ce lieu stratégique fut à partir du 16e s. un poste permanent d'observation.

Puis, continuer en voiture et prendre à gauche le chemin de la Croix-des-Gardes (descente). Arrivé en bas, franchir le pont, puis prendre la première rue à gauche (rue Guy-de-Maupassant), direction « Centre-Croisette ». Elle conduit jusqu'à la très longue et tortueuse av. de Grasse que l'on prend aussi à gauche.

Haut de Cannes-Le Cannet

Vous voilà sur un secteur peu touristique des hauts de Cannes, commerçant et résidentiel. Passé le cimetière du Grand Jas (à gauche, le plus grand de Cannes), s'engager

à droite av. des Broussailles et passer devant l'hôpital. Puis, juste après l'avenue De-Lattre-de-Tassigny, prendre à droite l'av. de France. S'ensuit alors un nouveau quartier résidentiel, tranquille, jusqu'à la limite du Cannet. S'engager à gauche, av. de Dunkerque, puis à droite, av. de Liège (les deux sont en descente), avant de prendre à droite, l'av. de Tignes et enfin à gauche, la rue de Stalingrad.
Tous ces zigs-zags – soyez vigilants ! – pour déboucher bd Carnot, l'artère vitale Nord-Sud de Cannes très encombrée relie le centre-ville à l'autoroute.
On la franchit en face en longeant l'entrée du grand lycée Carnot (rue Massena), puis tout droit av. de Lyon. Passé un pont, vous entamez la montée de l'av. des Coteaux prolongée par le bd Olivetum. Au feu, ne ratez pas à droite l'av. Auguste-Tavel. Elle grimpe à l'assaut des Collines, un quartier très résidentiel et cossu, à la limite de Cannes et du Cannet.

Chemin des Collines★

À droite, à gauche, partout, ce ne sont que villas cossues et beaux jardins, loin de l'agitation de la Croisette. On vous laisse errer à votre guise rue de l'Abreuvage ou avenue Victoria, pour apprécier ce Cannes « way of life » bien enviable.
En poursuivant l'av. Victoria vers le haut – on aperçoit d'ailleurs à gauche les ultilmes parcelles agricoles du quartier –, on rejoint à gauche la route de Serra Capeou (direction Mougins-le-Haut). Depuis le centre hélio-marin et alentour, tout en haut dans la forêt, multiples vues admirables sur l'agglomération cannoise, le golfe de La Napoule et les îles de Lérins…
On vous laisse ensuite jongler avec votre volant – que de virages pour redescendre dans les bas de Cannes!; soyez patients, les encombrements font partie de la vie cannoise – jusqu'à rejoindre finalement la Croisette.

Les îles de Lérins pratique

OÙ S'INFORMER

Office du tourisme de Cannes – *Palais des Festivals - 1 bd de la Croisette - 06400 Cannes - ✆ 04 92 99 84 22 - 9h-19h (9h-20h juil.-août). Aile Est de la gare SNCF - Cannes - ✆ 04 93 99 19 77 - www.cannes-on-line.com*

Capitaineries – *Port Canto - ✆ 04 92 18 84 84 - Vieux-Port - ✆ 820 425 555 - Mourre Rouge - ✆ 04 93 94 37 71.*

Météo France – *✆ 0 892 68 02 06.*

Température de l'air – Moyenne de 8,3 °C en janvier, 22,8 °C en août. 65 jours de pluie / an.

COMMENT CIRCULER SUR LES ÎLES

C'est simple, uniquement à pied !
Les vélos ne sont autorisés ni sur Sainte-Marguerite, ni sur Saint-Honorat. En revanche, pas de problème de dénivelé, les deux îles sont plates et hormis la grimpette du village au fort Royal et quelques accès vers la mer à Sainte-Marguerite, les mollets ne sont pas mis à rude contribution.

OÙ DORMIR

Hôtel National – *8 r. du Mar.-Joffre - 06400 Cannes - ✆ 04 93 39 91 92 - hôtelnationalcannes@wanadoo.fr - 17 ch. 30/60 € - ☕ 6 €.* L'avantage de ce modeste hôtel est sa situation à deux pas de la mer et du Palais des Festivals. Chambres (climatisées) en gris et blanc, privilégiant avant tout le côté pratique ; salle de bains entièrement carrelées, légèrement exiguës mais bien tenues.

Hôtel Le Chanteclair – *12 r. Forville - 06400 Cannes - ✆ 04 93 39 68 88 - fermé 19 déc.-9 janv. - 15 ch. 32/56 € - ☕ 5 €.* Il vous faudra traverser un premier immeuble avant d'accéder à cet hôtel tourné sur une agréable courette intérieure où, dès les beaux jours, vous sont servis les petits-déjeuners. Chambres de différents niveaux de confort, et donc de prix. Ambiance sympathique.

Hôtel Lutetia – *6 r. Michel-Ange - 06400 Cannes - ✆ 04 93 39 35 74 - hotel.lutetia@wanadoo.fr - 8 ch. 40/65 € - ☕ 5,50 €.* Cette maison accueillante et sans prétention située dans une ruelle bien calme la nuit est vite adoptée. Les chambres, toutes rénovées, sont meublées avec simplicité.

Hôtel Beverly – *14 r. Hoche - 06400 Cannes - ✆ 04 93 39 10 66 - contact@hotel-beverly.com - fermé nov. - 19 ch. 40/69 € - ☕ 6 €.* Haute façade située dans une rue commerçante proche de la gare. À l'intérieur, chambres avant tout pratiques, de petite taille, mais régulièrement entretenues. Celles orientées côté Sud disposent d'un balcon et de la climatisation. Les pris restent raisonnables pour la station.

Hôtel Appia – *6 r. Marceau - 06400 Cannes - ✆ 04 93 06 59 59 - fermé 20 nov.-28 déc. - 31 ch 42/80 € - ☕ 6,50 €.* Niché dans une impasse du centre-ville, établissement avant tout fonctionnel dont les chambres, peut-être un peu exiguës, sont bien aménagées, climatisées et insonorisées ; salles de bains impeccables.

Hôtel-restaurant La Calanque - *404 bd Henry-Clews - 06210 Mandelieu-La-Napoule - ✆ 04 93 49 95 11 - 17 ch. 57/70 € - ☕ 6 €.* Une jolie terrasse avec deux platanes, face à la mer et au château de la Napoule. Une maison traditionnelle à l'ambiance familiale et immuable. Des prix encore doux. Trois bonnes raisons de sélectionner cet établissement, à l'écart de l'agitation cannoise.

Hôtel Albert 1er - *68 av. de Grasse - 06400 Cannes - ✆ 04 93 39 24 04 - fermé 1er-15 déc. - 11 ch. 65/75 € - ☕ 6,50 €.* Accueil aimable en cette villa des années 1930 située au calme d'un quartier résidentiel légèrement excentré. Le décor des chambres, petites et sobres, s'inspire des couleurs méditerranéennes. Petit-déjeuner servi, au gré du climat, sur une terrasse arborée ou dans un salon bourgeois.

Hôtel Bellevue - *47 av. de Grasse - 06400 Cannes - ✆ 04 93 39 17 13 - bellevue-hotel@wanadoo.fr - fermé déc. - 12 ch. 70/90 € - ☕ 9 €.* Cet établissement situé sur les hauteurs de la ville possède un atout majeur : toutes ses chambres disposent d'un balcon ou d'une terrasse. Décor simple : tons pastels et mobilier en rotin blanc. Salle des petits-déjeuners climatisée et solarium.

Chambre d'hôte Villa L'Eglantier – *14 r. Campestra - 06400 Cannes - ✆ 04 93 68 22 43 - 4 ch. 75/100 € ☕.* Sur les hauts de Cannes, grande villa blanche de 1920 paressant au milieu d'un jardin planté de palmiers et autres essences exotiques. Les chambres, spacieuses et calmes, sont toutes prolongées par un balcon ou une terrasse.

OÙ MANGER

Sandwicheries de l'île Sainte-Marguerite– *À hauteur du débarcadère - ouv. mai-sept. - sandwiches, croques-monsieurs et boissons fraîches - 4/8 €.* 2 cabanons pour manger sur le pouce ou emporter sur l'île des pique-niques.

Restaurant Côte d'Azur – *3 r. Jean-Daumas - 06400 Cannes - ✆ 04 93 38 60 02 - fermé le soir et dim. - 10/16 €.* Ce vénérable restaurant de quartier séduit toujours : accueillante salle à manger habillée d'affiches en tout genres, mobilier ancien, accueil bon enfant, cuisine traditionnelle et surtout prix défiant toute concurrence.

Au Poisson Grillé - *8 quai St-Pierre - 06400 Cannes - ✆ 04 93 39 44 68 - 15/25 €.* Bien placée sur le vieux port, cette petite adresse régale, depuis 1949, ses hôtes de poissons grillés et autres plats méditerranéens. Chaleureux décor de bois verni, façon intérieur de bateau. Service diligent et prix raisonnables.

Fred L'Écailler - *7 pl. de l'Étang - 06400 Cannes - ✆ 04 93 43 15 85 - 21/45 €.* On ne peut rater cette large enseigne lumineuse dressée sur une charmante placette à l'ambiance villageoise. Intérieur rustique décoré de filets de pêche. La terrasse offre le spectacle des parties animées des joueurs de pétanque. Beau choix de produits de la mer.

D. Pazery / MICHELIN

Dans l'une des vieilles rues de Cannes.

La Guérite – *06400 Île Sainte-Marguerite - ✆ 04 93 43 49 30 - fermé le soir - 26 €.* Un peu caché de l'autre côté du fort, lui aussi les pieds dans l'eau, voila un autre site agréable pour déjeuner relax, installé sous les canisses de la grande terrasse.

L'Escale – *06400 Île Sainte-Marguerite - ✆ 04 93 43 49 25 - fermé déc. et le soir de sept. à juin - 27 €.* La baie de Cannes, le cap d'Antibes et les sommets alpins en toile de fond, une longue terrasse qui s'étale agréablement au bord de l'eau. Voilà un site enchanteur pour se restaurer lors de la visite de l'île. Formule buffet et retour de pêche à la carte.

QUE RAPPORTER

Boutique de l'abbaye de Lérins – *06400 Île Saint-Honorat - ✆ 04 92 99 54 00 - www.abbayedelerins.com - 10h10-12h15, 14h-17h - fermé 8 nov.-8 déc.* Dans cette boutique gérée par les moines, vous pourrez acheter des livres et de nombreux produits fabriqués sur place ou provenant d'autres abbayes : vins de Saint-Honorat, lavandin, miel, ainsi que la célèbre liqueur Lérina concoctée à partir de 45 plantes aromatiques.

Boutique du Festival – *Esplanade Georges-Pompidou, La Croisette - 06400 Cannes - ✆ 04 93 39 01 01 - 9h-19h.* Au rez-de-chaussée du palais des Festivals. Le paradis des fans de cinéma !

CORSE PRATIQUE

S'INFORMER

ORGANISMES DE TOURISME

Agence du tourisme de la Corse (ATC) – 17 bd du Roi-Jérôme - BP 19 - 20181 Ajaccio Cedex 1 - ✆ 04 95 51 00 00 - www.visit-corsica.com

Haute-Corse Développement – Rés. du Fangu - quartier de l'Annonciade - 20200 Bastia - ✆ 04 95 34 00 55.

Parc naturel régional de Corse – 2 r. du Major-Lambroschini - BP 417 - 20184 Ajaccio Cedex 1 - ✆ 04 95 51 79 00 ou 04 95 50 59 04 - www.parc-naturel-corse.com

Bureaux d'information et de conseil – 2 r. du Serg.-Casalonga à Ajaccio - ✆ 04 95 51 79 00 (ouv. toute l'année) et Zonza Info tourisme, Alta Rocca - ✆ 04 95 78 56 33 (ouv. toute l'année

Des **maisons d'information du Parc régional** sont ouvertes tlj de juin à fin sept. à Calenzana, ✆ 04 95 62 87 78 ; Levie, Moltifao (village des tortues), Conca (à Pianiccia) et Corte.

INTERNET

www.e-corse.com – Annuaire des sites corses sur Internet.

www.allerencorse.com – Site d'informations générales avec description des sites touristiques.

www.annuaire-corse.com – Site de l'annuaire U Corsu permettant de retrouver une adresse sur les deux départements corses.

www.corsica.net – Site d'informations touristiques avec les musées.

www.corse.pref.gouv.fr – Site de la préfecture de la région corse.

www.train-corse.com – Site des Chemins de fer de la Corse (CFC).

www.corsemusique.com – Portail de la musique en Corse.

www.villages-corses.fr.st – Un aperçu charmant des plus beaux villages.

TOURISME ET HANDICAP

Pour se renseigner sur les lieux accessibles aux handicapés :

159 bis r. du Dr-Del-Pelligrino - 20090 Ajaccio - ✆ 04 95 20 75 33.

Immeuble San Petru - Bât A - rte impériale - 20600 Bastia - ✆ 04 95 30 86 01 - www.apf.asso.fr

Pour la traversée en bateau ou en avion, renseignez-vous auprès des compagnies de transports aériens ou maritimes sur la réservation de cabines ou places accessibles aux handicapés.

ALLER EN CORSE

PAR LA ROUTE JUSQU'AUX PORTS D'EMBARQUEMENT

Sauf si vous habitez dans la région Provence-Alpes-Côte d'Azur, prévoyez du temps et de la patience pour rejoindre les ports d'embarquement de Marseille, Toulon, Nice, Savone ou Gênes. Plusieurs autoroutes relient la côte méditerrannéenne à l'ensemble du territoire. Les trajets partant de l'Est de la France (Strasbourg, Mulhouse, Lyon) peuvent s'effectuer avantageusement par l'Italie (embarquement à Livourne). Le site *www.ViaMichelin.fr* tracera pour vous le meilleur trajet en fonction de vos impératifs (temps, économie, tourisme).

PAR LE TRAIN JUSQU'AUX PORTS D'EMBARQUEMENT

La plupart des grandes villes de France (Rennes, Strasbourg, Lille, etc.) sont reliées au minimum à Marseille par une liaison TGV quotidienne. Mais il faudra compter de six à sept heures pour ce trajet. Comptez environ 17 TGV par jour pour un trajet Paris-Marseille, 6 pour Nice et 8 pour Toulon, ces derniers pouvant toutefois nécessiter une correspondance.

Informations et réservations – Ligne directe 36 35 (0,34 €/mn) - 3615 SNCF - www.voyage-sncf.com

CORSE
0
25 km
N
Île de la Giraglia
Punta di Agnello
Tour
Barcaggio
Tour
Baie de Tamarone
Macinaggio
D 80
★★ Bastia et sa côte
36
Marine de Pietracorbara
Marine de Sisco
Erbalunga
Lavasina
Miomo
San Martino-di-Lota
Marseille
Nice
Toulon
Italie
Bastia
St-Florent
D 81
N 193
Île de la Pietra
41
L'Île-Rousse ★
★Golfe de Calvi
40
Algajola
Monticello
Corbara
Pointe de la Revellata
Calvi
Marine de St-Ambroggio
N.-D. de la Serra
N 197
Bevinco
Étang de Biguglia
N 193
Golo
Tartagine
Ponte Leccia
N 198
Haute - Corse
Punta Rossa
Galéria
Mte Cinto
(Réserve naturelle)
Fango
Scandola
Girolata
Corte
Alesani
Punta Rossa
Golo
D 84
Porto
Tavignano
Golfe de Porto
N 200
Piana
Capo Rosso
Étang de Diane
D 81
N 193
Étang d'Urbino
Aléria
Cargèse
Liamone
Mte Renoso
Ghisonaccia
Nice
Marseille
Italie
Toulon
Golfe de Sagone
N 193
Gravona
Prunelli
N 198
Étang de Palo
Anse de Minaccia
Ajaccio
Taravo
Solenzara
Pointe de la Parata
Île Porre
Porticcio
Îles Sanguinaires
Port de Chiavari
Aiguilles de Bavella
Solenzara
★★ Golfe d'Ajaccio
39
Pietrosella
Corse - du - Sud
Punta Guardiola
N 196
Rizzanèse
Capo di Muro
Golfe de Valinco
Porpriano
Porto-Vecchio
Pointe de laChiappa
Sartène
Sardaigne
D 859
N 198
Pianottoli-Caldarello
Figari
Baie de Rondinara
Îlots des Moines
Baie de Figari
Plage de Calalonga
Sdragonato
Île Cavallo
Bonifacio
Île Lavezzi
38
37
★★★Anse de Bonifacio
Plage de Piantarella
★★Archipel des Lavezzi
Sardaigne
36 Bastia et sa côte
37 L'anse de Bonifacio
38 L'archipel des Lavezzi
39 Le golfe d'Ajaccio
40 Le golfe de Calvi
41 L'Île-Rousse

EN BATEAU

Les temps de traversées varient sensiblement selon votre port de départ et celui d'arrivée et selon le bateau choisi. De 3 à 4h de traversée pour une liaison Nice-Bastia ou Savone-Calvi, entre 5 et 6h pour relier Nice à Ajaccio. La traversée de nuit dure 12h, le premier départ est à 18h, arrivée à 6h30/7h et le dernier départ est à 21h, arrivée à 7h.
Les réservations au départ de la France continentale peuvent s'effectuer auprès des agences des compagnies maritimes ou en ligne sur leur site, des gares principales et des bureaux de tourisme de la SNCF, des agences de voyages.
Il n'y a plus aujourd'hui de différence tarifaire entre les NGV et les cars-ferries sur les liaisons saisonnières entre Nice et les grandes stations corses (Calvi, l'Île-Rousse, Ajaccio, Bastia). Mais il existe toutefois de grandes variations de tarifs en fonction des saisons, l'été étant par définition la période la plus onéreuse. Les traversées sont alors très nombreuses (jusqu'à 3 ou 4 rotations de Nice ou Marseille pour les stations de la côte Ouest ou Bastia) tandis qu'en hiver, une seule liaison hebdomadaire relie Ajaccio.
Pour toute information supplémentaire, vous pouvez consulter le site : *www.ifrance.fr/corseferry*

Trois compagnies assurent des liaisons régulières entre la France et la Corse.

SNCM – 61 bd des Dames - BP 80090 - 13472 Marseille Cedex 2 - ✆ 32 60 dites « SNCM » (0,15 €/mn) - www.sncm.fr - au départ de Marseille, Nice et Toulon. Majoritairement privée depuis 2005, la SNCM dispose du réseau le plus dense de liaisons entre le continent et la Corse et un nombre important de rotations en saisons.

Services maritimes passant les véhicules			
TA : toute l'année ES : en saison	Marseille	Nice	Toulon
Ajaccio	TA	TA	TA
Bastia	TA	TA	TA
Calvi	TA	TA	ES
L'Île-Rousse	TA	TA	
Porto-Vecchio	TA		
Propriano	TA		ES

Les *cruise-ferries* offrent des belles prestations pour les amateurs de croisières haut de gamme. Des offres saisonnières et l'offre « 1,2,3 Soleil » permettent de partir en famille à des tarifs très compétitifs.

La Méridionale (CMN) – ✆ 0 810 20 13 20 (n° Azur pour Ajaccio, Bastia, Marseille) - www.cmn.fr - quai L'Herminier - 20110 Propriano - ✆ 04 95 76 04 36 – elle relie Marseille à la Corse (Ajaccio, Bastia, Propriano) et à la Sardaigne (Porto Torres), mais propose aussi des liaisons directes Corse-Sardaigne (Propriano-Porto Torres). La particularité de cette compagnie est d'avoir des navires « mixtes » qui laissent une grande place au fret. Les passagers, moins nombreux, n'ont pas toutes les animations d'un bateau de croisière mais bénéficient d'un service plus personnalisé (repas servis à table), et de plus de convialité.

Corsica Ferries – 5bis r. Chanoine-Leschi - 20200 Bastia - ✆ 04 95 32 95 95 - www.corsicaferries.com - informations et réservations : ✆ 0 825 095 095 (0,15 €/mn) – reconnaissable à ses bateaux jaunes, la compagnie a pour bases Nice et Toulon, mais dessert aussi la Corse depuis Savone, une alternative intéressante quand on vient du Sud-Est de la France (Alpes du Sud ou Savoie) et que l'on souhaite rejoindre Calvi ou Bastia.
La flotte dispose de bâtiments de diverses catégories. Des offres promotionnelles particulièrement avantageuses avec des premiers prix à 12 € tout compris et 5 € pour la voiture placent la compagnie parmi les moins chères (sous certaines conditions et à certaines périodes de l'année).

Moby-Lines (SARL Colonna d'Istria et fils) – 4 r. du Cdt-Luce-de-Casabianca - 20200 Bastia - ✆ 04 95 34 84 94/90. Mobylines et la compagnie italienne de tourisme assurent quant à elles les liaisons en provenance de l'Italie (par Gênes ou Livourne) vers la Corse ou la Sardaigne.

Euro-mer – 5 quai de Sauvages, 34070 Montpellier - informations et réservations : ✆ 04 67 65 67 30 ; www.euromer.net. Assure les liaisons de France ou d'Italie sur les trajets classiques mais aussi de juin à septembre de La Spezia ou Naples vers Porto-Vecchio ou Paulau le vendredi ; retour le samedi.

Compagnie italienne de tourisme (CIT) – Réservations pour liaison maritime entre la Corse et l'Italie, la Sardaigne et l'île d'Elbe.
3 bd des Capucines - 75002 Paris - ✆ 01 44 51 39 51.
70 r. du Pdt-Édouard-Herriot - 69002 Lyon - ✆ 04 78 42 66 92.
6 r. Grignan - 13001 Marseille - ✆ 04 91 33 66 00.

Depuis juillet 1993, l'Assemblée territoriale de Corse a institué une taxe à acquitter au moment de l'achat du billet par toute personne arrivant et sortant de Corse. Pour connaître le montant de cette taxe, se renseigner auprès des compagnies de transport.

EN AVION

Vous pouvez trouver assez facilement des vols pour la Corse à partir de 180 € hors période estivale.
N'hésitez pas à surfer sur les sites spécialisés parmi lesquels :
www.lastminute.com
www.voyagermoinscher.com
www.opodo.fr
www.anyway.com
www.expedia.fr
Nouvelles Frontières affrète de Pâques à la Toussaint un vol hebdomadaire (le samedi) à destination d'Ajaccio.
Les cartes de fidélité et les promotions d'Air France donnent accès à des tarifs avantageux. Tarifs « coups de cœur » sur le site **www.airfrance.fr** pour un départ dans les 12 jours à venir. Des billets sont mis aux enchères tous les 15 jours sur le même site.
Vous pouvez aussi consulter le site **www.corse-moins-cher.com**, qui répertorie l'ensemble des offres des diverses compagnies aériennes et agents de voyages.

Aéroports

La Corse dispose de 4 **aéroports** assurant des liaisons avec le continent, l'Italie et une partie de l'Europe :

Aéroport d'Ajaccio (Campo dell'Oro) – 20090 Ajaccio - ✆ 04 95 23 56 56.

Aéroport de Bastia (Poretta) – à 20 km au Sud de Bastia - 20290 Lucciana - ✆ 04 95 54 54 54.

Aéroport de Calvi (Sta-Catarina) – 20260 Calvi - ✆ 04 95 65 88 88.

Aéroport de Figari-Sud Corse – ✆ 04 95 71 10 10.

Compagnies aériennes

Air France –La compagnie propose des liaisons aériennes régulières de Paris vers Ajaccio et Bastia (4 vols/j haute sais., 3 hors sais.), Calvi (1 vol/j. haute sais., 4 vols/sem. hors sais.) et Figari. Quelques vols depuis Lyon, Marseille, Toulouse, Clermont-Ferrand et Nice, quelques vols depuis Lyon vers Figari. Informations et réservations : ✆ 0 820 820 820 et sur www.airfrance.fr

CCM-Airlines – La compagnie relie plusieurs fois par j., tte l'année, Marseille, Nice, Lyon et Paris à Ajaccio, Bastia, Calvi et Figari. Mais aussi, en direct, d'avril à octobre, Bordeaux, Lille, Nantes, Strasbourg et Toulouse à Ajaccio et Bastia. Renseignements et réservations : ✆ 0 820 820 820 et sur www.ccm-airlines.com

Corsicatours – Compagnie spécialisée dans les vols au départ des villes de province dont Tours et Rouen en direction de Figari. Renseignements et réservations : ✆ 04 95 70 10 36 - www.corsicatours.com

Tarifs

Bateau – Ils sont aussi nombreux que les offres promotionnelles et sont spécifiques à chaque situation. Cependant, les trois principaux prestataires proposent des prix à peu près équivalents. Les voici arrondis, pour vous donner un ordre d'idée :
AR Marseille (Toulon pour Corsica Ferries)-Bastia hors saison (nov-déc.), voyage en cabine, 1 couple avec 1 enfant de 4 à 12 ans et 1 voiture, billet modifiable : 300/330 €.
Personne seule, 1 voiture, billet modifiable, en fauteuil : 180/230 €, en cabine : 240/280 €
Personne seule, sans voiture, billet modifiable, en fauteuil : 80/100 €, en cabine : 160/180 €.

Avion – Classe économique : 1 personne seule, 180 € en moyenne, 1 couple avec 1 enfant entre 4 et 12 ans : tarif variable entre 400 et 600 €

URGENCES

En mer – **Cross Corse** - ✆ 04 95 20 13 63.

Sur terre : SAMU ✆ 15, Pompiers ✆ 18, Urgence portable : ✆ 112.

AFFAIRES MARITIMES

Pour des renseignements sur les zones marines protégées ou pour obtenir un permis (gratuit et obligatoire) de pêche sous-marine :
Haute-Corse – ✆ 04 95 32 84 60.
Corse-du-Sud – ✆ 04 95 51 75 10.

COMPRENDRE LA CORSE

Troisième grande île de la Méditerranée occidentale, après la Sicile et la Sardaigne, la Corse est la première île française par sa superficie : 8 720 km^2. Avec ses falaises empourprées qui plongent à pic dans la mer, ses baies paradisiaques, ses villages accrochés à la montagne, ses gorges taillées dans la pierre, ses collines tapissées de châtaigniers ou d'oliviers, la Corse est éblouissante ! Et son identité insulaire, fière et singulière, ne laisse personne indifférent.

S. Sauvignier / MICHELIN

Le village de Nonza, à l'Ouest du cap Corse.

Une montagne dans la mer

Longue de 183 km et large de 83 km, la Corse déploie 1 047 km de côtes en une succession de caps, falaises, golfes et plages. C'est la plus montagneuse des îles de la Méditerranée.

En un éclair, on passe des plages dorées à la haute montagne : le Monte Cinto, point culminant, dresse ses 2 706 m à 25 km seulement du littoral. La proximité du rivage italien (83 km), français (170 km) et espagnol (450 km) explique l'importance commerciale et stratégique de l'île au cours des siècles. D'après les géologues, la Corse formait jusqu'à l'ère secondaire un microcontinent avec la Sardaigne, soudé à la Provence. Un ébranlement du système alpin et une cassure provoquèrent une lente dérive de ces terres et donnèrent naissance à La Corse.

Trois grandes régions font la richesse des paysages : la **Corse occidentale** (Corse cristalline ou « ancienne »), qui couvre près des 2/3 du territoire, la **Corse orientale** (Corse schisteuse), au Nord-Est, et, séparant ces deux entités, **le sillon central,** qui s'étend de L'Île-Rousse à Solenzara.

Opulente nature !

Contrairement à la plupart des îles méditerranéennes, souvent sèches et pelées, la Corse est un véritable festival de couleurs et de senteurs grâce à la douceur de son climat.

LE CLIMAT : UN DON DU CIEL

La Corse bénéficie d'un climat méditerranéen nuancé par l'altitude, la latitude, l'environnement maritime et les vents. Toutefois, contrairement à ce qui est de règle ailleurs en Europe, sa température moyenne (plus de 12 °C) s'accroît du Sud vers le Nord, Bastia et le Cap Corse étant plus chauds qu'Ajaccio ou Bonifacio, celle des côtes varie de 14,7 °C à 16,6 °C.

Les saisons

Les étés éclatants de soleil et de luminosité sont brûlants (maxima : 36 °C sur les côtes, 26 °C à 1 000 m) et secs, les hivers particulièrement doux sur les rivages (18 °C). Le printemps, déjà chaud, connaît une floraison odorante, l'automne reste agréable jusqu'à 600 m. L'ensoleillement est important en toute saison. Ajaccio, par exemple, détient le record de France avec près de 2 900 heures de soleil par an. L'influence modératrice de la mer

Les couleurs du maquis

Constitué par un tapis végétal très dense, le maquis se colore au printemps grâce à la ciste de Montpellier, la ciste à feuille de sauge (blanc), et à la ciste de Crète (mauve-rose). Les calycotomes (jaune), le cyclamen (violet) l'asphodèle (blanc), le lentisque (baie noire) et le genévrier (baie brun-rouge) participent à la polychromie. Côté arbre, bruyères, chênes-lièges, chênes verts et arbousiers apportent au maquis un peu de hauteur.

sur les températures, surtout en automne et en hiver, est prépondérante jusqu'à une altitude de 200 m, plus faible vers 400 m et s'estompe à 600 m. Au-dessus de 1 200 m, le climat accuse un caractère nettement alpin.

Les précipitations

La Corse bénéficie de ressources en eau beaucoup plus importantes que celles des autres îles de la Méditerranée.

Le nombre de jours de pluie dans l'année est faible (95 jours à Ajaccio) mais l'île reçoit environ 900 mm d'eau, moyenne annuelle supérieure à celle du Midi de la France. Il pleut plus à l'Est qu'à l'Ouest, à l'intérieur que sur les côtes, au Nord qu'au Sud. Certains cols (Vizzavona, Vergio) sont régulièrement enneigés et parfois bloqués en hiver. L'été est synonyme de longue saison sèche ; pour pallier cette mauvaise répartition annuelle des pluies, des lacs de barrage ont été aménagés.

UNE VÉGÉTATION ÉTAGÉE

Surnommée avec justesse par les Anglais « l'île parfumée », la Corse apparaît étonnamment verte, boisée et fleurie. Napoléon disait qu'il reconnaissait sa terre natale à son odeur. On ne saurait énumérer toutes les espèces végétales de l'île : il y en a plus de 2 000. Certaines sont communes à la flore continentale, d'autres à celle du bassin méditerranéen, mais, surtout, on dénombre 78 variétés endémiques. Les végétaux, que l'on découvre au gré des randonnées, ont su s'adapter à un milieu biologique difficile : sécheresse prolongée, vent violent ou froid rigoureux. Chaque essence évolue dans une zone d'altitude particulière, avec toutefois quelques variations selon la nature du sol, l'exposition des versants et l'orientation des vallées. On distingue, dans l'ensemble, trois étages caractéristiques : **l'étage méditerranéen inférieur**, jusqu'à 500 m d'altitude, où le maquis se mêle aux fleurs exotiques comme le figuier de Barbarie, l'agave d'Amérique, l'aloès, l'eucalyptus et le cédratier qui produit des fruits ressemblant à de gros citrons. **L'étage médian**, entre 500 et 1 500 m d'altitude, est le royaume du châtaignier et du pin laricio. **L'étage alpin**, sur les hauteurs, entre 1500 et 1900 m, est dominé par l'aulne odorant, et marqué par les pozzines (du mot *corse pozzi* : « puits », ces pelouses spongieuses qui entourent en partie certains lacs de montagne.

UNE FAUNE PROTÉGÉE

Au détour des petites routes corses, vous croiserez des ânes, qui furent pendant des siècles les fidèles compagnons des bergers et des apiculteurs, des familles de cochons en semi-liberté, des troupeaux de vaches, de chèvres et de brebis.

La Corse accueille une faune d'un type méditerranéen assez classique mais l'insularité a favorisé le développement de quelques espèces animales endémiques, parfois communes avec la Sardaigne. Certains animaux furent menacés de disparition il y a quelques années et sont désormais protégés par le Parc naturel régional. Citons ici les espèces les plus caractéristiques de l'île :

Parmi les oiseaux – Reconnaissable à son bec rouge et noir, le **goéland d'Audouin** cherche refuge dans les zones rocheuses et escarpées. La Corse est le seul endroit de France où il se reproduit, notamment dans les **îles Finocchiarola, au Nord-Est du cap Corse.**

La colonie corse de **cormorans huppés** demeure l'une des plus importantes de la Méditerranée. L'oiseau se reproduit sur tous les îlots de Corse classés « réserve naturelle » (Finocchiarola, Cerbicale, Bruzzi...) et se nourrit uniquement de poissons. Le **balbuzard**, sorte d'aigle pêcheur, niche sur les pitons rocheux en bord de mer. En voie d'extinction il y a une vingtaine d'années, l'espèce a survécu grâce à l'action et la protection du Parc naturel. On observe aujourd'hui une vingtaine de couples de balbuzards dans la **réserve naturelle de Scandola.**

Parmi les reptiles – Un reptile endémique cyrno-sarde, le lézard Tiliguerta, occupe la quasi-totalité de l'île depuis le bord de la mer jusqu'à 1 800 m d'altitude. **La tortue d'Hermann**, espèce quasiment en voie de disparition, n'est plus représentée que dans le massif des Maures et en Corse, sur la plaine côtière orientale et dans les maquis du Sud.

Le monde marin

Le plus spectaculaire des hôtes de la côte corse est sans doute le **rorqual** commun, qui sillonne cette partie de la Méditerranée. Le **dauphin** est également présent, et il n'est pas rare qu'il escorte les plaisanciers, notamment sur la côte Ouest.

Le **mérou** faillit bien disparaître. Il peuple aujourd'hui abondamment le Sud de l'île. La **girelle** colore les fonds de ses robes bigarées rouges et vertes.

Les fonds sous-marins corses, épargnés par la pollution, abondent de poissons et de crustacés. On trouve des congres, des rascasses, des murènes, des barracudas, des langoustes et des homards. Les herbiers de posidonie sont également très présents.

Une très abondante faune fixée couvre les fonds. Anémones jaunes, ascidies pointues de teintes variées, dentelle de Neptune et gorgones rouges chatoient sous la lumière diffuse.

L'**aphanius** de Corse, petit poisson endémique, fréquente les eaux douces et saumâtres des estuaires et les lagunes de Biguglia, les étangs de Diana et les marais salés de Porto-Vecchio.

Le **corail rouge** *(Corallium rubrum)* est une espèce typiquement méditerranéenne. Bien implanté sur les côtes corse, il se plait sur les tombants et sur les falaises à l'abri d'une trop forte lumière. Il ne pousse pas au-delà de 300 m de profondeur. Pêché à Bonifacio et en Sardaigne, le corail rouge n'est pas une espèce en danger mais souffre cruellement dans certaines zones (« Mérouville » aux îles Lavezzi) de la trop grande fréquentation des plongeurs amateurs. Les pêcheurs professionnels locaux se sont eux-mêmes contraints afin de préserver leur patrimoine, à ne pas pêcher au-dessus de 60 m de fond.

A. De Valroger / MICHELIN

Magie des fonds sous-marins à Bonifacio.

Plongée à « Mérouville »

Au large du littoral qui se déroule entre entre **Porto-Vecchio et Bonifacio,** des fonds inférieurs à 10 m offrent de superbes opportunités pour découvrir la faune méditerranéenne. Le périmètre des réserves des îles Cerbicale et Lavezzi, notamment, recèle une densité insoupçonnée de poissons ; à Lavezzi, un site particulièrement apprécié des plongeurs a été surnommé « Mérouville ».

Environnement

Quelque 3 millions de touristes fréquentent la Corse chaque année avec une nette préférence pour le littoral. Celui-ci reste, malgré cette affluence, l'un des mieux préservés de France.

La tradition d'insécurité des côtes corses jusqu'au 19e s. a d'abord nourri un désintérêt des habitants pour les activités maritimes. Quand apparaît le tourisme balnéaire au début du siècle, quelques stations fleurissent mais se développent peu. Il faudra attendre les années 1960 pour que soient menées les premières opérations d'envergure d'aménagement touristique. L'attachement des Corses à leur territoire sera alors déterminante. Il va entraver durablement, par diverses menées politiques et foncières, l'implantation anarchique de nouvelles stations sur le littoral, conjointement avec l'action des organismes publics de protection qui vont interdire définitivement certains sites ou réglementer leur aménagement.

PROTECTION

Le **Parc naturel régional de Corse,** créé en 1972, sera le premier à porter une double vocation terrestre et maritime, tandis que le **Conservatoire du littoral** devient propriétaire de kilomètres de côtes (aujourd'hui près de 15% des 1 000 km de côtes lui appartiennent). Leur gestion est confiée à l'agence pour la gestion des espaces naturels de Corse. Six **réserves naturelles** (bouches de Bonifacio, étang de Biguglia, îles Cerbicale, îles Finocchiarola, Scandola, Tre Padule de Suartone) se répartissent sur toute l'île. Signe que la prise de conscience est réelle et affirmée, la constitution récente du **Parc marin international** des bouches de Bonifacio regroupe aujourd'hui plusieurs d'entre elles.

À l'intérieur, le Parc naturel régional s'étend sur 40 % de l'île et 149 000 ha de forêts sont placées sous contrôle de l'ONF.

Le parc marin international

Il couvre l'ensemble du détroit qui sépare la Corse de la Sardaigne. C'est l'un des rares exemples d'une collaboration transfrontalière dans le domaine de l'environnement. Il comprend les réserves naturelles des bouches de Bonifacio, des « Tre Padule de Suartone », les terrains du Conservatoire du littoral et du Parc national de l'archipel de la Maddalena. Certains sites comme les archipels des Lavezzi, des Cerbicales, des Bruzzis ou des Moines sont tout à fait exceptionnels. Le détroit abrite un paysage sous-marin étonnamment riche pour la Méditerranée actuelle ; de plus, il est inclus dans le sanctuaire international des mammifères marins.

Le Conservatoire du littoral

Parmi les quelques trésors du littoral qu'il a sauvés en en devenant propriétaire, on distingue, sur le littoral Ouest, les Agriates, les côtes de la Balagne, la vallée du Fango, Campomoro-Senetosa et Roccapina ; sur le littoral oriental, le golfe de Santa Giulia, l'île de Pinarellu, Fautea, la pinède de Pinia et le secteur de Capandula, l'île de Capense, dans le cap Corse. Le Conservatoire du littoral se retrouve confronté à une pression de plus en plus forte des promoteurs (depuis l'assouplissement de la loi sur le littoral) et à une importante flambée des prix, qui limitent sérieusement ses possibilités d'acquisition.

DÉFIS ÉCOLOGIQUES

Outre les incendies récurrents et un système de production d'énergie vétuste (mis en évidence de manière criante l'hiver 2004-2005), la Corse doit relever les défis que lui impose sa fréquentation touristique.

L'essentiel de l'activité touristique se concentre sur le littoral occidental de l'île et en particulier dans les golfes d'Ajaccio, Valinco ou Porto.

Avec 300 000 lits pour 241 km de plages et 503 km de côte naturelle, la Corse bénéficie encore d'une faible densité touristique. Il n'en reste pas moins que certains sites fortement sollicités ont pu subir de sensibles détériorations, notamment dans le Sud-Est.

Les stations balnéaires manquent d'autre part d'équipements performants pour la gestion des déchets et le retraitement des eaux. La multiplication par 10 de la population les mois d'été suppose des équipements surdimensionnés face aux besoins réels des habitants. Le succès de la navigation de plaisance sur les côtes corses induit lui aussi un certain nombre d'écueils. Le mouillage de Calvi, saturé en été, est par exemple complété par un mouillage saisonnier. Dissémination des déchets et espèces végétales indésirables, dégradation des fonds marins en résultent.

Le plan d'aménagement et de développement durable mis en place dès 2006 devrait préserver les atouts exceptionnels de l'île qui, en dépit de l'accélération de l'occupation du littoral ces dernières années (+ 32 % depuis 1975), conserve l'essentiel de ses charmes.

Histoire d'une île

Terre bénie des envahisseurs du fait de sa position éminemment stratégique en Méditerranée, de la douceur de son climat, de ses ressources en eau, enjeu majeur pour les grandes puissances soucieuses d'accroître leur influence dans le bassin méditerranéen, la Corse n'a cessée d'être envahie. Elle a vu se succéder, de l'Antiquité à la Révolution, Grecs, Romains, Pisans et Gênois, Sarrasins, Anglais et Français. Après une courte période d'indépendance au 18e s., la Corse est finalement devenue française.

ZOOM SUR UN LONG PASSE

Av. J.-C. – Des populations de pêcheurs nomades abordent l'île quelque 10 000 ans av. J.-C. Venus de la Sardaigne et de l'Italie, ils profitent de la variation du niveau de la mer pour accoster brièvement en Corse.

L'Antiquité – Cette population vivra en vase clos, jusqu'à l'arrivée, vers 565, des Phocéens venus d'Asie Mineure. Ils fondent Alaria, promise à une belle destinée, relayés vingt ans plus tard par les Carthaginois. La Corse devient alors l'une des haltes incontournables des routes maritimes du monde antique. L'écriture, les techniques nouvelles pénètrent enfin dans l'île. Cette position enviable incite les Romains à s'arroger la cité grecque. En 259, ils assiègent Aléria mais mettrons plus de deux siècles pour assouvir l'île entière. Un siècle av. J.-C., Marius fonde la colonie romaine de Mariana.

Les invasions et la paix pisane – Régulièrement envahie et disputée du 5e au 11e s. par les Vandales puis par les pirates barbaresques, l'île passe de 1077 à 1284 sous l'autorité de Pise et de sa florissante République. Gênes, éternelle rivale avec qui elle s'était entendue pour combattre les bases sarrasines en Corse, revendique fermement ses droits. La période de paix pisane s'achève ainsi par la nouvelle suprématie de Gênes, consacrée à la bataille navale de Meloria.

L'occupation gênoise – Elle durera cinq siècles (1284-1768). Par sa longueur d'une part mais également par son caractère répressif, elle a laissé une empreinte profonde. Les Gênois ont modifié la physionomie générale de l'île en la dotant notamment d'un patrimoine religieux et architectural inestimable. Les **tours génoises** disséminées le long des côtes insulaires et les **ponts génois** enjambant fièrement fleuves et rivières sont aujourd'hui associés à l'identité des paysages corses.

Après l'occupation génoise, la Corse connut une **courte période d'indépendance :** quatorze année, sous l'égide de **Pascal Paoli**, homme de démocratie et de progrès. Paoli est élu « général de la nation corse » en 1755. Il proclame un « gouvernement de la nation corse » à Corte. Le fondateur de la constitution nationale corse, nourri des thèses des Lumières, tentera en une décennie à peine une révolution institutionnelle d'envergure, vite étranglée par la mainmise française.

La Corse française – Toujours présents dans l'île mais affaiblis, les gênois demandent secours à la France. En 1768, après des négociations entre la République de Gênes et la France, le traité de Versailles confie l'administration de la Corse aux Français. C'est le début de la Corse française !

Napoléon Bonaparte, l'empereur des Français (1769-1821), né de parents ajacciens, voulut que son île « soit une bonne fois française », même s'il dut pour cela entretenir la rivalité Nord-Sud et s'opposer à Paoli. C'est lui qui « francisa » les emplois gouvernementaux. Mais, ses rêves de pouvoir le conduisant vers des contrées plus lointaines, il n'eut en définitive que peu d'influence en Corse. Ajaccio perpétue cependant le souvenir de « l'enfant de la Corse » et de sa famille.

LA CORSE D'AUJOURD'HUI

Comment présenter la Corse d'aujourd'hui avec ses multiples facettes ? Si les habitants de l'île revendiquent leur singularité, ils ne se sentent pas pour autant des témoins isolés d'une identité en perdition. Bien au contraire. Les signes tangibles d'un renouveau de la culture corse se multiplient.

L'économie elle-même bénéficie de cette dynamique. Le tourisme, première source de richesse de l'île, n'a pas entraîné de dommages irréparables sur la physionomie sauvage des côtes.

Les Corses sont les premiers à refuser une urbanisation outrancière des rivages et ils entendent bien rester maîtres de l'aménagement du territoire. L'arrière-pays, fragilisé par une saignée démographique de plus d'un siècle, jouit de potentiels intacts et s'éveille à un tourisme vert soucieux de la nature et de sa préservation.

L'agriculture, concentrée dans la plaine d'Aléria, après des décennies de surexploitation, se tourne vers une production raisonnée et des produits de qualité (biologiques). La métamorphose de la viticulture en est un exemple.

Ainsi, la Corse, tournée vers d'autres enjeux que sa seule autonomie administrative, peut-elle dans les prochaines années devenir une région au charisme exemplaire.

L'identité insulaire

L'histoire tourmentée de l'île, soumise à de multiples invasions, a nourri une imagerie caricaturale du peuple corse. Les tragiques événements qui ont marqué son actualité ces trente dernières années ont renforcé certains traits, repris à loisir par les médias. Les mouvements autonomistes des années 1970 qui se sont engagés dans la lutte armée n'ont pas été suivis dans leurs combats mais ont toutefois provoqué une prise de conscience salutaire.

Sans renier leur attachement à la France, les Corses ont renoué avec leur culture et l'ont inscrite dans la modernité. Ce renouveau indique que, bien au-delà des clichés qui ont la peau dure, le peuple corse est fier de sa différence, qui ne l'isole plus de l'extérieur.

Bastia★★ et sa côte

CARTE MICHELIN LOCAL 345 F 3 – HAUTE-CORSE (2B)

Deuxième ville de l'île de Beauté, Bastia est une cité d'art et d'histoire animée. Dominée par la Serra di Pigno, tournée vers la mer, elle s'ordonne en deux quartiers distincts – Terra Vecchia et Terra Nova – riches en églises baroques. Après une journée remplie d'activités nautiques, que ce soit le long de la plage de sable fin de la Marana, ou dans l'une des criques du Cap Corse, il fait bon musarder à la terrasse des cafés ou des glaciers, au pied des maisons aux volets mi-clos.

ARRIVER À BON PORT

Par avion – L'aéroport de Bastia Poretta se trouve à 20 km au Sud, à Lucciana - ✆ 04 95 54 54 54.

Par bateau – Plusieurs compagnies (SNCM, Corsica Ferries, CMN) assurent une liaison maritime entre Bastia et Nice, Marseille ou Toulon. De Marseille ou de Toulon, il faut compter au moins 8h de traversée, tandis que les NGV (navire à grande vitesse) vont de Nice à Bastia en 4h *(pour les coordonnées des compagnies, voir les informations pratiques, p. 312)*. **Gare maritime de Bastia** – ✆ 04 95 54 66 95.

CIRCULER

Des services réguliers de bus et taxis assurent la liaison entre l'aéoroport et la ville de Bastia.

Bus – ✆ 04 95 31 06 65. Pour Bastia (préfecture) - 8 €.

Taxi – ✆ 04 95 36 04 65. Pour le centre-ville, compter environ 35 € le jour, 45 € la nuit - 7j/7, 24h/24.

Location de voitures : **Avis** – ✆ 04 95 54 55 46.

Budget – ✆ 04 95 30 05 05.

Europcar – ✆ 04 95 31 59 29 ou 04 95 30 09 50.

La **gare maritime** se trouve à quelque 400 m au Nord de la pl. St-Nicolas.

BON À SAVOIR

L'arrivée en bateau, le matin, permet de découvrir le long du cap Corse les tours génoises éclairées par le soleil levant.

La plage la plus proche se trouve juste au Nord de Port Toga, à 900 m de la place St-Nicolas.

Le meilleur moyen pour observer les oiseaux de l'étang de Biguglia est naturellement la balade à pied. N'oubliez pas vos jumelles.

Amateurs de pêche, profitez de votre séjour à Bastia pour embarquer le soir au port de Toga et vous rendre sur le cordon lagunaire de la Marana pour mouiller une ligne de traîne dans le sillage du bateau. Un moment inoubliable, avec la complicité de la boutique Objectif Nature *(voir rubrique « Plaisirs marins »)*, qui assure la garde de vos bagages si vous en avez besoin.

Découvrir une ville portuaire active

Promenade d'environ 3h. Suivre le tracé vert du plan p. 324.

Au cœur de la vieille cité – **Terra Vecchia★** – qui s'étend le long du rivage, cette promenade permet de découvrir tout d'abord la ville basse, organisée autour d'une crique qui fut autrefois la marine d'un village de pêcheurs, **Cardo**. Elle offre aujourd'hui le visage d'un petit port méditerranéen où l'on se perd avec plaisir dans un dédale de rues étroites et mouvementées : ruelles en escalier, passages couverts, venelles tortueuses, maisons restaurées, réservent mille surprises.

Place St-Nicolas

Ouverte sur le port de commerce où se profilent les silhouettes des ferries, cette vaste place, longue de 300 m, a la noblesse et l'ampleur d'une place royale. Ceinturée d'une allée de platanes et de palmiers, elle offre un ombrage apprécié à la belle saison. À l'Ouest et au Sud, de hauts immeubles couverts de lauzes dressent leurs sobres façades. En arrière-plan, la montagne abrupte clôt l'horizon.

Le port de Bastia.

En face de l'office de tourisme, le **petit train touristique** embarque les visiteurs (*✆ 04 95 35 40 20 ou 06 16 97 06 32*) pendant 45 minutes à la découverte des quartiers les plus typiques de Bastia : la rue Napoléon, la citadelle et le vieux port, etc.
Au n° 15 du bd Gén.-De-Gaulle, la **Maison Mattei** (*✆ 04 95 32 44 38 - juil.-août : 9h30-12h30, 14h30-20h ; sept.-juin : 9h30-12h, 14h30-18h30 - fermé dim.*) propose des objets d'artisanat, du miel, des nougats, des confitures, des sirops et… le fameux apéritif **Cap Corse Mattei**. Ce vin doux de muscat, amer et acidulé, parfumé au quinquina, enrichi d'une décoction de plantes aromatiques et d'une macération d'orange, fut inventé dans les années 1880 par Louis-Napoléon Mattei.

Prendre vers le Sud dans le prolongement de la place le cours H.-Pierangeli.

Sur la gauche, le lycée Jean-Nicoli occupe l'ancien couvent des missionnaires lazaristes (17e s.) ; il devint palais du Gouvernement lors de l'annexion de la Corse par la France en 1768, puis fut habité par Sir Gilbert Elliott, le vice-roi de l'éphémère royaume anglo-corse à la fin du 18e s.

Place du Marché

Bordée par l'ancienne mairie, plantée de platanes et dallée de schiste, la place a gardé son cachet grâce aux maisons anciennes – plusieurs datent du 17e s. – aux façades hautes et percées de fenêtres souvent occultées de persiennes. *Certaines façades restaurées ont retrouvé des teintes chaudes qui leur confèrent une apparence italienne.* La place s'éveille le matin aux volubiles accents des commerçants du marché (*tlj sf lun.*), particulièrement bien achalandé les samedis et dimanches.

Église St-Jean-Baptiste

La façade classique de ce vaste édifice, calée entre deux fines tours, domine Terra-Vecchia et veille sur le vieux port. Plus vaste église paroissiale de Corse, elle fut élevée de 1636 à 1666.
À l'intérieur, la haute nef et ses collatéraux ont reçu au 18e s. un décor baroque où se mêlent les marbres précieux, l'or des stucs et les peintures en trompe-l'œil (celles de la voûte datent de 1871). Remarquez en particulier l'élégante **tribune d'orgues** (1742), les **tableaux** de la collection du cardinal Fesch et le curieux **Christ** en papier mâché du maître-autel, à la cambrure élégamment baroque (17e s.).

En sortant par le porche latéral, passer devant la façade monumentale de l'église et prenez à droite l'av. Mar.-Sébastiani.

Oratoire de l'Immaculée-Conception★

Donnant sur un minuscule parvis à mosaïque de galets représentant un soleil, cette chapelle de confrérie cache la richesse de son décor intérieur sous une apparence extérieure d'une grande sobriété, à peine égayée par une frise de guirlandes et d'angelots. Cet édifice à nef unique fut commencé en 1589.
L'intérieur, richement paré au 18e s., offre des murs couverts de boiseries dans leur partie basse et tendus de damas de velours de Gênes cramoisi pour le reste. Une symphonie de dorures et de marbres s'étale sous un plafond peint à fresque. La décoration de la voûte représente l'Immaculée Conception et les 18 médaillons ovales

sous la corniche, les apôtres et les évangélistes. Le maître-autel de 1624, rénové en 1763, est orné d'une copie d'une Immaculée Conception de Murillo. Sur la gauche, une armoire-vitrine abrite la statue de la Vierge, portée en procession solennelle chaque 8 décembre à travers les rues de Terra-Vecchia jusqu'à l'église St-Jean-Baptiste.
La chapelle de droite abrite un beau crucifix de bois génois du 18e s. Remarquez les superbes lustres d'époque Directoire. La chaire à prêcher en marbre polychrome est décorée d'un trompe-l'œil. Elle présente l'originalité de n'être accessible que de l'extérieur de la chapelle.

La sacristie – *Entrée à gauche du maître-autel.* Elle a été aménagée en un petit musée d'art sacré. Notez une curieuse statue de saint Érasme (1788), patron des pêcheurs.

Revenir sur ses pas vers le vieux port.

Vieux port★★

La **marine de Cardo** constitue le cœur de la vieille ville. Elle est dominée par la citadelle et l'ancien palais des gouverneurs, abritée des vents et de la houle par le môle génois en pierre de taille ; elle est toujours animée avec les allers et venues des bateaux de plaisance et des barques de pêche en bois peintes aux couleurs vives. Le spectacle permanent invite à la flânerie aux terrasses des cafés et des restaurants, où l'on consomme les spécialités locales : tripes bastiaises, courgettes et sardines farcies au brocciu, « aziminu » (bouillabaisse) et produits de la mer. En saison, des chanteurs viennent, le soir, animer les lieux.

Prendre à droite sur le quai du Sud puis à gauche la rue du Colle, qui monte vers la citadelle et le quartier de Terra-Nova.

Citadelle★

Ceinturée de remparts du 15e s., elle fut édifiée par les Génois entre le 15e et le 17e s. Y pénétrer par la porte monumentale, dite «porte Louis-XVI» (fin 18e s.), qui mène à la **place du Donjon**, bordée de belles demeures. À l'intérieur du fortin, les bâtiments accolés au donjon bordent une petite cour et des jardins. Ils constituèrent le **palais des gouverneurs génois** du 15e au 18e s., puis celui du Conseil supérieur créé par Louis XV, avant d'être sérieusement endommagés en 1943.
Depuis la place du Donjon, les ruelles bordées de vieilles maisons de **Terra Nova★** (ville nouvelle), plus récentes d'un siècle que celles de Terra Vecchia, traversent la citadelle et mènent à l'ancienne cathédrale.

Église Ste-Marie★ (protocathédrale)

Surmontée d'un fronton rectangulaire, sa façade donne sur une petite place. Élevée à partir de 1495 par l'évêque de Mariana, cette église fut érigée en cathédrale en 1570 et le resta jusqu'au transfert de l'évêché de Corse à Ajaccio en 1801. Certaines transformations, comme le clocher, datent du début du 17e s.
L'intérieur majestueux, aux trois nefs richement décorées dans une harmonie joyeuse de rose et d'or, est un bon exemple du goût baroque. On remarque le dallage polychrome en marbres, blanc de Carrare, bleu de Corte, rouge d'Oletta, les soubassements des piliers et des murs de l'église, plaqués de roche verte (serpentine) du Bevinco. Dans le chœur, au-dessus de l'autel, se font face les **« cantorie »**, tribunes des chanteurs pratiquées dans l'épaisseur du mur. Dans les bas-côtés sont disposées des **chapelles de confréries**. Remarquez dans une niche vitrée du bas-côté droit le groupe de l'**Assomption de la Vierge★★**. La statue en argent fut ciselée au 18e s. à Bastia par un artiste siennois, Gaetano Macchi. On découvre, dispersés dans l'église, de belles statues de bois polychrome du 17e s. et des tableaux de la **collection du cardinal Fesch**, oncle de Napoléon Ier, qui fut un grand amateur d'art *(voir Ajaccio)*.

En sortant de Ste-Marie, tourner à droite et suivre le long du bas-côté gauche de l'église la rue de l'Évêché, dallée en escalier, jusqu'à l'entrée de la chapelle Ste-Croix.

Chapelle Ste-Croix★

Mai-sept. : tlj sf w.-end 9h-12h, 15h-18h ; reste de l'année : 9h-12h, 14h-17h. Elle fut construite par les deux plus puissantes

Que d'or !

Convoitée à toutes les époques, la Corse a vécu cinq siècles sous l'emprise des Génois : de 1284 à 1768. Bastia est alors la capitale de la Corse.
Aux 17e et 18e s., nombre d'églises et de chapelles sont bâties dans la région, témoins d'une certaine aisance et d'un regain de ferveur religieuse lié au mouvement de la **Contre-Réforme**. Ces édifices sont de **style baroque**, très inspiré de l'Italie du Nord. Ce qui frappe ici, c'est le contraste que l'on observe entres les façades sobres des églises et les intérieurs somptueusement décorés d'ors, de marbres, de peintures en trompe-l'oeil, de meubles en bois sculpté, de stucs dorés.

OÙ DORMIR
- Chambre d'hôte Château Cagninacci.... (1)
- Chez Raphaël............... (3)
- Cors' hôtel.................... (5)
- Hôtel Cyrnea.................. (7)
- Hôtel Posta Vecchia...... (9)
- La Corniche.................... (11)
- U San Martinu.................. (13)

OÙ MANGER
- A Casaïola......................... (1)
- A Casarella....................... (3)
- A Luna.............................. (5)
- Ferme-auberge U Licettu (7)
- Lavezzi............................. (9)
- La Renaissance............. (11)
- La Table du Marché....... (13)
- Les Blés d'Or................. (15)
- Les Chasseurs............... (17)
- Ostéria di u Portu.......... (19)
- U Capezzu...................... (21)
- U San Martinu................ (23)

confréries bastiaises de pénitents afin d'abriter un crucifix miraculeux, repêché en 1428. Ce **Christ des miracles★** (appelé aussi *U Cristu Negru* : le Christ Noir), œuvre la plus vénérée des paroissiens de Bastia, est exposé dans la chapelle latérale droite. Le 3 mai, une procession solennelle honore ce Christ des miracles, patron des pêcheurs bastiais.

L'intérêt de l'édifice réside aussi dans le somptueux **décor★★** rococo du 18e s., représentatif du style **« barocchetto »** génois. Sur le fond bleu du plafond de la nef se détachent harmonieusement des angelots et les gracieuses arabesques des stucs recouverts d'or. Le maître-autel en marbre polychrome est dominé par un majestueux retable de Giovanni Bilivert, *L'Annonciation*, de 1633. Remarquez également l'intéressant buffet d'orgue du 18e s. et un groupe processionnel en bois polychrome aux expressions théâtrales.

En sortant de Ste-Croix, remonter la rue de l'Évêché, tourner à gauche devant l'église Ste-Marie, puis tout de suite à gauche dans une ruelle qui longe l'édifice.

Une rampe voûtée donne accès au bastion Sud de la citadelle, aménagé en jardin public. Vue dégagée sur la côte Sud de Bastia, l'étang de Biguglia et la plage de la Marana.

Avant de quitter la citadelle, on flânera place Guasco et dans les venelles alentour.

Descendre vers le vieux port par le jardin Romieu.

Jardin Romieu

Sur les pentes de la citadelle, ce jardin verdoyant apporte fraîcheur et calme. Depuis un point de vue d'où l'on contemple les vieilles maisons du quartier de Terra Vecchia en contre-bas, un sentier tortueux se glisse parmi les palmiers, les lauriers, les pins et les plantes grasses. Un escalier à double révolution ramène au vieux port sur le quai du Sud.

Il faut aller jusqu'au bout de la **jetée du Dragon** pour avoir une **vue★★** remarquable sur le port. En arrière-plan, se profile l'échine montagneuse du cap Corse, souvent coiffée de « l'os de seiche », nuage annonciateur d'une *libecciada* (coup de libeccio, vent sec et chaud en été qui souffle en fortes rafales). Au large, par temps très clair, on distingue l'archipel toscan (du Nord au Sud : les îles Capraia, d'Elbe et de Montecristo).

Poursuivre la balade en longeant les quais jusqu'au môle génois.

Le **front de mer** *(quai des Martyrs-de-la-Libération)* qui relie le vieux port à la place St-Nicolas, est occupé par les terrasses de cafés d'où l'on peut apprécier le ballet des *car-ferries*, rencontrer en début ou fin de journée des pêcheurs, tout en prenant l'air du large. Remarquer l'intéressante façade du 17e s. du palais Galeazzani.

S'adonner aux plaisirs marins

RENDEZ-VOUS À LA PLAGE

Au Sud de Bastia

Suivre la N 193 vers le Sud, direction Bonifacio pendant 5 km. Tourner à gauche sur la D 107 qui passe entre la lagune et la mer.

Les eaux transparentes et le sable invitent à la baignade comme au séjour balnéaire. De la plage de l'Arinella à celle de Pinetto, cette longue plage (40 km) de **la Marana** est très appréciée par les Bastiais comme par les vacanciers.

Tout y est : villages de vacances, discothèques, restaurants au bord de la plage, hôtels, bases nautiques, balades à cheval, et l'ombre des pins parasol...

Club hippique de Biguglia – *San Damiano - ✆ 04 95 30 68 62 - www.c-h-b.com/index.html* – sur le lido de la Marana, entre le camping San Damiano et le village de vacances VVF profitez de ce beau cadre pour faire une balade équestre sur la plage. *1h : 18 €.*

Club Nautique Bastiais – *Lido de la Marana - plage de l'Igesa - 20600 Furiani - ✆ 04 95 32 67 33 ou 06 11 83 09 14 - www.ffv.fr/cn-bastia - été : 9h-18h30 ; le reste de l'année : 9h-12h, 14h-18h - fermé 15 déc.-15 fév.* – installé sur la plage durant tout l'été, le club propose des locations de catamarans, planches à voile, Optimists... ainsi que des cours, des raids maritimes en canoë ou des découvertes du littoral en bateau. Le club a aussi une adresse sur le quai du Sud au vieux port de Bastia.

Acti'Voile – *Villa St-Andréa - 20620 Biguglia - ✆ 04 95 33 52 88 - www.activoile.com*
Sur des voiliers modernes et confortables, les matelots en herbe peuvent s'adonner, en croisière accompagnée, aux joies de la navigation et découvrir les très beaux rivages du cap Corse ou visiter les îles d'Elbe et de Capraia.

À Bastia

Objectif Nature – *3 r. N.-D.-de-Lourdes - ✆ 04 95 32 54 34 - www.objectif-nature-corse.com - lun.-sam. 9h-12h, 14h30-18h - fermé 20 déc.-10 janv.* – kayak de mer, plongée sous-marine, parapente, activités équestres, randonnées pédestres, VTT, pêche en barque, rafting, hydrospeed, canyoning, etc. Cette boutique réunit tout ce qu'il faut pour les nombreux sports praticables dans la région et offre un service appréciable : la garde de vos bagages.

Au Nord de Bastia

Les criques sont le plus souvent bordées de galets. À la sortie Nord de la ville, on parvient en 15mn à pied depuis la place St-Nicolas, par l'avenue Émile-Sari, au nouveau **port de plaisance de Toga**. La marina regroupe restaurants, glaciers et bars, ainsi que douches et sanitaires. Juste après la sortie du port, on accède à une petite plage de galets.
Plus au Nord, le long de la côte orientale du cap Corse, vous pourrez vous baigner, entre autre à Grigione, Miomo, Lavasina et Erbalunga, ainsi que dans les marines de Sisco, de Pietracorbara ou à la belle plage de Tamarone (sable fin), au Nord de la station balnéaire de Macinaggio.

Base nautique – *Res Da Mare - ✆ 06 86 72 58 40 - juil.-août : tlj.* Cette base propose des locations de catamarans, lasers, optimists, planches à voiles mais aussi des stages et randonnées en mer, tous niveaux.

Cap évasion – *Sur le port - Macinaggio - ✆ 04 95 35 47 90 - 8h-19h30 - fermé de déb. oct. à mi-juin - location d'Open et de Zodiac (avec ou sans permis).* Un bon moyen pour découvrir les superbes criques et plages de la pointe du cap Corse, inaccessibles en voiture.

OU DANS L'EAU

Pour les amateurs de plongée ou de chasse sous-marine, les fonds marins aux environs d'Erbalunga et le long du Cap sont couverts d'une flore magnifique, notamment de **posidonies**. Lors de la plongée, on découvre ça et là dans les roches toutes sortes de poissons, tels que sars, corbs, mérous, murènes, congres, ainsi que des nacres, des gorgones, des oursins… ou des épaves plus ou moins antiques.
Respectez les espèces marines protégées : mérou, grande cigale, grande nacre, patelle géante. Le ramassage des oursins est interdit en été; pour connaître les dates précises d'ouverture : *✆ 04 95 32 84 60.*

Croisièr'a – *Quartier Giambelli à Bastia - ✆ 04 95 34 07 85 - www.croisiera.com.* Allier plongée et croisière, c'est la formule originale que propose Cyril de Basquiat au départ de Bastia.

Thalassa Immersion – *Lieu-dit Minelli, base nautique - sortie Nord Bastia - ✆ 04 95 31 78 90 ou 06 11 11 54 00 - thalassa.immersion@free.fr - tlj sf dim. apr.-midi 8h15-18h30 ; hors sais. : sur demande préalable - fermé déc. et dim. en été.* Ce grand centre propose des baptêmes, des stages de perfectionnement, des plongées de nuit ou l'exploration de nombreuses épaves d'avions et de bateaux datant de la Seconde Guerre mondiale (P47, Heinkell 111, canonnière…).

Dollfin Centre – *Marine de Sisco - 20233 Sisco - ✆ 04 95 58 26 16 - www.dollfin-plongee.com - tte l'année, hors sais. sur réserv.* – à 16 km au Nord de Bastia, cette école de plongée a un spot privilégié pour les petites profondeurs au cap Sagro. Elle organise des baptêmes, des stages de perfectionnement et des plongées de nuit.

Capi Corsu Diving – *Port de Plaisance - Macinaggio - ✆ 04 95 35 48 57 ou 06 85 75 17 06 - tte l'année* – ce centre de plongée accueille petits et grands dès l'âge de 8 ans. Seul avec un moniteur, selon votre niveau, vous explorerez le petit sec de Sainte-Marie, le grand Danger, la Giraglia, des épaves, en compagnie des mérous, murènes, poulpes.

Objectif « becs et plumes »

LA RÉSERVE NATURELLE DE BIGUGLIA★

6 km au Sud de Bastia. Quitter Bastia par le Sud et rejoindre la N 193. Après avoir traversé la ville nouvelle de Lupino, prendre à gauche la D 107 vers Marana-Plage. La route passe par un étroit cordon littoral entre l'étang de Biguglia et la mer.

Étang de Biguglia★

D'un intérêt écologique de premier ordre, le plus grand étang de Corse couvre une surface de 1 800 ha pour une longueur de 11 km, et une largeur au maximum de 2,5 km. Il constitue l'une des étapes essentielles des espèces migratrices et hivernantes sur l'axe Europe-Afrique. L'étang et sa périphérie hébergent une population unique d'oiseaux, plus de 120 espèces dont près de 50 hivernants et plus de 60 migrateurs estivants, avec des oiseaux rares comme le grand cormoran, le héron pourpré, le foulque macroule, le crabier chevelu... qui apprécient cette halte inscrite sur la liste des zones humides d'importance internationale et à l'inventaire européen des zones pour la conservation des oiseaux sauvages. Ses bassins de faible profondeur (environ 1 m) communiquent avec la mer par un chenal, ou grau. L'importante densité de **tortues cistudes** contribue à la réputation de ce patrimoine naturel unique en Méditerranée occidentale. L'activité halieutique a repris son essor ces dernières décennies. Mulets et surtout anguilles fréquentent les eaux de la lagune. L'anguille a d'ailleurs longtemps constitué la principale ressource de Biguglia *(La pêche est interdite)*.

Sa richesse botanique n'est pas moindre. Grâce à son cordon lagunaire, ou lido, constitué des alluvions de l'ancienne embouchure du Golo et de la source d'eau de mer située à son extrémité Nord, l'étang abrite une exceptionnelle variété de végétaux ; certains sont mêmes très rares dans un paysage de vasières, de prés salés et de prairies : aulnes, tamaris, etc. À Mucchiatana, au Sud de l'embouchure du Golo, le site abrite un remarquable boisement de genévriers à gros fruits.

Le meilleur moyen pour observer les oiseaux est naturellement la balade à pied. N'oubliez pas vos jumelles.

Sentier de découverte du Tombulu Biancu

Comptez 1h à 1h30. Le point de départ se situe sur le parking de la plage de Tombulu Biancu, sur la commune de Furiani.

Le cordon littoral est ici très étroit ; le sentier suit l'étang. On observe çà et là des échassiers (héron et aigrette garzette) ou des goélands, perchés sur les piquets des palissades qui servent à retenir poissons et alevins dans l'étang du mois de juin au mois de février. Durant cette période, les verveux sont levés tous les deux jours : ces filets de pêche en forme d'entonnoir servent à capturer les anguilles, tandis que les tramails permettent de pêcher les mulets.

Le sentier rejoint la route D 107. Pour revenir au parking, traverser le lido et rentrer en longeant la plage.

G. Magnin / MICHELIN

Le cap Corse est un spendide promontoire montagneux qui plonge dans la mer.

Un balcon sur la mer Tyrrhénienne

LES MARINES ORIENTALES DU CAP CORSE★★

Circuit au départ de Bastia. 80 km, 1 journée sans les randonnées.
Quitter Bastia vers le Nord par la D 80.

Après avoir longé la plage et le port de plaisance de Toga puis la station balnéaire de Pietranera, la route épouse les sinuosités du littoral et fait découvrir des pay-

sages splendides. De belles églises romanes sont les témoins architecturaux de la présence pisane dans la région dès le 9e s. La prospérité de la région au 16e s., grâce aux chantiers navals, aux vins cap-corsins, et au négoce des produits agricoles de la Balagne, l'exposa aux incursions barbaresques. C'est alors que furent construites les tours qui jalonnent la côte : elles servaient à alerter la population en cas d'attaque de pirates venus de Tunis ou d'Alger, à l'époque de la guerre de course entre chrétiens et musulmans pour contrôler les routes maritimes.
La route passe par des villages escarpés et des marines blotties dans les échancrures de la côte enocre bien préservée.
Le Cap offre à l'amateur de chasse ou de plongée sous-marine des fonds rocheux et des eaux claires très poissonneuses, et à tous les amateurs de baignade de jolies plages de sable ou de galets, comme à Macinaggio ou à Barcaggio.

Miomo

Le village conserve en bordure de mer une solide tour génoise, campée sur des affleurements de schiste vert. La vue de la petite plage de galets, dominée par sa tour, est un peu l'image d'Épinal des tours génoises du cap Corse.

Continuer sur la D 80. À l'entrée Sud de Lavasina, quitter la D 80 et emprunter la D 54 sur 5,5 km jusqu'à Pozzo.

La route s'élève sur un vaste versant dominant la mer, où sont établis les villages de Poretto et Pozzo. Le campanile du couvent des capucins se dresse au sommet de la pente parmi les pins centenaires. Au couvent, prendre à gauche la route en montée vers le centre du village.

Randonnée au sommet du Monte Stello★★★

6h AR depuis le centre du village, sans les haltes (1 000 m de dénivelé). La randonnée ne présente pas de difficulté majeure, mais il faut s'assurer auparavant de la persistance du beau temps. Ce secteur est en effet sujet à de brusques arrivées de brouillard rendant le retour très risqué. Pendant les journées de grande chaleur estivale, l'excursion est peu recommandée à cause des brumes limitant la visibilité.
L'itinéraire emprunte les ruelles indiquées par un balisage orange intermittent, puis utilise un sentier bien tracé qui s'élève rapidement au-dessus du village. Lorsque la pente s'adoucit, le chemin longe les gorges du torrent Arega, puis grimpe jusqu'aux **bergeries de Prunelli** (abri aménagé et source). Le sentier s'achemine ensuite vers une brèche (Bocca di Sta Maria) et aborde le versant Ouest du massif. On aperçoit alors la pyramide du Monte Stello dont on gagne l'arête faîtière par le Nord. Après avoir contourné par l'Ouest la pyramide sommitale, on débouche au sommet (1 307 m). Par temps très clair, le **panorama**★★★ est saisissant. La vue embrasse l'ensemble du Cap, à sa base le golfe de St-Florent et l'arrière-pays ondulé des Agriates, la Balagne et les contreforts étagés des massifs centraux. À l'Est, l'archipel toscan ponctue l'horizon dans la mer Tyrrhénienne, qui s'étend entre la Corse, la Sardaigne, la Sicile et la botte italienne (son nom en latin désignait l'Étrurie).

Poursuivre par la D 54 qui descend rapidement vers Erbalunga.

Erbalunga★

Cette jolie marine aligne ses vieilles maisons sur une pointe de schiste vert terminée par une tour génoise de 1561. Celle-ci garde fière allure, bien qu'elle soit en ruine. Erbalunga invite à la flânerie autour du petit port de pêche, dans les ruelles en escalier, ombragées de platanes, de lauriers et de palmiers. Le site attira de nombreux peintres dans les années 1930.
Au Nord d'**Erbalunga**, le paysage devient plus sauvage et les pentes se couvrent de maquis.

S. Sauvignier / MICHELIN

Une tour génoise guettant le grand large.

Sisco

La commune comprend une modeste marine en bordure de la route côtière, un club de plongée (Dollfin) et plusieurs hameaux d'altitude disséminés de part et d'autre d'une vallée verdoyante. La **villa St-Pierre** (privée) est l'une des

Ce parfum… c'est la Corse !

Au printemps, tout particulièrement, le cap Corse est couvert de fleurs. Le maquis dégage alors des arômes puissants. Les cistes de Montpellier et les cistes à feuille de sauge constellent les basses pentes de leurs fleurs blanches, les cistes de Crète mettent des touches mauve-rose. Les calycotomes forment des magnifiques buissons fleuris jaunes au parfum de miel, qui se mêle aux odeurs du romarin et du thym. Les cyclamens ornent de petites fleurs violettes les sous-bois. Le myrte, dont les baies d'un noir bleuâtre servent à la fabrication d'une liqueur, pousse dans le bas maquis. Les bruyères et les hellébores forment des bouquets magnifiques. Le lentisque dégage une odeur résineuse : ses baies comme celles des genévriers font les délices des merles. Depuis quelques années, les distilleries de l'île exploitent certaines de ces essences (myrte, romarin, lentisque…) pour en extraire les huiles essentielles utilisées en parfumerie.
À part quelques cochons sauvages, on ne risque pas de faire de mauvaises rencontres lorsque l'on se promène dans le maquis : ni vipères ni bandits !

belles demeures construites par les Cap-Corsins qui émigrèrent dès le milieu du 18e s. en Amérique. Ces émigrés ayant fait fortune, notamment au Venezuela, revenaient dans leur village d'origine où ils faisaient édifier des pseudo-palais Renaissance ou des maisons de style sud-américain.
La **marine de Pietracorbara** offre une agréable plage (mélange de sable et de galets) de plus d'un kilomètre de long.

Entre Sisco et Macinaggio, la route traverse plusieurs zones de chênes verts. Peu avant Macinaggio apparaît la vigne. Cette région du cap produit en effet un muscat apprécié. Rendez-vous par exemple au domaine Pieretti, à Santa Severa, sur la commune de Luri pour une dégusation de coteaux du cap Corse (*✆ 04 95 35 01 03)*. On vous manifestera ici, comme le plus souvent dans le Cap, un accueil chaleureux.

Macinaggio

Depuis l'Antiquité, le mouillage est apprécié des navigateurs à cet endroit. Cette station balnéaire, dominée par les hameaux de Rogliano, et ses bars et restaurants sur le port, peut abriter près de 600 bateaux de plaisance dans son port moderne, très fréquenté en été. Un splendide « sentier des douaniers » jalonné de tours génoises part de la plage de Macinaggio et épouse le littoral protégé. De là, on a de beaux points de vue sur les **îles Finocchiarola.**

Sentier des Douaniers★

3h à pied environ de Macinaggio à Barcaggio – 3/4h jusqu'à la chapelle de Santa Maria. Randonnée sans difficulté particulière. L'itinéraire est praticable toute l'année mais est plus agréable au printemps et à l'automne. S'informer au préalable des conditions météo, ✆ 08 36 68 02 20. Être bien chaussé et emporter de l'eau, ainsi qu'un pique-nique.

Le sentier débute à l'extrémité Nord de la longue plage de galets recouverte d'une épaisse banquette de feuilles de posidonie. En effet, ces plantes marines laissent parfois des débris de feuilles mortes qui, soumises au va-et-vient de l'eau, stagnent puis se transforment en pelotes fibreuses. L'itinéraire, balisé en jaune, épouse les anfractuosités du littoral, ponctué de deux tours génoises.
Après avoir contourné le premier promontoire, on atteint la belle **plage de sable** blottie au fond de la **baie de Tamarone**. Le sentier contourne ensuite par l'Est le Mont di a Guardia et redescend en vue de la première tour génoise. Il pénètre dans la **zone protégée de Capandula** *(voir le panneau explicatif sur la plage de Tamarone)*. Le promeneur traverse des prés d'asphodèles piquetés de buissons de lentisques tordues par les vents. En face, on distingue **les îles Finocchiarola** *(accessibles uniquement en bateau privé)*.
Dans un site désert, la **chapelle de Santa Maria**, bâtie au 12e s. sur les vestiges d'un édifice paléochrétien du 6e s., présente une curieuse abside jumelée.
En reprenant le sentier, on atteint **l'anse de Santa Maria**. Posée dans l'eau d'un bleu profond, se dresse la tour génoise ruinée de **Santa Maria di a Chjapela**. En poursuivant le long de la côte, on rejoint la cala Francese.
Le mont Bughju, qui ferme au Nord cette anse, conserve des vestiges intéressants de la présence romaine dans cette zone stratégique, dont un oppidum du 2e s. av. J.-C.
Le maquis bas, maintes fois éprouvé par le feu, n'abrite plus de chênes verts. Il épouse un relief aux formes arrondies, où les pentes douces mènent à un cirque de crêtes qui barre l'horizon vers le Nord-Ouest. Le sentier se poursuit vers la **tour d'Agnello**, qui

marque une des pointes septentrionales du cap Corse. Au bout de ce cap, soumis à des vents perpétuels, le ciel et la mer sans cesse agités prennent des couleurs d'une grande pureté.
Au Nord, l'**île de la Giraglia** dominée par son phare puissant, constitue un repère rassurant, car la zone est très difficile pour la navigation. À l'Est, plus loin sur l'horizon, s'impose **l'île toscane de Capraia**. Par temps clair parfois, la masse sombre de **l'île Gorgona** fait une apparition.
En atteignant les dunes de la plage de Cala, le sentier longe la zone marécageuse qui borde le petit port de **Barcaggio**. Du côté Est s'étend une longue et belle plage de sable fin et de galets, où il n'est pas rare de voir des vaches se promener ou reposer sur les amas de posidonie.

La beauté du Cap par la mer

Bateau U San Paulu – *Immeuble Saladini - 20248 Maccinaggio - ✆ 04 95 35 07 09 ou 06 14 78 14 16 - www.lebateau.fr.st.* L'équipe du *San Paulu* propose de découvrir le Cap par la mer, soit lors d'une visite commentée avec une halte baignade, soit en prenant le bateau jusqu'à Barcaggio d'où l'on revient à Macinaggio par le sentier des Douaniers *(voir ci-dessus)*, on peut aussi revenir en bateau, soit en se faisant débarquer dans une crique sauvage inaccessible en voiture.

Le « plus » nature

Au printemps, l'extrémité septentrionale du cap Corse est une halte très fréquentée par les oiseaux migrateurs, surtout des passereaux (grives, bécasses, hirondelles, martinets) de retour d'Afrique. Le marais de Macinaggio, l'embouchure de l'Acqua Tignese et le maquis sont des lieux très appréciés par les amateurs d'ornithologie. Depuis 20 ans, des ornithologues pratiquent à Barcaggio le baguage des migrateurs, ainsi peuvent-ils connaître leur origine et leur destination.
L'association Les Amis du parc naturel régional de la Corse (groupe ornithologique) organise des sorties à la journée, tant au Nord du cap Corse qu'à l'étang de Biguglia. *Maison Romieu - 15 r. du Pontetto - 20220 Bastia - ✆ 04 95 32 71 63 - www.amis-du-parc-naturel-corse.org*

Réserve naturelle des îles Finocchiarola

Accès interdit du 1er mars au 31 août. Se conformer à la réglementation en vigueur dans les réserves naturelles. N'oubliez pas les jumelles.
Elle comprend un ensemble de quatre îlots dominés par une tour génoise. C'est un précieux refuge où nidifie le **goéland d'Audouin**. Cet oiseau marin, propre à la Méditerranée et identifiable à son bec rouge et noir, est plus petit que le goéland commun, également présent dans ce secteur. Plus au Nord, l'île de la Giraglia abrite des colonies de goélands communs et de cormorans huppés. Ces derniers sont reconnaissables à leur plumage noir, leur long cou et leur vol au ras de l'eau.

De retour vers Bastia, suivre la D 80 jusqu'à Lavasina.

Lavasina

Ce hameau, agréablement situé en bordure d'une plage de galets, est célèbre par son sanctuaire (église N.-D.-des-Grâces) : la tradition locale veut que le tableau représentant la Vierge et l'Enfant (16e s.) soit miraculeux. De nombreux pèlerinages s'échelonnent durant tout le mois de septembre et en particulier le 8 : la veille, une procession aux flambeaux parcourt la plage. Une foule considérable, venue de toute l'île, participe à cette veillée qui s'achève par une messe de minuit.

Dans Miomo, prendre à droite la D 31 qui monte en direction de San-Martino-di-Lota.

La route serpente à flanc de montagne, passe au pied de deux cascades avant d'arriver à Acqualta, principal hameau de San-Martino-di-Lota.

San-Martino-di-Lota

La placette qui borde l'église d'**Acqualta** offre une vue plongeante sur la vallée profonde. L'église est flanquée d'un élégant clocher à deux étages. Après San-Martino-di-Lota la route est taillée en **corniche★** dans les schistes verts aux reflets dorés.

Ste-Lucie

De cette église perchée sur un rocher, la **vue★★** se développe sur Bastia avec son port et sa citadelle, l'étang de Biguglia et l'archipel toscan.

Retour à Bastia par la D 31 puis la D 64 en passant par le village résidentiel de Cardo.

Bastia et sa côte pratique

OÙ S'INFORMER

Office de tourisme – *Pl. St-Nicolas - 20200 Bastia - ☎ 04 95 54 20 40 - www.bastia-tourisme.com - de mi-juin à mi-sept. : 8h-20h ; reste de l'année : 8h30-12h, 14h-18h, dim. 9h-12h.*

Maison du Cap Corse – *Toga - 20200 Ville-de-Pietrabugo - ☎ 04 95 31 02 32 - www.destination-cap-corse.com - tlj sf w.-end 8h-12h, 14h-18h, vend. 8h-12h, 14h-17h.*

Capitainerie du vieux port de Bastia – *☎ 04 95 31 31 10 - sais. : 7h-20h en sais. ; hors sais. : 8h-12h, 14h-17h.*

Capitainerie de Port Toga – *☎ 04 95 39 90 70 - 8h-20h en saison - 8h-12h, 14h-18h hors sais.*

Capitainerie de Macinaggio – *☎ 04 95 35 42 57 - sais. : 7h-21h ; hors sais. : 8h30-12h, 14h-17h.*

Météo France – *☎ 0 892 68 02 20.*

Température de l'air – Moyenne de 9,5 °C et 29 °C en août. 68,4 jours de pluie / an.

OÙ DORMIR

⊖ **Hôtel Posta Vecchia** – *R. Posta-Vecchia – 20200 Bastia - ☎ 04 95 32 32 38 - hotel-postavecchia@wanadoo.fr - 51 ch. 41/78 € - ☕ 6,50 €.* Retenez cet hôtel pour sa situation en plein cœur de la vieille ville, en face du port. Les chambres sont très modestes mais bien tenues ; certaines sont climatisées notamment dans l'annexe.

⊖ **Cors'hôtel** – *RN 193 - 20620 Biguglia - 6 km au S de Bastia par RN 193 - ☎ 04 95 30 02 00 - P - 61 ch. 44,50/74 € - ☕ 7 € - rest. 14,50/19,50 €.* En léger retrait de la zone commerciale du Sud de la ville, construction des années 1980 tournée vers un jardin verdoyant agrémenté d'une piscine et d'un court de tennis. Chambres fonctionnelles et pratique pour les familles modulables de 2 à 4 couchages.

⊖ **Hôtel La Corniche** – *20200 San-Martino-di-Lota - 8 km au NO de Bastia par D 80 (vers cap Corse) puis D 131 à Pietranera - ☎ 04 95 31 40 98 - info@hotel-lacorniche.com - fermé 1er janv.-15 fév. - P - 19 ch. 58/99 € - ☕ 8 € - rest. 26/45 €.* Dans un petit village de l'arrière-pays, cet hôtel ouvre les fenêtres de ses chambres sur la vallée et la mer. Une vue époustouflante qui compense le sobre décor de cette maison tranquille. Belle piscine et menus du terroir copieusement servis.

⊖ **Hôtel Cyrnea** – *20200 Pietranera - 3 km au N de Bastia par D 80 - ☎ 04 95 31 41 71 - hotelcyrnea@wanadoo.fr - fermé 15 déc.-15 janv. - P - 20 ch. 60/81 € - ☕ 6 €.* Dans cet hôtel situé près de l'église du village de Pietranera, vous descendrez vers la mer par un jardin en espaliers. Les chambres sont sobres, classiques et bien insonorisées.

⊖ **Chambre d'hôte U San Martinu** – *Marina de Sisco - 20233 Sisco - 6 km au N d'Erbalunga par D 80, rte de Centuri - ☎ 04 95 35 25 78 - usanmartinu@wanadoo.fr - fermé de fin oct. à déb. avr. - ☒ - 4 ch. et 3 gîtes 36/60 € ☕ - repas 20 €.* Dans cette ferme récente aménagée en chambres d'hôte, la famille Moneglia, dans le métier depuis plusieurs générations, a su apporter la touche de rusticité nécessaire pour rendre l'atmosphère un peu plus authentique. Une cuisine corse généreuse, souvent composée de produits maison, est servie au bord de la piscine.

⊖ **Chambre d'hôte Chez Raphaël** – *20248 Macinaggio - ☎ 04 95 35 40 49 - ☒ - 4 ch. 30/65 € - ☕ 5 € - repas 21 €.* Cette énorme bâtisse en pierre, initialement destinée à servir de gare, abrite des chambres sympathiques, habillées de couleurs chaudes et bénéficiant toutes d'une terrasse privative. Petit-déjeuner au restaurant « Ostéria di u Portu », sur le port, où vous pourrez aussi goûter des spécialités corses.

⊖⊖ **Chambre d'hôte Château Cagninacci** – *20200 San-Martino-di-Lota - 8 km au NO de Bastia par D 80 (vers cap-Corse) puis D 131 à Pietranera - ☎ 06 78 29 03 94 - www.chateaucagninacci.com - fermé oct.-14 mai - ☒ - 4 ch. 72/97 € ☕.* Agrippé à flanc de montagne, divin couvent de capucins du 17e s. remanié au 19e s. dans l'esprit des demeures toscanes. Rénové avec goût, il offre des chambres spacieuses meublées à l'ancienne et des salles de bains modernes impeccablement tenues. Le calme y est absolu et le panorama superbe.

OÙ MANGER

⊖ **Les Blés d'Or** – *7 av. Émile-Sari - 20200 Bastia - ☎ 04 95 36 39 50 - 6h-20h30 - ☒ - 4/7,50 €.* Dans cette boulangerie-pâtisserie qui fait également salon de thé, la carte vous met l'eau à la bouche avec son choix appétissant de pains et de douceurs corses. À proximité immédiate de la place St-Nicolas, un lieu parfait pour une petite pause gourmande ou un déjeuner léger.

⊖ **La Renaissance** – *30 r. César-Campinchi - 20200 Bastia - ☎ 04 95 31 17 94 - fermé dim. - 15 €.* Depuis trois générations, les pizzaïoli de cette affaire familiale se passent le flambeau et se transmettent la recette de la pizza Renaissance (fromage corse et figatellu), très prisée par les habitués. À la saison chaude, on apprécie la fraîcheur du caveau et de ses murs en pierre.

⊖ **U San Martinu** – *Pl. de l'Église - 20200 San-Martino-di-Lota - 10 km au NO de Bastia par D 31 - ☎ 04 95 32 23 68 - usanmartinu@hotmail.com - fermé 15 déc.-15 janv. et lun. en hiver - ☒ - 8/20 € - 10 ch. 40 €.* La route qui grimpe jusqu'à cette vénérable maison corse est étroite et sinueuse, mais une fois arrivé, quel bonheur ! La vue sur la mer est féerique et vous vous régalerez de produits et vins du pays, servis dans un très joli cadre campagnard. Quelques chambres simples dont certaines avec vue.

A Casaïola – *Marine de Sisco - 20233 Sisco - 04 95 35 21 50 - fermé oct.-avr. - 10/19 €.* Cuisine traditionnelle au feu de bois, poisson du jour et spécialités de la mer, à déguster dans une coquette salle à manger ou sur la terrasse ombragée, les pieds dans l'eau, face aux îles d'Elbe et de Capraia. Que demander de plus ?

Les Chasseurs – *20233 Marine-de-Pietracorbara - 04 95 35 21 54 - www.hotel-les-chasseurs.com - hôtel fermé de déb. déc. à mi-mars ; rest. ouv. tte l'année, oct.-déc. uniquement le midi - 13/20 €.* Il règne une ambiance décontractée dans ce sympathique restaurant familial situé à deux pas de la plage. Aux beaux jours, les spécialités locales et les plats du jour sont servis sous la tonnelle. Après le repas, laissez-vous tenter par une partie de pétanque… Chambres simples et calmes.

Ferme-auberge U Licettu – *Lieu-dit Bruschietta - 20233 Pietracorbara - 04 95 35 25 98 ou 06 10 05 97 00 - www.ulicettu.fr.st - fermé nov.-mars - - réserv. obligatoire - 16/25 €.* Dans un cadre à la fois champêtre et pittoresque, ce restaurant décline les spécialités culinaires corses, au gré des saisons : veau, sanglier, grillades et terrines. On vous propose aussi un hébergement en chambres de plain-pied ou un camping à la ferme, sous les chênes. Départ de randonnées à dos d'âne.

U Capezzu – *Santa Severa - Marine de Luri, au port - 20228 Luri - 04 95 35 03 23 - hotel.lamarine@wanadoo.fr - fermé de fin oct. au 1er avr. - 13/20 €.* Ce restaurant sans prétention et sa terrasse occupent une place de choix sur le port. À l'intérieur, décor simple avec mobilier en bois et carreaux rouges au sol. Spécialités du terroir et arrivages journaliers de poissons.

Ostéria di u Portu – *20248 Maccinaggio - 04 95 35 40 49 - fermé oct.-mars sf le w.-end - - 14,50/22 €.* Un lieu fort agréable que ce restaurant joliment décoré d'objets de la ferme et de photographies de chasseurs corses, avec sa terrasse située face au port. Dans l'assiette, plats traditionnels et un menu de la mer.

A Luna – *20228 Santa-Severa - 04 95 35 03 17 - fermé oct. - 25 mai et lun. en sept. - 15/45 €.* Vous apprécierez l'ambiance décontractée de ce modeste bar-restaurant situé sur la marine de Luri-Santa-Severa. Intérieur refait, agréable terrasse semi-couverte, carte simple faisant la part belle aux produits de la mer et petits prix au déjeuner comme au dîner ajoutent au plaisir de fréquenter l'adresse.

A Casarella – *R. Ste-Croix - 20200 Bastia - 04 95 32 02 32 - fermé nov., sam. midi et dim. - 30 €.* Adresse simple au cœur de la citadelle : avec sa véranda-terrasse et sa décoration façon jardin d'hiver, elle est appréciée des clients. Petite carte bien tournée avec spécialités du terroir, dont le fiadone.

La Table du Marché – *Pl. du Marché - 20200 Bastia - 04 95 31 64 25 - fermé dim. - 24 € déj. - 21/39 €.* Ce sympathique restaurant présente un cadre cosy et une cuisine irréprochable ; on n'y travaille que des produits frais. Poissons à l'aïoli, charcuterie corse de village ou tripette à la bastiaise composent autant de petits plats soignés et savoureux à déguster, aux beaux jours, sur la jolie terrasse.

Lavezzi – *8 r. St-Jean - 20200 Bastia - 04 95 31 05 73 - fermé du 10 fév. à fin mars et dim. hors sais. - 23/36 €.* Le plus ancien restaurant de Bastia (ouvert en 1940) et, sans doute, l'une des plus belles terrasses sur le vieux port ! Le décor sans façon s'égaye çà et là de quelques bouquets de fleurs artificielles. La carte propose un large choix de produits de la mer.

G. Magnin / MICHELIN

QUE RAPPORTER

U Muntagnolu – *15 r. César-Campinchi - 20200 Bastia - 04 95 32 78 04 - tlj sf dim. 9h-12h30, 14h-20h - fermé j. fériés.* La Corse est réunie ici, du salé au sucré en passant par le liquide. Charcuterie, fromages, huile d'olive, vins, liqueurs, miel A.O.C., confitures, fruits confits, aromates, rien ne manque à l'appel et tout a été sélectionné avec soin. Dégustation de charcuterie. Expédition possible de certains produits.

U Paese – *4 r. Napoléon - 20200 Bastia - 04 95 32 33 18 - www.u-paese.com - tlj sf dim. 9h-12h, 15h-19h.* Dans sa boutique, où le bois et la pierre évoquent les origines paysannes du propriétaire, Ange Bereni aime partager sa passion pour la gastronomie corse. Ce charcutier de talent ne propose que des produits de saison, ce qui est un gage de qualité.

L'anse de Bonifacio★★★ 37

CARTE MICHELIN LOCAL 345 D 11 – CORSE-DU-SUD (2A)

Bonifacio est séparé du rivage par une ria longue de 1 500 m au fond de laquelle apparaît une jolie marine, où le trafic des bateaux assure un spectacle permanent. De la mer, la ville haute présente un aspect encore plus saisissant avec ses maisons anciennes bâties au sommet des falaises hautes de 60 m, battues par les vents et les vagues. Aux alentours les belles plages de sable aux eaux limpides attirent les amateurs de baignade, de promenade à cheval et les passionnés de sports de glisse ou de voile.

ARRIVER À BON PORT

Par avion – L'**aéroport de Figari** est relié par lignes régulières à Paris-Orly, Lyon, Nice et Marseille. En saison, vols depuis Bordeaux, Lille, Montpellier, Nantes, Strasbourg Toulouse, Genève et Rome (Air France, Air Littoral). Pour les coordonnées de l'aéroport et des compagnies aériennes, voir p. 312.
L'aéroport est à 4 km au Nord-Ouest de Figari, et à 22 km de Bonifacio. En sortant de l'aéroport prendre la D 322 puis tourner à droite sur la D 859 qui rejoint la N 196, que l'on prend à gauche.

En bateau – Il n'y a pas de liaison maritime directe avec le continent.
Ceux qui ont la chance de pratiquer la plaisance n'oublieront jamais l'arrivée à Bonifacio par la mer : on passe entre les falaises de calcaire dans le goulet, sujet aux sautes de vent pour arriver au port animé à l'abri des vents.

En voiture – L'approche de Bonifacio par la route de Sartène ou par celle de Porto-Vecchio fait apparaître cette cité médiévale comme un magnifique « bout du monde », isolé du reste de l'île par un vaste et aride plateau calcaire.
Il est recommandé (en été) de laisser la voiture aux parkings de la marine et de monter à la ville haute à pied ou avec le petit train touristique.

Petit train touristique – ✆ 04 95 73 15 07 ou 04 95 73 13 16 - juil.-août : 9h-0h (35mn + arrêt en ville) ; avr.-juin et sept.-oct. : 9h-18h - 5 € (enf. 2,50 €). Il effectue en saison un circuit dans la vieille ville depuis les parkings du port.

CIRCULER

Des services réguliers de bus et taxis assurent la liaison entre l'aéoroport de Figari et Bonifacio (22 km).

Bus – ✆ 04 95 71 00 11. Une desserte est assurée uniquement en juil.-août - 8 €.

Taxi – ✆ 04 95 71 04 45. Pour la marine, compter environ 34 €.

Location de voitures – La plupart des agences de location de voitures sont représentées à l'aéroport :
Ada – ✆ 04 95 71 05 05 ;
Avis – ✆ 04 95 71 00 01 ;
Budget – ✆ 04 95 71 04 18 ;
Citer – ✆ 04 95 71 02 00 ;
Europcar – ✆ 04 95 71 01 41 ;
Hertz – ✆ 04 95 71 04 16.

BON À SAVOIR

Pour se garer en saison dans les parcs de stationnement aménagés dans la citadelle il faut une bonne dose de patience.
Par beau temps et mer calme, les excursions en mer durent d'une heure à une demi-journée, voire une journée pour l'île Lavezzi *(voir p. 345)*.
Les bouches de Bonifacio étant l'un des lieux les plus ventés d'Europe, la rotation des navires entre la Corse et la Sardaigne peut être annulée sans préavis.
Les amateurs de pêche ne manqueront pas de belles prises de daurades grises dans les bouches de Bonifacio.
La balade au cap Pertusato en fin d'après-midi permet d'admirer les îles Lavezzi dans la lumière du soleil couchant.

S. Sauvignier / MICHELIN

Bonifacio et ses falaises depuis la mer.

Des escales saisissantes

LA MARINE★

Pour situer les lieux, reportez-vous au plan p. 335. Visite 45mn.

Le quartier du port, dominé par l'imposant bastion au Sud, protégeait jadis l'entrée de la citadelle. Il est placé sous la protection de saint Érasme, patron des navigateurs. Durant les mois de juillet et août, ce havre naturel bien abrité connaît un trafic incessant de bateaux de plaisance, qui côtoient des yachts et des bateaux de pêche colorés.

Les hôtels, restaurants, cafés et magasins de souvenirs le long du quai entretiennent en saison une activité qui se prolonge tard dans la nuit. Avis aux amateurs de glaces et de sorbets, **François Rocca-Serra**, le fameux glacier de Bonifacio se trouve 17 quai Comparetti. Le quartier Nord contraste, avec ses constructions récentes, certaines à arcades ou avec piscine, qui alignent leurs toitures roses inégales. C'est le quartier de **Giovasole**.

Aquarium

71 quai Comparetti - ✆ 04 95 73 03 69 - ♿ - de déb. juil. à mi-sept. : 9h30-0h ; avr.-juin et de mi-sept. à mi-oct. : 10h-20h - fermé de mi-oct. à fin mars - 3,80 € (enf. 1,90 €).

Dans une grotte naturelle, treize aquariums présentent d'une manière attrayante la faune marine corse : crabe galathée strié de rouge et bleu, labre aux couleurs changeantes, murène, homard bleu. Selon l'époque, on peut voir des œufs de roussettes (petits squales) accrochés à des ramures.

Col St-Roch

À gauche de l'église St-Érasme, un large chemin pavé, en escalier, permet d'accéder au col où s'élève une modeste chapelle. Ce belvédère naturel offre une **vue★★** très étendue sur le large, jusqu'aux côtes de la Sardaigne, et sur les hautes falaises calcaires aux strates burinées par la mer, le bastion et la marine. À gauche, le **Grain de sable**, dont la base est sapée par les vagues, dresse sa silhouette familière en avant de la falaise.

Du col St-Roch, un escalier descend à la petite **plage de Sutta Rocca** et un sentier longe le bord des falaises jusqu'au cap Pertusato, offrant de superbes **vues★★** sur la vieille ville.

Une ville libre

Érigée en commune au 9e s., Bonifacio vécut plusieurs siècles de piraterie. Cependant, Pise et Gênes étaient désireuses de contrôler ce port naturel qui permettait de surveiller la Méditerranée occidentale. En 1187, les Génois réussirent à s'infiltrer par ruse et huit ans plus tard, après en avoir chassé les habitants, ils y installèrent une colonie. La ville fut dotée de nombreux privilèges et devint une sorte de république autonome, battant monnaie. Au fil des siècles, elle demeura l'une des plus fidèles places génoises de Corse.

LA VILLE HAUTE★★

Visite 2h. Les piétons y accèdent par les montées Rastello et St-Roch, longue rampe qui mène à la porte de Gênes ou par le petit train qui part des parkings de la marine. Les automobilistes peuvent laisser leur véhicule à l'un des parkings (P3 à P7) situé à l'entrée de la citadelle. La vaste place Bir-Hakeim donne accès à la vieille ville.

La ville haute comprend **la vieille ville**, à l'ambiance moyenâgeuse, et la citadelle. À l'extrémité Ouest du plateau s'étend le Bosco, avec le cimetière marin et l'esplanade St-François.

La route d'accès à la ville haute a été créée par Napoléon III. Elle contourne le bastion de l'Étendard et domine le goulet de Bonifacio. Puis elle se sépare en deux au niveau de la **colonne romaine** découverte sur l'îlot de San Baïnzo faisant office de monument aux morts : la voie de droite conduit à la gare maritime (embarquement des voitures pour la Sardaigne) et la rampe de gauche permet de pénétrer dans la vieille ville par le tunnel creusé sous le fort St-Nicolas. La sortie se fait par la **porte de France** (1854).

Église St-Dominique★

Derrière la mairie, pl. de l'Europe - ✆ 04 95 73 11 88 - possibilité de visite guidée sur demande (hors juil.-août) à l'Office de tourisme - juil.-août : 9h-20h. - 2,50 € (2-16 ans 1,50 €).

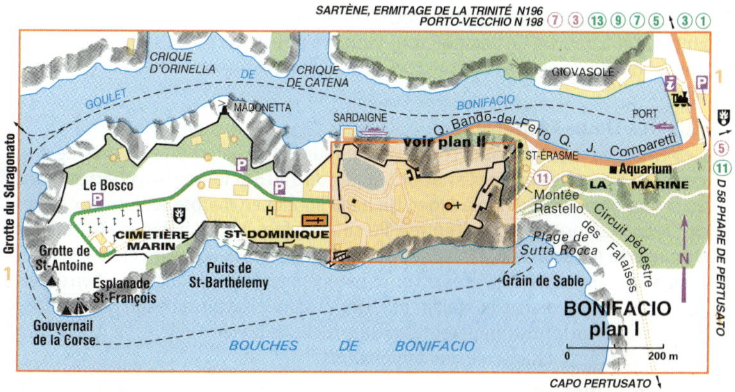

OÙ DORMIR		OÙ MANGER	
Camping de Rondinara	1	Café Restaurant de la Poste	1
Camping Kévano Plage	3	Le Florida	3
Camping Pertamina Village	5	Marina di Cavu	5
Chambre d'hôte Felicita	7	Pozzo di Mastri	7
Hôtel des Étrangers	9	Stella d'Oro	9
Le Golfe	11	U Campanile	11
U Libecciu	13	U Castille	13

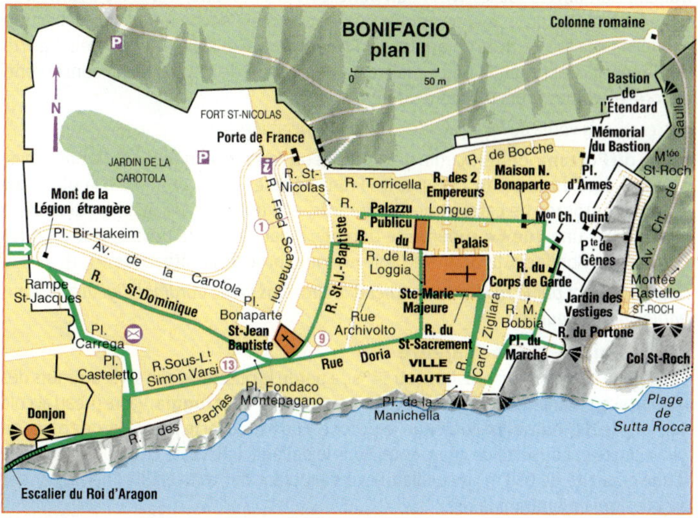

Ce sanctuaire, édifié dès 1270 par les dominicains sur une ancienne église de Templiers, compte parmi les rares édifices gothiques de la Corse. Il aurait été achevé en 1343. Son campanile ne manque pas d'originalité, avec ses étages supérieurs octogonaux et son couronnement de créneaux et merlons à double pointe.
À l'intérieur, le plan est simple. La nef, flanquée de bas-côtés, est voûtée de six croisées d'ogives. L'acoustique exceptionnelle de cette église lui vaut d'accueillir régulièrement des groupes de polyphonie *(se renseigner à l'Office de tourisme).*

Rue St-Dominique (San Dume)

Les maisons s'ouvrent sur des escaliers vertigineux à marches très hautes. On remarque sur la droite la maison de la Miséricorde, ancien hospice fondé au 13e s. Un peu plus loin, à gauche, des blasons sculptés ornent les portes des nos 12 et 10 (armoiries des Salineri).
Après la place du Fondaco Montepagano (« U Fundugu », de l'arabe *fondouk* qui signifie « magasin »), on oblique sur la gauche dans la rue St-Jean-Baptiste et on longe la chapelle de la confrérie du même nom (1775), dont l'intérieur aux deux nefs voûtées ne manque pas de charme. Sur la gauche, remarquer le groupe de bois sculpté représentant la Décollation de saint Jean-Baptiste que la confrérie sort en procession le vendredi saint et le 29 août.

Suivre la rue St-Jean-Baptiste, puis tourner à droite dans la rue du Palais.

On aperçoit, au bout de la rue, le clocher et les arcs-boutants de l'église Ste-Marie. Emprunter à gauche un passage sous voûtes à poutrelles de bois (U Cantu Scöru) qui débouche sur le no 9 de la rue Longue, qui devient bientôt rue des Deux-Empereurs.

Rue des Deux-Empereurs

Deux maisons qui se font face conservent le souvenir de deux hôtes illustres. Le no 4, demeure du comte Philippe Cattaciolo, abrita, du 3 au 6 octobre 1541, **Charles Quint** au retour d'une expédition à Alger. Un beau linteau en marbre sculpté aux armes de l'empereur orne la porte d'entrée. Presque en face, le no 7 hébergea **Napoléon Bonaparte (plan II)**, du 22 janvier au 3 mars 1793. Alors lieutenant-colonel, le futur général de l'armée d'Italie y prépara un débarquement en Sardaigne, qui fut un échec. Quelques marins marseillais faillirent changer sans le savoir le destin de l'Europe : prenant à partie le futur empereur dans une ruelle de la vieille ville, ils l'auraient sans doute tué si des passants n'étaient intervenus.

Place d'Armes

Sur la gauche, quatre socles circulaires (dont l'un est pris dans la devanture d'une boutique de souvenirs) indiquent l'emplacement des anciens silos à grains qui, avec ceux de la Manichella, permettaient à la cité d'emmagasiner 5 000 hl de blé.
Face à la porte de Gênes, la **rue du Corps-de-Garde** offre un bel aperçu sur le chevet de l'église Ste-Marie et ses arcs-boutants.

Bastion de l'Étendard

Jusqu'au 19e s. la **porte de Gênes** constituait l'unique entrée de la ville. Il fallait franchir huit portes successives et un pont-levis pour accéder à la place d'Armes. Le système d'ouverture par contrepoids du pont-levis est encore en place. Le bastion surveillait à la fois l'entrée du goulet, le port et la route du col St-Roch. Avec la porte de Gênes, il constituait la pièce maîtresse des 2,5 km de remparts qui conservent, encore, quelques tours rondes de défense.

Passer sous la voûte de la porte de Gênes et tourner à droite.

La **rue du Portone** longe le jardin des Vestiges où l'on voit les ruines des fortifications, détruites lors du siège de 1553 par les Français et les Turcs, et mène à la **place du Marché**. Entourée de cafés et de restaurants, elle donne accès au belvédère de la Manichella : une **vue★★** superbe se déploie, à gauche sur le port, à droite sur les bouches de Bonifacio, le Grain de sable et, toute proche, la côte sarde.

Quitter la place par la rue Doria, tourner à droite dans la rue Cardinal-Zigliara (U Campanin), puis à gauche.

Église Sainte-Marie-Majeure

Cet édifice à clocher carré, achevé au 14e s., a perdu la pureté de son style au cours des nombreux remaniements qui l'affectèrent jusqu'au 18e s. La **loggia**, vaste préau accolé à la façade de l'église, en constitue le porche. Elle est ouverte par de larges baies en plein cintre et couverte de charpente. Sous le dallage, une vaste citerne communale d'une capacité de 650 m³ recueillait l'eau s'écoulant des toits environnants par des arcades qui enjambent la rue.

S. Sauvignier / MICHELIN

L'escalier du Roi-d'Aragon descend tout droit vers la mer.

Au-dessus de la loggia, la façade de l'**église** conserve une élégante corniche de style pisan qui pourrait remonter au 12e ou au 13e s. *Pour bien la distinguer, se placer sous les arcades de la rue Archivolta.* À l'intérieur, remarquez, près des fonts baptismaux, le **tabernacle** en bas-relief (1465), exécuté sans doute par un sculpteur génois dans le style raffiné de la première Renaissance italienne. Huit angelots célèbrent le Christ sortant du tombeau.

Les **ruelles★** jouxtant l'église Ste-Marie-Majeure sont pittoresques : étroites, bordées de hautes et anciennes demeures aux élégantes façades souvent décorées d'arcatures. Les curieux arcs-boutants qui relient les maisons servaient de canalisations pour diriger les eaux pluviales vers les citernes privées ou vers la réserve communale.

Rue Doria

En descendant cette rue commerçante bordée de maisons du 17e s. (comme la maison des Doria, au n° 28, dont l'entrée est surmontée d'un blason), on retrouve la place du Fondaco. *Monter par la rue du Sous-Lieutenant-Simon-Varsi (« A Culaia di Castile ») menant à la place Casteletto. Prendre à gauche de la place une ruelle qui conduit à l'accès de l'escalier du Roi-d'Aragon.*

Escalier du Roi-d'Aragon

Avr. sept. : 10h-19h. - 2,50 € (12-16 ans 1,50 €) - fermé par mauvais temps ou vent trop violent.

Cette étonnante saignée oblique de 187 marches taillées dans la falaise permettait aux Bonifaciens d'accéder au puits de St-Barthélemy *(ne se visite pas)*, qui fut probablement la réserve d'eau potable de la cité. Au terme de la descente, on peut effectuer à droite la petite promenade à flanc de falaise qui mène à l'extrême pointe occidentale du plateau. Belles **vues★** en encorbellement des falaises.

Revenir au point de départ, le monument de la Légion étrangère, pour pénétrer dans le Bosco, à l'extrémité Ouest du plateau.

LE BOSCO

Le plateau pelé auquel on parvient est encore désigné de nos jours par les Bonifaciens comme le Bosco. Jusqu'à la fin du 18e s., comme son nom l'indique, il était couvert de végétation arborescente : oliviers, genévriers, lentisques… Ce bois constituait l'environnement du couvent St-François. Remarquer, en chemin, les vieilles tours ruinées qui sont les vestiges des **moulins à vent** de la ville (13e s.)

Esplanade St-François

Cette vaste esplanade, fermée face à la mer par la batterie St-Antoine, offre une **vue★★** splendide sur les falaises de la vieille ville, les bouches de Bonifacio et, au large, la Sardaigne.

Cimetière marin★ – Très soucieux de leurs morts, les Corses choisissent la plupart du temps, de magnifiques lieux qui dominent la mer pour les enterrer. Ce cimetière qui n'en paraît pas un est sans doute l'un des plus beaux : on tombe en effet sous le charme de ces mosaïques de couleurs, de ces chapelles si soignées et variées, de cette vue sur la mer… Un lieu de recueillement, mais certainement pas de tristesse.

Le sang de la mer

Le **corail rouge** aurait une origine divine, puisque selon les Grecs, lorsque Persée tua la Gorgone, son sang coula sur des algues et se solidifia dans la mer. Et de ce fait, en Corse, le corail a des pouvoirs magiques : il met en échec le « mauvais œil », protège l'enfant dès la naissance. Est-ce un minéral ? Non. Un végétal ? Non ! Le corail rouge (*Corallium rubrum*) est un animal, qui vit essentiellement en Méditerranée occidentale le long des côtes de Tunisie, de Sardaigne, de Sicile et de l'île de Beauté. À Bonifacio, on l'appelle le « sang de la mer ». Sa couleur qui va du rose orangé au rouge sang-de-bœuf et sa densité exceptionnelle sont dues à l'intensité des courants marins auquel il est exposé et à la pigmentation de son squelette par des substances du type carotène. Recherché depuis l'Antiquité, il se fait rare aujourd'hui, alors qu'il fit la richesse de la Corse du 14e au 18e s. Seulement 10 licences de pêche sont maintenant accordées pour une moisson n'excédant pas 2 tonnes par an ; à Bonifacio, les corailleurs pratiquent leur métier difficile de mai à octobre, lorsque la météo le permet, et doivent descendre à plus de 100 m pour cueillir les branches. Ils pratiquent leur pêche sélective grâce à des robots dotés de caméras qui observent les fonds pour eux. L'essentiel de la production est travaillé et commercialisé dans la capitale mondiale du corail rouge, Torre del Greco, près de Naples. Plus près, à Porto-Vecchio, les artisans de la Taillerie du corail créent des objets et des bijoux qui transportent notre imaginaire.

Gouvernail de la Corse

Face à l'entrée du cimetière marin. 132 marches raides. ✆ 04 95 73 16 90 - juin : 10h-18h ; juil.-août : 9h-19h ; sept : 10h-17h - 2 €. Un passage creusé dans la falaise permet d'accéder à une bouche à feu aménagée dans l'entre-deux-guerres. Située au milieu du rocher dénommé « Gouvernail de la Corse », composant l'extrémité des falaises, elle offre une vue originale sur les bouches de Bonifacio. *Retourner vers le monument de la Légion étrangère par le même chemin.*

Des plages paradisiaques

À proximité de Bonifacio se trouvent **Catena** et **Orinella**, deux criques nichées sur la rive Nord du goulet, accessibles en bateau ou par un sentier. Mais si vous le pouvez, préférez les plages un peu plus éloignées le long des côtes Ouest et Est.

LE LITTORAL OUEST

Le relief, plus abrupt qu'à l'Est, a multiplié les belles criques, pas toujours faciles d'accès et, de ce fait, assez tranquilles.

Cala di Paragnano

4 km à l'Ouest par la N 196. Peu avant l'intersection avec la D 60, prendre à gauche ; une fois dépassé le char d'assaut qui orne le bas-côté (!), le revêtement de la chaussée s'améliore. Voici un petit paradis : cette belle crique sableuse est encadrée de rochers rouges et l'on se baigne dans une eau d'une rare transparence. Le sol descend en pente très douce.

Plage de la Tonnara

10 km au Nord-Ouest. Quitter Bonifacio par la N 196 et prendre la direction de Sartène, puis la 2e grande route à gauche : la D 358. Cette belle étendue de sable orientée au Nord-Ouest se trouve face à des îlots habités par des oiseaux de mer. Son nom témoigne de la présence d'anciennes pêcheries de thon. Avis aux planchistes confirmés : c'est l'un des spots très ventés de la région, où les vagues rentrent bien. On y pratique slalom, free-style et windsurf.

Pirate Adventure Corsica – *Plage de la Tonnara - ✆ 04 95 73 56 36 - www.pirate-adventure-corsica.com.* Le Sud de la Corse et notamment les bouches de Bonifacio vous dévoilent leurs beautés sauvages lors de randonnées en jet-ski encadrées par des moniteurs diplômés. Si vous préférez garder les pieds sur terre, des visites en quad de la haute ville de Bonifacio ainsi que des traversées du maquis en VTT vous sont également proposées.

Golfe de Figari

Envrion 17 km au Nord-Ouest, par la N 196.

La côte inhabitée conserve sa beauté sauvage. Elle offre de petites plages et des mouillages sûrs. De minuscules et étroites calanques pénètrent profondément dans les embouchures de ses fleuves côtiers.

Éole Figari – *Poggiale - 20000 Figari - ✆ 06 11 48 13 92 - avr.-oct. : tlj 9h-20h - www.eolefigari.com.* En venant de Bonifacio, après le carrefour avec la D 859, dans la descente, une piste à gauche (suivre les panneaux) mène à cette sympathique école de funboard et de kitesurf située dans un cadre de rêve bénéficiant de vents thermiques. Location de matériel.

Pianottoli-Caldarello : un port dans le maquis

20 km au Nord-Ouest de Bonifacio par la N 196. Prendre la D 122 à gauche.
Composante de Pianottoli-Caldarello, seule agglomération d'importance entre Bonifacio et Sartène, ce charmant port de pêche et de plaisance apparaît dans un étonnant **chaos de rochers★** au fond de la baie de Figari. Caldarello signifie en corse « là où il fait très chaud ». Aménagés dans les chaos de Caldarello, des abris troglodytiques appelés « ori », fréquents dans toute la montagne de Cagna, étaient utilisés comme habitations principales jusqu'au 17e s. Ils servent aujourd'hui de granges, d'étables et, en montagne, de demeures pour les bergers.
Du haut du chaos rocheux, à la sortie Sud de Caldarello, une **vue★** s'offre sur le golfe profond. *À la bifurcation, prendre à gauche vers l'embarcadère.* Dominée par une tour génoise et bordée par un maquis dense d'où émergent des toitures de résidences, une petite plage de sable s'étend à gauche de l'embarcadère.

Pour accéder aux plages, s'engager à droite vers St-Jean (D 122). En raison de l'étroitesse de la route et de la difficulté à trouver ensuite un stationnement, laisser le véhicule sur le parking libre situé après le tennis. Continuer environ 2 à 3 km à pied pour atteindre les **petites criques de sable fin** de la baie de Figari. Ne pas poursuivre la route lorsqu'elle s'incurve vers l'intérieur des terres, car elle dessert uniquement des résidences privées. Les calanques de la région sont un paradis pour la plongée sous-marine, tandis que les plages Furtinu, St-Jean et Chevanu sont recherchées par les planchistes.
L'Aquarium – *20131 Pianottoli-Caldarello - ✆ 04 95 73 29 79 - mai-oct. :, tlj - www.aquariumplongee.free.fr.* Marjorie Dupré vous emmène avec son équipe sur les beaux spots de la presqu'île des Bruzzi, à l'îlot Roccapina, au grand écueil d'Olmetto… Elle organise baptêmes et formations, ainsi que des plongées de nuit, des stages de biologie marine et de photographie sous-marine.

LES PLAGES DU LEVANT : COMME DANS UN LAGON

Le relief plus doux du versant oriental, marqué par l'avancée de la mer dans le golfe bien abrité de Santa-Manza, a développé de vastes plages de sable qui ont favorisé l'implantation de nombreux centres nautiques. Les accès rayonnant au départ de Bonifacio nécessitent parfois de repasser par la ville pour aller d'un site à l'autre.

Plage de Piantarella

8 km à l'Est par la D 58, puis la première route à droite en direction de Spérone. 2 km après ce carrefour, on franchit la limite entre le calcaire, si particulier à la région de Bonifacio, et le granit, plus traditionnel dans le sous-sol de la Corse. Les rochers qui affleurent, d'abord blancs et disposés en strates (calcaire), apparaissent bientôt fissurés et d'une couleur franchement rose (granit). Les murets qui bordent la route changent eux-mêmes de couleur. La végétation diffère aussi : garrigue sur le sol calcaire, maquis sur le sol granitique. La belle anse de sable fin de **Piantarella**, bien abritée, face aux îlots de Piana et Ratino, est très fréquentée par les véliplanchistes, débutants ou non, et les plaisanciers qui viennent y mouiller à la belle saison.
En partant à pied de l'embarcadère de Piantarella, et en suivant la côte vers le Sud, on parvient après avoir contourné l'étang à un champ de ruines romaines. Ce site comprend des docks et une villa édifiés entre le 1er et le 4e siècles.
Bonifacio Windsurf – *Hameau de Piantarella - ✆ 04 95 73 58 55 - www.bonifacio-windsurf.com - 10h-18h - fermé oct.-avr.* Il propose la location de planches à voile, des stages d'initiation ou de perfectionnement dans

À tous les vents

Libecciu, mistral, punente, sirocco, tramontane : tous les vents corses se donnent rendez-vous dans les **bouches de Bonifacio**, ce bras de mer entre les côtes sarde et corse. Et ils s'y manifestent avec force : au cap Pertusato, on a relevé des rafales à 288 km/h en 1965 et, seulement, à 263 km/h en 1998 ! Et l'on dit ici que les jours sans vent se comptent sur les doigts des deux mains ! C'est donc une région idéale pour la pratique de la planche, du funboard, du windsurf, ou du kite.

le cadre magnifique de ce lagon aux eaux peu profondes et très limpides, protégé par l'île de Piana. Bon vent ! Les jours sans vent (rares), vous pourrez découvrir les environs en kayak.

Barakouda – *Port de Piantarella - ✆ 04 95 73 13 02 - www.club.barakouda.fr - juin-août : tlj 8h30, 12h, 14h et 18h ; reste de l'année : 8h30, 14h - fermé dim. apr.-midi - 1 plongée 30/48 €.* Que l'on vous soyez novice ou expérimenté, vous prendrez plaisir à plonger dans des fonds marins de toute beauté. Faune et flore vous émerveilleront. Les plongeurs aguerris pourront découvrir le site appelé « mérouville » proche des Îles Lavezzi.

Au-delà de la **pointe de Sperone** (Sprono), la belle crique de sable fin est adossée à des dunes. Au large se dressent les luxueuses constructions de l'île Cavallo. L'accès aux îlots appartenant à la **réserve naturelle de Lavezzi** *(voir ce nom)* est réglementé.

Plage de Calalonga

9 km à l'Est par la D 98, puis à 3 km prendre à droite la D 258. Le revêtement caillouteux nécessite une allure modérée. Suite de criques de sable bien abritées, précédées d'îlots aux formes émoussées et désormais dominées par un important ensemble résidentiel.

Golfe de Santa-Manza★

6 km à l'Est par la D 58. De la pointe de Capicciola jusqu'à l'étang de Balistra s'offre une grande diversité de paysages avec une succession d'anses sablonneuses, de quelques constructions éparses et discrètes bâties autour de ports, et de falaises sur la rive Nord. Presque toujours venté, ce golfe est un fameux spot de planche à voile et de funboard qui accueille l'une des épreuves du championnat de France. Il est resté d'une grande beauté sauvage, les couleurs des collines couvertes de maquis contrastent avec la palette bleu turquoise de la mer. Les principales plages publiques sont **Maora** et **Santa-Manza**, à proximité des rochers de **Punta-Rossa**.

Centre nautique des Glénans – *Maison de la Mer - Bonifacio - ✆ 04 95 73 03 85.* La base de croisière des Glénans est établie sur deux sites : Bonifacio et l'anse du Fazzio dans une calanque, bordée par le maquis et entourée de rochers, avec sa plage de sable fin. Les **bouches de Bonifacio** sont l'un des lieux les plus ventés d'Europe *(voir l'encadré plus haut).* Elles offrent des conditions exceptionnelles pour naviguer.

Du petit port de **Gurgazu** à **Ponti di a Nava**, la D 58 longe une série de plages (taverne sur la dernière) tournées vers les falaises de **Rocchi-Bianchi**.

Baie de Rondinara★★

18 km au Nord-Est en direction de Porto-Vecchio par la N 198. À 14 km, prendre à droite la D 158 vers Suartone. Route sinueuse et étroite. La superbe anse de Rondinara, semi-fermée (et donc protégée des vents et de la houle), ourlée de sable fin, est de ces lieux magiques qui font le charme du littoral corse. Très fréquentée en été, par les plaisanciers comme par les amateurs de plage, elle n'est malheureusement pas toujours très propre. C'est ici que se trouve le bureau de la Réserve naturelle des bouches de Bonifacio.

En bateau au pied des falaises

Les grottes marines et la côte★★

Départ au port de Bonifacio - de mi-avr. à mi-oct. - promenade en mer « Grottes et Falaises » (1h, dép. fréquents) par beau temps seulement. Pour les excursions à Lavezzi, voir ce nom. Plusieurs compagnies proposent ces promenades, les contacter sur le port. Ne pas oublier les jumelles pour observer les oiseaux et les dauphins.

Le « plus » nature

Le **Parc marin international** vise à protéger les fragiles écosystèmes du détroit séparant la Sardaigne de la Corse. Mais son caractère binational représente un frein certain à sa mise en place, décidée par un protocole signé entre l'Italie et la France en 1992. Côté corse, il se concrétise avec la **Réserve naturelle des bouches de Bonifacio**, qui s'étend sur 80 000 ha entre les îlots des Moines et la pointe de Chiappa (au Sud, à la limite des eaux territoriales qui en assure la « frontière »). Quatre zones de protection renforcée ont été définies : le secteur Moine-Bruzzi, celui de l'archipel de Lavezzi et celui des îles Cerbicale, à quoi vient s'ajouter la façade littorale entre Bonifacio et le Capo Pertusato. Observation, étude, surveillance, protection et information sont les maîtres-mots de cette réserve, la plus vaste de France, gérée par l'Office de l'environnement de la Corse. *Pour plus de renseignements, consultez le site www.parcmarininternational.com*

Vedettes Thalassa – *06 86 34 00 49 ou 04 95 73 05 43/01 17 - www.vedettes-thalassa.com - promenade toute l'année, par beau temps - 14 €.*
La sortie du port par le goulet permet d'apprécier l'importance des remparts qui sanglent la vieille cité. Contournant le phare de la Madonetta, la vedette aborde les bouches de Bonifacio et pénètre dans la **grotte du Sdragonato★**.
Le bateau revient vers Bonifacio, passe au large de la **grotte de St-Antoine** ou grotte Napoléon (elle a la forme du chapeau de l'Empereur), avant de contourner la pointe de la presqu'île, marquée par le **« Gouvernail de la Corse »**. Il longe ensuite les falaises calcaires, hautes de 60 à 90 m, dont les stratifications tantôt horizontales, tantôt obliques témoignent des nombreux changements de direction des courants marins au cours de la sédimentation. Les cavités abritent une multitude d'oiseaux : faucons crécerelle, puffins cendrés, martinets et espèces plus rares comme le faucon pèlerin ou le merle bleu. On découvre le **puits de St-Barthélemy**, le fameux **escalier du Roi-d'Aragon**, et le **site★★** spectaculaire de la vieille ville édifiée à l'aplomb de la falaise.

S. Sauvignier / MICHELIN

Bateaux au départ des îles Lavezzi.

Le bateau fait demi-tour à hauteur du **Grain de sable**, gros bloc calcaire détaché de la falaise il y a huit siècles. Le lent recul de celle-ci par effondrements successifs est dû à l'action des eaux douces infiltrées à la surface du plateau. Les stalactites visibles tout au long de la promenade, en particulier dans la grotte de St-Antoine, et la présence d'une nappe d'eau souterraine au puits de St-Barthélemy confirment l'ampleur des infiltrations.

Nautic Aventures – *Rte de Cala Longa - Bonifacio - 04 95 10 43 52 - www.nautic-aventures.fr.* Avec ses deux pontons, à Bonifacio et à Cavallo, ce loueur propose à tous ceux qui ont leur permis la location jet-skis, pneumatiques et bateaux semi-rigides pour découvrir les criques et les calanques de la Corse du Sud.

Escapades aux îles Lavezzi et en Sardaigne

De Bonifacio, l'**archipel des Lavezzi★★** *(voir ce nom)* est tout proche, de même que la Sardaigne, distante seulement de 12 km. Les bateaux passent par l'**archipel de la Maddalena★★**, magnifique chapelet de sept îles, aménagé en parc naturel afin de préserver son exceptionnelle végétation, et la **Costa Smeralda★★** fréquentée par la jet-set internationale.
La traversée de Bonifacio à la plaisante station de **Sta-Teresa-Gallura** dure par mer calme 50mn. Mais les bouches de Bonifacio pouvant être très agitées, le voyage peut durer 1h30, voire 2h. Lorsque les vents et la mer s'allient pour rendre la traversée périlleuse, la rotation du navire est alors annulée sans préavis. Il faut prévoir l'éventualité de devoir prolonger son séjour.

Moby Lines – *Gare maritime de Bonifacio - 04 95 73 00 29 - avr.-sept. : 4 à 5 liaisons/j. - prix de base : passager 12,50 €, voiture de tourisme 23,70 € ou 28,70 €, selon saison.*

Moby Lines-Navarma – *Sta-Teresa (Sardaigne) - (00 39) 0 789 751 449.*

Saremar – *Gare maritime - quai Comparetti (Bonifaccio) - 04 95 73 00 96 - tte l'année : 2 à 3 liaisons quotidiennes - passager : 6,80 €, 7,40 € ou 8,70 € hors taxes selon saison ; voiture : 20 €, 33,40 € ou 29,90 € hors taxes selon saison. Saremar - Sta -Teresa (Sardaigne) - 0 789 754 788.*

Cheminer le long du littoral

Capo Pertusato★

5 km au Sud-Est. En haut de la montée St-Roch, suivre à gauche le sentier qui longe la falaise. Ce chemin n'est pas toujours évident pour les personnes sujettes au vertige. On peut aussi se rendre au sémaphore en voiture : quitter Bonifacio par la D 58 et prendre la première route à droite signalée. Une allure modérée est recommandée, car la route est étroite, en forte pente et présente de nombreux nids-de-poule.

Le Capo Pertusato et le sémaphore.

Après une bonne montée, on parvient au plateau de Campu Romanello et aux **anciens abattoirs de Bonifacio, siège du Conservatoire du littoral**. Le sentier longe la falaise dénudée et resplendissante de blancheur. À l'arrière, les maisons de la vieille ville de Bonifacio apparaissent accrochées en surplomb de la mer.
Après le sémaphore, continuer sur la route qui serpente dans le maquis avant d'atteindre le phare de Pertusato *(l'accès au-delà du phare est interdit)*. Un sentier contourne le phare et offre une **vue★** panoramique sur l'île Cavallo à l'Est, les îles Lavezzi, l'île italienne de la Maddalena et le relief de la côte sarde qui barre l'horizon. En contrebas à droite, on aperçoit la silhouette curieuse des rochers en forme de proue de navire et surmontés d'une croix.
L'accès à la **plage de Pertusato** (*pertuis* signifie ouverture, la falaise est percée d'une grotte) se fait par le sentier en pente à droite avant le parking du **phare.**
Ce phare fut le premier qui émit en Corse en 1844. C'est aussi le plus haut. Automatisé en 1986, il fut largement endommagé en 1998 par la foudre.
Le sentier continue le long de la côte jusqu'à **cala di Labra** et **cala Sciumara**, offrant des points de vue spectaculaires sur les bouches et les falaises. Sur le causse calcaire se développe une flore particulierement éblouissante au printemps (ne pas cueillir les fleurs). Les espèces buissonneuses de la garrigue lentisques, genévriers, romarin, genêt, cistes envahissent régulièrement les lianes épineuses de la salsepareille, laissent place par endroits à la cinéraire et à l'astragale. La forme en coussinet de beaucoup de végétaux est caractéristique des lieux exposés au vent et aux embruns. Les hirondelles et martinets, les pipits et les fauvettes, les faucons crécerelle, attirés par des proies de choix (rongeurs, petits reptiles, insectes), sont nombreux sur le plateau.

Sentier des Bruzzi

20 km au Nord-Ouest de Bonifacio par la N 196. Prendre la D 122 à gauche. Dans le village, suivre la direction du camping Kevano. Parking au départ du chemin balisé « sentier du littoral ». Prendre jumelles, maillots de bain, masque, palme et tuba. Prévoir des bouteilles d'eau s'il fait très chaud. Camping et bivouacs sont interdits. Comptez 1h30 à 2h de marche.
Le sentier des Bruzzi, qui démarre non loin de Pianotolli-Caldarello, permet de visiter la presqu'île qui fait partie de la **réserve naturelle des bouches de Bonifacio**. Le sentier passe par le maquis puis longe la mer, des petites plages sauvages invitant à faire une pause baignade. C'est le lieu pour observer les oiseaux et la flore du maquis, ainsi que les **taffoni (trous dans la roche)** aux formes extravagantes.

Visite patrimoniale – *Renseignements et réservations au Parc marin - ✆ 04 95 72 18 77 - juil.-août - gratuit - www.parcmarininternational.com.* Accompagné d'un guide, pendant 2h30, le chemin des Bruzzi révèle toute sa faune et sa flore. Une intéressante leçon de nature.

L'anse de Bonifacio pratique

OÙ S'INFORMER

Office de tourisme – *2 r. Fred-Scamaroni - 20169 Bonifacio (Bunifaziu) - ✆ 04 95 73 11 88 - www.bonifacio.com - de déb. mai à mi-oct. : 9h-20h ; de mi-oct. à fin avr. : tlj sf w.-end 9h-12h, 14h-18h.*

Capitainerie – *✆ 04 95 73 10 07 - sais. : 7h-21h30 - hors sais. : 8h-12h, 14h-17h.*

Météo France – *✆ 0 892 68 08 20. Météo disponible à la capitainerie.*

Température de l'eau – Avril 17 °C, mai 19°C, juin 21 °C, juillet 25 °C, août 26 °C, septembre 24 °C.

Température de l'air – Moyenne de 10,3 °C en janvier et 23,7 °C en août. 69,4 jours de pluie/an.

OÙ DORMIR

⊖ Hôtel des Étrangers – *Rte d'Ajaccio - 20169 Bonifacio - ✆ 04 95 73 01 09 - fermé de fin oct. à déb. avr. - P - 31 ch. 35/74 € ☕.* Une adresse familiale, bien connue à Bonifacio pour ses prix tout doux. Cette maison des années 1930, située à deux pas du port, a conservé une simplicité confortable dans ses chambres : murs blancs, double vitrage, et climatisation pour certaines. À noter : le petit-déjeuner est inclus dans le prix de la nuitée.

⊖ Hôtel Le Golfe – *À Gurgazu - 6 km au NE de Bonifacio par rte de Santa-Manza - ✆ 04 95 73 05 91 - golfe.hotel@wanadoo.fr - fermé 25 oct.-31 mars - P - 12 ch. 75 € (demi pension) - rest. 14,50/26 €.* Pour échapper à l'agitation de Bonifacio, rien de mieux que ce petit hôtel familial au bord du golfe de Santa-Manza. Au-dessus de la plage, ses chambres sont simples mais bien tenues. Restaurant modeste mais sérieux et bien coté.

⊖ Chambre d'hôte Felicita – *Au bourg - 20131 Pianottoli-Caldarello - ✆ 04 95 71 82 80 - ⊭ - 4 ch. et 1 suite 58/70 € ☕.* Madame Tomasi vous accueille dans sa charmante maison carrée, construite en granit comme toutes les maisons du village. Les chambres rénovées, au confort simple, sont décorées de meubles de famille ou chinés.

⊖ Camping Pertamina Village – *20169 Bonifacio - 5 km au NE de Bonifacio par N 198 - ✆ 04 95 73 05 47 - pertamina@wanadoo.fr - ouv. 15 avr.-15 oct. - réserv. conseillée - 150 empl. 27 € - restauration.* Ici, emplacements, bungalows, chalets et mobile homes sont agréablement ombragés dans un décor de lauriers roses, mimosas, oliviers et palmiers. Deux belles piscines avec toboggan raviront les grands et les petits. Club enfants et nombreuses activités sportives et ludiques.

⊖ Camping de Rondinara - *À 400 m de la baie de Rondinara - 16 km au NE de Bonifacio par N 198 puis D 158 - ✆ 04 95 70 43 15 - reception@rondinara.fr - ouv. 15 mai-30 sept. - 120 empl. 20,12 € - restauration.* Les équipements de ce camping, dans la baie de Rondinara, réputée pour ses eaux turquoise et ses plages magnifiques, sont irréprochables. Belle piscine avec terrasse dallée et plantée d'arbustes.

⊖ Camping Kévano Plage – *20131 Pianottoli-Caldarello - 3 km au SE de Pianottoli-Caldarello - ✆ 04 95 71 83 22 - ouv. mai-sept. - réserv. conseillée - 100 empl. 29,50 € - restauration.* À 500 m de la plage, sur une colline de rochers et d'arbres, ce terrain fleuri vous propose nature et espace. Emplacements bien délimités à l'ombre des rochers, terrasses aménagées dans le souci à la fois d'offrir pour tous la meilleure vue et de respecter l'environnement.

⊖⊖ U Libecciu – *Rte du Port - 20131 Pianottoli-Caldarello - ✆ 04 95 71 87 93 - www.hotellibecciu.com - fermé de mi-oct. à fin mars - P - 80 ch. 82/184 € ☕ - rest. 20 €.* Très belle situation en bord de mer pour cet hôtel de conception moderne. Ses chambres, spacieuses et meublées en rotin, sont toutes climatisées. Côté détente, vous aurez l'embarras du choix : plage privée, piscine ludique, locations de VTT, canoë, petits voiliers, tennis, pétanque, etc.

OÙ MANGER

⊖ U Campanile – *7 montée Rastello - 20169 Bonifacio - ✆ 04 95 73 09 10 - restaurant-u-campanile@wanadoo.fr - fermé déc.-fév. - 15/18 €.* Au pied de l'escalier qui mène à la citadelle, cette maison est face à l'église Saint-Érasme, protecteur des pêcheurs. La salle à manger bleu mer et ses bibelots lui donnent un bon air marin. Pizzas et cuisine d'ici pour requinquer les navigateurs en herbe. Terrasse.

⊖ U Castille – *7 r. Simon-Varsi - 20169 Bonifacio - ✆ 04 95 73 04 99 - fermé de mi-déc. à mi-fév. et dim. d'oct. à avr. - 18/23 €.* U Castille compose une adresse idéale pour qui recherche une ambiance régionale et des petits plats typiques. Entre les aubergines à la bonifacienne, la salade de chèvre chaud sur pain des morts et la soupe corse, c'est toute l'île de Beauté que l'on retrouve dans l'assiette. Si les plats varient selon les saisons et les arrivages, ils sont toujours composés de produits frais, ce qui est un gage de qualité. Cette table sans prétention reçoit une clientèle d'habitués dans ses trois petites salles à manger disposées dans deux bâtiments se faisant face et totalement intégrés dans le décor de Bonifacio.

⊖ Café Restaurant de la Poste – *6 r. Scamaroni (ville haute) - 20169 Bonifacio - ✆ 04 95 73 13 31 - www.corsud.com/laposte - fermé 1er janv.-15 fév. et dim. soir en* *hiver - 13,50 € déj. - 15,80/28 €.* Cette salle voûtée abritait autrefois le tri postal. Les trieuses ont laissé la place à des tables sur lesquelles on déguste pâtes fraîches, pizzas, cabri et cochon de lait rôtis au feu de bois. Terrasse au bord de la rue et balcon très prisé offrant une vue sur le goulet de Bonifacio.

Le Florida – *RN 196 - 20131 Pianottoli-Caldarello - ✆ 04 95 71 09 38 - fermé oct.-mai - 12/25 €.* Cette petite adresse, en plein centre du bourg, ne paie pas de mine mais vous rendra bien service. Si la salle à manger n'a rien d'exceptionnel, l'accueil est souriant et les assiettes du chef assez copieuses pour un prix plus que raisonnable. Recettes de poissons à l'honneur.

Stella d'Oro – *7 r. Doria (ville haute) - 20169 Bonifacio - ✆ 04 95 73 03 63 - stella.oro@bonifacio.com - fermé 1er oct.-3 avr. - 22 €.* Spécialités bonifaciennes, poissons grillés et pâtes fraîches sont à l'honneur dans cette maison typique de la ville haute. L'accueil familial y est chaleureux. Deux accueillantes salles simples à l'atmosphère rustique ont déjà reçu quelques célébrités…

Pozzo di Mastri – *20114 Figari - 2 km au N de Figari par D 859 - ✆ 04 95 71 02 65 - fermé janv.-mars et lun. midi hors sais. - réserv. obligatoire - 22 € déj. - 38 € - 4 ch. 50/70 €.* Avec son air de bergerie sophistiquée, ses murs ornés de tableaux offerts par des clients artistes, son étonnante reproduction miniature d'un village corse et ses tables en pin laricio, la maison séduit. Cuisine de saison et beaux gigots d'agneau rôtis dans la cheminée.

Marina di Cavu – *Cala Longa - 20169 Bonifacio - ✆ 04 95 73 14 13 - info@marinadicavu.com - fermé 3 nov.-31 mars - 48 €.* Une salle de restaurant originale adossée aux rochers. Une vue imprenable sur les Lavezzi et la Sardaigne. Les poissons frais du jour sont un régal.

QUE RAPPORTER

Bon à savoir – Des bijoux en corail et en nacre et de belles arborescences de corail ainsi qu'un choix important de couteaux de collection sont exposés dans les boutiques du quai Comparetti, du quai Bando-del-Ferro et également dans la ville haute.

Boulangerie Faby – *4 r. St-Jean-Baptiste - 20169 Bonifacio - ✆ 04 95 73 14 73.* Cette boulangerie fabrique toute l'année des spécialités locales, autrefois préparées lors de certaines fêtes : la Fugasi de Pâques, galette à la fleur d'oranger, la Vea Seccata ou pain des morts de la Toussaint, brioche aux raisins et aux noix.

La Casa Corsa – *R. St-Dominique - 20169 Bonifacio - ✆ 04 95 73 53 54 - 10h-23h - fermé oct.-mars.* Composé d'une boutique proposant un choix de produits locaux (charcuteries, fromages, vins…) de qualité et d'une « cantineta » à l'ambiance typiquement corse, cet établissement sera une sympatique halte lors de votre visite de la ville haute.

Roba Nostra – *15 r. Doria - 20169 Bonifacio - ✆ 04 95 73 12 56 - www.bonifacio.com/roba/ - 9h-12h, 15h-18h30 ; juil.-août : 9h-23h - fermé janv.-fév. et dim. hors sais.* Vous trouverez ici un choix impressionnant de produits corses - charcuterie, huile d'olive, miel, confiture, herbes du maquis - toujours goûteux et d'une qualité extra. C'est que Madame Pino sélectionne avec attention ses fournisseurs et teste les produits avec le palais de la restauratrice qu'elle fut pendant 10 ans.

S. Sauvignier / MICHELIN

Jambons corses.

Domaine de Tanella – *Rte de Bonifacio - 20114 Figari - ✆ 04 95 70 46 23 - tanella@wanadoo.fr - juil.-août : 9h-20h ; juin, sept. : tlj sf dim. 9h-12h30, 15h-19h30 ; oct.-mai : tlj sf dim. 9h-12h, 15h-18h30, sam. 9h-12h.* Appartenant à la famille de Peretti Della Rocca, une des plus anciennes de Corse (depuis l'an 816), ce domaine de 57 ha produit d'excellents vins (rouge, rosé, blanc) issus de vieux cépages corses. La cuvée Alexandra, élevée en fût de chêne, a obtenu de nombreux prix.

La Taillerie du Corail – *Rte de Bonifacio - 20137 Porto-Vecchio - ✆ 04 95 70 21 21 - juin-sept. : tlj sf dim. 9h-13h, 15h-20h ; oct.-mai :*
tlj sf dim. et lun. 9h-12h, 15h-19h. – 15 montée du Rastello - Bonifacio - mai-juin et sept. : tlj sf dim. 9h30-20h ; juil.-août : 9h30-23h - ✆ 04 95 23 17 83. Cette très belle enseigne est celle de l'un des derniers ateliers de taille du corail en Corse. À Porto-Vecchio, il est possible de voir polir, sculpter et lustrer le merveilleux corail rouge de Méditerranée.

L'archipel des Lavezzi★★ 38

CARTE MICHELIN LOCAL 345 E 11 – CORSE-DU-SUD (2A)

L'île Lavezzi forme avec l'île Cavallo et la centaine d'îlots qui l'entourent, l'archipel des Lavezzi, extrémité la plus méridionale de la France métropolitaine. Dans cette réserve naturelle, incroyable paradis d'eau cristalline et de criques tapissées de sable et de roches de granit rose érodées en boules, vivent lézards, goélands et mérous… Amoureux de la mer, emportez votre matériel de snorkeling pour une plongée inoubliable dans cet aquarium géant !

ARRIVER À BON PORT

En voiture : 22 km depuis l'aéroport de Figari *(voir Bonifacio)*, en contournant Figari, où l'on rejoint la D 859, et de là, la N 196 jusqu'à Bonifacio. L'archipel émerge à près de 4 km de la pointe de Sperone, au Sud-Est de Bonifacio.

LARGUER LES AMARRES !

Embarquement au port de Bonifacio. De juin à septembre, en fonction de la météo, les compagnies maritimes proposent tous les jours des excursions, avec escale plus ou moins longue à l'île Lavezzi. Faites-vous préciser la durée de celle-ci. Certains prestataires ajoutent à la virée un passage aux îlots Frazzio, connus pour leurs fonds superbes. La réservation est recommandée.

Après avoir franchi le goulet de Bonifacio aux eaux tumultueuses, le bateau met 1/2h pour gagner l'île Lavezzi, où il dépose les Robinson d'un jour dans une anse abritée, la cala di u Grecu. Au retour, il contourne l'île Cavallo, puis longe la pointe de Sperone et les falaises calcaires et fait un détour par les grottes avant de regagner la marine de Bonifacio. La navigation dure alors 1h. Tarif : 25 €.

Castille Croisière – Port - ✆ 04 95 73 56 62.
Le Corsaire – 10 r. Gén.-de-Gaulle - ✆ 04 95 73 04 47.
François Chiocca – Orenaggio Caruba - ✆ 04 95 73 01 17.
Marina Croisière – Port - ✆ 04 95 73 12 41.
Rocca Croisières – 6 r. Fred-Scamaroni - ✆ 04 95 73 13 96 - www.rocca-croisieres.com
Thalassa – Port - ✆ 04 95 73 05 43 - www.vedettesthalassa.com
Vedettes Christina – 4 quai Comparetti - ✆ 04 95 73 13 15.

Avis aux plaisanciers : navigation et mouillage ne sont pas partout autorisés dans l'archipel. *Voir « L'archipel des Lavezzi pratique ».*

BON À SAVOIR

Effectuez l'excursion à l'île Lavezzi un jour de beau temps et par mer calme, si possible en juin ou en septembre. Les meilleurs moments sont en début de matinée ou en fin de journée : la lumière est alors la plus belle sur les roches. Emportez crème solaire, jumelles, palmes, masque et tuba – les fonds sont très poissonneux et couverts d'une riche flore –, des boissons et un en-cas car on ne trouve aucun ravitaillement sur l'île.

Il est interdit de cueillir les fleurs et les végétaux ; il faut suivre les sentiers tracés pour préserver la végétation. Pensez à remporter vos déchets.

Une intéressante population sauvage

La réserve naturelle des Lavezzi s'étend sur 5 000 ha en zone marine et 80 ha en zone terrestre. Le **Parc marin international,** sous administration franco-italienne, englobe l'ensemble des îles et îlots des bouches de Bonifacio, mais les îles Lavezzi, Piana, Ratino, Poraggia et Perduto bénéficient d'une protection toute particulière !

De bons nageurs

Lors de la traversée de Bonifacio aux îles Lavezzi, il arrive que l'on aperçoive des grands **dauphins**, ainsi que des dauphins gris ou des blancs. Mais, ce sont surtout les oiseaux marins qui étonnent par leur habileté à plonger pour pêcher : pétrels, puffins cendrés et les rares **goélands d'Audoin**. Ces derniers se distinguent des goélands leucophée, plus communs en Corse, par leur bec rouge sombre à pointe noire un dos gris pâle et des pattes vert sombre. Le puffin cendré, quant à lui, s'identifie à

Sur l'île Lavezzi.

son bec jaune épais et ses plumes brun gris. Bien que lourd, il nage et plonge bien. Parmi tous les oiseaux qui nichent dans l'archipel, on observe aussi les **cormorans huppés,** oiseaux sombres, excellents plongeurs (ils peuvent descendre jusqu'à 25 m de profondeur) et nageurs. On les reconnaît facilement à leur long cou sinueux, leur bec jaune crochu, et leur petite huppe. Enfin, parmi les espèces terrestres, sont présents le **merle bleu** et la **fauvette sarde**.

Le royaume des lézards

Dans la maigre végétation de l'île et dans les boules de granits érodées par le vent et l'eau ou dans les *tafoni* (« trou » en corse) aux formes fantastiques courent de petits reptiles comme le **lézard tyrrhénien** et les **geckos**.

La flore compte des espèces rares comme la malodorante « oreille de porc », dont la floraison au mois de mai parsème de grosses langues sanglantes la base des chaos granitiques. Poussent également le silène velouté, une grande plante de la famille des œillets, l'Arum « mange-mouches », qui sent très mauvais lors de la floraison, l'armoise, l'ipomée aux grandes fleurs roses, et l'astragale.

Au paradis des plongeurs

Un archipel réputé pour ses « spots »

Une eau transparente, des températures douces, permettent de découvrir dans des conditions idéales des fonds marins de toute beauté. Ceux-ci sont couverts de posidonies, arbres de vie de la Méditerranée qui abritent une multitude d'organismes marins dont se nourrissent les poissons, les oursins, les étoiles de mer.

N'hésitez pas, si vous ne savez pas plonger avec des bouteilles, à nager dans cet aquarium fantastique tout simplement avec un masque, un tuba et des palmes.

Que l'on soit novice ou expérimenté en matière de plongée sous-marine, il est possible de partir aux Lavezzi avec des centres de plongée. Les plongeurs confirmés pourront admirer dans les profondeurs les gorgones, les langoustes, les congres, les murènes, les raies, les sars, les barracudas, les rascasses et les patelles géantes. Cependant, le poisson qui règne en maître dans ce domaine est le **mérou brun.**

Sentier sous-marin – *Rens. à l'office du tourisme de Bonifacio - ✆ 04 95 73 11 88 - rens. et réserv. ✆ 04 95 72 18 77 - juil.-août*

Le « plus » nature

Ce n'est pas vraiment le plus beau des poissons avec sa grosse gueule, mais c'est pourtant lui, Jojo **le mérou**, le roi de la Méditerranée. Alors que son espèce était en voie de disparition, il repeuple maintenant grâce à la loi de protection qui interdit de le pêcher, le monde sous-marin de l'archipel, notamment à Mérouville.

Curieux comme un chat, il peut aller à la rencontre des plongeurs lorsqu'il ne sent pas en danger. Ce poisson appartient à une espèce qui vit longtemps, jusqu'à 50 ans ! Et il peut atteindre jusqu'à 1,20 m de longueur et peser 40 kg. De sexe féminin à la naissance, il devient un mâle vers l'âge de 14 ans. Grand gourmet, il se nourrit surtout de crabes et de poulpes. Alors, n'ayez crainte de ce gros-là !

- gratuit - www.parcmarininternational.com - prêt du matériel (combinaison, palmes, masque et tuba). La découverte du sentier sous-marin se fait en toute sécurité dans les lignes d'eau sous la conduite d'un guide qui apprend à identifier faune et flore.

Atoll – *27 quai Banda-del-Ferro - Bonifacio - ✆ 04 95 73 53 83 - www.atoll-diving.com - avr.-oct. : tlj quai Bando-del-Ferro ; reste de l'année : Cavallo-Morto - fermé dim. apr.-midi.* Ce club loue également du matériel de plongée haut de gamme.

Barakouda – *Av. Sylvère-Bohn - Bonifacio - départ : port de Piantarella - ✆ 04 95 73 13 02 - www.club.barakouda.fr - juin-août : tlj 8h30, 12h, 14h et 18h ; reste de l'année : 8h30, 14h - fermé dim. apr.-midi - 1 plongée 30/48 €.*

Dolfinu Biancu – *Quai Senola, à côté de la capitainerie de Bonifacio - ✆ 06 11 52 09 30 ou 04 95 72 01 33 - avr.-oct. - www.perso.wanadoo.fr/dolfinu.biancu - baptême plage 30 €. 1 plongée dans les îles 36 €.* Ce club organise 2 plongées par jour aux Lavezzi, à 8h et 14h.

Les dernières heures de « La Sémillante »

« Tout ce que nous savons c'est que *La Sémillante*, chargée de troupes pour la Crimée, était partie la veille au soir de Toulon avec le mauvais temps. La nuit ça se gâte encore. J'ai idée que *La Sémillante* a dû perdre son gouvernail dans la matinée, car il n'y a pas de brume qui tienne, sans une avarie, jamais le capitaine ne serait venu s'aplatir ici contre. C'était un rude marin qui avait commandé la station en Corse et savait sa côte aussi bien que moi…

– Et à quelle heure pense-t-on que *La Sémillante* a péri ?

– Ce doit être à midi ; oui monsieur, en plein midi… Mais dame ! avec la brume de mer, ce plein midi-là ne valait guère mieux qu'une nuit noire comme la gueule d'un loup… Un douanier de la côte m'a raconté que ce jour-là, vers onze heures et demie, étant sorti de sa maisonnette pour rattacher ses volets, il avait eu la casquette emportée d'un coup de vent, et qu'au risque d'être enlevé lui-même par la lame, il s'était mis à courir après, le long du rivage, à quatre pattes. […] Or il paraîtrait qu'à un moment, notre homme, en relevant la tête, aurait aperçu dans la brume un gros navire à sec de voiles qui fuyait sous le vent, du côté des îles Lavezzi. Ce navire allait si vite qu'il n'eut guère le temps de bien le voir. Tout fait croire cependant que c'était *La Sémillante* puisqu'une demi-heure après, le berger des îles a entendu sur ces roches… […] un craquement effroyable.

Le lendemain, en ouvrant sa porte, il avait vu le rivage encombré de débris et de cadavres laissés là par la mer. »

L'Agonie de « La Sémillante » – Lettres de mon moulin, Alphonse Daudet.

L'île Lavezzi : un paysage lunaire étonnant

Deux amers : une pyramide et un phare

Sur un îlot voisin de l'île Lavezzi, la **pyramide** dressée à la pointe d'Achiarina rappelle, tout comme le phare, le naufrage de *La Sémillante*. Que s'est-il passé le 14 février 1855 ? Ce jour-la, la frégate *La Sémillante* quitta Toulon avec 750 hommes à bord pour gagner le front de Crimée où le siège de Sébastopol réclamait de constants renforts. Le 15, alors que la tempête faisait rage et qu'un brouillard empêchait toute visibilité, le navire continua sa route dans les bouches de Bonifacio. Mutilé par les vagues, son gouvernail vraisemblablement arraché, il s'écrasa sur les îlots rocheux.

Le berger de l'île Lavezzi fut le seul témoin de la catastrophe. Aucun des marins et soldats ne survécut : 158 ne furent jamais retrouvés ; sur 592 cadavres rejetés sur les récifs, 572 furent inhumés sur place, les plus nombreux (560) dans l'île Lavezzi, les autres sur les îles voisines, la côte Sud de la Corse ou la côte Nord de la Sardaigne. Alphonse Daudet consacra à ce drame une des *Lettres de mon moulin*.

Édifié après le naufrage de *La Sémillante*, le **phare** se trouve au point le plus méridional du territoire français, à l'autre extrémité de l'île.

En suivant le sentier

En quittant l'anse d'ancrage des bateaux vers le Sud, on parvient sur un plateau herbeux où est aménagé le **cimetière de Furcone**. Il est entouré d'un mur cantonné de pyramides. Une modeste chapelle funéraire, N.-D.-du-Mont-Carmel, protège l'enclos où s'alignent des tombes anonymes et celle de l'aumônier de la frégate (on le reconnut à ses bas de filoselle noire). Une plaque a été élevée en 1895 à la mémoire du lieutenant A. de Maisonneuve. Au-delà de la cala du Lion, dominée par deux cabanes

A. De Valroger / MICHELIN

Le petit cimetière de Furcone, sur l'île Lavezzi.

de berger, et à l'extrémité de la crique suivante, le **cimetière de l'Achiarino** abrite la dépouille du commandant Jugan, retrouvé sanglé dans son uniforme.

Une **plage splendide de sable fin** s'étend à côté du cimetière de l'Achiarino. Il est temps de partir observer la faune et la flore sous-marine ! De là, on peut accéder à la nage à la pyramide ; son ascension procure un joli point de vue.

Visite patrimoniale – *Renseignements à l'Office du tourisme de Bonifacio - ✆ 04 95 73 11 88 - rens. et réserv. ✆ 04 95 72 18 77 - juil.-août (hors sais., visite à la demande) - gratuit - www.parcmarininternational.com.* En compagnie d'un guide, voici une autre façon de découvrir l'île, en petits groupes (maxi. 20 pers.) pendant 1h30 à 2h. Suivant les affinités des visiteurs, le guide oriente la visite vers le patrimoine historique (abri sous-roche néolithique, chapelle, phare) ou la nature et les espèces protégées.

Île Cavallo : un monde à part

Officiellement, cette île fait partie de l'archipel des Lavezzi, mais elle ne fait pas partie de la réserve naturelle. En réalité, elle est entièrement privée. Des milliardaires (surtout italiens) y ont fait construire leur maison de vacances – qui ne se visitent pas !

L'archipel des Lavezzi pratique

OÙ S'INFORMER

Office du tourisme de Bonifacio – *2 r. Fred Scamaroni - 20169 Bonifacio (Bunifaziu) - ✆ 04 95 73 11 88 - www.bonifacio.com - de déb. mai à mi-oct. : 9h-20h ; de mi-oct. à fin avr. : tlj sf w.-end : 9h-12h, 14h-18h.*

Capitainerie de l'île de Cavallo – *✆ 04 95 70 04 80.* Le petit port de plaisance est bien protégé. Liaisons régulières par navette depuis l'embarcadère de Piantarella pour les résidents.

Météo France – *✆ 0 892 68 08 20.*

COMMENT CIRCULER DANS L'ÎLE

À pied, en suivant le sentier de l'île Lavezzi. En voiture électrique ou à pied à Cavallo.

OÙ DORMIR

Bon à savoir – L'île Lavezzi étant classée « réserve naturelle » on ne peut y faire de camping.

Il existe un hôtel de luxe à Cavallo :

Hôtel & Spa des Pêcheurs – *✆ 04 95 70 36 39 - ouv. avr.-sept.*

OÙ MANGER

Bon à savoir – Prévoyez pique-nique et boissons car, il n'y a aucun commerce à l'île Lavezzi. Il existe une épicerie à Cavallo et l'on peut manger au restaurant de l'Hôtel & Spa des Pêcheurs.

Le golfe d'Ajaccio★★

CARTE MICHELIN LOCAL 345 B 8 – CORSE-DU-SUD (2A)

C'est le plus vaste et le plus profond golfe de Corse. Sa rive Nord s'achève à la pointe de la Parata, un site sauvage face aux sentinelles rougeoyantes des îles Sanguinaires à découvrir à pied. Sa rive Sud, au contraire, est née découpée : c'est une succession d'anses et de baies isolées ourlées de plages de sable fin. La douceur du climat, l'ensoleillement exceptionnel et les nombreuses activités nautiques, font du golfe d'Ajaccio une destination à l'année.

ARRIVER À BON PORT

En bateau – Les ferries de la SNCM, de la CMN et de Corsica Ferries en provenance de Marseille, Toulon ou Nice débarquent passagers et voitures près de la gare maritime, quai L'Herminier.
Pour les coordonnées des compagnies et les tarifs, voir « La Corse pratique », p. 312. Les bateaux de plaisance ont le choix entre le **port Tino-Rossi** pour une escale près de la vieille ville et des commerces, et le **port Charles-Ornano**, situé 1 km plus au Nord (dit aussi port de l'Amirauté) pour une halte plus longue ou une pause technique.

En avion – L'aéroport Campo dell'Oro se trouve à 5 km à l'Est de la ville, au bord de la mer - ✆ 04 95 23 56 56 - www.ajaccio.aéroport.fr. Les bus de la Ligne 8 relient l'aéroport à la gare routière. Départ gare routière (centre-ville) 6h04-19h25 ; départ aéroport (sur la droite en sortant du hall arrivée) 9h-23h15. Les horaires sont adaptés aux heures d'arrivée et de départ des avions. Trajet 15 à 20mn. 4,50 €. Renseignements : boutique TCA, 75 cours Napoléon, Ajaccio, ✆ 04 95 23 29 41.
Taxi pour Ajaccio : compter entre 17,10 € et 24,88 € (à titre indicatif).

CIRCULER

Location de voitures – Les principales compagnies sont présentes sur le parking en sortant de l'aéroport. **Avis** – ✆ 04 95 23 92 50 ; **Budget** – ✆ 04 95 21 17 18.
En ville : **Europcar** – 16 cours Grandval (près de la place du Diamant) - ✆ 04 95 21 05 49 ; **Citer** – Bd Lantivy (près du casino municipal) - ✆ 04 95 51 21 21.
Location de motos, scooters et vélos – BMS - quai de la Citadelle - ✆ 04 95 21 33 75 ou 06 09 24 56 55 - 8h-18h, dim. 9h-12h.

Petit train des îles – Pl. Foch - ✆ 04 95 51 13 69 ou 04 95 21 10 23 - www.petit-train-ajaccio.com - 9h-20h (nocturnes en été), dép. ttes les h., selon demande. Fatigué de marcher ? Laissez-vous transporter sur l'un des deux circuits : visite des principales curiosités d'Ajaccio (45mn, 7 €) ; balade dans la ville et sur la rte des Sanguinaires, avec arrêt à la pointe de la Parata (1h30, 10 €).

BON À SAVOIR

La vieille ville se visite aisément à pied.
Se garer à Ajaccio n'est pas une mince affaire; vous pouvez laisser votre véhicule au parking souterrain du Diamant, place Gén.-de-Gaulle ou, à défaut (car il est souvent complet), sur la place d'Austerlitz, en haut du cours Grandval.
Vous pourrez vous procurer à l'Office de tourisme, ou lors de votre première visite dans un musée ajaccien, la carte « ajacciopassmusées » qui est valable 7 jours consécutifs et donne accès à l'ensemble des musées de la ville (10 €).
En saison, une navette maritime relie Ajaccio à Porticcio (côte Sud).
On se baigne à Ajaccio : la plage St-François se trouve au débouché de la pl. Gén.-de-Gaulle, la plage Trottei à l'Ouest de la précédente.
Incontournable : assister au coucher du soleil à la pointe de Parata.
Et si le temps s'y prête, embarquez pour une navigation vers Scandola et les calanques de Piana : ces beaux sites marins de Corse sont à voir absolument.

Le golfe d'Ajaccio.

Ajaccio : une antique cité portuaire

Dès le 3e s. av. J.-C., une intense activité commerciale régnait à Ajaccio, comme en témoignent les épaves découvertes dans la passe des Sanguinaires, à Capo di Muro, Isolella et Porticcio. Elles transportaient souvent de riches cargaisons de verreries et d'amphores, et de statues romaines en marbre du 3e s. Une promenade en bord de mer, dans la ville ancienne et la ville moderne confirme la pérennité de cette activité !

EN BORD DE MER

Plan de la ville p. 352. Lové entre la montagne et la mer, Ajaccio s'étend au Nord de la baie le long du rivage et sur les hauteurs. Au-dessus des vieux quartiers paisiblement posés à fleur d'eau, dans une harmonie de tons pastel, ocre, roses, jaunes, la ville nouvelle grimpe à flanc de montagne.

L'ancienne cité génoise est délimitée par la place du Gén.-de-Gaulle à l'Ouest, la citadelle au Sud-Est et la place du Mar.-Foch au Nord. Elle se prolonge rue du Card.-Fesch par **le Borgo** (faubourg). En bord d'eau, au Nord de la ville, la jetée du **Margonajo** abrite le nouveau port de plaisance (Charles-Ornano) ; quelques centaines de mètres plus bas, la jetée des Capucins accueille les ferries et le port de commerce ; enfin, devant la face Nord de la citadelle, se trouve le petit port de pêche et de plaisance (Tino-Rossi).

Pointe d'Aspreto

Au petit matin comme le soir, la pointe d'Aspreto offre une belle **vue★** d'ensemble sur le front de mer et une partie du golfe d'Ajaccio. On y accède par la longue jetée de la Citadelle qui abrite le port de pêche et le port de plaisance Tino-Rossi. La **citadelle** date du milieu du 16e s. ; toujours domaine militaire, elle n'est ouverte au public que lors des Journées du patrimoine. On longe **le quai Napoléon** où les terrasses de café invitent à s'installerà l'ombre des palmiers, pour observer l'animation du port.

Place Maréchal-Foch (ou des Palmiers)

L'ancienne piazza di l'Olmu, bel espace rectangulaire ombragé de vénérables palmiers et de platanes, s'ouvre face au port. C'est un lieu central de la vie ajaccienne : on y vient pour déambuler, discuter ou se reposer sur les bancs. Le côté Sud est bordé de petits restaurants. Remarquez la petite **statue de la Madonuccia (plan II)** ou N.-D. de la Miséricorde, exposée dans la niche d'une maison en haut de la place *(nos 7-10, av. Sérafini)*. Elle protège la ville depuis 1656 et est fêtée en grande pompe le 18 mars : ville illuminée, messe solennelle à la cathédrale, procession dans les rues. La statue de marbre blanc de **Bonaparte Premier consul** surmonte la fontaine des Quatre-Lions, œuvre de Maglioli, peintre et sculpteur ajaccien. Sur la gauche, en bas de la place, s'élève l'**hôtel de ville**.

Les bons produits de Corse au marché

Chaque matin, derrière l'hôtel de ville, le marché du square César-Campinchi anime la place et les rues adjacentes : on y trouve d'excellents fromages et charcuteries corses. Sur le port, les pêcheurs écoulent leurs poissons frais.

Rue Cardinal-Fesch (U Borgu)

Cette longue rue commerçante, très animée, traverse l'ancien Borgo (faubourg).

Halte obligatoire au musée Fesch★★

50-52 r. Fesch - ✆ 04 95 21 48 17 - www.musée.fesch - ♿ - juil.-août : lun. 14h-18h, mar.-jeu., w.-end et j. fériés 10h30-18h, vend. 14-21h30 ; avr.-juin et sept. : tlj sf lun. 9h30-12h, 14h-18h ; oct.-mars : tlj sf dim. et lun. 9h30-12h, 14h-17h30 - 5,35 € (-15 ans gratuit).

Installé dans l'ancien collège Fesch, ce musée abrite la plus importante collection de **peintures italiennes★★★** conservée en France, après celle du Louvre, ainsi que des œuvres des écoles française, espagnole, flamande et hollandaise. Il est inimaginable de ne pas le visiter. Les toiles furent léguées à la ville par le cardinal Fesch, oncle maternel de Napoléon et archevêque de Lyon, fervent collectionneur d'œuvres italiennes.

Peinture italienne du 14e au 16e s. – *1er étage.* On peut admirer l'illustre **triptyque de Rimini** (14e s.), et le triptyque du **Mariage mystique de sainte Catherine** (de Nicoló de Tommaso) présentant sur les volets saint Jean-Baptiste et saint Dominique.

Le thème de la Vierge à l'Enfant, traité en particulier par deux grands maîtres **Giovanni Bellini** (1430-1516) et **Sandro Botticelli** (1440-1510), illustre l'art du Quattrocento (15e s.). Tendresse, charme et sensibilité se dégagent de la madone de Bellini, tandis que la **Vierge à la guirlande** de Botticelli, peinte en 1470, enchante par sa grâce et son naturel. La très belle **Vierge à l'Enfant** de Giovanni Boccati, influencé par Fra Angelico, illustre par ailleurs la haute époque florentine. La persistance du gothique et le goût des ruines antiques se retrouvent dans la madone de Cosimo Rosselli. **La Madone entre les deux saints**, de Cosimo Tura, au réalisme accentué, appartient à l'école de Ferrare.

Du 16e s., on retient en particulier deux œuvres de l'école de Venise : **Léda et le cygne** de l'atelier de Véronèse et l'**Homme au gant** de **Titien** ainsi qu'une belle **Adoration des Mages**, œuvre anonyme flamande.

Œuvres du 17e et 18e s. – *2e étage.* Remarquer la très riche collection de natures mortes (Cittadini, Boselli, G. Recco, Ruoppolo, Castelli dit Spadino) ainsi que les paysages de Gaspard Dughet (1613-1675), peintre français (né à Rome) qui a fortement subi l'influence de son beau-frère Nicolas Poussin. Les œuvres d'Amorosi et de Luca Giordano témoignent de l'influence qu'exerça Le Caravage sur la peinture de l'époque. Les écoles flamandes du 17e s. sont représentées par une série de paysages tels ceux de Nicolaes Berchem. Dans les salles napolitaines on remarque particulièrement **Le Départ de Rebecca** par Solimène.

La visite se poursuit par des œuvres du 18e s., notamment celles de Pierre Subleyras et de Louis-Gabriel Blanchet. Le 19e s. est représenté essentiellement par des paysages. L'exposition à ce niveau s'achève par la **grande galerie** qui abrite les tableaux italiens de grandes dimensions classés par écoles d'origine.

Tourner à gauche dans la rue des Trois-Marie et descendre le cours Napoléon, principale artère commerçante d'Ajaccio.

LA VILLE MODERNE

Place Général-de-Gaulle (Place du Diamant)

Ce vaste espace fait le lien entre les quartiers anciens et ceux qui se développent en bordure de la route des Sanguinaires. La place, prolongée par une terrasse, offre une belle **vue★** sur le golfe d'Ajaccio.

Au centre de la place se dresse le monument équestre en bronze de **Napoléon en empereur romain** et de ses quatre frères, dessiné par Viollet-le-Duc.

Cours Grandval

Aéré, agréablement bordé de palmiers et de platanes, le cours monte en pente douce de la place Gén.-de-Gaulle vers la place d'Austerlitz, qui clôt son élégante perspective.

Place d'Austerlitz (U Casone)

Elle est dominée par l'imposant **monument de Napoléon Ier** qui ferme l'axe ouvert 1 500 m plus bas, place Foch, par la statue de Napoléon Premier consul. Précédé de deux aigles et d'une immense stèle inclinée rappelant ses victoires, l'Empereur, coiffé du bicorne, regarde la ville dans une attitude familière (réplique de la statue située dans la cour d'honneur des Invalides à Paris).

Se diriger vers le bord de mer par le bd Madame-Mère. Le boulevard Pascal Rossini longe les plages, passe devant le casino et mène aux remparts de la citadelle. *Tourner à gauche pl. Spinola.*

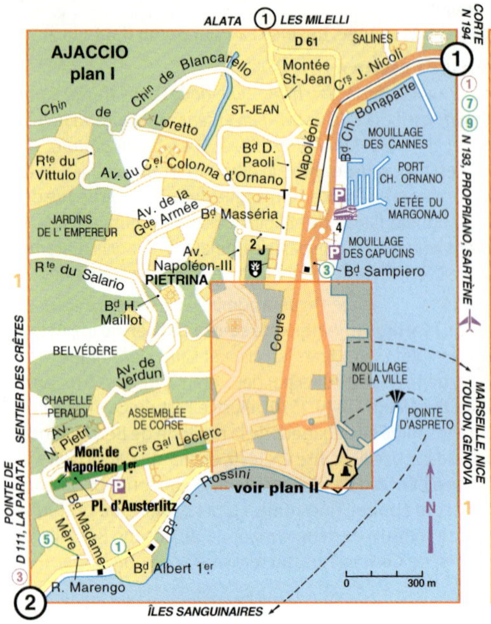

OÙ DORMIR

Impérial........................ 1
Le Dauphin...................... 3
Marengo......................... 5
Spunta di Mare.................. 7
U Prunelli (Camping)............ 9

OÙ MANGER

L'Aéro-Club..................... 1
Marinella....................... 3

INDEX DES RUES

OÙ DORMIR

Kallisté............................ 3
San Carlu........................... 5

OÙ MANGER

Au Bec Fin.......................... 1
L'Estaminet......................... 5
Le 20123............................ 9

DANS LA VIEILLE VILLE★

Église St-Érasme

C'est l'ancienne chapelle du collège des jésuites, bâti en 1617. Le sanctuaire dédié à saint Érasme, patron des marins, est décoré de maquettes de navires.

Poursuivre par la rue Forcioli-Conti.

Cathédrale

✆ 04 95 21 07 67 - tlj sf dim. 8h30-11h30, 14h-18h.

Construite à partir de 1582 dans le style Renaissance, elle présente une façade très simple. Le long de la nef sur la gauche, la première chapelle élevée au 16e s. par Pierre Paul d'Ornano est ornée d'une peinture de Delacroix : *Le Triomphe de la Religion*.
Le maître-autel monumental en marbre blanc, surmonté de quatre colonnes torses de marbre noir, fut offert à l'église en 1811 par Élisa Bacciocchi, sœur de Napoléon. Au-dessus du faux transept, remarquez la coupole peinte en trompe-l'œil.
Notez dans la chapelle de l'Immaculée-Conception, sur la droite, une belle **Vierge** en marbre de Carrare du 18e s. sous un dais aux draperies élégantes.

Prendre la rue Notre-Dame qui longe le flanc droit de la cathédrale.

Au nº 3 s'élève la longue façade très sobre de l'**hôtel Cuneo d'Ornano**. La porte au linteau de marbre est surmontée d'un ornement aux armes de la famille d'Ornano.

Prendre à gauche la rue du Roi-de-Rome, puis à droite la rue St-Charles.

Maison Bonaparte★

✆ 04 95 21 43 89 - avr.-sept. : 9h-12h, 14h-18h, lun. 14h-18h (dernière entrée 45mn av. fermeture) ; oct.-mars : 10h-12h, 14h-16h45, lun. 14h-16h45 - 4 € (-18 ans gratuit), gratuit 1er dim. du mois.

Devant la petite **place Letizia**, ombragée de bananiers et d'orangers et ornée du buste du roi de Rome enfant, s'élève la **maison natale de l'Empereur.** Remontant au 17e s., elle présente une façade très sobre, sans décoration ni signe distinctif, hormis les armes de la famille.
On débouche dans la rue Bonaparte, l'ancien *carrughju drittu* (« rue droite ») de la cité génoise où résidaient les marchands et qui divisait la vieille ville en deux quartiers distincts : au Nord s'étendait le quartier populaire du Macello (boucherie), tandis que la bourgeoisie résidait au Sud.
Au nº 17, l'**hôtel Pozzo di Borgo** est habillé en palais italien par les trompe-l'œil en camaïeu d'ocre qui décorent ses fenêtres. Au rez-de-chaussée, une porte monumentale de marbre blanc, avec un fronton armorié, donne un air solennel à l'édifice.

Poursuivre vers la pl. Marl.-Foch, d'où l'on rejoint les quais du port.

Sports et loisirs nautiques

Comme un poisson dans l'eau

Les clubs de plongée sont nombreux à Ajaccio et dans le golfe. Ces centres agréés proposent baptêmes, formations pour enfants et adultes et découvertes des fonds dans et hors du golfe d'Ajaccio, notamment au « **banc provençal** » où vivent de beaux mérous, des murènes, des congres, ainsi que des homards et des langoustes.

À l'eau plongée – *Port Charles-Ornano, jetée principale - Ajaccio - ✆ 06 09 60 14 09 - http://monsite.wanadoo.fr/aleauplongee.* ici, les plongées sont à la carte.

E Ragnole – *12 cours Lucien-Bonaparte, plage Trottel - Ajaccio - ✆ 04 95 21 53 55 ou 06 08 47 25 51 - www.eragnole.com - avr.-oct. : tlj ; nov. et mars : w.-end et vac. scol. - à partir de 30 €.*

Alpana – *44 cours Lucien-Bonaparte - Ajaccio - ✆ 04 95 21 78 84 - http://perso.wanadoo.fr/alpana/page.htm.* Ce club promeut des activités telle que l'apnée et la chasse sous-marine.

Odyssée – *Port de l'Amirauté, face à la capitainerie - Ajaccio - ✆ 06 62 07 53 51 - www.odyssee-plongee.fr*

Corsica Diving – *Port Charles-Ornano - Ajaccio - ✆ 06 15 05 20 61 - www.corsicaloisirs.com*

Au fil de l'eau et au gré du vent

À tout vent – *Quai Tino-Rossi - Ajaccio - ✆ 06 11 52 43 42 - http://atoutventsalin.free.fr.* Jacky Salin emmène ses équipiers d'un jour pour une balade en mer sur son vieux gréement.

Corsica Jet Évasion – *Plage Trottei, cours Lucien-Bonaparte - Ajaccio - ☏ 06 12 04 02 16 - www.corsicajet.com.* Pour une randonnée en scooter des mers vers les îles Sanguinaires ou les Sette Nave.

Corsica Outdoor – *Cours Napoléon - Ajaccio - ☏ 06 78 72 34 17 - www.corsica-outdoor.com - 35 € pour la demi j. avec guide.* Pour une randonnée en kayak de mer et se faufiler entre les rochers ou glisser dans les criques du golfe d'Ajaccio.

Nave Va Compagnie des promenades en mer – *15 bd Sampiero - 20000 Ajaccio - ☏ 04 95 21 83 97 - excursions commentées au dép. d'Ajaccio, Porticcio, Porto, Sagone et Gargese - la réserve naturelle de Scandola 34/46 €, les Calanche de Piana-Capo Rosso 22 €, les falaises de Bonifacio 55 €, Calvi 59 €, les îles Sanguinaires 22 € ; navettes quotidiennes pour Ajaccio/Porticcio 5 € (8 €/AR) - www.naveva.com.* Comptez environ 2h30, dont une heure d'escale, pour l'excursion en bateau aux Sanguinaires (l'après-midi seulement).

Société nautique d'Ajaccio – *Fossés de la Citadelle - Port Tino-Rossi - Ajaccio - ☏ 04 95 21 40 43 - www.snajaccio.asso.fr.* Fondée en 1867, cette association organise des stages de voile et des régates sur dériveur, catamaran et planche à voile. Elle organise des sorties en kayak de mer.

Tahiti Nautic Club – *Plage du RIcanto - Ajaccio - ☏ 04 95 23 09 95 - www.tnc-ajaccio.fr.st.* Pour naviguer en kayak, en dériveur ou en planche à voile dans le golfe.

Yachting Aventure – *Port de l'Amirauté - AJaccio - ☏ 04 95 10 26 25 - www.yachting-aventure.com.* Ce club loue des bateaux et des jets-skis, et organise des randonnées en scooter des mers ou en jet-ski.

Vers les îles Sanguinaires : en bateau et à pied

Compter une demi journée pour cette excursion. Prévoir des jumelles pour observer les oiseaux de mer et les dauphins, de l'eau et de bonnes chaussures.

L'image que les voyageurs se font de la Corse semble toute entière contenue dans ces quatre îlots aux contours abrupts baignés d'une mer limpide. Promontoires de porphyre d'un rouge sombre, les **îles Sanguinaires** prolongent la pointe de la Parata et sont disposées en sentinelles à l'entrée du golfe. Au coucher du soleil, elles se parent d'une chaude couleur ocre rouge.
De nombreuses spéculations circulent sur le nom de l'archipel. Il ferait allusion au sang noir *(i sangui neri)* des malades atteints de la lèpre. Mais l'interdiction d'installer des lazarets en Corse invalide cette hypothèse. Le nom proviendrait plutôt des îles *Sagonarii* situées à l'entrée du golfe de Sagone, ou, selon une autre hypothèse, ce serait une déformation du nom que l'on peut lire sur les cartes anciennes « isule sagunarie », qui désignerait les îles de Sagone.

Excursion en bateau★★

SARL Nave Va - ☏ 04 95 21 83 97 - www.naveva.com - accès en vedette au dép. du port d'Ajaccio - quai Napoléon - face à la pl. Mar.-Foch - apr.-midi - arrêt (1h) sur l'île - avr.-oct. - 22 €.

Les îles Sanguinaires au soleil couchant.

Cette promenade en vedette permet d'avoir une vue d'ensemble de la ville d'Ajaccio. Le bateau longe la côte Nord du golfe : on aperçoit le cimetière marin. Puis il passe au large de la pointe de la Parata, couronnée d'une tour génoise, pour accoster la **Grande Sanguinaire**. C'est le plus éloigné du rivage et le plus important des quatre îlots qui constituent cet archipel. La Grande Sanguinaire fut concédée par Gênes en 1503 à la famille ligure des Ponte « sous la condition qu'elle y plante 800 ceps de vigne et 600 arbres fruitiers ». Sur la Grande Sanguinaire s'élèvent un phare à éclipses, un ancien sémaphore et une tour en ruine. *Gagner l'extrémité de l'îlot en longeant le bord de mer ou monter au phare.* De ces deux endroits, on découvre une **vue★★** splendide sur le golfe d'Ajaccio. Le sentier, non balisé, est tout à fait visible.
Inscrites au répertoire européen Natura 2000, les îles abritent des colonies d'oiseaux de mer (cormorans huppés, goélands leucophées) qui profitent des abords très poissonneux. En se promenant, on croise nombre geckos et lézards tiliguerta. Et parmi les plantes étonnantes, l'Arum « mange-mouches ».

En suivant le sentier des Crêtes★ 3

3h aller ; retour en bus, ou à pied, environ 1h30 - voir la carte p. 359. Accessible au marcheur non entraîné, le sentier relie les hauteurs d'Ajaccio à la centrale solaire de Vignola, sur la route des Sanguinaires ; il est très bien balisé par de grands panneaux de bois. Emporter eau et crème solaire et éviter cette promenade les jours de grand vent (risque d'incendie). Altitude maximum du tracé : 360 m.
Point de départ : longer la place d'Austerlitz (ou place du Casone) par la droite, puis prendre la rue qui monte sur 200 m environ. À l'arrêt de bus « Bois des Anglais », tourner à gauche. Parking. Un panneau signale le sentier. Il est possible d'écourter la balade : même point de départ mais, au col de Fortone, bifurquer sur la gauche par le sentier balisé qui rejoint la mer au niveau du parc Berthault. Retour sur Ajaccio par la route. Un peu plus d'une heure pour effectuer la boucle.

Le sentier se hisse en pente douce à travers la végétation du maquis : figuiers de Barbarie mêlés aux chênes verts. Il domine rapidement la ville d'Ajaccio, le golfe puis les Sanguinaires. Superbes points de vue tout au long du chemin. À l'arrivée à Vignola, contourner l'enceinte de la centrale solaire par la gauche avant d'atteindre l'agréable plage pour profiter des plaisirs de la baignade.
Retour par le bus n° 5 reliant la Parata au centre-ville depuis l'arrêt de Vignola (fréquence estivale : ttes les 30mn). À pied par la route, compter 1h30.

Vadrouiller sur la route des sanguinaires

29 km. Environ 1h30. Quitter Ajaccio par la D 111. Suivre le tracé 1 de la carte p. 359. Cette excursion peut être faite en prenant le petit train des plages.

En corniche, la **route des Sanguinaires★** borde la côte Nord du golfe ; elle permet de découvrir la « corniche ajaccienne », où s'étendent les quartiers résidentiels, au pied de la ligne de crête. Quelques agréables petites plages font face à l'immensité du golfe. Entre la chapelle des Grecs et Scudo, postées le long de la mer, d'imposantes chapelles funéraires de familles ajacciennes contrastent sensiblement avec les villas, immeubles, hôtels et restaurants qui s'élèvent sur les premières hauteurs et en bordure de la route jusqu'à la pointe de la Parata.
Plusieurs plages de sable fin caressées d'eaux claires se succèdent, animées par quelques bars, où l'on peut admirer de superbes couchers de soleil.

Chapelle des Grecs

Ce modeste édifice de style baroque très sobre, surmonté d'une jolie croix de fer forgé, s'élève sur la gauche peu après la place Emmanuel-Arène.
La chapelle évoque le souvenir de la communauté grecque qui, chassée par les Turcs du Péloponnèse au 17e s., s'installa à Gênes, puis à Ajaccio, avant de s'établir à Cargèse.
À droite de la place ombragée de micocouliers qui borde l'édifice, un sentier descend vers la mer.

Marinella

Cette belle plage, chantée par Tino Rossi, est tapissée de sable fin blanc. De nombreux Ajacciens y viennent le week-end. C'est un endroit idéal pour plonger.

Centre de plongée des Calanques – *Hôtel Stella di Mare - rte des Sanguinaires - Ajaccio - ✆ 04 95 21 39 65 ou 06 72 56 16 57- www.corse-plongee.com*

Isula centre de plongée – *Hôtel Cala di Sole - rte des Sanguinaires - ✆ 04 95 52 06 39 - http://jpvigno.club.fr/contacts.htm*

Pointe de la Parata

Ce beau promontoire de granit noir est surmonté de la **tour de la Parata**, édifiée par les Génois au début du 17e s. pour protéger l'île des incursions barbaresques. La route s'arrête au pied du promontoire, site classé zone naturelle d'intérêt écologique pour sa faune et sa flore de caractère exceptionnel.

Le stationnement est parfois difficile : on peut trouver de la place près de la chapelle St-Antoine. Préservons la nature en ne piétinant pas les plantes.

Le chemin, à travers le maquis, permet de gagner l'extrémité de la pointe *(30mn à pied AR)* qui offre une **vue★★** rapprochée sur les îles Sanguinaires.

Bleu, rouge, or

Les noms de lieux parlent d'eux-mêmes : les îles Sanguinaires sont constituées d'une roche rouge sombre, le Campo dell'Oro (le « champ d'or », en référence peut-être au blé jadis présent) évoque le jaune de la plaine cultivée située derrière l'aéroport, enfin la mer déploie dans tout le golfe ses tons intensément bleus.
Les trois couleurs primaires sont bien là et leurs combinaisons créent une palette de vert, d'orange et de violet à laquelle s'ajoute le gris-blanc scintillant de la plage d'Argent.

Reprendre la route en sens inverse ; au bout de 2 km environ, emprunter à gauche la D 111B, signalée « Capu di Fenu » (juste après l'hôtel Goéland). Poursuivre pendant 8 km environ l'itinéraire qui serpente au milieu de pâturages clôturés. Suivre alors la direction « Paillote Capo di Feno, chez Dume », sur une route non goudronnée (sur 200 m) qui mène à un terre-plein servant de parking.

Plage de Grand Capo★

Les Ajacciens affectionnent cette plage, belle et vaste étendue de sable fin entourée de collines à la végétation rabougrie. Eau turquoise et impression de « bout du monde », les lieux sont restés sauvages.
L'ouverture vers le large et l'orientation des vents attirent les adeptes du surf ; des compétitions s'y déroulent. Mais le lieu ne se prête pas à la baignade.

Rentrer sur Ajaccio par la D 111B (rte de Saint-Antoine).
Vous pouvez également prolonger votre balade par une promenade à pied jusqu'à l'anse de Minaccia.

Anse de Minaccia★ 4

1h jusqu'à Petit Capo, 1h30 jusqu'à Grand Capo (anse de Minaccia). Promenade sans difficulté ; bien se chausser et prévoir de l'eau, et éventuellement un coupe-vent. Point de départ : environ 1 km avant le parking de la Parata, un large chemin de terre s'amorce à une centaine de mètres avant la chapelle précédée d'un obélisque. Voir la carte p. 359.
Le chemin, bien tracé, franchit une crête qui procure de superbes vues sur les îles et la côte sur ses deux versants avant d'atteindre les belles plages sauvages de Petit Capo et de Grand Capo. On passe près de *tafoni* sculptés par les vents et les embruns.

Actif de plage en plage sur la côte Sud

104 km. Environ 4h. Quitter Ajaccio par la N 193 puis suivre la route de Sartène (N 196). Suivre le tracé 2 de la carte p. 359.

La côte Sud★★ est superbe : vous pouvez la découvrir en suivant ce circuit en voiture ou tout simplement faire le choix d'un endroit et vous livrer corps perdus aux multiples activées proposées !
Peu **après la pointe d'Aspreto,** la jolie route bordée de pins mène à l'aéroport d'Ajaccio Campo dell'Oro et dessert la grande plage du **Ricanto**, très fréquentée. Ce site est un lieu de promenade et de baignade, qui a l'avantage de se trouver tout près d'Ajaccio. Il est aujourd'hui protégé par le Conservatoire du littoral du fait qu'on y trouve une espèce d'escargot unique au monde (en voie d'extinction) et qu'il faut préserver le cordon dunaire et la lande à genêt qui borde la plage.

Franchir la Gravona, puis le Prunelli, et prendre à droite la D 55 vers Porticcio.

Porticcio

Liaison par bateau-navette avec le port d'Ajaccio en saison.
Pavillon bleu en 1999, 2000 et 2001, cette station balnéaire, située face à Ajaccio et à deux pas de l'aéroport Campo dell'Oro, est un haut lieu du tourisme. On s'y retrouve pour profiter des plaisirs de la plage (du farniente à la randonnée en jet-ski) et des loisirs parmi lesquels la thalassothérapie. Porticcio est doté d'un petit port-abri où accostent les vedettes qui assurent la liaison avec Ajaccio *(en saison)*.

L'anse de Minaccia.

Acqua Cyrné Gliss – *- D 55 - 20166 Porticcio - ☏ 04 95 25 17 48 - www.acquagliss.com - juin-sept. : 10h30-19h - 7/16,50 €.* Dans ce parc de loisirs aquatiques, la glisse est reine. Cinq toboggans avec décors animés font le bonheur des petits mais aussi des plus grands. Aires de jeux, bar et petite restauration.

Centre nautique de Porticcio – *Plage de la Viva - 20166 Porticcio - ☏ 04 95 25 01 06.* Ce centre organise cours de voile et location de catamarans, dériveurs, planches à voile, surfs, kayaks de mer.

Corsica Outdoor – *40 Cours Napoléon - Ajaccio - ☏ 06 78 72 34 17 - www.corsica-outdoor.com - location 25 €/j.* Au ras de l'eau, glisser sans bruit pendant une journée en kayak de mer au départ de Porticcio, voilà ce que vous propose ce loueur.

Extrême Glisse – *Plage de la Viva - 20166 Porticcio - ☏ 06 14 61 83 42 90.* On vous propose ici ski-nautique et bouées tractées.

Julien Jet – *Base nautique - Sofitel - 20166 Porticcio - ☏ 04 95 29 40 28 ou 06 18 96 15 93.* Randonnées en jet et en quad dans la baie d'Ajaccio et au-delà en journée, ou au coucher du soleil en buvant une coupe de champagne !

Maeva Plongée – *Les Marines BP 48 - 20166 Porticcio - ☏ 04 95 25 02 40 - www.maeva-plongee.com - avr.-oct. : 8h-20h.* installé depuis 1986 aux Marines de Porticcio, Maeva Plongée organise des baptêmes pour les novices et des explorations pour les plongeurs plus aguerris.

RIve Sud Nautique – *Plage de la Viva - 20166 Porticcio - ☏ 04 95 25 19 89.* Location de scooters de mer et de jets-skis.

Yachting Club – *Marines de Porticcio - 20166 Porticcio - ☏ 04 95 25 05 62* – situé dans le centre commercial, le Yachting club loue bateaux, canoés, kayaks et planches à voile et fait passer le permis bateau.
De l'extrémité de la pointe, la vue s'étend sur la rade d'Ajaccio et les îles Sanguinaires.

À la sortie de Porticcio, la route borde la longue **plage d'Agosta** et laisse sur la droite la **presqu'île d'Isolella**, lieu paradisiaque dont la pointe porte une ancienne tour génoise *(propriété privée)*. Plusieurs élégantes petites criques, plus tranquilles que la plage d'Agosta, sont des mouillages bien abrités recherchés par les plaisanciers.

Agosta Fun Beach – *Motel Agosta - 20166 Molini - ☏ 06 11 54 95 28 - 15 mai-30 sept.* Et pourquoi ne pas prende de la hauteur pour découvrir la mer en parachute ascensionnel ou se donner des sensations fortes en bouée tractée ou en hrydrojet ?

Agosta Plongée – *Motel Agosta - 20166 Molini - ☏ 06 11 57 77 63 - www.agostaplongee.fr.st.* Installé depuis 30 ans, ce club a répertorié plus de 100 sites à vous faire découvrir de mai à octobre.

Corse Plongée – *Rd-pt de la presqu'île de l'Isolella - 20166 Molini - ☏ 04 95 25 50 08 - www.corse-plongee.fr.st - mars-déc.* Accueil aimable et bonne ambiance dans ce club de plongée qui vous fera découvrir la Vallée des mérous, la Tête de mort et les épaves du golfe d'Ajaccio.

S. Sauvignier / MICHELIN

Le port d'Ajaccio.

La route contourne ensuite la **plage de Ruppione** dans une anse profonde et passe à la lisière de la forêt de Chiavari.

Pietrosella

À la sortie du hameau (vaste espace, sur la gauche de la route, où l'on peut laisser la voiture), le sympathique **sentier du myrte** *(1h)* a été aménagé et balisé par l'ONF. Il permet aux botanistes en herbe d'effectuer une courte promenade odorante dans un maquis peuplé d'arbousiers, de myrtes, d'oliviers sauvages (oléastres), de lavande, de bruyères arborescentes, de lentisques et de cistes aux fleurs blanches ou mauves.

Au vieux port de Chiavari, prendre à droite la route de la pointe de la Castagna (Punta di a Castagna) (D 155) qui suit la côte et procure de beaux coups d'œil sur le golfe. On rejoint le sable fin de la belle plage de **Mare e Sole**, dite plage d'Argent, ombragée par quelques pins sur son extrémité Sud. Sur la droite apparaît l'île Piana, couverte d'une végétation dense.

Corsica Diving – *Plage de Mare e Sole - 20138 Coti-Chiavari - ✆ 06 15 05 20 61 - www.corsicaloisirs.com*

La route suit la petite **anse de Portigliolo** bordée d'une plage avant de monter au hameau de la Castagna, dominé par une tour génoise *(terrain militaire).*

Base nautique Mare e Vela – *Plage de Portigliolo- 20138 Coti-Chiavari - ✆ 04 95 22 56 67.* Cette base nautique organise pour les enfants de 5 à 8 ans des stages « jardin des mers » (découverte de la mer, du vent, des poissons, des algues, de la pêche, etc.), donne des cours de voile, de planche à voile et de catamaran, et loue kayaks et pédalos.

Revenir sur ses pas jusqu'à l'embranchement où l'on prend à droite la route de Coti-Chiavari (D 55).

Coti-Chiavari

Ce village, bâti en terrasse, tire son origine du peuplement de la région en 1714 par des habitants de la localité ligure de Chiavari, proche de Gênes. Son esplanade ombragée, formant belvédère, offre un agréable point d'observation vers la pointe de la Castagna et les îles Sanguinaires. D'autres **vues★★** sur les golfes d'Ajaccio et de Valinco, plus exceptionnelles encore, se dévoilent si l'on suit la route d'accès au relais de télévision et au camp militaire *(accès interdits).*

Le « plus » nature

Originaire d'Australie, où il peut atteindre des hauteurs impressionnantes (plus de 100 m !), **l'eucalyptus** fut introduit en Corse au 19e s. dans les environs du pénitencier de Chiavari pour en assainir l'environnement. Gros consommateur d'eau, l'eucalyptus pompe le sol et assèche les zones marécageuses. En outre, ses feuilles ont des vertus antiseptiques et repoussent les moustiques.

En Corse, la plupart des eucalyptus forment des plantations réalisées dans le cadre des fonds forestiers nationaux destinés au reboisement de domaines jusqu'alors composés de landes ou de terres insalubres. Ainsi, près de 900 ha furent plantés dans les plaines côtières orientales jusqu'en 1960.

Reprendre la route vers Acqua Doria et la presqu'île du Capo di Muro. Sur la gauche, un chemin descend vers la belle plage de la **Cala d'Orzo** où subsiste une « paillote » qui naguère défraya la chronique.

La route se termine brutalement. Laisser la voiture et poursuivre à pied sur un chemin non balisé (hors quelques cairns), tracé dans le prolongement. Au 1er embranchement, prendre sur la gauche le sentier en pente, puis continuer tout droit en négligeant le 2e sentier sur la gauche.

Punta Guardiola

1h à pied AR. Parfait pour un pique-nique. Domaine du Conservatoire du littoral, la pointe sauvage de Capi di Muro est sillonnée de quelques sentiers. Le promontoire, dominé par une tour génoise restaurée, ferme, au Sud, le golfe d'Ajaccio. À ses pieds s'ouvre le beau golfe d'**Arena Rossa★**, aux contours sauvages et boisés. Vue superbe sur le golfe d'Ajaccio et les tours génoises de la Castagna, de Mezzu Mari, sur la Grande Sanguinaire et de la Parata.

Revenir à Coti-Chiavari.

De là, le retour à Ajaccio s'effectue par la **route des Cols★** (D 55) qui embrasse le golfe d'Ajaccio. Au col de Cortone, par-delà la **forêt de Chiavari**, **vue★** sur le golfe d'Ajaccio de la pointe de la Castagna à celle de la Parata ; au Sud sur le golfe de Valinco. Au **col de Chenova**, vue sur la pointe de Sette Nave avec la tour de l'Isollela, sur les îles Sanguinaires et sur la vallée du Taravo. La route serpente alors dans un maquis très dense.

Au col d'Aja Bastiano, prendre à gauche la D 302.
Enfin, au **col de Bellevalle**, vue sur le golfe et la plaine alluviale de la Gravona.

Le golfe d'Ajaccio pratique

OÙ S'INFORMER

Office de tourisme – *3 bd du Roi Jérôme - 20181 Ajaccio Cedex 1 - ✆ 04 95 51 53 03 - www.tourisme.fr/ajaccio - juil.-août : 8h-20h30, dim. 9h-13h, 16h-19h ; sept.-oct et avr.-juin : 8h-19h, dim. 9h-13h ; nov.-mars : tlj sf dim. et j. fériés 8h-12h30, 14h-18h, sam.8h-12h, 14h-17h.*

Capitainerie – *Quai de la Citadelle - ✆ 04 95 51 22 43 - sais. : 7h45-21h - hors sais. : 8h-12h, 14h-18h.*

Météo France – *✆ 0 892 680 820*

Météo de l'air – Moyenne de 8,8 °C en janvier, 22,8 °C en août. 72 jours de pluie/an.

OÙ DORMIR

Hôtel Kallisté – *51 cours Napoléon - ✆ 04 95 51 34 45 - www.cyrnos.net - 50 ch. 45/69 € - ☕ 6,50 €.* Cet hôtel occupe une maison ajaccienne de 1864 au cœur de la ville. Avec sa belle façade colorée, son entrée voûtée et ses briques, elle a gardé son caractère. Pour votre confort, les chambres sont modernes. Prix très raisonnables hors saison.

Hôtel Le Dauphin – *11 bd Sampiero - face au port - ✆ 04 95 21 88 69 - www.ledauphinhotel.com - P - 39 ch. 52/69 € ☕ - rest. 11 €.* Face au port et tout près du centre-ville, un hôtel bien placé si vous arrivez par le ferry. Chambres standard, dotées pour certaines d'un balcon donnant directement sur la mer. Restaurant-pizzeria à prix doux.

Hôtel Spunta di Mare – *Quartier St-Joseph - ✆ 04 95 23 74 40 - www.hotel-aspuntadimare-corse.com - fermé de mi-déc. à fin janv. - P - 59 ch. 53/93 € ☕ - rest. (soir seult) 10/15 €.* Entre le centre-ville et l'aéroport, cet hôtel (entièrement climatisé) bénéficie d'une vue sur le golfe d'Ajaccio depuis sa terrasse-solarium et de la majorité de ses chambres. Fonctionnelles et blanches, elles sont égayées de meubles de couleur.

Hôtel Impérial – *6 bd Albert-1er - ✆ 04 95 21 50 62 - fermé déc. -fév. - 61 ch. 59/87 € - ☕ 7 €.* Cet hôtel se transforme peu à peu sous l'impulsion du fils de la famille, artiste-peintre : les chambres du bâtiment principal ont toutes été refaites. Sa situation excentrée, sa plage et ses prix raisonnables restent toutefois ses atouts majeurs.

Camping U-Prunelli – *Bord du Prunelli - 20166 Porticcio - 3,5 km NE de Porticcio par D 55 (rte d'Ajaccio) - ✆ 04 95 25 19 23 - camping-prunelli@wanadoo.fr - ouv. avr.-oct. - réserv. conseillée - 200 empl. 26 € - restauration.* Dans un environnement sauvage et luxuriant, voici un beau terrain aux emplacements bien délimités et ombragés. Vous aimerez flâner sous la treille de la terrasse du bar et batifoler dans les eaux des deux piscines à débordement. Location de chalets.

Hôtel Marengo – *2 r. Marengo - ✆ 04 95 21 43 66 - fermé 6 nov.-24 mars - 16 ch. 79/88 € - ☕ 6 €.* Voilà une petite adresse pas chère, dans un quartier légèrement excentré mais plutôt calme. Ses chambres claires sont simples et bien entretenues. Accueil aimable.

Hôtel San Carlu – *8 bd Casanova - ✆ 04 95 21 13 84 - fermé 20 déc.-31 janv. - 40 ch. 80/120 € - ☕ 9 €.* De certaines chambres, vous apercevrez la mer ou la célèbre citadelle du 15e s. Situé sur un boulevard un peu passant, l'hôtel est bien insonorisé et bénéficie aussi de la climatisation.

OÙ MANGER

Au Bec Fin – *3 bis bd Roi-Jérôme - ✆ 04 95 21 30 52 - fermé 20 déc.-5 janv., lun. soir, dim. et j. fériés - 13,90/22 €.* Si vous appréciez la cuisine traditionnelle et les ambiances conviviales, ce sera le moment de prendre place et de vous régaler. Si en revanche vous aspirez à plus de tranquillité, prenez le temps de vous promener le long du port tout proche et revenez plus tard vous attabler en terrasse.

Chez Alain – *Agosta Plage - 20166 Porticcio - ✆ 04 95 25 97 54 - www.antona.gregory@wanadoo.fr - fermé déc., dim. soir et merc. de janv. à avr. - 8/35 €.* On vient de toute la région pour la belle carte de plats de moules proposée ici. Accommodées à toutes les sauces (au curry, marinières, corses, etc.), elles sont toujours d'une fraîcheur irréprochable. Également petite carte traditionnelle. Cadre très simple, service efficace et surtout jolie terrasse face à la mer.

La Crique – *À Agosta-Plage - 20166 Porticcio - ✆ 04 95 25 94 73 - lacrique.agosta@wanadoo.fr - fermé 15 nov.-6 déc., 9-24 janv., dim. soir et lun. sf du 13 juil. au 22 août - 15/24 €.* Murs lambrissés, arches en pierre et grosses planches en pin créent une atmosphère montagnarde dans la petite salle à manger. Et si vous

S. Sauvignier / MICHELIN

choisissez de vous attabler en terrasse, le sable de la plage d'Agosta sera presque à vos pieds ! L'adresse, tenue par un patron jovial, propose en toute simplicité salades, poissons et plats régionaux.

⊖⊖ **L'Aéro Club** – *Campo dell'Oro - ✆ 04 95 10 08 93 - 9h-17h - 17 €.* Une adresse très pratique, à deux pas de l'aéroport. Restauration simple et sans chichis composée de snacks et de quelques plats chauds qui permet de faire une pause avant le décollage. Décoration et cadre contemporains de style bistrot.

⊖⊖ **L'Estaminet** – *7 r. du Roi-de-Rome - ✆ 04 95 50 10 42 - fermé sam. midi - 18,50/25 €.* Banquettes de moleskine rouge, miroirs et nappes blanches… Vous ferez assurément bonne chère dans cet établissement où le jovial patron renouvelle ses spécialités suggérées sur l'ardoise du jour. Cave exceptionnelle et bar à vins.

⊖⊖ **Marinella** – *Rte des Îles-Sanguinaires, Pointe du Scudo - 5 km à l'O d'Ajaccio - ✆ 04 95 52 07 86 - fermé déc. - 20,25/40,45 €.* Près de la maison du célèbre chanteur corse Tino Rossi, dans une atmosphère musicale, posez-vous sur cette terrasse au bord de l'eau comme l'ont fait Pagnol, Raimu et Fernandel. Appréciez la gargoulette, les poissons du jour, les pâtes et les pizzas au feu de bois.

⊖⊖ **Le 20123** – *2 r. du Roi-de-Rome - ✆ 04 95 21 50 05 - fermé de mi-janv. à mi-fév., le midi et lun. - ⊠ - réserv. obligatoire - 28 €.* De la vallée de Taravo, le patron a rapporté des saveurs authentiques et recréé un cadre pittoresque évoquant un village corse. Ici, une place avec sa fontaine, là une salle rustique avec sa cheminée et même un décor de bergerie… C'est souvent bondé !

QUE RAPPORTER

Halles aux Poissons – *Pl. du Marché - tlj sf lun. 7h-13h, 17h-19h, dim. 17h-19h (juil.-août).* Dans ces halles entièrement rénovées, une quinzaine de professionnels proposent la pêche du jour, provenant uniquement des côtes corses. Et le choix est amplement suffisant : langoustes, homards, loups de mer, moules, saint-pierre, soles de roche, dorades, mérous, huîtres, raies…

Confiserie de la Cité Impériale – *Rte de Cargèse - 8 km au NE d'Ajaccio par N 194 et D 81 - 20167 Alata - ✆ 04 95 10 82 33 - www.confiserie-imperiale.com - 8h30-12h15, 15h-19h - fermé janv. et fév.* Nougats à la châtaigne, à l'eau de myrte, à la figue, ou encore Bouligos, cette confiserie n'a pas son pareil sur l'île. En visitant le laboratoire, on vous dévoilera peut-être le secret de fabrication de la dernière création : les Secrets Bonaparte, subtil mélange des richesses naturelles corses.

A Casetta – *3 av. du 1er-Consul - ✆ 04 95 21 77 12 - été : 9h-13h, 15h-20h30 ; reste de l'année : 9h-13h, 15h-19h30 - ouv. j. fériés, fermé janv.-avr.* Les produits envahissent la boutique du sol au plafond où sont suspendues les charcuteries de Monsieur Folacci. Éleveur de porc à ses heures, c'est bien lui qui fabrique ces délicieux coppa, lonzu, saucissons et jambons qui pendent aux crochets. Les autres spécialités (confitures, fromages, vins, etc.) couvrent l'étendue de la gastronomie corse dans toute sa richesse, ses saveurs et son authenticité.

Pantalacci – *1 bd Pugliesi-Conti - ✆ 04 95 21 15 28 - tlj sf lun. 8h-12h30, 15h45-19h30 - fermé oct.* Cette charcuterie, dans la famille depuis quatre générations, offre à une clientèle de connaisseurs d'excellents produits. Vous y découvrirez coppa, lonzu, prisuttu (jambon sec) et figatellu (saucisse de foie), affinés pendant les longs mois d'hiver.

Casa Napoleon – *3 r. du Card.-Fesch - ✆ 04 95 21 47 88 - www.corsicagastronomia.com - juil.-août : tlj 8h30-21h ; hors sais. : tlj sf dim. 8h30-12h30, 14h-19h.* Dans une rue animée proche du marché aux poissons, cette boutique décline toutes les saveurs du terroir : vins blancs du Cap Corse, vins rouges d'Ajaccio, patrimonio, sartenais, liqueurs, fromages fermiers de chèvre et de brebis, poutargue (œufs de mulet fumés), canistrelli (gâteaux à l'anis).

Clos Capitoro – *Rte de Sartène, lieu-dit Pisciatella - carr. N 196/D 302 - 20166 Porticcio - ✆ 04 95 25 19 61 - www.clos-capitoro.com - tlj sf dim. 9h-12h, 14h-18h - fermé j. fériés.* Dans la famille Bianchetti depuis 1856, le clos Capitoro produit des vins AOC ajaccio et des vins doux naturels d'apéritif (à base de cépage grenache) et de dessert (les malvoisies : vins moëlleux pouvant aussi accompagner foie gras et viandes blanches). Visite de la cave, dégustation et vente.

Domaine Comte Peraldi – *Chemin de Stiletto - 20167 Mezzavia - ✆ 04 95 22 37 30 - dom.peraldi@wanadoo.fr - tlj sf dim. 8h-12h, 14h-18h - fermé j. feriés.* Dominant le golfe d'Ajaccio, le domaine appartient à la famille Péraldi depuis le 16e s. La façade des caves est ornée d'une magnifique fresque représentant la vie du domaine lors des quatre saisons. Souvent primés, les vins du domaine Péraldi se veulent les ambassadeurs d'Ajaccio à travers le monde amateur de bons vins. Dégustation et vente.

40 Le golfe de Calvi★

CARTE MICHELIN LOCAL 345 B 4 – HAUTE-CORSE (2B)

Fièrement campé sur sa rade lumineuse dans un cadre de montagnes souvent enneigées, l'ancien bastion génois compte parmi les plus beaux sites marins de Corse. Sa belle plage, longue de 6 km, bordée de pins parasols, s'allonge au fond d'une vaste baie, recherchée par les planchistes et les plaisanciers. Le site classé de la pointe de la Revellata est,lui, « le » rendez-vous des plongeurs et les rivages de la réserve de Scandola font l'émerveillement de ceux qui ont embarqué pour une croisisère inoubliable.

ARRIVER À BON PORT

Par bateau – Plusieurs compagnies (SNCM, Corsica Ferries, CMN) assurent une liaison maritime entre Calvi et Nice, Toulon et Marseille. De Marseille ou de Toulon, il faut compter au moins 8h de traversée, alors que les NGV (navire à grande vitesse) vont de Nice à Bastia en 4h. **Gare maritime de Bastia** ✆ 04 95 54 66 95.

Par avion – L'aéroport de Calvi se trouve à 7 km – t 04 95 65 88 88. Calvi entretient des liaisons aériennes quotidiennes avec le continent.
Pour les coordonnées des compagnies et les tarifs, voir La Corse pratique, p. 312.)

CIRCULER

Aéroport – En direction de L'Île-Rousse, puis à droite la D 81 – seuls les taxis desservent l'aéroport - ✆ 04 95 65 03 10. Trajet aéroport-Calvi environ 13 € (17 € la nuit les dim. et j. fériés).
Location de voiture – Plusieurs compagnies de location de véhicules sont représentées à l'aéroport : **Avis** – ✆ 04 95 65 88 38 ; **Budget** – ✆ 04 95 65 88 34 ; **Hertz** – ✆ 04 95 65 02 96.
En ville, laissez votre véhicule au parking (gratuit) du port de plaisance ou à celui, plus vaste, de la place Christophe-Colomb (payant).
Gare ferroviaire – À côté de l'office de tourisme - ✆ 04 95 65 00 61 – 2 trains/j. pour Bastia et Ajaccio. Le train des plages fonctionne de déb. avr. à fin oct.Ne pas hésiter à prendre ce légendaire petit train qui longe la mer et s'arrête dans une dizaine de petites gares entre Calvi et L'Île-Rousse.

BON À SAVOIR

Ville la plus proche des côtes de Provence (176 km de Nice), tête de pont des liaisons maritimes et aériennes avec les régions niçoise et marseillaise, la capitale de la terre de Balagne est, en haute saison, une des cités corses présentant la plus forte densité de fréquentation passagère.
La douceur du climat de la région, les festivals de musique réputés, les bons produits de la mer (langouste) et de la Balagne (huile, fromage, fruits) sont des atouts de choix.
Deux sites des alentours, Notre-Dame-de-la-Serra et le domaine de la punta de Revellata, valent une excursion matinale.
La visite de la ville peut s'effectuer en une demi-journée et s'achever sur la mythique terrasse du Tao, lieu très animé en soirée.

S'immerger dans une marine colorée

La cité que fondèrent les Romains au 1er s. occupait la partie basse de la **marine★** qu'abrite actuellement la tour du Sel. Calvi resta jusqu'au 18e s. un point d'appui de la puissance génoise. La cité se revendique comme la ville natale de Christophe Colomb ! Aujourd'hui, c'est la première station nautique de Corse.
Avec ses cafés et ses restaurants, ses quais plantés de palmiers, ses yachts et ses barques de pêche, la ville basse offre un contraste saisissant avec les vieilles rues silencieuses de la citadelle. La rue Clémenceau est l'artère principale ; pavée de grosses pierres, elle est bordée de boutiques et de maisons aux couleurs pastel.
Pour vous repérer : plan p. 364.

La citadelle de Calvi.

Le port à l'abri des vents

Bien protégé des vents d'Ouest par la citadelle, offrant un mouillage sûr et facilement accessible, c'est le port de plaisance le plus recherché de Corse. Il est bordé au Sud par une longue plage de sable fin et la base nautique. Les ports de pêche et de commerce accueillent des navires de gros tonnage et exportent les produits de la Balagne, le verger de la Corse.

En suivant le quai Landry et le quai des Pêcheurs, on parvient à la **tour du Sel**. Cette tour ronde, rattachée aux murailles de la citadelle par un arceau, était probablement, à l'origine, un embryon de fortification et un poste de guet ; elle servit aussi de dépôt pour le sel apporté par bateaux.

Église Ste-Marie-Majeure

Bâtie à l'emplacement d'une église paléochrétienne du 4e s., elle s'élève sur une petite place et présente une façade ocre et rose vif. Dans le chœur, remarquer deux intéressantes peintures : **N.-D. de l'Assomption** (16e s.) et l'**Annonciation de la Vierge** (18e s.), œuvre florentine.

Point de vue sur la citadelle★

En montant l'avenue Gérard-Marche, derrière l'hôtel de ville, on parvient à la caserne et au cimetière qui dominent la mer. De là, on a une belle vue sur la citadelle d'où émerge le dôme de l'église St-Jean-Baptiste, sur la ville basse, la baie et la plage.

Découvrir la citadelle

Visite : 2h. Pour vous repérer : plan p. 364.

Sur son promontoire rocheux, la **citadelle★★** représente six siècles de présence génoise. Elle dresse les murailles ocre de son enceinte puissamment bastionnée au-dessus de la ville basse et du port.

La vieille ville se compose de ruelles étroites, en pente ou en escaliers et bordées de maisons progressivement restaurées.

Place Christophe-Colomb

Apposée sur la muraille, le long de la rampe d'accès, à 200 m environ de la porte, une stèle rappelle l'action du 1er bataillon de choc des Forces françaises libres pour la libération de la Corse le 3 novembre 1943.

Pénétrer dans la **citadelle★★** par son unique entrée jadis, gardée par un fossé à pont-levis avec une herse dont on voit encore l'emplacement. Au-dessus de la porte d'entrée est gravée la devise de la cité : *Civitas Calvi Semper* (toujours fidèle). *À l'entrée de la citadelle, salles d'exposition (art contemporain) et annexe de l'office de tourisme : de mi-juin à mi-sept. - renseignements sur la citadelle et visites guidées : ✆ 04 95 65 36 74 ou 04 95 65 16 67.*

Monter par la rampe pavée et suivre le chemin de ronde qui fait le tour des remparts et réserve de belles **vues★** sur le large. On se trouve au cœur du dispositif défensif de la baie de Calvi, d'où l'on peut surveiller une très large portion de mer et toute la plaine, jusqu'aux derniers contreforts du massif du Cinto et du mont Padro.

Les fortifications★

Édifiés sur des assises de granit, les remparts envahis de figuiers de Barbarie enserrent la haute ville dans un quadrilatère dont trois côtés donnent sur la mer. Ils ont été élevés par les Génois à la fin du 15e s. À l'angle Sud-Ouest, le **Spinchone** écrase de toute sa masse la marine et le port ; le **Malfetano** relie les côtés Sud et Est ; le **Teghiale** termine au Nord la défense Est. Le côté Ouest qui présentait un front de rochers abrupts s'est longtemps contenté de murs droits. Du bastion Ouest, on découvre la ville basse, la presqu'île St-François, le golfe et la pointe de la Revellata.

Ancien palais des gouverneurs génois

Actuellement caserne Sampiero. Ne se visite pas.

C'est une construction massive du 13e s. flanquée d'un donjon, édifiée par Giovanninello et agrandie en 1554 par l'Office de Saint-Georges. Elle comprend un ensemble de vastes salles, de citernes souterraines et des oubliettes.

Église St-Jean-Baptiste

Dominant la place d'Armes, elle s'élève au sommet du rocher. Ramassé sous une grande coupole surmontée d'un lanternon, cet édifice présente une façade austère. Fondée au 13e s., gravement endommagée en 1567 à la suite de l'explosion du magasin de poudre de l'ancien château, l'église fut reconstruite en 1570 et érigée en cathédrale. L'**intérieur★** est éclairé par des petites fenêtres hautes et le lanternon. À droite en entrant, un beau bénitier en albâtre (1443) est orné de têtes d'anges. Dans le pan coupé gauche, derrière une grille, on remarque des **fonts baptismaux★** de style Renaissance décorés de têtes d'anges et de sirènes. Adossée à un pilier de droite, une belle **chaire★** en chêne présente un décor plein de grâce et de fantaisie.

Le chœur s'orne d'un imposant **maître-autel** du 17e s. en mosaïque de marbres polychromes. Dans l'abside se trouve un grand **triptyque★** sur bois (1458). Cette très belle œuvre, à laquelle manque le panneau central, représente l'Annonciation entourée des saints patrons de la ville.

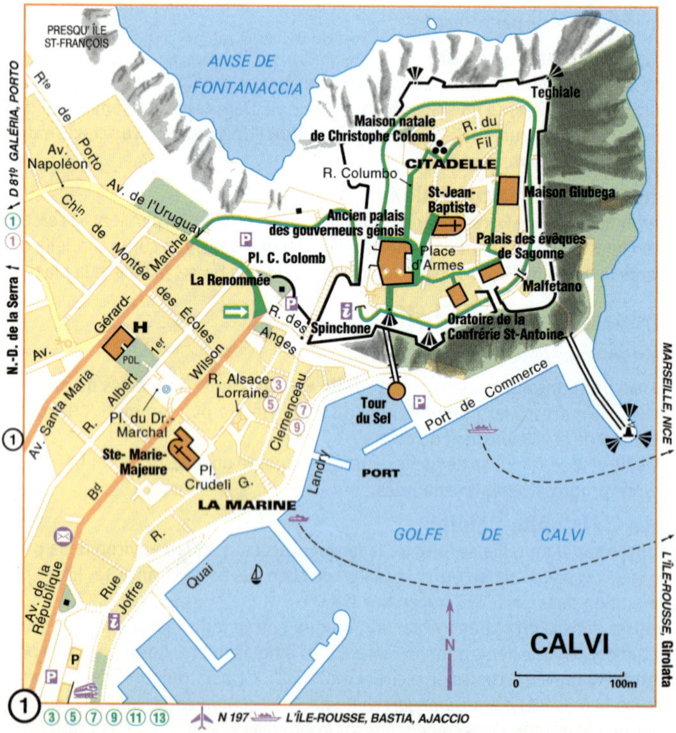

OÙ DORMIR
- A Martinella .... (1)
- Camping Paduella .... (3)
- Casa-Vecchia .... (5)
- Cyrnea .... (7)
- La Caravelle .... (9)
- Les Arbousiers .... (11)
- L'Onda .... (13)

OÙ MANGER
- Auberge de Ferayola .... (1)
- A'Stalla .... (3)
- Aux Bons Amis .... (5)
- Calellu .... (7)
- Emile's .... (9)

S. Sauvignier / MICHELIN

Le site de la pointe de la Revellata est « le » rendez-vous des plongeurs.

Redescendre sur la place d'Armes (Piazza d'Arme) et prendre la ruelle qui s'ouvre à gauche face à la caserne Sampiero. À 200 m s'élève sur la droite l'oratoire de la confrérie St-Antoine.

Oratoire de la confrérie St-Antoine

C'est un édifice de la fin du 15e s. dont le linteau de la porte d'entrée, sculpté dans l'ardoise noire, représente saint Antoine abbé et son petit cochon entre saint Jean-Baptiste et saint François. *Poursuivre le long de la rue. Prendre la ruelle qui fait face au palais des évêques de Sagone, et la suivre jusqu'à Carrughju Agnese.*

Maison Giubega

En contrebas du chevet de l'église St-Jean-Baptiste, une plaque apposée sur la maison rappelle le séjour qu'y fit, en mai-juin 1793, Napoléon. Fuyant les anglo-paolistes qui l'avaient contraint à abandonner Ajaccio, il vint s'abriter ici, en compagnie de sa famille. *Par la rue du Fil au bout de la rue Giubega à gauche (les inconditionnels de la geste de Christophe Colomb pourront méditer devant quelques ruines censées être celles de la maison natale du découvreur des Amériques), puis la rue Columbo à gauche, regagner la place Christophe-Colomb et descendre vers le port.*

Sports sur la plage et au port !

Séparée de la pinède par la voie ferrée, la plage de Calvi, longue de 6 km, offre de belles vues sur la ville et la citadelle. Pour se baigner, privilégier la partie la plus proche de la ville, mieux équipée et légèrement plus profonde. Les activités ne manquent pas : voile, planche, toutes les activités tractées sur l'eau, tennis, balade à cheval...

La pinède s'étend sur près de 4 km, depuis la marine jusqu'à l'embouchure de la Figarella. Créée à la fin du 19e s. pour assurer le maintien des dunes et l'assainissement des marais, elle compte essentiellement des pins maritimes, mais aussi des mûriers et des eucalyptus.

A Cavallu – *N 197 - en face de l'embranchement avec l'aéroport - ✆ 04 95 65 22 22 - www.a-cavallu.com - tlj 10h-12h, 14h-16h ; été : 8h-12h, 15h-20h.* Outre les randonnées dans la montagne et les baignades des chevaux montés à cru, ce centre propose de nombreuses activités pour les tout-petits, comme la balade à poney dans le maquis ou la visite de la ferme pédagogique.

À voile et à moteur

Calvi Nautique Club – *Port de Plaisance - ✆ 04 95 65 10 65 - www.calvinc.org - juil.-août : 9h-18h ; sept. : 9h-12h, 14h-18h ; oct.-mai : tlj sf dim. 9h-12h, 14h-18h ; juin : 9h-12h, 14h-18h - fermé vac. de Noël* – ce club très actif propose des locations de planches à voile, kayaks, fun-boards et Hobie Cat, mais également de multiples stages et randonnées en mer dans une ambiance familiale et décontractée.

Corsica Jets Loisirs – *Plage de Calvi, près des tennis - ✆ 04 95 60 45 33 - de mi-avr. à mi-oct.: tlj de 8h à la tombée de la nuit en été ; le reste de l'année : sur réserv.* Au départ de la plage, les randonnées en jet-ski mènent à la réserve de Scandola et à Girolata. Ce club propose aussi toutes les activités tractées, telles que fly-fish, bouée, banane.

Le « plus » nature

Le **balbuzard pêcheur** est le gardien symbolique de Scandola. Cet aigle (*alpana* en corse) nichant sur des pitons rocheux est devenu un emblème de la politique de protection de la faune du Parc régional. Il est inscrit sur la liste rouge des espèces en danger. Il est très sensible au dérangement, notamment pendant la période de nidification. Sa haute silhouette (50 à 60 cm) est aisée à reconnaître : une tête blanche, un bec crochu, un œil jaune dans un bandeau noir, une nuque un peu huppée, brun sur le dos, blanc sur le ventre, des ailes coudées, des fortes pattes et des serres très fortes, et, sutout, il se distingue par une technique de pêche impressionnante : pattes en avant. Il se nourrit exclusivement de poissons, qu'il pêche à la surface de la mer. La réserve de Scandola abrite aujourd'hui une trentaine de couples. À suivre !

Balagne Évasion – *Plage de Calvi - ✆ 04 95 60 17 12 - www.balagne-evasion.com - avr.-sept. : tlj 13h30-20h ; juil.-août tlj 9h-20h - 200 € la sortie de 2h.* Ce club propose organise des sorties en jet ski depuis la plage de Calvi vers la Revellata et la réserve de Scandola, ou vers le désert des Agriates, ainsi que des randonnées en quad en Balagne depuis la base de Calenzana (à 8 km au Sud-Est de Calvi).

Plongée sous-marine

Club de plongée Castille – *Port de plaisance - ✆ 04 95 65 14 05 - www.plongeecastille.com - sorties sur RV, été : 8h30, 10h30, 14h30 et 16h30 ; hiver : 9h, 11h et 15h.* Evelyne et Gérard tiennent le plus ancien club de plongée de Calvi. Particularité de leur prestation : aucun transport ni manipulation de matériel lourd grâce au navire océanographique qui leur sert de base (accueil, vestiaire, théorie, stockage de matériel, etc.).

Calvi Plongée Citadelle – *Port de plaisance - ✆ 04 95 65 33 67 - http://calviplongee.com - mai-oct. : tlj sf dim. 9h-19h.* Accueil sympathique dans ce petit club situé près de la capitainerie où l'on vous prépare tout le matériel pour plonger. Par petits groupes de 4 personnes, les plongeurs partent à la Revellata, un site splendide, accessible à tous les niveaux.

Club de plongée Hippocampe – *Port de plaisance - ✆ 04 95 60 57 74 - www.hippocampe2b.fr - avr.-sept. : tlj 10h-19h.* Entre la capitainerie et la plage, ce club de structure familiale conduit des petits groupes (max. 10 pers.) sur les beaux spots de la Revellata ou plus près du port, où l'on nage parmi les hippocampes, les congres, les rougets. Ambiance conviviale.

Une excursion en mer à couper le souffle

Des excursions en bateau et des sorties de plongée sous-marine sont organisées depuis Calvi, Ajaccio et Galéria. Attendez un peu, s'il le faut et si vous le pouvez, pour découvrir ce lieu extraordinaire par beau temps. Un bon éclairage est indispensable pour bien en profiter.

Magnifique joyau du littoral Ouest de la Corse, la **réserve de Scandola★★★** figure sur la liste du patrimoine mondial de l'Unesco depuis 1983. Créée en 1975, la plus ancienne réserve naturelle insulaire couvre 919 ha de superficie terrestre et plus de 1 000 ha de surface maritime. L'érosion marine et éolienne et la différence de résistance des roches ont donné naissance à des paysages grandioses : alternances de grottes, de fissures ponctuées de murailles dressées vers le ciel et de pitons acérés où les balbuzards pêcheurs ont construit leurs aires. Sur les falaises rouges s'accroche une végétation de myrtes, de lentisques, d'euphorbes et de cistes.

Un impressionnant massif de porphyre

La presqu'île de Scandola se dresse jusqu'à 560 m d'altitude entre la Punta Rossa au Sud et la Punta Nera au Nord. Elle se visite exclusivement par bateau *(voir plus loin « Pour y aller »)*. La masse rocheuse se caractérise par une grande diversité géologique : rhyolites rouges, coulées ignimbritiques, basaltes, formations en prismes, en filons, en épanchements sur lesquels se développent à fleur d'eau une algue calcaire qui s'agglomère au fil des ans pour former, dans certaines grottes, de véritables trottoirs : à la Punta Palazzu s'est édifié naturellement un trottoir de plus de 100 m de long sur une largeur de 2 m. Les scientifiques estiment son âge à près de 1 000 ans !

Un refuge d'espèce rares

En tout, plus de 450 espèces d'algues ont été recensées, dont certaines n'existent nulle part ailleurs en Méditerranée. La transparence et la pureté de l'eau permettent le foisonnement de la vie sous-marine. L'**herbier de posidonie**, poumon de la Méditerranée, y prospère jusqu'à -45 m.

La réserve de Scandola permet l'étude d'**oiseaux rares** qui séjournent ou nichent à Scandola et en font un site ornithologique d'intérêt exceptionnel : balbuzards pêcheurs, cormorans huppés, faucons pèlerins, puffins cendrés, aigles royaux…

S. Sauvignier / MICHELIN

Au pied des falaises…

Des falaises flamboyantes

Au Nord du golfe de Girolata, le bateau s'approche de la **Punta Muchillina**, longeant les indentations de la côte ; des coulées claires en diagonale tranchent sur la roche éruptive aux sommets aigus, des aiguilles jaillissent vers le ciel, des îlots forment d'énormes blocs, des pointes s'avancent dans la mer, certaines couronnées d'une tour. Quelques plaques verdoyantes, au loin, étonnent le regard. L'îlot de Garganello accompagne l'île de Gargalo, dont le phare marque la partie la plus occidentale de la Corse.
La **Punta Palazzo**, palais minéral hérissé de rochers et la Punta Nera encadrent le ravin d'Elbo, au Nord de la réserve. Le bateau pénètre dans une calanque étroite, burinée par les embruns, puis dans une grotte aux eaux exceptionnellement transparentes avant de virer de bord. La vie s'accroche sur les parois extrêmes : des arbustes et même des arbres s'y sont adaptés. Sur les pitons, embusqués dans leurs nids de branchages, guettant leurs proies, les balbuzards pêcheurs semblent être les sentinelles de cet univers sauvage.

Golfe de Girolata★★

Sur le chemin du retour, on dépasse la Punta Scandola et on pénètre dans le golfe de Girolata. Ce lieu de rêve, veillé par un fortin génois à tour carrée, s'anime au rythme des bateaux qui y font escale.
Girolata, petit **village★** isolé sur un promontoire, vit de la pêche à la langouste et du tourisme. Sa magnifique et paisible petite baie aux eaux translucides abrite quelques maisons de pierre rouge, un gîte et des restaurants. Trois pontons de bois permettent aux bateaux d'amarrer le long de la plage de petits galets. De l'aire à blé que l'on gagne en grimpant dans le hameau, on a un beau point de vue.
Girolata, une des étapes du sentier Mare e Monti, n'est accessible par voie de terre que par un **chemin muletier★** au départ du col de la Croix au Sud-Est ou depuis le col de Palmarella, plus au Nord, les deux étant situés sur la route de Calvi à Porto (D 81). *Environ 1h45 aller. Dénivelée : 450 m. Prévoir de l'eau, il n'y en a pas sur le parcours.* Si vous suivez le chemin depuis le col de la Croix, vous passerez par la belle plage de Tuara. Autre alternative pour se rendre à Girolata : prendre la navette maritime qui part de Vignola.

Pour y aller

Colombo Line - Croisières en mer – *2 quai Landry - Calvi - ✆ 04 95 65 32 10 - www.colombo-line.com - départ de Calvi : 9h15 et 14h30 ; d'Ajaccio : 9h.* Des navires nouvelle génération, alliant vitesse et confort, permettent désormais de visiter dans la même journée la réserve naturelle de Scandola et Ajaccio, en longeant les sites protégés des Calanche de Piana, du Capo Rosso et des îles Sanguinaires. L'aquavision, qui ménage une vue imprenable sur la vie sous-marine, séduira petits et grands.

Locat'Loisirs – *38 r. Clemenceau - Calvi - ✆ 04 95 60 29 11 - www.am-catamaran.com - mars-oct.* Pour partir en mer à la journée (ou 1 demi j.) sur un maxi catamaran à voile et découvrir avec un équipage professionnel la grotte des veaux marins à la presqu'île de Revellata, la réserve de Scandola, le désert des Agriates, ou assister au coucher du soleil en mer.

Tra Mare e Monti Locations – *Port de plaisance - Calvi - ✆ 04 95 65 21 26 - www.tramare-monti.com - avr.-oct. : 9h-20h.* Promenades en voilier, location de bateaux (avec ou sans permis) au départ de Calvi, Galéria et Sant'Ambroggio, en direction de la réserve naturelle de Scandola ou des plages de Saleccia. Également, location de scooters, motos et randonnées en quad.

À l'écart des routes : Galéria

Un petit port et le paradis des plongeurs

À 33 km au Sud de Calvi par la D 81 (route la plus rapide) ou 37,5 km par la route côtière très sinueuse. Le golfe de Galéria dessine une large baie sauvage à l'embouchure du Fango et à proximité de la réserve naturelle de Scandola. À l'écart de l'agitation de la côte de Balagne, dans un très beau secteur protégé, Galéria est une halte stratégique dotée d'un petit port, surveillée par une tour génoise et bordée par une plage de galets. Les fonds sous-marins remarquables attirent les amateurs de plongées. Les moniteurs vous feront partager leur passion pour les sites sauvages où l'on découvre mérous, murènes, rascasses, etc., évoluant parmi les failles et les tombants souvent couverts de coraux et de gorgones.

Les marcheurs pourront y effectuer de nombreuses randonnées, notamment sur le sentier qui s'ouvre à gauche au bout de la D 351. Bien tracé dans le maquis, il longe le golfe vers la Punta Stollo, qui réserve une vue magnifique sur l'ensemble de la baie.

Avant l'arrivée à Galéria, arrêtez-vous au site protégé de **Ricinicci★**, sur la droite de la route. On peut y voir les vestiges de la **tour génoise** (16e s.). La couleur de la roche et la **vue★** sur le golfe sont superbes.

L'Incantu – *La Cala - 20245 Galéria - ✆ 04 95 62 03 65 - infos.incantu@wanadoo.fr - tlj 8h30-18h30 - fermé nov.-mars.* Ce centre de plongée qui propose aussi des locations de canoës et de catamarans a su conserver une atmosphère familiale et un accueil de qualité. Les sites s'éparpillent entre Capo di a Morsetta au Nord et la limite Sud de la réserve de Scandola. Une à deux fois par semaine le centre organise une « Journée Scandola », avec visite de la réserve, plongée à la limite Sud de celle-ci (plonger sur le territoire de la réserve est interdit) et arrêt de quelques heures dans le magnifique golfe de Girolata. L'Incantu possède une résidence hôtelière dans les hauteurs du bourg.

Promenade en kayak – *20245 Galéria - ✆ 06 22 01 71 89 - 5 €/h/pers.* Au départ de Galéria, comptez une heure pour découvrir en kayak les 4 bras, dont trois morts, du Fango, dont la vallée est classée réserve naturelle. Un petit briefing donne toutes les indications pour respecter au mieux cet écosystème fragile tout en profitant des nénuphars, des poules d'eau et des petites tortues cistudes qui vous attendent sur le parcours.

Découvrir le golfe de Calvi par les sentiers

Domaine de la punta de Revellata

6 km à l'Ouest. Sortir de Calvi par la route de Porto, puis juste après l'embranchement de la route de N.-D.-de-la-Serra, laisser la voiture sur le parking à droite. Se conformer à la réglementation affichée. 2 km à pied.

De la route, une piste littorale se détache et serpente en contrebas vers le rivage de la presqu'île de la Revellata. Tout au long de la descente, des **vues★** splendides se révèlent sur les anfractuosités de la côte. L'extrémité du promontoire *(propriété privée)* est occupée par un phare et la station de recherche océanographique et sous-marine de l'université de Liège qui, en saison, organise des stages de plongée pour tous ceux qui sont intéressés par l'archéologie sous-marine (renseignements au 04 95 65 06 18).

Les fonds marins de cette côte rocheuse sont remarquables, de Calvi à Scandola, du fait de leur richesse et de la rareté de certaines espèces. Cette pointe est connue de tous les plongeurs qui y rencontrent dans un beau canyon des bancs de thons, des cobs, des mérous et des barracudas, et, à 40 m sous la mer, du corail magnifique.

Notre-Dame-de-la-Serra★

6 km à l'Ouest par la D 81B direction Galéria, par la côte. 30mn.

À la sortie de Calvi, sur la droite, une plate-forme, marquée d'une croix, offre une vue d'ensemble sur la citadelle, le golfe de Calvi et la pointe de la Revellata.

Sculptures intemporelles

Les *taffoni* (mot corse qui veut dire « gros trou ») sont visibles un peu partout en Corse ; toutefois, les plus spectaculaires se trouvent près de Calvi, **sur le chemin de Notre-Dame de la Serra** et dans les **Calanches de Piana**. Ces cavités, hautes parfois de plusieurs mètres, fascinent par l'équilibre instable de leurs ciels en baldaquin, la subtilité de leurs jeux d'ombres et de lumières et les figures extraordinaires nées de leur recoupement. Les granits gris de Calvi se prêtent au façonnement des *taffoni*. Certains n'évoluent plus, d'autres, toujours soumis à la désagrégation, sont dits « vivants ».

À 4 km, prendre à gauche la petite route qui monte à travers le maquis dans un environnement assez dégradé. Elle procure de beaux **coups d'œil★** sur la presqu'île de la Revellata, puis passe à droite d'un chaos de rochers granitiques, érodés et creusés de *taffoni*.

Entourée d'un mur d'enceinte, la chapelle surgit du maquis. Un large escalier mène à la terrasse qui domine la baie de Calvi, offrant une **vue★★★** admirable sur le rivage, les montagnes et la citadelle. La chapelle a été édifiée au 19e s. sur les ruines d'un sanctuaire du 15e s., détruit au cours du siège de Calvi par les Anglais et les Paolistes en 1794. La **statue de Notre-Dame-de-la-Serra** domine la baie.

Capu di a Veta – *2h30 aller depuis N.-D.-de-la-Serra. Laisser la voiture sur le terre-plein devant la chapelle et prendre le sentier bien tracé plein Sud, balisé blanc et rouge*. La montée raide s'effectue à vue au travers du maquis jusqu'à la croix qui se dresse à proximité du sommet du Capu di a Veta (alt. 703 m). Du sommet, superbe **vue★★** sur l'ensemble du golfe de Calvi, avec l'avancée de la presqu'île de la Revellata, et à droite, les contreforts de la Balagne, ponctuée de villages. La lumière est plus belle en fin d'après-midi, mais prévoyez une heure pour redescendre avec suffisamment de visibilité.

Golfe de Calvi pratique

OÙ S'INFORMER

Office de tourisme – *Port de Plaisance - 20260 Calvi - ✆ 04 95 65 16 67 - www.tourisme.fr/calvi - pour les horaires d'ouverture : se renseigner au 04 95 65 16 67.*

Capitainerie – *✆ 04 95 65 10 60 - sais. : 7h-21h ; hors sais. : 8h-12h, 14h-17h*.

Météo France – *✆ 0 892 68 08 20.*

Température de l'eau – Moyenne hivernale : 14 °C ; pleine saison : 24,5 °C, arrière-saison : 20 °C.

Température de l'air – Moyenne hivernale : 15,5 °C ; pleine saison : 28 °C ; arrière-saison : 23,5 °C.

OÙ LOGER

Hôtel Les Arbousiers – *Rte de Pietramaggiore - à l'entrée de Calvi, rte à gauche - ✆ 04 95 65 04 47 - fermé de fin sept. à déb. mai - P - 40 ch. 36/54 € - 6 €.* Une adresse pour budgets serrés, bien placée pour se rendre facilement sur la plage ou au centre-ville. Bâtiment tout en longueur qui a conservé, à l'extérieur comme à l'intérieur, un style très « années 1970 ». Chambres simples et propres.

Hôtel Casa-Vecchia – *Rte de Santore - 20260 Calvi - ✆ 04 95 65 09 33 - www.hotel-casa-vecchia.com - P - 12 ch., 4 studios et 7 appart. 50/112 € - 6 €.* Cette résidence regroupe autour d'un jardin méditerranéen plusieurs bâtiments abritant chambres, studios et appartements, tous sans prétention mais parfaitement entretenus. Depuis ces derniers, à l'étage le plus élevé, vous profiterez d'une vue sensationnelle sur le golfe de Calvi.

Hôtel Cyrnea – *Rte de Bastia - 20260 Calvi - ✆ 04 95 65 03 35 - www.hotelcyrnea.com - fermé nov.-mars - P - 41 ch. 50/72 €* . Côté mer comme côté terre, toutes les chambres de cet hôtel bénéficient d'un balcon. Jolie décoration de frises au pochoir réalisée par la maîtresse de maison, mobilier fonctionnel et tenue impeccable. Piscine et plage toute proche. Un bon rapport qualité-prix.

Hôtel A Martinella – *Rte du Port - 20245 Galéria - ✆ 04 95 62 00 44 - fermé nov.-fév. - - 5 ch. 49 € - 5,40 €.* Cette gentille adresse vaut par sa situation à 150 m d'une grande plage de galets et tout près de la réserve naturelle de la Scandola. Les chambres, plutôt simples, possèdent toutes une terrasse privée. La tranquillité du jardin est toujours appréciée.

Camping Paduella – *2 km au SE de Calvi par N 197 puis rte de l'Île-Rousse - ✆ 04 95 65 06 16 - ouv. 10 mai-15 oct. - - 130 empl. 22,10 €.* Situé sur un agréable terrain très boisé de pins, eucalyptus et chênes, ce camping bénéficie d'emplacements vraiment bien ombragés.

Hôtel La Caravelle – *À la plage - 0,5 km au S de Calvi par N 197 - 20260 Calvi - ✆ 04 95 65 95 50 - hotel-la-caravelle-calvi@wanadoo.fr - fermé 29 oct.-7 avr. - P - 34 ch. 75/150 € - 10 € - rest. 22,50/30 €.* En bordure d'une plage de sable fin, à l'entrée de la ville, un joli jardin vous accueille… et vous êtes déjà sous le charme. De votre chambre avec terrasse, admirez la vue panoramique sur la mer et la citadelle.

Hôtel L'Onda – *Av. Christophe-Colomb - 20260 Calvi - ✆ 04 95 65 35 00 - hotelonda@yahoo.fr - fermé 5 nov.-16 avr. - P - 24 ch. 90/125 € - 7 €.* Petit immeuble des années 1980 situé entre la plage et la pinède plantée au 19e s. pour assurer la protection des dunes. Les chambres, avant tout pratiques, sont dotées d'une loggia ; les plus agréables offrent bien sûr la vue sur la mer.

OÙ MANGER

⊖ **A'Stalla** – *13 r. Georges-Clemenceau - 20260 Calvi - ✆ 04 95 65 21 48 - fermé nov.-mars sf j. fériés - 14 €.* À ce cabaret bien connu pour ses concerts de chants corses, on a ajouté un restaurant. Sous les voûtes en croix et les pierres apparentes d'une ancienne étable, on savoure des spécialités corses et méditerranéennes dans une atmosphère conviviale. Sympathique terrasse.

⊖ **Auberge de Ferayola** – *20260 Ferayola - 13 km au N de Galéria par D 351 puis D 81^{b} (rte côtière de Calvi) - ✆ 04 95 65 25 25 - ferayola@aol.com - fermé oct.-avr. - P - 10 ch. 50/65 € - ☕ 7 € - rest. 18/21 €.* Cette auberge est isolée sur les hauteurs, au cœur d'une nature sauvage, mais est seulement séparée de la mer par la route littorale. Chambres simples et rustiques, toutes dotées d'un balcon ou d'une terrasse. Cuisine sans prétention. Agréable piscine.

⊖⊖ **Aux Bons Amis** – *R. Georges-Clemenceau - 20260 Calvi - ✆ 04 95 65 05 01 - fermé 16 oct.-31 mars, jeu. hors sais. et dim. midi en sais. - 18/75 €.* Ici, on travaille en famille… Le père de la patronne fournit le poisson qui entre dans la composition des bouillabaisses, paellas et autres spécialités de la mer servies dans ce sympathique petit restaurant. Le décor, comme il se doit, rend hommage à l'univers de la pêche (filets, ustensiles, bibelots, etc.).

⊖⊖ **Calellu** – *Quai Landry - 20260 Calvi - ✆ 04 95 65 22 18 - calellu@wanadoo.fr - fermé nov. à fév. et lun. hors sais. - 20 € déj. - 35/50 €.* Une envie de poisson vous titille en longeant le port ? Installez-vous à la terrasse de ce petit restaurant tout simple, vous ne serez pas déçu : sa cuisine du jour, plutôt bien tournée, met à l'honneur les produits de la mer. Saveurs méditerranéennes et accueil sympathique.

⊖⊖ **Emile's** – *Quai Landry - 20260 Calvi - ✆ 04 95 65 09 60 - info@restaurant-emiles.com - fermé 1er-20 fév., 1er-15 nov., lun. et mar. hors sais. - 30 € déj. - 50/70 €.* Pour déjeuner ou dîner sur le port, ne vous fiez pas à son entrée à peine visible ! C'est au premier étage que ça se passe : terrasse panoramique abritée de grands parasols, belles tables soigneusement dressées et cuisine de la mer vous y attendent…

QUE RAPPORTER

Marché couvert – *R. Alsace-Lorraine.* Le marché couvert de Calvi (produits de Balagne) s'anime tous les matins, le port de plaisance également, en milieu de matinée lors de l'arrivée des pêcheurs (vente directe de poisson). Les 1er et 3e jeudis du mois se tient un marché aux vêtements (parking face à Super 4).

A Casetta – *16 r. Georges-Clemenceau - 20260 Calvi - ✆ 04 95 65 32 15 - juin-juil. : 9h-21h ; août : 9h-00h ; avr.-mai, sept.-oct. et déc. : 9h-12h30, 15h-20h - fermé janv., fév. et nov.* En passant sous les jambons suspendus à la potence au-dessus de l'entrée de cette jolie boutique, vous trouverez une belle sélection de produits artisanaux : fromages, huiles, alcools, herbes du maquis.

Annie Traiteur – *5 r. Georges-Clemenceau - 20260 Calvi - ✆ 04 95 65 49 67 - 7h-20h ; juin-août : 7h-22h - fermé janv.-fév.* Sur le trottoir, des agrumes et des légumes de toutes sortes. À l'intérieur, des centaines de produits locaux - confitures, liqueurs, huiles d'olive -, sans compter les saucissons au plafond, les fromages dans les vitrines réfrigérées et les fameux plats cuisinés dans une seconde vitrine. Le choix est impressionnant et de belle qualité ! C'est que les préparations sont confectionnées sur place, avec les bons ingrédients de la nature et du terroir. Alors, entre la réputation de la maison, l'accueil excellent, l'offre et les prix raisonnables, c'est vraiment l'adresse de référence de Calvi.

Aux Gâteaux Corses – *9 bd Wilson - 20260 Calvi - ✆ 04 95 65 01 07 - tlj sf dim. 8h30-12h, 15h-19h - fermé janv.-mars et j. fériés.* Si Jean-Baptiste Guidoni représente la troisième génération dans le métier, rien n'a changé dans sa façon de faire les biscuits de son grand-père. Les gestes, les matières premières et la liste des douceurs sont restés exactement les mêmes. Cette authenticité garantit le succès de ses gâteaux et de ses beignets.

Bergerie de Mustelle – *Rte de Prezzuna - 20245 Galéria - ✆ 04 95 65 07 77 - sur RV (mat. de préférence).* Avec leur troupeau de 250 bêtes, Joseph et Dominique Acquaviva sont les derniers bergers de Mustelle. Leurs fromages de chèvre, doux et crémeux, sont affinés pendant plus de deux mois. Vous les trouverez notamment à l'épicerie de Galéria.

Clos Culombu – *Chemin San-Petru - 1,5 km de Lumio dir. Calvi, prendre la route du cimetière - 20260 Lumio - ✆ 04 95 60 70 68 - www.closculombu.com - tlj sf dim. 9h-12h, 15h-19h.* Cette exploitation de 55 ha s'étend sur les communes de Lumio et Montegrosso. Le succès grandissant de ses deux cuvées, Clos et Domaine (chacune en blanc, rouge et rosé), est un encouragement pour Étienne Suzzoni, qui met un point d'honneur à entretenir ses vignes de la façon la plus raisonnée possible.

L'Île-Rousse★

CARTE MICHELIN LOCAL 345 C 4 – HAUTE-CORSE (2B)

Port de pêcheurs depuis des siècles, l'Île-Rousse doit son nom aux îlots de porphyre rouge qui limitent la baie et les ports de commerce et de plaisance. La belle plage de sable blanc fait le bonheur des amateurs de farniente. Les vents, quant à eux, sont très appréciés des fans de glisse. En toile de fond, les collines de la fertile Balagne.

ARRIVER À BON PORT

Par bateau – Les ferries des compagnies Corsica Ferries, SNCM et CMN assurent une liaison maritime entre le Port Abri de L'Île-Rousse et Nice, Toulon et Marseille. De Marseille, il faut compter environ 10h de traversée, tandis que de Nice les bateaux font la traversée en 4h et de Toulon en 6h.

Par avion – L'aéroport Ste-Catherine se trouve à 24 km du centre-ville. Depuis l'aéroport, suivre la D 81, direction Calvi, puis la N 197, direction L'île-Rousse. Pour les coordonnées des compagnies et les tarifs, voir « La Corse pratique », p. 315.

Gare ferroviaire – ✆ 04 95 60 00 50 - 2 trains/j. sur la ligne de Bastia ainsi que sur celle d'Ajaccio - de mi-avr. à mi-oct., le tramway de Balagne relie L'Île-Rousse à Calvi (une dizaine d'arrêts le long du littoral).

CIRCULER

Gare maritime – ✆ 0 801 201 320. Elle se trouve à 800 m du centre-ville.
Taxi – ✆ 04 95 65 03 10. La station de taxi de l'aéroport se trouve devant le hall d'arrivée.
Location de voitures : **Avis** – ✆ 04 95 65 88 38 ; **Budget** – ✆ 04 95 65 88 34 ; **Citer** – ✆ 04 95 65 16 06 ; **Europcar** – ✆ 04 95 30 09 50 ; **Hertz** – ✆ 04 95 60 01 32 ; **Hertz** – agence de L'Île-Rousse - hôtel Isula Rossa - rte du Port - 20220 L'Île Rousse - ✆ 04 95 65 02 96.

BON À SAVOIR

En arrivant dans la ville, laisser son véhicule au parking de la place Paoli. Autour de cette place se concentrent la vieille ville et le quartier commerçant.
Les ports de plaisance et de commerce sont situés à 800 m du centre-ville.
La ville et la région sont bordées de belles plages. Pourquoi ne pas les découvrir en prenant le *trinichellu* (le train des plages) qui relie Calvi à L'Île-Rousse ?

Une station balnéaire moderne

Pour se repérer, voir le plan p. 373.

Île de la Pietra★

Emblématique de L'Île-Rousse, elle est formée de rochers ocre rouge creusés d'alvéoles. Ce petit univers très minéral peut être l'objet d'une promenade pour découvrir la **tour génoise** (exposition) et le **phare**. Mais cette île, qui protège le port des vents d'Ouest, n'en est pas vraiment une car elle est reliée à la ville par une jetée…

Place Paoli

La belle place, ombragée de grands platanes et bordée de cafés, est le lieu le plus animé de la ville; les joueurs de pétanque aiment s'y retrouver.
Au centre, quatre hauts palmiers encadrent une fontaine surmontée du buste de Pascal Paoli, qui fonda le port d'Isula Rossa en 1758 pour contrecarrer l'activité des Génois à Calvi et Algajola. Sur le côté Ouest de la place domine le fronton classique de l'église paroissiale. L'intérieur est d'une grande simplicité, avec une coupole nue au-dessus du transept.

La ville balnéaire

Sans être très ancien, ce quartier ne manque pas d'allure avec ses ruelles dallées qui descendent vers la mer. La **place du Marché** présente une belle **architecture★** à colonnades antiques. Dans les halles couvertes, on trouve chaque matin les bons

L'île de la Pietra, à L'Île-Rousse.

produits de Balagne (charcuterie, miel, fruits et légumes) et de la mer (poissons et crustacés de la pêche du jour). Il faut préciser que les bancs de sardines et les bonites font ici le bonheur des pêcheurs.

Au bout de la rue Notre-Dame, face au **square Tino-Rossi**, une tour à demi ruinée, porte une inscription rappelant la fondation de L'Île-Rousse.

Baignade et sports nautiques

L'Île-Rousse est bordée de plusieurs plages de sable fin : celle de **Caruchetu** est familiale et appréciée des baigneurs car protégée des vents, tandis que **celle de la gare**, où se situe le club nautique, est un spot de vitesse, slalom et freestyle. Juste derrière la colline du sémaphore de L'Île-Rousse, le spot de Bodri est fréquenté en hiver par les planchistes.

Club Nautique de L'Île-Rousse – *Rte du port (plage de la gare) - ✆ 04 95 60 22 55 - www.cnir.org - mai-oct. : 10h-18h ; nov.-avr. : merc., sam. et dim. apr.-midi - fermé déc. et janv.* Stages et location de catamarans (pour enfants et adultes), planches à voile, optimists, funboards, tout est là pour apprendre ou se perferfectionner. Randonnées en goélette ou en kayak : une bonne manière de découvrir la baie.

École de plongée de L'Île-Rousse – *Au port - ✆ 04 95 60 36 85 - www.plongee-ilerousse.com - sur RV, deux sorties : 9h et 15h - fermé 11 Nov.-28 fév. et dim.* Ce centre propose baptêmes, explorations et stages pour tous niveaux, ainsi que des cours destinés aux enfants (à partir de 8 ans). Les plus aguerris peuvent même se former au monitorat. Autres activités : permis bateau et loisirs nautiques liés à la plongée sous-marine.

Beluga-Diving – *Annexe hôtel La Pietra - rte de Corbara - ✆ 04 95 60 17 36 - www.beluga-diving.com.* De mars à décembre, ce club organise aussi bien des baptêmes de plongée que des sorties à la journée pour découvrir la richesse de la faune marine : gorgones.

Jet + – *Port de commerce - ✆ 06 20 46 61 03.* Louer un jet-ski, voilà une formule originale pour découvrir les criques de la région.

Locat'Loisirs – *38 r. Clemenceau - Calvi - ✆ 04 95 60 29 11 - www.am-catamaran.com.* Pour une croisière d'une journée, depuis le port de L'Île-Rousse, sur un maxi catamaran à voile avec deux escales sur des plages de sable fin. Palmes et tubas sont prêtés.

Le « plus » nature

Le **parc botanique de Saleccia** invite à une magnifique promenade à travers toutes les essences de la Méditerranée. On chemine, seul ou guidé, avec bonheur parmi la centaine d'espèces d'oliviers, les lauriers-roses, les plantes du maquis, les rosiers, et enfin sur le sentier sauvage, qui offre des vues superbes sur la mer. *À 3 km de L'Île-Rousse - rte de Bastia - 20220 Monticellu - ✆ 04 95 36 88 83 - avr.-juin et sept.-oct. : tlj sf mar. 9h30-12h, 14h30-19h, dim. et j. fériés 10h-19h ; juil.-août : lun.-vend. 9h30-12h30, 16h-20h, w.-end et j. fériés 9h30-20h - 7 € (6-18 ans 5 €, famille 15 €).*

La Corniche Paoli : découverte de la Balagne

30 km. *Quitter L'Île-Rousse au Sud-Est par la D 63.*

Monticello

Perché au-dessus de L'Île-Rousse, ce village entouré d'oliviers et de figuiers de Barbarie a conservé un cachet authentiquement méditerranéen avec sa grande place bordée de vieilles maisons. Il possède une belle plage et un magnifique parc botanique.

À la sortie de Monticello, la route étroite, taillée en corniche au-dessus de la plaine littorale, offre des **vues★** étendues sur L'Île-Rousse et les rochers de la Pietra, la basse Balagne et les petits villages perchés. *Suivre la D 263 en direction de Santa-Reparata.*

Étagé au-dessus du littoral, le village de **Santa-Reparata** offre de la terrasse de son église une **vue★** sur L'Île-Rousse au Nord, la vallée du Regino au Nord-Est, la chaîne du Mont Grosso au Sud. *Reprendre la D 263 jusqu'à Corbara.*

Ce village fut autrefois la capitale de la Balagne. Ses figuiers de Barbarie, ses ruelles pavées et ses passages couverts lui confèrent une physionomie bien méditerranéenne. De la terrasse de la petite chapelle située dans un lacet, 500 m après Corbara, on bénéficie d'une large vue sur la baie d'Algajola et la marine de Davia.

Algajola

Entre les marines de Davia et de Sant'Ambroggio, cette agréable station balnéaire donne sur une grande plage de sable longue de 1,5 km. La baie d'Algajola est réputée dans le monde du funboard. Elle a d'aileurs accueilli plusieurs fois le championnat de France.

Algajola Sport & Nature – *Villages Vacances l'Escale - www.algajola-sportetnature.com - ✆ 06 08 21 09 51 - mai-sept. : tlj. sf dim. 9h-19h.* Une ambiance conviviale et une structure professionnelle sont les plus de ce club qui propose de multiples activités, telles que la plongée au « Danger d'Algajola », la planche à voile, le funboard, le surf, le body board, mais aussi le ski-bus et le kayak de mer.

Marine de Sant'Ambroggio

Ce port offre toutes les commodités recherchées par les plaisanciers, et de ce fait est pris d'assaut en saison. En dépit de la multiplicité des lotissements et d'un grand

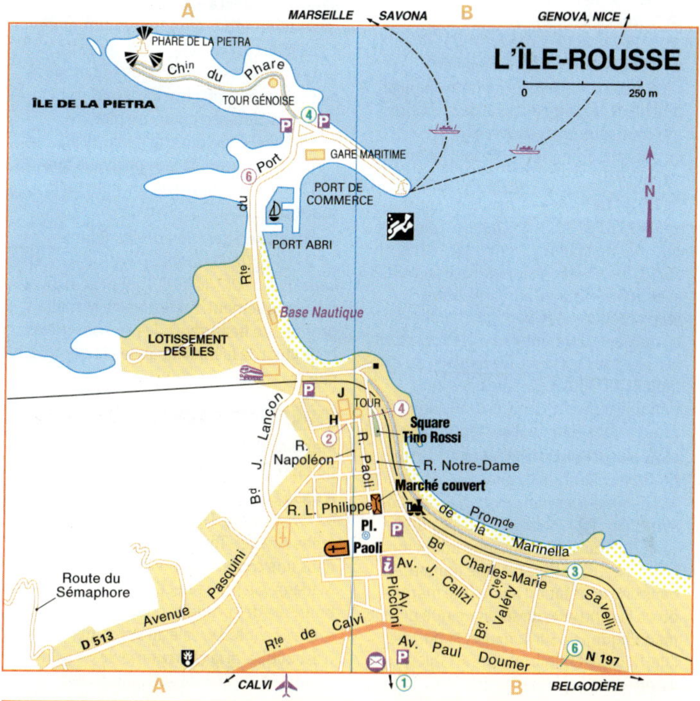

OÙ DORMIR

Funtana Marina........ 1
Hôtel L'Amiral........ 3
La Pietra........ 4
Le Grillon........ 6

OÙ MANGER

A Quadrera........ 2
L'Escale........ 4
Le Laetitia........ 6

village de vacances, le site a conservé un cadre naturel autour de la belle plage de sable, au fond de la baie.

Diving Corsica Sport – *Marine de Sant'Ambroggio - ✆ 04 95 60 75 38 ou 06 81 70 46 35 - http://plongeecorse.fr.st - tlj 2 sorties à 9h et 15h - fermé déc.-avr.* Avec son navire de 17 m, c'est l'un des centres de plongée les mieux équipés de la côte. Parmi plus de 30 sites répertoriés, il propose des explorations jusqu'à Girolata, dont le célèbre Danger d'Algajola au pied des impressionnants tombants de la Revellata. Également baptêmes, brevets, plongées adaptées aux enfants et *snorkeling* (plongée libre).

Retour à L'Île-Rousse par la N 197.

L'Île-Rousse pratique

OÙ S'INFORMER

Office de tourisme – *7 pl. Paoli - 20220 L'Île-Rousse - ✆ 04 95 60 04 35 - www.ot-ile-rousse.fr - de mi-juin à mi-sept. : 9h-19h, dim. et j. fériés 10h-13h, 17h-19h ; nov.-avr. : tlj sf w.-end 9h-12h, 14h-17h ; de déb. mai à mi-juin et de mi-sept. à fin oct. : tlj sf dim. 9h-12h, 14h-18h.*

Capitainerie de Port Abri – *✆ 04 95 60 26 51 - sais. : 7h-20h - hors sais. : 9h-12h, 14h-17h.*

Météo France – *✆ 0 892 68 08 20.*

Température de l'eau – Mai, juin, sept., oct. : 20 °C ; juil.-août : 24,5 °C.

Température de l'air – Mai, juin, sept. et oct. : entre 17,9 et 23,8 °C ; juil.-août : 28 °C.

OÙ LOGER

⊖ Hôtel Le Grillon – *Av. Paul-Doumer - ✆ 04 95 60 00 49 - hr-le-grillon@wanadoo.fr - fermé nov.-fév. - 16 ch. 50/54 € - ☕ 5,40 € - rest. 13/16 €.* Cet hôtel familial proche de la plage dispose de chambres très modestes mais convenables. Restauration simple à prix doux et accueil attentionné.

⊖ Hôtel La Pietra – *Chemin du Phare - ✆ 04 95 63 02 30 - www.hotel-la-pietra.com - fermé 15 nov.-15 janv. - P - 42 ch. 58/105 € - ☕ 9 € - rest. 18 €.* Face au port et avec vue sur la mer, agréable hôtel récemment rénové dont les chambres, climatisées, donnent d'un côté sur la tour génoise, de l'autre sur les bateaux au mouillage. Vous y passerez des nuits tranquilles, bercé par le clapotis des vagues qui s'échouent sur les rochers.

⊖⊖ Hôtel Funtana Marina – *1 km par rte Monticello et rte secondaire - ✆ 04 95 60 16 12 - hotel-funtana-marina@wanadoo.fr - fermé fév. - P - 29 ch. 84/90 € - ☕ 8,40 €.* La petite route de montagne qui grimpe jusqu'à cette bâtisse récente immergée dans une végétation luxuriante mérite qu'on l'emprunte, ne serait-ce que pour la magnifique vue sur la mer et le port de l'Île-Rousse. Chambres confortables, assorties de belles salles de bains. Piscine panoramique et accueil exemplaire.

⊖⊖ Hôtel L'Amiral – *Bd Ch.-Marie-Savelli - ✆ 04 95 60 28 05 - info@hotel-amiral.com - fermé oct.-mars - P - 25 ch. 90 € - ☕ 8,50 €.* Ce petit hôtel de deux étages plutôt discret est en bordure de plage, à 25 m de l'eau. Les chambres, simples et fonctionnelles, sont tranquilles et très bien tenues.

OÙ MANGER

⊖ L'Escale – *R. Notre-Dame - ✆ 04 95 60 10 53 - charles.ferrandini@wanadoo.fr - 14/23 € - 4 ch. 48/100 € ☕.* Cette maison familiale fondée par le grand-père en 1903 s'ouvre sur une rue animée d'un côté, et sur la mer, de l'autre. Petite restauration sans chichis, mais soignée et à prix abordables : moules, assiettes de la mer et glaces artisanales.

⊖⊖ A Quadrera – *R. Napoléon - ✆ 04 95 60 44 52 - fermé fév. et dim. midi - 17,30/25 €.* Les Îles-Roussiens apprécient cette adresse sans prétention qui propose un seul menu à prix fixe ainsi que quelques plats régionaux ou plus traditionnels, toujours bien maîtrisés. C'est dans une ambiance conviviale que l'on déguste la poêlée du pêcheur ou la soupe du jour.

⊖⊖ Le Laetitia – *Port de l'Île-Rousse - ✆ 04 95 60 01 90 - fermé 20 déc.-30 janv. et lun. sf juil.-août - 28/40 €.* Tout près du port d'embarquement des ferries, ce restaurant propose un beau choix de poissons grillés, mais aussi de la bouillabaisse et une paella.

QUE RAPPORTER

Marché – Marché couvert tous les matins : poissons, légumes et fruits de Balagne.

A Casa Corsa – *22 pl. Paoli - ✆ 04 95 60 23 63 - 9h-12h, 15h-19h, sais. 8h30-20h30 - fermé nov.-fév.* Toute l'île de Beauté dans une coquille de noix ! Depuis 18 ans, Madame Giansily sélectionne pour sa boutique des produits du terroir de premier choix. Du salé au sucré, rien n'est oublié, ni la charcuterie de montagne, ni le miel et l'huile d'olive, ni les vins.

NOTES

INDEX

Yeu, île (Vendée) : villes, sites et régions touristiques.
Cartier, Jacques : noms historiques et termes faisant l'objet d'une explication.
Les sites isolés (châteaux, abbayes, parcs…) sont répertoriés à leur propre nom ; ex. : Baleines, phare des (Charente-Maritime).

A

B

C

D

E

F

G

H

I

J

K

L

M

N

O

P

Q

R

S

CARTES ET PLANS

LES CARTES ROUTIÈRES

Chaque destination présentée dans ce guide est accompagnée de ses références cartographiques sur les différentes gammes de cartes que nous proposons.

Les cartes **Local** (1/150 000 ou au 1/175 000, avec index des localités et plans des préfectures) ont été conçues pour ceux qui aiment prendre le temps de découvrir une zone géographique réduite (un ou deux départements) lors de leurs déplacements en voiture. Pour ce guide, procurez-vous les cartes Local **303** (Calvados, Manche), **309** (Côtes-d'Armor, Ille-et-Vilaine), **308** (Finistère, Morbihan), **316** (Loire-Atlantique, Vendée), **324** (Charente, Charente-Maritime), **340** (Bouches-du-Rhône, Var), **341** (Alpes-Maritimes) et **345** (Corse-du-Sud, Haute-Corse).

Vous pouvez également consulter les cartes **Régional 513** (Normandie), **512** (Bretagne), **517** (Pays-de-la-Loire), **527** (Provence-Alpes-Côte-d'Azur), avec index des localités, qui couvrent le réseau routier secondaire et donnent de nombreuses indications touristiques. Elles sont pratiques lorsqu'on aborde un vaste territoire ou pour relier des villes distantes de plus de 100 km.

Enfin, n'oubliez pas, la **carte de France n° 721** qui offre une vue d'ensemble de l'hexagone au 1/1 000 000, avec ses grandes voies d'accès d'où que vous veniez.

La **carte générale des destinations** traitées dans le guide se trouve à l'intérieur de la couverture, au début du guide.

CARTES DE SITUATION

CARTES DES ÎLES

PLANS DES VILLES

Manufacture française des pneumatiques Michelin

Société en commandite par actions au capital de 304 000 000 EUR
Place des Carmes-Déchaux - 63000 Clermont-Ferrand (France)
R.C.S. Clermont-Fd B 855 200 507

Impression et brochage : IME, Baume-les-Dames
Imprimé en France : février 2006
Dépôt légal : mars 2006

QUESTIONNAIRE
LE GUIDE VERT

VOTRE AVIS NOUS INTÉRESSE...
TOUTES VOS REMARQUES NOUS AIDERONT À ENRICHIR NOS GUIDES.

Merci de renvoyer ce questionnaire à l'adresse suivante :
MICHELIN
Questionnaire Le Guide Vert
46, avenue de Breteuil
75324 PARIS CEDEX 07

En remerciement,
les 100 premières réponses recevront en cadeau
la Carte Locale Michelin de leur choix !

VOTRE GUIDE VERT

Titre acheté : ....

Date d'achat : ....

Lieu d'achat (librairie et ville) : ....

VOS HABITUDES D'ACHAT DE GUIDES

1) Aviez-vous déjà acheté un Guide Vert Michelin ?

O oui O non

2) Achetez-vous régulièrement des Guides Verts Michelin ?

O tous les ans
O tous les 2 ans
O tous les 3 ans
O plus

3) Sur quelles destinations ?

– régions françaises : lesquelles ? ....

....

– pays étrangers : lesquels ? ....

....

– Guides Verts Thématiques : lesquels ? ....

....

4) Quelles autres collections de guides achetez-vous ?

....

5) Quelles autres sources d'information touristique utilisez-vous ?

O Internet : quels sites ? ....

....

O Presse : quels titres ? ....

....

O Brochures des offices de tourisme

Les informations récoltées sur ce questionnaire sont exclusivement destinées aux services internes de Michelin, ne feront l'objet d'aucune cession à des tiers et seront utilisées pour la réalisation d'une étude. Elles seront également conservées pour créer une base de donnnées qui pourra être utilisée dans le cadre d'études futures. Ce questionnaire est donc soumis aux dispositions de la loi « informatique et liberté » du 6 janvier 1978. Vous disposez d'un droit d'accès, de modification, de rectification, de suppression des données qui vous concernent.

VOTRE APPRÉCIATION DU GUIDE

1) Notez votre guide sur 20 : ....

2) Quelles parties avez-vous utilisées ? ....

....

3) Qu'avez-vous aimé dans ce guide ? ....

....

4) Qu'est-ce que vous n'avez pas aimé ? ....

....

5) Avez-vous apprécié ?

	Pas du tout	Peu	Beaucoup	Énormément	Sans réponse
a. La présentation du guide (maquette intérieure, couleurs, photos...)	O	O	O	O	O
b. Les conseils du guide (sites et itinéraires)	O	O	O	O	O
c. L'intérêt des explications sur les sites	O	O	O	O	O
d. Les adresses d'hôtels, de restaurants	O	O	O	O	O
e. Les plans, les cartes	O	O	O	O	O
f. Le détail des informations pratiques (transport, horaires, prix…)	O	O	O	O	O
g. La couverture	O	O	O	O	O

Vos commentaires ....

....

6) Vos conseils, vos avis, vos suggestions d'amélioration : ....

....

7) Rachèterez-vous un Guide Vert lors de votre prochain voyage ?

O oui O non

VOUS ÊTES

O Homme O Femme Âge : .... Profession : ....

Nom....................................

Prénom....................................

Adresse....................................

....

....

....

....

Acceptez-vous d'être contacté dans le cadre d'études sur nos ouvrages ?

O oui O non

Quelle carte Local Michelin souhaitez-vous recevoir ?

Indiquez le département : ....

Offre proposée aux 100 premières personnes ayant renvoyé un questionnaire complet.
Une seule carte offerte par foyer, dans la limite des stocks disponibles.